Zeemans-handboek ......

Samuel Pierre L'Honoré Naber

ZEEMANS-HANDBOEK

SAMENGESTELD DOOR

S. P. L'HONORÉ NABER,

Luitenant ter Zee der 1e klasse

EERSTE DEEL.

'S-GRAVENHAGE — MOUTON & Co.

1901.

Aan

den Oud-Commandant van het Koninklijk Instituut voor de Marine

ZIJNE EXCELLENTIE

den Vice-Admiraal, Staatsraad

P. TEN BOSCH,

Adjudant in buitengewonen dienst van H. M. de Koningin,
Ridder 3e klasse der Militaire Willemsorde, enz. enz.

WORDT DIT WERK EERBIEDIG OPGEDRAGEN DOOR

DEN SCHRIJVER.

VOORWOORD.

Bij het verschijnen van het eerste deel van het Zeemans-handboek, breng ik mijn dank:

aan de eerste inteekenaren, voor den verleenden steun en het vertrouwen in mijn arbeid gesteld;

aan den Luitenant ter Zee der 1e Klasse W. CORNELIS, die mij bij het persklaar maken met raad en daad steunde;

aan den uitgever die eene moeilijke, en weinig loonende taak op zich nam;

aan de vele belangstellenden die mij tijdens de bewerking tal van nuttige gegevens plachten te verstrekken.

Ontstaan uit particuliere aanteekeningen, reeds voor langen tijd bijeengebracht, heeft men in deze verzameling niet anders te zien dan een veeljarigen compilatie-arbeid. In hoeverre ik geslaagd mag zijn, waar ik die gegevens ook voor anderen trachtte te bewerken, is niet aan mij te beslissen. Toch hoop ik, dat het Handboek dikwijls en onder velerlei omstandigheden zal kunnen geraadpleegd worden en eenigermate de leemte zal aanvullen, die in onze maritime litteratuur — waar het werken van dezen aard geldt — zeker is aan te wijzen. Omtrent het inzicht waarmede ik de verschillende afdeelingen bewerkte, zou veel zijn mede te deelen — meer dan een voorbericht toelaat; ik teeken dan ook alleen aan, dat het niet moeilijk zou zijn geweest een grootere hoeveelheid feiten op te nemen dan men zal aantreffen — de groote zwarigheid die ondervonden werd, bestond in het beoordeelen van hetgeen moest worden weggelaten. Voortdurend heb ik er naar gestreefd „up to date" te zijn — ook deze eisch is hoog en wellicht te hoog, waar ik, om zoo te zeggen, voor het geheele werk alleen stond. Gedurende de tien jaren, die ik mij met de samenstelling meestal onledig hield, was zulks in den regel het geval. In den aanvang werd ik bijgestaan door wijlen den Luitenant ter Zee der 2de Klasse D. J. A. G. F. VAN DEN STEEN VAN OMMEREN, wiens medewerking ik in dankbare herinnering houd.

Steeds zal ik mij aanbevolen houden voor schriftelijke mededeelingen, aan- of opmerkingen, van wien ook afkomstig, opdat daarmede rekening gehouden kunne worden, zoo ooit eene aanvullingsuitgave het licht mocht zien.

S. P. L'HONORÉ NABER.

HELDER, Maart 1901.

INHOUD.

EERSTE AFDEELING: Algemeene tabellen, opgaven, enz. . . . . Blz. 1.

INHOUD: Lijst van meest gebruikte afkortingen. — Verjaardagen Koninklijk Huis. — Feestdagen. — Grieksch letterschrift. — Grootte der aarde. enz. — Logarithmen. — Goniometrische
betrekkingen. — Ephemeriden der zon. — Kwadraattafel. — Maten en gewichten in verschillende
landen (herleidingstafels voor Engelsche maat.) — Voorkomende formulen ontleend aan Algebra.
Meetkunde, Trigonometrie en Hoogere Wiskunde. — Physica, soortelijke gewichten, soortelijke
warmte, enz. — Afstandtabellen. — Verkortingen in Engelsche werken gebruikelijk, enz. —
Rangverhoudingen bij vreemde zeemogendheden.

TWEEDE AFDEELING: Land- en Zeemerken, Loodswezen, Kustwacht . . . Blz. 73.

INHOUD: Vuurtorens. — Lichtschepen. — Mistseinen. — Landmerken en Bakens. — Tonnen. —
Betonningstelsels. — Loodsseinen. — Loodswezen. — Kustwacht. — Opgave der voornaamste
lichten in Ned. Oost-Indië.

DERDE AFDEELING: Getijden, Tijstroomen, Kanaal, Noordzee . . . . . . Blz. 89.

INHOUD: Getijden en tijstroomen, peilschaal en havengetal. — Het Engelsch Kanaal. — Zeilaanwijzingen en kustlichten. — Noordzee en Noordzeegebied. — Getijden en tijstroomen in den
O. I. Archipel naar de nieuwere theorieën.

VIERDE AFDEELING: Zeegaten en Vaarwaters . . . . Blz. 143.

INHOUD: Nederlandsche Zeegaten.

VIJFDE AFDEELING: Lood, Log, Kijkers, Kaarten. . . . . Blz. 157.

INHOUD: Lood, loodlijn en snaren. — Slaggaard. — Gebruik van het lood. — James Loodapparaat — Loggen. — Kijkers, binocles en hun gebruik. — Inrichting, gebruik van en afkortingen op kaarten. — Vergelijkingstabel van Nederlandsche en Engelsche vademen en meters.

ZESDE AFDEELING: Kompassen . . . . Blz. 179.

INHOUD: Kompasroos, ketel, nachthuis. — Marinekompassen. — Gyroskoop. — Oorzaken der
fouten, opmaken der stuurlijst. — Herleiding van streken tot graden. — Formule voor de fouten. —
Compensatie, theorie en praktijk.

ZEVENDE AFDEELING: Spiegelinstrumenten . . . . Blz. 203.

INHOUD: Spiegelinstrumenten. — Onderhoud en gebruik. — Statief. — Kunstkim.

ACHTSTE AFDEELING: Tijd en Tijdmeters . . . . Blz. 215.

INHOUD: Tijd. — Herleiden van tijd tot boog of tot deelen van een etmaal. — Zonnewijzer. — Tijdmeters: vervoer, bepalen van stand en gang. — Opmaken, bijhouden en controleeren van stand en gang. — Herleidingstafel voor den 130 tikker.

NEGENDE AFDEELING: Zeevaartkunde . . . . Blz. 227.

INHOUD: Cijferen. — Eenvoudige constructies. — Peilingen en tafels voor peiling met doorzeiling. — Zeilaadjes. — Streektafel. — Grootcirkel zeilen. — Hoogteverbetering. — Azimuth. — Tijdsbepaling. — Tafels voor zons op- en ondergang. — Hoogtelijnen. — Lengtebepaling. — Breedtebepaling en doorgangstijd van sterren. — Maansafstanden. — Stersbedekkingen. — Sterrekaarten.

TIENDE AFDEELING: Meteorologie . . . . Blz. 263.

INHOUD: Instrumenten. — Wolken. — Wind. — Mist. — Vorst en IJs. — Zee. — Windrozen. — Opgaven betreffende den wind. — Rijzen en dalen van den barometer. — Barometrische maxima en minima. — Manoeuvres in depressiën op hooge en middelbare breedten. — Weerbericht en stormseinen. — Manoeuvres in tropische orkanen. — Meteorologische opgaven voor Ned. O.-Indië.

ELFDE AFDEELING: Zeestroomingen en Golfwaarnemingen . . . . Blz. 303.

INHOUD: Opgaven omtrent zeewater. — Oorzaken van stroomingen. — Meest belangrijke zeestroomingen. — Stroomen in den O.-I. Archipel. — Golfwaarnemingen. — Zeerouten.

TWAALFDE AFDEELING: Zeevisscherijen . . . . Blz. 321.

INHOUD: Gegevens betreffende de Nederlandsche zeevisscherijen. — Merken van visschersvaartuigen.

DERTIENDE AFDEELING: Rule of the Road . . . . Blz. 331.

INHOUD: Bepalingen ter voorkoming van aanvaringen. — Lichten zooals zij door een uitkijk gezien worden. — Bemerkingen op de bepalingen. — Aanwijzingen bij het naderen van schepen. — Reglement ter voorkoming van aanvaring op openbare wateren binnen het Rijk.

VEERTIENDE AFDEELING: Algemeene opgaven omtrent Schepen . . . . Blz. 357.

INHOUD: Lengte en diepgangsmerken. — Plimsollmerk. — Maatstelsel en tonnemaat. — Lloyd en Veritas. — Druk van het water. — Stabiliteit. — Verplaatsing van gewichten. — Werking van den wind. — Waterballast en kimkielen. — Ketel- en machinevermogen — Werking van het roer. — Vaartproeven. — Draaiproeven. — Tabellen.

VIJFTIENDE AFDEELING: Vlaggen en Seinen . . . . Blz. 379.

INHOUD: Natievlag. — Wimpels. — Pavoiseeren. — Seinmiddelen in het algemeen. — Internationaal Seinboek. — Seinmiddelen der Zeemacht. — Heliostaat. — Duivenpost. — Extract uit de Reglementen op de Eerbewijzingen en Saluten.

1STE AFDEELING.

ALGEMEENE TABELLEN, OPGAVEN, enz.

INHOUD: Lijst van meest gebruikte afkortingen. — Verjaardagen Koninklijk Huis. — Feestdagen. — Grieksch Letterschrift. — Groote der aarde, enz. Logarithmen. — Goniometrische betrekkingen. — Ephemeriden der zon. — Kwadraattafel. — Maten en gewichten in verschillende landen (herleidingstafels voor Engelsche maat.) — Voorkomende formulen ontleend aan Algebra, Meetkunde, Trigonometrie en Hoogere Wiskunde. — Physica, soortelijke gewichten, soortelijke warmte, enz. Afstand-tabellen. — Verkortingen in Engelsche werken gebruikelijk, enz. — Rangverhoudingen bij vreemde zeemogendheden.

STAAT van in dit werk gebruikte Afkortingen.

.

Afd$_g$.	Afdeeling.	n. l.	namelijk.
Afst.	Afstand.	O. L.	Oosterlengte.
a. h. w.	als het ware.	o. m.	onder meer.
Avdp.	Avoirdupois.	onderst.	onderstaand.
AR.	Ascensio recta (zie R.O.)	Opp.	Oppervlakte.
Bar.	Barometer.	P.	Uurhoek.
B. a. Z.	Bericht aan Zeevarenden.	P. K.	Paardekracht.
B. B.	Bakboord.	p. m.	pro memorie.
bk.	Bank.	R (Réaum)	Réaumur
bijv.	bij voorbeeld.	R. O.	Rechte opklimming (zie AR.)
C°.	Commando.	S. B.	Stuurboord.
C, Cels.	Celsius.	Sec.	Secunde.
derg.	dergelijken.	snijp.	snijpunt.
d. m. v.	door middel van.	Standk.	Standaardkompas.
F.		Temp.	Temperatuur.
Fahr.	Fahrenheit.	Therm.	Thermometer.
gem.	gemiddeld.	t. o. v.	ten opzichte van
Gew.	Gewicht.	Tijdv.	Tijdvereffening.
H.G.	Havengetal.	Waarsch.	Waarschuwing.
H.W.	Hoogwater.	W. L.	Westerlengte.
l/sch.	langscheeps.	W. P.	Westelijke uurhoek.
L.W.	laagwater.	W. T.	Ware Tijd.
m. a. w.	met andere woorden.	Z. Br.	Zuiderbreedte.
middelb.	middelbaar.	⊕ Zon. ☽ Maan. ✳ Ster, zie voor astro-	
min.	minuut.		nomische symbolen afd. X.
M. T.	Middelbare tijd.	☐	Vierkant.
N. Br.	Noorderbreedte.		

en verder de gebruikelijke afkortingen voor maten en gewichten naar
het metrieke stelsel.

Verjaardagen van leden van het Koninklijk Huis.

(Gerangschikt naar orde der geboortedata.)

H. K. H. Prinses Wilhelmina Frederika Anna Elisabeth Maria, *Vorstin zu Wied.*
5 Juli.

H. M. Adelheid Emma Wilhelmina Theresia, *Koningin-Weduwe.* 2 Augustus.

H. M. Wilhelmina Helena Pauline Maria, *Koningin der Nederlanden, Prinses van Oranje-Nassau.* 31 Augustus.

Chronologische Cirkels.

Zie Afd. IX.

Feestdagen.

Algemeen. Christelijke. en Roomsch-Kath.	Arabische (en Javaansche).	Israëlitische.	Chineesche.
Driekoningen. (6 Jan.)	Hemelvaart (van Mohammed.)	Purimfeest, klein.	Passer malem.
Septuagesima.	Idoe'l fitr. (Garebeg Poewasa.)	Purimfeest, groot.	Nieuwjaar.
Vastenavond.		Paaschfeest.	Tsap-go-meh.
Asch-Woensdag.	Idoe'l korban (Garebeg Besar.)	Pinksterfeest.	Tsing-bing.
Palmzondag (week voor Paschen.)		Jeruzalems verwoesting.	Go-goë-tseh (Pe-tjoen.)
Goede Vrijdag (Vrijdag voor Paschen.)	Asjoerâ.	Nieuwjaar.	Tjio-ko.
	Mauloed (Garebeg Mauloed.)	Groote Verzoendag.	Tang-tseh.
Paschen.		Loofhuttenfeest.	
Hemelvaartsdag (40 dagen na Paschen.)		Tempelwijding.	
Pinksteren (10 dagen na Hemelvaartsdag.)	(Voor de data zie den Regeeringsalmanak van Ned.-Indië.)		(Voor de data zie den Regeeringsalmanak van Ned.-Indië.)
H. Drievuldigheid.			
H. Sacramentsdag.			
St Jansdag.			
Allerzielen. 1 Nov.			
Allerheiligen. 2 Nov.			
Eerste Advent.			
Kerstmis. 25 en 26 Dec.			

Grieksch letterschrift.

A	α Alpha.	H	η Eta.	N	ν Nu.	T	τ Tau.
B	β Beta.	Θ	ϑ Thèta.	Ξ	ξ Xi.	Υ	υ Upsilon.
Γ	γ Gamma.	I	ι Jota.	O	o Omikron	Φ	φ Phi.
Δ	δ Delta.	K	$\varkappa$ Kappa.	Π	π Pi.	X	χ Chi.
E	ϵ Epsilon.	Λ	λ Lambda.	P	ϱ Ro.	Ψ	ψ Psi.
Z	ζ Zèta.	M	μ Mu.	Σ	σ Sigma.	Ω	ω Omega.

Opgaven betreffende de grootte der aarde, enz.

Halve groote as a	6.377.397,15 M.
Halve kleine as b	6.356.078,96 M.
Afplatting a—b (wordt soms c genoemd) .	21318,19 M.
Afplatting $\dfrac{a-b}{a} = \alpha$	$\dfrac{1}{299,15} = 0,0033428$
Exentriciteit $\sqrt{(a^2-b^2)} = c$ . . .	521012
Numerieke excentriciteit $\dfrac{c}{a} = e$	0.0816968
$\dfrac{b}{a} = \sqrt{(1-e^2)}$	0,9966573
Omtrek van den evenaar	40.070.368 M.
„ „ een meridiaan	40.003.423 M.
„ „ een keerkringsparallel. . . .	36.778.000 M.
„ „ een poolcirkel	15.996.280 M.
Lengte van een graad aan den evenaar . .	111.307 M.
„ „ „ „ „ een keerkring .	102.129 M.
„ „ „ „ „ „ poolcirkel .	44.508 M.
Gem. lengte van een meridiaangraad . . .	111.121 M.
Oppervlak der aarde	509.950.714 K.M².
Gezamenlijk opp. der heete luchtstreken . .	202.240.184 K.M².
„ „ „ gematigde „ .	265.230.957 K.M².
„ „ „ koude „	42.479.573 K.M².
Inhoud der aarde	1.082.841.320.000 K.M.³
Gem. dichtheid der aarde	5,5 à 5,6
„ afstand van de aarde tot de zon . .	148.138.000 K.M.
„ „ „ „ maan „ „ aarde . .	381.000 K.M,

Zie ook Afd. XXIX. *(naast Lengte van een graad aan den evenaar)*

Cavendish. Cornu en Wilsing. *(naast Gem. dichtheid der aarde)*

Massa der zon = 332.000 Volume en dichtheid 1.300.000 en 0.25 $\Big\}$ voor aarde = 1
„ „ maan = 0.0123 Volume en dichtheid 0.0204 en 0,61

Straal der aarde op de geografische breedte φ
voor de halve groote as als eenheid: log r = 9.9992747 + 0.0007271 cos 2 φ — 0 0000018 cos 4 φ.

Versnelling van de zwaartekracht op de breedte φ. aan den zeespiegel :
$$g_\varphi = 9.781027 + 0.0500547 \sin^2 \varphi \text{ Meters.}$$

Lengte secundeslinger op de breedte φ, aan den zeespiegel en in 't luchtledige :
$$l_\varphi = 0.991026 + 0.0050719 \sin^2 \varphi \text{ Meters.}$$

Verschil tusschen geografische breedte φ en geocentrische breedte φ'
$$\text{Tang. } \varphi' = \frac{b^2}{a^2} \text{ tang. } \varphi.$$

1 Geografische Mijl = 7420,439 M. (in Nederlandsche Berichten aan Zeevarenden, enz. 7408 M.) 1 Equatorminuut = 1855.109 M.
1 Toise = 1.949037 M. = 6 Pieds = 72 Pouces = 864 Lignes.
1 Meter = 0.513074 Toises.

Verschillende Mijlmaat.

NAAM.	Waar in gebruik.	Lengte in M.	NAAM.	Waar in gebruik.	Lengte in M.
1 Geograf. meile	Duitschland	7420.4	1 Java-paal	Ned.-Indië	1507
1 Geograf. mijl	Nederland	7408.0	1 Miil	Noorwegen	11296
1 Sömiil	Denemarken	7408.0	1 Miil	Zweden	10688
1 Zeemijl	Nederland	1852	1 Werst	Rusland	1067
1 Equatorminuut	"	1855	1 Li	China	447
1 Sea-mile	Engeland.	1852			
1 Geograph. mile	"	1855			
1 Adm. knot	"	1853	1 Legoa	Portugal	6173
1 Nautical mile	"	1853	1 Legua maritima	Spanje	5556
1 Mile marin	Frankrijk	1852	1 Sea league	Engeland	5556
1 Milla legal	Spanje	1852	1 Uur gaans	Nederland	5555
1 Quartmiil	Denemarken	1852	1 Lieue maritime	Frankrijk	5556
1 Sumatra-paal	Ned.-Indië	1852	1 Lieue	Frankrijk	4444
1 Milha maritima	Portugal	1850			
1 Statute mile	Engeland	1609			
1 Milha geografica	Portugal	1609			
1 London mile	Engeland	1524			

Zie voor de herleiding van zeemijlen tot nautical en statute miles Afdeeling XV.

Oppervlakte en diepte van Oceanen.   Oppervlakte van Werelddeelen.

Wereldzee.	Grootste Diepte.				Gem. Diep in Meters.	Oppervlakte in KM².	Werelddeel.	Oppervlakte in KM².
	Br:	OL. v. Gr.	Meters					
Noord Pacific	44° 55' N.	152° 26'	8515		4083	157.621.900	Europa	9.732.250
Zuid Pacific	30° 20' Z.	183° 21'	9427				Azië	44.142.890
Noord. IJszee.	78° 5' N.	357° 30'	4846		.	15.282.400	Afrika	29.818.400
Noord. Atlantic	19° 36' N.	293° 36'	8341		3330	88.624.100	Australië	8.958.630
Zuid Atlantic	0° 11' Z.	341° 15'	7370				Amerika	38.346.680
Indische Zee	11° 22' Z.	116° 50'	6205		3600	74.011.700	Poolstreken	4.491.900
Zuid. IJszee	68° 26' Z.	95° 44'	3612		1500	20.377.800		

Oppervlakte in K.M.² van eenige Eilanden.

Groenland	2170000	Ierland	83750	Sardinië	23800
N. Guinea	785360	Jesso	81300	Shikoku	18010
Borneo	733330	Haïti	77250	N. Caledonië	16700
Madagaskar	591560	Sachalin	75360	Sumbawa	13900
Sumatra	431380	Tasmanië	64640	Viti Levu	11600
Nipon (Hondo)	226580	Ceylon	63980	Hawaï	11360
Gr. Britanje	217720	N. Zembla (Noord)	50110	N. Siberië	11000
Celebes	178830	Vuurland	48110	Soembawa	10900
N. Zeeland (Zuid)	149900	N. Zembla (Zuid)	41680	Jamaïca	10860
Java	125900	Spitsbergen	39500	Bougainville	10000
Cuba	118830	Kiushu	35600	Cyprus	9600
N. Zeeland (Noord)	118320	Formosa	34500	Portorico	9140
N. Foundland	110670	Haïnan	34000	Corsica	8860
Luzon	105920	Vancouver	33100	Creta	8590
IJsland	104780	Sicilië	25460		
Mindanao	96310	N. Pommeren	24900		

LOGARITHMENTAFEL IN VIER DECIMALEN.

N.	0	1	2	3	4	5	6	7	8	9
10	0000	0043	0086	0128	0170	0212	0253	0294	0334	0374
11	0414	0453	0492	0531	0569	0607	0645	0682	0719	0755
12	0792	0828	0864	0899	0934	0969	1004	1038	1072	1106
13	1139	1173	1206	1239	1271	1303	1335	1367	1399	1430
14	1461	1492	1523	1553	1584	1614	1644	1673	1703	1732
15	1761	1790	1818	1847	1875	1903	1931	1959	1987	2014
16	2041	2068	2095	2122	2148	2175	2201	2227	2253	2279
17	2304	2330	2355	2380	2405	2430	2455	2480	2504	2529
18	2553	2577	2601	2625	2648	2672	2695	2718	2742	2765
19	2788	2810	2833	2856	2878	2900	2923	2945	2967	2989
20	3010	3032	3054	3075	3096	3118	3139	3160	3181	3201
21	3222	3243	3263	3284	3304	3324	3345	3365	3385	3404
22	3424	3444	3464	3483	3502	3522	3541	3560	3579	3598
23	3617	3636	3655	3674	3692	3711	3729	3747	3766	3784
24	3802	3820	3838	3856	3874	3892	3909	3927	3945	3962
25	3979	3997	4014	4031	4048	4065	4082	4099	4116	4133
26	4150	4166	4183	4200	4216	4232	4249	4265	4281	4298
27	4314	4330	4346	4362	4378	4393	4409	4425	4440	4456
28	4472	4487	4502	4518	4533	4548	4564	4579	4594	4609
29	4624	4639	4654	4669	4683	4698	4713	4728	4742	4757
30	4771	4786	4800	4814	4829	4843	4857	4871	4886	4900
31	4914	4928	4942	4955	4969	4983	4997	5011	5024	5038
32	5051	5065	5079	5092	5105	5119	5132	5145	5159	5172
33	5185	5198	5211	5224	5237	5250	5263	5276	5289	5302
34	5315	5328	5340	5353	5366	5378	5391	5403	5416	5428
35	5441	5453	5465	5478	5490	5502	5514	5527	5539	5551
36	5563	5575	5587	5599	5611	5623	5635	5647	5658	5670
37	5682	5694	5705	5717	5729	5740	5752	5763	5775	5786
38	5798	5809	5821	5832	5843	5855	5866	5877	5888	5899

N.	0	1	2	3	4	5	6	7	8	9
55	7404	7412	7419	7427	7435	7443	7451	7459	7466	7474
56	7482	7490	7497	7505	7513	7520	7528	7536	7543	7551
57	7559	7566	7574	7582	7589	7597	7604	7612	7619	7627
58	7634	7642	7649	7657	7664	7672	7679	7686	7694	7701
59	7709	7716	7723	7731	7738	7745	7752	7760	7767	7774
60	7782	7789	7796	7803	7810	7818	7825	7832	7839	7846
61	7853	7860	7868	7875	7882	7889	7896	7903	7910	7917
62	7924	7931	7938	7945	7952	7959	7966	7973	7980	7987
63	7993	8000	8007	8014	8021	8028	8035	8041	8048	8055
64	8062	8069	8075	8082	8089	8096	8102	8109	8116	8122
65	8129	8136	8142	8149	8156	8162	8169	8176	8182	8189
66	8195	8202	8209	8215	8222	8228	8235	8241	8248	8254
67	8261	8267	8274	8280	8287	8293	8299	8306	8312	8319
68	8325	8331	8338	8344	8351	8357	8363	8370	8376	8382
69	8388	8395	8401	8407	8414	8420	8426	8432	8439	8445
70	8451	8457	8463	8470	8476	8482	8488	8494	8500	8506
71	8513	8519	8525	8531	8537	8543	8549	8555	8561	8567
72	8573	8579	8585	8591	8597	8603	8609	8615	8621	8627
73	8633	8639	8645	8651	8657	8663	8669	8675	8681	8686
74	8692	8698	8704	8710	8716	8722	8727	8733	8739	8745
75	8751	8756	8762	8768	8774	8779	8785	8791	8797	8802
76	8808	8814	8820	8825	8831	8837	8842	8848	8854	8859
77	8865	8871	8876	8882	8887	8893	8899	8904	8910	8915
78	8921	8927	8932	8938	8943	8949	8954	8960	8965	8971
79	8976	8982	8987	8993	8998	9004	9009	9015	9020	9025
80	9031	9036	9042	9047	9053	9058	9063	9069	9074	9079
81	9085	9090	9096	9101	9106	9112	9117	9122	9128	9133
82	9138	9143	9149	9154	9159	9165	9170	9175	9180	9186
83	9191	9196	9201	9206	9212	9217	9222	9227	9232	9238

Logarithmentabel (rijen 40–54 en 86–99)

40'	0	1	2	3	4	5	6	7	8	9
40	6021	6031	6042	6053	6064	6075	6085	6096	6107	6117
41	6128	6138	6149	6160	6170	6180	6191	6201	6212	6222
42	6232	6243	6253	6263	6274	6284	6294	6304	6314	6325
43	6335	6345	6355	6365	6375	6385	6395	6405	6415	6425
44	6435	6444	6454	6464	6474	6484	6493	6503	6513	6522
45	6532	6542	6551	6561	6571	6580	6590	6599	6609	6618
46	6628	6637	6646	6656	6665	6675	6684	6693	6702	6712
47	6721	6730	6739	6749	6758	6767	6776	6785	6794	6803
48	6812	6821	6830	6839	6848	6857	6866	6875	6884	6893
49	6902	6911	6920	6928	6937	6946	6955	6964	6972	6981
50	6990	6998	7007	7016	7024	7033	7042	7050	7059	7067
51	7076	7084	7093	7101	7110	7118	7126	7135	7143	7152
52	7160	7168	7177	7185	7193	7202	7210	7218	7226	7235
53	7243	7251	7259	7267	7275	7284	7292	7300	7308	7316
54	7324	7332	7340	7348	7356	7364	7372	7380	7388	7396

10'	0	1	2	3	4	5	6	7	8	9
86	9345	9350	9355	9360	9365	9370	9375	9380	9385	9390
87	9395	9400	9405	9410	9415	9420	9425	9430	9435	9440
88	9445	9450	9455	9460	9465	9469	9474	9479	9484	9489
89	9494	9499	9504	9509	9513	9518	9523	9528	9533	9538
90	9542	9547	9552	9557	9562	9566	9571	9576	9581	9586
91	9590	9595	9600	9605	9609	9614	9619	9624	9628	9633
92	9638	9643	9647	9652	9657	9661	9666	9671	9675	9680
93	9685	9689	9694	9699	9703	9708	9713	9717	9722	9727
94	9731	9736	9741	9745	9750	9754	9759	9763	9768	9773
95	9777	9782	9786	9791	9795	9800	9805	9809	9814	9818
96	9823	9827	9832	9836	9841	9845	9850	9854	9859	9863
97	9868	9872	9877	9881	9886	9890	9894	9899	9903	9908
98	9912	9917	9921	9926	9930	9934	9939	9943	9948	9952
99	9956	9961	9965	9969	9974	9978	9983	9987	9991	9996

Natuurlijke logarithmen:

$$e = 2,7182818$$

Brigg. log. $e = 0,4342945 = $ Modulus.

Nat. log. $a = 2,3025851 \times$ Brigg. log. a

Brigg. log. $a = 0,4342945 \times$ Nat. log. a.

De natuurlijke logarithmen moeten niet worden geïdentifiëerd
met de Neperiaansche; feitelijk is:

Nep. log. $a = 10^7 \times$ nat. log. $\left(\dfrac{10^7}{a}\right) = 161180956,50958 - 10^7 \times$ nat. log. a.

Getal π

Archimedes $\pi = \dfrac{22}{7}$ Metius $\pi = \dfrac{355}{113} = 3.1415929$

$\pi = 3.14159265$ log. $= 0.49714987$

$\pi^2 = 9.86960438$ log. $= 0,99429974$

$\sqrt{\pi} = 1.77245385$ log. $= 0.24857494$

$\dfrac{1}{\pi} = 0.31830989$ log. $= 9.50285013$

$\sqrt{\dfrac{1}{\pi}} = 0.56418961$ log. $= 9.75142507$

$\dfrac{1}{\pi^2} = 0.10132$ log. $= 9.00570026$

$\dfrac{360°}{\pi} = 114°.59155903$

$\dfrac{\pi}{360} = 0.00872665.$ Nep. Log. $\pi = 1.1447299.$

Boog $=$ straal $= 57°.2957795.$

Logarithmen der Goniometrische betrekkingen.

u. en m. tijd.	graden- boog.	sinus.	cosec.	tang.	cotang.	sec.	cosin.	graden- boog.	u. en m. tijd.
0 u. 00 m.	0	− ∞	∞	− ∞	∞	0.0000	0.0000	90	6 u. 00 m.
04	1	8.2419	1.7581	8.2419	1.7581	0.0001	9.9999	89	5 56
08	2	8.5428	1.4572	8.5431	1.4569	0.0003	9.9997	88	52
12	3	8.7188	1.2812	8.7194	1.2806	0.0006	9.9994	87	48
16	4	8 8436	1 1564	8.8446	1.1554	0.0011	9.9989	86	44
20	5	8 9403	1.0597	8.9420	1.0580	0.0017	9.9983	85	40
24	6	9 0192	0.9808	9.0216	0.9784	0.0024	9.9976	84	36
28	7	9.0859	0.9141	9 0891	0.9109	0.0032	9.9968	83	32
32	8	9.1436	0 8564	9.1478	0 8522	0 0042	9.9958	82	28
36	9	9.1943	0.8057	9.1997	0.8003	0 0054	9.9946	81	24
40	10	9 2397	0.7603	9.2463	0.7537	0.0066	9.9934	80	20
44	11	9.2806	0.7194	9.2887	0.7113	0.0081	9.9919	79	16
48	12	9.3179	0.6821	9.3275	0 6725	0.0096	9.9904	78	12
52	13	9.3521	0 6479	9.3634	0.6366	0.0113	9.9887	76	08
56	14	9.3837	0.6163	9.3968	0.6032	0 0131	9.9869	76	04
1 00	15	9.4130	0.5870	9.4281	0.5719	0.0151	9.9849	75	5 00
04	16	9.4403	0.5597	9.4575	0.5425	0.0172	9.9828	74	4 56
08	17	9.4659	0.5341	9.4853	0.5147	0 0194	9.9806	73	52
12	18	9 4900	0.5100	9.5118	0.4882	0.0218	9.9782	72	48
16	19	9 5126	0.4874	9.5370	0.4630	0.0243	9.9757	71	44
20	20	9.5341	0.4659	9.5611	0.4389	0.0270	9.9730	70	40
24	21	9.5543	0.4457	9.5842	0.4158	0.0298	9.9702	69	36
28	22	9.5736	0.4264	9.6064	0 3936	0.0328	9.9672	68	32
32	23	9.5919	0.4081	9 6279	0.3721	0.0360	9.9640	67	28
36	24	9.6093	0.3907	9.6486	0.3514	0.0393	9.9607	66	24
40	25	9.6259	0.3741	9.6687	0.3313	0.0427	9.9573	65	20
44	26	9.6418	0.3582	9.6882	0 3118	0.0463	9.9537	64	16
48	27	9.6570	0.3430	9.7072	0.2928	0.0501	9.9499	63	12
52	28	9.6716	0 3284	9.7257	0.2743	0.0541	9.9459	62	08
56	29	9 6856	0.3144	9.7438	0.2562	0.0582	9.9418	61	04
2 00	30	9.6990	0.3010	9.7614	0.2386	0.0625	9.9375	60	4 00
04	31	9.7118	0.2882	9.7788	0.2212	0.0669	9.9331	59	3 56
08	32	9.7242	0.2758	9.7958	0.2042	0.0716	9.9284	58	52
12	33	9.7361	0.2639	9.8125	0 1875	0.0764	9.9236	57	48
16	34	9.7476	0.2524	9.8290	0.1710	0.0814	9.9186	56	44
20	35	9.7586	0.2414	9.8452	0.1548	0.0866	9.9134	55	40
24	36	9.7692	0.2308	9.8613	0.1387	0.0920	9.9080	54	36
28	37	9.7795	0.2205	9.8771	0.1229	0.0977	9.9023	53	32
32	38	9.7893	0.2107	9.8928	0.1072	0.1035	9.8965	52	28
36	39	9.7989	0.2011	9.9084	0.0916	0 1095	9.8905	51	24
40	40	9.8081	0.1919	9 9238	0.0762	0.1157	9.8843	50	20
44	41	9.8169	0.1831	9.9392	0.0608	0.1222	9.8778	49	16
48	42	9.8255	0.1745	9.9544	0.0456	0.1289	9.8711	48	12
52	43	9.8338	0.1662	9.9697	0.0303	0.1359	9.8641	47	08
56	44	9.8418	0.1582	9.9848	0.0152	0.1431	9.8569	46	04
3 00	45	9.8495	0.1505	0.0000	0.0000	0.1505	9.8495	45	3 00
u. en m. tijd.	graden- boog.	cosin.	sec.	cotang.	tang.	cosec.	sin.	graden- boog.	u. en m. tijd.

AANTEEKENINGEN VAN DEN GEBRUIKER.

Natuurlijke Sinussen, enz.

Gra-den.	Sinus.	Cosec.	Tang.	Co-tang.	Sec.	Cosin.	Gra-den.
0	0.000	∞	0.000	∞	1.000	1.000	90
1	0.017	57.299	0.017	57.290	1.000	1.000	89
2	0.035	28.654	0.035	28.636	1.001	0.999	88
3	0.052	19.107	0.052	19.081	1.001	0.999	87
4	0.070	14.336	0.070	14.301	1.002	0.998	86
5	0.087	11.474	0.087	11.430	1.004	0.996	85
6	0.104	9.567	0.105	9.514	1.006	0.995	84
7	0.122	8.206	0.123	8.144	1.008	0.993	83
8	0.139	7.185	0.141	7.115	1.010	0.990	82
9	0.156	6.392	0.158	6.314	1.012	0.988	81
10	0.174	5.759	0.176	5.671	1.015	0.985	80
11	0.191	5.241	0.194	5.145	1.019	0.982	79
12	0.208	4.810	0.213	4.705	1.022	0.978	78
13	0.225	4.445	0.231	4.331	1.026	0.974	77
14	0.242	4.134	0.249	4.011	1.031	0.970	76
15	0.259	3.864	0.268	3.732	1.035	0.966	75
16	0.276	3.628	0.287	3.487	1.040	0.961	74
17	0.292	3.420	0.306	3.271	1.046	0.956	73
18	0.309	3.236	0.325	3.078	1.051	0.951	72
19	0.326	3.072	0.344	2.904	1.058	0.946	71
20	0.342	2.924	0.364	2.747	1.064	0.940	70
21	0.358	2.790	0.384	2.605	1.071	0.934	69

Goniometrische Formules.

$$\text{Sin. } (a \pm b) = \text{sin. } a \cos. b \pm \text{sin. } b \cos. a.$$
$$\text{Cos. } (a \pm b) = \cos. a \cos. b \mp \text{sin. } a \text{ sin. } b.$$

$$\text{Tang } (a \pm b) = \frac{\text{tang } a \pm \text{tang } b}{1 \mp \text{tang } a \text{ tang } b}.$$

$$\text{Sin. } p + \text{sin. } q = 2 \text{ sin. } \tfrac{1}{2}(p+q) \cos. \tfrac{1}{2}(p-q).$$
$$\text{Sin. } p - \text{sin. } q = 2 \text{ sin. } \tfrac{1}{2}(p-q) \cos. \tfrac{1}{2}(p+q).$$
$$\text{Cos. } p + \cos. q = 2 \cos. \tfrac{1}{2}(p+q) \cos. \tfrac{1}{2}(p-q).$$
$$\text{Cos. } p - \cos. q = 2 \text{ sin. } \tfrac{1}{2}(p+q) \text{ sin. } \tfrac{1}{2}(q-p).$$

$$\frac{\text{Sin.}(a-b)}{\text{Sin.}(a+b)} = \frac{\text{tang } a - \text{tang } b}{\text{tang } a + \text{tang } b}.$$

$$\frac{\text{Sin.}(a-b)}{\text{Cos.}(a+b)} = \frac{1 + \text{tang } a \text{ tang } b}{1 - \text{tang } a \text{ tang } b}.$$

$$\text{Cos. } 2a = 2 \text{ sin. } a \cos. a.$$
$$\text{Cos. } 2a = 2 \cos.^2 a - 1 = 1 - 2 \text{ sin.}^2 a$$

$$\text{Sin.} \tfrac{1}{2} a = \sqrt{\frac{1 - \cos. a}{2}}$$

$$\text{Cos.} \tfrac{1}{2} a = \sqrt{\frac{1 + \cos. a}{2}}$$

$$\frac{1 - \text{sin. } a}{1 + \text{sin. } a} = \text{tang}^2 (45^\circ - \tfrac{1}{2} a).$$

Bij herleiding van formules neemt men voor zeer kleine boogen aan:

$$\text{Sin. } p = p \text{ sin. } 1'' \text{ en cos. } p = 1 - 2 \text{ sin.}^2 \tfrac{1}{2} p = 1 - \tfrac{1}{2} p^2 \text{ sin.}^2 1''.$$

Voor bogen kleiner dan ongeveer 3° kan men aannemen:

$$\text{Sin. } x = x \, (\text{sec. } x)^{-1/3}$$
$$\text{Cos. } x = (\text{sec. } x)^{-1}$$
$$\text{Tang } x = x \, (\text{sec. } x)^{2/3}$$
$$\log. \text{ sec. } \tfrac{1}{2} x = \tfrac{1}{4} \log. \text{ sec. } x.$$

Platte Trigonometrie.

$$\frac{a}{b} = \frac{\text{sin. } A.}{\text{sin. } B.}; \quad a^2 = b^2 + c^2 - 2 b c \cos. A.$$

$$\text{Inh.} = \tfrac{1}{2}\,bc \sin. A = \sqrt{\; S(S-a)(S-b)(S-c). \;}$$

Bolvormige Trigonometrie.

rechthoekig in A.

cos. a = cos. b cos. c.
cos. a = cotang B cotang C
sin. b = sin a sin B.
tang b = sin. c tang B.
tang b = tang a cos C.
cos B = cos. b sin. C.

Scheefhoekige driehoek.

cos. a = cos. b cos. c + sin. b sin. c cos. A.
sin. a : sin. b : sin. c = sin. A : sin. B : sin. C.
cotang a sin. b = sin. C cotang A + cos. b cos. C.
cos. A = — cos. B cos. C + sin. B sin. C cos. a.

$$\text{tang } \tfrac{1}{2}(A + B) = \frac{\cos.\ \tfrac{1}{2}(a - b)}{\cos.\ \tfrac{1}{2}(a + b)}\ \text{cotang } \tfrac{1}{2}\,C.$$

$$\text{tang } \tfrac{1}{2}(a + b) = \frac{\cos.\ \tfrac{1}{2}(A-B)}{\cos.\ \tfrac{1}{2}(A+B)}\ \text{tang } \tfrac{1}{2}\,c.$$

$$\sin. \tfrac{1}{2}(A + B) = \frac{\cos.\ \tfrac{1}{2}(a - b)}{\cos.\ \tfrac{1}{2}\,c}\ \cos.\ \tfrac{1}{2}\,C.$$

$$\cos. \tfrac{1}{2}(A + B) = \frac{\cos.\ \tfrac{1}{2}(a + b)}{\cos.\ \tfrac{1}{2}\,c}\ \sin.\ \tfrac{1}{2}\,C.$$

Wanneer men in 't eerste lid A — B of a — b neemt, veranderen de cosinussen in teller en noemer van 't tweede lid in sinussen, maar blijven de factoren cotang ½ C, tang ½ c, cos. ½ C en sin. ½ C wat zij zijn.

Graden.	Cosin.	Sec.	Cotang.	Tang.	Cosec.	Sin.	Graden.
24	0.407	2.459	0.445	2.246	1.095	0.914	66
25	0.423	2.366	0.466	2.145	1.103	0.906	65
26	0.438	2.281	0.488	2.050	1.113	0.899	64
27	0.454	2.203	0.510	1.963	1.122	0.891	63
28	0.469	2.130	0.532	1.881	1.133	0.883	62
29	0.485	2.063	0.554	1.804	1.143	0.875	61
30	0.500	2.000	0.577	1.732	1.155	0.866	60
31	0.515	1.942	0.601	1.664	1.167	0.857	59
32	0.530	1.887	0.625	1.600	1.179	0.848	58
33	0.545	1.836	0.649	1.540	1.192	0.839	57
34	0.559	1.788	0.675	1.483	1.206	0.829	56
35	0.574	1.743	0.700	1.428	1.221	0.819	55
36	0.588	1.701	0.727	1.376	1.236	0.809	54
37	0.602	1.662	0.754	1.327	1.252	0.799	53
38	0.616	1.624	0.781	1.280	1.269	0.788	52
39	0.629	1.589	0.810	1.235	1.287	0.777	51
40	0.643	1.556	0.839	1.192	1.305	0.766	50
41	0.656	1.524	0.869	1.150	1.325	0.755	49
42	0.669	1.494	0.900	1.111	1.346	0.743	48
43	0.682	1.466	0.933	1.072	1.367	0.731	47
44	0.695	1.440	0.966	1.036	1.390	0.719	46
45	0.707	1.414	1.000	1.000	1.414	0.707	45

Opmerking: Koorde = 2 × nat. sin. halve boog.
Sin. vers = 1 — cosinus.

KWADRAATTAFEL.

Ge-tal.	0	100	200	300	400	500	600	700	800	900	P.C.
0	0	100	400	900	1600	2500	3600	4900	6400	8100	00
1	0	102	404	906	1608	2510	3612	4914	6416	8118	01
2	0	104	408	912	1616	2520	3624	4928	6432	8136	04
3	0	106	412	918	1624	2530	3636	4942	6448	8154	09
4	0	108	416	924	1632	2540	3648	4956	6464	8172	16
5	0	110	420	930	1640	2550	3660	4970	6480	8190	25
6	0	112	424	936	1648	2560	3672	4984	6496	8208	36
7	0	114	428	942	1656	2570	3684	4998	6512	8226	49
8	0	116	432	948	1664	2580	3696	5012	6528	8244	64
9	0	118	436	954	1672	2590	3708	5026	6544	8262	81
10	1	121	441	961	1681	2601	3721	5041	6561	8281	00
1	1	123	445	967	1689	2611	3733	5055	6577	8299	21
2	1	125	449	973	1697	2621	3745	5069	6593	8317	44
3	1	127	453	979	1705	2631	3757	5083	6609	8335	69
4	1	129	457	985	1713	2641	3769	5097	6625	8353	96
5	2	132	462	992	1722	2652	3782	5112	6642	8372	25
6	2	134	466	998	1730	2662	3794	5126	6658	8390	56
7	2	136	470	1004	1738	2672	3806	5140	6674	8408	89
8	3	139	475	1011	1747	2683	3819	5155	6691	8427	24
9	3	141	479	1017	1755	2693	3831	5169	6707	8445	61
20	4	144	484	1024	1764	2704	3844	5184	6724	8464	00
1	4	146	488	1030	1772	2714	3856	5198	6740	8482	41
2	4	148	492	1036	1780	2724	3868	5212	6756	8500	84
3	5	151	497	1043	1789	2735	3881	5227	6773	8519	29
4	5	153	501	1049	1797	2745	3893	5241	6789	8537	76

Ge-tal.	0	100	200	300	400	500	600	700	800	900	P.C.
50	25	225	625	1225	2025	3025	4225	5625	7225	9025	00
1	26	228	630	1232	2034	3036	4238	5640	7242	9044	01
2	27	231	635	1239	2043	3047	4251	5655	7259	9063	04
3	28	234	640	1246	2052	3058	4264	5670	7276	9082	09
4	29	237	645	1253	2061	3069	4277	5685	7293	9101	16
5	30	240	650	1260	2070	3080	4290	5700	7310	9120	25
6	31	243	655	1267	2079	3091	4303	5715	7327	9139	36
7	32	246	660	1274	2088	3102	4316	5730	7344	9158	49
8	33	249	665	1281	2097	3113	4329	5745	7361	9177	64
9	34	252	670	1288	2106	3124	4342	5760	7378	9196	81
60	36	256	676	1296	2116	3136	4356	5776	7396	9216	00
1	37	259	681	1303	2125	3147	4369	5791	7413	9235	21
2	38	262	686	1310	2134	3158	4382	5806	7430	9254	44
3	39	265	691	1317	2143	3169	4395	5821	7447	9273	69
4	40	268	696	1324	2152	3180	4408	5836	7464	9292	96
5	42	272	702	1332	2162	3192	4422	5852	7482	9312	25
6	43	275	707	1339	2171	3203	4435	5867	7499	9331	56
7	44	278	712	1346	2180	3214	4448	5882	7516	9350	89
8	46	282	718	1354	2190	3226	4462	5898	7534	9370	24
9	47	285	723	1361	2199	3237	4475	5913	7551	9389	61
70	49	289	729	1369	2209	3249	4489	5929	7569	9409	00
1	50	292	734	1376	2218	3260	4502	5944	7586	9428	41
2	51	295	739	1383	2227	3271	4515	5959	7603	9447	84
3	53	299	745	1391	2237	3283	4529	5975	7621	9467	29
4	54	302	750	1398	2246	3294	4542	5990	7638	9486	76

Getal	0	100	200	300	400	500	600	700	800	900	P. C.
0	0	100	400	900	1600	2500	3600	4900	6400	8100	00
1	0	102	404	906	1608	2510	3612	4914	6416	8118	01
2	0	104	408	912	1616	2520	3624	4928	6432	8136	04
3	0	106	412	918	1624	2530	3636	4942	6448	8154	09
4	0	108	416	924	1632	2540	3648	4956	6464	8172	16
5	0	110	420	930	1640	2550	3660	4970	6480	8190	25
6	0	112	424	936	1648	2560	3672	4984	6496	8208	36
7	0	114	428	942	1656	2570	3684	4998	6512	8226	49
8	0	116	432	948	1664	2580	3696	5012	6528	8244	64
9	0	118	436	954	1672	2590	3708	5026	6544	8262	81
10	1	121	441	961	1681	2601	3721	5041	6561	8281	00
11	1	123	445	967	1689	2611	3733	5055	6577	8299	21
12	1	125	449	973	1697	2621	3745	5069	6593	8317	44
13	1	127	453	979	1705	2631	3757	5083	6609	8335	69
14	1	129	457	985	1713	2641	3769	5097	6625	8353	96
15	2	132	462	992	1722	2652	3782	5112	6642	8372	25
16	2	134	466	998	1730	2662	3794	5126	6658	8390	56
17	2	136	470	1004	1738	2672	3806	5140	6674	8408	89
18	3	139	475	1011	1747	2683	3819	5155	6691	8427	24
19	3	141	479	1017	1755	2693	3831	5169	6707	8445	61
20	4	144	484	1024	1764	2704	3844	5184	6724	8464	00
21	4	146	488	1030	1772	2714	3856	5198	6740	8482	41
22	4	148	492	1036	1780	2724	3868	5212	6756	8500	84
23	5	151	497	1043	1789	2735	3881	5227	6773	8519	29
24	5	153	501	1049	1797	2745	3893	5241	6789	8537	76
25	6	156	506	1056	1806	2756	3906	5256	6806	8556	25
26	6	158	510	1062	1814	2766	3918	5270	6822	8574	76
27	7	161	515	1069	1823	2777	3931	5285	6839	8593	29
28	7	163	519	1075	1831	2787	3943	5299	6855	8611	84
29	8	166	524	1082	1840	2798	3956	5314	6872	8630	41
30	9	169	529	1089	1849	2809	3969	5329	6889	8649	00
31	9	171	533	1095	1857	2819	3981	5343	6905	8667	61
32	10	174	538	1102	1866	2830	3994	5358	6922	8686	24
33	10	176	542	1108	1874	2840	4006	5372	6938	8704	89
34	11	179	547	1115	1883	2851	4019	5387	6955	8723	56
35	12	182	552	1122	1892	2862	4032	5402	6972	8742	25
36	12	184	556	1128	1900	2872	4044	5416	6988	8760	96
37	13	187	561	1135	1909	2883	4057	5431	7005	8779	69
38	14	190	566	1142	1918	2894	4070	5446	7022	8798	44
39	15	193	571	1149	1927	2905	4083	5461	7039	8817	21
40	16	196	576	1156	1936	2916	4096	5476	7056	8836	00
41	16	198	580	1162	1944	2926	4108	5490	7072	8854	81
42	17	201	585	1169	1953	2937	4121	5505	7089	8873	64
43	18	204	590	1176	1962	2948	4134	5520	7106	8892	49
44	19	207	595	1183	1971	2959	4147	5535	7123	8911	36
45	20	210	600	1190	1980	2970	4160	5550	7140	8930	25
46	21	213	605	1197	1989	2981	4173	5565	7157	8949	16
47	22	216	610	1204	1998	2992	4186	5580	7174	8968	09
48	23	219	615	1211	2007	3003	4199	5595	7191	8987	04
49	24	222	620	1218	2016	3014	4212	5610	7208	9006	01
50	25	225	625	1225	2025	3025	4225	5625	7225	9025	00
51	26	228	630	1232	2034	3036	4238	5640	7242	9044	01
52	27	231	635	1239	2043	3047	4251	5655	7259	9063	04
53	28	234	640	1246	2052	3058	4264	5670	7276	9082	09
54	29	237	645	1253	2061	3069	4277	5685	7293	9101	16
55	30	240	650	1260	2070	3080	4290	5700	7310	9120	25
56	31	243	655	1267	2079	3091	4303	5715	7327	9139	36
57	32	246	660	1274	2088	3102	4316	5730	7344	9158	49
58	33	249	665	1281	2097	3113	4329	5745	7361	9177	64
59	34	252	670	1288	2106	3124	4342	5760	7378	9196	81
60	36	256	676	1296	2116	3136	4356	5776	7396	9216	00
61	37	259	681	1303	2125	3147	4369	5791	7413	9235	21
62	38	262	686	1310	2134	3158	4382	5806	7430	9254	44
63	39	265	691	1317	2143	3169	4395	5821	7447	9273	69
64	40	268	696	1324	2152	3180	4408	5836	7464	9292	96
65	42	272	702	1332	2162	3192	4422	5852	7482	9312	25
66	43	275	707	1339	2171	3203	4435	5867	7499	9331	56
67	44	278	712	1346	2180	3214	4448	5882	7516	9350	89
68	46	282	718	1354	2190	3226	4462	5898	7534	9370	24
69	47	285	723	1361	2199	3237	4475	5913	7551	9389	61
70	49	289	729	1369	2209	3249	4489	5929	7569	9409	00
71	50	292	734	1376	2218	3260	4502	5944	7586	9428	41
72	51	295	739	1383	2227	3271	4515	5959	7603	9447	84
73	53	299	745	1391	2237	3283	4529	5975	7621	9467	29
74	54	302	750	1398	2246	3294	4542	5990	7638	9486	76
75	56	306	756	1406	2256	3306	4556	6006	7656	9506	25
76	57	309	761	1413	2265	3317	4569	6021	7673	9525	76
77	59	313	767	1421	2275	3329	4583	6037	7691	9545	29
78	60	316	772	1428	2284	3340	4596	6052	7708	9564	84
79	62	320	778	1436	2294	3352	4610	6068	7726	9584	41
80	64	324	784	1444	2304	3364	4624	6084	7744	9604	00
81	65	327	789	1451	2313	3375	4637	6099	7761	9623	61
82	67	331	795	1459	2323	3387	4651	6115	7779	9643	24
83	68	334	800	1466	2332	3398	4664	6130	7796	9662	89
84	70	338	806	1474	2342	3410	4678	6146	7814	9682	56
85	72	342	812	1482	2352	3422	4692	6162	7832	9702	25
86	73	345	817	1489	2361	3433	4705	6177	7849	9721	96
87	75	349	823	1497	2371	3445	4719	6193	7867	9741	69
88	77	353	829	1505	2381	3457	4733	6209	7885	9761	44
89	79	357	835	1513	2391	3469	4747	6225	7903	9781	21
90	81	361	841	1521	2401	3481	4761	6241	7921	9801	00
91	82	364	846	1528	2410	3492	4774	6256	7938	9820	81
92	84	368	852	1536	2420	3504	4788	6272	7956	9840	64
93	86	372	858	1544	2430	3516	4802	6288	7974	9860	49
94	88	376	864	1552	2440	3528	4816	6304	7992	9880	36
95	90	380	870	1560	2450	3540	4830	6320	8010	9900	25
96	92	384	876	1568	2460	3552	4844	6336	8028	9920	16
97	94	388	882	1576	2470	3564	4858	6352	8046	9940	09
98	96	392	888	1584	2480	3576	4872	6368	8064	9960	04
99	98	396	894	1592	2490	3588	4886	6384	8082	9980	01

De honderdtallen staan bovenaan, de tientallen en eenheden in de vertikale meest linksche kolom. De kolom gemerkt P. C. geeft de twee laatste cijfers van de tweede macht van het getal.

Voorbeeld: Zij gevraagd de tweede macht van 756. Zoek het getal dat de kolom gemerkt 700 met de rij gemerkt 56 gemeen heeft, dan vindt men 5715. Plaats hierachter het getal P. C. dat op denzelfden regel staat dat is 36, dan is de gevraagde tweede macht: 571536.

Zons Rechte Opklimming en Declinatie, Tijdvereffening ten 0u. MT. Greenwich, na 1 Maart 1900—1904—1908, enz.

(de tijdvereffening met het teeken toepassen op den middelb. tijd.)

MAART 1900.

	R. O.	Decl.	Tijdv.
0	22 u. 44 m.	8° 1' Z.	12 m. 46 s.
1	22 48	7 39 Z.	12 35
6	23 7	5 43 Z.	11 30
11	23 25	3 46 Z.	10 15
16	23 43	1 48 Z.	8 52
21	0 2	0 10 N.	7 23
26	0 20	2 8 N.	5 52
31	0 38	4 5 N.	4 20

APRIL 1900.

	R. O.	Decl.	Tijdv.
1	0 u. 42 m.	4° 29' N.	4 m. 2 s.
6	1 0	6 23 N.	2 33
11	1 18	8 15 N.	1 9
16	1 37	10 4 N.	0 8
21	1 55	11 48 N.	1 16
26	2 14	13 27 N.	2 13

MEI 1900.

	R. O.	Decl.	Tijdv.
1	2 u. 33 m.	15° 1' N.	2 m. 57 s.
6	2 52	16 29 N.	3 28
11	3 11	17 50 N.	3 46
16	3 31	19 4 N.	3 49
21	3 51	20 9 N.	3 38
26	4 11	21 6 N.	3 13
31	4 32	21 54 N.	2 36

JUNI 1900.

	R. O.	Decl.	Tijdv.
1	4 u. 36 m.	22° 2' N.	2 m. 27 s.
6	4 56	22 38 N.	1 38
11	5 17	23 5 N.	0 41
16	5 38	23 21 N.	0 21
21	5 58	23 27 N.	1 25
26	6 19	23 23 N.	2 30

JULI 1900.

	R. O.	Decl.	Tijdv.
1	6 u. 40 m.	23° 8' N.	3 m. 31 s.
6	7 0	22 43 N.	4 26
11	7 21	22 9 N.	5 12
16	7 41	21 25 N.	5 46
21	8 1	20 32 N.	6 9
26	8 21	19 30 N.	6 17
31	8 41	18 20 N.	6 11

AUGUSTUS 1900.

	R. O.	Decl.	Tijdv.
1	8 u. 45 m.	18° 5' N.	6 m. 8 s.
6	9 4	16 46 N.	5 44
11	9 23	15 21 N.	5 4
16	9 42	13 49 N.	4 10
21	10 0	12 12 N.	3 4
26	10 19	10 30 N.	1 46
31	10 37	8 43 N.	0 18

SEPTEMBER 1900.

	R. O.	Decl.	Tijdv.
1	10 u. 41 m.	8° 22' N.	0 m. 0 s.
6	10 59	6 31 N.	1 38
11	11 17	4 38 N.	3 20
16	11 35	2 43 N.	5 6
21	11 53	0 47 N.	6 52

OCTOBER 1900.

	R. O.	Decl.	Tijdv.
1	12 u. 29 m.	3° 7' Z.	10 m. 14 s.
6	12 47	5 3 Z.	11 47
11	13 5	6 57 Z.	13 10
16	13 24	8 49 Z.	14 20
21	13 43	10 38 Z.	15 16

NOVEMBER 1900.

	R. O.	Decl.	Tijdv.
1	14 u. 25 m.	14° 23' Z.	16 m. 19 s.
6	14 45	15 56 Z.	16 17
11	15 5	17 23 Z.	15 54
16	15 25	18 42 Z.	15 10
21	15 46	19 53 Z.	14 4
		20 55 Z.	33

1	16 u. 20 m.	21° 47' Z.	10 m. 55s. (+)	18 u. 45' m.	23° 2' Z.	3 m. 34s. (−)	20 u. 58 m.	17° 13' Z.	13 m. 40 s. (−)
6	16 50	22 29 Z.	8 55 (+)	19 7	22 33 Z.	5 52 (−)	21 18	15 44 Z.	14 16 (−)
11	17 12	23 0 Z.	6 43 (+)	19 29	21 52 Z.	7 58 (−)	21 38	14 9 Z.	14 27 (−)
16	17 34	23 10 Z.	4 20 (+)	19 51	21 1 Z.	9 50 (−)	21 57	12 28 Z.	14 19 (−)
21	17 57	23 27 Z.	1 52 (+)	20 12	19 59 Z.	11 25 (−)	22 17	10 42 Z.	13 53 (−)
26	18 19	23 23 Z.	0 39 (−)	20 33	18 49 Z.	12 41 (−)	22 36	8 52 Z.	13 11 (−)
31	18 41	23 7 Z.	3 5 (−)	20 54	17 29 Z.	13 37 (−)			

Na verloop van 1, 2 of 3 jaren zoekt men de ephemeriden uit bovenstaande tabel voor $\frac{1}{4}$, $\frac{1}{2}$ en $\frac{3}{4}$ dag vroeger dan de tabel geeft. Bijv. voor 21 Januari 1902, neme men de ☉ R.O. en Decl. van 20¾ Januari; voor 29 Februari 1904 neemt men dien van 0 Maart uit de tabel en voor 1 Maart 1904 weer dezelfde die de tabel geeft. Telkens na een schrikkeldag, dus om de 4 jaar is de tabel conform de werkelijkheid.

Men kan met behulp der tabel ook de middelbare zons rechte opklimming vinden door de formule :

Middelbare Zons R.O. = Zons R.O. + Tijdvereffening

daarbij aan de tijdvereffening het teeken uit de tabel gevende.

Duur van het tropische jaar
(Ariës tot Ariës) . . . . . 365 d. 5 u. 48 m. 45s,51
" " Siderische jaar
(vaste ster tot vaste ster) . 365 d. 6 u. 9 m. 8s,97
" " anomalistisch jaar
(perigeum tot perigeum) . 365 d. 6 u. 13 m. 48s,09
Gem. Synodische maand
(nieuwe maan tot nieuwe maan) 29 d. 12 u. 44 m. 2s,86
Siderische maand . . . . . . 27 d. 7 u. 43 m. 11s,55
Tropische maand (Ariës tot Ariës) . . 27 d. 7 u. 43 m. 4s,68
Anomalistische maand (perigeum tot per.) . 27 d. 13 u. 18 m. 37s,44
Draconitische maand (knoop tot knoop) . 27 d. 5 u. 5 m. 35s,81

Helling der ecliptica = 23°27' 8",26 − 0",4757 (t−1900)
Constante der precessie = 50",248 + 0,000222 (t−1900)
Constante der nutatie = 9",21
Constante der aberratie = 20",47
Parallax der zon = 8",80

Maten en Gewichten in verschillende landen gebruikelijk.

a. Nederlandsch Oost-Indië

LENGTEMATEN.

NAAM	BESTEMMING.	INDEELING.	OUDE WAARDE	METRIEKE WAARDE
Paal (Java)	afstand	400 Rl. roede		1506,943 M.
Paal (Sum.)	"	1/3 uur gaans		1851,852 "
Roede	bouwterrein	1 Rl. roede	12 voet	3,767358 "
Voet	hout	12 voet	1 " voet	0,313946 "
Duim	"	12 duim	1 " duim	0,026162 "
Vadem	hout, touw	6 voet	1 Amst vadem	1,698798 "
Vadem	diepte	6 voet		1,8 "
Voet	hout	11 duim	1 " voet	0,283133 "
Duim	"		1 " duim	0,025739 "
El	lijnwaad		1 " el	0,68781 "
Depa.	"	4 hasta		± 1,7 "
Hasta	"	2 kilan		± 0,42 "
Kilan	"			± 0,21 "

VLAKTEMATEN.

NAAM	BESTEMMING.	INDEELING.	OUDE WAARDE	METRIEKE WAARDE
Vierk. paal	land	320 bouw	160000 vrk. Rl. r.	2270877,76 M².
Bouw	"	500 vierk. r.	500 " "	7096,49 "
Vierk.roede	"		1 " "	14,19299 "
Morgen	"		600 " "	8515,79 "

RUIMTEMATEN.

NAAM	BESTEMMING.	INDEELING.	OUDE WAARDE	METRIEKE WAARDE
Kojang	schepen	2 ton	32 pikol	1976,262 KG.
Ton	brandhout		16 "	988,181 "
Toembak			216 kub. Rl. vt.	6,684 M³.

MATEN VOOR DROGE WAREN.

NAAM	BESTEMMING.	INDEELING.	OUDE WAARDE	METRIEKE WAARDE
Kojang	zout	30 pikol		2011,2679 L.
Pikol	zout, rijst	8 gantang.	468 kub. Rl. dm.	67,0423 "
Gantang	"	8 batok		8,5766 "
Batok	"kalk "			1,0721 "
Ton				92,83 "

VOCHTMATEN.

NAAM	BESTEMMING.	INDEELING.	OUDE WAARDE	METRIEKE WAARDE
Ton	stroop	48 kan		72,761 L.
Takar	olie	17		25,770 "
Kit	"	10		15,159 "
Koelak	diversen.	4 koelak	2	3,790 "
Kan	"	10 mutsje	1	1,5751 "
Mutsje	olie	2 pintje	0,1	0,1516 "
Pintje			0,05	0,0758 "

GEWICHTEN.

NAAM.	BESTEMMING.	INDEELING.	OUDE WAARDE	METRIEKE WAARDE
Pikol	handel	100 kati	125 Amst. Pd.	61,7613 KG.
Kati	"	16 thail	1,25 "	0,617613 "
Thail	opium	10 tji	"	0,038601 "
Tji	"	10 tiembang	"	0,00386 "
Tiembang, Mata of	"			0,000386 "
Hoen	handel	16 ons	1 Amst. Pd.	0,49409 "
Pond	"	2 lood	1 " ons	0,03088 "
Ons			1 " lood	0,01544 "
Lood		2 reaal	2 Sp. mat.	0,05409 "
Thail	edel metaal	4 soekoe	1 "	0,02705 "
Reaal	"	2 tali		0,00676 "
Soekoe	"	3 wang		0,00338 "
Tali	"			0,00113 "
Wang	"			0,05 "
Thail	id. en opium			0,04 "
Thail	"		1/16 katti	0,038601 "
Thail	"		1/12 Amst. Pd.	0,041174 "
Thail	"		1/25 KG.	0,035714 "
Thail	"			0,055585 "
Karaat	diamant			± 0,000205 "
Kojang	rijst (Batavia)		27 pikol	1667,555 "
Kojang	" (Samarang)		28 "	1729,316 "
Kojang	" (Soerabaja)		30 "	1852,839 "

MEDICINAAL GEWICHT.

NAAM.	BESTEMMING.	INDEELING.	OUDE WAARDE	METRIEKE WAARDE
Pond	med. gewicht	12 ons	3/4 Pd. Holl. Trooisch	0,36912579 KG.
Ons		8 drachme		0,030760
Drachme		3 scrupel		0,003845
Scrupel		20 grein		0,001282
Grein				0,000064
Pond		12 ons	3/5 KG.	0,375
Ons		8 drachme		0,03125
Drachme		3 scrupel		0,003906
Scrupel		20 grein		0,001302
Grein				0,000065

b. Nederlandsch West-Indië.

Lengtematen.
1 Surinaamsche ketting = 20,72 M., 1 Amst. el = 0,688 M., 1 Rijnl. voet = 0,314 M.

Vlaktematen.
1 Surinaamsche akker = 4289,66 M²., 1 vierkante ketting = 428,27 M¹.

Inhoudsmaten.
1 Gallon = 3,6 L., 1 Pint = 0,6 L.

Gewichten.
1 Amsterdamsch Pond = 0,494 KG., 1 Engelsch Pond = 0,373 KG.

c. Engelsche maten en gewichten.

Grondslag van het stelsel.
Bij Parlementsakte van het jaar 1760 zijn de Engelsche maten en gewichten gebaseerd op den Normal-Yard en het Normaal-Pound. Troy. Om die maten terug te kunnen vinden is bepaald dat de lengte van den secundeslinger te Londen 39,13929 Eng. duim wordt aangenomen, terwijl het gewicht van een kubieken Engelschen duim zuiver water bij een temperatuur van 58° Fahr. en bij een barometerstand van 30 inch. op 252,458 grains troy is vastgesteld. Een Imperial gallon is daarna vastgesteld op 10 Pond avoir du pois = 277,2738 cub. Eng. duim (water) en een Pound Troy op 5760 grains.

Naam	Equivalent.
LENGTEMAAT.	
1 League.	3 Miles.
1 Mile.	8 Furlongs.
1 Furlong.	10 Chains.
1 Chain.	100 Links.
Id.	4 Poles.
1 Pole.	1 Rod.
Id.	1 Perch.
Id.	5½ Yard.
1 Yard.	3 Feet.
1 Foot.	12 Inches.

Naam.	Equivalent.
VLAKTEMAAT.	
1 Sq. Mile.	640 Acres.
100 Acres.	1 Hide of land.
1 Acre.	4 Roods.
Id.	10 Sq. Chains.
1 Rood.	40 Sq. Poles.
1 Sq. Pole.	1 Sq. Rod.
Id.	1 Sq. Rod.
Id.	1 Sq. Perch.
Id.	30¼ Sq. Yard.
1 Sq. Yard.	9 Sq. Feet.
1 Sq. Foot.	144 Sq. Inches.

Naam.	Equivalent.
RUIMTEMAAT.	
1 Imp. gallon.	277,2738 cub. inches.
1 cub. yard.	27 cub. feet.
1 cub. foot.	1728 cub. inches.
NATTE WAREN.	
1 Gallon.	4 Quarts.
1 Quart.	2 Pints.
1 Pint.	4 Gills.
1 Gill.	8,665 cub. inches.
DROGE WAREN.	
1 Quarter.	8 Bushels.
1 Bushel.	4 Pecks.
1 Peck.	2 Gallons.
1 Gallon.	4 Quarts.
1 Quart.	2 Pints.

Naam.	Equivalent.
HANDELSGEWICHT. (avoir du pois.)	
1 Ton.	20 Hundr. weight. (¹)
1 Hundr. weight.	4 Quarters.
1 Quarter. (¹)	2 Stone.
1 Stone. (²)	14 Pounds.
1 Pound. (¹)	16 Ounces.
1 Ounce. (¹)	16 Drams.
1 Dram.	27¹¹/₃₂ Troy grains.
TROY GEWICHT (edele metalen, gesteenten en proefnemingen).	
1 Pound.	12 Ounces.
1 Ounce.	20 Pennyweight.
1 Pennyweight.	24 Grains.

Naam.	Epuivalent.
INHOUDSMAAT voor medisch gebruik.	
1 Gallon.¹	8 Pints.
1 Pint.	20 fl. Ounce.
1 fluid Ounce.	8 fl. Drachm.
1 fl. Drachm.	60 Minims.

(¹) Afkortingen:
Hundredweight. Cwt.
Quarter. Qr.
Pound. lb.
Ounce. Oz.

(²) Bij vleesch en visch is een Stone = 8 avdp.

Vergelijkingstabellen Engelsche en Metrieke Maat.

LENGTE.

Metrieke maat in Eng.   *Engelsche maat in metrieke.*

I M.	II Yards.	III Feet.	IV Inches.	V Yds.	VI Meters.	VII Ft.	VIII Meters.	IX Inch.	X cM.
1	1,0936	3,2809	39,37	1	0,91438	1	0,30479	1	2,53995
2	2,1873	6,5618	78,74	2	1.82876	2	0,60959	2	5,0799
3	3,2809	9,8427	118,11	3	2,74315	3	0,91438	3	7,6199
4	4,3745	13,1236	157,48	4	3,65753	4	1,21918	4	10,1598
5	5,4682	16,4045	196,85	5	4,57191	5	1,52397	5	12,6998
6	6,5618	19,6854	236,22	6	5,48629	6	1,82876	6	15,2397
7	7,6554	22,9663	275,60	7	6,40067	7	2,13356	7	17,7797
8	8,7491	26,2472	314,97	8	7,31506	8	2,43835	8	20,3196
9	9,8427	29,5281	354,34	9	8,22944	9	2,74315	9	22,8596

Herleiding van deelen van Engelsche duimen in metrieke maat.

Inch.	cM.	mM.	Inch.	cM.	mM.	Inch.	cM.	mM.	Inch.	cM.	mM.
$1/32$	0	0,79	$9/32$	0	7,13	$17/32$	1	3,47	$25/32$	1	9,82
$2/32$	0	1,59	$10/32$	0	7,93	$18/32$	1	4,27	$26/32$	2	0,61
$3/32$	0	2,38	$11/32$	0	8,72	$19/32$	1	5,06	$27/32$	2	1,41
$4/32$	0	3,17	$12/32$	0	9,51	$20/32$	1	5,85	$28/32$	2	2,20
$5/32$	0	3,96	$13/32$	1	0,30	$21/32$	1	6,65	$29/32$	2	2,99
$6/32$	0	4,75	$14/32$	1	1,10	$22/32$	1	7,44	$30/32$	2	3,79
$7/32$	0	5,55	$15/32$	1	1,89	$23/32$	1	8,23	$31/32$	2	4,58
$8/32$	0	6,34	$16/32$	1	2,68	$24/32$	1	9,03	$32/32$	2	5,3995

OPPERVLAKTE.

Metrieke maat in Engelsche.   *Engelsche maat in metrieke.*

I ☐ M.	II ☐ Yards.	III ☐ Feet.	IV ☐ Inches.	V ☐ Yds.	VI ☐ Meters.	VII ☐ Feet.	VIII ☐ Meters.	IX ☐ Inch.	X ☐ cM.
1	1,1960	10,76	1550,1	1	0,8361	1	0,0929	1	6,45
2	2,3921	21,53	3100,1	2	1,6722	2	0,1858	2	12,90
3	3,5881	32,29	4650,2	3	2,5083	3	0,2787	3	19,35
4	4,7841	43,06	6200,2	4	3,3444	4	0,3716	4	25,81
5	5,9802	53,82	7750,3	5	4,1805	5	0,4645	5	32,26
6	7,1762	64,58	9300,4	6	5,0166	6	0,5574	6	38,71
7	8,3722	75,35	10850,4	7	5,8527	7	0,6503	7	45,16
8	9,5683	86,11	12400,5	8	6,6888	8	0,7432	8	51,61
9	10,7643	96,88	13950,5	9	7,5249	9	0,8361	9	58,06

INHOUD.

Metrieke maat in Engelsche. *Engelsche maat in metrieke.*

I cub. M.	II cub. Yards.	III cub. Feet.	IV cub. Inches.	V cub. Yds.	VI cub. Meters.	VII cub. Ft.	VIII cub. Meters.	IX cub. Inch.	X cub. cM.
1	1,3081	35,3175	61028,59	1	0,7645	1	0,0283	1	16,38618

GALLONS EN LITERS.

Liters.	Gallons.	Gall.	Liters.
1	0,2201	1	4,543
2	0,4402	2	9,087
3	0,6603	3	13,630
4	0,8804	4	18,174
5	1,1005	5	22,717
6	1,3206	6	27,261
7	1,5407	7	31,804
8	1,7608	8	36,348
9	1,9809	9	40,891

GEWICHT.

Metrieke maat in Engelsche. *Engelsche maat in metrieke.*

I KG.	II Tonnen.	III Pounds Avoir du pois.	IV Grains Troy.	V Tons	VI Tonnen ad. 1000 KG.	VII Pound.	VIII Kilo-grammen.	IX grains Troy.	X Grammen.
1	0,000984	2,2046	15432,3	1	1,016	1	0,4536	1	0,0648
2	0,001968	4,4092	30864,7	2	2,032	2	0,9072	2	0,1296
3	0,002953	6,6139	46297,0	3	3,048	3	1,3608	3	0,1944
4	0,003937	8,8185	61729,4	4	4,064	4	1,8144	4	0,2592
5	0,004921	11,0231	77161,7	5	5,080	5	2,2680	5	0,3240
6	0,005905	13,2277	92594,1	6	6,096	6	2,7216	6	0,3888
7	0,006889	15,4323	108026,4	7	7,112	7	3,1751	7	0,4536
8	0,007874	17,6370	123458,8	8	8,128	8	3,6287	8	0,5184
9	0,008858	19,8416	138891,1	9	9,144	9	4 0823	9	0,5832

MATEN VOOR DIVERSE HANDELSARTIKELEN.

Naam.	Bestemming.	Equivalent.		Naam.	Bestemming.	Equivalent.	
Ton	Water, enz.	210 gall.	954,0 L.	Barrel.	Pruimen.	336 lbs.	152,4 KG.
Butt	„	110 „	499,7 „	Half hogshd.	„	224 „	101,6 „
Puncheon.	„	72 „	327,1 „	Firkin.	„	112 „	50,8 „
Barrel.	„	36 „	163,5 „	Barrel.	Erwten.	40 gall.	181,7 L.
Kilderkin.	„	18 „	81,8 „	Half hogshd.	„	28 „	119,2 „
Puncheon.	Rum, azijn.	72 „	327,1 „	Barrel.	Haver.	7½ bushel.	272,6 „
Hogshead.	„	54 „	245,3 „	Half hogshd.	„	5½ „	199,9 „
Barrel.	„	36 „	163,5 „	Small cask.	„	2½ „	90,9 „
Half hogshd.	„	25 „	113,6 „	Dito.	„	2 „	72,7 „
Kilderkin.	„	18 „	81,8 „	Barrel.	Suiker.	392 lbs.	177,8 KG.
Small-cask.	„	12 „	54,5 „	Half hogshd.	„	280 „	127,0 „
Bag.	Beschuit.	112 lbs.	50,8 KG.	Small cask.	„	112 „	50,8 „
Tierce.	zoutvleesch	38 8 lb pieces	137,9 „	Chest.	Thee.	83 „	37,6 „
Barrel.	„	26 „	94,3 „	Half chest.	„	36 „	16,3 „
Tierce.	Pekelspek.	80 4 „	145,2 „	Hogshead.	Tabak.	242 „	109,8 „
Barrel.	„	52 „	94,3 „	Barrel.	„	160 „	72,6 „
Half hogshd.	Reuzel.	168 lbs.	76,2 „	Half hogshd.	„	126 „	57,2 „
Small cask.	„	70 „	31,8 „	Half hogshd.	Zeep.	113 „	51,3 „
Id.	„	56 „	25,4 „	Barrel.	„	244 „	110,7 „

d. Andere landen.

Het metriek stelsel is ingevoerd in: België, Duitschland, Frankrijk, Griekenland, Italië, Luxemburg, Nederland, Noorwegen, Oostenrijk-Hongarije, Portugal, Rumenië, Spanje, Zweden, Zwitserland, Egypte, en de meeste Zuid-Amerikaansche republieken.

Verder worden andere maten gebruikt, zie onderstaande tabel:

Argentinië . . . . Zie *Spanje*.

Bombay . . . . 1 Guz = 27 Inches = 68,58 cM. (Zie verder Indië.)

Canada . . . . Metriek en Engelsch stelsel.

Chili . . . . Zie *Spanje*.

China . . . . 1 Li = 442 M. (ongeveer).
251 Li = 1 meridiaangraad (ongeveer).
60 Li = 1 Keng = 26520 M.
1 Fen = 1 Tschun = 0,032 M.
10 Tschun = 1 Tschih = 0,318 M.
10 Tschih = 1 Tschang = 3,181 M.

EQUIVALENT.

		Engelsch tractaat	Fransch tractaat
1 Tail of liang		1,333 Oz.	37,783 G.
1 Katti of kin	16 tails.	1,333 ℔	604,53 „
1 Pikol of tan	100 katti.	133,33 ℔	60,453 Kg.
1 Tschih		159,99 ℔	72,544 „

Denemarken..... 1 Fod = 0,31385 M., 1 Pund (handels-) = 500 G., 1 Centner = 100 Pund (handels-) = 50 KG., 1 Pund (scheeps-) = 320 Pund (handels-) = 160 KG., 1 Last (scheeps-) = 1625 Pund (scheeps-) = 52 Centner = 2600 KG.

Egypte......... 1 handels-acka = 420 Drachme = 1,297 KG.
1   dito   (te Alexandrië) = 412 Drachme = 1,2724 KG.
1 Rotolo = 12 Uckie = 144 Drachme = 0,4447 KG.
1 Rotolo (regeerings-) = 180 Drachme = 0,5556 KG.
1 Cantoro = 100 Rotoli.

Kaapkolonie..... Behalve de Engelsche maten en gewichten, gedeeltelijk de oude Hollandsche:
1 Rijnlandsche voet = 1,03 Feet = 0,3139 M.
1 Aam = 4 Ankers = 34,16 Gallons = 155 L.
1 Anker = 2 Steekan, 1 Steekan = 8 Stoop, 1 Stoop = 2 Mingel. 1 Mingel = 2 Pint, 1 Pint = 4 Mutsjes.

Griekenland...... Metriek stelsel, onder de navolgende benamingen:
Pechys = M., Palame = dM., Daktylus = cM., Gramme = mM.
Stadion = KM., Skoinis = M.M.
Koilon = HL., Litra = L.
Mna = KG., Drachma = G.

Indië (Bengalen).. Behalve het Engelsch stelsel heeft men:
1 Guz = 36 Eng. dm., 1 Bam of Danda = 2 Yards, 1 Coss = 1000 Dandas = 1,136 Stat. Mile.
1 Bazar-maund = 40 Seers à 16 Chittacks à 5 Tola's = 100 Eng. ℔ Troy = 37,324 KG.
1 Factory-maund = 40 Seers à 16 Chittacks = 33,868 KG. In de praktijk rekent men:
10 Bazar-maunds = 11 Factory-maunds en 3 Factory-maunds = 2 Eng. Cwt. = 101,6 KG.
1 Pail of Picol à 100 Catties à 16 Thails = 60,742 KG.

Japan.......... **Lengtemaat.**
1 Sjakoe of Kane-sjakoe = 0,30303 M.
1 Zjoo = 10 Sjakoe = 100 Soen = 1000 Boe = 10.000 Rien = 100.000 Goo = 3,0303 M.
6 Sjakoe = 1 Ken = 1,81818 M.
1 Tan = 26 Sjakoe, 1 Hiki = 2 Tan.
Vlaktemaat.
1 Tsoebo = 3,305785 M².
1 Tsjoo = 10 Tan = 100 Se = 3000 Tsoebo = 110.800 vierk. Sjakoe.
12 Tsjoo = 19 H.A.
Inhoudsmaat.
1 Gokoe = 10 To = 100 Sjoo = 1000 Go = 10.000 Sjakoe = 180,3907 L.
Gewicht.
1 Mom-me = 3,756512 G.
1 Kwam-me = 10 Hiyakoe-me = 100 Joe-me = 1000 Mom-me = 10.000 Foen = 100,000 Rien = 1,000,000 Mo = 3,756512 KG.
1 Jap. pond of Kien = 0,6014 KG.

Madras.........	Behalve de Engelsche maten: 1 Guz = 33 Inches, 1 Baum = 6,5 Feet, 1 Kadam = 10 Statute miles. 1 Viss = 3,09 lbs. avdp., 1 Maund = 25 lbs. avdp., 1 Candy = 500 lbs. avdp.
Mauritius........	Engelsch en metriek stelsel.
Mexico.........	Als *Spanje*.
Nicaragua.......	Als *Spanje*.
Noorwegen......	1 Miil = 30.000 Fod = 11295,5 M., 1 Fod = 12 Tomme = 0,3138 M. 1 Tomme (duim) = 0,02615 M., 1 Palm = 0,0886 M., 1 Pund = 0,4984 KG. 1 Last (scheeps-) = 16¼ Pund (scheeps-) = 2,592 Ton ad 1000 KG.
Oostenrijk.......	Metriek stelsel.
Peru...........	Als *Spanje*.
Philippijnen......	Als *Spanje*. Zie ook *Vereen. Staten van N.-Amerika*.
Portugal........	1 Milha maritima = 1850 M., 1 Milha geografica = 1609 M. 1 Vara = 1,10 M., 1 Covado = 0,66 M., 1 Palmo da junta = 0,29 M. 1 Pé = 0,33 M., 1 Dedo = 0,018 M. 1 Quintal = 4 Arrobas = 58,752 KG. 1 Arroba = 32 Arratels = 14,688 KG. 1 Arratel = 1 Libra = 459 G.
Rusland........	1 Werst = 500 Sascheen = 3500 Voet = 1066,8 M. 1 Sascheen (afstand) = 7 Russ. voet = 2,1336 M. 1 Sascheen (diepte) = 1 Eng. vaam = 1,829 M. 1 Russ. voet = 1 Eng. voet = 0,3048 M. 1 Desseetin = 2400 vierk. Sascheen = 109,3 Are. 1 Pond = 32 Lood = 96 Solotnik = 409,531 G., 1 Artilleriepond = 498,108 G. 1 Pud [1]) = 40 Pond = 16,3805 KG., 62 Pud = 1 Eng. ton. 1 Berkowetz (scheepspond) = 163,805 KG. 1 Zeeton = 6 Scheepspond = 982,828 KG. 1 Scheepslast = 2 Zeeton = 1965,7 KG. 1 Last = 123 Pud 26 Pond = 2025⁴/₉ KG. 1 Tschetwert = 2,099 L., 1 Tshetwerik = 26,238 L. 1 Wedro = 12,299 L., 1 Botschka = 40 Wedro.
Spanje.........	1 Legua $\begin{cases} \text{burgalesca} = 5572{,}700 \text{ M.} \\ \text{geometrica} = 5555{,}555 \text{ M.} \\ \text{marina} = 3 \text{ millas} = 5559{,}4 \text{ M.} \end{cases}$ 1 Milla = ± 10 Cables = 1853,161 M.; 1 Cable = 110,8 Braza's = 185,258 M. 1 Vara = 3 Piés = 0,836 M.; 1 Pié = 12 Pulgadas = 0,27863 M. 1 Tonelada = 20 Quintales = 920,186 KG. 1 Quintal = 4 Arrobas = 100 Libras = 1000 Onzas = 46,009 KG.

[1]) In de praktijk stelt men 1 Pud = 36 Eng. ℔ avdp.

Turkije	Zira'i-â chary = M., Euchry-zirâ = dM., Achary-zira' = cM. Mi'chary zira' = mM., Myli-â chary = KM. Eultschek = L. Vékicy-â chary = KG., Dirhem-â'chary = G. 1 Oka = 400 Drachmen = 1,28 KG. 1 Oka (maat voor natte waren) = 1,33 L.
Uruguay	Als *Spanje*.
Venezuela	Als *Spanje*.
Vereenigde Staten van Noord-Amerika.	Het metriek stelsel is toegelaten, maar in 't gebruik komen meest de Eng. maten en gewichten voor, met uitzondering van den Centner die hier Cental heet en 100 pond avdp. heeft, alsmede de ton ad 2240 ℔ avdp. (doch bij steenkolen 2000 ℔).
Zweden	1 Miil = 36000 Voet = 10688 M., 1 Fot (voet) = 10 Duim = 0,2969 M. 1 M. = 3,368 Fot. 1 Skalpund = 100 Ort = 1000 Korn = 0.425 KG. 1 Skippund = 400 Skalpund = 170 KG. (victualiegewicht.) 1 Stapelstadsgewicht = 0,8 Skippund = 136 KG., 1 Bergsgewicht = 0,88 Skippund = 149,6 KG. 1 Uppstads (binnenstads) gewicht = 0,84 Skippund = 142,8 KG. 1 Tackjerns (gietijzers) gewicht = 1,144 Skippund = 194,485 KG.

---

e. *Vroeger veel gebruikte, niet meer officiëele maten en gewichten.*

1 Amsterdamsche voet . . = 0,283133 M.	1 Wurtemberger voet . . . = 0,2865 M.
1 Rijnlandsche voet . . . = 0,313947 „	1 Hanoversche voet . . . . = 0,2921 „
1 Engelsche voet . . . ' = 0,304796 „	1 Saksische voet . . . . . = 0,2832 „
1 Pruisische voet . . . . = 0.313854 „	1 Beiersche voet . . . . . = 0,2919 „
1 Parijsche voet . . . . = 0,324839 „	1 Weener voet. . . . . . = 0,3161 „
1 Venetiaansche voet . . . = 0,3479 „	1 Groninger voet. . . . . = 0,292 „
1 Zweedsche voet . . . . = 0,2969 „	1 Friesche voet . . . . . = 0,284 „
1 Badensche (Zwitsersche vt.) = 0,300 „	1 Deventer voet . . . . . = 0,296 „
1 Amsterdamsche duim . . = 25,7394 mM.	1 Amsterdamsche lijn . . . = 2,1449 mM.
1 Rijnlandsche duim . . . = 26,1622 „	1 Rijnlandsche lijn . . . . = 2,1802 „
1 Engelsche duim . . . . = 25,3997 „	1 Engelsche lijn . . . . . = 2,1166 „
1 Pruissische duim. . . . = 26,1545 „	1 Pruissische lijn . . . . . = 2,1795 „
1 Parijsche duim . . . . = 27,0700 „	1 Parijsche lijn . . . . . = 2,25⅞ „
1 Amsterdamsch pond . . = 0,49409 KG.	1 Oostenrijksch pond . . . = 0,56001 KG.
1 Delftsch pond. . . . . = 0,46948 „	1 Pruissisch pond. . . . . = 0,46771 „
1 Engelsch pond avdp . . = 0,45359 „	1 Livre . . . . = 0,4895 „
1 „ „ Troy . . = 0,37324 „	

1 Scheepslast = 1,89 ton, tegenwoordig 1 last (ruimte) = 100 cub. Eng. voet = 2,83 M³.

---

f. Diverse maten, gewichten en snelheden.

Voorste lid van den wijsvinger is lang 2,5 cM.	Afstand der vingertoppen, bij in de lijn der
2de „ „ „ „ „ „ 3 „	schouders uitgestrekte armen . . . 1,8 M.
Laatste „ „ „ „ „ „ 5 „	Wijdte die men met de armen kan om-
Afstand knokkels tot pols bedraagt . 1 dM.	sluiten. . . . . 1,5 M.
„ uiteinde wijsvinger tot pols 1,8 „	

Normale polsslag 72 à 75 per minuut. — Bloedwarmte 37° C.

Snelheid van het licht in het luchtledige = 299860 KM. per secunde.

„ „ de aarde in haar baan = 29,77 KM. per secunde.

„ „ het geluid 333 M. per secunde. (bij een temp. van 0° C.)

„ „ „ „ 1453 M. „ „ (in water.)

„ „ „ „ 3475 M. „ „ (in gegoten ijzer.)

„ „ „ „ 5300 M. „ „ (in hout.)

„ „ een punt aan den evenaar 464 M. per secunde.

Om secunden te tellen: laat een klein voorwerp slingeren aan een draad van **1 M.** lang, dan is de slingertijd ± 1 secunde.

Snelheden in Kilometers per uur.

Kameel [1]	3	KM. p. uur.
Bepakte infanterie	3	„ „
Trekos [1]	3 à 4	„ „
Jaagschuit.	5	„ „
Paard (stap)	5	„ „
Olifant	5	„ „
Voetganger	5	„ „
Goedbemande sloep (1e uur) .	7 à 8	„ „
Sneeuwschoenlooper	9,5	„ „
Paard (draf)	11	„ „
Postwagen	11	„ „
Velocipèderacer (over 1600 KM.)	13,5	„ „
Paard (galop)	23	„ „
Velocipèderacer (over 160 KM.) .	35,5	„ „
Goederentrein	25 à 40	„ „
Schaatsenrijder (korte baan) .	42	„ „
Velocipèderacer (eerste 800 M.)	52	„ „
Velocipèderacer (eerste 400 M.)	58	„ „
Velocipèderacer (eerste 100 M.)	57	„ „
Personentrein	50 à 60	„ „
Duif (in den wind op) . . .	70	„ „
Duif (maximum)	100	„ „
Extra snelle trein	tot 110	„ „
Zwaluw.	240	„ „
Vloedgolf in de Java-zee . .	79	„ „
Vloedgolf in de Banda-zee. .	1951	„ „

Snelheden in Meters per secunde.

Slak	0,0015 M. p. sec.
Race-sloep	3 „ „
Hardlooper	7 „ „
Vlieg.	7,5 „ „
Renpaard	12,6 „ „
Lucht in 't ledig uitstroo-	
mende	387 „ „

De snelheid van een schip in Meters per sec. is de helft van het aantal mijlen vaart.

Gewicht van Muntstukken.

Munten.	Gewicht in grammen.
Tienguldenstuk . .	6,729
Rijksdaalder . . .	25,000
Gulden.	10,000
Halve gulden . . .	5,000
Kwartje	3,575
Dubbeltje	1,400
Stuiver	0.685
2$\frac{1}{2}$-Centstuk . . .	4,000
Cent	2,500
Halve cent	1,250
Gouden dukaat . .	3,494
Dubbele „ . .	6,988

Centen behoeven nooit bij meer te worden aangenomen dan 25 stuks tegelijk, en van zilveren pasmunt voor niet meer dan 10 gulden.

Betaalmeesters zijn op bepaalde dagen verplicht pasmunt in te wisselen, mits niet minder dan voor 10 gulden ineens.

---

[1] Deze dieren moeten niet aangejaagd worden.

Victualievaten en Kisten. (Marine.)

BENAMING.	Gem. Inhoud KG.	Geheele lengte M.	Wijdte over de hoepels in cM.		Gem. gewicht KG.	Het luik waardoor vat met strop te strijken minstens		
			ein-den.	mid-den.		lang M.	breed M.	
Hardbroodvat 1)	100	1,02	62	68	20	1,05	0,74	1) alleen tot vervoer.
Droge victualievat 2 HL.. . .	156	0,90	55	60	14	0,93	0,70	
„ 1 HL.. . .	78	0,70	46	52	9	0,73	0,57	
Rijst en koffievat.	100	0,77	49	56	9	0,82	0,60	
Idem	75	0,77	49	56	9	0,82	0,60	
Jenever en azijnvat.	250	1,06	61	70	45	1,09	0,75	
Idem	115	0,75	49	55	22			
Idem	100	0,69	45	60	20			
Gezouten vleeschvat.	130 1)	0,72	48	53	18	0,75	0,58	1) bevat 30 KG. pekel.
Idem	42 1)	0,53	34	37	8			1) bevat 12 KG. pekel.
Spekvat	125 1)	0,74	47	56	17	0,77	0,62	1) bevat 7 KG. zout.
Botervat met overtrek. . . .	35 1)	0,54	37	41	12			1) bevat 15 KG. zout.
Botervat enkel fust.	19 1/2	0,40	30	33	6			
Suikervat.	60	0,64	43	46	6,5			
Zoutvat	100	0,74	47	56	17			
Idem	50	0,61	41	43	10,5			
Augurkenvat	36 1)	0,50	34	38	6			1) bevat 11 KG. azijn.
			BREED.	HOOG.				
Kist voor 50 Ed. kazen . . .	90 1)	0,93	0,93	0,35	41			1) alleen tot vervoer.
Zeepkist voor zeep van hoog vet-zuurgehalte		0,66	0,45	0,34	68			
Kist voor 50 fl. roode wijn . .	50	0,90	0,49	0,46	115			
Kist Médoc DE LUZE 50 fl. . .		0,605	0,50	0,45				
Kist voor 100 (1/2 fl.) port . .	50	0,90	0,49	0,60	136			
Kist voor 25 fl. limoensap . .	25	0,50	0,43	0,47	12			
Kist voor 15 fl. jenever . . .		0,58	0,35	0,335				1) de fl. inhoud 1,5 L.
Kist met zink bekleed tot ver-voer van plunjes	250	1,10	0,80	0,90	72			
Kist met 12 bl. cornedbeef . .	36	0,70	0,50	0,22	18			
Kist met 6 bl. boter	60	0,83	0,54	0,32	27			
Kist met 20 bl. volksspijs. . .		0,75	0,58	0,32				1) het blik inhoud 3 L.

Goederen die men uit de vaten in bergplaatsen stort heeten stortgoederen. Gestort is de ruimte, die door gort, hardbrood, groene erwten en grauwe erwten of boonen wordt ingenomen respectievelijk $5/8$, $1/2$, $5/8$ en $5/7$ van de ruimte die praktisch door de vaten wordt ingenomen. Kaas neemt omdat men bij de stellingen moet kunnen komen een ruimte in van 1,8 cub. M. per 290 stuks. Verder kan men wat de ruimte betreft onderstaande tabel als leiddraad gebruiken.

BENAMING.	Eenh.	Hoev.	Practisch benoodigde ruimte		Praktisch benoodigd oppervlak bij gewone hoogte.		Aanmerkingen.
			gestort M³.	in vaten M³.	gestort M².	in vaten M. × M.	
Gort	vat	20	4	6,5	2,1	2,5 × 2	twee rijen, drie hoog.
Rijst, koffie	„	7		1,9		0,8 × 1,7	
Groene erwten	„	18	3,6	5,83	1,85	3,8 × 2	twee rijen, drie hoog.
Grauwe erwten of boonen	„	12	2,4	3,88	1,25		
Suiker, limoensap en snertgroenten	„	30		3,6		2 × 1	
Gezouten vleesch . . .	„	10				3,5 × 1,5	drie hoog.
Spek	„	16		11,84			
Jenever en azijn. . . .	„	5				2,3 × 1,1	twee hoog.
Boter, Augurken, Zout	„	41				2,3 × 1,0	vier hoog.
Kaas	stuks	290	1,8		1,25		

Bruto gewicht per last van eenige Handelsartikelen.

(de Last van 100 cub. Eng. voet = 2,83 M³).

	p. Last.	Huiden (in pakken) later te regelen.			p. Last.
Arak	3 leggers			Notenzeep . . .	1500 KG.
Cochenille . . .	1500 KG.		p. Last.	Parelmoer . . .	2000 „
Cassia Vera. . .	950 „	Indigo.	1300 KG.	Peper (in balen) .	1500 „
„ Lignea . .	950 „	Kamfer (in enk. of dubbel fust) . .	1100 „	Rijst , ...	2000 „
Ebbenhout . . .	2000 „	Kaneel	950 „	Sago	1500 „
Foelie.	1200 „	Koper	2000 „	Schildpad . . .	1000 „
Gom-Benzoin . .	1750 „	Kurkema. . . .	1500 „	Suiker (Knasters of	
„ -Copal . . .	1500 „	Koffie (balen) . .	1800 „	Krandjang) . .	2000 „
„ -Damar . .	1550 „	Koffie (vaten) . .	1550 „	Tabak.	800 „
„ -Elastiek . .	1400 „	Koffie (Leg in balen)	1600 „	Thee (Java). . .	930 „
Goudzand . . .	2000 „	Koffieveegsel . .	2000 „	Tin.	2000 „
Getah-Pertjah . .	1400 „	Nagelen	1000 „	Vlas	900 „
Hennep	900 „	Noten (gave) . .	1500 „	Was	2000 „
Huiden (los). . .	1200 „	Noten (geïnfect.) .	1350 „	Wol	950 „

Plaatsruimte van eenige producten tegenover Suiker als standaard.

Naam.	Ruimte.	Naam.	Ruimte.
1000 Pikol Suiker netto . . .	1000 Pikol.	100 Pikol Nagelen	219 Pikol.
1000 „ Jonge Koffie. . . .	853 „	100 „ Peper	156 „
1000 „ Half Jonge Koffie .	949 „	100 „ Kaneel	248 „
1000 „ Oude Koffie	1049 „	14 Balen Kamfer.	32 „
100 „ Noten met tarra . .	208 „	2¹/₂ Legger Arak	32 „
100 „ Foelie	256 „	100 Pikol Huiden	220 „
100 „ Thee	300 „	1000 „ Rijst	960 „
100 „ Indigo of Cochenille.	218 „	100 „ Tabak	248 „

Cubage per Last gewicht van Java-Artikelen.

Artikelen.	Gewicht v/h. Last van 2,83 M³. (of 100 cub. Eng. vt.)	Cubage per Last gevonden door:					Rotterdamsche Lloyd.			
		Stoomvaart-Maatschappij „Nederland".								
Cassia Vera . . .	950 K.G.						Pakken	150 Cub. Eng. vt.		
„ Lignea . .	950 „		236 Cub. Eng. vt.							
Foelie	1200 „	Vaten	127	„	„	„				
„		Kisten	114	„	„	„				
Gom Benzoin . .	1750 „		$82^1/_2$	„	„	„				
„ Damar . .	1550 „		103	„	„	„	110	„	„	„
Huiden (Koe) . .	1200 „		155	„	„	„	$^{160}/_{200}$	„	„	„
India Rubber . .	1400 „						120	„	„	„
Indigo	1300 „		117	„	„	„	120	„	„	„
„ natte . . .	1300 „		71	„	„	„				
Kapok	800 „		200	„	„	„	260	„	„	„
„ zaad . . .	2000 „						160	„	„	„
Kinabast	950 „		120	„	„	„				
Koffie (in balen)	1800 „		$^{103}/_{115}$	„	„	„	105	„	„	„
Koffie (in dop) .	1200 „		110	„	„	„	102	„	„	„
Noten.	1500 „	Vaten	121	„	„	„				
		Kisten	108	„	„	„				
Rijst.	2000 „		93	„	„	„	95	„	„	„
Suiker	2000 „		115	„	„	„	120	„	„	„
Tabak	800 „		$^{86}/_{88}$	„	„	„	90	„	„	„
Tamarinde							1 vat	105 kilo gewicht.		
							1 „	0,185 Cub. Meter.		
Thee (Java) . . .	930 „		$^{80}/_{86}$	„	„	„	100 Cub. Eng. vt.			
Tin	2000 „		14	„	„	„	12	„	„	„
Stroopsuiker. . .	2000 „	Zakken	65	„	„	„				
Peper.	1500 „		110	„	„	„				
Rotting.	2000 „		300	„	„	„				

Algebra.

Rekenkunstige reeks der eerste orde.
Zij eerste term = a, verschil = v dan is:

n^e term = a + (n—1) v en som van n termen = n a + $^1/_2$ n (n—1) v.

Harmonische reeks:
a, b, c, d, enz. dan moet a—b : b—c = a : c enz.
wordt verkregen als men een constant getal deelt door de successieve termen eener rek. reeks.

Rekenkunstige reeks van hooger orde.
Zij het 1^e, 2^e, 3^e, verschil enz. = A_1 A_2 A_3 enz. en de eerste term zij = a dan is:

$$T_x = a + \frac{(x-1)}{1.} A_1 + \frac{(x-2)(x-1)}{1.2} A_2 + \frac{(x-3)(x-2)(x-1)}{1.2.3.} A_3 \text{ enz.}$$

Rangschikt men deze formule naar de machten van x, dan is in 't algemeen

$$T_x = a_0 + a_1 x + a_2 x^2 + a_3 x^3 \ldots . a_n x^n$$

maar $a_n = \dfrac{A_n}{1.2.3\ldots n}$; dus is het laatste verschil altijd $= (1.2.3\ldots n) a_n$

Voor de som van x termen vindt men:

$$S_x = \frac{x}{1} a + \frac{(x)(x-1) A_1}{1.2.} + \frac{x(x-1)(x-2) A_2}{1.2.3.} \cdots \frac{x(x-1)\ldots(x-n) A_n}{1.2.3.\ldots(n+1).}$$

Regel van Åstrand.

Gegeven 4 termen a, b, c, d, dan is de $2^1/2^e$ term:

$$T_{2^1/_2} = {}^1/_2 (b + c) + \frac{{}^1/_2 (b+c) - {}^1/_2 (a+d)}{8.}$$

Meetkunstige reeks.

Zij a de eerste term, d de reden dan is:

$$n^e \text{ term} = a \, d^{n-1} \text{ en som van n termen} = a \frac{d^n - 1}{d - 1}$$

Is $d < 1$ en $n = \infty$ dan is: Som $= \dfrac{a}{1-d}$

Functies.

$$e = 1 + 1 + \frac{1}{2} + \frac{1}{2.3} + \frac{1}{2.3.4.} + \ldots$$

$$e^x = 1 + x + \frac{x^2}{1.2} + \frac{x^3}{1.2.3.} + \ldots$$

$$l. (1 + z) = z - \frac{1}{2} z^2 + \frac{1}{3} z^3 - \frac{1}{4} z^4 \ldots (z^2 < 1)$$

$$l. z = l(z-1) + 2 \left\{ \frac{1}{2 z - 1} + \frac{1}{3} \times \frac{1}{(2 z - 1)^3} + \frac{1}{5} \times \frac{1}{(2 z - 1)^5} \cdots \right\}$$

$$l. (z+1) = 2 \, l. z - l(z-1) - 2 \left\{ \frac{1}{(2 z^2 - 1)} + \frac{1}{3} \times \frac{1}{(2 z^2 - 1)^3} + \frac{1}{5} \times \frac{1}{(2 z^2 - 1)^5} \cdots \right\}$$

$$(Cos. \varphi \pm sin. \varphi \sqrt{-1})^n = \cos. n \varphi \pm \sin. n \varphi \sqrt{-1}.$$

$$Sin. x = x - \frac{1}{2.3.} x^3 + \frac{1}{2.3.4.5.} x^5 - \frac{1}{2.3.4.5.6.7} x^7 + \ldots$$

$$Cos. x = 1 - \frac{1}{2} x^2 + \frac{1}{2.3.4.} x^4 - \frac{1}{2.3.4.5.6} x^6 + \ldots$$

$$Tang. x = x + \frac{1}{3} x^3 + \frac{2}{3.5.} x^5 + \frac{17}{3^2.5.7.} x^7 + \ldots$$

$$\pi = 4 (1 - {}^1/_9)(1 - {}^1/_{25})(1 - {}^1/_{49})(1 - {}^1/_{81})\ldots \text{ of } = 4 (1 - {}^1/_3 + {}^1/_5 - {}^1/_7 + {}^1/_9 \ldots) \text{ of } =$$

$$= 16 ({}^1/_5 - {}^1/_3. {}^1/_5{}^3 + {}^1/_5. {}^1/_5{}^5 - {}^1/_7. {}^1/_5{}^7 + \ldots) - 4 ({}^1/_{239} - {}^1/_3. {}^1/_{239}{}^3 + {}^1/_5. {}^1/_{239}{}^5 - {}^1/_7. {}^1/_{239}{}^7 \ldots)$$

$$Bg \, \sin. z = z + \frac{1}{2.3.} z^3 + \frac{1.3.}{2.4.5.} z^5 + \frac{1.3.5}{2.4.6.7} x^7 \ldots$$

$$Bg \, \cos. z = {}^1/_2 \pi - Bg \, \sin. z$$

$$Bg \, \tan. z = z - {}^1/_3 z^3 + {}^1/_5 z^5 - {}^1/_7 z^7 \ldots (z^2 < 1)$$

Interpoleeren.

De 1^e, 2^e, 3^e enz. verschillen en de termen aannemende volgens het schema:

vindt men voor een waarde $a_0 + (a_1 - a_0) n$ waarin n een breuk is:

$$a_0 + (a_1 - a_0) n = a_0 + n \triangle a_0 + \frac{n (n-1)}{1 . 2} \triangle_2 a_0 + \frac{n (n-1) (n-2)}{1 . 2 . 3} \triangle_3 a_0 + \ldots.$$

a	$\triangle$a	$\triangle_2$a	$\triangle_3$a
—2		—3	
	- 2		—3
—1		—2	
	—1		—2
0		—1	
	0		—1
+1		0	
	1		0
+2		1	

Meetkunde.

Inhouden en Zwaartepunten.

Driehoek.

$I = \frac{1}{2}$ b h. $= \frac{1}{2}$ a b sin. C $= \sqrt{s (s - a) (s - b) (s - c)}$

Zwaartepunt: op $\frac{2}{3}$ van de lijn die een hoekpunt met 't midden der overstaande zijde verbindt.

Vierhoek.

$I = \frac{1}{2}$ prod. der diagonalen $\times$ sinus ingesloten hoek.

Trapezium.

$I =$ halve hoogte $\times$ som der beide bases.

Zwaartepunt: verleng elk der evenw. zijden naar tegengestelde richtingen met een stuk $=$ de andere evenwijdige zijde en vereenig de eindpunten. Het snijpunt met de lijn die het midden van beide evenwijdige zijden vereenigt is het zwaartepunt.

Parallelogram.

$I =$ basis $\times$ hoogte $=$ prod. twee zijden $\times$ sinus ingesloten hoek.

Zwaartepunt: snijpunt der diagonalen.

Onregelmatige veelhoek.

$I = \frac{1}{2}$ (A B . A C. Sin. B A C $+$ A C . A D Sin. C A D $+ \ldots$.)

Cirkel.

$I = \pi$ R$^2 = \frac{1}{4} \pi$ d^2.

Zwaartepunt: in 't middelpunt.

Cirkelboog.

Als n het aantal graden is dan is:

$$\text{lengte boog} = 0,017453 . n . R.$$

Zwaartepunt: op den straal die naar 't midden van den boog gaat, de afstand tot het middelpunt des cirkels is vierde evenredige tusschen boog, straal en koorde $= \frac{k}{b} \times$ R.

Cirkelsector.

$I = \frac{1}{2}$ R. b (b $=$ lengte van den boog.)

Zwaartepunt: afstand tot middelpunt cirkel $= \frac{2}{3} \frac{k}{b} \times$ R.

k $=$ lengte koorde en b $=$ lengte boog.

Cirkelsegment.

$I = R \left(\dfrac{a - R \sin. \alpha}{2} \right)$, α = hoek die bij 't segment behoort, a = booglengte.

Zwaartepunt: op den straal die naar 't midden van den boog gaat, de afstand tot het middelpunt des cirkels is $\dfrac{k^3}{12\,I}$ waarin k = koorde, I = inhoud.

Ellips.

Omtrek $O = \pi \,(a + b) \left\{ 1 + \dfrac{u^2}{4} + \dfrac{u^4}{64} + \dfrac{u^6}{256} \ldots \right\}$; $I = \pi\, a\, b$

$$\text{waarin } u = \dfrac{a - b}{a + b}$$

Zwaartepunt in het middelpunt.

Parabolisch segment.

$I = {}^2/_3$ a k. (a = afst. top tot snijp. van loodrechte koorde met de as.)
Zwaartepunt: op de as op ${}^3/_5$ hoogte van den top af.

Piramide.

$I = {}^1/_3$ g. h. (g = grondvlak, h = hoogte.)
Zwaartepunt: op ${}^1/_4$ hoogte boven 't grondvlak, liggende in de as.

Kegel.

Het kegelvormig oppervlak is $\pi\, R \, \sqrt{R^2 + h^2}$. Inhoud en zwaartepunt als piramide.

Afgeknotte piramide.

$I = {}^1/_3$ h $(g + b + \sqrt{g\, b})$ waarin b = bovenvlak en g = grondvlak.
Zwaartepunt: op de lijn die de zwaartepunten van g en b vereenigt;

afstand van b $= \dfrac{(g + 3\, b + 2 \sqrt{g\, b}) \, l}{4\,(g + b + \sqrt{+ g\, b})}$ waarin l de lengte dier lijn.

Afgeknotte kegel.

Buitenste oppervlak afgekn. kegel $= \pi\,(R + r) \sqrt{\{ (R-r)^2 + h^2) \}}$.
$$I = {}^1/_3\, \pi\, h\, (R^2 + R\, r + r^2)$$

Zwaartepunt: op de as, afstand van 't bovenvlak $= {}^1/_4$ h $\left(\dfrac{R^2 + 2\, R\, r + 3\, r^2}{R^2 + R\, r + r^2} \right)$.

Prisma. $I = g\, h$.

Zwaartepunt op 't midden der lijn die de zwaartepunten van grond en bovenvlak vereenigt.

Scheef veelhoekig prisma.

I = inh. van een vlak dat de opstaande ribben rechth. doorsnijdt $\times$ de ribbe.

Driehoekig afgeknot prisma.

I = doorsnêe loodrecht op de ribben $\times$ ${}^1/_3$ som der ribben.

Afgeknot prisma.

I = inh. doorsnede loodrecht op de ribben $\times$ afst. der zwp.n. van grond en bovenvlak.

Prismoïde. (Zie figuur.)

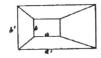 $I = \dfrac{1}{6}$ hoogte $\left\{ ab + a'\, b' + (a + a')\, (b + b') \right\}$. Naar deze formule berekent men steenkoolhoeveelheden in de loodsen.

Cylinder als prisma.
Bol.

Oppervlak $= \pi D^2$ (D $=$ diameter.)

$$I = {}^4/_3 \, \pi \, R^3$$

Zwaartepunt in 't middelpunt.

Bolvormig segment.

Geb. oppervlak $= 2 \pi R h.$ (h $=$ hoogte.)

$$I = {}^1/_2 \, \pi \, (R^2 + {}^1/_3 \, h^2) \, h.$$

Zwaartepunt van 't gebogen oppervlak op 't midden van h.

Zwaartepunt van den inhoud op een afstand tot middelpunt bol gelijk $\dfrac{3}{4} \dfrac{(2\,R - h)^2}{(3\,R - h)}$.

Bolvormige schijf.

Gebogen oppervlak $= 2 \pi R h.$

$I = {}^1/_6 \, \pi \, h \, (3 \, r^2 + 3 \, r^2_1 + h^2)$ waarin r en r_1 stralen der vlakken.

Zwaartepunt van 't gebogen oppervlak op 't midden van h.

Zwaartepunt van den inhoud wordt verkregen uit de momenten der segmenten welker verschil $=$ schijf is.

Bolvormige sector.

Gebogen oppervlak: als segment.

$I = {}^2/_3 \, \pi \, R^2 h$, waarin h $=$ hoogte segment.

afstand zwp. tot middellijn bol $= {}^3/_8 \, (2\,R - h).$

Bolvormige driehoek.

$$I = \pi \, R^2 \times \frac{S - 180}{180} \quad (S = \text{som der hoeken}).$$

$$\text{Spherisch exces} = \frac{\text{Inhoud}}{R^2 \sin. 1''}$$

Bij triangulatiën mag men stellen: $I = {}^1/_2 \, bc \, \sin. A = {}^1/_2 \, a^2 \, \dfrac{\sin. B \, \sin. C}{\sin. A}$

en: spherisch exces $= \dfrac{{}^1/_2 \, a^2 \, \sin. B \, \sin. C}{R^2 \sin A \, \sin 1''}$

Getal 206265.

Stelt voor het aantal secunden begrepen in den boog die gelijk aan den straal is. De logarithmus van dit getal is 5.3144251. Grootheden die, in deelen van den straal uitgedrukt zijnde, met 206265 vermenigvuldigd worden geven dus die grootheden in boogsecunden. Boogsecunden door dit getal gedeeld geven het bijbehoorend aantal deelen van den straal.

Door constructie de middellijn van een bol te vinden.

Construeer d. m. v. een krommen passer, uit eenig op het oppervlak gelegen punt een kleinen cirkel op den bol en neem op dien cirkelomtrek drie willekeurige punten aan. Deze drie punten liggen te samen in een platten driehoek, welks zijden men opmeet, om met die zijden dienzelfden driehoek op een blad papier te construeeren. Om dien driehoek een cirkel beschrijvende is deze gelijk aan den oorspronkelijk op den bol geconstrueerden cirkel, waarna men twee elkaar loodrecht snijdende middellijnen trekt. Beschrijft men nu uit het uiteinde van een dier middellijnen een cirkel (welks straal gelijk is aan de beschrijvende lijn van het kegeloppervlak waarmêe de eerste kleine cirkel op den bol verkregen werd) die de andere middellijn snijdt dan kan men in dit snijpunt een loodlijn op laatstgenoemden straal oprichten en deze verlengen tot zij de eerste middellijn snijdt. Van die middellijn is dan een stuk $=$ de middellijn van een bol afgesneden.

Getal π. Benaderenderwijs $= \dfrac{22}{7} = \dfrac{355}{113} = 3{,}14159265$ en log. $\pi = 0{,}4971499$.— Construeert men een gelijkzijdigen recht-hoekigen driehoek waarvan de zijde $=$ de eenheid is, dan is de hypotenusa $=$ sec. $45°$. Op die hypotenusa een rechth. drieh. beschrijvende waarvan een der hoeken $= 22° 30'$ is de nieuwe hypotenusa $=$ sec. $45° \times$ sec. $22° 30'$. Gaat men aldus voort, de hoeken steeds halveerende, dan krijgt men snel een benadering van den kwartcirkelomtrek omdat:

$$\tfrac{1}{4}\,\pi = \text{sec.}\ \frac{90°}{2} \times \text{sec.}\ \frac{90°}{4} \times \text{sec.}\ \frac{90°}{8} \times \text{sec.}\ \frac{90°}{16} \times \text{enz.} \ldots$$

Zie ook blz. 7.

Regelmatige lichamen.

Naam.	Standhoek der zijvlakken.	Omgeschr. straal.	Ingeschr. straal.	Inhoud.	Oppervlak.	Naam.
Viervlak . .	Sin. $C = \frac{2}{3}\sqrt{2}$	$\frac{1}{4}\,a\,\sqrt{6}$	$\frac{1}{12}\,a\,\sqrt{6}$	$\frac{1}{12}\,a^3\sqrt{2}$	$a^2\sqrt{3}$	Tetraëder.
Zesvlak . . .	Sin. $C = 1$	$\frac{1}{2}\,a\,\sqrt{3}$	$\frac{1}{2}\,a$	a^3	$6\,a^2$	Cubus.
Achtvlak . .	Sin. $C = \frac{2}{3}\sqrt{2}$	$\frac{1}{2}\,a\,\sqrt{2}$	$\frac{1}{6}\,a\,\sqrt{6}$	$\frac{1}{3}\,a^3\sqrt{2}$	$2\,a^2\sqrt{3}$	Octaëder.
Twaalfvlak.	Sin. $C = \frac{2}{5}\sqrt{5}$	$\frac{1}{4}\,a(\sqrt{3}+\sqrt{15})$	$\frac{1}{4}\,a\,\sqrt{(10+4\frac{2}{5}\sqrt{5})}$	$\frac{1}{4}\,a^3(15+7\sqrt{5})$	$15\,a^2\sqrt{(1+\frac{2}{5}\sqrt{5})}$	Dodecaëder.
Twintigvlak.	Sin. $C = \frac{2}{3}$	$\frac{1}{4}\,a\,\sqrt{(10+2\sqrt{5})}$	$\frac{1}{12}\,a(3\sqrt{3}+\sqrt{15})$	$\frac{5}{12}\,a^3(3+\sqrt{5})$	$5\,a^2\sqrt{3}$	Icosaëder.

Lijn in uiterste en middelste reden verdeeld.

kleinste stuk.	grootste stuk.	geheel.
1.	$\sqrt{\dfrac{\sqrt{5}+1}{\sqrt{5}-1}}$	$\dfrac{\sqrt{5}+1}{\sqrt{5}-1}$
$\sqrt{\dfrac{\sqrt{5}-1}{\sqrt{5}+1}}$	1.	$\sqrt{\dfrac{\sqrt{5}+1}{\sqrt{5}-1}}$
$\dfrac{\sqrt{5}-1}{\sqrt{5}+1}$	$\sqrt{\dfrac{\sqrt{5}-1}{\sqrt{5}+1}}$	1.

Ellipsoïde. $I = \frac{4}{3}\,\pi\ abc$ (Zwaartepunt in 't middelpunt.)

Omwentelingsellipsoïde om de groote as wentelend $I = {}^4/_3\,\pi\ ab^2$.

        ,,   kleine   ,,   ,, $I = {}^4/_3\,\pi\ a^2 b$

Paraboloïde $I =$ helft van den cilinder waarin zij staat.

Boomstam. $I = 0.8\ h\ (R + r)^2$.

             afst. zwaartep. tot grondvlak $= {}^1/_3\ h\ \left(\dfrac{R + 2\,r}{R + r}\right)$.

Ton of vat. $I = \dfrac{1}{12}\,\pi\ h\ (M^2 + m^2)$ waarin M en m grootste eh kleinste middellijnen

stelt men echter $M - m = v$ en h de binnenhoogte dan is:

     $I = \dfrac{1}{4}\,\pi\ h\ (M - {}^3/_8\ v)^2$ of $I = 1.0453\ h\ (0.4\ M^2 + 0.2\ Mm + 0.15\ m^2)$.

Regels van Guldin.

I. Het oppervlak van een omwentelingslichaam is $=$ de lengte van de beschrijvende lijn $\times$ den weg dien het zwaartepunt van die lijn aflegt.

II. De inhoud van zulk een lichaam is $=$ den inhoud van het wentelende vlak $\times$ den weg dien het zwaartepunt van dat vlak aflegt.

De regels gaan niet door als de beschrijvende lijn de as van wenteling snijdt.

Regel van Simpson.

$$\text{Oppervlak} = \frac{a}{3}\left\{ b + 4\,(b_1 + b_3 + \ldots b_{n\text{-}1}) + 2\,(b_2 + b_4 + \ldots b_{n\text{--}2}) + b_n \right\}.$$

Om den inhoud te vinden van een lichaam dat door een plat en een gebogen oppervlak begrensd wordt, geldt dezelfde formule met dien verstande dat b de *opperrlakte* der opeenvolgende *doorsneden* en a de *afstand* der *doorsneden* voorstelt.

Bolvormige Trigonometrie.

Formules zie hiervoren blz. 11.

Voorwaarden.

1e. Gegeven a, b en c. $\quad a + b > c$ en $a + b + c < 360°$

2e.   ,,   A, B en C. $\quad A + B - C < 180°\quad A + B + C > 180°$

3e.   ,,   a, B en c. $\left.\phantom{\begin{matrix}a\\a\end{matrix}}\right\}$ geen voorwaarden.

4e.   ,,   A, b en C.

5e.   ,,   a, b en B. $\quad$ Sin. a sin. B $=$ of $<$ sin. b

            $A > < B$ naar gelang $a > < b$

            Is $B > 90°$, $b > a$ en $a + b > 180°$ $\left.\phantom{\begin{matrix}a\\a\end{matrix}}\right\}$ A twee waarden.

            Is $B < 90°$, $b < a$ en $a + b < 180°$

            Is $b > a$ en $a + b < 180°$ $\left.\phantom{\begin{matrix}a\\a\end{matrix}}\right\}$ A één waarde gelijksoortig met a.

            Is $b < a$ en $a + b < 180°$

6e. Gegeven A, B en b   Sin. A sin. b $=$ of $<$ sin. B

a $><$ b naar gelang A $><$ B

Is b $>$ 90°, B $>$ A en A $+$ B $>$ 180° $\Big)$ b twee waarden.

Is B $<$ 90°. B $>$ A en A $+$ B $<$ 180° $\Big\}$

Is B $>$ A en A $+$ B $<$ 180° $\Big)$ B één waarde gelijksoortig met B.

Is B $<$ A en A $+$ B $>$ 180° $\Big\}$

Differentiaalrekening.

$y = x^n$ $\qquad \dfrac{dy}{dx} = nx^{n-1}$

$y = a^x$ $\qquad \dfrac{dy}{dx} = a^x$ Nep. log. a

$y = $ Log. x $\qquad \dfrac{dy}{dx} = \dfrac{M}{x}$

$y = $ Nep. log. x $\qquad \dfrac{dy}{dx} = \dfrac{1}{x}$

$y = $ sin. x $\qquad \dfrac{dy}{dx} = $ cos. x

$y = $ cos. x $\qquad \dfrac{dy}{dx} = -$ sin. x

$y = $ tang. x $\qquad \dfrac{dy}{dx} = \dfrac{1}{\cos.^2 x}$

$y = $ cotang. x $\qquad \dfrac{dy}{dx} = \dfrac{-1}{\sin.^2 x}$

$y = $ sec. x $\qquad \dfrac{dy}{dx} = $ sec. x tang. x.

$y = $ cosec. x $\qquad \dfrac{dy}{dx} = -$ cosec. x cotang. x

$y = $ sin. vers. x $\qquad \dfrac{dy}{dx} = $ sin. x.

$y = $ cos. vers. x $\qquad \dfrac{dy}{dx} = -$ cos. x

$y = $ koorde x $\qquad \dfrac{dy}{dx} = $ cos. $\tfrac{1}{2}$ x

$y = $ Bg. sin. x $\qquad \dfrac{dy}{dx} = \dfrac{1}{\sqrt{(1-x^2)}}$

$y = $ Bg. cos. x $\qquad \dfrac{dy}{dx} = \dfrac{-1}{\sqrt{(1-x^2)}}$

$y = $ Bg. tang. x $\qquad \dfrac{dy}{dx} = \dfrac{1}{1+x^2}$

$y = $ Bg. cotang. x $\qquad \dfrac{dy}{dx} = \dfrac{-1}{1+x^2}$

$y = $ Bg. sec. x $\qquad \dfrac{dy}{dx} = \dfrac{1}{x\sqrt{(x^2-1)}}$

$y = $ Bg. cosec. x $\qquad \dfrac{dy}{dx} = \dfrac{-1}{x\sqrt{(x^2-1)}}$

$y = $ Bg. sin. vers x $\qquad \dfrac{dy}{dx} = \dfrac{1}{\sqrt{(2x-x^2)}}$

Differentiaal quotient van een product: $y = z\, v$

$$\frac{dy}{dx} = z\,\frac{dv}{dx} + v\,\frac{dz}{dx}$$

Differentiaal quotient van een quotient: $y = \dfrac{z}{v}$

$$\frac{dy}{dx} = \frac{v \cdot \dfrac{dz}{dx} - z \cdot \dfrac{dv}{dx}}{v^2}$$

Differentiaal van de lengte eener lijn a, is in een rechth. coörd. stelsel:

$$d\,a = \sqrt{(dx^2 + dy^2)}.$$

Differentiaal quot. eener ingewikk. functie is product differentiaal quotient functie en diff. quot. vorm b. v.:

$$ij = F(z) \text{ en } z = F(x)$$

$$\frac{dy}{dx} = \frac{dy}{dz} \times \frac{dz}{dx}$$

Theorema van Mac Laurin.

Zij $y = F(x)$ dan is:

$$F(x) = F(o) + \frac{x}{1} F'(o) + \frac{x^2}{1.2} F''(o) + \frac{x^3}{1.2.3} F'''(o) + \ldots$$

waarin $F(o) = F(x)$ voor $x = o$.

en $F'(o) = $ eerste diff. quot. voor $x = o$.

en $F''(o) = $ tweede diff. quot. voor $x = o$. enz.

Theorema van Taylor.

Zij $y = F(x)$ dan is:

$$F(x \pm h) = F(x) \pm \frac{h}{1} F'(x) + \frac{h^2}{1.2} F''(x) \pm \frac{h^3}{1.2.3} F'''(x) + \ldots$$

waarin $F'(x) = $ eerste diff. quot.

en $F''(x) = $ tweede diff. quot. enz.

Maxima en Minima.

Zij $y = F(x)$; vrage voor welke waarden van x wordt y een maximum of minimum?
Zoek eerste diff. quot.; stel dat $= o$ en los x er uit op.
Zoek tweede diff. quot. en substitueer daarin de gevonden x.
Wordt tweede diff. quot. negatief, dan geeft de gevonden x een maximum.

" " " " " positief " " " " " " minimum.

Voorbeeld: $y = x^3 - 6x^2 + 11x - 6$.

$$\frac{dy}{dx} = 3x^2 - 12x + 11 = o \text{ geeft } x = 2 \pm \tfrac{1}{3} \sqrt{3}$$

$$\frac{d^2y}{dx^2} = 6x - 12.$$

voor $x = 2 + \tfrac{1}{3} \sqrt{3}$ wordt $\frac{d^2y}{dx^2} = 2 \sqrt{3}$ dus y een minimum.

voor $x = 2 - \tfrac{1}{3} \sqrt{3}$ wordt $\frac{d^2y}{dx^2} = -2 \sqrt{3}$ dus y een maximum.

Onbepaalde vormen.

Zij $y = \frac{P}{Q}$ en $\frac{P}{Q}$ wordt voor een zekere waarde van x, $\frac{o}{o}$

dan is: $\frac{P}{Q} = \frac{dP}{dQ}$ en vindt men aldus de bepaalde waarde.

In 't algemeen herleide men onbepaalde waarden tot den vorm $\frac{P}{Q}$

Integraal formules.

$$\int a x^m dx = \frac{a x^{m+1}}{m+1} + C$$

$$\int \frac{dx}{x} = \text{Nep. log. } x + C$$

$$\int a^x dx = \frac{a^x}{\text{Nep. log. } a} + C$$

$$\int \sin. x \, dx = -\cos. x + C$$

$$\int \cos. x \, dx = \sin. x + C$$

$$\int \sec. x \, dx = \text{Nep. log. tang. } (45° + \tfrac{1}{2}x) + C$$

$$\int \text{cosec. } x \, dx = \text{Nep. log. tang. } \tfrac{1}{2} x + C$$

$$\int \text{tang. } x \, dx = -\text{Nep. log. cos. } x + C$$

$$\int \text{cotang. } x \, dx = \text{Nep. log. sin. } x + C$$

$$\int \frac{d\,x}{V\,(1-x^2)} = \text{Bg. sin. } x + C$$

$$\int \frac{dx}{1+x^2} = \text{Bg. tang. } x + C$$

$$\int \frac{d\,(-x)}{V\,(1-x^2)} = \text{Bg. cos. } x + C$$

$$\int \frac{d(-x)}{1+x^2} = \text{Bg. cotang. } x + C$$

$$\int \frac{d\,x}{x\,V\,(x^2-1)} = \text{Bg. sec. } x + C$$

$$-\int \frac{d\,x}{x\,V\,(x^2-1)} = \text{Bg. cosec. } x + C$$

$$\int \frac{d\,x}{V\,(a^2-b^2x^2)} = \frac{1}{b}\,\text{Bg. sin. } \frac{bx}{a} + C$$

$$\int \frac{d\,x}{a^2+b^2\,x^2} = \frac{1}{ab}\,\text{Bg. tang. } \frac{bx}{a} + C$$

$$\int \frac{d\,x}{V\,(a^2+b^2x^2)} = \frac{1}{b}\,\text{Nep. log. } (bx + V\,a^2+b^2x^2) + C$$

$$\int \frac{d\,x}{V\,(a^2-b^2x^2)} = \frac{1}{2\,a\,b}\,\text{Nep. log. } \frac{a+b\,x}{a-b\,x} + C$$

$$\int F\,(x)\,f\,(x)\,dx = f\,(x)\,\int F\,(x)\,dx - \int \left\{ \int F\,(x)\,dx \times d\,f\,(x) \right\}$$

Analytische Meetkunde.

Rechte lijn.

1e. Vergelijking $A\,x + B\,y + C = o$ of $y = P\,x + q$. (waarin P tangens hoek die lijn maakt met x as.)

2e. Zijn de stukken die van de assen worden afgesneden a en b dan is: $\frac{x}{a} + \frac{y}{b} = 1$ de vergelijking.

3e Vergelijking van lijn die door twee punten $x_1\,y_1$ en $x_2\,y_2$ gaat is: $\frac{x-x_1}{x_1-x_2} = \frac{y-y_1}{y_1-y_2}$

4e. Lijn die loodrecht staat op de lijn $y = Ax + b$, heeft tot coëfficient van x, $A_1 = -\frac{1}{A}$.

Vergelijkingen van hoogeren graad.

Een n^e machts vergelijking die in n eerste machts factoren ontbonden kan worden, stelt n rechte lijnen voor.

Een verg. van den vorm: $A\,x^n + B\,x^{n-1}\,y^2 + \ldots N\,y^n = o$ stelt n rechte lijnen voor die alle door eenzelfde punt gaan.

De vergelijking $A\,x^2 + 2\,B\,x\,y + C\,y^2 + 2\,D\,x + 2\,E\,y + F = o$ stelt twee rechte lijnen voor als: $(B\,x + E)^2 - C\,(A\,x^2 + 2\,D + F)$ een volkomen vierkant is; in alle andere gevallen stelt zij een kegelsnede voor. Als:

$B^2 = AC$ dan is de lijn een parabool

$B^3 > AC$ „ „ „ „ „ hyperbool.

$B^2 < AC$ „ „ „ „ „ ellips.

$A = C$ „ „ „ „ „ cirkel, mits $B = o$.

Ellips. (Som der voerstralen $= 2\,a$).

1e. vergelijking op rechthoekige assen $\frac{x^2}{a^2} + \frac{y^2}{b^2} = 1$

$a = $ gr. as (halve).
$b = $ kl. as (halve).

2e. poolvergelijking (pool in 't middelp.) $\varrho^2 = \frac{b^2}{1 - e^2\,\cos^2\varphi}$

$c = $ lineaire exc.
$e = $ num. exc < 1

3e. poolvergelijking (pool in 't brandp.) $\varrho = \frac{p}{1 + e\,\cos\varphi} = \frac{a\,(1-e^2)}{1 + e\,\cos\varphi}$; $p = \frac{b^2}{a} = $ parameter

4^e. topvergelijking $y^2 = 2\,p\,x - \dfrac{p}{a}\,x^2$.

5^e. raaklijn aan een punt $x_1\,y_1$ $\qquad \dfrac{x\,x_1}{a^2} + \dfrac{y\,y_1}{b^2} = 1$.

6^e. raaklijn uit een punt p q. $\qquad \dfrac{x\,p}{a^2} + \dfrac{y\,q}{b^2} = 1$.

De normaal deelt den hoek der voerstralen middendoor; de raaklijn loopt evenwijdig aan de geconj. middellijn van 't raakpunt.

Hyperbool. (Verschil der voerstralen $= 2\,a$).

1^e. vergelijking op rechthoekige assen: $\dfrac{x^2}{a^2} - \dfrac{y^2}{b^2} = 1$.

2^e. poolvergelijking (pool in 't middelp.): $\varrho^2 = \dfrac{b^2}{e^2\cos.^2\varphi - 1}$

3^e. poolvergelijking (pool in 't brandpunt): $\varrho = \dfrac{p}{1 + e\,\cos.\,\varphi}$ $\qquad e > 1$.

4^e. topvergelijking: $ij^2 = 2\,p\,x + \dfrac{p}{a}\,x^2$. $\qquad\qquad p = \dfrac{b^2}{a} =$ parameter.

5^r. vergelijking gelijkz. hyperbool op de asymptoten $= x\,y = {}^1/_4\,C^2$.

Parabool. (Afstand tot het brandpunt $=$ afstand tot een lijn die op denzelfden afstand van den top verwijderd is, als het brandpunt.)

1^e. topvergelijking: $y^2 = 2\,p\,x$. $\qquad p =$ param. $=$ dubb. afst. top en brandpunt.

2^e. poolvergelijking: $\varrho = \dfrac{p}{1 + \cos.\,\varphi}$ (pool in 't brandpunt).

3^e. formule raaklijn: $y\,y_1 = p\,(x + x_1)$.

Voetpuntslijnen.

Vast punt in den oorsprong.

$\begin{cases}\text{Voetpuntslijn ellips: } \ldots \quad \varrho^2 = a^2\,(1 - e^2\sin.^2\varphi) \quad e < 1. \\ \qquad\qquad\text{» } \text{hyperbool: } \ldots \quad \varrho^2 = a^2\,(1 - e^2\sin.^2\varphi) \quad e > 1. \\ \qquad\qquad\text{» } \text{gelijkz. hyperbool: } \ldots \quad \varrho^2 = a^2\cos.\,2\varphi \quad e = \sqrt{2},\text{ heet lemniscate.}\end{cases}$

Wordt beschreven door het parallelogram van Watt:

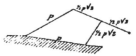

Parabolische lijnen van hoogere orde.

Algemeene verg: $y = A + A_1 x + A_2 x^2 \ldots A_n x^n$ stelt golvende lijnen voor, daar voor elke x slechts eene y bestaat. De eigenlijke parabool is van de tweede orde.

Is de lijn gegeven door n harer punten $x_1\,y_1$, $x_2\,y_2$, enz., dan kan men tusschengelegen punten gemakkelijk interpoleeren. Uit de alg. verg. toch leidt men af:

Interpolatieformule van Lagrange.

$$y = y_1\frac{(x-x_2)(x-x_3)\ldots(x-x_n)}{(x_1-x_2)(x_1-x_3)\ldots(x_1-x_n)} + \frac{y_2(x-x_1)(x-x_3)\ldots(x-x_n)}{(x_2-x_1)(x_2-x_3)\ldots(x_2-x_n)} + \ldots \frac{y_n(x-x_1)(x-x_2)(x-x_{n-1})}{(x_n-x_1)(x_n-x_2)(x_n-x_{n-1})}$$

Cycloïde.

$x = r\,\text{Bg. cos.}\,\dfrac{r - y}{r} - \sqrt{(2\,r\,y - y^2)} \pm 2\,\pi\,r\,n$ $\qquad n =$ aantal omwentelingen.

Verlengde Cycloïde.

$x = r\,\text{Bg. cos.}\,\dfrac{r - y}{r} - \sqrt{\{a^2 - (r - y)^2\}}$ $\qquad a =$ afst. wentelend punt tot middelpunt.

Epicycloïde.

$$x = (R + r) \sin. \left(\frac{r}{R} \, \prime \right) - r \sin. \left(\frac{r+R}{R} \right) \, \varphi$$

$$y = (R + r) \cos. \left(\frac{r}{R} \, \varphi \right) - r \cos. \left(\frac{r+R}{R} \right) \, \psi$$

φ = hoek van wenteling van den rollenden cirkel d.w.z. de boog van af het beschrijvende punt tot het raakpunt des cirkels.

Cardioide $\varrho = 2\,R\,(1 - \cos.\ q.)$

Verkorte Cycloïde.

$$x = r \, Bg \cos. \ \frac{r-y}{A} - \sqrt{ \left\{ A^2 - (r-y)^2 \right\} }$$

Hypocycloïde.

$$x = (R - r) \sin. \ \frac{r}{R} \, \varphi - r \sin. \left(\frac{R-r}{R} \right) \, q$$

$$y = (R - r) \cos. \ \frac{r}{R} \, \varphi + r \cos. \left(\frac{R-r}{R} \right) \, \varphi$$

voor $R = 4\,r$ krijgt men de gewone hypocycloïde: $x^{2/3} + y^{2/3} = R^{2/3}$.

Methode der kleinste Kwadraten.

A. Men wil een grootheid bepalen b.v. P die niet altijd rechtstreeks waarneembaar is en drukt haar dus uit in grootheden die wel altijd zijn waar te nemen b.v. $P = a\,x + b\,y + c\,z + d$. Stel er is nu waargenomen:

$$a_1 x + b_1 y + c_1 z + d_1 + p_1 = o.$$
$$a_2 x + b_2 y + c_2 z + d_2 + p_2 = o.$$
$$a_n x + b_n y + c_n z + d_n + p_n = o.$$

x, y, en z vindt men dan uit de normaalvergelijkingen:

$$(a_1 x + b_1 y + c_1 z + p_1) \, a_1 + (a_2 x + b_2 y + c_2 z + p_2) \, a_2 + \ldots (a_n x + b_n y + c_n z + p_n) \, a_n = o.$$
$$(a_1 x + b_1 y + c_1 z + p_1) \, b_1 + (a_2 x + b_2 y + c_2 z + p_3) \, b_2 + \ldots (a_n x + b_n y + c_n z + p_n) \, b_n = o.$$
$$(a_1 x + b_1 y + c_1 z + p_1) \, c_1 + (a_2 x + b_2 y + c_2 z + p_2) \, c_2 + \ldots (a_n x + b_n y + c_n z + p_n) \, c_n = o.$$

B. Stel men heeft een waarde x, een aantal malen waargenomen en de waarden bevonden:

$$x_1, \ x_2, \ x_3, \ x_4 \ldots x_n.$$

dan is de meest waarschijnlijke waarde van $x = \dfrac{\overset{n}{\underset{1}{\Sigma}} x}{n}$ of het gemiddelde.

Stel voorts de waarden $x - x_1,\ x - x_2,\ x - x_3 \ldots x - x_n = \varepsilon_1,\ \varepsilon_2,\ \varepsilon_3 \ldots \varepsilon_n$ dan is:

middelbare fout der waarneming: $e = \pm \sqrt{\dfrac{\overset{n}{\underset{1}{\Sigma}} \varepsilon^2}{n-1}}$

middelbare fout der uitkomst: $E = \pm \dfrac{e}{\sqrt{n}}$

waarschijnlijke fout der waarneming: $r = 0,6745\ e$.

waarschijnlijke fout der uitkomst: $R = 0,6745\ E$. waarin middelbare fout beteekent dat de juiste waarde ligt tusschen de gebruikte waarde en die waarde vermeerderd of verminderd met die fout en waarin waarschijnlijke fout beteekent dat een nieuwe reeks waarnemingen met evenveel kans een waarde zal geven buiten $x + R$ en $x - R$ als binnen de waarden $x + R$ en $x - R$

Physica.

Eenparige beweging.

W = afgelegde weg.
v = snelheid. $W = v\,t.$
t = verloopen tijd.

Eenparig versnelde beweging.

g = versnelling. $v = g\,t = \sqrt{2\,g\,W}.$
W. v, t, als boven. $W = \tfrac{1}{2}\,g\,t^2.$

Versnelling der zwaartekracht.

Op de breedte φ is: $g = 9.781027 + 0.0500547 \sin.^2 \varphi$

Kracht.

De kracht wordt gemeten door de versnelling die zij aan een zekere hoeveelheid materie (massa) mededeelt.

Stel M = Massa. $K = M\,g.$
g = versnelling.

Massa.

In bovenstaande formule het gewicht van een lichaam als de werkzame kracht denkende wordt: $P = M\,g.$

$$M = \frac{P}{g} \text{ waarin } g = \text{versnelling zwaartekracht.}$$

Middelpuntvliedende kracht, juister gezegd aantrekking bij cirkelvormige beweging.

$$g = \text{versnelling} = \frac{v^2}{R}, \quad g = \frac{4\,\pi^2\,R}{T^2} \quad K = \frac{4\,\pi^2\,m\,R}{T^2} = \frac{m\,v^2}{R}$$

Statisch moment eener kracht.

Noemt men den afstand der kracht: de loodrechte afstand tusschen hare richting en het punt waarom zij het lichaam waarop zij werkt, wil draaien, dan is: Statisch moment = kracht $\times$ afstand.

De afstand in Meters, de kracht in tonnen uitgedrukt, geeft moment in metertonnen.

Dichtheid.

M = Massa.
V = Volume. $D = \dfrac{M}{V} = \dfrac{\text{Gewicht}}{g\,V}.$
D = Dichtheid. (Soortelijke massa).

Arbeid.

Arbeid, wordt voorgesteld door het product van kracht en afgelegden weg.

$$A = K \times W.$$

Een andere voorstelling verkrijgt men zoo men het arbeidsvermogen van een lichaam dat zekere snelheid heeft, kennen wil en men het arbeidsvermogen in functie van die snelheid wil weten.

Nu is: $K = M\,g \quad W = \dfrac{v^2}{2\,g}$, dus: $A = \tfrac{1}{2}\,M\,v^2.$

welke formule, de formule der levendige kracht, b.v. bij projectielen gebruikt wordt.

Eenheden van arbeid zijn: de kilogrammeter.

de paardekracht van 75 KGM. } Zie herleid. tabellen in deze

de paardekracht van 76 KGM. } Afd. en Afd. XVI.

het voetpond.

de meterton.

Botsing.

Bij volmaakt harde lichamen: $x = \dfrac{m_1\,v_1 + m_2\,v_2}{m_1 + m_2}$

Bij elastische lichamen: $x_1 = \dfrac{(m_1 - m_2)\,v_1 + 2\,m_2\,v_2}{m_1 + m_2}$

$$x_2 = \frac{(m_2 - m_1)\,v_2 + 2\,m_1\,v_1}{m_1 + m_2}$$

Als v_1 en v_2 in denzelfden zin werken, anders is een van beide negatief.

Wrijving.

Zij de voortbewegende kracht K en de druk D dan is $\dfrac{K}{D} = f$.

De wrijvingscoëfficient wordt kleiner ondersteld wanneer de beweging reeds in gang is dan wanneer zij begint, en wordt voor oppervlakken van denzelfden aard als constant beschouwd.

Rollende wrijving is in 't algemeen $1/10$ van slepende wrijving.

Wrijvende Oppervl.	Toestand.	Wrijvingscoëfficient.	
		van rust.	van beweging.
Hout op hout	droog	0,26	0,48
	nat	0,70	0,25
	gesmeerd	0.25	0,07
	met zeep.	0,44	0.16
	vettig en glad.	0,40	0.15
Hout op metaal	droog	0,60	0,20
	nat	0,65	0,24
	gesmeerd	0,12	0,08
	vettig en glad	0,10	0,16
Metaal op Metaal	droog	0,24	0,24
	nat	—	0,31
	gesmeerd.	0.16	0,11
	vettig en glad.	0,17	0,17
Lederen riemen op gietijzer . .	droog.	0,28	0,26
Assen en tappen.		gesmeerd.	voortd. gesmeerd.
Gietijzer op gietijzer.		0,08	0,06
„ „ brons.		0,08	0,06
„ „ pokhout		0.10	0,06
IJzer op gietijzer		0.08	0,06
„ „ brons		0,08	0,06
„ „ pokhout		0,11	—

Balans.

Voorwaarden van bruikbaarheid:

1°. geringe wrijving in de draaipunten, weshalve messen in plaats van assen gebruikt worden.

2°. Messen evenwijdig aan elkander en nagenoeg loodrecht op de lijnen die de kanten der messen verbinden.

3°. Zwaartepunt van het juk moet beneden het steunpunt liggen.

4°. De drie messen moeten in één plat vlak liggen.

Voorwaarden van juistheid:

1°. Armen moeten even lang en voldoende stijf zijn.

2°. Zwaartepunt moet bij horizontalen stand der armen juist onder het steunpunt liggen; m. a. w. het onbelast juk moet den horizontalen stand aannemen.

3°. De schalen moeten even zwaar zijn.

Voorwaarden van gevoeligheid. — Een balans is gevoeliger naarmate:

1°. De messen scherper zijn (mogen echter niet insnijden.)

2°. De armen, bij voldoende stijfheid, langer zijn.

3°. Het gewicht van het juk geringer is.

4°. Het zwaartepunt van het juk dichter onder het steunpunt ligt.

Wegen.

Om bij ongelijke armen te wegen, doet men het te wegen voorwerp in eene schaal, maakt evenwicht, en neemt voorwerp weg, waarna men gewicht in plaats van 't voorwerp legt tot er weer evenwicht is. Dit gewicht is = dat van het voorwerp.

Dubbele weging (Borda): $P = \sqrt{p\,p'}$

Om zware voorwerpen b.v. een vlampijp, een plaat of derg. benaderend te wegen, legt men het op een ribbe zoodat het zwaartepunt ondersteund wordt en het voorwerp in evenwicht is: met krijt teekent men het vertikale vlak waarin het zwaartepunt ligt aan. Nu verschuift men het voorwerp en brengt het door bekende gewichten weer in evenwicht en meet den afstand van zwaartepunt en van de gewichten tot het steunpunt op, alsdan is G $\times$ afstand steunp. = p $\times$ afstand steunp. waaruit G gevonden wordt. Om het gewicht van drijvende voorwerpen als sloepen enz. te schatten, let men op de waterverplaatsing.

Slinger. (Mathematische).

$$t = \pi \sqrt{\frac{L}{g}}.$$

Physische $t = \pi \sqrt{\frac{T}{g\,S}}$, waarin T = traagh. mom.

$\qquad\qquad\qquad\qquad$ S = statisch mom.

$\qquad\qquad\qquad\qquad$ g = versn. zwaartekr.

Traagheidsmom M' Z^2 = $\sum$ M A^2

$\qquad\qquad\qquad$ waarin M een element.

$\qquad\qquad\qquad$ A afstand element tot draaipunt.

$\qquad\qquad\qquad$ Z afstand zwaartepunt tot draaipunt.

Wet van Archimedes.

Een lichaam geheel of gedeeltelijk in eene vloeistof (of gas) geplaatst, verliest schijnbaar zoo veel aan gewicht als de verplaatste massa weegt.

Areometer, voor vloeistoffen kan worden gemerkt 100 bij het punt waartoe hij inzinkt in zuiver water, de verdere verdeelingen wijzen dan elk $1/_{100}$ van het verplaatste volume aan. Het cijfer 120 duidt dus een soort. gew. $\frac{100}{120} = 0,83$, het cijfer 75 een soort. gewicht: $\frac{100}{75}$ = 1,33 aan. In plaats van de volumina kan men ook de bijbehoorende soort. gew. op de schaal merken, het instrument heet dan densimeter. De areometer volgens Beaumé wijst in zuiver water 0, in een oplossing van 15 deelen keukenzout en 85 deelen water 15 aan, de afstand tusschen 0 en 15 is in 15 deelen verdeeld, die men graden noemt.

Ook bestaat de alcolometer van Beaumé die in een oplossing van 10 deelen keukenzout op 90 water nul en in zuiver water 10 aanwijst, de tusschenruimte is weer in 10 gelijke graden verdeeld, welke graadverdeeling ook aan de andere zijde van het nulpunt doorloopt. Ook komen er alcolometers van Beaumé en Gay Lussac voor die in zuiver water 0 en in water-vrije alcohol 100 aanwijzen, zoodat een aanwijzing 46 beduidt: 46 deelen alcohol op 54 water. In ons land worden de verdeelingen half zoo groot opgegeven, dus beduidt dan een aflezing 92 dat de vloeistof 46 deelen alcohol bevat. De temp. van het vocht moet 15° C. bedragen.

Voor de diverse gebruikelijke areometers gelden de volgende formulen waardoor men uit de aanwijzing in graadverdeelingen het soortelijk gewicht kan berekenen:

Voor zware vloeistoffen: **Voor lichte vloeistoffen:**

Twaddle . . . . $S = \dfrac{n + 200}{200}$

Gay-Lussac . . . . . . $S = \dfrac{100}{100 - n}$ Gay-Lussac . . . . . . $S = \dfrac{100}{100 + n}$

Brix (bij 15°.625 C.) . . $S = \dfrac{400}{400 - n}$ Brix (bij 15°.625 C.). . . $S = \dfrac{400}{400 + n}$

Beck (bij 12°.5 C.) . . . $S = \dfrac{170}{170 - n}$ Beck (bij 12°.5 C.) . . . $S = \dfrac{170}{170 + n}$

Beaumé (bij 17°.5 C.) . . $S = \dfrac{146.78}{146.78 - n}$ Beaumé (bij 17°.5 C.) . $S = \dfrac{146.78}{136.78 + n}$

Nederl. schaal. . . . . $S = \dfrac{144}{144 - n}$ Cartier . . . . $S = \dfrac{137.61}{126.85 + n}$

Uitstrooming van vochten.

Wet van Torricelli: de uitstroomingssnelheid is $= \sqrt{2\,g\,h}$ waarin g versn. zwkr., h de hoogte van den spiegel van het vocht boven de opening.

Werkelijke uitstroomingssnelheid door een dunne wand wordt gerekend $= 0.62 \sqrt{2\,g\,h}$

Uitstrooming door korte buizen bij gewoonlijk voorkomende drukkingen $= 0.84 \sqrt{2\,g\,h}$.

    „   „   „ „ hooge drukkingen . . . . $= 0.62 \sqrt{2\,g\,h}$.

    „   „ dubbele trechters tot $2.5 \sqrt{2\,g\,h}$.

Vermenging van gassen.

Bij vermenging van gassen die geen chemische werking op elkander uitoefenen, is de span-kracht van het mengsel gelijk aan de som der spanningen die elk gas zou bezitten indien het alleen de geheele ruimte innam.

Uitstroomingssnelheid van gassen.

$v = \sqrt{2\,g\,h}$, waarin h de hoogte eener gaskolom, die evenwicht maakt met den druk dien het gas uitoefent.

Voorbeeld: Gevraagd de uitstroomingssnelheid van lucht van 2 atm. in een luchtledige ruimte dan is: spanning $= 760 \times 2 = 1520$ mM. $= 1.52$ M. kwik.

        Soort. gew. kwik $= 13.6$.

        Soort. gew. lucht $= 0.001294$; dus luchtzuil die evenw. maakt met 2 atm. span-

ning $= \dfrac{1.52 \times 13.6}{0.001294}$ M.

uitstroomingssnelheid in $M = \sqrt{2\,g\,h} = \sqrt{\dfrac{2 \times 9.812 \times 1.52 \times 13.6}{0.001294}} = 560$ M. per sec.

Elasticiteit en indrukking.

Verlenging of verkorting evenr. aan de lengte der staaf.

```
 „      „      „      „     „     „  grootte der kracht.                      ⎞
 -      „      „  omgek. aan  „  doorsnede.                                   ⎟  Zie Tabel
                                                                              ⎟  achter in deze
 „      „      „  afhankelijk den aard der stof.    s = C × P × L / d          ⎠  afdeeling.
```

Elasticiteit van vloeistoffen.

De samendrukbaarheid is bij geringen druk evenredig aan dien druk, maar neemt onder groote drukkingen af. Zij bedraagt bij één atmosfeer in millioensten van het volume:

$$
\begin{array}{llr}
\text{voor kwik:} & . . . . . & 3,38 \\
\text{„ water:} & . . . . . & 49,65 \\
\text{„ terpentijn:} & . . . & 71,35 \\
\text{„ alcohol:} & . . . . & 94.95 \\
\text{„ ether:} & . . . . . & 131.35 \\
\end{array}
$$

Wringing.

de hoek van torsie evenr. aan 't moment van het gebruikte gewicht.

```
 „    „    „    „    „    „  de lengte der staaf.
 „    „    „    „  omgek. evenr. aan vierkant der doorsnede.
 -    „    „    „  afh. van den aard der stof.   ω = α × P × L × R / d²
```

Eenheden van warmte en lichtsterkte.

1 Calori = 3,968 British thermal unit; 1 British thermal unit = 0,252 calori.

(1 B. T. U. is de hoeveelh. warmte benoodigd om 1 Eng. Pd. water 1° Fahr. te verhitten.)

Wordt van kleine caloriën gesproken dan verstaat men daaronder de warmte benoodigd om 1 Gram water 1 graad te verhitten.

1 Normalkerze is een paraffinekaars van 20 mM. straal, gevende 50 mM. vlamhoogte.

1 Bec Carcel is een moderateurlamp van 30 mM. pitmiddellijn, die per uur 42 G. olie verbrandt.

1 Spermacetikaars is een kaars die per uur 7,77 G. spermaceti verbruikt bij 44.5 m.M. vlamhoogte.

Hefner Alteneck heeft als eenheid voorgesteld de lichtkracht eener vlam die opstijgt uit een in amylacetaat gedrenkte pit van 8 mM. binnen, 8.2 mM. buitenmiddellijn en vlamhoogte = 40 mM. De lichtsterkte van een normaalkaars komt dan overeen met 1,162 Hefner-Altenecksche eenheden.

(Fransch.) Carcel lamp.	(Engelsch.) Spermacetikaars.	(Duitsch.) Vereinskerze.
1,000	7,435	7,607
0,134	1,000	1,023
0,132	0,977	1,000

Mechanisch Warmteëquivalent.

1 Calori = 427 KGM. (Griffith en Rowland.)

Soortelijke Gewichten.

(voor gassen zie pag. 48).

Aardbol (de)	5,46 à 5,66	Glas (crown)	2.484—2.756
Aarde (leem-)	1,518 —1,665	Glimmer	2.78 – 3,15
„ (klei-)	1.93—2,07	Glycerine (15° C.) . .	1.26
Aether (15° C.)	0.72	Gomelastiek.	0.933
Agaat	2.59	Goud (gesmeed) . . .	19.36
Albast.	2,5—2.9	„ (dukaten-) . . .	19,35
Alcohol (abs.) bij 15° C. .	0.794	Grafiet.	2.50
Aluin	1.71	Graniet	2,58 – 3,06
Aluminium (zuiver) . . .	2.56	Grint	1,77—1,86
„ (geplet) . .	2.67		
Aluminiumbrons	7,7	Hardsteen	2.3
Amaril	4.00	Hartgummi	1.15
Amylacetaat	0,871	Honig	1,450
Antimoon	6.712	Hout (¹)	
Anthraciet	1.4 – 1,8	„ ahorn.	0.916—0.681
Arsenicum	5.73	„ appelboom . . .	1,048—0,733
Asbest.	2.1 – 2,8	„ berken	0.921—0.664
Asch	0.845—0.690	„ beuken	0.980—0.721
Asphalt	1.07—1,23	„ ceder	0.909—0,568
Azijn	1.01—1.08	„ dennen	0.922—0,599
		„ zwart ebben . .	1.259
Barnsteen	1.06—1,09	„ eiken	1.006—0,785
Bazalt.	2.42—3,03	„ elzen	0.910—0,551
Benzine	0.83	„ esschen	0.852—0,692
Beryllium	3.55	„ greenen	0.791—0.426
Beton (gewone)	1,9	„ iepen of olmen .	0.918—0,626
„ (in cement) . . .	2.2	„ jacaranda . . .	0,908
Bitterzout	1.68	„ kastanje . . .	0.908—0,580
Bismuth	9.82	„ kersenboom. . .	0.877—0,647
Boomolie.	0,91	„ konings	1.024
Boter	0.94	„ linden	0,778—0,489
Bromium.	2.97	„ lorken	0,797—0,519
Brons	8.70—8.83	„ mahonie. . . .	0.813
Bruinkool	1.2	„ meidoorn . . .	0.870
Bruinsteen	5.03	„ notenboom . . .	0.735
Buskruit (prism.)	1.73—1,83	„ palmboom . . .	0,971
„ (rookvrij) . . .	1.63	„ peren	0,689
Calcium	1.58	„ pok	1.302
Calciumcarbuur	2.26	„ populier	0.853—0,472
Caoutchouc	0.933	„ pruimen	0.813
Cement	2.72—3,05	„ teak	0.657
Chloorcalcium	2.22	„ vuren. . . .	0,583
Chloroform	1.527	„ wilgen	0,486
Chroom	6.2—6.8	„ ijzer bruin . .	1,185
Cinnaber.	8.09	„ ijzer zwart . . .	1,283
Cokes	0,4— 0.74	Houtskool	0.361—0.442
Diamant	3,5310—3.5010	Indigo.	0.77
Doorniksche steen . . .	2.7	Iodium	4.948
		Iodiumzilver	5.62
Getah pertjah	1.03	Iridium	22.42
Gerst	1.278	Ivoor	1.825—1.917
Gips	0.9 – 2.32		
Glas (flesschen)	2.73	Jenever (94°/o) . . .	0.933
„ (venster) . . .	2.64		
„ (flint)	3.329—3.72	Kadmium	8.54—8.69

(¹) Bij de houtsoorten stelt de eerste het soort. gew. versch, de tweede het soort. gew. luchtdroog voor.

Kalium	0,87	Palladium	11,3
Kalk (gebluscht)	1,4	Paraffine	0,88
„ (versch)	0,8	Pek	1,150
Kalkpuin (droog)	1,27	Petroleum	0,71—0,85
„ (nat)	1.45	Phosphorus	1,770
Kalksteen	2,39—3,00	Platinum.	
Katoen (ruw)	1,47—1,50		
Keien	2.25	„ gegoten	19,50
Kiezel (silicium)	2.35	„ gesmeed	21,27—21,31
Klei (droog)	1.05	„ geplet	22.07
„ (nat)	1,8	„ gemunt	19.80—19.84
Kobalt	7,811	Porselein	2,5
Kooldraad	1,25—2.1	Portland Cement	1,8
Koper		Potasch	2,26
„ rood gegoten	7.788	Potlood	1.987—2,400
„ rood geplet	8,8	Puimsteen	0,91—1,6
„ rood draad	8,94	Puin	1,2
„ geel	8,44		
„ geel gegoten en		Raapolie	0,92
getrokken	8.54	Retortenkool	1,9
„ geel geplet	9,26	Reuzel	0,947
Kopervitriool	2,2	Rhodium	11,000
Koraal	2.680	Robijn	4,2833
Krijt	2,252—2,657		
Kristal	2,89	Saffier	3,131
Kurk	0,24	Salmiak	1,52
Kwartskristal	2.63	Salpeter	1,900
Kwik bij 0° C.	13,596	Salpeterzuur	1,271
Kurk	0.24	Schelpen (droog)	0.744
		„ (nat)	1.020
Lava	2,35	Schelpkalk (gebl.)	0,880
Leem (droog)	1,5	Selenium	4.300
„ (nat)	1,8	Silicium	2.35
Lei	2.85	Sodium	0,98
Leien (Engelsche)	2.75	Smaragd (groen)	2.755
Lichaam van den mensch.	1,07	Sneeuw (samengepakt)	0,5
Lijnolie	0.94	Speksteen	2,6
Lood (gegoten)	11.44	Spiesglans	6,702
Loodoxyd	9.2—9.5	Staal	7,58—7,84
Loodsuperoxyd	8.9	Stearine	0.97
		Steen (Namensche)	2.72
		Steenkool	1,020—1,970
		Stroo (in bossen)	0,053
Magnesium	1.74	Suiker	1,606
Mangaan	8,0		
Marmer	2,62—2.84	Talk	0.94
Meerschuim	2,50	Tarwe	1,346
Melk	1,03	Teer	1,02—0,83
Menie	9,07	Tellurium	6,115
Messing	8,55	Terpentijnolie	0,870
Metselsteen	1,89—2,01	Tin (gegoten)	7,29
Mica	2.85	Topaas	4,0106
Muntz-metaal	8.20	Traan	0.92
		Tras (Dordtsche)	1,03
Nafta	0,700—0,847	Turf (droog)	0,514
Natrium	0,98	„ (nat)	0,785
Nikkel	8.279		
Nieuwzilver	8,30—8,45	Uranium	8,100
		Veen	0,970
Olijfolie (15° C)	0.915	Vloeispaath	2,54
Onyx	2,816	Vlas	0,870
		Vloeispaath	3.15
Paarlen	2	Vuursteen	2,59

Water bij 4° C.	1,000	
" wel-.	1,002	
" zee- (gemidd.) . .	1,026	
" Doode zee. . . .	1.211	
Was	0,965	
Wol	1.260	
Wijn	0,995—0,997	
IJs, bij 0° C.	0,9167	
IJzer	6,635—7,889	
IJzervitriool.	1,84	
Zand		
" fijn droog . . .	1,399--1.428	
" fijn vochtig. . .	1.900	
" kleiachtig . . .	1,713—1,799	
" rivier vochtig . .	1,771—1,856	
Zandsteen	2,2--2.5	
Zilver (gesmeed) . . .	10.51	
" (gegoten) . .	10.47	
Zink (gegoten). . . .	6.85—7.10	
" (in bladen) . . .	7.20—7.30	
Zinkerts	6.70	
Zout (gewoon)	2,13	
Zoutzuur (geconc.). . .	1.208	
Zwavel (gegoten). . .	1,99	
Zwavelbloem	0,715	
Zwavelkoolstof (15° C.) .	1,270	
Zwavelzuur (geconc.) . .	1,8409	
Zijde	1,300	

BLADVULLING.

— ---

Bijna onfeilbaar vlekkenwater voor plunjes wordt als volgt bereid:

1 L. water.

15 G. wijngeest.

50 G. ammonia liquida.

1 G. citroenzuur.

$1/2$ lepel tafelzout.

Glacé handschoenen maakt men schoon door ze in benzine te doopen; na korten tijd voorzichtig uit te wringen; daarna met watten af te wrijven en eindelijk te drogen.

Atoomgewichten, enz.

Stoffen die paramagnetisch kunnen worden.

Element.	Symbool.	Atoomgewicht.	Valentie.	Elektrisch.	Element.	Symbool.	Atoomgewicht.	Valentie.	Elektrisch.
Waterstof	H	1	1		Nikkel	Ni	58	2—4	
Lithium	Li	7	1	+	Kobalt	Co	59	2—4	—
Beryllium	Be	9	2—3	+	Rubidium	Rb	85	1	
Boor	Bo	11	3—5	+	Strontium	Sr	87	2	+
Koolstof	C	12	4—2	+	Yttrium	Y	89	4	+
Stikstof	N	14	3—5	—	Zirconium	Zr	90	4	+
Zuurstof	O	16	2	—	Niobium	Nb	94	5	
Fluoor	Fl	19	1	—	Molybdaenium	Mo	96	6	
Kalium	K	39	1	+	Caesium	Cs	133	1	+
of potassium					Barium	Ba	137	2	+
Calcium	Ca	40	2	+	Lanthanium	La	139	4	+
Titanium	Ti	48	4	+	Didymium	Di	145	4	
Vanadium	V	51	3—5	—	Tantalium	Ta	182	5	
Chroom	Cr	52	4—6	—	Wolframium	W	184	4—6	
Mangaan	Mn	55	2—4—7	—	Thorium	Th	232	4	+
IJzer	Fe	56	2—4—6	—	Uranium	U	238	6—4	—

Stoffen die diamagnetisch kunnen worden.

Element.	Symbool.	Atoomgewicht.	Valentie.	Elektrisch.	Element.	Symbool.	Atoomgewicht.	Valentie.	Elektrisch.
Natrium	Na	23	1	+	Zilver	Ag	107	1	+
of Sodium					Cadmium	Cd	112	2	+
Magnesium	Mg	24	2	+					
Aluminium	Al	27	3—4	+	Indium	In	113	3	+
Kiezel (silicium)	Si	28	4	+	Tin	Sn	118	4	+
Phosphor	P	31	3—5	—	Antimoon	Sb	120	3—5	—
Zwavel	S	32	2—4—6	—	Tellurium	Te	126	2—6	—
Chloor	Cl	35	1—3—7	—	Iood	I	126	1—3—7	—
Koper	Cu	63	2	+	Erbium	E	165	2	
Zink	Zn	65	2	+	Iridium	Ir	192	2—4—6	+
Arsenik	As	75	3—5	—	Goud	Au	196,7	1—3	+
Selenium	Se	79	2—4—6	—	Platinum	Pt	194	2—4—6	
Broom	Br	80	1—3—5—7		Kwik	Hg	200	2	+
Rhodium	Rh	103	2—6	+	Thallium	Tl	202	1—3	+
Ruthenium	Ru	101	2—4—8	+	Lood	Pb	207	2—4	+
Palladium	Pd	106	2—4—6	+	Bismuth	Bi	207	3—5	—

Het teeken ± elektrisch duidt in deze tabel aan. aan welke pool van een elektrisch element de stof zich hecht in geval van electrolyse.

Soortelijk gewicht van gassen bij 0° C. en 760 mM.

Gassoort.	Gew. ten opz. van lucht.	Gewicht van 1 L. gas in G.
Lucht	1	1.293052
Zuurstof.	1,10521	1,42908
Stikstof	0,97010	1,25440
Waterstof	0,069234	0,089523
Kooldioxyde	1.51968	1,96503
Kooloxyd	0.96709	1,25050
Zwavelwaterstofgas . .	1,17697	1,52189
Chloorwaterstofgas. . .	1,25922	1,62824
Zwaveldioxyd	2.2340	2.89006
Chloor	2,44921	3,16696

Soortelijk gewicht van een gas. ten opzichte van waterstof is molec. gewicht gedeeld door twee.

Smelt en Kookpunten. (° C.)

Stoffen.	Kookpunt.	Smeltpunt.	Stoffen.	Kookpunt.	Smeltpunt.
Aethyleen . . .	— 102		Olijfolie . . .		2,5
Alcohol. . . .	78	— 130	Paraffine . . .	370	46
Aluminium . .		704	Petroleum. . .	60 ruw 158 raff.	
Ammoniak . .	— 33	—75	Phosphorus . .	290	43
Amylacetaat . .	140		Platinum . . .		1775
Antimoon . . .		440	Smeedijzer. . .		1600
Bismuth . . .		260	Staal.		1300—1400
Boomolie . . .		2.2	Stearinezuur . .		70
Boter		30.0	Stikstof. . . .	— 194	
Brons		900	Stikstofoxyd . .	— 182	
Caoutchouc . .		180	Stikstofoxydule .	— 89	
(gevulc.)			Terpentijn. . .	293	— 40
Creosoot . . .		203	Tin		230
Gietijzer . . .		1050—1200	Waterstof . . .	— 243	
Goud		1250	Was (witte) . .		68
Kalium		58			
Kamfer	205	175	Zeewater . . .	100°,5	— 2,5
Koolzuur . . .	— 80		Zilver		954
Koper		1200—1300	Zink		412
Kwik . . .	350	— 40°	Zuurstof . .	— 182	
Lood.	1500	325	Zwavel	448	115
Lucht	— 191		Zwavelether . .	35	— 90°
Lijnolie. . . .	315	— 20	Zwaveldioxyd .	— 10	
Messing. . . .		900	Zwavelkoolstof .	46,8	
Nikkel		1400—1500	Zwavelzuur . .	288	— 25

Soortelijke Warmte.

Lood	0,0314 cal.		Bismuth.	0,031 cal.
Glas	0,19 „		Tin	0,056 „
Smeedijzer	0,1138 „		Gips	0,1127 „
Kwik	0,0325 „		Baksteen	0,2410—0,890 cal.
Gietijzer	0,1298 „		Steenkool	0,2008 cal.
Koper	0,0933 „		Water	1,00 „
Platinum	0,033 „		Graphiet	0,2018 „
Messing	0,0939 „		Petroleum	0,434 „
Kurk	0,0333 „			
Lood	0,032 „		Alcohol . .	0,659 „
Goud	0,0324 „		Lucht . . .	0,2375 „
Zilver	0,0570 „		Zuurstof . .	0,2175 „
Nieuwzilver . . .	0,0956—0,1010 cal.		Stikstof . .	0,2435 „
Staal	0,1165 cal.		Waterstof .	3,4090 „
Nikkel	0,1089 „		Koolzuur .	0,2125 „
Zwavel	0,1844 „		Kooloxyde .	0,2425 „
Zink	0,0955 „		Waterdamp	0,4805 „
Aluminium	0,2143 „		Alcoholdamp	0,4534 „
Antimonium . . .	0,051 „		Etherdamp .	0,4797 „

(kolom Alcohol–Etherdamp: bij constanten druk en veranderlijk volume.)
(rechter kolom: bij constant volume en veranderlijken druk is de spec. warmte 0,7101 maal de opgegevene.)

Volume van 1 Gram water in cM³.

Temp.	Vol.	Temp.	. Vol.	Temp.	Vol.
0°	1,000129	35°	1,00586	70°	1,02256
4°	1,000000	40	1,00770	75	1,02566
10	1,000253	45	1,00971	80	1,02887
15	1,000841	50	1,01195	85	1,03221
20	1,001744	55	1,01439	90	1,03567
25	1,002888	60	1,01691	95	1,03931
30	1,004253	65	1,01964	100	1,04312

Uitzettingscoëfficienten (in lengte)

Glas	0,00000861	Nieuwzilver . . .	0,000018	
Lood	0,00002867	Zink	0,00002942	
Gietijzer . .	0,00001110	Messing	0,00001881	
Smeedijzer .	0,00001220	IJs	0,00005181	
Roodkoper . .	0,00001717	Kwik (0°—100° C.)	0,0001802	
Geelkoper . .	0,00001878	„ (0°—200° C.)	0,0001840	
Platinum . .	0,00000887	„ (0°—300° C.)	0,0001866	
Tin	0,00002288	„ (0°—350° C.)	0,0001878	
Staal	0,00001239	Alcohol	0,001195	
Aluminium . .	0,00002354	Water	0,0004210	
Goud	0,00001466	Ether	0,001647	
Zilver . . .	0,00001943			

(Kwik (0°—100° C.)—Ether: Volstrekte cubieke uitzetting.)

De vlakte uitzettings-coefficient bedraagt steeds 2 maal. de cubieke uitzettingscoefficient 3 maal de lineaire.

De schijnbare cubieke uitzettingscoefficient van kwik in glazen vaten bedraagt 0,0001544. De cubieke uitzettingscoefficient van gassen is 0,00366.

Diverse Opgaven.

Smeltingswarmte van ijs (1 KG.) = 79,2 cal.

Verdampingswarmte van water (1 KG. bij 100° C.) = 587 cal.

4

Uitkomsten der Elasticiteitstheorie.

(naar TIDEMAN).

NOTATIE.

P = Last op één punt aangebracht, die veilig kan worden gedragen bij volkomen rust.

p = Id. bij dreuning, kleine verplaatsing, vermeerdering of vermindering.

Q = Totale last verspreid over een lengte L, daarover gelijk verdeeld en volkomen in rust.

q = Id. bij dreuning, kleine verplaatsing, vermeerdering of vermindering.

L = Lengte van een balk, stut of hanger.

D = Doorsnede van een balk, stut of hanger, met name daar waar het eerst een breuk ontstaat.

I = Moment van inertie dier doorsnede ten opzichte van de as door het zwaartepunt gaande loodrecht op het vlak van buiging.

a_d = Afstand van den meest gedrukten vezel tot die as.

a_t = Id. van den meest uitgerekten vezel.

S_d = Modul van stabiele vastheid tegen drukking. of grootte van den wèerstand dien de stof biedt aan samendrukkende krachten per vierkante eenheid van de doorsnede loodrecht op die krachten zonder dat de grens van veerkracht overschreden wordt en dus blijvende vormverandering ontstaat.

S_t = Modul van stabiele vastheid tegen uitrekkende krachten.

$\dfrac{S}{a}$ = de kleinste der waarden $\dfrac{S_d}{a_d}$ of $\dfrac{S_t}{a_t}$ die in goede constructies weinig verschillen.

V_d = Modul van volstrekte vastheid tegen drukking.

V_t = Modul tegen uitrekking. Deze in de formulen gesteld in stede van S_d en S_t geven, wanneer tevens C = 1 genomen. wordt den kleinsten last die *spoedig* breking voortbrengt.

E = Elasticiteitsmodul der stof of het getal dat aanduidt de verhouding tusschen de samendrukkende of uitrekkende kracht per vierk. eenheid der doorsnede loodrecht op die kracht en de verkorting of verlenging per lengte eenheid daardoor ontstaande. Binnen de grenzen der vêerkracht is E constant.

C = Zekerheidscoëfficient; in den scheepsbouw dikwijls 0,5.

M_m = Maximumwaarde van het moment dat op een balk in eenige doorsnede wordt uitgeoefend.

w = Wicht van de (prismatische) balken of stutten per lengte eenheid.

Waarden van I, S_d, S_t, V_d, V_t en E, zie hierna blz. 54 en 55.

Grondformule voor de buiging:

$$M_m = C \cdot I \cdot \frac{S}{a}$$

VOORBEELDEN:

1°. Balk horizontaal, één einde bevestigd ander einde belast en niet ondersteund:

$$P = C \cdot \frac{I}{L} \cdot \frac{S}{a} - \frac{1}{2} L w; \quad p = \frac{1}{2} C \cdot \frac{I}{L} \cdot \frac{S}{a} - \frac{1}{2} L w.$$

2°. Balk, horizontaal, één einde bevestigd, ander einde niet ondersteund, gelijkmatig belast:

$$Q = 2 C \cdot \frac{I}{L} \cdot \frac{S}{a} - L w; \quad q = C \cdot \frac{I}{L} \cdot \frac{S}{a} - L w.$$

3°. Balk, horizontaal, twee einden ondersteund, en

in het midden belast:

$$P = 4\,C \cdot \frac{I}{L} \cdot \frac{S}{a} - \frac{1}{2}\,L\,w.$$

$$p = 2\,C \cdot \frac{I}{L} \cdot \frac{S}{a} - \frac{1}{2}\,L\,w.$$

op l uit het midden belast:

$$P = 4\,C \cdot I \cdot \frac{L}{L^2 - 4\,l^2} \cdot \frac{S}{a} - \frac{1}{2}\,L\,w.$$

$$p = 2\,C \cdot I \cdot \frac{L}{L^2 - 4\,l^2} \cdot \frac{S}{a} - \frac{1}{2}\,L\,w.$$

gelijkmatig belast:

$$Q = 8\,C \cdot \frac{I}{L} \cdot \frac{S}{a} - L\,w.$$

$$q = 4\,C \cdot \frac{I}{L} \cdot \frac{S}{a} - L\,w.$$

4°. Balk, horizontaal, twee einden bevestigd, en

in het midden belast:

$$P = 8\,C \cdot \frac{I}{L} \cdot \frac{S}{a} - \frac{2}{3}\,L\,w.$$

$$p = 4\,C \cdot \frac{I}{L} \cdot \frac{S}{a} - \frac{2}{3}\,L\,w.$$

gelijkmatig belast:

$$Q = 12\,C \cdot \frac{I}{L} \cdot \frac{S}{a} - L\,w.$$

$$q = 6\,C \cdot \frac{I}{L} \cdot \frac{S}{a} - L\,w.$$

5°. Balk, horizontaal, één einde bevestigd en één ondersteund,

in het midden belast, (breekt aan bevestigd einde het eerst):

$$P = \frac{16}{3}\,C \cdot \frac{I}{L} \cdot \frac{S}{a} - \frac{2}{3}\,L\,w.$$

$$p = \frac{8}{3}\,C \cdot \frac{I}{L} \cdot \frac{S}{a} - \frac{2}{3}\,L\,w.$$

gelijkmatig belast, (breekt aan bevestigd einde het eerst):

$$Q = 8\,C \cdot \frac{I}{L} \cdot \frac{S}{a} - L\,w.$$

$$q = 4\,C \cdot \frac{I}{L} \cdot \frac{S}{a} - L\,w.$$

6°. Lange stut, vertikaal, (lange stut noemt men zulk eene die eer knikt dan dan ineengezet wordt).

beide einden onbevestigd:

$$P = p = \pi^2 \cdot \frac{I}{L^2} \cdot E - 0,15\,L\,w.$$

beide einden bevestigd:

$$P = p = 4\,\pi^2 \cdot \frac{I}{L^2} \cdot E - 0,04\,L\,w.$$

7°. Lange stut vertikaal, ondereinde bevestigd, boveneinde belast.

boveneinde belet uit vertikaal te wijken:

$$P = p = 2\,\pi^2 \cdot \frac{I}{L^2} \cdot E - 0.075\,L\,w.$$

boveneinde geheel vrij:

$$P = p = \frac{1}{4}\,\pi^2 \cdot \frac{I}{L^2} \cdot E - 0,6\,L\,w.$$

8°. Korte stut of zulk een die belet wordt uit te buigen, vertikaal:

$$P = C.\,S_d.\,D - L.\,w.$$

9°. Hanger of trekker, vertikaal:

$$P = C.\,S_t\,D - L.\,w.$$

Men rekent gewoonlijk in Centimeters, vierkante Centimeters en Kilogrammen als eenheden waarvoor de achterstaande getallen gegeven zijn. Voor Meters, Centiaren en Tonnen moet men die getallen allen met tien vermenigvuldigen; voor Meters, Centiaren en Kilogrammen met 10.000. Zie blz. 54 en 55.

der doorsnede.	door het zwaartepunt getrokken.	Vorm.	Gegevens.	Waarde van I.	waarde van ad en at (voor 1—18 gelijk)	Nota's.
Vierkant	Evenwijdig aan de zijde.	□	Zijde = A.	$I = \frac{1}{12} A^4$	$\frac{1}{2} A$	
Id. hol.	Id.	▣	Zijde buitenwerks = A. Zijde binnenwerks = a.	$I = \frac{1}{12}(A^4 - a^4)$	$\frac{1}{2} A$	
Vierkant.	Diagonaal.	◇	Zijde = A.	$I = \frac{1}{12} A^4$	$\frac{1}{2} A \sqrt{2}$	
Id. hol.	id.	◈	Als n°. 2	$I = \frac{1}{12}(A^4 - a^4)$	$\frac{1}{2} A \sqrt{2}$	
Hoekijzer.	Zie figuur.	∨	Zijden = G, ijzerdikte = g.	$I = \frac{1}{12} g \left| G^3 - 6\,G^2\,g + 16\,G\,g^2 - 16\,g^3 \right|$	$\frac{1}{4} G \sqrt{2}$	
Rechthoek.	Evenwijdig aan de zijde.	▭	Hoogte = H, breedte = B.	$I = \frac{1}{12} B\,H^3$	$\frac{1}{2} H$	
Id. hol.	Id.	▭	H en B als boven ijzerdikte = d.	$I = \frac{1}{12}\left| B\,H^3 - (B-2d)(H-2d)^3 \right|$	$\frac{1}{2} H$	
H vorm.	Evenwijdig aan flensen.	I	Hoogte = H; Flensbreedte = B; ijzerdikte = d.	$I = \frac{1}{12}\left| B\,H^3 - (B-d)(H-2d)^3 \right|$	$\frac{1}{2} H$	
Rechthoek met vier hoekijzers.	Id.	I	Hoogte = H; dikte = d; Zijden hoekijzers = G; IJzerdikte hoekijzers = g.	$I = \frac{1}{12}\left\{ (2G+d)H^3 - 2(G-g)(H-2g)^3 - 2g(H-2G)^3 \right\}$	$\frac{1}{2} H$	
Cirkel.	Middellijn.		Diameter = M.	$I = \frac{1}{64}\pi\,M^4 = 0{,}049087\,M^4$	$\frac{1}{2} M$	
Id. hol.	Id.		Diameters in- en uitwendig m en M.	$I = \frac{1}{64}\pi (M^4 - m^4) = 0{,}049087 (M^4 - m^4)$	$\frac{1}{2} M$	
Twee rechth. gelijb. drie-	Evenwijdig aan hypotenusen.	⟷	Hypotenusen = z Afstand = F.	$I = \frac{1}{48}\left| 6\,F^3 + 4\,F\,Z + Z^2 \right| Z^2$	$\frac{1}{2} F + \frac{1}{2} Z$	

$$= \frac{1}{12} F^4 (-5 + 4\sqrt{2}) = 0{,}0548\ F^4$$

	achthoek.				—
14	Twee recht-hoeken.	Evenwijdig aan zijden.	Breedte = B, Afstand = O, Hoogte samenstel = K.	$I = \frac{1}{12} B(K^3 - O^3)$	$\frac{1}{2} K$
15	Kruis.	Evenwijdig aan zijde.	K zie fig. dikte = d.	$I = \frac{1}{12} d(K^3 + K d^2 - d^3)$	$\frac{1}{2} K$
16	Twee vier-kanten.	Evenw. aan diagonalen.	Zijden = A, afstand = a.	$I = \frac{1}{6} A^2(A^2 + 3 a^2)$	$\frac{1}{2}(a + A\sqrt{2})$
17	Kruis.	Diagonaal.	Zie 15.	$I = \frac{1}{12} d(K^3 + K d^2 - d^3)$	$\frac{1}{4}(K + d)\sqrt{2}$
18	Twee ellipsen.	Evenw. aan groote assen.	Groote assen = M, kleine assen = m, afstand = W.	$I = \frac{1}{32} \pi m M \left(m^2 + 4(W + m)^2\right)$	$\frac{1}{2}(W + m)$
19	Spoorstaf.	Zie figuur.	Hoogte = H. dikte = d, assen ellipsen M en m.	$I = \frac{1}{32} \pi m M \left(m^2 + 4(W + m)^2\right) + \frac{1}{12} d(H - 2m)^3$	$\frac{1}{2} H$
20	Rechthoek.	Evenw. aan zijde, doch niet door zwaartepunt.	Breedte = B, Hoogte = H, Zwaartepunt uit as = z.	$I = \frac{1}{12} B H^3 + z^2 BH = BH\left(z^2 + \frac{1}{12} H^2\right)$	
21	T ijzer.	Evenw. aan toptafel.	Top = T, Hoogte = H, ijzerdikte = d.	$I = \frac{1}{12}(H^3 T - h^3 t) - \frac{H T h t}{4(H + t)^2}(HT - ht)$	I benaderd. $a_d = \frac{1}{2} H + \frac{t h}{2(H + t)}$
22	L ijzer.	Evenw. aan eene zijde.	Horiz. zijde = T, vertik. zijde = H, ijzerdikte = d.		$a_t = \frac{1}{2} H - \frac{t h}{2(H + t)}$

Voor beiden is:
$T - d = t$
$H - d = h$

Vastheid en Elasticiteit van Materialen,

Zie ook Aanhangsel Hoofdstuk A. II.

Materialen.	Spec. Gewicht gemiddeld.	Lengte die zonder overschrijding van de grens van veerkracht één eenheid kan worden:		Modul van Elasticiteit. E	Modul van vastheid.			
		Verlengd.	Verkort.		Stabiele (Binnen grens van veerkracht).		Volstrekte (Begin van breken.)	
					Tegen drukken. S_d	Tegen trekken S_t	Tegen drukken. V_d	Tegen trekken V_t
Stafijzer n°. 2	7,6	1350	1750	1.750.000	1000	1300	2500	3000
„ n°. 3	7,7	1330	1820	2.000.000	1100	1500	3200	4000
Plaatijzer n°. 2 overlangs.	7,5	1340	1800	1.700.000	950	1270	2400	3000
„ n°. 3 „	7,55	1280	1700	1.800.000	1050	1400	2600	3300
„ n°. 4 „	7,7	1200	1570	2.000.000	1275	1700	2700	3400
„ n°. 2 overdwars	7,5	1600	2150	1.700.000	790	1050	2000	2500
„ n°. 3 „	7,55	1500	2000	1.800.000	900	1200	2200	2800
„ n°. 4 „	7,7	1450	1900	2.000.000	1050	1400	2400	3000
IJzerdraad	7,7—7,8	1000—700		1.750.000 tot 2.200.000		2000—3200		5000—8000
Staal in staven . . .	7,85—7,8	1070—1000	1550—1333	1.700.000 tot 2.000.000	1100—1500	1600—2000	3000—4800	4000—6000
Staalplaat	7,85—7,8	1133—1000	1700 1333	1.700.000	1000—1500	1500—2000	3000—4000	4000—5600

Brons of geschutmetaal	8,2	1590	1000	1.600.000	720	436		2540
Gegoten geelkoper	8,4	1320		700.000		485	730	1260
Geel koperdraad	8,5	756		645.000		1330		3450
Gesmeed roodkoper	8,9	4000	4000	1.005.000	275	275	4100	2380
Roodkoperen plaat	8,8	3650		1.100.000		300		2120
Rood koperdraad	8,9	1000		1.200.000		1200		4230
Lood	11,4	470		50.000		106	510	130
Zink gegoten	7	4150		950.000		230		526
Zink in bladen	7,2			890.000				500
Zilver	10,5	662		728.000		1100		2900
Goud	19,4	610		793.000		1300		2700
Platina	21	600		1.620.000		2700		3400
Eikenhout	0,85	400	500	100.000	200	250	400	700
Teakhout	0,80	500	600	180.000	300	350	600	1000
Grenenhout	0,67	270	600	80.000	130	300	400	900
Vurenhout	0,60	400	1000	100.000	100	250	350	800
Dennenhout	0,55	600	1100	100.000	90	166	390	666
Iepenhout	0,55	700	1000	70.000	70	100	730	980
Esschenhout	0,75	900	1870	112.000	60	125	630	1190
Mahoniehout	0,90			50.000			500	600
Pokhout	1,10			40.000			700	800
Palmhout	1,00			100.000				
Lederen riemen				730				290

Zie voor de waarden E, S_4 enz. hiervoren.

AFSTANDSTABELLEN.

I. Van Batavia om de West, langs Sumatra's Westkust naar Penang.

(Afstanden in geogr. mijlen.)
1 D. G. M. = 4 zeemijl.

D. G. M.

Driehoekige afstandstabel (onderste driehoek ingevuld; afstanden in D.G.M.). Bronplaats per rij, bestemming per kolom.

Van \ Naar	Telok Betong	Kroë	Engano	Bintoehan	Benkoelen	Padang	Poeloe Tello	Priaman	Ajar Bangis	Natal	Siboga	Baros	Singkel	Goenoeng Sitoli	Troemon	Tampat Toean	Soesoe	Analaboe	Poeloe Raja	Olehleh	Penang	Singapore
Batavia	29	56	73	65	90	143	186	148	166	178	195	200	210	220	218	228	238	248	263	270	224	130
Telok Betong		38	52	45	70	125	148	131	150	155	176	181	186	196	207	214	225	240	255	244	265	167
Kroë			26	11	41	92	135	100	118	123	142	147	152	162	173	180	191	206	221	222	244	167
Engano				18	27	77	120	84	116	130	146	161	174	172	182	193	207	222	242	262	352	167
Bintoehan					28	79	122	86	113	118	132	142	145	145	161	167	182	222	224	300	352	201
Benkoelen						57	100	61	82	103	117	123	130	145	134	141	152	167	205	221	255	201
Padang							43	7	34	47	67	75	88	103	118	128	138	149	163	178	254	201
Poeloe Tello								36	41	53	69	82	97	95	105	116	130	145	152	176	262	273
Priaman									30	34	54	62	75	90	88	98	109	123	138	145	229	279
Ajar Bangis										13	33	41	54	69	67	77	88	102	117	132	208	282
Natal											20	28	41	56	54	64	75	89	104	119	195	269
Siboga												8	21	36	34	44	55	69	84	99	175	249
Baros													13	28	26	36	47	61	76	91	160	241
Singkel														15	13	23	34	48	63	78	154	228
Goenoeng Sitoli															27	37	48	51	77	92	168	242
Troemon																10	21	35	50	65	141	215
Tampat Toean																	11	25	40	55	131	205
Soesoe																		14	29	44	120	194
Analaboe																			15	31	106	180
Poeloe Raja																				17	93	167
Olehleh																					76	150
Penang																						95

II. Kust van Atjeh.

Olehleh.

8	Poeloe Weh.				
12	18	Segli.			
31	31	19	Telok Semawé.		
42	45	30	12	Edi.	
76	75	68	50	38	Penang.

D. G. M.

III. Batavia, Palembang en Djambi.

Batavia.

72	Muntok.				
89	18	Palembang.			
103	31	50	Moeara Saba.		
110	38	57	7	Simpang.	
121	49	68	18	12	Djambi.

D. G. M.

IV. Batavia, Deli en Singapore, Billiton, Pontianak.

Batavia.

72	Muntok.								
122	51	Riouw.							
216	153	102	Belawan-Deli.						
238	175	124	26	Edi.					
—	—	—	—	26	Belawan-Deli.				
194	137	86	—	47	26	Assahan.			
186	127	76	—	55	35	18	Paneh en Bilah.		
150	91	40	—	88	67	51	43	Bengkalis.	
164	105	54	—	103	.82	66	58	18	Siak.
—	—	—	—	112	92	76	68	28	39	Singapore.

D. G. M.

Batavia.

54	Billiton.	
128	74	Pontianak.

V. Noordkust Java.

Batavia.

40	Tjeribon.				
41	9	Tegal.			**D. G. M.**
48	17	10	Pekalongan.		
59	29	20	12	Samarang.	
96	70	63	55	46	Soerabaija.

VI. Singapore — Z. en O. afdeeling van Borneo.

Singapore.

175	Bawean.								**D. G. M.**
190	20	Soerabaija.							
200	53	70	Bandjermasin.						
215	69	82	62	Kota-Baroe (Pocloc-Laut.)					
239	98	111	82	25	Passir.				
272	127	140	111	57	40	Koetei (Samarinda.)			
300	137	150	117	68	58	41	Dongala (Palosbaai.)		
335	185	198	165	116	103	81	67	Berouw.	
346	192	205	172	123	110	88	78	39	Boelongan.

VII. Singapore en havens op Java, naar de Molukken.

D. G. M.

	Singapore	Batavia	Samarang	Soerabaija	Makasser	Amboina	Banda	Kajeli	Batjan	Ternate	Gorontalo	Taroena (Sangir.)	Siauw	Menado	Amoerang	Kwandang	Bwool	Toli-Toli	Palosbaai (Donggala.)
Batavia.	130																		
Samarang.	173	59																	
Soerabaija.	190	96	46																
Makasser.	275	195	150	113															
Amboina.	406	330	285	240	150														
Banda.	427	352	304	264	171	33													
Kajeli.	401	326	281	236	145	21	54												
Batjan.	422	347	300	257	166	62	95	41											
Ternate.	443	368	323	278	195	82	115	64	36										
Gorontalo.	420	345	300	255	165	109	139	96	73	71									
Taroena (Sangir.)	394	342	301	264	199	125	149	108	76	53	78								
Siauw.	383	337	296	262	193	115	139	97	66	42	64	14							
Menado.	384	317	273	243	179	108	138	95	70	46	62	35	25						
Amoerang.	380	313	269	239	171	119	149	106	81	53	66	40	29	11					
Kwandang.	410	290	244	216	144	149	179	136	111	76	89	57	48	33	30				
Bwool.	338	269	226	197	124	158	186	145	119	96	107	70	65	51	48	24			
Toli-Toli.	322	255	211	181	112	182	212	169	144	109	122	84	81	68	64	41	20		
Palosbaai (Donggala.)	291	224	180	150	82	227	257	214	189	145	161	126	123	106	102	80	54	45	
Paré-Paré.	264	195	150	117	29	179	200	174	195	196	194	179	176	189	178	124	114	100	70

VIII. Z. O. gedeelte Celebes.

Makasser.

19	Bonthain.										
24	5	Boelekomba.									
34	15	10	Saleier.								
57	38	33	23	Bonerate.							
38	19	14	20	43	Sindjai (Balangnipa.)						
52	33	28	34	57	14	Palima.					
76	57	52	58	81	38	24	Paloppo (Loewoe.)				
59	40	35	40	63	39	41	61	Boeton.			
112	93	88	93	116	92	88	114	53	Kendari.		
119	101	95	100	129	93	96	116	72	18	Salabangka.	
134	114	108	113	142	106	109	129	85	31	13	Temboekoe.

D. G. M.

IX. Singapore en havens op Java naar de kleine Soenda eilanden.

D. G. M.

	Singapore	Batavia	Tjeribon	Tegal	Pekalongan	Samarang	Soerabaija	Makasser	Bima	Waingapoe (Nangamessi)	Endeh	Savoe	Rotti	Timor Koepang	Alor	Atapoepoe	Timor Deli	Larentoeka
Batavia	130																	
Tjeribon	151	40																
Tegal	156	41	9															
Pekalongan	162	48	17	10														
Samarang	173	59	29	20	12													
Soerabaija	190	96	70	63	55	46												
Makasser	275	195	172	164	157	150	113											
Bima	274	186	157	149	142	135	94	52										
Waingapoe (Nangamessi)	310	222	193	185	178	171	130	77	36									
Endeh	319	231	202	194	187	180	139	93	49	25								
Savoe	338	250	221	213	206	199	158	104	64	28	27							
Rotti	358	270	241	233	226	219	178	124	84	48	47	20						
Timor Koepang	360	270	239	231	224	217	172	117	83	51	38	29	13					
Alor	357	273	245	237	230	223	177	98	88	74	47	52	46	33				
Atapoepoe	385	300	269	261	254	247	195	117	111	84	62	65	58	32	17			
Timor Deli	366	282	254	246	239	232	186	117	96	69	50	53	45	45	34	16		
Larentoeka	340	252	223	215	208	201	160	87	73	48	28	40	43	30	24	37	48	
Maumeri	325	237	208	200	193	186	145	87	58	68	48	60	63	50	44	57	68	20

X. Soerabaija, Makasser, Amboina naar N. Guinéa, Kei, Aroë, Tenimber eilanden.

D. G. M.

	Soerabaija	Makasser	Amboina	Saparoea	Banda	Gisser	Segar	Skroë	Toeal (Keij-eilanden)	Dobo (Aroe-eilanden)	Lelingloewan (Larat)	Oearatan (Sjerra)	Tepa (Babber)	Woeloer (Dammer)	Letti (Serwaroe)	Kisser
Makasser	113															
Amboina	240	150														
Saparoea	254	164	14													
Banda	264	171	33	24												
Gisser	276	190	52	43	19											
Segar	311	224	84	77	53	34										
Skroë	299	224	84	77	53	34	19									
Toeal	292	216	84	75	51	40	56	42								
Dobo	316	232	104	85	71	59	70	53	28							
Lelingloewan	282	203	83	74	50	52	74	60	30	44						
Oearatan	260	182	79	77	53	59	92	77	48	57	18					
Tepa	243	158	68	75	51	64	99	85	63	75	42	24				
Woeloer	234	150	53	67	43	60	92	78	73	85	56	39	18			
Letti	214	143	68	89	65	80	115	101	91	108	74	52	30	23		
Kisser	208	131	68	92	68	80	122	110	99	117	82	61	39	26	9	
Ilwaki (Wetter)	198	123	68	100	76	86	128	122	111	129	94	73	51	37	21	12

XI. Plaatsen in de Molukken.

D. G. M.

Afstandstabel (in zeemijlen).

Van \ Naar	Banda	Amboina	Wahaai	Ternate	Gani	Patani	Saonek	Samate (Salawati) en Sorrong	Doreh	Roon	Ansoes	Djamna	Humboldtsbaai	Amboina	Banda	Gisser	Segar	Skroë	Toeal	Dobo
Amboina	33																			
Wahaai	52	50																		
Ternate	115	82	66																	
Gani	86	60	36	31																
Patani	105	75	48	57	26															
Saonek	38	76	47	72	45	38														
Samate (Salawati) en Sorrong	81	82	48	75	52	46	10													
Doreh	131	136	94	130	99	90	57	55												
Roon	158	165	116	160	123	114	88	79	24											
Ansoes	158	160	125	155	132	122	83	80	30	23										
Djamna	203	215	172	210	179	170	128	125	78	78	55									
Humboldtsbaai	229	241	200	236	206	198	154	151	104	104	81	26								
Amboina		102	134	112	127	87	80	132	163	158	203	229	241							
Banda		100	125	98	91	53	48	106	138	133	178	204		33						
Gisser		100	125	98	91	53	46	98	129	124	169	195		52	19					
Segar														84	53	34				
Skroë														84	53	34	19			
Toeal														84	51	40	56	42		
Dobo														104	71	59	70	53	28	
141° O.L. (Sileraka)														230	197	185	186	176	150	136

XII. Singapore—Oosthoek Java, Bali, Lombok, Sumbawa—Makasser

D. G. M.

	Singapore.	Bawean.	Soerabaja.	Sumenep.	Panaroekan.	Banjoewangi.	Boeleleng.	Ampenan.	Badoeng.	Taliwang.	Laboean-Hadji en Pidjoe.	Sumbawa.	Tambora.	Bima.	Makasser.
Bawean.	175														
Soerabaja.	190	20													
Sumenep.	212	42	22												
Panaroekan.	211	43	21	9											
Banjoewangi.	226	56	36	20	16										
Boeleleng.	229	61	41	23	19	12									
Ampenan.	246	78	58	40	36	33	18								
Badoeng.	240	70	50	34	29	15	23	13							
Taliwang.	262	92	72	56	52	40	36	25	25						
Laboean-Hadji en Pidjoe.	262	94	74	56	55	48	37	24	25	3					
Sumbawa.	261	93	73	57	53	47	36	26	40	15	15				
Tambora.	267	99	79	63	59	53	42	32	46	21	21	10			
Bima.	274	115	95	77	76	69	56	48	63	37	38	27	18		
Makasser.	270	133	113	95	93	92	78	75	—	—	76	57	55	52	
Nangamessi.	310	150	130	117	116	109	98	85	86	60	61	56	50	36	77

XIII. IJmuiden—Port Said.

IJmuiden.

160	Dungeness.							
260	100	Southampton.						
748	588	512	Pauillac.					
1396	1236	1160	1012	Gibraltar.				
2084	1924	1848	1700	688	Marseille.			
2236	2076	2000	1852	840	212	Genua.		
2372	2212	2136	1988	976	480	360	Napels.	
3276	3116	3040	2892	1880	1508	1432	1116	Port Said.

ZEEMIJLEN.

XIV. Marseille—Port Said.

1508	Door **straten Bonifacio en Messina.**
1544	Benoorden **Corsica en Str. Messina.**
1556	Door **straten Bonifacio en Malta.**
1572	Bewesten **Sardinië en Sicilië.**

ZEEMIJLEN.

XV. Port Said—Suez.

88 |

ZEEMIJLEN.

XVI. Suez—Batavia.

April t/m. October.

Suez.

636	Djeddah.						
1212	608	Perim.					
1312	708	100	Aden.				
3452	2848	2240	2140	Galle.			
4352	3748	3140	3040	912	Atjeh.		
4728	4124	3516	3416	1288	596	Padang.	
5228	4624	4016	3916	1788	1128	576	Batavia.

ZEEMIJLEN.

November t/m. Maart.

Suez.

636	Djeddah.						
1212	608	Perim.					
1312	708	100	Aden.				
3452	2848	2240	2140	Galle.			
4352	3748	3140	3040	912	Atjeh.		
4896	4292	3684	3584	1288	596	Padang.	
5320	4716	4108	4008	1788	1128	576	Batavia

ZEEMIJLEN.

XVII. Batavia—Suez.

Batavia.   November t/m. April.

576	Padang.							
1788	1288	Galle.						
1860	1360	72	Colombo.		**ZEEMIJLEN.**			
3916	3416	2140	2104	Aden.				
4016	3516	2240	2204	100	Perim.			
4196	3696	2420	2384	280	180	Camaran		
4624	4124	2848	2812	708	608	464	Djeddah.	
5228	4728	3452	3416	1312	1212	1068	636	Suez.

Mei t/m. Augustus.
Batavia.

576	Padang.					
4212	3776	Aden.		**ZEEMIJLEN.**		
4312	3876	100	Perim.			
4492	4056	280	180	Camaran.		
4920	4484	708	608	464	Djeddah.	
5524	5088	1312	1212	1068	636	Suez.

September en October.
Batavia.

576	Padang.					
4312	3848	Aden.		**ZEEMIJLEN.**		
4412	3948	100	Perim.			
4592	4128	280	180	Camaran.		
5020	4556	708	608	464	Djeddah.	
5624	5160	1312	1212	1068	636	Suez.

XVIII. IJmuiden—New-York.

IJmuiden.

34	Hoek van Holland.					
146	115	Dover.				
258	227	112	Wight.	**ZEEMIJLEN.**		
413	382	267	155	Lizard.		
457	426	311	200	44	Scilly.	
3304	3273	3158	3046	2891	2847	Sandy Hook-(N. route.)
3425	3394	3279	3167	3012	2968	Sandy Hook (Z. route.)

IJmuiden.   ## XIX. IJmuiden—West-Indië.

IJmuiden												
147	Dover.											
414	267	Lizard.										
1580	1433	1166	S. Miguel.									
4060	3913	3646	2480	Paramaïbo.			ZEEMIJLEN.					
4242	4095	3828	2662	182	Demarara.							
4589	4442	4175	3009	529	347	Trinidad.						
5041	4894	4627	3461	981	799	452	Curaçao.					
5051	4904	4637	3471	991	809	462	110	P. Caballo.				
4984	4837	4570	3404	924	742	395	177	67	La Guayra.			
4821	4674	4407	3241	761	579	232	340	230	163	Cumana.		
4695	4548	4281	3115	635	453	106	466	356	289	126	Carupano.	
259	112	207	1373	3852	4034	4381	4953	4843	4776	4613	4487	Hâvre.

XX. In Nederland.

Van uit **Nieuwediep,** langs de onderstaande routen naar de aangeduide plaatsen (**in Zeemijlen.**)

Burgzand. 9	Riepel. 12.5	O. Vlie. 18	Ton. O. Vlie. 21.75	Vlierêe. 29.75	W. Terschelling. 35.75		
	Robbezand. 12.75	Middelgr. 22.75	Ton O. Vlie. 29.75	Vlierêe. 37.75	W. Terschelling. 43 75		
Brêehorn. 7.5	Uitert. Zwin. 13.5	Stavoren. 24.5	Harlingen of Lemmer. 40.5	Urk. 40	Ketel. 48	Kampen. 53.5	
Brêehorn. 7.5	Uitert. Gaatje. 14	Medemblik. 22.5	Enkhuizen. 31	Hoorn. 41.5	Marken. 46.5	Oranjesluis. 56.25	Oosterdok. 69
Brêehorn. 7.5	Zpt. Wieringen. 12.5	Uitert. Sloot. 16	Enkhuizen. 33				
Brêehorn. 7.5	Uitert. Sloot. 16	Rondom Wieringen.	Uitert. Gaatje. 22.5	Nieuwediep. 36.5			
Brêehorn. 6.5	Uitert. Zwin. 13.5	Vlieter. 19	Burgzand. 23	Nieuwediep. 37			
Uitert. Sch.gat. 7.5	IJmuiden. 34	Waterweg. 67.5	Uitert. Bokkegat. 78.5	Hellevoet. 90			
Uitert. Sch.gat. 7.5	Lichtschip Maas. 66.5	Schelde Oostgat. 99.75	Vlissingen Haven. 112.75				
Uitert. W.gat. 8	Stortemelk. 38	W. Terschelling. 46.75	Uitert. W. Eems. 94.50	Delfzijl. 126.25			
Uitert. Sch.gat. 7.5	IJmuiden. 34.5	Amsterdam. 51.5					

Verkortingen van woorden in Engelsche en Amerikaansche werken gebruikelijk.

lb.	pound.
lb the sq. in.	pound the square inch.
cwt.	hundredweight.
dupl., dwt.	duplicate; pennyweight.
gall.	gallon.
hhd.	hogshead.
lb., lbs.	livres (pounds.)
l., stg., L.	pound sterling.
m.	thousand.
oz.	ounce.
Secs.	seconds.
A*	Threefourths.
A. A. G.	Assistant adjudant general.
A. B.	Able Seaman.
A. C. S.	American Colonization Society.
A. d. C.	Aide de Camp to the Queen.
Adm.	Admiralty, Admiral.
Adm. C°.	Admiralty Court.
Admr.	Administrator.
A. F.	Admiral of the Fleet.
Alt.	Altitude.
A. M.	Ante meridiem, Anno Mundi.
Am.	American.
A. M. G.	Adjudant major general.
A. P.	Assistant-Paymaster.
	Armour-plated.
Apl.	April.
Apo.	Apogee.
A. P. S.	Armour-plated-ship.
Aq.	(Aqua) water.
A. Q. M. G.	Assistant-quartermaster general.
A. S.	Assistant Surgeon.
Aug.	August.
Av.	Average.
Avdp.	Avoirdupois.
I. st. A.	First-Class Assistant Engineer.
Bar.	Barley Corn.
Bll.	Barrel.
B. I.	British India.
B. W. G.	Birmingham Wire Gauge.
C. A.	Controller of accounts.

Capt.	Captain.
Car.	Carpenter.
C. B.	Companion of the Bath.
	Cape Breton.
	Center of Buoyancy.
C. C. A.	Chief Clerk of Admiralty.
C. E.	Canada East.
	Civil Engineer.
Cf. E.	Chief Engineer.
C. G. S.	Centimetre, Grammes, Seconds System.
C. G.	Captain of the Guard.
	Commissary General.
	Consul General.
	Coast Guard.
Ch. P.	Paymaster in Chief.
Ch.	Chaplain.
Ch. E.	Chief Engineer.
Ch. E. Ins.	Chief Inspector of Machinery.
Clk.	Clerk.
C. M.	Common mètre.
C. M. G.	Companion of the order of St. Michael and Saint Georges.
C. H. G. H.	Cape of Good Hope.
Con. Sect.	Conic Sections.
Cr.	Commander.
C. S. A.	Confederate States of America.
Cwt.	Hundredweight (centner.)
D.	Displacement.
D. I. H.	Deputy Inspector general of Hospitals and Fleets.
D. Y.	Dockyard.
E.	Engineer.
E. E.	Errors excepted.
	Ells english.
E. and A. R. M. C.	European and Asiatic Royal mail Company.
E. I. C.	East India Company.
E. S.	East India Company's Service.
E. Ins.	Inspector of Machinery.
E. Lon.	East Longitude.

E. M. F.	Electro magnetic force.
Eng.	England.
E. O. U.	Elswick Ordnance Company.
E. R.	Enfield rifle.
E. S. C.	Engineer for special charge.
Ex.	Excellent (instructievaartuig van dien naam.)
F. of f.	Franc, Florin.
	farthing.
	foot.
Fe.	(ferrum) iron.
Fth.	Fathom.
G.	Guinea.
	Gulf.
	Gold medal for service in the field.
G. B.	Great Britain.
G. B. and I.	Great Britain and Ierland.
G. C. B.	Grand Cross of the Bath.
	Good Conduct Badge.
G. C. H.	Grand Cross of Hanover.
G. C. L. H.	Grand Cross of the Legion of Honour.
G. C. S. I.	Grand Cross of the order of India
G. C. M. G.	Grand Cross of St. Michael and St. Georges.
G. I.	Gunnery Instructor.
Gr.	Gunner.
H. or. h.	High, height, harbour, hour.
H. B. C.	Hudson's Bay Company.
H. B. M.	Her British Majesty.
H. E. I. C.	Honourable East India Company.
H. M.	Her Majesty.
H. M. S.	Her Majesty's Ship.
	Her Majesty's Service.
I. H. P.	Indicated Horse Power.
Ins. Gen.	Inspector General.
In. Ma.	Inspector of Machinery.
It.	Italic.
	Italy.
K. Kil.	Kilogramme.
K. L. H.	Knight of the Legion of Honour.
L. or. l.	Lake, lane, league, line, link.
Lat. and Long	Latitude and Longitude.

L. G. P.	Large grained powder.
L. S. D. l. s. d.	) (librae, solidi, denarii), pounds,) shillings and pence.
Lv., lv.	Livres.
L. W. L.	Load waterline (waterlijn toegeladen.)
	Lightwaterline (waterlijn leeg).
M.	Monday, middle, morning, thousand (mille), meridian (noon).
M. A.	Master of Arts.
M. or. m.	Moon, month, minute, mile, measure, by measure.
Mach.	Machinery.
Mch.	March.
M E.	Military engineer.
	Mining „
	Mechanical ,
Mech.	Mechanics.
M. G.	Major general.
Mid.	Midshipman.
Mon., Mo.	Month.
Mo., Mond.	Monday.
Morn.	Morning.
Mos.	Months.
N. M.	New Measurement.
Non. C. S.	Non continuous service.
O. M.	Old measurement.
Ord.	Ordnance.
O. S.	Ordinary seaman.
P.	Paddles.
	Paymaster.
P. M., pm.	Post meridiem.
Pt.	Pint, part, payment, point, port.
Pulv.	(pulvis) powder.
Q. M.	Quartermaster.
Q. M. G.	Quartermaster general.
Qr.	(quantum placet) as much as you please.
R. F. G.	Rifle fine grains.
R. G. F.	Royal gun factories.
R. L. F.	Rifled large grains.
R. M. A.	Royal Marine Artillery.
R. M.	Royal Marines.

R. M. Cl.	Colonel royal marines.	·T.	Town, township, territory, ton.
R. M. Lt. Cl.	Lieutenant Colonel royal marines.	T. O.	Torpedoman.
R. M. S.	Royal mail steamer.	T. T. L.	To take leave.
R. N.	Royal Navy.		
R. W. I. M. P.	Royal West India Mail Packet.	U. S. M.	United States Mail.
			United States army.
S.	Dollar.	U. S. N.	United States navy.
S. G.	Seaman Gunner.	U. S. S.	United States Senate.
S. L	South Latitude.		United States Ship.
	Sub-Lieutenant.		United States Steamer.
Sq. Ft.	Square foot.		
S. S.	Screw Steamer, Screw Ship.	V. A.	Vice-Admiral.
	Steam Service.		
St.	Stone, Strait.	W. Lon.	West Longitude.
Surv.	Surveying.	Wt.	Weight.
T.	Torpedo duties.	Y; yr.	Year

Naval and military rank comparison table (ranks by country).

NEDERLAND	ENGELAND	FRANKRIJK	VEREEN. STATEN	DUITSCHLAND	OOSTENRIJK	DENEMARKEN	SPANJE	Rang in 't Leger
Admiraal v/d. vloot.	Admiral of the fleet							
Luitenant-Admiral.	Admiral.		Admiral.	Admiral.	Admiral.		Almirante.	Generaal.
Schout bij Nacht.	Vice-Admiral.	Vice-Amiral.	Vice-Admiral.	Vice-Admiral.	Vice Admiral.	Vice Admiral.	Vice-almirante.	Luit. Generaal.
	Rear-Admiral.	Contre Amiral.	Rear-Admiral.	Contre Admiral	Contre Admiral.	Contre Admiral.	Contra almirante.	Generaal Majoor.
	Commodore		Commodore.					(Brigade generaal.)
Kapitein ter zee.	Captain R. N.	Capitaine de vaisseau.	Captain U. S. N.	Kapitän zur See.	Linienschiffs kapitän	Kommandörer.	Capitan de Navio de 1a cl.	Kolonel.
Kapitein Luit. t/zee.	Commander R. N.	Capitaine de frégate.	Commander U. S. N.	Fregatten Kapitän.	Fregatten kapitän.		Capitan de Navio de 2a cl.	Luit. kolonel.
	Senior Lieutenant.		Lieut. Commander.	Korvetten Kapitän.	Corvetten kapitän.		Capitan de fragata.	Majoor.
		Lieut. de vaisseau 1ere cl.		Kapitän Leut. 1 kl.			Teniente de Navio de 1a cl	
Luit. ter zee 1e kl.	Lieutenant R. N.	Lieut. de vaisseau 2me cl.	Lieutenant U. S. N.	Kapitän Leut. 2 kl.	Linienschiffs Lieut.	Kapitän.	Teniente de navio de 2a cl	Kapitein.
Luit. ter zee 2e kl.	Sub. Lieutenant R. N.	Enseigne de vaisseau.	Ensign.	Oberleut. z. See.	Linionsch. Fähnrich.	Lieutenant.	Alferez de Navio.	Eerste luitenant.
Adelborst 1e kl.		Aspirant de 1ere classe.	Naval cadet at sea.	Leut. z. See.	Seekadet 1 klasse.	Sekond Lieutenant.	Guarda marina 1a cl.	Tweede luitenant.
Adelborst 2e kl.	Midshipman.	Aspirant de 2de classe.			" 2 klasse.		Guarda marina 2a cl.	
Adelborst 3e kl.	Naval Cadet.	Elève de l'éc. navale.	Naval cadet.	Seekadet.	See Aspirant.	Kadet.	Aspirante de marina.	

NEDERLAND	PORTUGAL	ITALIË	RUSLAND	NOORWEGEN	ZWEDEN	GRIEKENLAND	TURKIJE	Rang in 't Leger
Admiraal v/d. vloot.			Generaal admiraal.					
Luitenant-Admiraal.	Almirante.	Ammiraglio.	Admiraal.			Navarchos.	Museir bahriyé.	Generaal.
Schout bij Nacht.	Vice almirante.	Vice ammiraglio.	Vice-admiraal.		Vice admiral.	Anti-Navarchos.	Ferik bahriyé.	Luit. Generaal.
	Contre almirante.	Contr' ammiraglio.	Contre-admiraal.	Kontre-admiral.	Kontre admiral.	Ipo-Navarchos.	Livà bahriyé.	Generaal Majoor.
				Kommandörer.	Kommendörer.			(Brigade generaal.)
Kapitein ter zee.	Capitao de mar y guerra.	Capitano di vascello.	Kapitan 1e rangu.	Komm. kaptejn.	Komm. kaptejn 1e gr.	Pilarchos.	Miralai bahriyé.	Kolonel.
Kapitein Luit. t/zee.	Capitao de fragata.	Capitano di fragata.	Kapitan 2e rangu.	Komm. kaptejn.	Komm. kaptejn 2e gr.	Anti-pilarchos.	Caimacam bahriyé.	Luit. Kolonel.
	Capitao tenente.	Capitano di corvetta.	Kapitan leitenant.	Kaptejn.	Kaptejn 1e kl.	Plotarchos.	Aga bahriyé.	Majoor.
Luit. ter zee 1e kl.	Primioro tenente.	Tenente di vascello.	Leitenant.	Premier löjtnant.	Kaptejn 2e kl.	Ipo-pilarchos.	Jürbaset bahriyé.	Kapitein.
Luit. ter zee 2e kl.	Secundo tenente.	Sotto tenente.	Michman.	Sekond löjtnant.	Löjtnant.	Anti-pilarchos.	Mulazim ervel bahriyé.	Eerste luitenant.
Adelborst 1e kl.	Guarda marinha.	Guardia marina.	?		Unter-löjtnant.	Simeofóros.	Mulazim Sani bahriyé.	Tweede luitenant.
Adelborst 2e kl.								
Adelborst 3e kl.	Aspirante de marinha.	Allievo di marina.	Morskoi-vospitamrik	Elève	Eleve.	Dokimós.		

* Aan veranderingen onderhevig.

AANTEEKENINGEN VAN DEN GEBRUIKER.

2DE AFDEELING.

LAND- EN ZEEMERKEN, LOODSWEZEN, KUSTWACHT.

INHOUD: Vuurtorens. — Lichtschepen. — Mistseinen. — Land-
merken en Bakens. — Tonnen. — Betonningsstelsels. — Loodsseinen.
Loodswezen. — Kustwacht. — Opgave der voornaamste lichten in
Ned. Oost-Indië.

Vuurtorens.

Kleur.

Deze wordt gekozen in verband met den achtergrond. Zoo voldoet wit het best om den toren tegen achterliggend land en zwart om hem tegen de lucht te doen uitkomen. Horizontale strepen zijn geschikt in streken waar veel sneeuw valt of kan vallen, want vertikale sneeuwlijnen kunnen zeer eigenaardig den indruk van een witten vuurtoren en dus aanleiding tot vergissing geven. Witte banden hebben echter weer het nadeel dat een aldus geschilderde vuurtoren, bij heiige lucht voor een schip onder zeil kan worden aangezien.

Onderscheiding in soorten.

Meestal worden vuurtorens onderscheiden: 1° naar het apparaat; 2° naar den aard der doeleinden waarvoor zij dienen, en 3° naar den aard van het licht dat zij uitstralen, 4°. onderscheidt men elektrische lichten, petroleumlichten, enz. Groote lichtsterkte wordt verkregen door het magnesiumlicht; hierbij wordt poedervormig magnesium in de vlam geblazen. Wellicht heeft ook het acetyleenlicht groote toekomst.

Katoptrische lichttoestellen.

Deze berusten op reflexie door holle parabolische spiegels. In de as des spiegels is het licht dat wordt uitgestraald het helderst en neemt buiten de as gaandeweg in helderheid af, zoodat het van uit zee, in verschillende lichtsterkte gezien wordt. Het vindt zijn meeste toepassing op lichtschepen in dier voege dat eenige zulke reflectors, regelmatig opgesteld, rond den mast worden gedraaid. Bij dergelijke lichtschepen komt de lichtbundel flauw schijnend in 't zicht, neemt regelmatig tot een maximum toe en vermindert weer regelmatig in kracht. Dit is een eigenaardig karakter dier lichten, waardoor men ze kan onderscheiden van de dioptrische lichten die plotseling in hun vol vermogen worden getoond.

Dioptrische lichttoestellen.

Deze berusten op refractie door lenzen. Het apparaat verschilt naarmate het voor vaste of voor draailichten moet dienen.

Voor draailichten gebruikt men veelal acht lenzen die in een regelmatigen acht-hoek worden opgesteld. terwijl elke lens zich in doorsnee als een traplens $C\ D$ voordoet (waarin alle deelen eenzelfde brandpunt O hebben.) Elk der acht lenzen doet zich dus voor als een enkele lens omgeven door concentrische ringen, welke ringen driehoekig in doorsnede zijn.

Voor vaste lichten gebruikt men veelal een lenssysteem dat verkregen wordt door de figuur $C\ D$ om een vertikale as te doen wentelen, waardoor a. h. w. een glazen ring om de vlam wordt gevormd. De van den top en de onderzijde der vlam uitgaande lichtstralen worden bovendien door afzonderlijke prismatische ringen gereflecteerd, waardoor het geheele systeem iets van een bijenkorf krijgt.

Voor een vast licht met schitteringen wordt ook van het dioptrisch systeem gebruik gemaakt. Men stelle zich slechts een gewoon vast licht naar het dioptrisch systeem voor, dat dus naar alle zijden even rustig en kalm straalt. Laat men echter rond den bijenkorf een vertikaal opgestelde lens regelmatig draaien, dan worden telkens de stralen op een bepaald punt geconcentreerd, waardoor het vaste licht af en toe in een bepaalde richting versterkt, wordt voorafgegaan en gevolgd door een verminderde lichtsterkte.

Katadioptrische lichttoestellen.

Hiervan bestaan twee soorten, beide zijn combinatiën van het katoptrisch en het dioptrisch systeem.

a. die naar het holophotaal systeem. Men denke zich een parabolischen spiegel die de licht-stralen van een in zijn brandpunt geplaatste lichtbron evenwijdig aan zijn as terugkaatst, doch waarbij de stralen die van de voorkant der vlam afkomen verloren zouden gaan. Om dit te beletten plaatst men vóór de vlam eene lens die die stralen weer in evenwijdige richtingen voert; denkt men verder den parabolischen reflector weg voor zoover hij achter het vlak gelegen is, dat loodrecht op zijn as door de pit gaat, dan zal hij toch die stralen die van de bovenzijde der vlam afkomstig zijn, blijven terugkaatsen. Indien men nu een hollen half bolvormigen spiegel achter de vlam plaatst dan werpt deze de lichtstralen die van de achterzijde der pit komen volgens haar eigen richting terug en zij zullen door de lens gaan alsof zij van de voorzijde der vlam afkomstig waren. Aldus voeren spiegel, lens en parabolische reflector samen alle lichtstralen in evenwijdige richtingen. Soms vervangt men de spiegels door totaal reflecteerende prisma's.

b. die naar het azimuthaal verdichtend katadioptrische systeem. Hierbij stelle men zich voor een halven bijenkorf van traplenzen voor de vlam en een spiegel achter de vlam.

Naar de grootte onderscheidt men ten onzent de lichten is zes soorten naar de middellijn van het toestel:

1e grootte	middellijn	1,84 M.
2e „	„	1,40 „
3e „	„	1,00 „
4e „	„	0,50 „
5e „	„	0.375 „
6e „	„	0,30 „

Naar den aard der doeleinden waartoe zij dienen onderscheidt men ten onzent:

a. Kustlichten (zijn die der 1e t/m. 4e grootte.)

b. Bakenlichten (zijn die der 5e en 6e grootte, doch de kustlichten der 4e grootte komen als bakenlichten voor, wanneer zij voor bijzondere doeleinden dienen).

c. Oeverlichten, branden aan de oevers en monden van rivieren en langs binnenvaarwaters.

d. Visscherlichten, branden in den regel alleen wanneer de vaartuigen buiten zijn.

e. Havenlichten.

f. Geleidelichten.

g. Verklikkers, zijn lichten die waarschuwen als men koers moet veranderen. Zij toonen meestal zeewaarts een wit of groen en binnenwaarts een rood licht.

Naar den aard van het licht dat getoond wordt onderscheidt men ten onzent:

Vaste en draailichten. Een vast licht is onveranderlijk van sterkte en kleur, de draailichten worden onderscheiden als volgt:

1. Schitterlichten, toonende een aantal schitteringen enkel of in groepen van 2, 3 enz. wit, rood, afwisselend wit en rood, elke schittering voorafgegaan en gevolgd door eene korte verduistering, de groepen gescheiden door langere verduisteringen. (Eng. flashing light, Duitsch Gruppenblinkfeuer).

2. Vaste lichten met schitteringen, toonende een vast licht, wit of rood, regelmatig afgewisseld met eene witte of roode schittering die voorafgegaan en gevolgd wordt door een korte ver-duistering. (Eng.: fixed and flashing, Duitsch: festes Feuer mit Blinken.)

3. Gewone draailichten, toonende elke 2, 1 of ½ minuut een gaandeweg in sterkte toe- en daarna afnemend licht, gevolgd door eene verduistering. (Eng. revolving light, Duitsch Drehfeuer.)

4. Vaste lichten met verduisteringen, toonende een plotseling verschijnend en evenzoo ver-dwijnend licht. (Eng. occulting light wanneer de schittering korter duurt dan 30 sec. en intermittent, wanneer deze 30 sec. is of langer. Duitsch: unterbrochenes Feuer.)

5. Wissellichten, toonende beurtelings een rood en wit licht afwisselende zonder verduistering. (Eng. alternating light, Duitsch Wechselfeuer.)

In Duitschland maakt men verder nog de volgende onderscheidingen:

a. Blitz of Funkelfeuer toonende snel opeenvolgende schitteringen.

b. Umkehrende Feuer, draailichten die terugdraaien tegen dat hunne straalbundels boven het land zouden komen.

c. Blinkfeuer, toonende 1—5 schitteringen in de minuut.

d. Funkelfeuer toonende 5 en meer schitteringen per minuut.

Soms wordt nog toegepast het „apparent light" dat gebruikt wordt om het plaatsen van lichten te vermijden op rotsen en derg. in wier nabijheid reeds een vuurtoren is; het licht van een afzonderlijke lamp, in den vuurtoren wordt dan geprojecteerd op een baak die de ondiepte, rots of gevaar markeert. In 't algemeen hebben de draailichten het groote voordeel boven de vaste lichten van in druk bezochte vaarwaters en op vischgronden niet voor lichten van vaartuigen te kunnen worden aangezien en gemakkelijk te worden opgemerkt.

Afstand van zichtbaarheid. Zie tabel Afdeeling XXVIII.

De grens van zichtbaarheid van zwakke lichten die alleen doordat zij hoog opgesteld zijn. zeer ver zichtbaar zijn, neemt bij ongunstige weersgesteldheid sterk af, b. v. Mandalike (Java.)

Kleur. Lichten die als wit zijn opgegeven kunnen bij sommige atmosferische toestanden een zeer roodachtige tint hebben (b. v. Kijkduin) ook bij sectorlichten dient men gevat te zijn op de altijd onzekere overgangen der sectoren (b. v. Falga.)

Lichtschepen.

Worden in den regel bij een paar kenbare boeien verankerd, zoodat de te markeeren plaats kenbaar blijft als het schip driftig geraakt mocht zijn.

De lichtbronnen zijn veelal naar het katoptrisch systeem ingericht. Meest allen doen zoo noodig mistseinen 't zij met sirenes, dan wel met gong of klok (zie de lichtenlijsten). Gewoonlijk voeren zij overdag een duidelijk topteeken en toonen hun naam geschilderd tegen de zijden van 't schip. Sommigen, b. v. dat van de Maas, seinen den tijd als men er om vraagt en doen seinen voor schepen die in gevaar verkeeren. Aan onderhoud en bemanning kost een lichtschip 3 à 4 maal meer dan een vuurtoren.

Wraklichtschepen. Bij ons te lande toonen zij des nachts drie vaste lichten (aan een ra die 6 Meter boven water hangt) in deze volgorde: een rood en daaronder een wit licht aan de eene zijde en een rood licht aan die zijde van het schip waar men het *niet* moet passeeren. Wanneer het schip recht boven het wrak ligt en wanneer de lichten op het wrak zelve geheschen zijn vervalt het laatstgenoemde roode licht. Overdag voert het vaartuig zwarte bollen inplaats van de lantaarns.

Klokbakenschepen. Zijn kleine scheepjes die enkel een klok voeren die door de golfbeweging zelve geluid wordt (b. v. bij 't Schuitegat). Zie verder belboei.

Mistseinen op Vuurtorens en Lichtschepen.

Deze seinen worden veelal gedaan d. m. v. sirene. gong, stoomfluit, klok, enz. Ook kanonschoten en dynamietontploffingen worden soms als zoodanig aangewend. Men zie de lichtenlijsten. Een goede Sirene kan 2 à 3 zeemijl ver worden gehoord. (Zie voor de seinen aan in nood verkeerende schepen bij kustwacht.)

Nabij plaatsen waar mistsein gedaan wordt, dient er op gelet te worden dat mist soms langzaam naar den wal toekruipt en van daaruit niet gemakkelijk te beoordeelen is, zoodat men met mist nabij een mistsein kan komen terwijl de wachters nog goed weer ondervinden of de seinapparaten nog niet te werk hebben kunnen stellen. De grens van hoorbaarheid is zeer veranderlijk en vooral van de temperatuur afhankelijk. Is deze boven in het tuig hooger dan aan dek, dan hoort men een mistsein zeer ver, is zij aan dek slechts eenige tienden van een graad hooger dan boven in 't tuig, dan hoort men zeer weinig. Ook verschilt de intensiteit van het geluid eener sirene of misthoorn zeer, naarmate men zich in de richting van de monding of terzijde daarvan bevindt. Praktisch kan men aannemen:

a. Voor eenzelfde sein kan de grens van hoorbaarheid zeer verschillend zijn en zoo snel veranderen dat men het sein bij tusschenpoozen al of niet hoort zonder dat de afstand veel verandert. Mistseinen zijn soms omgeven bevonden door een gordel van 1—1$^{1}/_{2}$ zeemijl waarbinnen het geluid niet vernomen werd.

b. De grens ligt verder bij hooge dan bij lage temperatuur en verder naar lij dan naar loevert. Vermoedt men te loevert van een mistsein te wezen dan is groote behoedzaamheid noodig. Verder kan men als waarschijnlijk aannemen dat een sein van te loevert genaderd wordende, eerst in het tuig en dan aan dek gehoord zal worden, maar nadert men van onder de lij dan hoort men het meest eerder aan dek. In elk geval moet men ook in het tuig uitluisteraars hebben.

c. De grens van hoorbaarheid neemt gewoonlijk toe met de hoogte van het instrument boven water. Daarom is het goed het instrument hoog op te stellen. Ligt er hoog land achter de geluidsbron, dan zullen de geluidsgolven kunnen interfereeren zoodat men het geluid bijv. wel op 2, 4, 6, 8 zeemijl en niet op 1, 3, 5, 7 mijl hoort.

d. Men moet niet aannemen dat een sein dichtbij of ver weg is naarmate men het meer of minder duidelijk hoort, noch dat men buiten de grens van hoorbaarheid is als men het kwijtraakt. Wordt een te verwachten geluidsein niet gehoord dan loopt men voorzichtig door (en houdt zoo noodig het lood gaande).

e. De dikte van de mist doet weinig af tot de hoorbaarheid van een sein : zonder dat de mist veel verandert kan toch de grens van hoorbaarheid veel veranderen.

f. Bij sneeuw ligt de grens van hoorbaarheid minder ver dan bij mist.

Landmerken en Bakens.

Inrichting en opstelling hangen af van de plaats en van de te verwachten diensten. Voor kapen (Schoutenkaap, enz.) gebruikt men latwerk of ijzeren geraamten om den windvang te verminderen. De kleur wordt gekozen naar gelang van den achtergrond.

Reddingbakens b. v. op de Onrust. Op vreemde reeden overtuige men zich of er reddingbakens zijn voor in drift geraakte sloepen.

Bakens ter verifieering van kompassen. (Zie Afdeeling VI.)

Steekbakens. Zijn houten staken die in ondiepe wateren in den grond worden gewoeld en gewoonlijk topteekens voeren.

Drijfbakens en winterbakens. Zie pag. 78.

Tonnen, Boeien, Drijfbakens.

Naar de diensten onderscheidt men :

1. **Buitentonnen.** Deze wijzen vrijliggende gevaren aan. (b. v. de Steenbanken, enz.)
2. **Verkenningstonnen;** zijn de gewone uitertonnen of aanloopers.
3. **Tonnen ter begrenzing van een zeegat.**
4. **Wraktonnen.**

Naar den vorm onderscheidt men :

1. **Spitse tonnen;** deze zijn boven water kegelvormig. (conical buoys.)
2. **Stompe tonnen of buiktonnen;** deze zijn boven water plat. (can buoys.)
3. **Kogeltonnen;** deze zijn boven water bolvormig. (spherical buoys.)
4. **Herbertsbakentonnen;** groote spitse ijzeren tonnen die veelal voor buitentonnen dienen. Zij hebben een ingebogen bodem, even als de ziel eener flesch, waarin de ketting wordt opgesloten. Hierdoor kan de boei steeds rechtop drijven.
5. **Kroontonnen;** zijn stompe tonnen met stang en bal in 't vlak van den bodem.
6. **Ankerboeivormige tonnen;** deze zijn aan beide einden puntig.
7. **Joontonnetjes;** zijn kleine tonnetjes met staak, waaraan een vlaggetje.
8. **Spierentonnen;** (Duitsch) een soort groote joontonnen.
9. **Gasboeien.** Deze branden gecomprimeerd gas, waarvan de druk en dus de toestrooming naar de lamp geregeld wordt door een, met een veer op bepaalde spanning belaste. buigzame metalen plaat.
10. **Fluitboeien.** Bij elke opheffing van de boei wordt een naar binnenslaande klep geopend en stroomt lucht toe, die bij elke daling door het onder in een buis dringend water uit een zware buis met fluit wordt weggeperst.
11. **Belboeien;** zijn boeien die een klok dragen langs welken een paar kogels hangen die bij zeegang voortdurend de klok doen luiden.
12. **Drijfbakens;** zijn houten blokken van ± 1 vaam lengte bij eenige palmen dikte en breedte en in de lengte doorboord. Door dit gat wordt een stok, de eigenlijke baak gestoken, en het geheel wordt daarna verankerd aan een steen, d. m. v. een ketting. Met het oog op het inwateren worden zij nu en dan verwisseld. (Zie ook Afd.: Hydrografisch opnemen).
13. **Winter- of ijsbakens;** zijn zware drijfbakens.

Men gebruike op boeien sterke kettings zonder wartels, daar deze de sterkte verminderen en de boei toch zonder dien genoegzaam kan draaien. Driemaal de diepte is in den regel voor een ketting genoeg. Op onze kusten volstaat men veelal met steenen zinkers van 300 à 1000 KG. als ankers te gebruiken.

Groote ijzeren boeien behooren een waterdicht schot te hebben en geballast te zijn. Een buis die in het onderste compartiment uitkomt is noodig om daar water uit te kunnen pompen. Verder hebben die boeien een houten rand tegen beschadiging.

Gemakkelijk te vervaardigen bakens b. v. bij opneming worden aldus samengesteld: Neem een bamboe van ± 6 M. lengte en bezwaar die van onderen met 10 à 15 KG.; steek de bamboe over $\frac{1}{3}$ der lengte door een blok grenenhout lang 5 dM. en keg haar vast. Voorzie de baak van een vlaggetje en dreg met dreggetouw. Zie verder Opneming. Afd. XXIX.

Betonningstelsels in de aan de Noordzee gelegen Staten en in Ned. Oost-Indië.

Nederland en **Nederlandsch Oost-Indië.**

Het navolgende stelsel van betonning is voor de Nederlandsche zeegaten en vaarwaters van kracht:

1. Met S.B.- of B.B.-tonnenkant of zijde van het vaarwater wordt steeds bedoeld de rechter- of linkerzijde van het vaarwater voor een binnenkomend schip of voor een schip in de hoofdrichting van den vloedstroom varende.

2. Tonnen, waarvan het boven water uitstekende gedeelte kegelvormig is, worden spitse tonnen genoemd. Zij liggen altijd aan S.B.-zijde van het vaarwater en zijn rood geschilderd.

3. Tonnen, waarvan het boven water uitstekende gedeelte plat is, worden stompe tonnen genoemd. Zij liggen altijd aan B.B.-zijde van het vaarwater en zijn zwart geschilderd.

4. Tonnen, waarvan het boven water uitstekende gedeelte bolvormig is, worden kogeltonnen genoemd. Zij dienen in den regel om de scheiding van twee vaarwaters of een ondiepte middenvaarwaters aan te geven en zijn zwart en rood horizontaal gestreept.

    Liggen zij tusschen tonnen van denzelfden vorm en kleur, dan zijn zij geheel overeenkomstig deze geschilderd.

    Kogeltonnen zijn altijd, de overige in enkele bijzondere gevallen, van topteekens voorzien.

5. Tonnen, welke buiten het zeegat liggen en dienen om zich bij het aandoen daarvan te verkennen, worden verkenningstonnen genoemd. (In Oost-Indië zijn zij van bijzonderen vorm.)

6. In de binnenvaarwaters zijn, waar zulks noodig is, de tonnen door drijfbakens vervangen.

7. Wrakken worden aangeduid door groen geschilderde spitse of stompe tonnen naargelang het wrak aan S.B.- of B.B.-zijde van het vaarwater ligt. Ligt het wrak midden vaarwaters dan wordt het aangeduid door een stompe ton aan S.B. en door een spitse ton aan B.B.

8. Topteekens zijn:

    Een ruit ter aanduiding van den buitenkant (zeezijde) eener bank.

    Een kegel ter aanduiding van den binnenkant eener bank.

    Een bol ter aanduiding van S.B.-zijde van het vaarwater.

    Een afgeknotte kegel ter aanduiding van B.B.-zijde van het vaarwater.

    Een staand en een liggend kruis als bijzondere merken en, bij kogeltonnen, tot aanduiding dat men de ton aan weerszijden kan passeeren.

    De bol en afgeknotte kegel worden ook als topteekens gebruikt bij de bakens.

    De topteekens hebben dezelfde kleur als de tonnen en bakens, waarop zij geplaatst zijn.

9. De tonnen der zeegaten zijn gemerkt met een doorloopend nummer, van uit zee beginnende en bovendien met de eerste letter van het zeegat.

    Nummers en letters zijn wit.

10. De betonning der vaarwaters van de *Eems*, zijnde bij overeenkomst vastgesteld, zoomede de bebakening van de *Wadden*, wijken af van dit stelsel.

11. Waar in Oost-Indië nog niet tot het nieuwe stelsel is overgegaan zal men gedurende het overgangstijdperk moeten varen op de *kleur* en niet op den *vorm* der tonnen, blijvende de bestaande kleuren aan S.B. tonnenkant *wit* en aan B.B. tonnenkant *zwart*.

12. Jaarlijks geven de eerstverschijnende berichten aan Zeevarenden een compleet overzicht van alle in Nederland, Nederlandsch Oost- en West-Indië liggende tonnen zoomede van de winterbebakening.

Engeland.

1. Varende met den vloedstroom mêe en een rivier, haven of zeegat binnenkomende heeft men aan S.B. spitse tonnen (conical buoys), zij zijn met eene zelfde kleur geschilderd.

2. Evenzoo aan B.B. buiktonnen (can buoys) van een andere kleur dan de S.B. tonnen, zij zijn eenkleurig of bont.
3. Op de einden der middelgronden: boltonnen met horizontale witte banden.
4. Topfiguren zijn op S.B. tonnen: stang en bal.
          ,, B.B.   ,,   stang en cilinder.
          ,, tonnen aan de buiteneinden der middelgronden een stang en ruitvormige (figuur.
          ,,   ,,   ,,   ,, binneneinden der middelgronden een stang en driehoekig (figuur.
5. Telegraafboeien zijn groen met het woord „Telegraph" in witte letters.
6. Vaartuigen die een wrak aanduiden zijn groen geschilderd en varen drie ballen of lantaarns. aan de zijde van de veilige passage twee, één aan de andere zijde. Bij nacht worden de ballen door witte lantaarns vervangen.

Duitschland.

1. Met S.B.- of B.B.-zijde van een vaarwater wordt die zijde bedoeld die men binnenkomende aan S.B., resp. B.B. heeft. Wanneer een vaarwater twee andere verbindt, zoodat er van S.B. of B.B. geen sprake is, trekke men door den noordelijksten ingang een lijn N.-Z. (recht- wijzend); passeert men nu die lijn van W. naar O. dan heeft men S.B. tonnen ook aan S.B.
2. Aan S.B. vindt men roode „Spierentonnen", aan B.B. zwarte spitse tonnen, middenvaarwaters boltonnen die met horizontale roode en zwarte strepen beschilderd zijn en op de uiteinden van middelgronden bakens of bakentonnen met een kruis als topfiguur. (Zie sub. 4 en 5.)
3. Inplaats van spierentonnen kan men „Stangen Seezeichen" of geheide palen gebruiken.
     ,,   ,, spitse tonnen   ,,   ,, steekbakens of bakens zonder spieren bezigen.
4. Behalve de steekbakens zijn alle S.B. zeemerken rood, die aan B.B. zwart. (Zie sub. 2).
5. Zeemerken die men aan weersz. passeeren kan en bakentonnen of bakens ter aanduiding van riffen of uiteinden van middelgronden, worden rood en zwart gestreept.
6. Wraktonnen zijn groen met 't woord „Wrack" in witte letters; varen topfiguren.
Telegraafkabeltonnen zijn groen met letter T of 't woord „Telegraph" in 't wit.
Quarantainetonnen zijn geel.
Tonnen voor schiet- en inschietterreinen zijn gele oxhoofden met roode vaantjes.

Denemarken.

1. Stuurboordszijde van een vaarwater wordt gemarkeerd door roode, *spitse* tonnen. Topteekens zijn 1, 2 of 3 staande bezems.
2. Bakboordszijde van een vaarwater wordt gemarkeerd door witte, *stompe* tonnen. Topteekens zijn 1, 2 of 3 hangende bezems.
3. Middelgronden of gevaren die men aan weerszijden passeeren kan worden gemarkeerd door spitse tonnen die rood en wit horizontaal gestreept zijn. Soms varen zij als topmerk een evenzoo gestreepte bol.
4. Des winters worden sommige tonnen door kleinere vervangen, andere worden geheel wegge- nomen. Bij ijsgang, worden de gas- en fluitboeien vervangen door spiertonnen of spitse tonnen.

Noorwegen.

1. Vuurtorens etc. voeren armen naar de zijden waar de vaarwaters zich bevinden.
2. Een wit drijfbaak of boei met staanden   bezem duidt aan ondiepte N. of O. daarvan.
    ,, zwart   ,,   ,,   ,,   hangenden   ,,   ,,   ,,   Z. of W. daarvan.
    ,, horiz. zwart en wit drijfbaak (of boei) met bol ,,   ,, vaarwater aan weerszijden.
3. In vaarwaters met een strekking N.-Z. blijve men dus bewesten de witte en beoosten de zwarte bakens. In vaarwaters met een strekking O.-W. blijve men evenzoo bezuiden de witte en benoorden de zwarte bakens.
4. In December neemt men de topfiguren weg, waar men ijsgang verwacht.

Loodsseinen.

I. (om een loods te krijgen.)

De navolgende seinen, betzij afzonderlijk of gezamenlijk gedaan, worden als loodsseinen aangemerkt en mogen alleen gebezigd worden als het schip een loods verlangt:

a. Bij dag.

1°. de nationale vlag, omgeven door een witten rand, ter breedte van een vijfde van die der vlag, aan den voortop geheschen.
2°. het sein P. T. van het internationaal seinboek.

b. Bij nacht.

1°. blikvuren, die met tusschenpoozen van 15 min. ontstoken worden.
2°. een helder wit licht, dat onmiddellijk boven de verschansing vertoond wordt en met korte tusschenpoozen telkens gedurende eene minuut zichtbaar is.

II. (een loods die zich aanbiedt.)

Een loodsvaartuig op zijn kruisstation varende, voert aan den top van den mast een wit licht dat rondom zichtbaar is. Bovendien moet het met korte tusschenpoozen van hoogstens 15 minuten een of meer schitterende lichten vertoonen. (Zie verder Afdeeling XIII.)

─────────

Schepen in het Engelsch Kanaal, bestemd naar een der hieronder genoemde Nederlandsche Zeegaten, kunnen hun verlangen om een loods te bekomen bovendien kenbaar maken:

a. Bij dag:

door het hijschen van het naamsein der haven van bestemming uit het algemeen seinboek.

b. Bij nacht:

1°. voor schepen bestemd naar de zeegaten van Texel en IJmuiden: door het hijschen aan de achtergaffel van twee lantaarns vertikaal onder elkander waarvan de bovenste een *rood* en de onderste een *wit* licht vertoont.
2°. voor schepen bestemd naar de zeegaten van Goerêe, Maas en Brouwershaven: door het hijschen aan de achtergaffel van twee lantaarns vertikaal onder elkander die beide een *wit* licht vertoonen.
3°. Voor schepen bestemd naar de zeegaten van de Schelde: door het hijschen aan de achtergaffel van twee lantaarns vertikaal onder elkander, die beide een *rood* licht vertoonen.
Wederkeerig hijscht het betrokken loodsvaartuig bij nacht gelijk sein als contrasein.

Zie hierachter (slot der Afdeeling: Loodsseinen Nederl. Oost-Indië).

Aanteekening. Veelal ziet men vaartuigen die een loods behoeven de gewone natievlag aan den voortop hijschen.

───────

Organisatie van het Nederlandsche Loodswezen.

Het Nederlandsche loodswezen dat een der voortreffelijkste ter wereld is, wordt onder den Minister van Marine uitgeoefend door een Inspecteur-Generaal, ter zijde gestaan door een inspecteur in verschillende districten die weder op elke standplaats een commissaris of adjunct-commissaris onder zich hebben. De districten zijn:

1e. Friesche zeegat en Eems.
2e. Terschelling en Vlie.
3e. Texel.
4e. Goedereede en Maas.
5e. Brouwershaven.
6e. Monden der Schelde.

Het wordt bediend door zee- en binnenloodsen die benoemd worden door den Minister en daarvan akte op perkament ontvangen, terwijl op die akte wordt aangeteekend wanneer zij eventueel geadmitteerd zijn tot het loodsen naar gaten, enz. buiten hun district gelegen. Alvorens als loods te mogen optreden, leggen zij een eed of belofte af betrekkelijk het getrouw vervullen hunner functiën. Alle loodsen ontvangen een zilveren loodsmansteeken, waarop uitgedrukt zijn hun kwaliteit, nummer en district, terwijl dat van de zeeloodsen is bewerkt met twee ankers overkruis waarover een loodlijn met lood is geslingerd en dat der binnenloodsen met een enkel anker met lood en loodlijn. Zonder dit teeken mogen zij zich niet in het openbaar vertoonen en in dienst moeten zij immer voorzien zijn van hunne akte van aanstelling en van de loodsregle-menten, enz. Verder zijn er aangesteld loodsschippers der 1e en der 2e klasse; die der 1e klasse (2 gouden galons om de pet) zijn schippers op de zeevaartuigen, die der 2e klasse op de binnen- en afhaalvaartuigen.

De onderscheidingsseinen en kenteekenen der loodsvaartuigen bestaan, behalve in de vlaggen, (zie pag. 85) daarin dat de naam der standplaats met het nummer van het vaartuig in het zeil is geschilderd en ook achter tegen den spiegel voorkomt. Voor de seinen door deze vaartuigen te doen als zij op hun kruispost varen en voor de seinen door schepen te doen die een loods verlangen: zie hiervoren. Schepen die in havens of dokken liggen moeten echter den loods van het kantoor ontbieden. Omtrent het bedienen van schepen luidt Art. 26: „Zoodra van de loods-vaartuigen eenig schip ontdekt wordt, hetwelk wordt vermoed den wil naar eene der havens van dit rijk te hebben, moet men zich beijveren het een loods aan te bieden.

De vaartuigen die zich het eerst voor de zeegaten opdoen moeten het eerst van eenen loods voorzien worden; gevolgelijk wordt verboden de verstaf zijnde boven de naastbij zijnde of de grootste boven de kleinste schepen te verkiezen. Met opzicht tot schepen van grooten diepgang welke alleen met hoogwatertij binnengebracht kunnen worden, kan eene uitzondering op den regel toegelaten worden. Niettemin moeten 's Rijks schepen bij voorkeur worden bediend wanneer daartoe geseind wordt.

In gevaar zijnde schepen moeten vóór alle andere geholpen worden."

Schippers en loodsen moeten vaartuigen die in nood verkeeren, ter hulp komen wanneer de loodsdienst daardoor niet belangrijk wordt benadeeld; ook moet de bemanning der loodsvaar-tuigen bij ijsgang assistentie aan de scheepvaart verleenen.

Er zijn ten dienste van gezagvoerders die naar het 3e, 4e, 5e, 6e district moeten en verlangen mochten van te voren een loods aan boord te nemen, kruisposten van het loodswezen bij Dungeness (zie tabel hierna.) Gedurende de vaart door de Noordzee zullen zij wel den gezagvoerder met hun raad ter zijde staan, doch hunne verantwoordelijkheid vangt eerst op 4 D.G. M. van de uiterton van hun zeegat aan.

Verdere bijzondere bepalingen zijn verkort aldus wêer te geven:

Art. 52. Ieder loods moet voor hij aan boord van een in zee zijnd schip overgaat, het schip praaien en onderzoek doen naar: naam van het schip en van den gezagvoerder, plaats van afvaart en bestemming, enz.

Ingeval het schip herkomstig is van een land dat verdacht is van besmetting of indien er gevaarlijke ziektegevallen aan boord zijn geweest, laat hij eene gele vlag van top, of bij gebreke van die, de natievlag in het voorwant hijschen. De gezagvoerder is verplicht de gevraagde inlichtingen te geven en zich naar de waarschuwingen van den loods te gedragen.

Art. 53. Niet meer dan een loods mag om een schip te loodsen overgaan tenzij op schriftelijke aanvrage van den gezagvoerder; die tweede loods wordt dan uit het kustvaartuig verstrekt.

Art. 54. De gezagvoerders voorzien den loods kosteloos van behoorlijke voeding en slaapplaats.

Art. 56. Het loodsen van schepen bij nacht, in de zeegaten of op de rivieren en stroomen, behoort steeds met goedvinden van en in overeenstemming met den gezagvoerder te geschieden.

Indien eenig verschil mocht ontstaan tusschen den gezagvoerder en den loods over den aanvang en de voortzetting der loodsreis of over de vaart van het schip, vooral onder omstandigheden, zoowel bij dag als bij nacht, waarin de tonnen en merken niet op behoorlijken afstand kunnen gezien en onderscheiden worden, en de aanwijzingen van den loods niet worden opgevolgd, of wel dat de gezagvoerder den loods in de uitoefening zijner functiën hinderlijk mocht zijn, zal deze in het openbaar, op het dek, en in bijzijn der scheepsbemanning, verklaren, dat hij op die wijze niet langer voor de veiligheid van het schip kan instaan. Van dat oogenblik af is de loods van alle verantwoordelijkheid ontslagen.

Art. 57. De loods mag den roerganger niet vervangen.

Art. 59. De loodsen zullen onder geene voorwendsels hoegenaamd de gezagvoerders van het voornemen tot het binnenloopen in eene bepaalde haven trachten af te brengen, of bij het uitzeilen een ander zeegat kiezen dan tot vervordering der reis het voordeeligst is.

Art. 60. Zonder bewilliging van den gezagvoerder mogen de loodsen het door hen geloodste schip niet verlaten, vóór dat het veilig is gebracht dáár waar zij verplicht zijn het te brengen.

Voor naar zee varende schepen wordt de loodsreis als geëindigd beschouwd zoodra zij veilig buiten de uitertonnen zijn gebracht.

Art. 67. De loodsen moeten door geschikte manoeuvres de beambten der in en uitgaande rechten in het aan boord komen assisteeren en mogen zonder de toestemming dier ambtenaren niet doorvaren tenzij de gelegenheid dit inderdaad noodzakelijk maakt. Uitvaren zonder uitgeklaard te zijn is nimmer geoorloofd en het uitklaringsbewijs moet den loods vóór het vertrek door den gezagvoerder worden getoond.

Art. 68. Bij het laten zitten van ankers, touwen en kettingen zorgen de loodsen dat zoo mogelijk goede peilingen worden genomen.

Art. 70. Met uitzondering der buitenhavens zijn de gezagvoerders verplicht voor het bevaren der binnenwateren den loods van zijn standplaats te doen afhalen en na volbragte loodsreize weder te doen aan wal zetten.

Art. 71. Voor loodsreizen van af eene plaats die geen loodsstandplaats is, ontbiedt de gezagvoerder den loods van af de standplaats en vergoedt zijne reiskosten.

Art. 73. De loods waakt dat in havens, op reeden en rivieren en in de zeegaten geen ballast, gruis of asch overboord worde geworpen.

Art. 78. Buitengewone omstandigheden uitgezonderd, is in de buitenhavens de Commissaris niet verplicht na tien ure des avonds en in de binnenhavens na negen ure, de gezagvoerders van loodsen te voorzien.

Art. 80. Aan elk loodskantoor is een klachtenboek gedeponeerd.

Art. 84. Misdrijven door de loodsen als zoodanig aan boord van 's Rijks schepen en vaartuigen van oorlog gepleegd, worden gestraft naar de bepalingen van het Crimineel Wetboek voor het Krijgsvolk te water.

Slotartikel. Uittreksels uit de wet en de reglementen enz., zijn tegen betaling verkrijgbaar aan elk loodskantoor en aan het Departement van Marine.

Van uit Nieuwediep den wil hebbende naar Goerêe, Maas, Brouwershaven, zal men een loods voor die gaten mede willende nemen wel doen hem te voren bij den Commissaris te Helle-voetsluis aan te vragen, aangezien er weinig loodsen te Helder voor die gaten geadmitteerd zijn.

STRICT.	6e DISTRICT.
vershaven,	Monden van de Schelde,
Merk in 't zeil: Goerêe, Maas en Brouwershaven.	Merk in 't zeil: Flissingen.

de kotters zich daaraan niet en toonen zij steeds

B

	1°. het uit zee loodsen in de zeegaten van:
of zonder daar te	a. de Ooster-Schelde tot op de reeden of zoo daar niet geankerd wordt tot in de havens van Veere of Zierikzee.
station of tot op assluis.	b. de Wester-Schelde tot op de reeden van Vlissingen of Rammekens of zonder op de reede te ankeren tot in de havens of zoo het gelast wordt in de dokken van Vlissingen.
r op de reede te	
of zoo het gelast	2°. a. het loodsen van de reede en uit de haven van Vlissingen zonder op de reede te ankeren, naar zee.
de Singels en bij nag onderweg een is 't navolgende:	b. het loodsen van de reede naar de dokken en havens van Vlissingen zoo zij er toe gelast worden.
.	1 bij de Singels. 1 kruisende in 't Kanaal.
duitsche mijl zee- he mijl zeewaarts lie zoo dicht mo- kruisen.	twee schoeners, waarvan 1 voor de Wielingen en 1 nabij Schouwenbank, en gedurende 12 dagen van de zestien een derde voor de Ooster Schelde; de 4 andere dagen dekt de schoener van Schouwenbank ook dezen post.
aar de meeste schepen verwacht worden.	
de noodige:	Te Vlissingen tot hulpbetoon aan lichte vaartuigen de noodige:
vershaven. vaordrecht.	Vlissingen, Ter Neuzen, Zierikzee.

Loodswezen buitenslands.

Vereenigd Koninkrijk. Men is in de meeste havens *niet* loodsplichtig.
Loodsvaartuigen op hun station voeren:

bij dag: een wit en roode vlag (wit boven) van top.

bij nacht: de loodsseinen bij internationale overeenkomst vastgesteld.

Stoomloodsvaartuigen op hun station voeren bovendien:

een rood licht, rondom zichtbaar, beneden het witte toplicht en zoo het vaartuig kruisende is de gewone boordlichten, welke laatsten worden weggenomen zoo het vaartuig ten anker komt.

Een schip dat een loods aan boord heeft, laat voornoemde wit en roode vlag op een duidelijk zichtbare plaats, maar niet aan den voortop waaien.

De loods die een schip heeft binnengebracht heeft de voorkeur om het weder uit te loodsen.

Duitschland. Voor elke haven afzonderlijk is vastgesteld in hoever men al dan niet loodsplichtig is en de meeste havens hebben verschillende tarieven en reglementen.

De loodsseinen zijn dezelfde als bij internationale overeenkomst is voorgeschreven.

Frankrijk. In de meeste havens waar loodsdienst gevestigd is, is men loodsplichtig. Loodsvaartuigen voeren op beide boegen en in 't grootzeil gewoonlijk de initialen van hun station en een nummer, in 't grootzeil bovendien een anker. Op hun station toonen zij:

bij dag: een witte vlag met blauwen rand van top.

bij nacht: de internationale loodsseinen.

Als contrasein toonen zij op 't vragen van een loods een schitterend licht dat elke minuut gedurende 15 sec. brandt.

Spanje. In 't algemeen is men loodsplichtig.

Loodsvaartuigen voeren in 't algemeen op beide boegen de letter P. en van top een blauwe vlag met die letter in 't midden. Bij nacht een wit licht.

Portugal. Men is loodsplichtig. De vaartuigen voeren in 't algemeen de letter P op de zijden, verder als Spanje.

Italië. Alleen te Venetië is men loodsplichtig voor zoover den dienst na Malamocco betreft. De vaartuigen zijn zwart met witten rand en voeren op beide boegen het woord „Pilote" en in 't zeil een anker. Bij dag toonen zij een vlag blauw wit blauw (vertikaal gestreept) met letter P in de witte baan, bij nacht een schitterlicht.

Oostenrijk. Facultatief.

Turkije. Nergens een geregeld loodswezen.

Griekenland. Men is nergens loodsplichtig, doch alleen personen door de regeering aangesteld mogen loodsdienst verrichten.

Donauhavens. Sulina verplicht.

Egypte. Port-Saïd verplicht, de loodsvaartuigen voeren vlag P. Het sein voor een loods is des nachts een licht of lichten aan den voortop gevolgd door een vuurpijl, bluelight of kanonschot. Het antwoord is:

een vuurpijl: de loods komt uit.

een bluelight: de loods kan niet uitkomen.

In het Suezkanaal is de loodsdienst verplicht, het stoomloodsvaartuig der Maatschappij voert bij nacht drie roode lichten vertikaal onder elkander.

Te Alexandrië is een inlandsche loodsdienst onder toezicht der havenautoriteiten.

Tunis Geen georganiseerd loodswezen, geen tarief.

Algiers. Waar loodsdienst gevestigd is, is men loodsplichtig. Herkenningsteekenen nagenoeg als in Frankrijk.

Malta. Loodsbooten voeren vlag P met nummer in 't wit en de woorden pilot boat op den boeg.

Rusland. Men is meestal loodsplichtig. Loodsvaartuigen voeren een witte vlag en hebben een vertikale roode streep in het zeil.

Noorwegen. Loodsvaartuigen hebben een bruine streep in de zeilen en voeren bij dag een witte vlag met vertikale roode streep. Men is overal verplicht loodsgelden te betalen, maar niet om een loods te nemen.

Zweden. Men is loodsplichtig. Vaartuigen voeren een roode streep in de zeilen en het woord: „Lots" en toonen overdag een wit en blauwe vlag van top.

In de Sond voeren zij de Zweedsche rijksvlag met in het midden van het kruis een gekroonde letter „L". Stoomloodsvaartuigen en lichtschepen tevens loodsstations en de loodsstations nabij vuurtorens toonen, zoolang loodsen aanwezig zijn, de Zweedsche rijksvlag met een wit veld in 't midden, waarin een anker met ster. Zoolang de loodsen uit kunnen komen, worden van de loodsstations langs de kust zwart en wit gestreepte ballen getoond.

Denemarken. In 't algemeen is men niet loodsplichtig. Zeilloodsvaartuigen voeren een roode streep in 't zeil, roeiloodsvaartuigen voeren de loodsvlag (Deensche vlag met witten rand).

België. Men is loodsplichtig. Beneden Antwerpen kan men ook den Nederlandschen loods nemen. Bij dag voeren de loodsvaartuigen een roode of blauwe vlag en doen verder bij nacht de gewone seinen.

Vereenigde Staten van Noord-Amerika. In 't algemeen is men loodsplichtig. De loodsen varen voor eigen rekening, voeren in 't algemeen een nummer en toonen een kenbare vlag van top. 's Nachts toonen zij de internationaal vastgestelde lichten.

New-Foundland en Canada. In 't algemeen is men loodsplichtig. Loodsvaartuigen zijn zwart met een nummer op beide boegen en den naam der haven achterop. Bij dag voeren zij een wit en roode vlag (wit boven) en 's nachts toonen zij de internationale lichten en voor sommige havens bijzondere lichten.

Nederlandsch Oost-Indië. Bij nacht toonen de loodsvaartuigen een wit toplicht met een rood licht daarboven. Te Priok toont het loodsvaartuig bij dag een blauwe vlag met de letters T. P. in wit, 's nachts lichten als boven, terwijl een loodssloep een roode lantaarn voert. Te Oud-Anjer en Anjer Kidoel kan men loodsen voor Batavia bekomen. Aan de Emmahaven voeren de loodsvaartuigen een blauwe vlag met letter E.

Algemeene Aanteekening. Voor verdere bijzonderheden zie de zeilaanwijzingen. Waar hierboven van verplichte loodsdienst gesproken wordt, geldt zulks in den regel niet voor oorlogsschepen en jachten.

Kustwacht.

Langs de Nederlandsche kust is een kustwacht in werking, waarin al de groote lichttorens en de verschillende reddingstations zijn opgenomen die daarom telegrafisch of telefonisch verbonden zijn met de naastbijliggende rijkstelegraafstations. Te IJmuiden is niet een der lichttorens doch de kustseinpost in het stelsel opgenomen.

In de beschrijvingen der zeegaten vindt men die stations enz. steeds vermeld.

Des nachts worden van de lichttorens de navolgende seinen gedaan aan schepen die in nood verkeeren:

1°. één vuurpijl beteekent: „uw noodsein is opgemerkt" of: „men heeft gezien dat gij in nood verkeert."

2°. twee vuurpijlen (met een minuut tusschenpooze tusschen beiden) beteekent: „hulp zal zoo mogelijk worden verleend."

Plaatsen waar eene kustwacht in werking is:

I. Nieuwe Sluis — Zoutelande — West Kapelle — West Schouwen.

II. Noord Schouwen en Goerêe.

III. Hoek van Holland, Loosduinen, Scheveningen.

IV. Katwijk aan Zee, Noordwijk aan Zee, Zandvoort, IJmuiden, Wijk aan Zee, Egmond aan Zee, Petten, Kallantsoog, Kijkduin, Eierland, Vlieland, Terschelling.

V. Ameland, Schiermonnikoog, (Noordelijke toren).

VI. Oostmahorn.

Behalve deze stations der eigenlijke kustwacht zijn er vele stations waar toch kustwacht gehouden wordt. Voor veranderingen zie men de officiëele beschrijvingen onzer zeegaten.

Noodseinen. (Zie Afdeeling XXI).

Stormseinen. (Zie Afdeeling X).

Opgave van de voornaamste lichten in en nabij de Nederlandsche Oost-Indiën.

Naam.	Zichtb. in zeem:	Aard, enz.	Naam.	Zichtb. in zeem:	Aard, enz.
Straat SOENDA.			*GASPAR Straten.*		
Java's 1ste punt . . .	23	Draailicht, wit.	Mendanau	21	Vast wit licht.
Java's 4de punt . . .	20	Vast wit licht Semaphore.	Langkoeas	21	Draailicht, wit.
Vlakke Hoek	21	Draailicht wit.	Ondiep-watereiland . .	21	Vast wit licht.
Vaarwater naar PADANG.			*Vaarwater naar BATAVIA.*		
Poeloe Pandan . . .	19	Vast wit licht.	Edam	19	Vast wit licht.
Oedjoeng Soengei Bramei	30	Draailicht wit.	Batavia	13	Draailicht, wit.
Koninginnebaai . . .	8 en 4	Vast wit en rood licht.	*JAVA-ZEE.*		
Straat SIBEROET.			Noordwachter	18	Draailicht, wit.
Poeloe Bodjo	27	Draailicht wit.	Boompjes eiland . . .	20	Vast wit licht.
			Samarang.	16	Draailicht, wit.
Straat MALAKA.			Pe. Mandalike	23	id. id.
Poeloe Bras, Willemstoren	32	Draailicht wit met een 8 mijl zichtb. verklikker met rood licht.	*Straat SOERABAJA.*		
			Sembilangan (Madoera).	19	Vast wit licht.
Poeloe Boeroe	12	Vast wit licht.	*Straat MADOERA.*		
Deli-lichtschip	10	Draailicht wit.	Zwaantjes droogte . .	12	Draailicht, wit.
Muka head. . . .	30	id. id.	Meinderts droogte. . .	12	Vast wit licht.
Fort point	15	id. id.	*Straat BALI.*		
vlaggestok.			Duiven eiland	12	Vast wit licht.
Poeloe Angsa	15	id. id.	*Straat SAPOEDI.*		
Een vaamsbank . . .	13	id. id.	Sapoedi	20	Vast wit licht.
Kaap Rachada . . .	26	Vast wit licht.	*INDISCHE OCEAAN.*		
Malaka	12	id.	Tjilatjap	24	Draailicht, wit.
Poeloe Oendan. . . .	20	Draailicht wit.	*Straat MAKASSER.*		
Poeloe Pisang	30	id. id.	Makasser	12	Vast wit licht.
Raffles	13	Vast wit licht.	de Bril.	14 en 9	Draailicht, wit.
Singapore.	22	id.	*Noordkust BORNEO.*		
vlaggestok.			Po-point	20	Vast wit licht.
Horsburgh of Pedra-Branca	16	Draailicht wit.	Kaap Sirik	14	id.
Straat RIOUW.					
Lingga.	20	Draailicht wit			
Straat BANGKA.					
Tg. Oelar.	12	Draailicht, wit.			
Tg. Kalean	20	Vast wit licht.			
Poeloe Nangka. . . .	20	Draailicht wit.			
Poeloe Besar . . .	20	Vast wit licht.			
Poeloe Daoen	10	id.			
Poeloe Dapoer	12	id.			

3DE AFDEELING.

GETIJDEN, TIJSTROOMEN, KANAAL, NOORDZEE.

INHOUD: Getijden en tijstroomen, peilschaal en havengetal. — Het Engelsch Kanaal. — Zeilaanwijzingen en kustlichten. — Noordzee en Noordzeegebied. — Getijden en tijstroomen in den O. I. Archipel naar de nieuwere theorieën.

Getijden en Tijstroomen.

Daar kennis der watergetijden en van alles wat daartoe behoort, van 't hoogste belang is voor zeevarenden, zij vooraf opgemerkt dat men telkens bij het ter hand nemen van eene nieuwe kaart goed acht geve op de aanwijzingen daaromtrent. Op Engelsche en Hollandsche zeekaarten zijn de diepten op gewoon laagwaterspring gereduceerd. Voor de stroomaanwijzingen zie Afd. V.

Ontstaan der getijden. De gecombineerde werking van maan en zon verwekt in den oceaan vloedgolven waarin men slechts golfbewegingen heeft te zien die van het eene waterdeeltje op het andere overgaan zonder strooming teweeg te brengen; toch veroorzaakt deze golfbeweging in verband met de aswenteling der aarde de getijden en getijstroomen langs de kusten.

Zulk een staande golf kan alleen in zeer diep water blijven bestaan, op ondiep water ondervindt zij tegenstand, de golftop wordt steiler en steiler en breekt eindelijk. Dit verschijnsel is te vergelijken met hetgeen men in 't klein waarneemt bij op het strand brekende golven, men ziet deze duidelijk omkrullen, breken en zich vervormen tot een dunne voortsnellende waterschicht die weldra den oever bedekt. Terwijl aldus, theoretisch, een getijgolf op diep water alleen rijzing en daling kan veroorzaken zal zij op ondiep water vergezeld moeten gaan van getijstroomen die op het rijzen en dalen van den waterspiegel van invloed zijn door het aan- en afvoeren van hoeveelheden water.

Staande getijgolf. Had men met zulk een theoretische (staande) golf te doen (en hoe meer men in de ruimte is hoe meer ook de getijgolven dit type naderen) dan zou men het water zien rijzen van L. W. tot H. W. en zien vallen van H. W. tot L. W. en de getijstroom d. i. de horizontale verschuiving der waterdeeltjes zou het krachtigst zijn op de oogenblikken van H. W. en L. W. en het minst krachtig tijdens het gemiddeld peil.

Gestoorde golf en getijstroomen. Zooals gezegd is ondervinden de golven aan de kusten en op ondiep water tegenstand waardoor de golftop hooger en de voorzijde van den golftop steiler worden en de bovengenoemde tijdstippen van stilwater meer en meer met die van H. W. en L. W. gaan samenvallen totdat, wanneer die overeenkomst geheel is bereikt, de stroomkenteringen met de oogenblikken van H. W. en L. W. samen kunnen vallen wat nagenoeg aldus aan vele kusten gebeurt. Men heeft dan vloed*stroom* zoolang het water rijst, eb*stroom* zoolang het water daalt en de stroom is ongeveer 't sterkst wanneer 't gemiddeld peil is bereikt. [1]

Het rijzen en dalen van het water. Aannemende dat de vervorming van de voorzijde van den golftop de tijdstippen van H. W. en L. W. meer en meer tot die van stilwater doet naderen en dat de aldus gestoorde golf gedeeltelijk in een waterstrooming kan overgaan, volgt hieruit dat de eigenlijke rijzing en daling, behalve door de getijgolf, beheerscht worden door periodieke stroomingen die water aan- en afvoeren. Voor dit gecompliceerd verschijnsel zie: *de getijden op de Nederlandsche kust.*

Theorieën van later tijd. Zijn aan 't slot dezer afdeeling kortelings vermeld. Echter wordt hier ter plaatse opgemerkt dat de hier volgende gegevens betreffende havengetallen alleen bruikbaar zijn op plaatsen als b. v. in de Noordzee waar de getijden van abnormaal eenvoudig karakter zijn en in 't algemeen alleen daar waar de getijden eveneens een duidelijk halfdaagsch type vertoonen. Gegevens als: het is hoog water ten enz. enz. in oudere en nieuwere werken moeten alleen met de meeste omzichtigheid worden vertrouwd. Havengetallen worden veelal gegeven voor plaatsen die geen havengetal hebben, enz. enz.

Havengetal is het tijdsverloop tusschen maansdoorgang en eerstvolgend hoogwater op volle en nieuwe-maansdagen; niet zooals men veelal hoort zeggen den tijd van H. W. op de genoemde dagen. Is b. v. het havengetal 7 uur en valt de maansdoorgang ten 11 u. 40 m. dan is het hoog-

---

[1] Wat de Zeeuwsche en Hollandsche kust betreft vallen deze tijdstippen niet samen en moet men eer aannemen dat er vloedstroom loopt zoolang het water te Dover daalt en ebstroom zoolang het aldaar rijst, hoewel de havengetallen afwijken van dat te Dover.

water ten 6 u. 40 m. Dit tijdsverloop is dus de tijd van in Engelsche werken veelal opgegeven H. W. Full and Change.

Andere uitdrukkingen voor het hier bedoeld getal zijn:

Engelsch: vulgar establishment.

Fransch: établissement du port.

Duitsch: Hafenzeit.

Gemiddeld havengetal. Neemt men het gemiddelde van alle voorkomende intervallen tusschen maansdoorgang en hoogwatertijd gedurende een halven maansomloop, dan krijgt men eene waarde die aanzienlijk van het havengetal kan verschillen maar niet zonder wetenschappelijke waarde is.

Engeland: mean establishment.

Duitschland: corrigirte Hafenzeit.

Amerika: mean interval between time of moon's transit and time of high-water.

Verval. Denkt men zich A B (zie fig.) als een peilschaal dan worden de gebruikelijke uit-drukkingen aldus duidelijk:

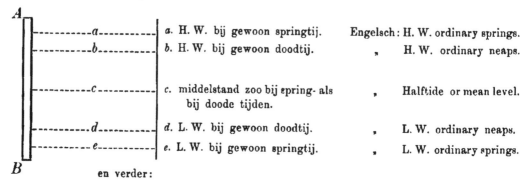

a. H. W. bij gewoon springtij.	Engelsch: H. W. ordinary springs.
b. H. W. bij gewoon doodtij.	„ H. W. ordinary neaps.
c. middelstand zoo bij spring- als bij doode tijden.	„ Halftide or mean level.
d. L. W. bij gewoon doodtij.	„ L. W. ordinary neaps.
e. L. W. bij gewoon springtij.	„ L. W. ordinary springs.

en verder:

ae. rijzing of daling bij gewoon springtij   Engelsch: Spring rise or spring range.

be. rijzing bij gewoon doodtij   „ Neap rise.

bd. daling bij gewoon doodtij   „ Neap range.

Beteekenis van sommige uitdrukkingen.

Gemiddeld hoogwater. Hieronder verstaat men het gemiddelde der aanwijzingen van alle hoog-waters, ten opzichte van een willekeurig nulpunt; men noemt deze aanwijzing V (ol) Z (ee).

Gemiddeld laagwater. Als voren voor hoogwater. Middelt men alleen de aanwijzingen bij springtij dan krijgt men het gemiddeld laagwaterspring.

Gemiddeld verval. Is de afstand van gemiddeld hoog en laagwater.

Halfmaandelijksche ongelijkheid in hoogte. Hieronder verstaat men het verschil tusschen de hoogten van spring en doodtij boven 't gemiddeld watervlak.

Dagelijksche ongelijkheid in hoogte. Hieronder verstaat men het verschil in hoogte van het hoogwater bij elk opvolgend tij.

Ouderdom van het getij. Hieronder verstaat men het tijdsverloop tusschen het oogenblik van nieuwe of volle maan en van het volgend springtij.

Maansverloop (lunitidal interval). Hieronder verstaat men den tijd die elken dag verloopt tusschen maansdoorgang en hoogwater (dus is het havengetal gelijk aan het maansverloop als de tijd van doorgang = 12 u. of 0 u. is).

Gemiddeld havengetal (mean establishment). Hieronder verstaat men het gemiddelde van alle maansverloopen, gedurende een halven maansomloop.

Halfmaandelijksche ongelijkheid in tijd (semimensual inequality) is het verschil tusschen grootste en kleinste maansverloop.

Dagelijksche oneffenheid in tijd (diurnal inequality) is het verschil tusschen de maansverloopen van elk opvolgend tij en hangt af van de declinatie der maan.

Wetenschappelijk laagwaterpeil. Is het peil waartoe het water zal vallen op een datum waarop S_3, M_2, K_1 en O gelijktijdig laagwater geven. (Zie het slot dezer Afdeeling.)

Omstandigheden die het verval kunnen wijzigen.

1e. De springtijden vallen niet altijd samen met de dagen van volle en nieuwe maan, maar komen b. v. op onze kusten meerdere etmalen na.

e. Het verval is grooter dan gewoonlijk als de maan in haar perigeum staat.

e. Omtrent de equinoxen zijn de springgetijden hooger dan gewoonlijk en de doode getijden wat lager.

4e. Tengevolge van hooge noorder of zuider declinatie der maan kunnen in sommige maanden onregelmatigheden intreden die veroorzaken dat de getijden overdag en 's nachts aanzienlijk in hoogte verschillen. Vooral bij peilschaalwaarnemingen dient hierop te worden gelet, daar soms een heel tij schijnt weg te vallen en men dan in de verleiding kan komen te gelooven dat het tij overwegend enkeldaagsch is. Komt dit verschijnsel als gevolg van genoemde oorzaak voor, dan zal na eenigen tijd het andere tij hooger wezen. De dagelijksche ongelijkheid treedt het sterkst op wanneer zon of maan of beide groote declinatie hebben en als 't dan tevens springtij is. Op de Nederlandsche kusten is dit verschil nimmer groot, doch het verschil tusschen dag- en nachttij bedraagt er soms 3 dM. Als maximumwaarden kan men in 't algemeen rekenen dat de rijzing bij H.W. 3 dM., de daling bij L.W. 9 dM. kan veranderd worden; te Singapore kan het verschil tusschen twee opvolgende getijden soms 10 dM. bedragen.

De dagelijksche ongelijkheid kan den tijd van hoogwater 2 uren verschuiven, dien van laagwater 40 minuten.

5e. Atmosferische invloeden en heerschende winden kunnen het verval aanzienlijk wijzigen. Vermindert b. v. op de Nederlandsche kust de waterhoeveelheid snel, dan stijgt het hoogwater soms weinig boven het peil waartoe het vorig laagwater viel en spreekt men van dubbele ebbe. Onweersbuiën zelfs hebben grooten localen invloed, zoo observeerde men in 1874, '85, '87 zeer onverwachte onregelmatigheden in het waterpeil te IJmuiden tot een bedrag van 1,5 M.

Zie voor correctie wind en barometerstand te IJmuiden en aan den Hoek de *Getijtafels* uitgegeven door den Waterstaat.

Gebruikelijke verdeeling van de getijstroomen.

Ter voorkoming van misvatting noeme men eb en vloed alleen de daling en rijzing van het water en spreke men anders van ebstroom en vloedstroom.

In het dagelijksch gebruik aan boord denkt men zich de getijstroomen in phasen verdeeld die men in 't algemeen aldus onderscheidt:

kentering			*kentering.*		
1 u. na	„	voorvloed.	1 u. na	„	vooreb.
3 „ „	„	vloed of halfvloed.	3 „ „	„	eb of halfeb.
5 „ „	„	navloed.	5 „ „	„	achtereb.

Draaiing der getijstroomen en doodwater. Men zij indachtig dat de getijstroomen niet juist gelijktijdig met H.W. of L.W. behoeven te kenteren ook niet altijd bij de kentering heen en weer trekken, maar soms in verschillende phasen draaien.

Doodwater of goggels is een verschijnsel dat soms onder den Noorschen wal, ook wel op onze kusten en elders wordt waargenomen bestaande in de omstandigheid dat een schip volstrekt machteloos heen en weer zwaait zonder veel voortgang te maken of bestuurbaar te zijn en door sommige hydrografen aan interfereerende getijstroomen wordt toegeschreven. NANSEN echter meent dat het alleen daar voorkomt waar een zoetwaterlaag boven het zeewater drijft. Solitary seas, zie Afdeeling XI.

De Peilschaal. Om peilschaalwaarnemingen te doen ga men als volgt te werk:

Zoek een beschutte plaats om een peilschaal op te richten en plaats daar een riem of een lat in den bodem, aan den top wordt dit voorwerp door stagen en aan den voet door steenen of ballastschuitjes gesteund, waarna men een geschilderde in voeten verdeelde plank aan den riem bevestigd. Ook kan men van dunne stammen een driepoot of bokje samenstellen. De verdeeling wordt afwisselend wit en zwart geschilderd en gemerkt met cijfers van een half voet hoogte, zoodat men met een verrekijker aflezen kan. Groote zorg moet worden besteed aan het bepalen van den tijd van hoog of laagwater waartoe men eenige aanwijzingen van de klok kort voor en na den tijd, waarbij de peilaanwijzingen gelijk waren middelt. Het best is telkens af te lezen als het waterpeil 1 palm is veranderd of anders om het half uur, daarbij aanteekening houdende van barometerstand en windrichting.

Bij volle en nieuwe maan en een paar dagen daarna trachte men zeer nauwkeurige waarnemingen te verkrijgen. Vooral moet men zoowel overdag als 's nachts observeeren, teneinde de noodige gegevens betreffende de dagelijksche ongelijkheid te verkrijgen. De tijd wordt opgeteekend volgens middelbaren tijd aan boord.

Kan men geen menigvuldige serie-waarnemingen verrichten, dan worde er althans driemaal daags op dezelfde uren geobserveerd — dit is desnoods voldoende — mits op de uren: 2, 6 en 21 en dan, zoo men de getijconstanten berekenen zal, over een tijdsverloop van 2 jaar.

Kan men geen peilschaal oprichten dan trachte men loodingen op een vlakken bodem te verkrijgen, maar deze zullen daar er toch altijd eenig bodemrelief is steeds onnauwkeurig zijn.

Om de peilschaalwaarnemingen voorloopig te benutten trekke men dagelijks op een blad geruit papier de getijlijn (grafische voorstelling) en lascht dan de bladen aaneen zoodat een doorloopende lijn wordt verkregen, b. v.:

voeten.	1 April 1894. ZBr. = OL. =		
	0 u. 1 2 3 enz.		23
38			
37			
36			
35			
34			
33			
32			

Over alle bladen trekt men een horiz. blauwe lijn voorstellende het gemiddeld waterpeil (het gem. uit alle loodingen bij H.W. en L.W.) verder een horizontale blauwe lijn van gemiddeld laag water en door de uren van ☽ doorgang een vertikale blauwe lijn. Deze laatste kan gemak geven wanneer men geregeld 2 maal daags hoog en laag water heeft.

☽ doorgangen = 8 u. 41 m. en 21 u. 3 m.
☽ stand L.K. 29 Mrt. 5 u. 47 m. N.M. 6 April 1 u. 30 m.
Wind: Westelijk.

Berekening van het te verwachten waterpeil.

Bij gebrek aan beter kan men de volgende berekening aanwenden:
Hoogte van het waterpeil boven de op de kaart aangeduide diepte in deelen van de rijzing bij H.W. op den dag der waarneming bedraagt:

	bij springtij.	bij doode tijden.
te 1 ure vóór en na hoogwater	0.9	0.8
„ 2 „ „ „ „ „	0.75	0.75
„ 3 „ „ „ „ „	0.5	0.5
„ 4 „ „ „ „ „	0.25	0.25
„ 5 „ „ „ „ „	0.1	0.2
„ 6 „ „ „ „ „	0.0	0.0

Berekening van de te verwachten stroomsterkte.

Bij gebrek aan beter kan men de volgende berekening aanwenden:

Sterkte van den getijstroom in deelen van de stroomsnelheid op het midden van het springtij bedraagt:

								bij springtij.	bij doode tijden.
aan 't einde van het	eerste	uur van het getij						0.3	0.3
,,	,, tweede	,,	,,	,,	,,			0.7	0.4
.,	,, derde	,,	,,	..	,.			1.0	0.7
,.	,, vierde	.,	,,	..	..			0.7	0.4
,,	,, vijfde	..	,,	..	,,			0.3	0.2

Globale berekening van den tijd van hoogwater.

Geef nummers aan de maanden van het jaar: Januari 1, Februari 2, Maart 1, April 2, enz. tot December 10, dan is: Epacta + maandnummer + datum = maansouderdom (waarvan 30 af te trekken als de som $>$ 30 is). Verder heeft men: maansouderdom + havengetal = tijd van hoogwater. Men behoeft dan alleen de epacta voor het loopend jaar en het havengetal van de plaats te kennen.

Nauwkeuriger berekening van een getij voor plaatsen die regelmatig tweemaal daags hoog en laagwater hebben.

Midd: tijd van $\mathbb{C}$ doorgang =
    verbeterd voor lengte =
    Correctie zons invloed = $(\pm)$
    Havengetal = $(+)$
    Midd: Tijd van H.W. =   Midd: Tijd van H.W. =
    $^1/_2$ maansdag = $^1/_4$ maansdag =
Midd: Tijd volgend H.W. =   Som.   Midd: Tijd volgend L.W. = Som.
Midd: Tijd voorgaand H.W. =   Verschil.   Midd: Tijd voorgaand L.W. = Verschil.

Voor nauwkeuriger berekening zie Tafels Brouwer II blz. 85 en verder de nieuwe theorieën hierna.

Correctie voor den invloed der zon op den tijd van HW.
(Nederlandsche Kusten.)

Maans ware tijd van doorgang.	Maans halve middellijn.					Maans ware tijd van doorgang.
	16' 30"	16' 0"	15' 30"	15' 0"	14' 30"	
0 u. 0 m.	− 0 u. 3 m.	− 0 u. 2 m.	− 0 u. 0 m.	+ 0 u. 2 m.	+ 0 u. 3 m.	12 u. 0 m.
0 20	− 0 8	− 0 7	− 0 5	− 0 4	− 0 3	12 20
0 40	− 0 12	− 0 11	− 0 11	− 0 10	− 0 9	12 40
1 0	− 0 17	− 0 17	− 0 16	− 0 16	− 0 15	13 0
1 20	− 0 22	− 0 .22	− 0 22	− 0 22	− 0 22	13 20
1 u. 40 m.	− 0 u. 27 m.	− 0 u. 27 m.	− 0 u. 28 m.	− 0 u. 28 m.	− 0 u. 29 m.	13 u. 40 m.
2 0	− 0 32	− 0 32	− 0 33	− 0 34	− 0 35	14 0
2 20	− 0 36	− 0 37	− 0 39	− 0 40	− 0 41	14 20
2 40	− 0 41	− 0 42	− 0 44	− 0 46	− 0 47	14 40
3 0	− 0 45	− 0 47	− 0 49	− 0 51	− 0 53	15 0
3 u. 30 m.	− 0 u. 51 m.	− 0 u. 53 m.	− 0 u. 56 m.	− 0 u. 59 m.	− 1 u. 2 m.	15 u. 30 m.
4 0	− 0 56	− 0 59	− 1 2	− 1 5	− 1 9	16 0
4 30	− 0 59	− 1 2	− 1 6	− 1 10	− 1 15	16 30
5 0	− 1 0	− 1 4	− 1 8	− 1 13	− 1 19	17 0
5 30	− 0 58	− 1 2	− 1 7	− 1 12	− 1 19	17 30
6 u. 0 m.	− 0 u. 53 m.	− 0 u. 57 m.	− 1 u. 2 m.	− 1 u. 7 m.	− 1 u. 14 m.	18 u. 0 m.
6 20	− 0 47	− 0 51	− 0 55	− 1 0	− 1 6	18 20
6 40	− 0 40	− 0 43	− 0 46	− 0 50	− 0 55	18 40
6 50	− 0 36	− 0 38	− 0 40	− 0 44	− 0 48	18 50
7 0	− 0 31	− 0 33	− 0 35	− 0 37	− 0 40	19 0
7 u. 10 m.	− 0 u. 27 m.	− 0 u. 27 m.	− 0 u. 28 m.	− 0 u. 30 m.	− 0 u. 31 m.	19 u. 10 m.
7 20	− 0 22	− 0 22	− 0 22	− 0 22	− 0 22	19 20
7 30	− 0 17	− 0 16	− 0 16	− 0 14	− 0 13	19 30
7 40	− 0 13	− 0 11	− 0 11	− 0 7	− 0 4	19 40
7 50	− 0 8	− 0 6	− 0 3	− 0 0	+ 0 4	19 50
8 u. 0 m.	− 0 u. 4 m.	− 0 u. 1 m.	+ 0 u. 2 m.	+ 0 u. 6 m.	+ 0 u. 11 m.	20 u. 0 m.
8 20	+ 0 3	+ 0 7	+ 0 11	+ 0 16	+ 0 22	20 20
8 40	+ 0 9	+ 0 13	+ 0 18	+ 0 23	+ 0 30	20 40
9 0	+ 0 13	+ 0 17	+ 0 22	+ 0 27	+ 0 34	21 0
9 30	+ 0 16	+ 0 20	+ 0 24	+ 0 29	+ 0 35	21 30
10 u. 0 m.	+ 0 u. 15 m.	+ 0 u. 19 m.	+ 0 u. 23 m.	+ 0 u. 27 m.	+ 0 u. 32 m.	22 u. 0 m.
10 30	+ 0 13	+ 0 16	+ 0 19	+ 0 23	+ 0 27	22 30
11 0	+ 0 9	+ 0 11	+ 0 14	+ 0 17	+ 0 20	23 0
11 20	+ 0 5	+ 0 7	+ 0 10	+ 0 12	+ 0 15	23 20
11 40	+ 0 1	+ 0 3	+ 0 5	+ 0 7	+ 0 9	23 40
12 0	− 0 3	− 0 2	+ 0 0	+ 0 2	+ 0 3	24 0

Het Engelsch Kanaal.

Het Kanaal insturen. Men trachte zijn voordeel te doen met elke observatie die men krijgen kan; een poolstersbreedte is soms al onbetaalbaar. Heeft men geen observatie kunnen krijgen, dan doet men alles om het gegist bestek te verbeteren [1]) voor weer en wind gedurende de laatste dagen, voor de deining, en voor den invloed van den vermoedelijken stroom enz.

Echter is het onvoorzichtig om na W.lijke winden te veel op stroom om de Oost te rekenen, want somtijds stuwen die winden veel water op in de Bocht van Frankrijk, dat dan om de NW. dwars over het vaarwater wegloopt met genoeg kracht om een schip gedurende een enkelen nacht benoorden de Sorlings in het verkeerde Kanaal te brengen.

Magnetisme. De variatie te Greenwich bedroeg in 1889 N. 17° 20′ W. en in 1900 N. 15° 50′ W. vermindert jaarlijks 8′, welke verandering men ook voor het Kanaal aannemen kan.

De variatie zelf mag volstrekt niet over 't geheele Kanaal als dezelfde worden aangenomen daar deze ongeveer 3 graden uiteenloopt.

Ook zal het aanbevelenswaardig zijn om, voor men instuurt, de kompassen geverifieerd te hebben.

Diepten. In 51° 30′ NBr. treft men de 100 vaams lijn aan in 11° 5′ WL., vandaar bocht zij om in ZZW. richting tot op ongeveer 49° 5′ NBr. en neemt aldaar een gedecideerd ZO.lijke richting aan tot op ongeveer 80 mijl ZW. van Heijzant; dit punt gepasseerd omzoomt zij de Fransche kust op een afstand van ongeveer 90 mijl. Buiten de 100 vaams lijn nemen de diepten snel af en loodt men gewoonlijk geen grond aan.

Het aandoen van het Kanaal, komende van om de West.

a. Stoomschepen die van om de West komen en den rand der bank hebben aangelood hebben in acht te nemen dat stelselmatig en geregeld looden noodig is om veilig te navigeeren, tenzij het weer helder en het bestek ontwijfelbaar goed is. Bij helder weer is het in 't zicht loopen van Bishop-rock voldoende om verder het Kanaal in te sturen, maar bij slecht zicht moet men zorgen goed bezuiden de Sorlings te blijven. In dit laatste geval moet men goed rekening houden met de stroomen, de getijden en de geloode diepten waarbij er op dient te worden gerekend dat er tot dicht bij de Sorlings nog 45 vaam diepte staat. Nadert men de Sorlings meer, dan wordt de grond grover donkerder en vermengd met schulpjes, terwijl binnen de 18 mijl, van af die eilanden gerekend, bijna nergens modder wordt gevonden. Het een en ander is in verband met de veelal om den noord trekkende stroomen voldoende om vast te stellen dat men in dit weer de Sorlings niet binnen een diepte van 60 vaam moet naderen.

b. Zeilschepen die van om de West komen moeten trachten de 100 vaams lijn aan te looden tusschen de parallellen van 49° 15′ en 49° 25′ NBr. of wanneer zij zich tusschen die parallellen bevinden moeten zij zorgen daartusschen te blijven tot op den meridiaan van de Sorlings. Op die breedten toch geven de loodingen in verband met de kaart de meeste zekerheid. Ingeval de wind NW. is met hoogen en stadigen barometerstand en helder weer, kan een zeilschip wel bijsteken en Bishop-licht in 't zicht loopen maar bij ZW. winden moet zulk een schip de Sorlings vooral mijden en eerst land maken bij Lizard.

Het aandoen van het Kanaal, komende van om de Zuid. Van om de Zuid komende bevindt men den grond steil oploopende zoodat de loodingen weinig uitmaken en het varen zeer zorgelijk wordt.

Het ronden van Heijzant.

a. Stoomschepen die het Kanaal van om de Z. of ZW. binnenloopen, moeten zeer voorzichtig zijn bij Heijzant. Bij fraai en helder weer kan men het op ongeveer 10 mijl afstand ronden, tenzij men den wil naar een der westelijke Fransche havens heeft, in welk geval 5 mijl voldoende is. In dik weer neemt men het ruim. De oude regel om Heijzant niet binnen de 70 vaam diepte te naderen alvorens men op de breedte van dat eiland is, is goed en veilig, want hoewel men

---

[1]) Dat wil zeggen het schatten van de mogelijke onjuistheid in het bestek om den koers te bepalen, die onder de ongunstigste omstandigheden veilig is.

van alles vrij zijnde, minder diepte zou kunnen looden op Parson's bank, zoo zal een weinig uit- sturen onmiddellijk weer in dieper water brengen.

Stoomschepen die het Kanaal uitsturen met den wil om de Zuid, doen het best met van Goud- staart af te varen en vandaar Heijzant in 't zicht te loopen, rondende dit eiland indien het zicht goed blijft op 10 mijl afstand. (De soms gevolgde trek van St. Catherine-point naar de Kis- kassen verdient geen aanbeveling, want bij westenwind en dik weer kan men dan allicht in de Golf van St. Malo geraken). Is het zicht slecht, dan moeten stoomschepen goed west maken tot zij minstens 70 vaam diepte hebben en dan, behoedzaam als altijd, zuidelijk gaan sturen

b. Thuisvarende zeilschepen moeten altijd zorgen westelijk te blijven en Heijzant niet in 't zicht loopen, omdat bij dik weer het lood hun eenige gids moet zijn evenals bij stoomschepen. Zijn zij zeker dat zij goed noord van Heijzant staan, dan kunnen zij naar Goudstaart sturen, maar moeten zorgen niet binnen den invloed van den in de Golf van St. Malo trekkenden stroom te kunnen komen.

c. Uitzeilende zeilschepen moeten Heijzant niet in 't zicht loopen, maar alles doen om west te halen, omdat de heerschende winden en deining uit die richting komen en er dus neiging bestaat een schip naar Heijzant neer te zetten of in de Golf van Biscaye te werken, wanneer men bezuiden dat eiland is.

Waarschuwing.

Tot de grootste gevaren in het Kanaal behoort de kans op aanvaring tengevolge van de drukke scheepvaart. Vooral tusschen Goudstaart en Portland kan men visschersvloten aantreffen. De stoomvaartlijnen dwars over het Kanaal loopen, voorzoover de voornaamste betreft:

Weymouth—Kanaal eilanden en Cherbourg.
Southampton—Kanaal eilanden, Cherbourg en Hâvre.
Newhaven—Dieppe.
Folkestone—Boulogne.
Dover—Kales.

Het middenvaarwater. Stoomschepen uit de Middellandsche zee en van Portugal komende loopen gewoonlijk Heijzant in 't zicht en sturen dan op Portland aan; maar beoosten Heijzant en Lizard zal men weldoen met van 12 tot 24 zeemijl uit de Engelsche kust te blijven, om altijd een Engelsche haven te kunnen bereiken, in plaats van op de Fransche kusten te kunnen vervallen. Trekt men een lijn op 12 zeemijl afstand van de Engelsche kust, dan wijst deze alzoo de noordgrens van het middenvaarwater aan en vindt men de navolgende diepten:

Z. van Lizard 46 vaam. Z. van Catherine-point 23 vaam.
Z. van Eddystone 41 vaam. Z. van de Owers 36 vaam.
Z. van Goudstaart 36 vaam. 5 zeemijl Z. van Bevezier 16 vaam.
Z. van Portland 30 vaam.

In 't algemeen is de diepte onder den Franschen wal aan den ingang van het Kanaal 8 à 10 vaam meer dan onder den Engelschen en treft men er altijd stroomrafelingen aan, die men middenvaarwaters en onder den Engelschen wal weinig of niet waarneemt; ook is de bodemsoort onder den Franschen wal grover, de steentjes zijn grooter, het geheel losser en bleeker van kleur dan onder den Engelschen wal.

Wanneer men bezuiden Goudstaart de diepten van 37 en 40 vaam ziet toenemen tot 50 en 60 vaam of wel van 45 tot 70 à 94 vaam, dan is men zeker onder den Franschen wal en moet men noord trachten te maken. In 't eerste geval is men nabij de Kiskassen en in 't tweede ge- geval in 't oostelijk deel van 't Hurd's Deep.

Getijstroomen in het Kanaal. [1]

De getijden in het Kanaal en 't zuidelijk deel der Noordzee worden beheerscht door twee stroomstelsels, in Engelsche werken West- en East-Channel Stream genaamd. Eerstgenoemd systeem

---

[1] Zie ook het werk: Zwölf Stromkarten für jede Stunde der Tide bei Dover, enz. von H. Seemann.

heerscht over een gebied dat ongeveer wordt begrensd door lijnen getrokken van Bevezier naar de Somme en van Goudstaart naar de Kiskassen, terwijl het andere systeem zijn invloed doet gevoelen over een gebied tusschen lijnen getrokken van Noord-Voorland tot Duinkerken en van Lynn tot Texel.

De getijden in de eigenlijk gezegde Straat Dover staan onder den invloed van beide systemen.

West en East-Channel Stream loopen naar Dover toe, zoolang het water op die plaats rijzende is en zetten van Dover af, zoolang aldaar het water daalt; nagenoeg over hun geheele gebied valt het oogenblik van stroomkentering samen met dat van H.W. en L.W. te Dover.

De West-Channel Stream loopt tegengesteld aan de stroomen die men aan de open monding van het Kanaal aantreft en waar die beide stelsels aan elkaar grenzen, bespeurt men draaiende stroomen zonder een tusschenpoos van stilwater. De strooming aan de open monding van het Kanaal trekt om de Noord en Oost zoolang het water te Dover daalt, en om de Zuid en West zoolang het aldaar rijst.

Voor het gebied dat dus zoowel onder den invloed van West-Channel Stream als van den stroom aan de open monding van het Kanaal staat en waar men dus draaiende stroomen aantreft, blijft dan ongeveer over een gedeelte begrepen tusschen de lijnen Goudstaart—Kiskassen en Lizard—Heijzant. Het tij kentert aldaar als dat te Dover op zijn sterkst is en loopt met den West-Channel Stream mede tot 3 uren na hoog- of laagwater te Dover.

Uit het laatstgenoemde feit kan men zeer veel voordeel trekken. Stel een schip bevindt zich benoorden Heijzant ten 3 u. na H.W. Dover en heeft den wil het Kanaal in te sturen. Het ondervindt nu stroom om de Oost tot 3 u. na L.W. Dover, maar kan dan reeds onder den invloed van den West-Channel-Stream zijn geraakt en aldus ruim tien uren het tij in zijn voordeel hebben. Zoo ook kan een schip dat op 't oogenblik van L.W. Dover nabij Goudstaart gekomen en tot zoover den stroom reeds meehad, juist intijds zijn om in 't gebied van den West-Channel Stream te komen en dien ook weer mee te hebben.

Als algemeenen regel kan men aannemen dat een schip dat zich in 't vaarwater bevindt, gedurende een geheel tij. 9 zeemijlen stroom ondervindt op dagen van spring- en 6 zeemijlen op dagen van doodtij.

Opmerking verdient nog dat, hoewel het eene einde van het Kanaal L.W. heeft, terwijl het aan het andere einde H.W. is, deze omkeering niet gelijdelijk, maar wel plotseling geschiedt. Zoo liggen Portland en Catherinepoint slechts 44 zeemijl van elkaar en toch heeft de eene plaats H.W. als het op de andere L.W. is. De omkeering geschiedt tusschen beide punten in (St. Albans). Hieruit blijkt tevens dat een tij dat aan havens beoosten St. Albans water onttrekt, aan de westelijker gelegen havens water toevoert (en omgekeerd.)

Getijstroomen in 't Nauw van het Kanaal. (1)

De West en East-Channel-Stream ontmoeten elkaar, zooals gezegd is, in Straat Dover zoolang het water te Dover rijst en gaan aldaar ook uit elkander zoolang het water te Dover daalt. Tusschen deze twee getijden in, bestaat in Straat Dover nog wat men kan noemen een tusschentij dat eerst den eenen dan den anderen stroom volgt maar niet gelijktijdig kentert; integendeel vindt men het loopende terwijl West en East-Channelstream stil water hebben, zoodat Straat Dover nimmer over haar geheele lengte een oogenblik van stil water heeft. Men heeft zich dit als volgt voor te stellen:

De scheiding der gebieden van East- en West-Channel Stream is niet stationair maar de scheidingslijn verplaatst zich zoowel bij rijzend als bij vallend water, van Bevezier regelmatig tot Noord-Voorland. Wanneer het water te Dover begint te vallen zoeke men de scheidingslijn bij Bevezier, twee uur later bij Hastings, drie uur later bij Rije en zoo verplaatst de lijn zich, tot zij bij L.W. Dover van den Galloper tot Nieuwpoort reikt. Op dit oogenblik zijn West en East-

---

1) Onder 't Nauw van het Kanaal heeft men hier te verstaan het gedeelte tusschen de scheidingslijn Galloper Nieuwpoort en Hâvre—Brighton.

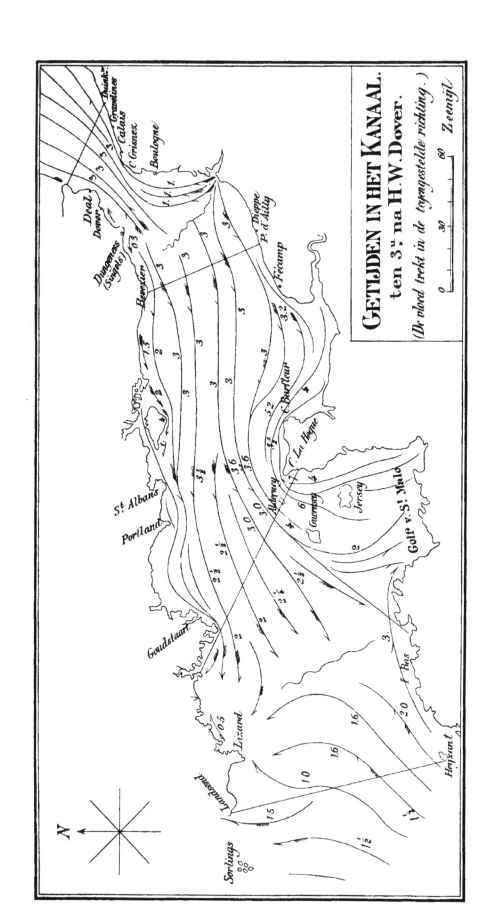

GETIJDEN IN HET KANAAL.
ten 3ᵘ: na H.W.Dover.
(De vloed trekt in de tegengestelde richting.)

Zeemijl

0   30   60

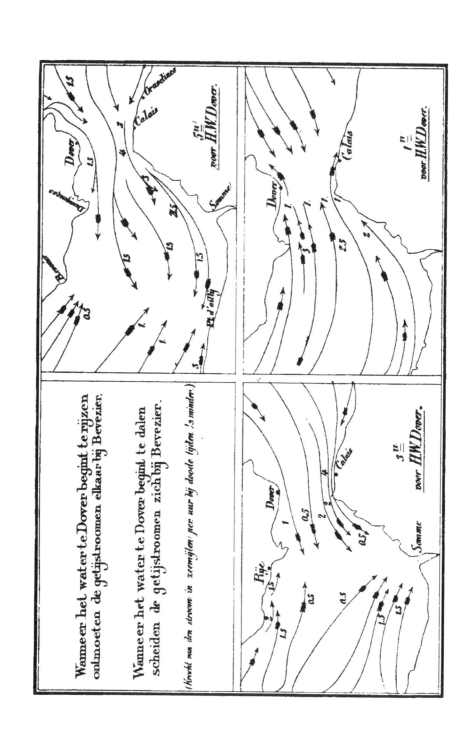

Wanneer het water te Dover begint te rijzen ontmoeten de getijstroomen elkaar bij Bevezier.

Wanneer het water te Dover begint te dalen scheiden de getijstroomen zich bij Bevezier.

(Kracht van den stroom in zeemijlen per uur bij doode tijden 1/3 minder.)

Channel Stream in kentering begrepen, maar in Straat Dover blijft het tij nog om de West loopen.

Begint het water te Dover nu weer te rijzen, dan zetten West en East-Channel Stream beiden op Dover aan en de East Channelstream kan zich met het om de West vloeiend Dovertij vereenigen, terwijl de West-Channelstream zich tegen dien gecombineerden stroom verzet, welk verzet duurt tot het oogenblik van H.W. te Dover. De scheidingslijn zoeke men nu dus in 't eerst weer bij Bevezier, maar zij verplaatst zich weer regelmatig om de Oost, tot zij bij H.W. Dover (evenals bij L.W.) van den Galloper tot Nieuwpoort reikt. Op het oogenblik van H.W. zijn West en East-Channel Stream weer in kentering begrepen maar niet in Straat Dover, waar het tij nog om de Oost blijft doorloopen.

Begint nu te Dover het water weer te vallen, dan zetten West en East Channel Stream beiden van Dover af en de East Channel Stream kan zich met het om de Oost vloeiend Dovertij vereenigen. terwijl bij Bevezier te beginnen de scheidingslijn zich weer regelmatig om de Oost verplaatst.

Het geheele verschijnsel is toe te schrijven aan den vloed die uit de Noordzee langs de Eng. kust is gekomen en de in tegengestelde richting loopende eb.

Ook van dit feit is weer voordeel te doen aangezien een schip dat zich b.v. een uur vóór H.W. Dover bij Hastings bevindt nog juist in het tusschentij van Dover kan geraken en met den invloed van dat tij tot bij Noord Voorland kan komen.

Gevaarlijke stroomrichtingen in het Kanaal.

Men zij indachtig dat de stroomrichting nabij de bovengenoemde scheidingslijn vooral kort na L.W. Dover, ombocht naar de Fransche kust, zoodat de schepen die die kust naderen, tengevolge van den stroom erop bezet kunnen raken.

Schepen die de Kiskassen naderen, moeten ten allen tijde en vooral wanneer sterke N.W. en Z.W. winden gewaaid hebben zeer voorzichtig zijn om niet in de gevaarlijke Golf van St. Malo of in de Baie de la Seine te geraken.

Havengetallen en rijzing.

Plaatsnaam.	Havengetal.	Rijzing boven gewoon laagw: spring in voeten.		Plaatsnaam.	Havengetal.	Rijzing boven gewoon laagw: spring in voeten.	
		bij springtij.	bij doodtij.			bij springtij.	bij doodtij.
Mounts-bay . .	4 u. 30 m.	16	12$^{1}/_{2}$	Spithead . . .	11 u. 20 m.	13$^{3}/_{4}$	10
Lizard	5	14$^{1}/_{4}$	10$^{1}/_{2}$	Newhaven . .	11 51	20	15
Plymouth . .	5 37	15$^{1}/_{2}$	11$^{1}/_{2}$	Bevezier . . .	11 20	20	15
Devonport . .	5 43	15$^{1}/_{2}$	11$^{1}/_{2}$	Dungeness . .	10 45	21$^{3}/_{4}$	19
Goudstaart . .	5 41	15	11$^{1}/_{2}$	Dover	11 12	18$^{3}/_{4}$	15
Portland-Bill	6 35	9	6$^{1}/_{2}$	Deal	11 15	16	12$^{1}/_{2}$
Needles	9 46	7$^{1}/_{2}$	5	Kales	11 49	19$^{1}/_{2}$	15$^{1}/_{2}$
Portsmouth .	11 41	13$^{1}/_{2}$	10$^{3}/_{4}$				

Verklaring van den loop der getijden in 't Kanaal en 't zuidelijk deel der Noordzee.

Men kan het oostelijk deel van het Kanaal en het zuidelijk deel der Noordzee beschouwen als trechters die bij Dover een gemeenschappelijke vernauwing hebben. Deze vernauwing, gepaard aan het langzamerhand minder diep worden van het vaarwater veroorzaakt storing der getijgolven. wat zooals vroeger is aangetoond, tengevolge moet hebben dat de tijdstippen van stroomkentering meer en meer met die van HW. en LW. samenvallen. gelijk ook in straat Dover bijna volmaakt het geval is. Neemt men nu aan, dat in dit speciale geval het tijdsverloop dat men op opvolgende plaatsen tusschen hoogwater of laagwater en stroomkentering waarneemt, gelijk is aan het verschil in de tijdstippen van hoog of laag water tusschen diezelfde plaatsen. dan zal overal gelijktijdig de stroom kenteren, al behoort de waterhoogte overal tot een andere phase van de getijgolf. Stelt men om dit toe te lichten, zich zulk een dubbelen trechter voor.

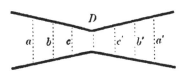

waarin a en a', b en b', c en c' gelijktijdig hoogwater hebben. terwijl a het een uur eerder heeft dan b en b een uur eerder dan c, dan kan te a en te a' de stroomkentering 3 uur voor of na HW. plaats hebben zooals bij een gewonen staanden vloedgolf het geval is. Door de storing dien de golf ondervindt. kan het zijn dat te b en b' de stroomkentering 2 uur na hoog of laag water, te a' en a een uur na hoog en laag water en te D gelijktijdig met hoog of laag water voorvalt. Maar is dit het geval, dan kentert ook te D het getij op hetzelfde oogenblik als te a en te a' en over de geheele lengte van den dubbelen trechter kentert het tij op de oogenblikken van HW. en LW. te D gelijk ook in het Kanaal en 't zuidelijk deel der Noordzee geschiedt.

Korte beschrijving der lichten, gevaren enz. in het Kanaal.

Beginnende bij de Sorlings vindt men deze gemarkeerd door het licht van Bishop-rock en het licht van Sint Agnes; bezuiden Bishop-rock ligt de Pol bank, waarop 13 vm. gevonden wordt. Midden tusschen Lizard en de Sorlings ligt de Wolfrots die door een draailicht wordt aangewezen.

De Sorlings zijn laag en bij helder weer tot op 15 zeemijlen zichtbaar, de ZW. en W. zijden zijn door de rotsen gevaarlijk. Tot de kenbare plaatsen behoort de telegraaftoren op de hoogste punt van St. Mary's eiland.

De eigenlijke ingang van het Kanaal wordt aangeduidt door de beide elektrische lichten van Lizard. Den wil naar Falmouth hebbende zal men, de beoosten Lizard liggende Manacles rotsen vermijdende, leiding vinden aan het vuur van Sint Anthony-point. Verder om de oost en hoofdzakelijk ten dienste van schepen die van Plymouth gebruik maken. treft men den vuurtoren van Eddystone aan, die de ondiepte van dien naam en het NW. daarvan liggende Hands-Deep (4 vaam) markeert.

Het op de lichten van Lizard volgend groote licht dat voor de navigatie in het Kanaal dient. is dat van Goudstaart (Start-point). Bewesten Goudstaart vindt men de door een Lloyd's seinstation belangrijke Prawl-point, terwijl men oostelijker dan Goudstaart de gevaarlijke Skerries aantreft. Op Goudstaart volgt de Bill of Portland die gemarkeerd wordt door twee lichten. Hier bezuiden is het vuil en ondiep en treft men gevaarlijke stroomversnellingen aan, terwijl de eveneens gevaarlijke Shambles beoosten Portland door een lichtschip van dien naam worden aangewezen.

Op de lichten van Portland volgen dan dat van Anvil-point en van Catherine-point (laatstgenoemde op 't eiland Wight). Schepen met den wil naar Southampton, maken gebruik van het licht van de Needles dat de, uit de verte naaldvormig schijnende, witte rotsen van dien naam op de westpunt van Wight en tevens den ingang van het Solent-Channel markeert.

Na Catherine-point komt het lichtschip van de Nab, gelegen nabij de oostpunt van Wight en in 't bijzonder bestemd voor vaartuigen die gebruik maken van Portsmouth, St. Helens roads. de reede van Spithead of ook Southampton. Oostelijker en weer meer voor de eigenlijke vaart in 't Kanaal. ligt het lichtchip van de Owers. waarna men naar omstandigheden de lichtjes van Brighton te zien krijgt. Verder oostelijk treft men het licht van Bevezier (Beachy-Head) aan. waarop het lichtschip van de Royal-Sovereign-Shoals volgt. Overdag zal men hierna Hastings zien liggen, doch komt men geen groote landmerken meer tegen voor den vuurtoren van de Singels (Dungeness).

In het midden van Straat-Dover liggen twee banken, de Ridge of Colbart en de Varne, welke laatste door een lichtschip gemarkeerd wordt. Meer onder den Franschen wal heeft men de

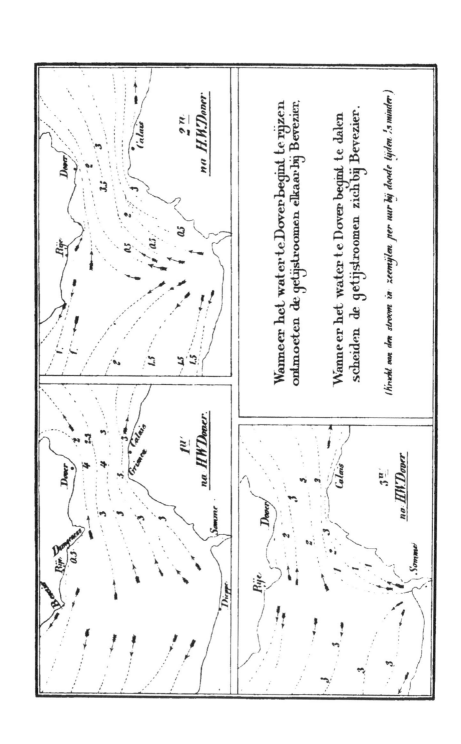

Bassurelle en Vergoyer-banken. Ter verlichting van de Straat vindt men verder op de Engelsche kust de lichten van Dover, Zuid- en Noord-Voorland, op de Fransche die van Boulogne, Grisnez en Calais. De lichten van Zuid-Voorland ineen, leiden vrij van het Gom (Goodwin-Sands). Noord-Voorland en het hooge licht van Zuid-Voorland onder een hoek kleiner dan 90° houdende blijft men ook vrij van die bank, welke bovendien door vier lichtschepen, met name South-Goodwin East Goodwin, North-Goodwin en Gull, wordt aangewezen. (Voor de vaart in de Noordzee zie hierna.)

De Fransche kust, die gevaarlijker is dan de Engelsche, wordt hoofdzakelijk door de volgende kustlichten gemarkeerd:

Heijzant (Ouessant, Ushant) dat op de NO. punt van twee vuurtorens voorzien is, die een rood en wit schitterlicht toonen en welk eiland bovendien op de NW. punt een ander elektrisch groepschitterlicht vertoont. Op de Westpunt is een misthoorn opgesteld.

Het eiland is 195 voet hoog en bij helder weer op 15 zeemijl zichtbaar, het bestaat uit hooge steile klipachtige rotsen en is onregelmatig van gedaante.

Voor de verdere Fransche lichten zie hierna.

Door het Kanaal naar de Noordzee.

De Sorlings. (Scilly-eilanden). Zie hiervoren, korte beschrijving.

Van Lizard tot Goudstaart (Start-point). 62 zeemijl.

Lizard, een goed landmerk om het Kanaal in te loopen, is steil en zeer kenbaar aan de beide witte vuurtorens. Men moet Lizard niet binnen de 44 vaamslijn naderen en tusschen Eddystone en Lizard in meer dan 40 vaam water blijven.

Goudstaart tot Catherine-point. (92 zeemijl.)

De dertig vaamslijn loopt vrij dicht langs de nabij elkaar gelegen punten Prawl-point en Goud-staart, waarom men in dik weer die punten niet binnen de 37 vaam moet naderen of er niet verder dan 30 vaam uit behoeft te houden tot Portland-Bill gepasseerd is. Men loopt in deze diepten zeker vrij van de bij Portland liggende Shambles en kan geen moeite krijgen met de stroomversnellingen rond den Bill. Van af Portland is 25 vaam een veilige diepte tot Catherine-point. Om van de in den wal zettende stroomen weinig last te hebben, kan men koers bepalen op 2 zeemijl buiten de Shambles, $1^1/_2$ mijl buiten St. Albans-Head, $2^1/_2$ mijl buiten Durlston-Head, 2 mijl buiten Catherine-point en 4 of 5 mijl buiten de Owers.

Catherine-point tot Bevezier. (67 zeemijl.)

Een koerslijn tusschen een punt 4 mijl bezuiden Catherine-point tot 1 mijl bezuiden Royal-Sovereign lichtschip, leidt 4 mijl bezuiden Bevezier en Owers lichtschip. Tusschen Dunnose (eiland Wight) en de Owers zorge men geen minder diepten dan 10 en bij dik weer 18 te halen en van de Owers tot Bevezier 20.

Bevezier tot de Singels (Dungeness). (23,5 zeemijl.)

Van het nabij Bevezier gelegen lichtschip der Royal Sovereign-Shoals tot de Singels bedraagt de afstand 23,5 zeemijl. Tusschen Bevezier en de Singels nemen de diepten regelmatig af, zoodat het lood van veel nut kan zijn. Stephensonshoal komt men niet nader dan op 10 vaam. Onge-veer op deze hoogte gekomen, moet men erop rekenen dat men binnen het gebied van de stroomen in Straat Dover komt (tusschen Bevezier en de Singels is 15 vaam een goede diepte).

Singels tot Duins. ($20^1/_2$ zeemijl.)

Van de Singels tot Zuid-Voorland is 12 vaam een veilige diepte. Uit den wal houdende moet men de Ridge of Colbart niet binnen de 17 en de Varne niet binnen de 16 vaam naderen. Nabij Zuid-Voorland vindt men $^1/_4$ zeemijl uit den wal 8 vaam diepte en op $^1/_2$ en 1 zeemijl 10 en 14 vm.

Van de Noordzee door het Kanaal.

Onder den Engelschen wal heeft men aan den ingang van het Kanaal goed op de getijden te letten die hiervoren beschreven zijn.

Straat Dover. Bij het insturen van straat Dover vindt men uitstekende geleiding aan de lichten van Noord- en Zuid-Voorland, de vier lichtschepen die de Goodwin Sands begrenzen en het licht van Calais, alsmede verderop het lichtschip van de Varne. Noord-Voorland en het hooge licht van Zuid-Voorland onder een hoek van kleiner dan 90° ziende is men altijd vrij van de Goodwin, en de beide lichten van Zuid-Voorland ineen, is men vrij van de zuidpunt dier bank. Tusschen Zuid-Voorland en de Singels (Dungeness) is 12 vaam een veilige diepte; men moet de Varne dan ook niet naderen binnen de 16 vaam en de Colbartbank niet binnen de 17 vaam. Tusschen Zuid-Voorland en Dungeness ziet men de lichten van Dover en Folkestone.

Dungeness tot Bevezier. Bij dik weer is 15 vaam een veilige diepte tusschen Dungeness en Bevezier; men nadere de Stephenson-shoal niet binnen de 10 vaam. Men passeert tusschen de Singels en Bevezier het lichtschip van de Royal-Sovereign-Shoals.

Bevezier tot Catherine-point. Bevezier nadere men bij slecht zicht niet binnen de 10 vaam. de Owers niet binnen 20 vaam, terwijl men alsdan bij Dunnose en Catherine-point in meer dan 25 vaam moet blijven. Tusschen het lichtschip van de Owers en het licht van Catherine-point ligt het lichtschip Nab ten dienste van schepen die gebruik maken van de reeden St. Helens, Spithead, van Portsmouth en Southampton.

Catherine-point tot Goudstaart. Op de westpunt van Wight staat de vuurtoren van de Needles vooral ten dienste van schepen die van Southampton gebruik maken. Tusschen Catherine-point en Portland, waar men twee vuurtorens aantreft, is 20 vaam bij goed en 30 bij slecht weer een veilige diepte; men blijft dan vrij van de Shambles (lichtschip) en de stroomversnellingen rond den Bill of Portland. Van Portland tot Goudstaart blijve men in 30 vaam en zorge Goud-staart en Prawlpoint zelve niet binnen de 37 vaam te naderen.

Goudstaart tot de Sorlings. In dik weer blijve men in 40 vaam tusschen Eddystone en Lizard, tusschen Lizard en Wolfrots in 45 en op 55 vaam van de Sorlings.

———

Lichten in het Kanaal.

a. Engelsche kust.

Naam, kleur en opstelling.	Zichtbaar in zeemijlen.	Aard van het licht.
Bishop, Vuurtoren (grijs graniet) .	18	Groep schitterlicht, 1^e grootte, wit.
St. Agnes, vuurtoren wit	18	Wit draailicht.
Round-Island, vuurtoren wit . . .	20	Rood schitterlicht, 1^e grootte.
Seven-Stones, lichtschip.	11	Wit groepschitterlicht.
Longships, vuurtoren (grijs graniet)	16	Vast met verduisteringen, rood over onveilige plaatsen.
Wolfrots, vuurtoren (grijs graniet).	16	Draailicht 1^e grootte (rood en wit).
Lizard, 2 achthoekige witte vuurtorens	21 elk	Twee vaste elektrische lichten, wit.
St. Anthony, achthoekige witte vuurtoren	14	Draailicht, wit.
Eddystone, vuurtoren (grijs graniet)	17 en 15	Wit groepschitterlicht 1^e grootte en een subsidiair vast wit licht voor 't Hands Deep.
Goudstaart, witte toren.	20	Wit draailicht 1^e grootte en een vast licht in denzelfden toren schijnende over de Skerries.
Portland, hooge licht (ronde witte vuurtoren).	21	Vast wit licht 1^e grootte.
Portland, lage licht (ronde witte vuurtoren).	18	Vast wit licht 1^e grootte.
Shambles, lichtschip	11	Wit groepschitterlicht.
Anvil point, witte toren	18	Wit schitterlicht.
Needles, vuurtoren (rond, graniet met zwarten band). . .	wit 14	Vast licht met verduisteringen, witte, roode en groene sectoren.
Hurst, hooge vuurtoren (rond wit).	14	Vast licht met verduisteringen, witte en roode sectoren.
„ lage vuurtoren, roode top .	12	Vast wit licht.
Calshot		Eenige lichten voor 't Southampton water.
Warner, lichtschip.	10	Draailicht, wit.
Nab, lichtschip	11	Groepschitterlicht, wit.
St. Catherine-Point, vuurtoren, achthoekig wit. . .	17	Elektrisch schitterlicht, wit met rooden sector.
Owers, lichtschip	11	Wit en rood draailicht.
Newhaven, ...		Eenige lichten.

Naam, kleur en opstelling.	Zichtbaar in zeemijlen.	Aard van het licht.
Bevezier, vuurtoren wit.	23	Schitterlicht. wit.
Royal-Sovereign, lichtschip . . .	11	Groepschitterlicht, wit.
Dungeness, vuurtoren met. . . . roode en witte banden	wit 16	Vast wit licht, met roode sectoren over 't land en ankerplaatsen.
Dungeness, laag licht	10	Wit schitterlicht.
Varne, lichtschip	11	Rood draailicht.
Zuid-Voorland, hooge licht . . .	26	Vast wit elektrisch.
op vuurt. vierkant wit; lage op. . vuurt. achthoekig en wit	23	„ „ „
Deal, ...		Vast rood havenlicht.
South-Goodwin, lichtschip	11	Groepschitterlicht, wit.
East-Goodwin, lichtschip	11	Draailicht, groen.
Gull, lichtschip	10	Draailicht. wit
North-Goodwin, lichtschip	11	Groep schitterlicht. wit.
Noord-Voorland, vuurtoren . . . wit achthoekig.	19	Vast licht met verduisteringen. roode en witte sectoren.

b. Fransche kust.

Heijzant, N.O. 2 vuurtorens aaneen.	23 n 21	Rood en wit schitterlicht.
„ N.W. ronde zwart en wit gestreepte toren. . . .	21	Electrisch wit groepschitterlicht.
Ile de Bas, ronde vuurtoren . . .	22	Vast wit licht met schitteringen.
Triagoz, vierkante toren	16	Wit en rood, vast licht met schitteringen.
Sept Isles, vierk. en ronde toren aaneen	20	Wit vast licht met schitteringen.
Roches-Douvres, vuurtoren ijzer wit	20	Schitterlicht. wit.
Hanois, ronde toren	16	Rood draailicht.
Kiskassen, vuurtoren steen wit . .	17	Groepschitterlicht, wit.
Cap la Hogue, vuurtoren rond . .	18	Vast wit licht met schitteringen.
Cap Barfleur, vuurtoren rond . .	22	Wit groepschitterlicht.
Cap la Hère, 2 vuurtorens wit en vierkant.	27 en 10	Noorderlicht is een wit schitterlicht; het zuiderlicht een vast wit licht.
Cap d'Antifer, ronde toren . . .	27	Wit schitterlicht.
D'Ailly, vierkante toren.	24	Wit groepschitterlicht.

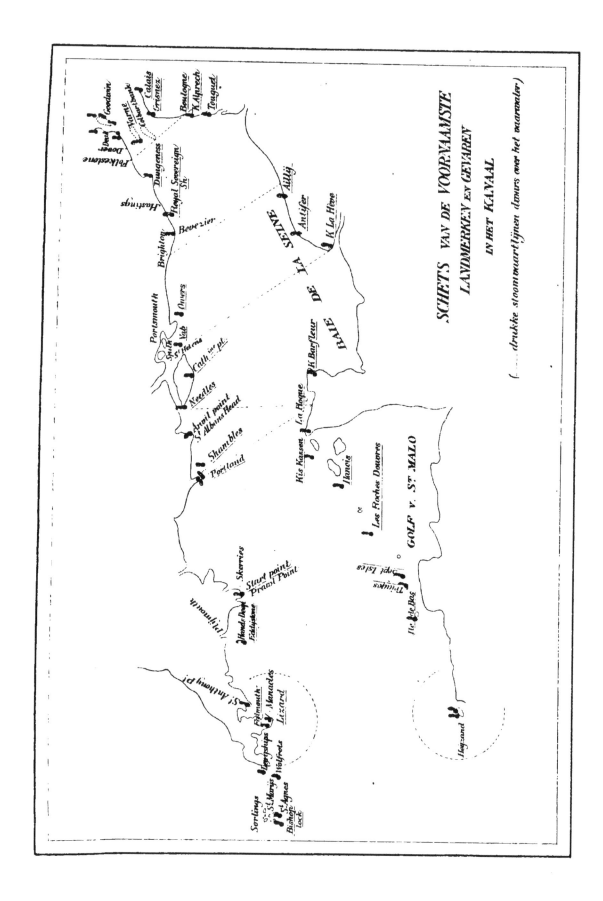

SCHETS VAN DE VOORNAAMSTE LANDMERKEN EN GEVAREN IN HET KANAAL

(——— drukke stoomvaartlijnen dwars over het vaarwater)

Naam, kleur en opstelling.	Zichtbaar in zeemijlen.	Aard van het licht.
Point Touquet, achthoekige toren .	20	Vast wit licht (een wit groepsch. licht is bovendien in aanbouw.)
Cap Alprech, vuurtoren vierkant .	17	Rood schitterlicht.
„ ijzeren raam. . . .	9	Vast wit licht.
Cap-Grisnez, vuurtoren rond . . .	22	Wit schitterlicht.
Calais, achthoekige toren	20	Groepschitterlicht, wit.
Duinkerken, gele ronde toren . .	20	„ „ „

De Noordzee en het Noordzeegebied.

Configuratie en zichtbaarheid der kust.

De Shetlands eilanden en de Orkaden zijn hoog en 5 à 9 zeemijl ver zichtbaar, behalve Sanda en N. Ronaldsha die zeer laag zijn.

Van Duncansby Head tot Flamborough Head is de kust 5 à 10 zeemijl ver zichtbaar.

Van Flamborough Head tot de Theems is de kust laag. Flamborough Head is een witte rots.

Van Noord- tot Zuid-Voorland bestaat de kust uit krijtbergen.

Van Calais tot Duinkerken bedraagt de grens van zichtbaarheid 4,5 à 5 zeemijl.

De Zeeuwsche en Zuid-Hollandsche eilanden kan men op ± 3 zeemijl zien.

Van den Hoek van Holland tot Kaap Schagen, dat een duinige streek is, is de kust op 3 à 3,5 zeemijl zichtbaar, behalve:

   Harthals, Robsnout en Kamperduin op 4,5 zeemijl.

   Helgoland op 5 à 6 zeemijl.

De Noorsche kust is op 5 à 9 zeemijl te zien en bij aflandige winden soms nog veel verder te ruiken aan de dennelucht.

Kenbare punten op de Vlaamsche en Hollandsche kusten.

Kaap Grisnez is een steile lichtgrijze alkrots, die als de zon er op schijnt roodachtig van voorkomen kan zijn.

Beoosten Calais rijst de grond binnenwaarts, zoodat men de merken ver zien kan, deze zijn: Spanjaardsduin, Wenduin (vierk. toren), Blankenberghe (stompe toren) en Brugge.

Op Walcheren is de toren van Middelburg goed te onderscheiden.

Op de verdere Zeeuwsche en Hollandsche kusten zijn zeer duidelijk:

Torens van Noord- en West-Schouwen. Goerêe en Brielle, en verder: het gehucht aan den Hoek van Holland, toren van 's-Gravezande (koepeltorentje), Monster (plompe vierk. toren), watertoren van Delfland, torens van 's-Gravenhage en Delft, vuurtoren van Scheveningen; voorts: Scheveningen (Kurhaus), Katwijk (stompe toren), Noordwijk-binnen, Zandvoort (spitse toren en badhuis), de Blinkert, IJmuiden (2 torens), Wijk aan Zee (stomp torentje en spitse R. K. kerktoren), Egmond (2 torens), Kamperduin, Kijkduin (1 toren).

Winden.

ZZW.-WZW. winden overheerschen. Harde ZW. winden eindigen meest met uitschieters naar NW. Krimpende wind geeft vooral 's winters opnieuw slecht weer. NO.-O. winden duren in 't voorjaar soms lang, ook zuidelijke winden kunnen lang duren. (Zie verder Meteorologische gegevens voor de Noordzee).

Magnetisme. Variatie in 1900 te Greenwich = N 15°50′, vermindert jaarlijks 8′.

Stroomen.

Zijn weinig merkbaar, daar zij zeer afhankelijk zijn van den wind. Daarom heeft men in het breede gedeelte meest stroomen om de NO., die bij stormweer een snelheid kunnen krijgen van 3 mijl (benoorden Hanstholm). Tusschen Kaap Lindesnes en de Orkaden kunnen vooral de Z. en N. winden stroomverschijnselen teweeg brengen.

In 't Skagerrak vindt men dicht onder de Noordsche kust veelal stroom naar buiten (om de W. en ZW.) wat als men op moet merken zeer nuttig is te weten. Deze stroom bereikt een snelheid van ± 4 DGM. per etmaal.

Getijden. (Zie de havengetallen).

Banken en gevaren.

Ofschoon den naam van bank dragende, zijn Groote en Kleine Visschersbank geen gevaren maar slechts benamingen voor vischgronden. Hetzelfde kan van de Doggersbank gezegd worden. die slechts één gevaarlijke plek (Patch) heeft, maar zelf ook eenigermate gevaarlijk kan zijn door de vele wrakken die er liggen. De banken en gevaren alzoo samennemende zijn deze in hoofdzaak: de Brêeveertien, Wells-Bank, Witte Bank, Doggers Bank met de Patch, Groote en Kleine Visschersbank en de Banken voor de Theems, met name: Kentish Knock, Galper (Galloper, Binnen en Buiten Gabbard, Goeiing of Gom (Goodwin). Verder op de Vlaamsche en Nederlandsche kusten: West- en Noord-Hinder, Thornton rif, de Rabs, Sandettiebank, Ruytingen en de Vlaamsche Banken, de Steenbanken, Schouwenbank, Pettemerpolder en de Haaksgronden.

Van de Humber tot Foulness is de kust vuil en vol banken.

Tusschen Lestoffe (Lowestoft) en Aldborough is de kust schoon.

Over de vaart en het lood.

Vooral in het zuidelijk deel is looden zeer noodig. Onder de Engelsche kust heeft men dieper water met grof zand, gruisgrond en soms steekgrond, schelpen en steentjes, terwijl men onder de Nederlandsche kust minder diepte heeft met fijn, soms gespikkeld zand, en fijne gebroken schelpjes. Beoosten Binnen en Buiten Gabbard en Galper is het Diepwaterkanaal, maar men rekene er op dat de banken steil zijn en dus niet dicht genaderd mogen worden. (De Engelsche niet binnen de 24 à 25, de Hollandsche niet binnen de 19 vaam.)

Met tegenwind kieze men om *op te werken* die kust waar de vloed tegen den wind optrekt. daar men met de zooveel zwakkere eb niet veel op zou schieten. b. v. met NO. wind kan men van de Hoofden opwerken naar Texel, maar met ZW. wind niet van Texel naar de Hoofden, terzij men de Engelsche kust houdt.

Met de Hollandsche kust als *lagerwal* kan men ankeren binnen de kust en Brêeveertien of NW. 4½ zeemijl van den Maasmond.

Van of naar 't Skagerrak. zorge men vooral met NW. winden goed boven den ingang te zijn voor men instuurt. of het rak goed open te hebben voor men uitstuurt. In 't eerste geval om er met den stroom niet beneden te raken en in 't andere geval om er zoo noodig in te kunnen vluchten als men eens averij kreeg, daar men anders zeker in de Jammerbocht zou vervallen.

Met den wil van *'t Kanaal naar Texel* make men land bij IJmuiden of Egmond, blijvende in 8 à 9 vaam om den Pettemerpolder te mijden en passe men op de Haaks. Met harden ZW. wind loopt onder den Nederlandschen wal zeer weinig eb, waarop wel moet worden gelet, daar men anders b. v. van de Hoofden naar IJmuiden den wil hebbende. onverwacht bij Egmond. Kamperduin of Calantsoog bezet kan raken. Ofschoon de vloed vrijwel de kust volgt, volgt zij van af den Pettemerpolder den rand der banken en zet dus uit den wal, zoodat men daarop bij slecht zicht niet rekenende, volgens de verheid zeer goed bij den Zanddijk kan zijn maar niettemin zooveel uitgezet dat men op de Zuiderhaaks loopt.

Den wil hebbende van *Texel naar 't Kanaal* stuurt men een weinig op zee en dan recht op den N.-Hinder aan, teneinde niet op de Goodwin Sands te geraken.

Wil men van de *Hoofden naar de Schelde,* dan gaat men buiten de Vlaamsche Banken langs en stuurt over de zuidkant van Fairybank naar W.-Hinder. De kust op 17 à 14 mijl naderende kan men zich verkennen aan Blankenberghe of Ostende. Schepen uit de Noordzee verkiezen soms het Oostgat boven de Wielingen of Deurloo, maar moeten dan oppassen voor Thorntonbank en Steenbanken.

Behalve de reeds genoemde plekken op Brêeveertien en bij den Maasmond, vindt men *goeden ankergrond* op Schooneveld, Westput en in 't Steendiep.

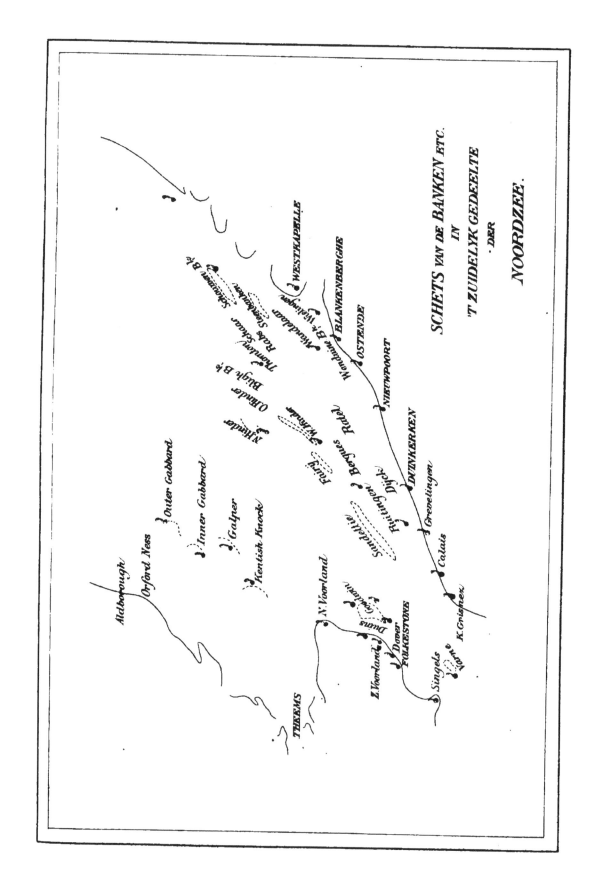

SCHETS VAN DE BANKEN ETC.

IN

'T ZUIDELYK GEDEELTE

· DER

NOORDZEE.

Meteorologische gegevens voor het Noordzeegebied. (Nederland.)

Maand.	Gemiddelde		Aantal dagen waarop	
	Bar.	Temp. C.	wind N.—ZO.	mist en nevel.
Januari. . . .	761.0	1.4°	10.°	6.9
Februari . . .	61.2	2.9	9.5	5.0
Maart.	60.4	4.2	12.4	4.1
April	60.5	7.9	14.3	2.9
Mei	61.1	12.1	14.2	1 8
Juni.	61.7	15.4	10.5	1.7
Juli	61.4	17.2	8.8	1.6
Augustus . . .	61.2	17.2	8.8	1.5
September . .	61.4	14.7	11.0	2.3
October. . . .	59.9	10.5	10.7	4.3
November . .	59.9	5.7	11.6	5.5
December . .	61.0	3.2	9.7	6.9

Percenten kans op een bepaalden wind (Nederland.)

Jaargetij.	N.	NO.	O.	ZO.	Z.	ZW.	W.	NW.	Resultaat.
Winter	5	10	8	10	17	27	15	8	ZW. t. Z.
Voorjaar	13	16	10	8	8	16	16	13	NW. $^1/_4$ W.
Zomer	12	10	5	5	9	22	22	15	W.
Herfst	7	11	9	10	16	24	14	9	ZW. $^3/_4$ Z.

Tabel der Havengetallen,

Plaats.	Ligging.	H. G.	Plaats.	Ligging.	H. G.	Plaats.	Ligging.	H. G.
Aberdeen.	Schot.	1 u. 0 m.	Dundee.	Schot.	2 u. 32 m.	Newcastle.	Eng.	3 u. 32 m.
Aldborough.	Eng.	10 45	Duinkerken.	Frankr.	0 8	Nore (licht-		
Antwerpen.	Belg.	4 25	Elbe (mond)	Duitsch	0 0	schip).	Theems	0 30
Balta.	Shetl.	9 45	Flamboro'Hd.	Eng.	4 30	Orfordners.	Eng.	11 15
Banff.	Schot.	0 28	Grimsby.	Eng.	5 36	Ostende.	Belg.	0 25
Berwick.	Eng.	2 18	Gunfleet Sand	Theems	11 50	Peterhead.	Schot.	0 34
Blyth.	Eng.	3 15	Hartlepool.	Eng.	3 28	Ramsgate.	Eng.	11 44
Burntisland.	Schot.	2 24	Harwich.	Eng	0 6	Scarborough.	Eng.	4 11
Chatham.	Eng.	0 43	Helgoland.	Duitsch	11 48	Sheerness.	Eng.	0 37
Cromarty.	Schot.	11 56	Hornsreven.	Jutland	0 0	Shields.	Eng.	3 21
Cromer.	Eng.	7 0	Hull.	Eng.	6 29	Southwold.	Eng.	10 20
Cuxhaven.	Duitsch	0 49	Ipswich.	Eng.	0 35	Spurn point.	Eng.	5 26
Deal.	Eng.	11 15	Leith.	Schot.	2 17	Stromness.	Orkneys	9 0
Dover.	Eng.	**11 12**	Lerwick.	Shetl.	10 30	Tay Bar.	Schot.	2 6
Dunbar.	Schot.	2 8	**London bridge.**	Eng.	**1 58**	Tees River		3 45
Duncans bij			Margate.	Eng.	11 45	Bar	Eng.	
Ness.	Schot.	10 14	Montrose.	Schot	2 17	Wangeroog.	Duitsch	11 37

De getijden langs de Nederlandsche kust.

Terwijl een golf in ondiep water storing ondervindt, nadert de tijd van stroomkentering het oogenblik van hoog en laagwater en gaan de getijden die op zichzelf alleen in staat zijn het water te doen rijzen en dalen, gepaard met stroomingen die door wateraan- en afvoer eveneens invloed hebben op het waterpeil.

De getijden op de Nederlandsche kust worden door twee verschillende getijgolven beheerscht, namelijk het Kanaaltij en het Noordzeetij; daarbij treden de genoemde periodieke stroomingen op, die men snelheidstij noemen kan en ook grooten invloed hebben op het verval.

Het Kanaaltij is het getij dat naar Dover toestroomt, zoolang het water te Dover rijst en van Dover afvloeit, zoolang het water aldaar daalt. Dit getij beheerscht grootendeels den waterstand langs de Zeeuwsche en Hollandsche kusten.

Het Noordzeetij is de voortzetting van de getijgolf die uit den Oceaan komende langs de Shetlandseilanden en de Schotsche kust, naar de Noordzee trekt en zijn weg om de zuid vervolgende H.W. maakt in de Schotsche en Noord-Engelsche havens. Bij Silverpit splitst dit getij zich in twee takken waarvan de eene bezuiden Doggersbank op Helgoland aanloopt, terwijl de andere zijn weg langs de Engelsche kust voortzet. Meer om de zuid splitst deze tak zich weer, de eene tak gaat bezuiden de Leman en Ower ruggen op de Bruine bank en Texel aan; de andere zet zijn loop om de zuid naar de Theems naar Dover voort, bocht aldaar gedeeltelijk om en trekt na HW. Dover met het Kanaaltij langs de Nederlandsche kust om den noord. Benoorden de lijn Cromer-Texel trekken de getijden dus over 't algemeen om de O. en W., behalve onder den Eng. wal.

Ofschoon nu het Kanaaltij den waterstand op de Zeeuwsch-Hollandsche kust en het Noordzeetij dien langs de Waddeneilanden beheerscht en men het eerstgenoemd tij bij Terschelling als verloopen kan beschouwen, werken zij toch aanmerkelijk op elkander in, en geven langs de Hollandsche kust aanleiding tot eigenaardige verschijnselen. In 't algemeen echter kan men zeggen dat langs de Zeeuwsch-Zuidhollandsche kusten vloedstroom gaat, zoolang het water te Dover daalt, en ebstroom zoolang het te Dover rijzende is. Zoo draait het tij in zee voor Scheveningen binnen het uur na stilwater Dover, maar bij het lichtschip Haaks is de toestand reeds aanmerkelijk veranderd; hier loopt zuidgaandtij tot 1 uur na HW. Dover en heeft de kentering gedurende het 2de en 3de uur plaats; de kentering van het noordgaandtij vertoont hetzelfde verschijnsel, terwijl bij Terschellingerbank het verschil $2^{1}/_{2}$ à 3 uur bedraagt (men zie de getijroos).

Draaiing der getijstroomen.

Trekt men eene lijn door de Noordzee in de richting toren Goerêe in IJzeren Baak van Goerêe dan draaien de stroomen aan de oppervlakte, onder gewone omstandigheden van wêer en wind, met zon benoorden die lijn en tegen zon bezuiden die lijn.

Sterkte der stroomen en richting.

Bij spring rekene men op 2 mijl stroom per uur, bij dood tij op $1^{1}/_{4}$ mijl per uur. Op de Hollandsche lichtschepen observeerde men zelden stroomen van meer dan 2,1 mijl en dat meest om de NO., dus met den vloed gedurende hevige ZW. winden. [1]) Loop en sterkte der stroomen is in de volgende tabel medegedeeld.

---

[1]) Met den wil van de Hoofden naar Texel daarop te letten, zie hiervoren.

Uur.	NOORDHINDERBANK.		SCHOUWENBANK.		TERSCHELLINGERBANK	
	Stroomrich-ting.	Snelheid in mijlen p. uur.	Stroomrich-ting.	Snelheid in mijlen p. uur.	Stroomrich-ting.	Snelheid in mijlen p. uur.
	Kentering ongeveer gelijk met H.W. of L.W. Dover.		Kentering iets later dan H.W. of L.W. Dover.		Kentering $2\frac{1}{2}$ à 3 uur na H.W. of L.W. stilw. Dover.	
1e uur na kentering	ZW.	0,5	W.	0,4	ZW. t. Z.	0,5
2e „ „ „	ZZW.	0,9	WZW.	0,7	ZW.	1,2
3e „ „ „	ZZW.	1,2	ZW t. W.	1,3	WZW.	1,5
4e „ „ „	Z t. W.	1,1	ZW.	0,9	WZW.	1,5
5e „ „ „	Z.	0,7	ZW.	0,8	WZW.	1,2
6e „ „ „	OZO.	0,2	ZZW.	0,4	W.	0,5
1e „ „ „	NO.	0,7	ONO.	0,9	NO.	0,7
2e „ „ „	NNO.	1,1	ONO.	1,1	NO.	1,3
3e „ „ „	NNO.	1,1	NO.	1,6	ONO.	1,6
4e „ „ „	N. t. O.	1,0	NO.	1,4	ONO.	1,6
5e „ „ „	N.	0,7	NNO.	0,9	ONO.	1,4
6e „ „ „	NNW.	0,2	N.	0,4	O. t. Z.	0,6

Verder kan men in 't algemeen aannemen.

5 u. voor HW. Dover. De stroomen uit Schelde en Maas trekken buitenwaarts en vereenigen zich met het Kanaaltij naar Dover. Benoorden Egmond heerscht het Noordzeetij.

4 u. „ „ „ Scheldemonden stil water; de stroom trekt de Maas uit, benoorden Calantsoog heerscht Noordzeetij,

3 u. „ „ „ De stroom dringt in de Scheldemonden binnen en trekt Maas en Haringvliet uit. Benoorden Eierland heerscht Noordzeetij.

2 u. „ „ „ Als vorig uur.

1 u. „ „ „ Riviermonden als voren; tusschen hoek van Holland en IJmuiden loopt wat neer. Voorbij Ameland heerscht Noordzeetij.

HW. Dover. De stroom trekt Maas en Scheldemonden binnen en loopt langs de geheele kust van Nederland zwak in de richting van Dover, behalve een weinig *neer* tusschen den Hoek van Holland en IJmuiden.

1 u. na „ „ De stroom trekt de zuidelijke gaten in en doet zich gevoelen tot bij Wijk aan Zee, daar benoorden heerscht een weinig Noordzeetij.

2 u. „ „ „ Als vorig uur.

3 u. „ „ „ De stroom trekt de Scheldemonden uit en de Maasmonden in. Benoorden Calantsoog heerscht Noordzeetij.

4 u. „ „ „ De stroom trekt de Scheldemonden uit en neemt een NO. richting aan. De stroom trekt de Maasmonden in. Benoorden Eierland heerscht Noordzeetij.

5 u. „ „ „ Als voren. Het Kanaaltij heerscht tot voorbij het Vlie; daar beoosten heerscht Noordzeetij. Van IJmuiden tot voorbij den Hoek loopt onder den wal een weinig *neer*.

6 u. „ „ „ De stroom trekt uit Schelde en Maas naar buiten. Van af Egmond loopt een weinig tij naar Dover toe; daar benoorden en langs de Waddeneilanden trekt de stroom om de NO.

Het dubbel hoogwater bij Texel en het dubbel laagwater aan den Hoek.

Kanaaltij, Noordzeetij en het zoogenaamd snelheidstij veroorzaken eigenaardigheden op onze kusten tengevolge waarvan men aan den Hoek van Holland gedurende het laagwatertijdperk een korte rijzing (zoogenaamd dubbel laagwater of agger) en voor Texel een korte daling gedurende het hoogwatertijdperk (zoogen. dubbel hoogwater) kent. Zoo heeft men in cijfers:

Gemiddelde waterbeweging in cM. aan den Hoek van Holland.

Rijzing of daling ten opzichte van den gemiddelden zeespiegel:

	Snelheidstij.	Kanaaltij.	Noordzeetij.	Totaal.	
bij HW.	+ 35	+ 59	+ 6	+ 100	hoogwater.
6 u. later	— 23	— 37	— 1	— 61	eerste laagwater.
6½ u. na HW.	— 26	— 49	+ 15	— 60	agger.
8 u. na HW.	— 26	— 69	+ 30	— 65	tweede laagwater.

Gemiddelde waterbeweging in cM. bij Texel.

	Snelheidstij.	Kanaaltij.	Noordzeetij.	Totaal.	
bij HW	+ 31	+ 48	— 30	+ 49	eerste hoogwater.
½ u. na HW.	+ 26	+ 59	— 36	+ 49	
2 u. na HW.	+ 12	+ 60	— 32	+ 40	
3½ u. na HW.	— 7	+ 41	+ 15	+ 49	tweede hoogwater.

Tevens is gebleken dat het laagwatertijdperk aan den Hoek en het HW. tijdperk bij zeer lang duurt, aldus:

		Hoek van Holland.	Texel.
Duur van 't laagwatertijdperk	. . . . . .	5 u.	2 u. 45 m.
„ „ 't hoogwatertijdperk	. . . . . .	2 u. 15 m.	5 u. 15 m.
„ „ de daling	. . . .	2 u. 45 m.	2 u. 45 m.
„ „ de rijzing	. . . .	2 u.	1 u. 15 m.

Verklaring van de getijroos.

Deze roos geeft de richting der getijden op verschillende uren ten naastenbij weer. D rand is daarom van eene uurverdeeling voorzien. De binnenste schijf is in 4 concentrisch verdeeld, die elk den naam dragen van het gedeelte der kust waarvoor de ring bestem voor de Hollandsche kust, voor Nieuwen Waterweg en Goerêe. voor Brouwershaven Walcheren. Gesteld nu men weet dat op zekeren datum het hoogwater op eenige plaat de Buitengronden van Texel ten 3 ure intreedt, dan legt men het deel der rand waar bij HW. Tessel Buitengronden tegenover de verdeeling III, er loopt dan stroom om de NO. 12 ure is het HW. te IJmuiden geweest, ten 4 u. 10 m. zal het HW. in de haven te Nieuwe zijn en te 4 u. 30 m. op de reede; voor den Waterweg trekt de stroom ten 3 ure om de Oò voor Brouwershaven loopt geen stroom en voor Walcheren ook niet; terwijl het aldaar LW. zee is en Vlissingen ten 4 u. 30 m. LW. zal hebben. Wat de stroomrichting betreft vindt men in de bijbehoorende ringen feitelijk opgegeven de stroomen bij:

lichtschip Haaks.
„ Maas.
„ Schouwenbank. } allen volgens den magnetischen meridiaan.
en „ Noord-Hinder

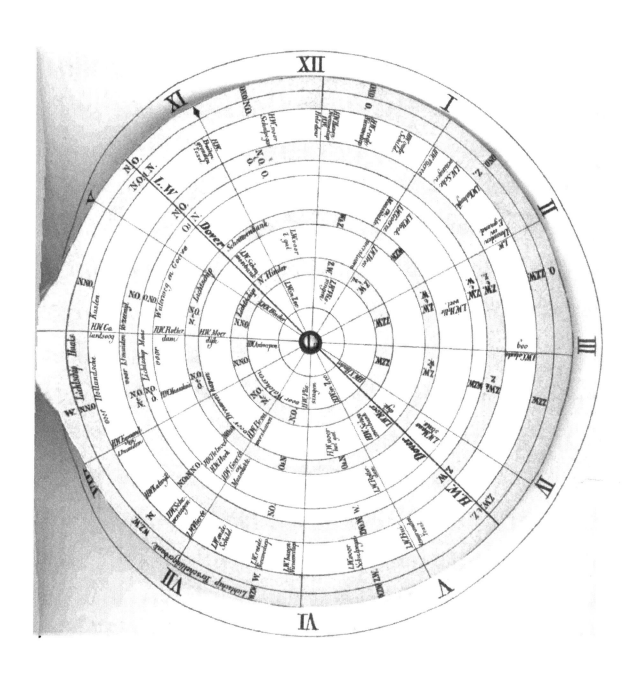

Het havengetal van Dover is aangenomen 11 uur 23 min. wegens het gemiddeld tijd verschil met de Nederlandsche kust.

Havengetal en waterbeweging voor Nederlandsche kust en zeeplaatsen.

a. Zeeuwsche wateren.

Plaatsnaam.	H.G.		Verval in dM.		Plaatsnaam.	H.G.		Verval in dM.	
			Gewoontij.	Spring.				Gewoontij.	Spring.
Dover.	11 u.	12 m.	51	57	Antwerpen.	3 u.	45 m.	44	51
N. Hinder	1	0	35	—	Voor den Roompot . .	12	30	30	34
Calais.	11	49	47	59	Schouwenbank . . .	11	45	—	—
Grevelingen . . .	12	0	45	57	Voor Brouwersh. Gat .	1	0	30	34
Duinkerken. . . .	11	55	41	50	Bij Westh. v. Schouwen .	1	0	27	31
Nieuwpoort	0	18	39	48	Vere (haven) 5) . . .	1	45	27	31
Ostende	0	23	40	46	Annapolder(Zandkreek)	1	45	29	35
Blankenberghe . . .	0	15	37	45	Burgsluis	1	0	27	31
Be N. het Oostgat . .	0	30	30	34	Vlietepolder (nabij Wisekerke)	1	30	27	31
Tusschen Oostgat en Deurloo (buitengr.)	12	0	33	38	Bij W.punt Vuilbaard .	1	30	28	32
Tusschen Deurloo en Wielingen (buitengr.)	12	0	36	42	Kolijnsplaat	2	0	28	32
Sluissche gat (Wielingen)	0	50	36	45	Zierikzee 6)	2	0	28	32
Westkapelle 1) . .	0	40	32	37	O. Beveland (Olijke uitloop Zandkreek) . .	3	0	30	35
Vlissingen 2) . . .	1	0	37	47	Wemeldinge	3	15	33	36
Breskens.	—	—	38	48	Gorishoek	3	15	34	37
Zuid-Kraaiert . . .	—	—	40	50	Tolen.	3	30	36	39
Hoofdplaat	—	—	38	48	Bergen op Zoom. . .	3	30	37	40
Borsele	—	—	38	48	Stavenisse	2	30	30	34
Ellewoutsdijk . . .	—	—	38	48	Repard	2	0	25	29
Ter Neuzen 3). . .	1	45	40	50	Ouddorp.	—	—	23	27
Hoedekenskerke . .	—	—	40	49	Brouwershaven 7) . .	2	0	25	29
Hansweerd	2	35	41	50	Bruinisse	3	0	26	30
Waarde	—	—	43	51	Steenb. Vliet	3	15	26	30
Walsoorden	—	—	42	51	Dintelsas	3	15	22	26
Bat 4).	3	10	44	51	Willemstad 8)	3	30	21	25
Doel	3	20	44	51	Moerdijk en Z. ingang Dordtsche Kil . . .	4	0	20	25
Kaloo.	—	—	44	51					

1) L.W. 6 u. 40 m. na H.W.		5) L.W. 6 u. 10 m. na H.W.
2) „ 6 30 „ „		6) „ 5 50 „ „
3) „ 6 35 „ „		7) „ 5 50 „ „
4) „ 6 25 „ „		8) „ 7 15 „ „

b. Hollandsche en Friesche kust.

Plaatsnaam	H.G.		Gewoontij	Spring	Plaatsnaam	H.G.		Gewoontij	Spring
Voor het Slijkgat en op de Buitengronden. .	1 u.	45 m.	19—20	22—23	Hellevoetsluis 1) . . .	2 u.	15 m.	18	21
Vóór het Bokkegat. .	2	0	19	22	Hoornsche Hoofden . .	2	30	18	21
Maasvlakte.	2	0	18	21	Middelharnis	2	45	18	21
Vóór Zeegat Hoek van Holland	2	9	17 *)	20 *)	Dintelsas	3	15	22	26
Goerêe	2	0	18	21	Willemstad 2)	3	30	21	25
					Moerdijk en Z. ingang Dordsche Kil . . .	4	0	20	24

1) L.W. 7 u. 15 m. na H.W.	2) L.W. 7 u. 15 m. na H.W.

*) Voor den invloed van den wind op de waterhoogte aan den Hoek en voor IJmuiden zie men de Getijtafels uitgegeven door den dienst van den Waterstaat. Den Haag, VAN CLEEF. Prijs f 0,50.

Plaatsnaam.	H.G.	Verval in dM.		Plaatsnaam.	H.G.	Verval in dM.	
		Gewoontij.	Spring.			Gewoontij.	Spring.
Op den drooge der Westmaas . . .	2 u. 30 m.	16	19	„ (vóór 't Schulpegat)	6 u. 30 m.	11—12	13—14
Brielle [1]	3 0	14	17	Helsdeur.	7 0	11—12	13—14
Nieuwe Sluis . . .	3 15	12.6	15,6	Nieuwediep (reede). .	7 25	11	13—14
Vóór Prinsenheim . .	2 45	13,5	16.5	„ (haven) .	7 5	11	13—14
Maassluis [2] . . .	3 15	15	18	Oude Schild (haven) .	7 45	10	13
Vlaardingen [3] . .	3 30	12.4	15,4	In zee nabij Texel bez. de Koog	6 30	12	15
Schiedam	3 40	12.6	15,6	Vóór 't Eierlandsche gat	7 0	13	16
Rotterdam [4] . . .	4 0	13	16	Vlie vóór 't Stortemelk.	7 10	16	19
Dordrecht [5] . . .				„ v. Thomas Smitgat	7 20	16	19
Scheveningen [6] . .	2 15	17	20	„ v. N.O. gat . .	7 55	17	20
Katwijk [7]	2 30	16	19	Vlieland (haven) . .	8 10	16	20
IJmuiden [8]. . . .	3 0	16 *)	18 *)	W. Terschelling (haven)	8 5	16	19
Egmond	3 0	16	18	Vliereede [10]	8 5	15	18
Petten	3 15	14	16	Ameland (voorgaats) .	8 30	20	23
Kallantsoog. . . .	4 0	12	15	Zoutkamp	10 10	23	27
Texel(buitengronden)[9]	6 0	11—12	13—14	Delfzijl [11])	11 15	27	31

1) L.W. 8 u. 4 m. na HW.   5) L.W. 8 u. 5 m. na H.W.   9) L.W. 6 u. 10 m. na H.W.
2) „ 7 55 „ „   6) „ 7 50 „ „   10) „ 6 25 „ „
3) „ 8 5 „ „   7) „ 8 10 „ „   11) „ 6 30 „ „
4) „ 8 5 „ „   8) „ 7 57 „ „

c. Zuiderzee.

Plaatsnaam.	H.G.	Gewoontij.	Spring.	Plaatsnaam.	H.G.	Gewoontij.	Spring.
Texelstroom (v. de Pan)	8 u. 0 m.	10	13	Elburg	1 u. 15 m.	2½	4
„ (ton Vlieter)	8 15	9	11	Harderwijk. . . .	1 30	2	4
Malzwin (W. ingang) .	7 35	8	11	Nijkerk	2 30	2	4
Cocksdorp (vóór Rogge-sloot)	7 45	13	16	Spakenburg . . .	2 30	2	4
Blauwe Slenk (midden)	8 30	14	17	Eem	2 30	2	4
Inschot (v. 't Oude Vlie)	8 0	14	17	Huizen	2 0	3	5
Z.O. Rak (bij Schuitenz.)	8 30	11	14	Muiden	2 15	3	5
Harlingen [1]	9 0	13	16	Oranje-Sluizen [5]). .	2 30	5	7
Molenrak	9 0	12	15	Durgerdam. . . .	2 15	4	6
Surig	9 0	11	14	Monnikendam. . .	1 30	3	4½
Makkum.	9 0	8½	10½	Goudzee.	1 30	3	4½
Workum.	9 0	6½	8	Marken (Oosthoek) .	1 0	3	4½
Hinloopen	9 0	6	8	Volendam	1 30	3	4½
Stavoren [2]. . . .	9 15	5	6	Edam [6])	1 15	3	4½
Middelgr. en Friesche Vlaak	8 30	6—9	8—9	Hoorn.	1 0	3	4½
Lemmer [3]	12 30	2	3	Enkhuizen [7]	12 0	3	5
Blokzijl	1 0	2	3	Geldersche Hoek . .	10 30	4	5
Kraggenburg . . .	1 0	2	3	Medemblik	9 30	6	7
Schokland (zuidpunt) .	1 0	2	2½	Wieringer Vlaak. . .	8 45	1	7
Urk [4])	12 0	2½	3	Wieringer Oosthoek .	8 45	7	8
Ketel	1 0	2	3	Sloot	8 45	7	8
				Amsteldiep (N. ingang).	8 15	9	11
				Malzwin	7 35	10	13

1) L.W. 7 u. 5 m. na H.W.   4) L.W. 5 u. 50 m. na H.W.   6) L.W. 6 u. 30 m. na H.W.
2) „ 7 0 „ „   5) „ 6 35 „ „   7) „ 6 10 „ „
3) „ 6 0 „ „

*) Voor den invloed van den wind op de waterhoogte aan den Hoek en voor IJmuiden zie men de Getijtafels uitgegeven door den dienst van den Waterstaat. Den Haag, VAN CLEEF. Prijs f 0.50.

Voornaamste lichten op en nabij de Nederlandsche kust.

Naam, kleur en opstelling.	Zichtbaar in zeemijlen.	Aard van het licht.
Duinkerken, ronde gele toren	20	Draailicht, wit.
Nieuwpoort, achthoekige toren . . .	14	Vast rood licht.
Ostende, ronde witte toren	20	Vast wit licht.
Blankenberghe, achth. roode toren . .	14	Draailicht, wit.
Knocke, vierkante roode toren . . .	15	Vast wit licht.
Snouw, lichtschip	7,5	Vast rood licht.
Dijck, „	11	Schitterlicht, wit.
Ruijtingen, „	11	Draailicht, rood.
West-Hinder, „	12	Draailicht, wit en rood.
Noord-Hinder, „	11	Draailicht, wit.
Wandelaar, „	11	„ „ .
Wielingen, „	9	„ rood.
Thornton bank, gasboei	5	Vast wit licht.
Kruishoofd, lantaarn	8 en 4	Vast wit en rood licht (verklikker).
Nieuwe Sluis, zeskant geraamte . . .	12	Vast wit ⎱ langsmerk Wielingen.
„ achthoekige gele toren .	14	Vast wit ⎰
Kaapduinen, vierkante hut	15	Vast wit ⎱ langsmerk Oostgat.
„ „ „	12	Vast wit ⎰
Zoutelande, „ „ . . .	12	Vast wit, met 't volgende geeft langsmerk Oostgat.
Westkapelle, vierkante roode toren . .	18	Vast wit.
Westkappelsche dijk, ronde roodbruine toren	13	Vast wit.
Domburg, lantaarn	12—6	Vast sectorlicht, rood en wit (verklikker).
Schouwenbank, lichtschip	11	Wit draailicht.
Ossehoek, bruin gebouw	9	Vast wit.
West-Schouwen, ronde toren	19	Draailicht, wit.
Noord-Schouwen, achth. roode toren .	16	Vast wit ⎱ langsmerk Brou-
„ ronde roode toren .	18 en 7	Vast wit en rood sectorlicht ⎰ wershavensche gat.
Goedereede, vierkante grijze toren . .	18	Vast wit ⎱
IJzeren Baak, achthoekige roode toren.	15 en 8	Vast wit en rood sectorlicht ⎰ geleiding Slijkgat.
Flauwe werk, hut met bolbaak . . .	10	Vast wit sectorlicht (verklikker).
Maas, lichtschip	11	Draailicht, rood.
Scheveningen, twaalfh. roode toren .	18	Draailicht, wit en rood.
IJmuiden, twee ronde bruine torens . .	18	Vast wit ⎱ geleiding buitenhaven.
met witte banden	19	Vast wit ⎰
Egmond, ronde roode toren.	7	Vast rood licht.
Haaks, lichtschip	11	Draailicht, wit en rood.
Zanddijk, hut	11	Vast wit ⎱ dwarsmerk Z. Haaks en uiterton van
„	13	Vast wit ⎰ het Schulpegat.
Dirkoomsduin, grijs raam	12	Vast wit (met vuurt. langsmerk Schulpegat).
Falga, grijs raam	4 en 6	Vast groen en rood sectorlicht (dwarsm. Schulpegat).
Kijkduin, zestienkantige roode toren .	20	Vast wit.

Naam, kleur en opstelling.	Zichtbaar in zeemijlen	Aard van het licht.
Kijkduin, houten paal	6	Vast wit (met vuurt. langsmerk Molengaatje).
Stuifdijk, zwarte hut	9	Vast wit) zoogen. lichten van de Mok langsmerk
Schildbolsnol, zwart raam	10	Vast wit) Schulpegat.
Nieuwediep, gele paal	8	Vast wit) havenlichten.
„ „ „	2	Vast rood)
Eierland, ronde roode toren	19	Draailicht, wit.
Terschellingerbank, lichtschip	11	Draailicht, wit.
Brandaris (Terschelling vierk. gele toren)	20	Vast wit.
Ameland, ronde bruine toren met witte banden	20	Draailicht, wit.
Schiermonnikoog, ronde roode toren .	18	Vast wit.
„ „ „ „ .	18	Vast wit.
Borkummerbank, lichtschip	8	2 Vaste witte en 1 vast rood licht.
Borkum., ronde bruine toren	21	Draailicht, wit.
Norderney, achthoekige roode toren .	20	Draailicht, wit.

Nieuwere Theorie der Getijden.

Zie: Winds and Weather, Currents, Tides and Tidal Streams in the Indian Archipelago. Batavia, 1897. door Dr. P. J. van der Stok.

In de navolgende bladzijden wordt eene korte uiteenzetting gegeven van de nieuwere getij-theorie. Ten gerieve van hen die alleen de toepassing dier theorie wenschen te kennen dient de volgende korte aanteekening:

De totale werking van zon en maan, welke beide hemellichamen de getijden veroorzaken, is zoo samengesteld dat men het geheel moet voorstellen als te worden teweeg gebracht door zeven denkbeeldige hemellichamen die elk voor eenige plaats op aarde een bepaald havengetal hebben en een bepaald verval veroorzaken, terwijl hunne gecombineerde werking gelijk is aan die van zon en maan. Kent men dus voor elk zulk een hemellichaam het havengetal, dan behoeft men slechts te weten hoe laat het den meridiaan passeert om, door optelling den tijd van HW. voor elk der zeven getijden te kennen. Hiertoe geeft tafel I den doorgangstijd voor elk der hemellichamen te Greenwich, op den 1sten Januari van elk jaar. — Tafel II geeft de correctie die op dien doorgangstijd moet worden toegepast om het oogenblik van doorgang door den meridiaan van een andere plaats te vinden. — Tafels III geven de waarden die men op de aldus gecorrigeerde doorgangstijden van 1 Januari moet toepassen om den doorgangstijd op een gewilden datum te vinden en bij deze doorgangstijden heeft men slechts de respectieve havengetallen op te tellen om de oogenblikken te vinden waarop elk der zeven hemellichamen HW. veroorzaakt. De aldus verkregen waarden worden d. m. v. tafels III tot tijd herleid.

Behalve de havengetallen van elk getij kent men ook de bijbehoorende amplituden en de tafels IV geven de rijzing of daling voor elk zulk een getij met een bijbehoorend verval van uur tot uur na hoogwater. Men heeft dus slechts de gegevens van tafel IV op te tellen volgens een systeem zoodanig dat de maximum amplitudo naast het uur van HW. komt te staan,

zooals in den tekst door een voorbeeld voor Makassar is uitgewerkt. Men krijgt dan ten slotte de geheele waterbeweging van uur tot uur.

Voor de getijden K_1, O en K_2 gebruike men niet de vervalconstanten der plaats direct, maar vermenigvuldige men ze eerst met factor tafel V.

§ 1. Wanneer men aanneemt dat de maan het eenige hemellichaam is, in staat om getij-beweging van het wateroppervlak te veroorzaken en verder dat zij met eenparige snelheid om de aarde roteert langs den omtrek van een cirkel, dan zou zij allerwege een getijgolf veroor-zaken waarbij tweemaal in de 24,8 uren (een maansdag) hoogwater werd waargenomen.

Wilde men die getijbeweging grafisch voorstellen dan zou men een lijn verkrijgen van de ge-daante eener gewone sinusoïde en men zou de rijzing en daling van den waterspiegel kunnen voorstellen door de formule:

$$y = A \cos. (n\,t - C) \quad . \quad . \quad . \quad . \quad . \quad . \quad . \quad . \quad (1.$$

waarin y het verschil in waterhoogte op een oogenblik t met het gemiddelde waterpeil; A de amplitudo der slingerbeweging of grootste verschil met het gemiddelde waterpeil en n de snel-heid van het getij of in hoekmaat uitgedrukt: het deel der periode dat gedurende een tijdscenheid (een uur) wordt afgelegd. In deze onderstelling komt 360° overeen met 12,4 uren — dus is de snelheid der getijgolf:

$$n = \frac{360°}{12,4} = 28°,984.$$

De grootste waarde die y kan verkrijgen is = A en wordt bereikt wanneer:

$$n\,t - C = 0° \text{ of } t = \frac{C}{n}, \text{ is } . \quad . \quad . \quad . \quad . \quad . \quad . \quad (2.$$

waaruit volgt dat C den tijd voorstelt (in hoekmaat) verloopen tusschen het oogenblik waarop t = 0 is en het tijdstip van hoogwater.

Deelt men het argument C door de snelheid van het tij dan vindt men dit tijdsverloop uitge-drukt in uren en neemt men als uitgangspunt der tijdrekening het oogenblik van maansdoorgang aan, dan geven C en $\frac{C}{n}$ de waarde die men gewoonlijk havengetal noemt.

Natuurlijk volgt de tijd van laagwater uit de formule:

$$n\,t - C = 180° \text{ of } t = \frac{C + 180°}{n}. \quad . \quad . \quad . \quad . \quad . \quad . \quad (3.$$

en de daling is alsdan = — A.

In sommige werken wordt de waarde C of $\frac{C}{n}$ de verachtering van het getij (lagging behind of the tide) genoemd in de onderstelling dat de top van de getijgolf, indien de aarde met water bedekt ware, zich altijd juist onder de maan zou bevinden, zoodat klaarblijkelijk wordt aange-nomen dat het alleen aan storingen is toe te schrijven wanneer C niet = o is. Dit is reeds on-juist omdat deze waarde voor verschillende breedten varieeren zou en omdat maan en aarde steeds in beweging zijn.

§ 2. De verschillende bewegingen van zon en maan die invloed hebben op de getijden kan men als volgt voorstellen:

a. De siderische aswenteling der aarde (d. i. die ten opzichte van een vaste ster) geschiedt in 23,93447 uur dus is de hoeksnelheid in graden per uur:

$$g = \frac{360°}{23,93447} = 15°,0410686.$$

b. De tropische omloopstijd der maan bedraagt 27,3216 dagen, overeenkomende met een hoek-snelheid in graden per uur:

$$s = \frac{360°}{24 \times 27,3216} = 0°,5490165.$$

c. De lijn der apsiden verplaatst zich 360° in 8,85 jaar, dus verschilt de anomalistische periode (ten opzichte van het perigeum) een weinig van de tropische en heeft een hoeksnelheid:

$$p = \frac{360°}{8,85 \times 24 \times 365,24} = 0°,0046419.$$

d. De aarde wentelt in 365,2422 dagen om de zon met een hoeksnelheid:

$$e = \frac{360°}{365,2422 \times 24} = 0°,0410686.$$

Uit deze formules volgt:

1. De hoeksnelheid der zon ten opzichte van een plaats op aarde is:
$$g - e = 15°$$
en dus is een zonnedag: $\dfrac{360°}{g - e} = 24$ uur.

2. De hoeksnelheid der maan ten opzichte van een plaats op aarde is:
$$g - s = 14°,4920521.$$
en dus is een maansdag: $\dfrac{360°}{g - s} = 24,8412$ uur.

3. De snelheid der maan betrekkelijk de as der ellips is:
$$s - p = 0°,5443746.$$
en dus is de anomalistische maand:
$$\frac{360°}{24 \, (s - p)} = 27,5546 \text{ dagen.}$$

4. De snelheid der maan ten opzichte van de zon is van uit het middelpunt der aarde gezien:
$$e - s = 0°,5490165.$$
dus keeren de phasen der maan terug na
$$\frac{360°}{24 \, (e - s)} = 29.5306 \text{ dagen. (Synodische omloopstijd).}$$

§ 3. Beschouwt men nu het geval dat de maansbaan wel met den equator samenvalt, maar dat zij den vorm eener ellips aanneemt dan zal ook de formule (^{1} niet langer een zuivere voorstelling van den stand van zaken geven. Wel zal zij nog de gemiddelde getijbeweging aanwijzen, maar het waargenomen waterpeil zal periodieke afwijkingen vertoonen van hetgeen de formule geeft.

Het is duidelijk dat het zeer gemakkelijk ware wanneer men de formule (^{1} kon behouden als de gemiddelde waarde voor eene tweede formule, die den waren stand van zaken moet weergeven en waarbij men de afwijkingen veroorzaakt door den veranderlijken afstand van maan en aarde, kon in rekening brengen door het invoeren van een of meer termen.

Het vraagstuk kan dan aldus worden gesteld: is het mogelijk voor een hemellichaam dat met veranderlijke snelheid een elliptische baan doorloopt en getijden veroorzaakt, andere lichamen in de plaats te denken en wel ten eerste een denkbeeldige maan die eenparig in een cirkel beweegt met een snelheid gelijk aan de gemiddelde snelheid der maan; ten tweede een of meer denkbeeldige sterren die elk eenparig rond de aarde draaien zoodanig dat de gezamenlijke werking dier sterren gelijk is aan die van het oorspronkelijk hemellichaam, op zich zelf beschouwd?

En dit is mogelijk omdat een samengestelde oscilleering altijd ontleedbaar is in meerdere enkelvoudige oscilleeringen waarvan formule (^{1} het type vertegenwoordigt.

Hiervoren is aangetoond dat het tijdsverloop tusschen twee doorgangen der maan door haar perigeum 27,5546 dagen bedraagt; dus moet de resulteerende werking, van het nieuw aangenomen stel sterren, ook na 27,5546 dagen haar oorspronkelijke waarde terug krijgen.

De hoeksnelheid dezer beweging bedraagt: $\dfrac{360°}{27,5546}$ = 13°,0649 per dag of 0°,544 per uur.

De gemiddelde waarde van de snelheid der getijbeweging door de maan veroorzaakt, bedraagt 28°.984; het vraagstuk kan dus worden opgelost indien men *twee* sterren aanneemt die om de aarde draaien en elk per eene omwenteling tweemaal hoog water veroorzaken en die hare banen afleggen met eenparige snelheden gelijk aan:

$$N \ldots . \ 28°,984 - 0°,544 = 28°,440.$$
$$L \ldots . \ 28°,984 + 0°,544 = 29°,528.$$

Elk dezer sterren voldoet aan de voorwaarde van na 27,5546 dagen eenzelfden stand ten opzichte van de maan in te nemen omdat voor elk harer:

$$0°,544 \times 24 \times 27,5546 = 360° = 0°.$$

Werken deze sterren tijdens het perigëum met de maan samen, dan werken zij gedurende het apogëum tegen omdat:

$$0°,544 \times 24 \times 13,7773 = 180°.$$

Beschouwt men § 2 dan vindt men eveneens:

$$N \ldots . \ 2\,(g - s) - (s - p) = 2\,g - 3\,s + p = 28°,440.$$
$$L \ldots . \ 2\,(g - s) + (s - p) = 2\,g - s - p \ \ = 29°,528.$$

En de perioden dezer *elliptische* getijden bedragen dus:

$$\dfrac{720°}{28°,440} = 25,3167 \ \text{uren voor N.}$$

$$\dfrac{720°}{29°,528} = 24,3832 \quad , \quad , \ \text{L; welke waarden de intervallen voor-}$$

stellen tusschen twee gelijknamige doorgangen dier denkbeeldige sterren.

De hieruit voortvloeiende theorie wordt bevestigd door de uitkomsten der waarnemingen die naar perioden van 25,3167 en 24,3832 uren worden bewerkt, mits andere periodische invloeden zijn geëlimineerd. Andere waarden voor N en L die ook aan de voorwaarden voldoen b.v. $2\,(g - s) \pm 2\,(s - p)$, zijn van te geringen invloed voor de praktijk.

§ 4. Denkt men zich in plaats van de zon een hemellichaam dat om de aarde draait met een eenparige snelheid die even groot is als de gemiddelde snelheid der zon dan is het duidelijk dat de formule die het gemiddeld veroorzaakte tij voorstelt, is:

$$S_2 \cos. \ (nt - C).$$

waarin n = 30° omdat het tij halfdaagsch is en de gemiddelde snelheid der zon 15° per uur bedraagt.

Maar de ecliptica helt $23\frac{1}{2}°$ op den equator, de maansbaan van 5° (+) tot 5° (—) op de ecliptica en de periode dezer laatste slingering bedraagt 18,7 jaren. Het gevolg hiervan is dat de as der watersferoïde die men zich om de aarde denken kan, gewoonlijk schuin staat ten opzichte van de aardas, zoodat de getijden gedurende eenzelfden maansdag ongelijk zijn.

Dezen stand van zaken kan men zich in 't algemeen voorstellen als voortvloeiende uit een dagelijksche beweging die eens per dag hoog- en eens per dag laagwater veroorzaakt, en samen met het halfdaagsch tij werkt; of wel door weer de hulp in te roepen van denkbeeldige sterren. Alsdan moet aan de volgende voorwaarden voldaan worden:

de krachten die haar invloed doen gevoelen moeten na 13,66 dagen (halve tropische periode § § 2, 4) haar waarde herkrijgen, omdat de schuine stand der sferoïde na dien tijd weer dezelfde is en in de tweede plaats moeten de krachten het grootst en de halfdaagsche getijden het sterkst zijn, wanneer de maan haar grootste declinatie heeft, of nul wanneer de declinatie 0° is.

Denkt men zich de maan op zeker oogenblik in het noordelijkst punt harer baan, dan zal de onderlinge stand van aarde en maan na 27,3206 dagen dezelfde zijn; de snelheid dezer beweging is s en daar de snelheid der maan ten opzichte van een punt der aarde g — s is, vindt men voor de snelheden der sterren die aan de voorwaarden voldoen:

K_1 . . . . . $g - s + s = g =$ $15°,04107$

O . . . . . $g - s - s = g - 2 s = 13°,94304$ en de gezamenlijke uitwerking dier sterren voldoet aan de voorwaarden.

Om dan in rekening te brengen den invloed van de declinatieverandering der maan, moet men aan de serie der getijden M_2, S_2, N en L toevoegen

den vorm: $K_1 \cos. (n t - C) + O \cos. (n' t - C')$

waarin: K_1 ..... $\dfrac{360°}{n} = 23{,}93447$ uren

O ..... $\dfrac{360°}{n'} = 25{,}81935$,

Op gelijksoortige wijze toont men aan dat de declinatieverandering der zon aanleiding geeft tot twee getijden als volgt:

$$g - e + e = g \qquad\qquad = 15°.0410686.$$
$$g - e - e = g - 2 e = 14°,9589314.$$

De denkbeeldige ster die bij de eerste dezer waarden behoort, heeft bijna dezelfde snelheid als K_1 en veroorzaakt dus dezelfde variaties, terwijl beider vereenigde werking beschouwd kan worden als uitgaande van *één* ster K_1; daarom wordt het daagsch tij K_1 een luni-solair tij genoemd en de compensatie van de getijden K_1 en O die plaats moet hebben wanneer de declinatie der maan = 0° is, is nimmer volkomen.

De tweede waarde die bij een denkbeeldige ster P behoort, hangt alleen van de zon af, zij heeft een omloopstijd van:

$$\frac{360°}{g - 2 e} = 24{,}06589 \text{ uren.}$$

Een andere invloed is die van de declinatie dezer sterren op de halfdaagsche getijden, want bedroeg de declinatie 90° dan zou er in 't geheel geen getijbeweging zijn, zoodat ook deze getijden minder intens zijn wanneer de declinatie voornoemd, groot is.

Voor de snelheden der getijden die deze invloeden voorstellen vindt men:

voor de maan: K_2 . . . . . $2 (g - s) + 2 s = 2 g = 30°,0821372.$

voor de zon: K_2 . . . . . $2 (g - e) + 2 e = 2 g = 30°,0821372.$

Hier werken dus deze getijden wat periode aangaat samen; de snelheid is tweemaal die van K_1 maar de omwentelingstijd der denkbeeldige ster

$$\frac{720°}{2 g} = 23{,}93447 \text{ uren.}$$

is dezelfde; dus kan men aannemen dat K twee getijden veroorzaakt, een daagsch tij dat eens per 23,93 uren hoogwater veroorzaakt en een halfdaagsch tij met de helft dier periode.

Gaat men op deze wijze door, dan vindt men dat de getijbeweging beheerscht wordt door een twintigtal afzonderlijke getijgolven, maar natuurlijk loopt het aantal dat voor de praktijk waarde heeft, zeer uiteen. Voor den Indischen Archipel heeft men voldoende aan zeven en wel: [1]

$$S_2, \ M_2, \ K_1, \ O, \ P, \ N \text{ en } K_2.$$

---

1) In het werk van Dr. van der Stok vindt men soms gegevens voor een tij S_1 dat eens per dag hoog water geeft en afhangt van land- en zeewind enz. Soms ook voor getijden S_a en S_{sa}. Het eerste S_a wordt door de moessons beheerscht, het tweede S_{sa} geeft 2 maal per jaar hoog water en heeft een snelheid van $\dfrac{720°}{365{,}2422} = 1°,9713$ per dag. S_{sa} is afhankelijk van de declinatieverandering der zon en alzoo een astronomisch tij in tegenstelling van S_1 en S_a die meteorologische getijden zijn.

§ 5. Recapitulcerende blijkt dus.

Dat de onregelmatige getijbeweging kan worden ontleed in een reeks regelmatige golven die elk voorgesteld kunnen worden door de formule: A cos. (n t — C).

waarin n de snelheden, $T = \dfrac{360°}{n}$ de periode, kunnen worden berekend.

Dit is echter niet het geval met A noch met C. welke waarden dus in verband met T praktisch moeten worden gevonden.

Als punt van uitgang der telling neemt men voor elk der sterren haar doorgang aan, C is dan het eigenlijk kenmerkend element in het getij en wordt *kappa*getal genoemd. Voor de sterren S_2 en M_2 wordt aangenomen als uitgangspunt van telling het oogenblik van doorgang der middelbare zon en der middelbare maan. Voor de andere denkbeeldige sterren zijn internationaal aangenomen waarden vastgesteld.

§ 6.

1°. S_2 is een halfdaagsch zonnetij — veroorzaakt tweemaal per dag hoogwater — de snelheid is 30° per uur en de tijd van hoogwater die elken dag op hetzelfde uur intreedt, wordt gevonden door het K getal door 30° te deelen.

2°. M_2 is een halfdaagsch maanstij — veroorzaakt tweemaal per 24,84 uur hoogwater — de snelheid is 28°,984 per uur en de tijd van hoogwater die elken dag ongeveer 50 minuten later intreedt, wordt gevonden door het K getal door 28°,984 te deelen en dit quotient bij den tijd van doorgang op te tellen. De amplitudo van dit getij is niet volkomen constant.

3°. N is een halfdaagsch tij. veroorzaakt door den veranderlijken afstand der maan en heet daarom: elliptisch getij. Het veroorzaakt hoogwater tweemaal per 25,3167 uur — de snelheid is 28°,4397 per uur en de tijd van hoogwater die elken dag 1 u. 19 m. later intreedt, wordt gevonden door het K getal door 28°,4397 te deelen en dit quotient bij den tijd van doorgang op te tellen. De amplitudo verandert weinig.

3°. K_2 is een halfdaagsch tij. veroorzaakt door de veranderlijke declinatie van zon en maan; het veroorzaakt tweemaal per 23,9345 uur hoogwater; de snelheid is 30°,082 per uur en de tijd van hoogwater die elken dag 8 min. vroeger intreedt, wordt op soortgelijke wijze als boven gevonden. De amplitudo verandert in 19 jaar aanmerkelijk.

5°. K_1 is een enkeldaagsch zons-maanstij, veroorzaakt door dezelfde redenen als K_2; het veroorzaakt eens per 23,9345 uur hoog water. de snelheid is 15°,04107 en de tijd van hoogwater die per dag 4 min. vervroegt, wordt gevonden op dezelfde wijze als boven. De amplitudo verandert in 19 jaar aanmerkelijk en is klein bij kleine — groot bij groote declinatie.

6°. O is een enkeldaagsch maanstij, veroorzaakt eens per 25.819 uren hoog water; de snelheid is 13°,943 per uur en de tijd van hoogwater die per dag 40 min. later intreedt, wordt gevonden op dezelfde wijze als voren. De amplitudo verandert per 19 jaar aanmerkelijk. Verder als die van K_1.

7°. P is een enkeldaagsch zonnetij, veroorzaakt eens per 24.0659 uren hoogwater, de snelheid is 14°,959 en de tijd van hoog water die per etmaal 4 min. later intreedt, wordt gevonden uit het K getal als voren.

§ 7. In 't algemeen onderscheidt men drie typen van getijdevormen.

1°. de halfdaagsche getijden, die voorkomen op plaatsen, waar die van het tweede type weinig te beduiden hebben.

2°. de enkeldaagsche getijden, die voorkomen op plaatsen waar die van het eerste type weinig te beduiden hebben.

3°. de gemengde getijden, die samengesteld zijn uit die van eerste en tweede type.

Daar de voornaamste getijden van beide soorten zijn: M_2, S_2 en K_1, O kan men als een maatstaf van hun locaal belang de verhouding hunner gezamenlijke amplituden nemen als volgt:

$$\frac{K_1 + O.}{M_2 + S_2}$$

en men kan tot de eerste soort rekenen de getijden waar die verhouding minder bedraagt dan 0,25, tot de tweede soort die van 1,5 en daarboven en tot de derde soort die tusschen 0,25 en 1,5. Als voorbeeld heeft men dan:

Halfdaagsch type.			Enkeldaagsch type.			Gemengd type.		
Dover	met	0.04	Poe. Langkoeas	met	30,81	Bushir	met	1,22
Brest	„	0,05	Bawean	„	8,07	Aden	„	0,86
Ostende	„	0,06	Cat eiland	„	5,17	Cochin	„	0,93
Mergui	„	0,09	Kopenhagen	„	1,56	Buenos Ayres	„	0,71
Dublat	„	0,10				Honolulu	„	1,07
Kidderpore	„	0.11				Soerabaja	„	1,05
Panama	„	0,08				Ambon	„	0,84
Eastport	„	0,09				Gorontalo	„	1,03

§ 8. Bij de getijden van het eerste type geeft M_2 nagenoeg den invloed der maan weder en treedt het hoogwater een zekeren tijd na maansdoorgang in. Dit interval is het zoogen. havengetal, dat echter steeds verbeterd moet worden voor het getij S_2 — halfmaandelijksche ongelijkheid. Natuurlijk geeft het havengetal op plaatsen waar de getijden tot dit type behooren, reeds belangrijke inlichting omtrent het getijverloop. Springtij eens per 14,77 dagen.

§ 9. § 10. Als algemeenste trek der getijden van type 2 wordt aangetoond dat springtij eens per 13,66 dagen voorkomt. Verder dat de gebruikelijke theorie der havengetallen in 't algemeen onjuist is en alleen opgaat voor de getijden van het eerste type, waartoe o. m. de getijden op de Nederlandsche kusten behooren. In 't algemeen echter behoeft men voor elk plaatselijk getij reeds zeven kappagetallen en amplituden te kennen.

§ 11. Een voorbeeld van de getijbeweging bij Tandjong Kalean. De constanten zijn:

		A	K
voor het getij	S_2	11,9 c.M.	241°
	M_2	25,3 „	186°
	K_1	94,6 „	159°
	O	54,6 „	93°
	P	26,7 „	151°
	N	5,4 „	166°
	K_2	3,5 „	244°

De getijden behooren tot het tweede type want: $\dfrac{K_1 + O}{M_2 + S_2} = 4,01.$

De rijzing boven laagwaterspring voor de enkeldaagsche getijden bij spring is:
$$2 \text{ Ampl. } (K_1 + O) = 2 (94.6 + 54.6) = 298.4 \text{ cM.}$$

Het verval dezer getijden bedraagt bij doode tijden:
$$2 \text{ Ampl. } (K_1 - O) = 2 (94.6 - 54.6) = 80.0 \text{ cM.}$$

§ 15. Uit de kappagetallen kan men de getijbeweging voorspellen met behulp der Tafels I—V door Dr. van der Stok aan het werk toegevoegd.

Het eenige wat daartoe noodig zou zijn, ware het construeeren van een sinusoïde voor elk partiëel getij en het sommeeren der overeenkomstige ordinaten. Men zou dan voor elken dag regelmatig het verloop van het getij kunnen aantoonen. Daartoe is noodig behalve de K getallen de kennis van den tijd van doorgang der sterren S_2, M_2 enz. en de amplituden. Dit wordt zeer gemakkelijk gemaakt door de tafels. Nog wordt opgemerkt dat in het verval onregelmatigheden voorkomen tengevolge van wind, weer, enz., welke op sommige plaatsen bepaald zijn, maar niet vooruit kunnen bepaald worden; dagelijksche variaties van deze soort worden in 't algemeen aangeduid door S_1 en jaarlijksche door S_a en SS_a. Zie § 4. (*)

Tafel I geeft den tijd Greenwich van doorgang aldaar op den 1sten Januari van elk jaar voor zeven sterren. (De tijd wordt in graden opgegeven.)

Tafel II geeft de correctie voor oosterlengte, welke op den tijd van doorgang der sterren M_2, O en N moet worden toegepast om dien tijd te herleiden tot tijd van doorgang op de waarnemingsplaats.

Tafel III. Deze tafel bestaat uit zes deelen n.l. voor alle sterren uitgezonderd S_2 een gedeelte. Elk gedeelte bestaat weer uit twee afdeelingen. De eerste helft geeft de verbetering die op den tijd van doorgang van den 1sten Januari moet worden toegepast om den tijd van doorgang op eenigen gewilden datum te vinden. Telt men bij den aldus gevonden doorgangstijd het K getal op, dan vindt men reeds den tijd van H.W., die van de bepaalde ster afhangt. Deze tijd (in graden) moet echter tot burgerlijken tijd worden gereduceerd en daarvoor dient de tweede helft van Tafel III waarin alle waarden van 0° tot 360° gereduceerd zijn tot tijd *rekening houdende met de snelheid van beweging der ster*. Voor S_2 deelt men de gevonden waarde door 30 waarvoor geen tafel benoodigd is.

Reeds met behulp dezer drie tafels kan men allerlei vragen beantwoorden.

Voorbeeld I.

Op welken datum van Februari 1910 zal de maan op den middag door den meridiaan van Cochin gaan

De O L van Cochin bedraagt 76°,3. De ster M_2 die alsdan gelijktijdig met de maan doorgaat, culmineert den 1sten Januari 1910 volgens:

$$\text{Tafel I 1910} \qquad M_2 = 129°$$
$$\text{Tafel II voor 76°} \qquad -5°$$
$$\text{doorgang te Cochin op 1 Januari 1910} \qquad \overline{124°}$$

derhalve zal M_2 door den meridiaan culmineeren juist op den middag,

wanneer term tafel III $= 360° - 124° = 236°$:

dat is voor Februari op den 9den en den 24sten en dan zal het volle of nieuwe maan zijn.

Voorbeeld II.

Wanneer zullen in September 1899 K_1 en O gelijktijdig door den meridiaan van Batavia gaan?

$$\text{Tafel I 1899} \quad K_1 = 160° \quad O = 308°$$
$$\text{Corr: Tafel II} \quad = \quad 0° \quad = -7°$$
$$\overline{160°} \qquad \overline{301°}$$

derhalve: $160° + x = 301° + y$ of: $x - y = 141°$:

d. i. als men de verschillen uit Tabel III opmaakt, ongeveer den 2den en 16den September, als wanneer de maan haar grootste declinatie hebben zal.

Voorbeeld III.

Wanneer zullen in Juni 1897 de halfdaagsche getijden spring, en de enkeldaagsche getijen doodtij geven te Makassar:

$$\text{Tafel I 1897} \quad S_2 = 000° \quad M_2 = 306° \quad K_1 = 162° \quad O = 147°$$
$$\text{II} \qquad\qquad -8° \qquad\qquad -8°$$
$$\overline{298°} \qquad\qquad \overline{139°}$$
$$K \text{ getal} = 191° \qquad 68° \qquad 303° \qquad 269°$$
$$\overline{191°} \qquad \overline{6°} \qquad \overline{105°} \qquad \overline{48°}$$

S_2 en M_2 werken samen als: $191° = x + 6°$ of $x = 185°$ zie (tafel III M_2) 5 en 20 Juni,

K_1 en O werken elkaar tegen als: $(105° + x) - (48° + y) = 180°$

of $\qquad x - y = 123°$ zie (tafel III K_1 en O) 9 à 10 Juni, en 23 Juni.

---

*) S_a = Sun annual. $\qquad$ S_{sa} = Sun semiannual.

En men zal alzoo den datum van hoogwater berekenen naarmate de plaats in hoofdzaak enkel of halfdaagsch getij heeft, dan wel door beredeneering der waarden een goede uitkomst nastreven.

Is eenmaal bekend ten hoe laat op zekeren datum eene der sterren hoogwater geeft en hoe groot de amplitudo is, dan kan men van uur tot uur de rijzing of daling beneden het gemiddeld peil vinden door Tabel IV, waarin de amplituden ontleed zijn volgens de sinusoïden behoorende bij elke ster.

Sommeert men dan de gelijktijdige amplituden voor de zeven sterren, dan vindt men de totale rijzing of daling boven gemiddeld peil. Echter valt op te merken dat de amplituden van K_1, O en K_2 nog kleine verbeteringen behoeven waarvoor Tafel V den factor geeft.

Uit een en ander volgt hoe men naar een eenvoudig schema de getijlijn voor zekeren datum berekent, desverkiezende van uur tot uur. Zij deze gevraagd den 13^{den} Juni 1897 voor Makassar:

$$\text{Amplitudo } K_1 \times \text{factor tafel V} = 28.2 \times 1.08 = 30.5 \text{ cM.}$$
$$\quad\quad O \quad\quad = 16.3 \times 1.13 = 18.4 \text{ ,}$$
$$\quad\quad K_2 \quad\quad = 3.6 \times 1.20 = 4.3 \text{ ,}$$

		S_2	M_2	K_1	O	P	N	K_2
Tafel I 1897		$000°$	$306°$	$162°$	$147°$	$191°$	$349°$	$144°$
Corr: tafel II	=		$-8°$		$-8°$		$-12°$	
		$\overline{000}$	$\overline{298°}$	$\overline{162°}$	$\overline{139°}$	$\overline{191°}$	$\overline{337°}$	$144°$
K getal	=	$191°$	$68°$	$303°$	$269°$	$300°$	$330°$	$219°$
		$\overline{191°}$	$\overline{366°}$	$\overline{465°}$	$\overline{408°}$	$\overline{491°}$	$\overline{667°}$	$\overline{363°}$
Tafel IIIa	=		$14°$	$199°$	$175°$	$161°$	$344°$	$39°$
		$\overline{191°}$	$\overline{20°}$	$\overline{304°}$	$\overline{223°}$	$\overline{292°}$	$\overline{291°}$	$\overline{42°}$
in tijd tafel IIIb		6 u, 4	0 u, 7	20 u, 2	16 u, 0	19 u, 5	10 u, 2	1 u, 4

en deze zijn de tijden waarop de bedoelde sterren hoogwater geven zoodat de amplituden, in onderstaand schema tegenover die tijdstippen worden ingevuld en over de andere uren worden verdeeld met behulp van tafel IV.

Tijd van de plaats.	Halfdaagsche Getijden.				Som.	Enkeld. Getijden.			Som.	Totaal.
	S_2	M_2	N	K_2		K_1	O.	P		
0 u.	-13	7	1	3	-2	16	-14	5	7	5
1	-11	8	-1	4	0	8	-17	3	-6	-6
2	-7	7	-2	3	1	0	-18	0	-18	-17
3	0	4	-3	2	3	-8	-19	-2	-29	-26
4	7	0	-3	0	4	-15	-19	-5	-39	-35
5	11	-3	-2	-2	4	-22	-17	-7	-46	-42
6	13	-7	-1	-3	2	-27	-14	-9	-50	-48
7	11	-8	0	-4	-1	-30	-11	-10	-51	-52
8	7	-7	2	-3	-1	-31	-7	-10	-48	-49
9	0	-5	3	-2	-4	-30	-2	-10	-42	-46
10	-7	-1	3	0	-5	-27	2	-9	-34	-39
11	-11	3	3	2	-3	-22	7	-7	-22	-25
12	-13	6	2	3	-2	-16	11	-5	-10	-12
13	-11	8	0	4	1	-8	14	-3	3	4
14	-7	8	-1	3	3	0	17	0	17	20
15	0	6	-2	2	6	8	18	3	29	35
16	7	2	-3	0	6	15	19	5	39	45
17	11	-2	-3	-2	4	22	18	7	47	51
18	13	-5	-2	-3	3	27	17	9	53	56
19	11	-8	-1	-4	-2	30	14	10	54	52
20	7	-8	1	-3	-3	31	11	10	52	49
21	0	-6	2	-2	-6	30	7	10	47	41
22	-7	-3	3	0	-7	27	2	9	38	31
23	-11	1	3	2	-5	22	-2	7	27	22

Het etmaal heeft dus eens laag en eens hoog water, als gevolg van het overheerschend aandeel der enkeldaagsche getijden. Verval 1,08 M.

Ook wat de getijstroomen betreft geven de tabellen inlichting. Men kan n.l. aannemen dat elke denkbeeldige ster niet alleen haar eigen getijbeweging geeft, maar ook haar getijstroom, welke stroom een bepaald aantal kappa-uren na stersdoorgang het sterkst is. De voornaamste kappa-uren worden door Dr. van der Stok gegeven, terwijl als amplitudo van elk partiëel getij is opgegeven het percentsgewijze aandeel in den getijstroom. Wat het teeken betreft, wordt dit voor elke plaats gegeven. Zoo heeft men voor Makassar:

	K	Ampl.
Stroom S_2	100°	54%
„ M_2	23°	31%
„ K_1	142°	24%

en dus voor den 13den Juni 1897:

	S_2	M_2	K_1
Tijd van grootste kracht	0°	312°	1°
K getal	100°	23°	142°
Tijd van doorkomen van den stroom	$\overline{100°}$	$\overline{335°}$	$\overline{143°}$
in uren (Tabel IIIb)	3 u, 3	11 u, 6	9 u, 5 (Noord is +)

De getijstroom S_2 die de belangrijkste is, loopt dus om de Noord van 0 u.—6 u. en van 12 u.—18 u.

De getijstroom M_2 loopt om de Noord van 8 u.—14 u. en van 20 u.—26 u.

De getijstroom K_1 loopt om de Noord van 4 u.—16 u. (enkeldaagsch tij).

Voor plaatsen waar de getijstroom nauwkeurig kon worden nagegaan is zij niet opgegeven in % maar in cM. per secunde.

N°.	Plaatsnaam.	OL.	Br.	S₂ half-daagsch. k	A	M₂ half-daagsch. k	A	K₁ enkel-daagsch. k	A	O enkel-daagsch. k	A	P enkel-daagsch. k	A	N half-daagsch. k	A	K₂ half-daagsch. k	A
1	Bengkalis . . .	102,1°	1,5°N.	282°	cM. 38,9	208°	cM. 76,8	118°	cM. 5,7	127°	cM. 23,6	77°	cM. 12,6	213°	cM. 10,5	281°	cM. 5
2	Ts. Tiram . . .	99,5	3,3 „	124	34,2	78	71,2	276	10,8	144	0,7	155	17,6	68	14,8	137	7
3	Belawan Deli .	98,7	3,8 „	76	29,3	29	45,7	336	10,9	257	3,1	216	5,6	16	7,9	32	3
4	Edi	97,8	4,9 „	356	23,5	315	47,4	321	17,0	289	5,3	89	5,5	304	6,6	337	8
5	Segli. . . .	96,0	5,2 „	313	22,8	273	33,8	309	13,7	288	4,3	84	4,3	287	8,6	336	7
6	Oleh-leh . . .	95,3	5,6 „	331	15,6	289	22,3	336	6,4	317	3,3	338	2,2	294	3,5	274	
7	Poe. Rajah. . .	95,4	4,8 „	193	5,4	216	3,7	311	8,7	244	1,2	156	8,0	133	1,1	95	5
8	Melaboeh . . .	96,1	4,1 „	218	9,4	194	14,1	301	8,1	283	4,5	345	2,7	192	2,7	253	
9	Baros	98,4	2,0 „	200	16,2	166	24,8	286	12,8	250	5,6	269	6,1	171	5,2	199	
10	Siboga	98,8	1,7 „	138	3,1	162	10,1	293	13,8	268	4,8	321	3,8	170	1,1	245	
11	Gs. Sitoli . . .	97,6	1,3 „	190	10,2	156	15,7	279	8,7	236	2,9	313	1,3	127	2,7	226	0
12	Natal	99,1	0,6 „	206	13,8	175	29,1	276	11,9	258	6,1	273	1,8	157	6,1	223	
13	Ajarbangies . .	99,4	0,2 „	203	14,5	160	27,3	272	16,6	240	5,8	198	4,3	141	4,6	183	
14	Poe. Tello . . .	98,3	0,1 Z.	202	12,1	168	25,9	278	10,4	255	5,3	288	3,2	151	5,3	177	
15	Padang (Emmahaven)	100,3	1,0 „	219	14,4	175	33,2	277	12,7	265	7,5	277	4,0	157	7,3	207	
16	Laboean, Java .	105,8	6,4 „	240	8,6	196	21,3	242	7,9	227	5,5	19	1,8	180	3,1	307	
17	Tjilatjap . . .	109,0	7,7 „	311	24,9	249	49,6	279	18,9	268	11,7	274	4,6	224	9,8	311	
18	Koepang, Timor .	123,6	10,2 „	22	28,2	322	52,1	294	23,1	331	10,4	107	7,1	301	8,2	32	
19	Java's 4e punt .	105,9	6,1 „	280	12,8	210	24,2	226	6,8	216	3,4	171	1,7	190	4,1	299	
20	Duizend eilandⁿ.	106,5	5,6 „	11	5,5	266	0,8	165	28,1	138	6,6	157	10,6	314	0,5	294	
21	Edam	106,8	6,0 „	273	3,7	294	4,8	142	15,1	129	7,7	125	6,0	322	1,5	31	
22	Ts. Priok . . .	106,9	6,1 „	291	5,6	352	5,3	143	26,7	119	13,7	143	7,4	317	2,0	268	
23	Boompjes eiland.	108,4	5,9 „	219	6,0	323	11,5	102	16,0	116	7,2	85	3,0	293	3,3	191	
24	Karimon Djawa.	110,4	5,9 „	344	5,1	246	2,1	357	23,3	262	3,7	327	9,3	42	1,0	22	
25	Semarang . . .	110,4	7,0 „	160	3,3	283	4,7	26	18,2	254	4,4	10	3,6	256	1,6	247	
26	Bawean . . .	112,7	5,9 „	16	4,5	72	3,9	326	43,0	300	24,8	297	12,5	116	3,4	315	
27	Oedjg. Pangka .	112,6	6,9 „	12	5,8	133	3,0	326	50,6	279	23,7	343	16,5	109	2,2	16	
28	Arisbaya . . .	112,7	6,9 „	9	6,4	104	2,3	326	51,5	262	24,4	335	11,7	93	2,0	3	
29	Sembilangan . .	112,7	7,1 „	5	15,7	356	18,0	318	47,0	277	24,9	313	11,5	348	3,3	1	
30	Soerabaja . .	112,6	7,2 „	355	26,4	351	44,3	318	46,9	284	27,2	321	14,2	337	9,1	357	
31	Gading. . . .	112,9	7,2 „	346	30,4	344	59,2	308	46,0	269	25,9	306	13,9	325	12,3	356	
32	Kleta rif . . .	112,8	7,3 „	346	29,3	341	59,3	304	45,0	275	27,2	326	14,2	317	15,7	349	
33	Passoeroean . .	112,9	7,6 „	343	30,4	340	59,6	304	44,5	276	26,1	302	14,8	332	11,3	342	
34	Zwaantjesdroogte	113,1	7,5 „	344	23,4	333	45,3	307	47,2	273	21,6	295	8,2	322	8,1	62	
35	Banjoewangi. .	114,4	8,2 „	348	31,6	293	42,8	300	27,0	263	14,5	342	6,8	257	10,5	285	
36	Meindertsdroogte	114,4	7,6 „	335	10,7	326	25,3	303	35,6	272	20,9	295	7,8	312	4,9	312	
37	Poe. Sapoedi . .	114,3	7,1 „	342	13	339	25,8	306	37	279	24	297	11,3	318	5,3	326	
38	Singapore. . .	103,9	1,3 N.	348	27,2	300	66,0	100	24,1	53	24,1	93	7,4	272	11,4	345	
39	Tandjong Buton	104,6	0,2 Z.	124	13,3	34	18,8	151	61,5	74	45,9	136	21,6	15	4,1	96	
40	Koeala Ladjau .	103,6	0,4 „	145	26,5	98	90,3	182	54,9	108	49,6	171	12,7	65	15,9	93	2
41	Ts. Kalean . .	105,1	2,0 „	241	11,9	186	25,3	159	94,6	93	54,6	151	26,7	166	5,4	244	
42	Poe. Besar. . .	106,1	2,9 „	53	10,7	167	22,5	153	73,7	107	42,3	145	15,6	112	5,8	52	
43	Ondiepwater eil.	107,2	3,3 „	42	7,4	66	7,7	144	52,9	99	28,0	143	12,0	69	2,7	54	
44	Poe. Langkoeas .	107,6	2,5 „	43	3,0			142	59,9	86	37,9	135	15,8				
45	Soekadana . . .	109,9	1,2 „	350	8,8	328	11,1	141	60,9	98	36,2	137	6,9	345	1,1	341	
46	Pontianak. . .	109,3	0,0 „	175	5,1	173	12,4	147	32,8	73	26,9	148	9,2	152	2,9	153	
47	Pemangkat . .	109,0	1,2 N.	177	4,5	111	25,8	54	13,5	8	15,5	220	4,5	86	6,8	339	
48	Laboean (Borneo) .	115,2	5,2 „			294	22,4	312	46,4	276	28,4	345	19,0	381	4,6		

GEGEVENS OMTRENT DE GETIJSTROOMEN.

Getijstroomen: S_2 46° en 22°/₀, M_2 358° en 70°/₀. pos: teeken geeft richting NW. Siakrivier veroorzaakt hoogen waterstand in October — lagen waterstand in April.

Getijstroomen: S_2 245° en 37°/₀, M_2 175° en 99°/₀ pos: teeken geeft richting N. Vloed loopt om de Zuid.

Getijstroomen: S_2 291° en 50°/₀, M_2 250° en 54°/₀ pos: teeken geeft richting O.

Getijstroom: S_2 59° en 29°/₀ pos: teeken geeft richting NW. Verder een constante stroom om de ZW.

Vloed om de NO. , eb om de ZW.

Getijstroomen: S_2 310° en 16°/₀; M_2 261° en 22°/₀; K_1 326° en 57°/₀; O 307° en 28°/₀. pos: teeken geeft richting . Verder een constante stroom om de ZW.

Getijstr.: S_2 67° en 0,72 $cM.$; M_2 240° en 1,59 $cM.$; K_1 347° en 1,75 $cM.$; pos: teeken geeft richting resp. O, O en NO.

Geen getijstroomen: Van December—Maart stroom om de Oost, van Maart—December om de West.

Getijstroomen: M_2 91° en 0,66 $cM.$; K_1 201° en 1,37 $cM.$ pos: teeken geeft richting resp. NO. en Oost.

Getijstroomen: S_2 267° en 0,8 $cM.$; M_2 139° en 2,05 $cM.$; K_1 170° en 1,62 $cM.$; pos: teeken geeft Oost.

Voor Straat Soerabaja zijn constanten bepaald te Sembilangan en 7 K M daar bezuiden, gevende:

	S_1	S_2	M_2	K_1	O	N	K_2	S_a	SS_a	W
Kappagetallen te Sembilangan	183°	26°	36°	243°	48°	359°	44°	165°	164	
Idem 7 KM. zuidelijker	201	10	31	235	145	5	21	201	142	
Stroom in 0,01 mijl per uur te Sembilangan	14,1	60,3	176,5	34,9	8,3	31,7	15,4	13,5	10,1	8,4
Stroom in 0,01 mijl per uur 7 KM. zuidelijker	9,6	40,6	111,8	80,0	6,3	20,9	7,1	2,4	9,4	—7,1

positief: stroom om de Noord, negatief om de Zuid.

Op de kaarten voor Soerabaja is de waterstand gereduceerd op H. V. P. beteekenende Havenvloedpeil. Het laagst geobserveerde water is aldaar geweest 272 cM. — H. V. P.

Getijstroomen: S_2 269° en 17°/₀; M_2 130° en 24°/₀; K_1 119° en 17°/₀. Pos: richting resp. N 29°, 33° en 39° O.

Getijstroomen: S_2 308° en 15°/₀; M_2 331° en 42°/₀; K_1 273° en 87°/₀. Pos: richting stroom om de Noord.

Getijstroomen: S_2 0° en 6°/₀; M_2 52° en 63°/₀; K_1 268° en 70°/₀; P 174° en 56°/₀.

Getijstr: S_2 241° en 24°/₀; M_2 114° en 71°/₀; K_1 268° en 20°/₀. Zie ook van der Stok. Pos: richt. stroom om d. O.

		S_2	M_2	K_1	O	W	S_a	
	Kappagetallen te Kalean	150°	74°	68°	3°	—20°		Pos: teeken ooste-
Getijstroomen:	Idem te Poo. Pesar	248	247	210	129		291°	lijke stroom.
	Stroom in °/₀ te Kalean	21	45	84	46	—20		
	Idem te Poo. Besar	13	41	35	26	— 3	47	

Voorloopige waarden.

N°.	Plaatsnaam.	OL.	Br.	S₂ half-daagsch. k	A	M₂ half-daagsch k	A	K₁ enkel-daagsch. k	A	O enkel-daagsch. k	A	P enkel-daagsch. k	A	N half-daagsch. k	A	K₂ half-daagsch k	A
					cM.		cM.		cM.		cM.		cM.		cM.		cl
49	Gaya	116,1°	6,1°N.			278°	19,5	302°	43.5	274°	27,1	355°	10,3	260°	4.4		
50	Kudat	116,8	6.9 „			270	20,1	325	33.8	275	26,1	310	25.7	238	4,1		
51	Sandakan . . .	118,1	5,9 „			305	37,4	282	57,7	299	25,4	182	38,7	271	6,5		
52	Kotta Baroe . .	116,7	3,2 Z.	216°	49,2	160	37,0	339	41,1	313	14,2	308	13,8			123°	13
53	Makassar . . .	119,4	5,1 „	191	11,7	68	8,0	303	28,2	269	16,3	300	9,9	330	2,8	219	3
54	De Bril . . .	118,9	6,1 „	155	4,7	19	21,1	296	28,5	275	17,9	272	8,3	348	5,0		
55	Bonthain . . .	119,9	5,6 „	154	20,3	44	8,7	325	22,2	266	4,0	260	16,2	54	4,0	206	6
56	Kadjang . . .	120,3	5,4 „	89	17,6	3	37,4	303	20,9	266	15,4	282	15,0	336	6.1	341	1
57	Saleier	120,5	6,1 „	61	12,3	359	38,0	291	37,4	279	23,1	246	8,6	336	10,8	344	5
58	Bonerate . . .	121,2	7,4 „	131	5,5	358	14,3	42	11,1	236	9.2	303	19,1	353	1,8	266	10
59	Bima	118,7	8,4 „	42	13,8	8	29,2	316	33,1	253	11,6	318	7.6	304	3,0	28	2
60	Dammer . . .	128,7	7,1 „	92	21,6	29	47,2	315	30,9	288	14,0	300	5.8	359	6,4	148	2
61	Banda	129,9	4,5 „	101	22,0	36	56,5	310	28,9	299	18,6	275	9,0	2	10,4	71	5
62	Ambon	128,2	3,7 „	90	16,7	25	44,3	314	29,7	304	21,4	310	9,0	5	10,0	79	3
63	Batjan	127,5	0,6 „	172	13,5	79	7,9	261	21,2	213	9,3	258	9.1	117	1,9	252	3
64	Gamsungi . . .	128,8	0,2 N.	189	17	140	13,4	274	15,6	210	8,2	288	4,8	151	1,4	193	6
65	Ternate. . . .	127,4	0,8 „	197	23,1	163	31,2	247	15,6	237	10,8	267	7,1	143	4,3	182	4
66	Posso	120,9	1,4 Z.	167	21,1	125	24,0	265	16,2	186	14,8	269	11,3	102	1,8	170	4
67	Gorontalo . . .	123,1	0,5 N.	173	20,5	117	15,4	293	25,0	237	12,2	5	5,4	78	1,9	175	4
68	Kema	125.1	1,4 „	192	30,2	161	21,1	254	17,6	252	11,4	211	14.1	186	1,6	287	8
69	Taruna	125,5	3,7 „	209	23,4	169	41,8	109	8,6	227	10,1	303	30,2	166	5,6	203	4
70	Galela	127,8	1,8 „	234	33,0	191	30,0	261	5,6	206	9,1	355	6,9	188	5,1	32	
71	Sabang baai . .	95,3	5.9 „	310	24,1	266	46,6	291	9,1	274	3,5	10	2,1	265	8,3	312	
72	Telok Betong .	105,2	5,5 Z.	280	12,8	210	24,2	226	6,8	216	3,4	171	1,7	190	4,1	299	

NOTA,

In de vorenstaande tabellen zijn dus in 't algemeen:

S. zonsgetijden. M. maansgetijden. K. declinatiegetijden zon en maan.
O. enkelmaansdeclinatiegetij.
P. enkelzonsdeclinatiegetij.
N. afstandsgetij maan aarde.

en alzoo:

S₁ enkeldaagsch zonsgetij.
S₂ halfdaagsch zonsgetij.
Sₛₐ halfjaarlijksch zonsgetij.
Sₐ jaarlijksch zonsgetij.
M₂ halfdaagsch maansgetij.
K₁ halfdaagsch zons- en maansgetij.
K₂ halfdaagsch zon en maansgetij.
O. enkeldaagsch maans declinatiegetij.
P. enkelzonsdeclinatiegetij.
N. afstandgetij maan aarde.

Mf veertiendaagsch maansgetij (fortnight).
Mm maandelijksch maansgetij.

GEGEVENS OMTRENT DE GETIJSTROOMEN.

Voorloopige waarden.

Getijstroomen: S_2 100° en 54°/$_0$; M_2 23° en 31°/$_0$; K_1 142° en 24°/$_0$; S_a 107° en 30°/$_0$. Pos. teeken stroom om de N.

M_2 329° en 26°/$_0$, pos: teeken stroom om de N. 16° O.

K_1 244° en 18°/$_0$, „ „ „ „ „ „ 28° O.

S_a 108° en 16°/$_0$, „ „ „ „ „ „ 54° W. de O. moesson stroom sterker dan W. moesson str.

Bonerate.   Saleier.

S_2 126° en 26°/$_0$.   320° en 30°/$_0$.

M_2 45° „ 27°/$_0$.   279° „ 68°/$_0$. Pos: teeken stroom om de Noord.

K_1 142 „ 6°/$_0$.   265° „ 55°/$_0$.

S_2 138° en 11°/$_0$; M_2 93° en 83°/$_0$. Pos: teeken stroom om de Noord.

S_2 11° en 15°/$_0$; M_2 299° en 94°/$_0$; Pos: teeken stroom de Oost.

S_2 315° en 6°/$_0$; M_2 62° en 60°/$_0$; K_1 344° en 18$_0$/$_0$. Pos: teeken stroom om de Zuidoost.

Voor de nadere kennis der nieuwere getijtheorie zijn belangrijk:

1°. De artikelen van DR. P. J. van der Stok in het Tijdschrift v/h. Kon. Inst. van Ingenièurs, Afdeeling Ned. Indië, Jaargangen 1891—1896. Waarin verder als bronnen vermeld worden:

2°. Laplace: Mécanique Céleste.

3°. Airy: Tides and Waves (Encyclopaedia Metropolitana.)

4°. Börgen. Ann: der Hydr. u. Mar. Meteorologie 1884.

5°. Darwin. Tides (Encyclopaedia Brittannica 1888.)

6°. Darwin. On tidal prediction (Phil-Trans. 1891.)

7°. Börgen. Ann. der Hydr. u. Mar. Meteorologie 1892.

I.

Middelbare Tijd van Doorgang (in graden) te Greenwich op den 1en Januari der denkbeeldige sterren.

Jaar.	S_2	M_2	K_1	O	P	N	K_2	Jaar.	S_2	M_2	K_1	O	P	N	K_2
1899	0°	105°	160°	308°	191°	325°	140°	1912	0°	286°	173°	113°	190°	246°	165°
1900	0	4	161	207	191	313	141	1913	0	209	169	40	191	271	158
1901	0	263	162	105	190	301	145	1914	0	108	167	302	190	258	153
1902	0	163	165	2	190	290	150	1915	0	6	165	204	190	246	149
1903	0	63	168	256	190	279	157	1916	0	265	163	105	190	233	146
1904	0	323	172	151	190	267	164	1917	0	189	161	31	191	258	142
1905	0	247	174	71	190	293	168	1918	0	88	161	291	190	246	142
1906	0	147	177	327	190	281	173	1919	0	347	162	190	190	234	144
1907	0	47	179	224	190	270	177	1920	0	247	163	87	190	223	148
1908	0	306	179	123	190	258	178	1921	0	171	165	8	191	249	151
1909	0	230	178	49	191	284	176	1922	0	71	170	263	190	237	159
1919	0	129	176	310	190	271	173	1923	0	331	172	157	190	226	164
1911	0	28	175	211	190	259	170	1924	0	231	176	52	190	215	171

N.B. Schrikkeljaren zijn zwaarder gedrukt.

II.

Correctie voor Oosterlengte toe te passen op term tafel I.

OL.	M_2	O	N	OL.	M_2	O	N
0°–10°	0°	0°	−1°	90°–100°	−6°	−7°	−10°
10–20	−1	−1	−2	100–110	−7	−7	−11
20–30	−2	−2	−3	110–120	−8	−8	−12
30–40	−2	−2	−4	120–130	−8	−9	−13
40–50	−3	−3	−5	130–140	−9	−10	−14
50–60	−4	−4	−6	140–150	−10	−10	−15
60–70	−4	−5	−7	150–160	−10	−11	−16
70–80	−5	−5	−8	160–170	−11	−12	−17
80–90	−6	−6	−9	170–180	−12	−12	−18

Hulptafel tot herleiding van graden M₂ tot uren.

Graden.	Uren.	Graden.	Uren.
100	3,4	240	8,3
110	3,8	250	8,6
120	4,1	260	9,0
130	4,5	270	9,3
140	4,8	280	9,7
150	5,2	290	10,0
160	5,5	300	10,3
170	5,9	310	10,7
180	6,2	320	11,0
190	6,6	330	11,4
200	6,9	340	11,7
210	7,2	350	12,1
220	7,6	360	12,4
230	7,9		

M₂

III.

Correctie voor den datum, toe te passen op den doorgang van M₂ uit Tafel I.

Datum.	Januari.	Februari.	Maart.	April.	Mei.	Juni.	Juli.	Augustus.	September.	October.	November.	December.
1	0°	36°	359°	34°	46°	82°	93°	129°	165°	176°	212°	223°
2	24	60	23	59	70	106	117	153	189	201	236	248
3	49	85	47	83	95	130	142	178	213	225	261	272
4	73	109	72	107	119	155	166	202	238	249	285	297
5	98	133	96	132	143	179	191	224	262	274	310	321
6	122	158	120	156	168	204	215	249	287	298	334	345
7	146	182	145	181	192	228	239	273	311	322	358	10
8	171	206	169	205	216	252	264	298	335	347	23	34
9	195	231	194	229	241	277	288	324	0	11	47	58
10	219	255	218	254	265	301	312	348	24	36	71	83
11	244	280	242	278	290	325	337	13	49	60	96	107
12	268	304	267	303	314	350	1	37	73	84	120	132
13	293	328	291	327	338	14	26	61	97	109	145	156
14	317	353	315	351	3	39	50	86	122	133	169	180
15	341	17	340	16	27	63	74	110	146	157	193	205
16	6	42	4	40	52	87	99	135	170	182	218	229
17	30	66	29	64	76	112	123	159	195	206	242	254
18	54	90	53	89	100	136	148	183	219	231	266	278
19	79	115	77	113	125	160	172	208	244	255	291	302
20	103	139	102	138	149	185	196	232	268	279	315	327
21	128	163	126	162	173	209	221	257	292	304	340	351
22	152	188	151	186	198	234	245	281	317	328	4	15
23	176	212	175	211	222	258	269	305	341	353	28	40
24	201	237	199	235	247	282	294	330	5	17	53	64
25	225	261	224	259	271	307	318	354	30	41	77	89
26	250	285	248	284	295	331	343	18	54	66	102	113
27	274	310	272	308	320	356	7	43	79	90	126	137
28	298	334	297	333	344	20	31	67	103	114	150	162
29	323		321	357	8	44	56	92	127	139	175	186
30	347		346	21	33	69	80	116	152	163	199	210
31	11		10		57		104	140		188		235

NB. In schrikkeljaren den datum die na 28 Febr. invalt als één dag later opzoeken.

Hulptafel tot herleiding van graden K_1 tot uren.

Graden.	Uren.	Graden.	Uren.
50	3,3	250	16,6
100	6,7	260	17,3
110	7,3	270	17,9
120	8,0	280	18,6
130	8,7	290	19,3
140	9,3	300	19,9
150	10,0	310	20,6
160	10,7	320	21,3
170	11,3	330	21,9
180	12,0	340	22,6
190	12,7	350	23,3
200	13,3	360	23,9
210	13,9		
220	14,6		
230	15,3		
240	15,9		

K_1

III. Correctie voor den datum, toe te passen op den doorgang van K_1 uit Tafel I.

Datum.	Januari.	Februari.	Maart.	April.	Mei.	Juni.	Juli.	Augustus.	September.	October.	November.	December.
1	360°	329°	302°	271°	242°	211°	182°	151°	120°	91°	60°	31°
2	359	328	301	270	241	210	181	150	120	90	59	30
3	358	327	300	269	240	209	180	149	119	89	58	29
4	357	326	299	268	239	208	179	148	118	88	57	28
5	356	325	298	267	238	207	178	147	117	87	56	27
6	355	324	297	266	237	206	177	146	116	86	55	26
7	354	323	296	265	236	205	176	145	115	85	54	25
8	353	322	295	264	235	204	175	144	114	84	53	24
9	352	321	294	263	234	203	174	143	113	83	52	23
10	351	320	293	262	233	202	173	142	112	82	51	22
11	350	319	292	261	232	201	172	141	111	81	51	21
12	349	318	291	260	231	200	171	140	110	80	50	20
13	348	317	290	259	230	199	170	139	109	79	49	19
14	347	316	289	258	229	198	169	138	108	78	48	18
15	346	315	288	257	228	197	168	137	107	77	47	17
16	345	314	287	257	227	196	167	136	106	76	46	16
17	344	313	286	256	226	195	166	135	105	75	45	15
18	343	312	285	255	225	194	165	134	104	74	44	14
19	342	311	284	254	224	193	164	133	103	73	43	13
20	341	310	283	253	223	192	163	132	102	72	42	12
21	340	309	282	252	222	191	162	131	101	71	41	11
22	339	308	281	251	221	190	161	130	100	70	40	10
23	338	307	280	250	220	189	160	129	99	69	39	9
24	337	306	279	249	219	188	159	128	98	68	38	8
25	336	305	278	248	218	188	158	127	97	67	37	7
26	335	304	277	247	217	187	157	126	96	66	36	6
27	334	303	276	246	216	186	156	125	95	65	35	5
28	333		275	245	215	185	155	124	94	64	34	4
29	332		274	244	214	184	154	123	93	63	33	3
30	331		273	243	213	183	153	122	92	62	32	2
31	330		272		212		152	121		61		1

N.B. In schrikkeljaren den datum die na 28 Febr. invalt als een dag later opzoeken.

Hulptafel tot herleiding van graden O tot uren.

Graden	Uren	Uren	Graden
20	1,4	220	15,8
40	2,9	230	16,5
60	4,3	240	17,2
80	5,7	250	17,9
100	7,1	260	18,6
110	7,9	270	19,4
120	8,6	280	20,1
130	9,4	290	20,8
140	10,1	300	21,5
150	10,8	310	22,2
160	11,5	320	22,9
170	12,2	330	23,6
180	12,9	340	24,4
190	13,6	350	25,1
200	14,4	360	25,8
210	15,1		

N.B. Is de term tafel grooter dan 24 dan gebruikt men den tijd van HW. van den vorigen dag.

III.

Correctie voor den datum, toe te passen op den doorgang van O uit Tafel I.

Datum	Januari.	Februari.	Maart.	April.	Mei.	Juni.	Juli.	Augustus.	September.	October.	November.	December.
1	0°	66°	57°	123°	164°	230°	271°	338°	44°	85°	152°	193°
2	25	92	82	148	189	256	297	3	70	111	177	218
3	51	117	107	174	215	281	322	29	95	136	202	243
4	76	142	133	199	240	307	348	55	120	161	228	269
5	101	168	158	225	266	332	13	79	146	187	253	294
6	127	193	183	250	291	357	38	105	171	212	278	319
7	152	219	209	275	316	23	64	130	196	237	304	345
8	178	244	234	301	342	48	89	155	222	263	329	10
9	203	269	260	326	7	73	114	181	247	288	355	36
10	228	295	285	351	32	99	140	206	273	314	20	61
11	254	320	310	17	58	124	165	232	298	339	45	86
12	279	.345	336	42	83	149	190	257	323	4	71	112
13	304	11	11	67	108	175	216	282	349	30	96	137
14	330	36	26	93	134	200	241	308	14	55	121	162
15	355	62	52	118	159	226	267	333	39	80	147	188
16	21	87	77	144	185	251	292	358	65	106	172	213
17	46	112	103	169	210	276	317	24	90	131	197	239
18	71	138	128	194	235	302	343	49	115	156	223	264
19	97	163	153	220	261	327	8	74	141	182	248	289
20	122	188	179	245	286	352	33	100	166	207	274	315
21	147	214	204	270	311	18	59	125	192	233	299	340
22	173	239	229	296	337	43	84	151	217	258	324	5
23	198	264	255	321	2	69	110	176	242	283	350	31
24	223	290	280	346	28	94	135	201	268	309	15	56
25	249	315	305	12	53	119	160	227	293	334	40	81
26	274	341	331	37	78	145	186	252	318	359	66	107
27	300	6	356	63	104	170	211	277	344	25	91	132
28	325	31	22	88	129	195	236	303	9	50	117	158
29	350		47	113	154	221	262	328	34	76	142	183
30	16		72	139	180	246	287	353	60	101	167	208
31	41		98		205		312	19		126		234

N.B. In schrikkeljaren den datum die na 28 Febr. invalt als een dag later opzoeken.

Hulptafel tot herleiding van graden P tot uren.

Graden	Uren	Graden	Uren
20	1,3	220	14,7
40	2,7	230	15,4
60	4,0	240	16,1
80	5,3	250	16,7
100	6,7	260	17,4
110	7,3	270	18,1
120	8,0	280	18,7
130	8,7	290	19,4
140	9,3	300	20,1
150	10,0	310	20,7
160	10,7	320	21,4
170	11,3	330	22,1
180	12,0	340	22,7
190	12,7	350	23,4
200	13,4	360	24,1
210	14,1		

III.

P

Correctie voor den datum, toe te passen op den doorgang van P uit Tafel I.

Datum.	Januari.	Februari.	Maart.	April.	Mei.	Juni.	Juli.	Augustus.	September.	October.	November.	December.
1	0°	31°	58°	89°	118°	149°	178°	209°	240°	269°	300°	329°
2	1	32	59	90	119	150	179	210	240	270	301	330
3	2	33	60	91	120	151	180	211	241	271	302	331
4	3	34	61	92	121	152	181	212	242	272	303	332
5	4	34	62	93	122	153	182	213	243	273	304	333
6	5	35	63	94	123	154	183	214	244	274	305	334
7	6	36	64	95	124	155	184	215	245	275	306	335
8	7	37	65	96	125	156	185	216	246	276	307	336
9	8	38	66	97	126	157	186	217	247	277	308	337
10	9	39	67	98	127	158	187	218	248	278	309	338
11	10	40	68	99	128	159	188	219	249	279	309	339
12	11	41	69	100	129	160	189	220	250	280	310	340
13	12	42	70	101	130	161	190	221	251	281	311	341
14	13	43	71	102	131	162	191	222	252	282	312	342
15	14	44	72	103	132	163	192	223	253	283	313	343
16	15	45	73	103	133	164	193	224	254	284	314	344
17	16	46	74	104	134	165	194	225	255	285	315	345
18	17	47	75	105	135	166	195	226	256	286	316	346
19	18	48	76	106	136	167	196	227	257	287	317	347
20	19	49	77	107	137	168	197	228	258	288	318	348
21	20	50	78	108	138	169	198	229	259	289	319	349
22	21	51	79	109	139	170	199	230	260	290	320	350
23	22	52	80	110	140	171	200	231	261	291	321	351
24	23	53	81	111	141	172	201	232	262	292	322	352
25	24	54	82	112	142	172	202	233	263	293	323	353
26	25	55	83	113	143	173	203	234	264	294	324	354
27	26	56	84	114	144	174	204	235	265	295	325	355
28	27	57	85	115	145	175	205	236	266	296	326	356
29	28		86	116	146	176	206	237	267	297	327	357
30	29		87	117	147	177	207	238	268	298	328	358
31	30		88		148		208	239		299		359

N.B. In schrikkeljaren den datum die na 28 Febr. invalt als een dag later opzoeken.

Hulptafel tot herleiding van graden N tot uren.

Graden	Uren	Graden	Uren
20	0,7	220	7,7
40	1,4	230	8,0
60	2,1	240	8,4
80	2,8	250	8,7
100	3,5	260	9,1
110	3,8	270	9,5
120	4,2	280	9,8
130	4,5	290	10,2
140	4,9	300	10,5
150	5,2	310	10,9
160	5,6	320	11,2
170	5,9	330	11,6
180	6,3	340	11,9
190	6,6	350	12,3
200	7,0	360	12,7
210	7,4		

N

III.

Correctie voor den datum, toe te passen op den doorgang van N uit tafel I.

Datum	Januari	Februari	Maart	April	Mei	Juni	Juli	Augustus	September	October	November	December
1	0°	81°	49°	130°	174°	254°	298°	19°	99°	143°	224°	267°
2	37	118	87	168	211	292	335	56	137	180	261	305
3	75	156	124	205	248	329	13	94	174	218	299	342
4	112	193	162	242	286	7	50	131	212	255	336	19
5	150	231	199	280	323	44	88	168	249	293	14	57
6	187	268	237	317	1	82	125	206	287	330	51	94
7	225	306	274	355	38	119	162	243	324	8	88	132
8	262	343	311	32	76	157	200	281	2	45	126	169
9	300	20	349	70	113	194	237	318	39	82	163	207
10	337	58	26	107	151	231	275	356	77	120	201	244
11	14	95	64	145	188	269	312	33	114	157	238	282
12	52	133	101	182	225	306	350	71	151	195	276	319
13	89	170	139	220	263	344	27	108	189	232	313	356
14	127	208	176	257	300	21	65	145	226	270	351	34
15	164	245	214	294	338	59	102	183	264	307	28	71
16	202	283	251	332	15	96	140	220	301	345	65	109
17	239	320	288	9	53	134	177	258	339	22	103	146
18	277	357	326	47	90	171	214	295	16	59	140	184
19	314	35	3	84	128	208	252	333	54	97	178	221
20	351	72	41	122	165	246	289	10	91	134	215	259
21	29	110	78	159	203	283	327	48	128	172	253	296
22	66	147	116	197	240	321	4	85	165	209	290	334
23	104	185	153	234	277	358	42	122	203	247	328	11
24	141	222	191	271	315	36	79	160	240	284	5	48
25	179	260	228	309	352	73	117	197	278	322	42	86
26	216	297	266	346	30	111	154	235	315	359	80	123
27	254	334	303	24	67	148	191	272	353	37	117	161
28	291	12	340	61	105	185	229	310	30	74	155	198
29	329		18	99	142	223	266	347	68	111	192	236
30	6		55	136	180	260	304	25	105	149	230	273
31	43		93		217		341	62		186		311

N.B. In schrikkeljaren den datum die na 28 Febr. invalt als een dag later opzoeken.

Hulptafel tot herleiding van graden K₂ tot uren.

Graden.	Uren.	Graden.	Uren.
20	0,7	220	7,3
40	1,3	230	7,6
60	2,0	240	8,0
80	2,7	250	8,3
100	3,3	260	8,6
110	3,7	270	9,0
120	4,0	280	9,3
130	4,3	290	9,6
140	4,7	300	10,0
150	5,0	310	10,3
160	5,3	320	10,6
170	5,7	330	10,9
180	6,0	340	11,3
190	6,3	350	11,6
200	6,7	360	12,0
210	7,0		

III.

K_2

Correctie voor den datum, toe te passen op den doorgang van K_2 uit tafel I.

Datum.	Januari.	Februari.	Maart.	April.	Mei.	Juni.	Juli.	Augustus.	September.	October.	November.	December.
1	360°	299°	244°	183°	123°	62°	3°	302°	241°	182°	121°	62°
2	358	297	242	181	121	60	1	300	239	180	119	60
3	356	295	240	179	120	58	359	298	237	178	117	58
4	354	293	238	177	118	56	357	296	235	176	115	56
5	352	291	236	175	116	54	355	294	233	174	113	54
6	350	289	234	173	114	52	353	292	231	172	111	52
7	348	287	232	171	112	51	351	290	229	170	109	50
8	346	285	230	169	110	49	349	288	227	168	107	48
9	344	283	228	167	108	47	347	286	225	166	105	46
10	342	281	226	165	106	45	345	284	223	164	103	44
11	340	279	224	163	104	43	343	282	221	162	101	42
12	338	277	222	161	102	41	342	280	219	160	99	40
13	336	275	220	159	100	39	340	278	217	158	97	38
14	334	273	218	157	98	37	338	276	215	156	95	36
15	332	271	216	155	96	35	336	274	213	154	93	34
16	330	269	214	153	94	33	334	273	211	152	91	32
17	328	267	212	151	92	31	332	271	209	150	89	30
18	326	265	210	149	90	29	330	269	207	148	87	28
19	325	263	208	147	88	27	328	267	205	146	85	26
20	323	261	206	145	86	25	326	265	204	144	83	24
21	321	259	204	143	84	23	324	263	202	142	81	22
22	319	257	202	141	82	21	322	261	200	140	79	20
23	317	256	200	139	80	19	320	259	198	138	77	18
24	315	254	198	137	78	17	318	257	196	136	75	16
25	313	252	196	135	76	15	316	255	194	135	73	14
26	311	250	194	133	74	13	314	253	192	133	71	12
27	309	248	192	131	72	11	312	251	190	131	69	10
28	307	246	190	129	70	9	310	249	188	129	68	8
29	305		188	127	68	7	308	247	186	127	66	6
30	303		187	125	66	5	306	245	184	125	64	4
31	301		185		64		304	243		123		2

N.B. In schrikkeljaren den datum die na 28 Febr. invalt als een dag later opzoeken.

AANTEEKENINGEN VAN DEN GEBRUIKER.

S₂, K₂.   IV.

Waarden per uur voor verschillen

Uren M.T.	1	2	3	4	5	6	7	8	9	10	13	16	19	22	25	28	31	34	37	40
0	1	2	3	4	5	6	7	8	9	10	13	16	19	22	25	28	31	34	37	40
1	1	2	3	3	4	5	6	7	8	9	11	14	16	19	22	24	27	29	32	35
2	1	1	2	2	3	3	4	4	5	5	7	8	10	11	13	14	16	17	19	20
3	0	0	0	0	0	0	0	0	0	0	0	0	0	0	0	0	0	0	0	0
4	−1	−1	−2	−2	−3	−3	−4	−4	−5	−5	−7	−8	−10	−11	−13	−14	−16	−17	−19	−20
5	−1	−2	−3	−3	−4	−5	−6	−7	−8	−9	−11	−14	−16	−19	−22	−24	−27	−29	−32	−35
6	−1	−2	−3	−4	−5	−6	−7	−8	−9	−10	−13	−16	−19	−22	−25	−28	−31	−34	−37	−40
7	−1	−2	−3	−3	−4	−5	−6	−7	−8	−9	−11	−14	−16	−19	−22	−24	−27	−29	−32	−35
8	−1	−1	−2	−2	−3	−3	−4	−4	−5	−5	−7	−8	−10	−11	−13	−14	−16	−17	−19	−20
9	0	0	0	0	0	0	0	0	0	0	0	0	0	0	0	0	0	0	0	0
10	1	1	2	2	3	3	4	4	5	5	7	8	10	11	13	14	16	17	19	20
11	1	2	3	3	4	5	6	7	8	9	11	14	16	19	22	24	27	29	32	35
12	1	2	3	4	5	6	7	8	9	10	13	16	19	22	25	28	31	34	37	40
13	1	2	3	3	4	5	6	7	8	9	11	14	16	19	22	24	27	29	32	35
14	1	1	2	2	3	3	4	4	5	5	7	8	10	11	13	14	16	17	19	20
15	0	0	0	0	0	0	0	0	0	0	0	0	0	0	0	0	0	0	0	0
16	−1	−1	−2	−2	−3	−3	−4	−4	−5	−5	−7	−8	−10	−11	−13	−14	−16	−17	−19	−20
17	−1	−2	−3	−3	−4	−5	−6	−7	−8	−9	−11	−14	−16	−19	−22	−24	−27	−29	−32	−35
18	−1	−2	−3	−4	−5	−6	−7	−8	−9	−10	−13	−16	−19	−22	−25	−28	−31	−34	−37	−40
19	−1	−2	−3	−3	−4	−5	−6	−7	−8	−9	−11	−14	−16	−19	−22	−24	−27	−29	−32	−35
20	−1	−1	−2	−2	−3	−3	−4	−4	−5	−5	−7	−8	−10	−11	−13	−14	−16	−17	−19	−20
21	0	0	0	0	0	0	0	0	0	0	0	0	0	0	0	0	0	0	0	0
22	1	1	2	2	3	3	4	4	5	5	7	8	10	11	13	14	16	17	19	20
23	1	2	3	3	4	5	6	7	8	9	11	14	16	19	22	24	27	29	32	35

M₂.   IV.

Waarden per uur voor verschillen

Uren M.T.	1	2	3	4	5	6	7	8	9	10	13	16	19	22	25	28	31	34	37	40
0	1	2	3	4	5	6	7	8	9	10	13	16	19	22	25	28	31	34	37	40
1	1	2	3	4	4	5	6	7	8	9	11	14	17	19	22	25	27	30	32	35
2	1	1	2	2	3	3	4	4	5	5	7	8	10	12	13	15	16	18	20	20
3	0	0	0	0	0	0	0	0	0	1	1	1	1	1	1	1	2	2	2	2
4	0	−1	−1	−2	−3	−3	−3	−3	−4	−4	−6	−7	−8	−10	−11	−12	−14	−15	−16	−17
5	−1	−2	−2	−3	−4	−5	−6	−7	−7	−8	−11	−13	−16	−18	−20	−23	−25	−28	−30	−33
6	−1	−2	−3	−4	−5	−6	−7	−8	−9	−10	−13	−16	−19	−22	−25	−28	−31	−34	−37	−40
7	−1	−2	−3	−4	−5	−6	−7	−8	−9	−9	−12	−15	−17	−20	−23	−26	−29	−31	−34	−37
8	−1	−1	−2	−2	−3	−4	−4	−5	−6	−6	−8	−10	−12	−14	−15	−17	−19	−21	−23	−25
9	0	0	0	−1	−1	−1	−1	−1	−1	−2	−2	−3	−3	−3	−4	−4	−5	−5	−6	−6
10	0	1	1	1	2	2	2	3	3	3	4	5	6	7	8	9	11	12	13	14
11	1	2	3	4	5	5	6	7	8	9	10	12	14	17	19	21	23	26	28	30
12	1	2	3	4	5	6	7	8	9	10	13	16	19	21	24	27	30	33	36	39
13	1	2	3	4	5	6	7	8	9	10	12	15	18	21	24	27	30	33	35	38
14	1	1	2	3	3	4	5	6	6	7	9	11	13	15	17	20	22	24	26	28
15	0	1	1	1	1	2	2	2	2	3	3	4	5	6	7	7	8	9	10	11
16	0	0	−1	−1	−1	−1	−2	−2	−2	−2	−3	−4	−5	−5	−6	−7	−7	−8	−9	−10
17	−1	−1	−2	−3	−3	−4	−5	−5	−6	−7	−9	−11	−13	−15	−17	−19	−21	−23	−25	−27
18	−1	−2	−3	−4	−5	−6	−7	−8	−9	−9	−12	−15	−18	−21	−24	−27	−29	−32	−35	−38
19	−1	−2	−3	−4	−5	−6	−7	−8	−9	−10	−13	−16	−19	−22	−25	−28	−30	−33	−36	−39
20	−1	−2	−2	−3	−4	−5	−5	−6	−7	−8	−10	−12	−15	−17	−19	−22	−24	−26	−28	−31
21	0	−1	−1	−1	−2	−2	−3	−3	−3	−4	−5	−6	−7	−8	−9	−10	−11	−12	−13	−14
22	0	0	0	1	1	1	1	1	1	1	2	2	3	3	3	4	4	5	5	5
23	1	1	2	2	3	4	4	5	5	7	8	10	11	13	15	17	19	20	22	24

IV. S_2, K_2.

ıplituden der getijden S_2, en K_2.

46	49	52	55	58	61	64	67	70	73	76	79	82	85	88	91	94	97	100
46	49	52	55	58	61	64	67	70	73	76	79	82	85	88	91	94	97	100
40	42	45	48	50	53	55	58	61	63	66	68	71	74	76	79	81	84	87
23	25	26	28	29	31	32	34	35	37	38	40	41	43	44	46	47	49	50
0	0	0	0	0	0	0	0	0	0	0	0	0	0	0	0	0	0	0
−23	−25	−26	−28	−29	−31	−32	−34	−35	−37	−38	−40	−41	−43	−44	−46	−47	−49	−50
−40	−42	−45	−48	−50	−53	−55	−58	−61	−63	−66	−68	−71	−74	−76	−79	−81	−84	−87
−46	−49	−52	−55	−58	−61	−64	−67	−70	−73	−76	−79	−82	−85	−88	−91	−94	−97	−100
−40	−42	−45	−48	−50	−53	−55	−58	−61	−63	−66	−68	−71	−74	−76	−79	−81	−84	−87
−23	−25	−26	−28	−29	−31	−32	−34	−35	−37	−38	−40	−41	−43	−44	−46	−47	−49	−50
0	0	0	0	0	0	0	0	0	0	0	0	0	0	0	0	0	0	0
23	25	26	28	29	31	32	34	35	37	38	40	41	43	44	46	47	49	50
40	42	45	48	50	53	55	58	61	63	66	68	71	74	76	79	81	84	87
46	49	52	55	58	61	64	67	70	73	76	79	82	85	88	91	94	97	100
40	42	45	48	50	53	55	58	61	63	66	68	71	74	76	79	81	84	87
23	25	26	28	29	31	32	34	35	37	38	40	41	43	44	46	47	49	50
0	0	0	0	0	0	0	0	0	0	0	0	0	0	0	0	0	0	0
−23	−25	−26	−28	−29	−31	−32	−34	−35	−37	−38	−40	−41	−43	−44	−46	−47	−49	−50
−40	−42	−45	−48	−50	−53	−55	−58	−61	−63	−66	−68	−71	−74	−76	−79	−81	−84	−87
−46	−49	−52	−55	−58	−61	−64	−67	−70	−73	−76	−79	−82	−85	−88	−91	−94	−97	−100
−40	−42	−45	−48	−50	−53	−55	−58	−61	−63	−66	−68	−71	−74	−76	−79	−81	−84	−87
−23	−25	−26	−28	−29	−31	−32	−34	−35	−37	−38	−40	−41	−43	−44	−46	−47	−49	−50
0	0	0	0	0	0	0	0	0	0	0	0	0	0	0	0	0	0	0
23	25	26	28	29	31	32	34	35	37	38	40	41	43	44	46	47	49	50
40	42	45	48	50	53	55	58	61	63	66	68	71	74	76	79	81	84	87

IV. M_2.

plituden der getijden M_2.

46	49	52	55	58	61	64	67	70	73	76	79	82	85	88	91	94	97	100
46	49	52	55	58	61	64	67	70	73	76	79	82	85	88	91	94	97	100
40	43	46	48	51	53	56	59	61	64	67	69	72	74	77	80	82	85	88
24	26	28	29	31	32	34	36	37	39	40	42	43	45	47	48	50	51	53
2	3	3	3	3	3	3	4	4	4	4	4	4	5	5	5	5	5	5
−20	−21	−23	−24	−25	−27	−28	−29	−31	−32	−33	−35	−36	−37	−38	−40	−41	−42	−44
−38	−40	−43	−45	−47	−50	−52	−55	−57	−60	−62	−65	−67	−70	−72	−74	−77	−79	−82
−46	−49	−52	−55	−58	−61	−64	−67	−70	−73	−76	−79	−82	−84	−87	−90	−93	−96	−99
−42	−45	−48	−51	−53	−56	−59	−62	−64	−67	−70	−73	−76	−78	−81	−84	−87	−89	−92
−28	−30	−32	−34	−36	−38	−39	−41	−43	−45	−47	−49	−51	−52	−54	−56	−58	−60	−62
−7	−8	−8	−9	−9	−10	−10	−11	−11	−12	−12	−13	−13	−14	−14	−14	−15	−15	−16
16	17	18	19	20	21	22	23	24	25	26	27	28	29	30	31	32	33	34
35	37	39	41	44	46	48	50	53	55	57	59	62	64	66	69	71	73	75
45	48	51	54	57	60	63	65	68	71	74	77	80	83	86	89	92	95	98
44	47	50	53	56	58	61	64	67	70	73	76	78	81	84	87	90	93	96
32	34	36	38	40	43	45	47	49	51	53	55	57	59	61	63	66	68	70
12	13	14	14	15	16	17	18	18	19	20	21	22	22	23	24	25	26	26
−11	−12	−12	−13	−14	−15	−15	−16	−17	−17	−18	−19	−20	−20	−21	−22	−22	−23	−24
−31	−33	−35	−37	−39	−41	−53	−45	−48	−50	−52	−54	−56	−58	−60	−62	−64	−66	−68
−44	−47	−49	−52	−55	−58	−61	−64	−67	−69	−72	−75	−78	−81	−84	−86	−89	−92	−95
−45	−48	−51	−54	−57	−60	−63	−66	−69	−72	−75	−78	−81	−84	−87	−89	−92	−95	−98
−35	−38	−40	−42	−45	−47	−49	−52	−54	−56	−59	−61	−63	−65	−68	−70	−72	−75	−77
−17	−18	−19	−20	−21	−22	−23	−24	−25	−27	−28	−29	−30	−31	−32	−33	−34	−35	−36
6	7	7	7	8	8	9	9	9	10	10	11	11	11	12	12	13	13	13
27	29	31	33	35	36	38	40	42	44	45	47	49	51	53	54	56	58	60

K₁, S¹, P.   IV.

Waarden per uur voor verschillen(de)

Uren M.T.	1	2	3	4	5	6	7	8	9	10	11	12	13	14	15	16	17	18	19	20
0	1	2	3	4	5	6	7	8	9	10	11	12	13	14	15	16	17	18	19	20
1	1	2	3	4	5	6	7	8	9	10	11	12	13	14	14	15	16	17	18	19
2	1	2	3	3	4	5	6	7	8	9	10	10	11	12	13	14	15	16	16	17
3	1	1	2	3	4	4	5	6	6	7	8	8	9	10	11	11	12	13	13	14
4	0	1	1	2	2	3	3	4	4	5	5	6	6	7	7	8	8	9	9	10
5	0	1	1	1	1	2	2	2	2	3	3	3	3	4	4	4	4	5	5	5
6	0	0	0	0	0	0	0	0	0	0	0	0	0	0	0	0	0	0	0	0
7	0	−1	−1	−1	−1	−2	−2	−2	−2	−3	−3	−3	−3	−4	−4	−4	−4	−5	−5	−5
8	−1	−1	−2	−2	−3	−3	−4	−4	−5	−5	−6	−6	−7	−7	−8	−8	−9	−9	−10	−10
9	−1	−1	−2	−3	−4	−4	−5	−6	−6	−7	−8	−9	−9	−10	−11	−11	−12	−13	−14	−14
10	−1	−2	−3	−3	−4	−5	−6	−7	−8	−9	−10	−10	−11	−12	−13	−14	−15	−16	−17	−17
11	−1	−2	−3	−4	−5	−6	−7	−8	−9	−10	−11	−12	−13	−14	−15	−15	−16	−17	−18	−19
12	−1	−2	−3	−4	−5	−6	−7	−8	−9	−10	−11	−12	−13	−14	−15	−16	−17	−18	−19	−20
13	−1	−2	−3	−4	−5	−6	−7	−8	−9	−10	−11	−12	−13	−13	−14	−15	−16	−17	−18	−19
14	−1	−2	−3	−3	−4	−5	−6	−7	−8	−9	−9	−10	−11	−12	−13	−14	−15	−15	−16	−17
15	−1	−1	−2	−3	−3	−4	−5	−6	−6	−7	−8	−8	−9	−10	−10	−11	−12	−13	−13	−14
16	0	−1	−1	−2	−2	−3	−3	−4	−4	−5	−5	−6	−6	−7	−7	−8	−8	−9	−9	−10
17	0	0	−1	−1	−1	−1	−2	−2	−2	−2	−3	−3	−3	−3	−4	−4	−4	−4	−5	−5
18	0	0	0	0	0	0	0	0	0	0	0	0	0	0	0	0	0	0	0	0
19	0	1	1	1	1	2	2	2	2	3	3	3	4	4	4	5	5	5	5	5
20	1	1	2	2	3	3	4	4	5	5	6	6	7	7	8	8	9	9	10	10
21	1	1	2	3	4	4	5	6	6	7	8	9	9	10	11	11	12	13	14	14
22	1	2	3	3	4	5	6	7	8	9	10	10	11	12	13	14	15	16	17	17
23	1	2	3	4	5	6	7	8	9	10	11	12	13	14	15	16	17	17	18	19

K¹, S¹, P. (vervolg).   IV.

Uren M.T.	43	46	49	52	55	58	61	64	67	70	73	76	79	82	85	88	91	94	97	100	103
0	43	46	49	52	55	58	61	64	67	70	73	76	79	82	85	88	91	94	97	100	103
1	42	44	47	50	53	56	59	62	65	68	71	73	76	79	82	85	88	91	94	97	99
2	37	40	42	45	48	50	53	55	58	61	63	66	68	71	74	76	79	81	84	87	89
3	30	32	35	37	39	41	43	45	47	49	52	54	56	58	60	62	64	66	68	71	72
4	21	23	24	26	27	29	30	32	33	35	36	38	39	41	42	44	45	47	48	50	51
5	11	12	12	13	14	15	16	16	17	18	19	19	20	21	22	22	23	24	25	26	26
6	0	0	0	0	0	0	0	0	0	0	0	0	0	0	0	0	0	0	0	0	0
7	−11	−12	−13	−14	−15	−15	−16	−17	−18	−18	−19	−20	−21	−22	−22	−23	−24	−25	−26	−26	−27
8	−22	−23	−25	−26	−28	−29	−31	−32	−34	−35	−37	−38	−40	−41	−43	−44	−46	−47	−49	−51	−52
9	−31	−33	−35	−37	−39	−41	−43	−46	−48	−50	−52	−54	−56	−58	−61	−63	−65	−67	−69	−71	−73
10	−37	−40	−43	−45	−48	−50	−53	−56	−58	−61	−64	−66	−69	−71	−74	−77	−79	−82	−84	−87	−89
11	−42	−44	−47	−50	−53	−56	−59	−62	−65	−68	−71	−74	−76	−79	−82	−85	−88	−91	−94	−97	−100
12	−43	−46	−49	−52	−55	−58	−61	−64	−67	−70	−73	−76	−79	−82	−85	−88	−91	−94	−97	−100	−103
13	−41	−44	−47	−50	−53	−56	−59	−62	−65	−67	−70	−73	−76	−79	−82	−85	−88	−91	−93	−96	−99
14	−37	−40	−42	−45	−47	−50	−53	−55	−58	−60	−63	−65	−68	−71	−72	−76	−78	−81	−84	−86	−89
15	−30	−32	−34	−36	−38	−41	−43	−45	−47	−49	−51	−53	−55	−57	−59	−62	−64	−66	−68	−70	−72
16	−21	−23	−24	−25	−27	−28	−30	−31	−33	−34	−36	−37	−39	−40	−42	−43	−45	−46	−48	−49	−50
17	−11	−11	−12	−13	−14	−14	−15	−16	−17	−17	−18	−19	−20	−20	−21	−22	−22	−23	−24	−25	−25
18	1	1	1	1	1	1	1	1	1	1	1	1	1	1	1	1	1	1	1	1	1
19	12	13	13	14	15	16	17	17	18	19	20	21	21	22	23	24	25	26	26	27	28
20	22	24	25	27	28	30	31	33	34	36	37	39	40	42	44	45	47	48	50	51	53
21	31	33	35	37	39	42	44	46	48	50	52	55	57	59	61	63	65	67	70	72	74
22	38	40	43	45	48	51	53	56	59	61	64	66	69	72	74	77	80	82	85	87	90
23	42	45	48	50	53	56	59	62	65	68	71	74	77	80	82	85	88	91	94	97	100

plituden der getijden K₁. S₁. P.

22	23	24	25	26	27	28	29	30	31	32	33	34	35	36	37	38	39	40
22	23	24	25	26	27	28	29	30	31	32	33	34	35	36	37	38	39	40
21	22	23	24	25	26	27	28	29	30	31	32	33	34	35	36	37	38	39
19	20	21	22	22	23	24	25	26	27	28	29	29	30	31	32	33	34	35
16	16	17	18	18	19	20	20	21	22	23	23	24	25	25	26	27	28	28
11	11	12	12	13	13	14	14	15	15	16	16	17	17	18	18	19	19	20
6	6	6	6	7	7	7	7	8	8	8	8	9	9	9	9	10	10	10
0	0	0	0	0	0	0	0	0	0	0	0	0	0	0	0	0	0	0
−6	−6	−6	−7	−7	−7	−7	−8	−8	−8	−8	−9	−9	−9	−10	−10	−10	−10	−11
−11	−12	−12	−13	−13	−14	−14	−15	−15	−16	−16	−17	−17	−18	−18	−19	−19	−20	−20
−16	−16	−17	−18	−19	−19	−20	−21	−21	−22	−23	−23	−24	−25	−26	−26	−27	−28	−28
−19	−20	−21	−22	−23	−24	−24	−25	−26	−27	−28	−29	−30	−30	−31	−32	−33	−34	−35
−21	−22	−23	−24	−25	−26	−27	−28	−29	−30	−31	−32	−33	−34	−35	−36	−37	−38	−39
−22	−23	−24	−25	−26	−27	−28	−29	−30	−31	−32	−33	−34	−35	−36	−37	−38	−39	−40
−21	−22	−23	−24	−25	−26	−27	−28	−29	−30	−31	−32	−33	−34	−35	−36	−37	−38	−39
−19	−20	−21	−22	−22	−23	−24	−25	−26	−27	−28	−28	−29	−30	−31	−32	−33	−34	−34
−15	−16	−17	−17	−18	−19	−20	−20	−21	−22	−22	−23	−24	−24	−25	−26	−27	−27	−29
−11	−11	−12	−12	−13	−13	−14	−14	−15	−15	−16	−16	−17	−17	−18	−18	−19	−19	−20
−5	−6	−6	−6	−6	−7	−7	−7	−7	−8	−8	−8	−8	−9	−9	−9	−9	−10	−10
0	0	0	0	0	0	0	0	0	0	0	0	0	1	1	1	1	1	1
6	6	7	7	7	7	8	8	8	8	9	9	9	10	10	10	10	11	11
11	12	12	13	13	14	14	15	15	16	16	17	17	18	18	19	19	20	20
16	17	17	18	19	19	20	21	22	22	23	24	24	25	26	27	27	28	29
19	20	21	22	23	24	24	25	26	27	28	29	30	31	31	32	33	34	35
21	22	23	24	25	26	27	28	29	30	31	32	33	34	35	36	37	38	39

IV.   K₁, S₁, P.

109	112	115	118	121	124	127	130	133	136	139	142	145	148	151	154	157	160
109	112	115	118	121	124	127	130	133	136	139	142	145	148	151	154	157	160
105	108	111	114	117	120	123	126	128	131	134	137	140	143	146	149	152	155
94	97	99	102	105	107	110	112	115	118	120	123	125	128	131	133	136	138
77	79	81	83	85	88	90	92	94	96	98	100	102	104	107	109	111	113
54	56	57	59	60	62	63	65	66	68	69	71	72	74	75	77	78	80
28	29	29	30	31	32	33	34	35	35	36	37	38	39	39	40	41	
0	0	0	0	0	0	−1	−1	−1	−1	−1	−1	−1	−1	−1	−1	−1	−1
−29	−30	−30	−31	−32	−33	−34	−34	−35	−36	−37	−37	−38	−39	−40	−41	−41	−42
−55	−57	−58	−60	−61	−63	−64	−66	−67	−69	−70	−72	−73	−75	−76	−78	−79	−81
−78	−80	−82	−84	−86	−88	−90	−93	−95	−97	−99	−101	−103	−105	−108	−110	−112	−114
−95	−97	−100	−103	−105	−108	−110	−113	−116	−118	−121	−124	−126	−129	−132	−134	−137	−139
−106	−108	−111	−114	−117	−120	−123	−126	−129	−132	−135	−137	−140	−143	−146	−149	−152	−155
−109	−112	−115	−118	−121	−124	−127	−130	−133	−136	−139	−142	−145	−148	−151	−154	−157	−160
−105	−108	−111	−114	−117	−119	−122	−125	−128	−131	−134	−137	−140	−143	−145	−148	−151	−154
−94	−96	−99	−102	−104	−107	−109	−112	−115	−117	−120	−122	−125	−127	−130	−133	−135	−138
−76	−78	−80	−82	−85	−87	−89	−91	−93	−95	−97	−99	−101	−103	−106	−108	−110	−112
−53	−55	−56	−58	−59	−61	−62	−64	−65	−67	−68	−70	−71	−73	−74	−76	−77	−79
−27	−28	−28	−29	−30	−31	−31	−32	−33	−34	−34	−35	−36	−37	−37	−38	−39	−40
1	1	1	2	2	2	2	2	2	2	2	2	2	2	2	2	2	2
30	30	31	32	33	34	35	35	36	37	38	39	39	40	41	42	43	44
56	57	59	60	62	63	65	67	68	70	71	73	74	76	77	79	80	82
78	80	83	85	87	89	91	93	95	98	100	102	104	106	108	111	113	115
95	98	101	103	106	108	111	114	116	119	121	124	127	129	132	135	137	140
106	109	112	114	117	120	123	126	129	132	135	138	141	144	147	150	152	155

IV.

O.

Waarden per uur voor verschillen

Uren M.T.	1	2	3	4	5	6	7	8	9	10	13	16	19	22	25	28	31	34	37	40
0	1	2	3	4	5	6	7	8	9	10	13	16	19	22	25	28	31	34	37	40
1	1	2	3	4	5	6	7	8	9	10	13	16	18	21	24	27	30	33	36	39
2	1	2	3	4	4	5	6	7	8	9	11	14	17	19	22	25	27	30	33	35
3	1	1	2	3	4	4	5	6	7	7	10	12	14	16	19	21	23	25	28	30
4	1	1	2	2	3	3	4	5	5	6	7	9	11	12	14	16	17	19	21	23
5	0	1	1	1	2	2	2	3	3	3	5	6	7	8	9	10	11	12	13	14
6	0	0	0	0	1	1	1	1	1	1	1	2	2	2	3	3	3	4	4	4
7	0	0	0	−1	−1	−1	−1	−1	−1	−1	−2	−2	−2	−3	−3	−4	−4	−4	−5	−5
8	0	−1	−1	−1	−2	−2	−3	−3	−3	−4	−5	−6	−7	−8	−9	−10	−11	−12	−14	−15
9	−1	−1	−2	−2	−3	−3	−4	−5	−5	−6	−8	−9	−11	−13	−15	−16	−18	−20	−21	−23
10	−1	−2	−2	−3	−4	−5	−5	−6	−7	−8	−10	−12	−14	−17	−19	−21	−24	−26	−28	−30
11	−1	−2	−3	−4	−4	−5	−6	−7	−8	−9	−12	−14	−17	−20	−22	−25	−28	−30	−33	−36
12	−1	−2	−3	−4	−5	−6	−7	−8	−9	−10	−13	−16	−19	−21	−24	−27	−30	−33	−37	−40
13	−1	−2	−3	−4	−5	−6	−7	−8	−9	−10	−13	−16	−19	−22	−25	−28	−31	−34	−37	−40
14	−1	−2	−3	−4	−5	−6	−7	−8	−9	−10	−13	−15	−18	−21	−24	−27	−30	−33	−36	−39
15	−1	−2	−3	−3	−4	−5	−6	−7	−8	−9	−11	−14	−17	−19	−22	−24	−27	−30	−32	−35
16	−1	−1	−2	−3	−4	−4	−5	−6	−7	−7	−9	−12	−14	−16	−18	−20	−23	−25	−27	−29
17	−1	−1	−2	−2	−3	−3	−4	−4	−5	−6	−7	−9	−10	−12	−14	−15	−17	−18	−20	−22
18	0	−1	−1	−1	−2	−2	−2	−3	−3	−3	−4	−5	−6	−7	−8	−9	−10	−11	−12	−13
19	0	0	0	0	0	−1	−1	−1	−1	−1	−1	−1	−2	−2	−2	−2	−3	−3	−3	−4
20	0	0	0	1	1	1	1	1	1	1	2	2	2	3	3	4	4	5	5	6
21	0	1	1	2	2	2	3	3	3	4	5	6	7	9	10	11	12	13	14	16
22	1	1	2	2	3	4	4	5	5	6	8	10	11	13	15	17	19	20	22	24
23	1	2	2	3	4	5	5	6	7	8	10	12	15	17	19	22	24	26	29	31

N.

IV.

Waarden per uur voor verschillen

Uren M.T.	1	2	3	4	5	6	7	8	9	10	11	12	13	14	15	16	17	18	19	20
0	1	2	3	4	5	6	7	8	9	10	11	12	13	14	15	16	17	18	19	20
1	1	2	3	4	4	5	6	7	8	9	10	11	11	12	13	14	15	16	17	18
2	1	1	2	2	3	3	4	4	5	5	6	7	7	8	8	9	9	10	10	11
3	0	0	0	0	0	0	1	1	1	1	1	1	1	1	1	1	1	1	2	2
4	0	−1	−1	−2	−2	−2	−3	−3	−4	−4	−4	−5	−5	−6	−6	−6	−7	−7	−8	−8
5	−1	−2	−2	−3	−4	−5	−6	−6	−7	−8	−9	−9	−10	−11	−12	−13	−13	−14	−15	−16
6	−1	−2	−3	−4	−5	−6	−7	−8	−9	−10	−11	−12	−13	−14	−15	−16	−17	−18	−19	−20
7	−1	−2	−3	−4	−5	−6	−7	−8	−9	−9	−10	−11	−12	−13	−14	−15	−16	−17	−18	−19
8	−1	−1	−2	−3	−3	−4	−5	−5	−6	−7	−7	−8	−9	−9	−10	−11	−11	−12	−13	−14
9	0	0	−1	−1	−1	−1	−2	−2	−2	−2	−3	−3	−3	−3	−4	−4	−4	−4	−5	−5
10	0	1	1	1	1	1	2	2	2	3	3	3	3	3	4	4	4	4	5	5
11	1	1	2	3	3	4	5	5	6	7	7	8	9	10	10	11	12	12	13	14
12	1	2	3	4	5	6	7	8	9	9	10	11	12	13	14	15	16	17	18	19
13	1	2	3	4	5	6	7	8	9	10	11	12	13	14	15	16	17	18	19	20
14	1	2	2	3	4	5	6	7	8	9	9	10	11	12	13	13	14	15	16	16
15	0	1	1	2	2	2	3	3	4	4	5	5	6	6	6	7	7	8	8	8
16	0	0	0	0	0	−1	−1	−1	−1	−1	−1	−1	−1	−1	−1	−1	−2	−2	−2	−2
17	−1	−1	−2	−2	−3	−3	−4	−4	−5	−6	−6	−7	−7	−8	−8	−9	−9	−10	−10	−11
18	−1	−2	−3	−4	−4	−5	−6	−7	−8	−9	−10	−11	−12	−13	−14	−15	−16	−17	−18	−19
19	−1	−2	−3	−4	−5	−6	−7	−8	−9	−10	−11	−11	−12	−13	−14	−15	−16	−17	−18	−20
20	−1	−2	−3	−4	−4	−5	−6	−7	−8	−9	−10	−11	−11	−12	−13	−14	−15	−16	−17	−18
21	−1	−1	−2	−2	−3	−3	−4	−4	−5	−5	−6	−6	−7	−8	−8	−9	−9	−10	−10	−11
22	0	0	0	0	0	0	−1	−1	−1	−1	−1	−1	−1	−1	−1	−1	−1	−1	−1	−2
23	0	1	1	2	2	2	3	3	4	4	4	5	5	6	6	7	7	7	8	8

nplituden der getijden O.

46	49	52	55	58	61	64	67	70	73	76	79	82	85	88	91	94	97	100
46	49	52	55	58	61	64	67	70	73	76	79	82	85	88	91	94	97	100
45	48	50	53	56	59	62	65	68	71	74	77	80	83	85	88	91	94	97
41	43	46	49	51	54	57	59	62	65	67	70	72	75	78	80	83	86	88
34	37	39	41	43	45	48	50	52	54	57	59	61	63	66	68	71	72	75
26	28	29	31	33	34	36	38	39	41	43	44	46	48	50	51	53	55	56
16	17	18	19	20	21	22	23	24	25	26	27	28	29	31	32	33	34	35
5	5	6	6	6	7	7	7	8	8	8	9	9	9	10	10	10	11	11
−6	−6	−7	−7	−8	−8	−8	−9	−9	−10	−10	−10	−11	−11	−12	−12	−12	−13	−13
−17	−18	−19	−20	−21	−22	−23	−25	−26	−27	−28	−29	−30	−31	−32	−33	−34	−36	−37
−27	−28	−30	−32	−34	−35	−37	−39	−41	−42	−44	−46	−48	−49	−51	−53	−55	−56	−58
−35	−37	−40	−42	−44	−46	−49	−51	−53	−56	−58	−60	−62	−65	−67	−69	−72	−74	−76
−41	−44	−46	−49	−52	−55	−57	−60	−63	−65	−68	−71	−73	−76	−79	−81	−84	−87	−89
−45	−48	−51	−54	−57	−60	−62	−65	−68	−71	−74	−77	−80	−83	−86	−89	−92	−95	−98
−46	−49	−52	−55	−58	−61	−64	−67	−70	−73	−76	−79	−82	−85	−88	−91	−94	−97	−100
−44	−47	−50	−53	−56	−59	−62	−65	−68	−70	−73	−76	−79	−82	−85	−88	−91	−94	−97
−40	−43	−45	−48	−51	−53	−56	−58	−61	−64	−66	−69	−72	−74	−77	−79	−82	−85	−87
−34	−36	−38	−40	−42	−45	−47	−49	−51	−53	−56	−58	−60	−62	−64	−67	−69	−71	−73
−25	−27	−28	−30	−32	−33	−35	−36	−38	−40	−41	−43	−45	−46	−48	−50	−51	−53	−54
−15	−16	−17	−18	−19	−20	−21	−22	−23	−24	−25	−26	−27	−28	−29	−30	−31	−32	−33
−4	−4	−5	−5	−5	−5	−6	−6	−6	−7	−7	−7	−7	−8	−8	−8	−8	−9	−9
7	8	8	8	9	9	10	10	11	11	12	12	13	13	14	14	14	15	15
18	19	20	21	23	24	25	26	27	28	29	31	32	33	34	35	36	38	39
28	29	31	33	35	36	38	40	42	44	45	47	49	51	53	54	56	58	60
36	38	40	43	45	47	50	52	54	57	59	61	63	66	68	70	73	75	77

pplituden der getijden N.

22	23	24	25	26	27	28	29	30	31	32	33	34	35	36	37	38	30	40
22	23	24	25	26	27	28	29	30	31	32	33	34	35	36	37	38	39	40
19	20	21	22	23	24	25	25	26	27	28	29	30	31	32	33	33	34	35
12	13	13	14	14	15	15	16	16	17	17	18	19	19	20	21	21	22	
2	2	2	2	2	2	2	2	2	3	3	3	3	3	3	3	3	3	3
−9	−9	−10	−10	−10	−11	−11	−12	−12	−12	−13	−13	−14	−14	−15	−15	−15	−16	−16
−17	−18	−19	−20	−21	−21	−22	−23	−24	−25	−25	−26	−27	−28	−28	−29	−30	−31	−32
−22	−23	−24	−25	−26	−27	−28	−29	−30	−31	−32	−33	−34	−35	−36	−37	−38	−38	−39
−21	−22	−23	−24	−25	−26	−26	−27	−28	−29	−30	−31	−32	−33	−34	−35	−36	−37	−38
−15	−16	−16	−17	−18	−18	−19	−20	−20	−21	−22	−22	−23	−24	−24	−25	−26	−26	−27
−5	−6	−6	−6	−6	−7	−7	−7	−7	−8	−8	−8	−8	−9	−9	−9	−9	−9	−10
5	6	6	6	6	7	7	7	8	8	8	8	8	9	9	9	9	10	10
15	16	16	17	18	18	19	20	21	21	22	22	23	24	25	25	26	27	27
22	23	24	25	26	27	28	29	30	31	32	33	34	35	35	36	37	38	39
17	18	19	20	20	21	22	23	24	24	25	26	27	28	28	29	30	31	31
9	9	10	10	10	11	11	12	12	12	13	13	13	14	14	15	15	15	16
−2	−2	−2	−2	−2	−2	−2	−3	−3	−3	−3	−3	−3	−3	−3	−3	−3	−3	−4
−12	−13	−13	−14	−14	−15	−15	−16	−17	−17	−18	−18	−19	−19	−20	−20	−21	−22	−22
−19	−20	−21	−22	−23	−24	−25	−26	−26	−27	−28	−29	−30	−31	−32	−33	−34	−34	−35
−22	−23	−24	−25	−26	−27	−28	−29	−30	−31	−32	−33	−34	−35	−36	−37	−38	−39	−40
−19	−20	−21	−22	−23	−24	−25	−25	−26	−27	−28	−29	−30	−31	−32	−32	−33	−34	−35
−12	−12	−13	−14	−14	−15	−15	−16	−16	−17	−17	−18	−18	−19	−19	−20	−21	−21	−22
−2	−2	−2	−2	−2	−2	−2	−2	−2	−2	−2	−3	−3	−3	−3	−3	−3	−3	−3
9	9	10	10	11	11	11	12	12	13	13	13	14	14	15	15	16	16	16

V.

Periode der factoren op de amplituden van K_1, O en K_2 over een tijdvak van 19 jaar toe te passen,

Jaar.	K_1	O	K_2	Jaar.	K_1	O	K_2	Jaar.	K_1	O	K_2
1898	1,05	1,08	1,11	1907	0,96	0,94	0,90	1916	1,07	1,11	1,17
1899	1,01	1,02	1,01	1908	1,01	1,01	1,01	1917	1,06	1.06	1.07
1900	0,97	0,96	0,92	1909	1,04	1.07	1,09	1918	1,00	0,99	0,97
1901	0,93	0,89	0,84	1910	1,07	1,12	1,19	1919	0,96	0,93	0,88
1902	0,90	0,84	0,78	1911	1,10	1,15	1,25	1920	0,92	0,87	0.81
1903	0,88	0,81	0,75	1912	1,11	1,18	1,30	1921	0,90	0,83	0,77
1904	0,88	0,81	0,75	1913	1,11	1,18	1,32	1922	0,88	0,81	0,75
1905	0,90	0,83	0,77	1914	1,11	1,17	1,30	1923	0,89	0,81	0,75
1906	0,93	0,88	0,82	1915	1.09	1.15	1,25	1924	0,91	0,85	0,79

4$^{\underline{\text{DE}}}$ AFDEELING.

ZEEGATEN EN VAARHAVENS.

INHOUD: Nederlandsche Zeegaten.

De vorming der zuidelijke Zeegaten.

Deze gaten toonen onderling zeer veel overeenkomst, en het kan zeer veel gemak geven wanneer men die overeenkomst kent.

Onjuist is de meening dat de ebbe onze gaten op diepte houdt; haar werking te dien opzichte is niet geheel buitengesloten, doch juist de vloed veroorzaakt de diepe geulen. Men onderscheide daarbij wel tusschen riviermond en zeegat, want in een riviermond is juist de ebstroom de uitschurende kracht, terwijl de vloed er weinig of niet binnendringt. Kortom: op bovenrivieren en riviermonden diept de ebstroom de bedding uit, in vloedscheppende zeegaten doet de vloed het.

Zoo is de Nieuwe Waterweg een riviermond; zijn monding toch is niet vloedscheppend zooals die der zeegaten, maar doordat de zuiderdam de langste is, weert deze den vloed, terwijl de eb de vaargeul open houdt. Kon de vloed binnendringen, dan zou hij langs de zuidzijde van het vaarwater een geul graven, doch hoogerop banken deponeeren als Vuilbaard (Ooster Schelde) en Slijkplaat (Haringvliet). Zoo houdt de vloed de geulen die toegang geven tot de zuidelijke zeegaten op diepte, doch deponeert hoogerop vaste stoffen en stopt eerst daar de geulen op. Die uitdiepende kracht van den vloed heeft verschillende oorzaken.

1e. Gaat men het verloop der stroomen na, dan blijkt het volgende het geval te zijn. Met den doorkomenden vloed zal het zware zeewater naar binnen stroomen, doch aanvankelijk als onderstroom, waarbij het als een lasch onder het rivierwater opdringt, welk laatste ook als een lasch naar buiten blijft stroomen. De nu aan kracht toenemende vloed beneden, voert eenige vaste stoffen mêe en schuurt aan den bodem een weinig grond los, doch deponeert daar hij in beweging is niets. Boven loopt de ebstroom met minder en minder vermogen daar zij zich èn in den breeder wordenden mond uitspreidt èn tegen het zeewater stuit. De eb komt dus tot staan en deponeert haar vaste stoffen en wel het eerst ver buiten den mond, later meer naar binnen, naarmate de vloed het aanrakingspunt voor zich uitdrijft. Vandaar de ondiepten vóór de mondingen der zeegaten. De vloed, die aanvankelijk alleen langs den bodem stroomde, neemt aan snelheid toe (ook doordat hij in nauwer kanalen komt) en stroomt langs den bodem het snelst — schuurt dien dus uit. Zeer ver naar binnen wordt de vloed door rivierwater gestuit, komt tot staan en deponeert zijn vaste stoffen ver binnen den mond, b.v. als Vuilbaard en Kabeljauwsche plaat. Komt nu de eb weer door, dan loopt het water niet, zooals bij vloed het geval is, in vernauwende, maar in wijder wordende kanalen, neemt in snelheid af, is dus steeds meer geneigd tot het precipiteeren van vaste stoffen en haar afnemende snelheid maakt de uitschuring van den bodem minder belangrijk. Ook is het duidelijk dat aangezien de eb als bovenstroom begint en de vloed als benedenstroom aanvangt, de snelheid van de eerste boven groot is en die van laatstgenoemde beneden groot zal zijn, zoodat de vloed de voorname uitschurende kracht is.

2e. Het ligt voor de hand en is ook bewezen dat de eb meer vaste stoffen mêevoert dan de vloed en de buitenbanken dus voor rekening van de eb komen.

3e. En dit is een zeer belangrijk feit: zout water heeft de eigenschap dat het uiterst gemakkelijk onreinheden en zand precipiteert, waardoor het slijk enz. dat door den vloed wordt meegevoerd ook geprecipiteerd moet worden daar, waar de eb den vloed aan kracht overtreft, m. a. w. daar waar de vloed tot staan komt.

4e. Op ons halfrond werkt de rotatiekracht naar rechts, zoodat een om de Wt.N. trekkende eb door die kracht naar NW. zal dringen, 't geen b.v. zeer duidelijk is aan het om de NW. loopende Nieuwe Gat bij Voorne. Vroeger vormde dit gat een goeden vaarweg en soms is het weer meer open, maar het feit dat het tegen de Westplaat eenigszins dood loopt, bewijst niet tegen de stelling, daar die verzanding is toe te schrijven aan den minderen afvoer uit het Haringvliet (het meeste water gaat thans door 't Krammer), waardoor de stroomsnelheid en dus de rotatiewerking afgenomen zijn. Toch is het daar ter plaatse zeer merkbaar dat de eb gedurende de eerste uren sterk naar dat gat toetrekt. Als met het Nieuwe Gat is het gegaan met het tegen den Wijnbol doodloopende Hondegat en in 't algemeen kan men zeggen dat de NW.lijk loopende geulen verloopen zullen, wanneer de afvoer van rivierwater minder wordt. Zijn zij door zulk een proces eindelijk geheel verstopt, dan ontstaat aan het land een papegaaibek-achtig uitwas zooals de Hoek van Holland er een is en zooals de Hinder (bij Voorne) en Banjaard en Oosterzand kunnen worden. En dit is merkwaardig als men bedenkt dat de Maas vroeger zulk een om de NW. trekkende monding had, die thans weer gedeeltelijk als Nieuwe Waterweg geopend is.

Wanneer deze de gecombineerde werking van rotatiekracht en eb is, is het duidelijk dat de vloed onder den invloed dierzelfde kracht, langs de zuidzijde in de zeegaten zal dringen en daar een diepe geul vormen moet (Slijkgat, Brouwershavensche gat, Roompot, Wielingen); zooals wij zagen dat de eb er met minder vermogen een aan de noordzijde vormt, die dus minder diep is. Als gevolg van die naar rechts drijvende rotatiekracht is de afgeronde vorm van de koppen der eilanden aan te merken, of wat op 't zelfde neerkomt, de trechtervormige verwijding der zeegaten; want de eb rondt de zuidzijde, de vloed de noordzijde van de koppen der eilanden af, zooals Schouwen en Goerêe duidelijk aantoonen. De rotatiekracht, in verband met de vastheid der grondsoort bepaalt den vorm der ronding en de geringe verandering in dat opzicht maakt het denkbeeld dat de juiste krommingen bereikt zijn aannemelijk. Is de kromming te klein, dan wordt er afgegraven en zullen „dijkvallen", vooral langs de vloedgeulen waar de stroom sterk ondergraaft, veelvuldig voorkomen. Is de kromming te groot, dan krijgt men neerslag van vaste stoffen tot zij den juisten vorm heeft aangenomen; en ter plaatse waar de kust aan het recht-streeks invallen van den rechtsdringenden vloed is blootgesteld (Noord-Beveland en Schouwen bij de Hammen) wordt de kust bedreigd.

Soms echter kan een zeegat nog andere functiën vervullen, zooals b.v. op de Ooster-Schelde het geval is. Daar toch is het vaarwater zoo breed, dat het weinig dienst doet voor afvoer van rivierwater, terwijl het als bassin dient voor het binnendringend vloedwater. Natuurlijk treedt in dit gat even als elders de vloedstroom aan de zuidzijde binnen, doch een gedeelte ervan wendt zich door de ebgeul terug en doet dus schijnbaar de eb in de noordelijke geul zeer lang loopen, terwijl het op de kusten van Beveland reeds vloed is. De oorzaak van die wieling kan men zich voorstellen als men een leeg vat met den bodem schuin naar voren in een hoeveelheid water steekt. Het vat is dan a. h. w. bassin en het water stroomt met kracht in, maar steekt men het vat wat sneller in, dan ziet men er een gedeelte weer draaiende uitloopen en die soort van terugloop geschiedt in 't groot door de Hammen, terwijl in 't midden van 't gat banken liggen, die te midden van de wielende beweging rustig water houden en toenemen.

De Schelde of Schoude (vandaar Schouwen) stroomde vroeger langs Bergen op Zoom in de Maas, de tegenwoordige O. en W. Schelde waren toen kleine riviertjes; eerst in historischen tijd brak de rechtsdringende vloed openingen in de strandlijn en gaf aanleiding tot den korteren afvoer naar zee door de O. Schelde. Nog veel later is de W. Schelde ontstaan.

Ooster Schelde en Brouwershavensche gat vertoonen veel analogie.

Het Goereesche gat, vroeger een riviermond, neemt meer en meer het karakter van een zee-gat aan met banken in 't midden en een diepe zuidelijke vloedgeul. Evenals in den Roompot heeft men hier reeds vloed in Zuiderdiep en Aardappelengat, terwijl er nog eb loopt door 't Haring-vliet en dit alles is het gevolg van den minderen afvoer door dit gat en den grooteren afvoer door het Krammer. Ook verzanden hier de N.W.-waarts strekkende ebgeulen, evenals bij Springer en Ooster in de nabijheid van Goerêe.

De Wester-Schelde.

Kust van Vlaanderen. Beoosten Blankenberghe verrijst de kenbare Luciferduin en
die duin het dorp Lissewege, dat aan een stompen toren te herkennen is. Volgt het d
met badhuis en het dorp Knocke met rood steenen vuurtoren.

Meer binnenwaarts vindt men den verklikker van Kruishoofd, die van rood op wit vera
waarschuwt om de lijn der geleidelichten te verlaten. Deze geleidelichten zijn de meer oo
gelegen hooge en lage lichten van Sluis, die ineengehouden door de Wielingen leiden. H
licht brandt op een geel ijzeren toren.

Kust van Walcheren. Midden op het eiland staat de hooge toren van Middelburg,
kenbaar is en, ineengehouden met den spitsen toren van Domburg de passage tusschen d
banken aanduidt. Vlissingen vertoont eenige torens en molens. West-Kapelle heeft een
rood steenen vuurtoren en nog eenige kleine spitse torentjes. Noordwest van West-Kapel
op den dijk een roodbruine ijzeren toren, bijgenaamd Sergeant, dienende tot geleiding in
gat; en bewesten Domburg staat een verklikker, die rood schijnt zoolang men 't licht
West-Kappelschen dijk en vuurtoren ineen moet houden. Verder vindt men bij Zoutela
geleidelicht en bij Kaapduinen twee geleidelichten, allen dienende voor het Oostgat.

De banken en geulen. In hoofdzaak strekken deze zich uit als een driehoek, waarva
het Nolleplaatje, tegenover Vlissingen gelegen daarvan door de ondiepe Sardijngeul ge
is. Grootendeels kan men de banken beschouwen als te zijn de vlakte van de Raan
Walvischstaart en de Elleboog, de Rassen met het bankje van Zoutelande en het Ribza
de Sluissche Hompels. Tegen de Vlaamsche kust aan is de Binnen Paardemarkt de geva
bank.

Door deze banken worden in hoofdzaak de geulen begrensd. Tusschen de Vlaamsche k
de Binnen-Paardemarkt en het Ribzand strekt zich het breede en diepe vaarwater Wi
uit. Tusschen Ribzand en Raan de weinig diepe Spleet die gezamenlijk met de Wielinge
is te gebruiken, door opwerkende schepen die hunne slagen zoodanig maken dat zij stee
schen de ondiepten van het Ribzand doorgaan. Tusschen Raan en Rassen, de Deurloo; t
de Rassen en Walcheren het Oostgat.

Voor den ingang der Wielingen ligt de Wandelaarbank, gemarkeerd door het lichtschip W
laar, meer binnengaats licht het lichtschip Wielingen; beiden liggen nabij de lijn hooge e
licht van Sluis ineén.

Zeilaanwijzing Wielingen. Het buitenvaarwater leidt tusschen de Buiten-Ruytingenba
bankje van Bergues en de Oost- Dijckbank aan de Z.kant, en de Fairy en West-Hinderba
de N.zijde, dus beN. de Vlaamsche banken langs.

Van af den W.-Hinder stuurt men beZ. en dicht langs dit lichtschip op den Wandelaa
waarbij men opvolgend Blankenberghe, Ostende en den Wandelaar in 't zicht krijgt; gewo
ziet men laatstgenoemd lichtschip reeds als men den Hinder kwijtraakt. Komt men echte
om den Noord, dan moet men op de Thorntonbank passen en van den Noord-Hinder ko
vooral niet dadelijk oostelijk sturen, teneinde vrij te blijven van de Z.punt van den Oost-H

Van af den Wandelaar is men in het merk: Wielingen — hooge en lage licht van Sluis
veilig tot de verklikker van rood op wit overgaat.

Zeilaanwijzing Deurloo. De verkenningston is spits, rood en wit horizontaal gestreep
roode ruit als kopteeken. Het vaarwater is lastig en des nachts niet aan te bevelen — ov
alleen wanneer men goed zicht van de landmerken heeft. Het merk: „Middelburg in Zoutela
leidt het zeegat binnen, totdat Domburg in het geleidelicht van den Westkappelschen dijk s
moetende men verder op zicht der tonnen naar de Galgeput sturen.

Zeilaanwijzing Oostgat. Dit zeegat is gemakkelijk aan te doen als men eenig zicht h
Des nachts brengt men den lichttoren van West-Kapelle ineén met het geleidelicht; ove

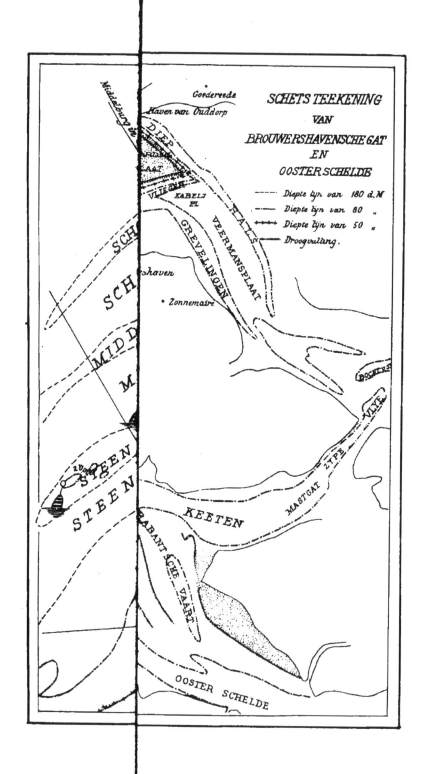

SCHETS TEEKENING
VAN
BROUWERSHAVENSCHE GAT
EN
OOSTERSCHELDE

Diepte lijn van 180 d.M
Diepte lijn van 80 „
Diepte lijn van 50 „
Droogvulling.

Goedereede
Haven van Ouddorp
Middelburg sc
DIEP
AAT
VLIE DIE
KABELJ PL
GREVELINGEN
HALS
VEERMANSPLAAT
SCH
SCH
rshaver
Zonnemaire
MIDD
M
BOCKT
VLYE
ZYPE
ZUD
STEEN
STEEN
MASTGAT
KEETEN
STEEN
BRABANTSCHE VAART
OOSTER SCHELDE

houdt men aanvankelijk Middelburg in Domburg; beide merken leiden tusschen de Steenbanken door. Van om de Noord komende kan men Middelburg in Oost-Kapelle houden totdat de peiling van West-Kapelle uitmaakt dat men de N.punt der N.-Steenbanken gepasseerd is, sturende men eerst dan naar de verkenningston of wel langs de binnenzijde der banken tot Middelburg in Domburg staat en zoo naar diezelfde ton.

In het merk: „lichttoren van West Kapelle in geleidelicht" houdt men langs de verkenningston tusschen de Kueerens en Kaloo door totdat Oost-Kapelle en Domburg nagenoeg inéén komen, men verlaat dan het merk en stuurt op zicht verder.

Des nachts loopt men het gat ook in op de lijn: „lichttoren West-Kapelle in geleidelicht" en verlaat dit merk als de verklikker van Domburg van rood overgaat op wit. Men stuurt dan uit en volgt den West-Kappelschen dijk tot de lichten van Kaapduinen inéén worden gezien, die leiding geven in het gat totdat men het licht van Zoutelande in West-Kapelle krijgt, in welk merk men tot in de Galgeput doorloopt. Voor het bevaren der Sardijngeul is plaatselijke bekendheid of een loods noodig.

Reede van Vlissingen. Bij harde Z.-ZW. winden ligt men ter reede van Vlissingen niet veilig en doet men wel naar binnen te loopen of naar Ter Neuzen te verzeilen.

Zeegat van Zierikzee.

Van om de West komende schepen, kunnen als zij den Noord-Hinder gepasseerd zijn bezuiden de Steenbanken langs, naar de kust houden. Van om de Noord komende, loopt men tusschen den Banjaard en de Steenbanken door op het gat aan, waarbij dan het lichtschip van Schouwen-bank, het licht van West-Schouwen en het langs den Westrand van Schouwen verduisterende licht van West-Kapelle van groot belang zijn. Alleen de Roompot — een diep en lastig vaar-water — is betond.

Uit den Roompot komt men door het Veregat naar Vere.

Van Zierikzee naar den Dortschen Kil. Deze weg leidt door Keeten, Mastgat, Zijpe en verder door Krammer en Grevelingen, welke vaarwaters zeer diep zijn. Het Krammer loopt tusschen Sint Filipsland en Flakkee en krijgt tusschen den wal van Brabant en dien van Flakkee den naam van Volkerak. Boven Dintel-Sas vindt men het Hellegat, dat de gemeenschap daar-stelt met Haringvliet en Hollandsch Diep. Uit dit diep gaat men over naar den Dortschen Kil en vandaar door het Mallegat naar de Oude Maas.

Brouwershavensche gat.

Bij het lichtschip van Schouwenbank brengt men overdag den vuurtoren van West-Schouwen inéén met het scherm op de duinen, in welk merk men nabij de uitertons passeert. 's Nachts brengt men de geleidelichten van Noord-Schouwen (twee hooge vuurtorens) inéén, welk merk de geheele strekking van het vaarwater aanwijst en men houdt dit merk tot de verklikker zichtbaar wordt, die waarschuwt om de lichten hetzij naar S.B., hetzij naar B.B. wat uit elkaar te brengen om het wrak der Elisabeth te mijden. Daarna volgt men de lijn der geleidelichten weer, tot het licht van West-Schouwen inéén wordt gezien met het lichtje van Haamstede, welk merk men houdt om over het Schaar te komen. Men is deze ondiepte gepasseerd, wanneer het binnenste licht van wit overgaat op rood; loopt men te ver door dan verduistert dit licht. Men houdt dan op den

Ossehoek (Ossendam zeggen de loodsen) aan, naar de reede. Daar het Schaar aan verschuring onderhevig is doet men — althans indien men dit gat in lang niet bevaren heeft — de eerste maal wel zoo men een loods neemt. [1])

Zeegat van Goerêe.

Om het Slijkgat aan te doen brengt men den vuurtoren van Goerêe inéén met het IJzeren Baak (zijnde eveneens een vuurtoren doch roodbruin en van ijzer). In dit merk loopt men de verkenningston (Piramied) op den kop. De verklikker van het Flauwe Werk beginnende te schijnen is echter een waarschuwing dat men te zuidelijk is en uit moet sturen hetzij op de lichtboeien van het Bokkegat aan, hetzij deze aan B.B. latende verder het Slijkgat in. Weinig diep gaande schepen kunnen direct naar den drempel van het Bokkegat sturen door in het merk Goerêe in scherm te sturen. Op dien drempel staat echter spoedig veel zee, zoodat de schepen er hevig kunnen doorstampen, waarop bij den diepgang te rekenen; voorts valt het water er spoedig weg omdat het hoogwatertijdperk kort duurt. Bokkegat en Rak van Scheelhoek worden verder op zicht der gasboeien en kustlichten bevaren. Voor het bevaren van Slijkgat, Zuiderdiep en Aardappelengat zijn behalve de gewone boeien eenige gasboeien en zeer geschikte langsmerken aangebracht.

Reede Hellevoetsluis. Bewesten de havens ligt men goed, doch vóór de haven slecht. Beoosten de koopvaardijhaven is het diep maar men ligt er goed. Tusschen de koopvaardijhaven en het witte baak op de Strandkrib daar beoosten, loopt sterke neer waarvan sloepen veel voordeel hebben.

Kanaal van Voorne. Zie Afdeeling XXIV.

Nieuwe Maasmond.

Dit zeegat is behalve door de groote kustlichten van Goerêe en van Scheveningen gemakkelijk aan te doen, daar bovendien buiten de monding het lichtschip: „Maas" en dicht voor de monding een gasboei ligt.

Bij het lichtschip zijnde ziet men het licht op het Noorderhoofd en het hooge of O. *roode* geleidelicht en is men op de grens van dat op den Blinden dam. Even voorbij het lichtschip krijgt men het lage of W. licht der beide *roode* geleidelichten in het zicht. De lichtboei die een draailicht toont, geeft ook nog leiding. Des nachts brengt men de beide roode geleidelichten inéén.

Het tij trekt vrij dwars over de monding, waarop binnenkomende goed acht dient te worden gegeven; eens binnen de dammen echter treft men betond vaarwater aan, dat voor den nacht wordt gemarkeerd door tal van lichten, geleidelichten en zeer praktische langsmerken.

Haven van IJmuiden.

Op den wal bezuiden de monding van het Kanaal zijn twee groote kustlichten (vuurtorens) opgesteld, die ineengehouden de as der haven aanwijzen. Ter weerszijden van de lijn der torens

---

[1]) Het wrak der Elisabeth bestaat eigenlijk niet meer, maar de plaats wordt nog door een wrakton aangewezen, zoodat men toch voor die ton moet mijden. Is zij eenmaal weggenomen dan kan ook de verklikker gemist worden en wordt het vaarwater allergemakkelijkst te bevaren.

SCHETS TE

ZEEGAT v

_____ *Diepte*

⎯⎯⎯ "

⎯⎯⎯ "

⎯⎯⎯ *Droog*

HINDER

PIRAMI

inéén, ligt in zee een boei tot het aanduiden van het storten van baggergrond; beiden zijn rood en wit geblokt, doch de noordelijke is spits, de zuidelijke stomp.

De koppen der havendammen zijn elk gemarkeerd door een gekleurd licht, zoodanig ingericht dat hunne kleuren door uitgaande zoowel als binnenkomende schepen aan BB, rood en aan SB groen gezien worden. Benoorden de plaats IJmuiden staat een kompaskaap, die ineen met 't Zuider-havenhoofd den koers 2 streken westelijker dan die naar den N. Hinder leidende, aanwijst.

Bij het aandoen van IJmuiden, begint men te looden als men nog diepten van meer dan 10 à 11 vaam heeft. Tusschen de 8 à 10 vaam geeft het lood geen aanwijzing meer omtrent den afstand uit den wal.

Het tij trekt dwars over de havenmonding, zoodat men met vol tij binnenloopende, tusschen de hoofden meer dan 6 mijl moet loopen; daarbinnen moet men onmiddellijk vaart minderen. In het Noordzeekanaal, dat nimmer zonder loods mag worden bevaren, is de groote moeilijkheid gelegen in het passeeren der sluizen en bruggen als er wat wind is, zoodat men veelal sleep-bootjes aanneemt om den kop van het schip beter in bedwang te hebben.

De Texelsche Zeegaten.

Bezuiden deze vaarwaters steekt een bankje van de kust af, dat Pettemerpolder genoemd wordt, en door een roode spitse ton met staand kruis wordt aangewezen.

Het beste der Texelsche gaten is het Schulpegat, waar de landmerken door de nabijheid van den wal meestal goed zichtbaar zijn en waar, doordien de banken die het aan de westzijde begrenzen als brekers werken, meestal weinig zee staat. Voorts strekt dit gat zich in de richting der getijstroomen uit.

Buiten de Texelsche gronden ligt het lichtschip „Haaks".

Het merk waarmede men van om den Noord komende den ingang van het Schulpegat vindt, is: „lichten op den Zanddijk inéén"; overdag brengt men de bij de lichtopstanden geplaatste kapen in elkaar. Loopt men in dit merk door tot de vuurtoren van Kijkduin ineen gezien wordt met het Scherm op het fort van denzelfden naam, dan is men tevens in het merk van den buitendrempel van het gat. 's Nachts brengt men den vuurtoren met het geleidelicht van Dirk Oomsduin (ook wel genoemd Klaasduin) ineen. Lichten voor het bevaren van het Schulpegat zijn:

1°. de vaste witte geleidelichtjes op den Zanddijk;
    deze lichten ineen leiden eventjes vrij van den rand der Zuider Haaks.
2°. de verklikker van Falga, een groen en rood schitterlicht;
    gaat de verklikker van groen (zuidelijke sector) over op rood (noordelijke sector) dan moet een binnenkomend schip het langsmerk: „Kijkduin in Dirk-Oomsduin" verlaten en uitsturen tot het de vaste witte geleidelichten van Texel ineen heeft.
3°. de vaste witte geleidelichten van Texel, ook wel lichten van de Mok genoemd; beiden zijn over een boog van 4 streken zichtbaar en leiden ineengehouden, door 't noordelijk deel van het Schulpegat en over den binnendrempel bij Kaaphoofd.
4°. het vaste witte kustlicht eerste grootte van Kijkduin (roodbruine vuurtoren).
5°. het vaste witte geleidelichtje van Kijkduin, opgesteld op een gelen houten paal op de kruin van de zeewering, leiding gevende in het Molengaatje.
6°. de twee vaste witte havenlichten van 't Nieuwediep, geplaatst op 't havenhoofd, het buitenste wit en het binnenste rood.

Het lichtschip Haaks (zie boven, niet zoozeer dienende voor het bevaren der gaten als voor de vaart langs de kust.

De Haaksgronden. Hieronder zijn te verstaan de banken en gronden die de Texelsche zee-gaten omgeven en een groote drooge ongelijke vlakte vormen, die door het Westgat in tweeen wordt gescheiden, terwijl men op beide deelen bevaarbare geulen aantreft, die onbestend en aan veel verschuring onderhevig zijn. Deze gronden zijn oorzaak, dat het aandoen der Texelsche gaten *steeds* goede zorg vereischt. Zoo is de Noorderhaaks (vooral van NW. tot N. van Kijkduin) te steil om aangelood te kunnen worden; de Zuiderhaaks is eveneens steil en leidt de richting van den vloed om de NW., waardoor van om de Zuid komende schepen gevaarlijke stroomverlijering kunnen ondervinden. (Zie Afdeeling III, blz. 106). De gedeelten waarin het Westgat de Haaks verdeelt heeten: Noorder- en Zuider-Haaks.

De Noorder-Haaks is nagenoeg driehoekig van vorm en steekt ongeveer 7 mijl van Texel af. Om den Noord loopt zij uit in eenige ruggen langs de Westkust van dat eiland, die de Ezels heeten. Er loopen twee geulen over de Noorder-Haaks, namelijk de westelijke of Molengat en de oostelijke of Noordergat, die door de Onrust van elkaar zijn gescheiden. De Onrust, die tegenwoordig meer en meer naar den Texelwal overwerkt, gaat om de Oost over in de steile Laanbank, die de Helsdeur aan de Noordzijde begrenst en eerstgenoemde aan den Texelschen wal verbindt. Bewesten het Molengaatje draagt de Haaks de namen van Razende Bol en Middelrug met Keizersbult.

De Zuider-Haaks is evenzeer driehoekig; haar top ligt bij Kaaphoofd, waar zij door een smallen drempel, de Schulprug, met den vasten wal is verbonden. De Zuider-Haaks is minder moeilijk aan te looden dan de Noorder-Haaks. De voornaamste ondiepten die zij draagt zijn: de Bollen en de Wittetonsrug (met Boterrug) tusschen welke ondiepten men een geul genaamd Wagenpad en Bovengat aantreft.

Tot dekking der Haaksgronden en ter verkenning liggen aan de buitenzijde zes tonnen, n.l.:

1°. ton van het Schulpegat. Rood en zwart verticaal gestreepte spitse ton (model zandlooper) met staand kruis — ligt in het merk: lichten Zanddijk inéén en Kijkduin in Dirk Oomsduin.

2°. ton van de Zuider-Haaks. Rood en wit horizontaal gestreepte spitse ton met rooden halven bol — ligt in het merk: lichten Zanddijk inéén en toren Hoorn in Jonge Pietersduin.

3°. ton van het Westgat. Rood en zwart verticaal gestreepte spitse ton met liggend kruis en gemerkt W.

4°. ton van den Middelrug. Roode spitse ton met twee zwarte bollen.

5°. ton van de Haaks. Witte spitse ton, gemerkt: „Haaks" en met zwarte vlag.

6°. ton van de Noorder-Haaks. Zwart en wit vertikaal gestreepte spitse ton met zwarten bol — ligt in het merk: kerktoren Hoorn in Loodsmansduin en masthok even vrij benoorden R. C. kerk Helder.

Het Schulpegat. [1] Het gemiddeld verval is 11 à 12 dM., bij springtij 13 à 14 dM.

Voor de merken zie hiervoren. Overdag stuurt men naar binnen op de tonnen of, zoo men een langsmerk verkiest, b. v. in het merk vuurtoren in scherm op het fort Kijkduin. 's Nachts houdt men den vuurtoren in Dirk Oomsduin tot men de lichten van de Mok ziet en stuurt uit tot men beiden als langsmerk inéén heeft, liefst niet wachtende tot de verklikker van Falga verkleurt, want dan is men reeds te dicht bij het Fransche bankje. Ziet men de lichten van de Mok niet reeds vroegtijdig, dan moet men dus nabij Falga voorzichtig zijn en weinig vaart loopen om onmiddellijk BB. uit te wijken als de verklikker verkleurt. Over den binnendrempel zijnde krijgt men nog steeds de geleidelichten van de Mok ineenhoudende spoedig het witte havenlicht in 't zicht en kan men om de Oost naar de reede komen.

Het Westgat. Op den drempel van dit gat heeft men bijna altijd moeilijk water of zelfs zee, vooral als gevolg van den dwarsovertrekkenden stroom en van de ongelijke diepten, die zelfs op enkele punten zeer gering zijn, zoodat het eigenlijk geen groot-scheepsvaarwater meer is. Nog een groot nadeel is dat de buitendrempel ver uit den wal ligt, zoodat de landmerken niet altijd

---

1) Hier wordt opgemerkt dat, zooals een blik op de kaart onmiddellijk doet zien, niet het diepste deel van het Schulpegat is betond, zoodat men reeds bij de derde zwarte ton buiten de tonnen kan varen.

goed zichtbaar zijn. Het Westgat draagt meer naar binnen den naam van Breewijd en voorbij het Bovengat, dien van Helsdeur; wordende het ten noorden begrensd door Keizersbult, Middelrug Razende Bol, Onrust en Laanbank en ten zuiden door Witte-Tonsrug en de Bollen. Het merk om binnen te loopen is toren den Hoorn in Jonge Pietersduin (zelfde merk als Zuider-Haakston) in welke lijn men kan doorsturen tot de R. C. kerk in den vuurtoren, of tot de mastbok in het scherm komt; men is dan den drempel gepasseerd en kan op tonnenzicht naar binnen sturen. Even bewesten Kijkduin vereenigen zich Schulpegat en Breewijd hetgeen aangeduid wordt door een rood en zwart horizontaal gestreepte kogelton genaamd: „de Zwemmer". Het gemiddeld verval in 't Westgat bedraagt 11 à 12 dM., bij spring 13 à 14 dM.

Reede van Texel. Hieronder verstaat men tegenwoordig wat juister zou kunnen heeten de reede van den Helder. Op de gewone ankerplaats ligt men goed, ofschoon de gemeenschap met den wal dikwijls moeilijk is. Voor sloepen is het goed te weten dat onder den Zuidwal de eb niet sterk is en men er gemakkelijk in kan oproeien, hetgeen men alsdan doet tot boven de ankerplaats om dan over te scheren. Onder den Westwal is de vloed te sterk om erin op te roeien, waarom men het ankeren beoosten de haven steeds prefereert. Een goed merk om te ankeren is: vuurtoren in R. C. kerk en oostelijke meerpaal van de havenmonding in 't Wacht-schip. In 't algemeen zorge men zoodanig te ankeren dat aan in- en uitvarende schepen geen moeite wordt veroorzaakt.

Aan de Hors staan de geschutschijven waaromtrent het volgende:

1e. men hijscht de roode vlag op het schip een half uur voor den aanvang van het schieten.

2e. de vuurlijn moet gaan van af de schijf tusschen het kleine heuveltje en de buitenduinen van Texel door.

3e. met het oog op het beschadigd raken der schijven, bij het aanslaan van projectielen in het water, schiete men alleen bij ebbe.

4e. bij de schijven staat een mast met bol en ra, afstand bovenkant bol tot onderkant ra dient tot bepalen van den afstand tusschen schip en schijven.

5e. Schietende op het buitenste of op het binnenste stel schijven, kan men in bepaalde merken ten anker gaan vanwaar de afstand tot de schijven nauwkeurig bekend is.

Getijden ter reede en in de haven het Nieuwediep. De Enkhuizer almanak geeft den tijd van hoogwater ter reede — dat is dus vóór de haven — geregeld op. Als tijd van hoogwater is feitelijk aangenomen het kenteren van het vloedtij; het water is dan reeds merkbaar gevallen. Het hoogwatertijdperk duurt ongeveer anderhalf uur. — Het oogenblik dat de almanak opgeeft als uitgangspunt aannemende heeft men, den invloed van den wind buiten rekening latende, in 't algemeen de volgende verschijnselen:

Tijd vóór of na HW. almanak.	REEDE NIEUWEDIEP.		HAVEN NIEUWEDIEP.	
	Rijzing of daling.	Stroom.	Rijzing of daling.	Stroom.
6 u. vóór. 5 „ 4 „ 3 „ 2 „ 1 „	2 uur voor HW; volgens almanak is het reeds HW.	van af 6 u. vóór den tijd van HW; volgens almanak loopt er op de reede vloedstroom. dan volgt een uur van weinig stroom.	3 u. vóór HW; almanak is het in de haven HW. dat staat tot 1½ u. voor HW. van af 1½ u. vóór HW. almanak valt het water weg tot 5 u. na HW. almanak.	van af 6 u. vóór tot 2 u. vóór HW. almanak loopt vloedstroom in de haven. dan volgt een half uur stilwater. van af 1 u. vóór HW. almanak loopt ebstroom tot 5 uur na HW. almanak.
HW. 1 u. na 2 „ 3 „ 4 „ 5 „	van af 1½ uur voor HW. tot 1½ uur; voor LW. valt het water voortdurend weg.	van af HW.; volgens almanak komt ebstroom door, die loopt tot 6 u. na tijd van hoogwater.		
			LW. haven.	
6 „	LW. reede. Het water rijst weer tot 2 u. vóór HW.	Met tijd van LW. komt vloed stroom door, die loopt tot kort vóór HW.	Het water rijst in de haven wêer tot 1½ u. vóór 't volgend HW. almanak (zie boven).	vloed komt door tot 1½ u. vóór 't volgend HW. almanak.

Om binnen te loopen kiest men bij voorkeur den tijd zoodanig, dat er nog een weinig vloed in de haven loopt en zulks in meerdere of mindere mate naar gelang van den wind, omdat men het achterschip moet draaien, zoodat de kop van het schip naar buiten wijst en het maken van dien draai in de eb op een onmogelijkheid is. Later dan 2 uur vóór HW. almanak moet men dus in den regel niet binnengaan en 5½ uur na hoogwater kan men het reeds weer beproeven. Ware het niet dat men met den kop naar buiten liggen moet, dan zou men altijd wel binnen kunnen komen, hetgeen met kleinere schepen die langs de kaai kunnen draaien dan ook wel gebeurt. Naar buiten moetende doet men dit bij ebbe liefst niet, om niet tegen vast liggende schepen aan te loopen.

Locale bijzonderheden in de haven van Nieuwediep. Het gedeelte Jachthoek tot Wachtschip is in vijf ligplaatsen voor kanonneerbooten verdeeld, opvolgend genummerd 1. 2, 3, 4, 5. Het gedeelte groote tot kleine zeedoksluis eveneens in vijf ligplaatsen voor kanonneerbooten, genummerd 6, 7, 8, 9, 0, waarvan 6, 7 en 0 de kolensteigers zijn. Moet men meeren aan eenige ligplaats b.v. 5 dan moet het voorschip komen bij 5 en heeft men voor 't achterschip beschikking over de volgende steigers. Schepen die in de haven manoeuvreeren toonen vlag B, alsdan

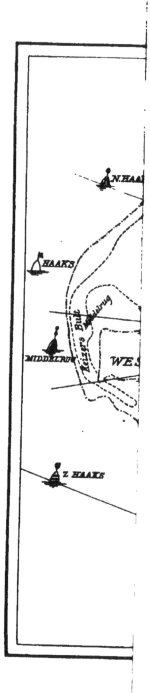

door Dooven Balg en over Breezand komende vloed vindt hier achtereb en loopt met haa
eenigd tot één uur vóór HW. om de Noord, en helpt met den vloed uit het Vlie het Noordt
tij voor Harlingen vormen. Een à twee uur vóór HW. kentert dit tij, vormt achtea
en loopt om de Zuid en langzaam ombochtende naar 't Westen, vereenigt zich met de ▾
en trekt naar den Texelstroom.

Tijd van stroomkentering.

Medemblik
Stavoren.
Friesche kust. ⎫
Lemmer. ⎬ 1 uur na HW. of LW.
Zwolsche diep. ⎭
Marken.

Toegangen van Texel naar de Zuiderzee.

De voornaamste dier toegangen is de Texelstroom, die 20 à 30 M. diep is bij eene br▮
van 1 zeemijl. De Noordkant wordt bepaald door den wal van Texel en de Vlakte van Ke▮
de Zuidkant wordt begrensd door de Bollen en verder om de Oost door Burgzand, Voge▮
en Nesserzand. De Texelstroom heeft in het Westelijk deel een goed langsmerk, n.l. Scher▮
't fort Kijkduin in torens van der Ster. Hij verdeelt zich in den Vlieter (die toegang ver▮
naar de Zuiderzee) in den Dooven Balg en in 't Scheurrak. In 't midden van den Dooven ▮
ligt een rug. Scheurrak en Oude Vlie zijn diep en steil aan de kanten, maar hebben on▮
drempels.

Behalve door Texelstroom en Vlieter kan men door vaarwaters binnendoor, in de Zuid▮
komen, n.l. door het Malzwin, een wijde en diepe schaar, begrensd ten noorden door de B▮
ten zuiden door Zuidwal en Balgzand. Het Malzwin wordt in ongeveer ZO. richting ver▮
door een voortzetting van den „Balg" die zich verdeelt in twee takken, n.l. het Amsteldiep, dat ▮
den ZW.hoek van Wieringen loopt en de Wierbalg die naar den NO.hoek van dat eiland t▮

Het Amsteldiep leidt tusschen den wal van N.-Holland en Wieringen door; men kan som▮
zeer lichte vaartuigen uit dat vaarwater in de Wieringer Meer komen door de zeer verander▮
geulen Ulkediep en Sloot.

Van uit den Wierbalg kan men in „den Vlieter" komen door het Zwin en kan men i▮
Wieringer Meer komen door het Gaatje.

Het Zeegat van Terschelling of Vlie.

Van de Vliegaten zijn betond: het Noordoostgat, het Thomas Smitgat en het Stortem▮
Niet betond is het Noordwestgat.

De buitengronden zijn aan veel verschuring onderhevig, zoodat aanhoudend de richting en▮
ook de betonning der vaarwaters verandert. Meer binnenwaarts, waar de gaten zich uiteen
geven, heeft men den Vliestroom met de Vliereede, terwijl hierop het Schuitengat uitkomt ▮
toegang verleent tot de haven van West-Terschelling. Het Schuitengat is van af het westen ▮
bakend met een klokbakenschip ('s winters een ijsbaken met rooden bol.)

Bij het aandoen van de Terschellingergaten, doet men wel met zich aan het buitenliggende lichtschip te verkennen — men ziet daarna spoedig de Brandaris en de westelijke duinen van Terschelling. Vaart men des nachts bewesten den lichtcirkel van het lichtschip, dan ziet men het draailicht van Eierland en de Brandaris. Het gemis evenwel van langsmerken en het aanhoudend verschuren der vaarwaters maakt het nachtelijk navigeeren in de gaten zorgelijk en in 't algemeen niet geraden.

Vliereede. Men vindt er 46 à 72 dM. water, met ZW.-W. winden ligt men er goed, maar met winden van NO. tot ONO. heeft men er lager wal en lastig water, zoodat men beter onder den Grienderwaard ligt.

AANTEEKENINGEN VAN DEN GEBRUIKER.

5$^{\underline{DE}}$ AFDEELING.

LOOD, LOG, KIJKERS, KAARTEN, ENZ.

INHOUD: Lood. — Loodlijnen en snaren. — Slaggaard. — Gebruik van het lood. — James Loodapparaat. — Loggen. — Kijkers en binocles en hun gebruik. — Inrichting, gebruik van en afkortingen op kaarten. Vergelijking van Nederlandsche en Engelsche vademen en meters.

Loodingstoestellen.

Het Lood in 't algemeen is het onmisbare, meest betrouwbare en meest eenvoudige zee-vaartkundig instrument. Met oordeel gebruikt geeft het de belangrijkste inlichtingen, daarbij is het gewenscht dat men op de hoogte is van de watergetijden.

Looden bij de Marine in gebruik. Zijn looden van 3—6 en 9 KG. als handlood, van 12 KG. als middelbaar lood en van 25 KG. als zwaar lood. Verder het lood behoorende bij Sir William Thomson's apparaat wegende 10 KG., en andere soorten.

Lijnen en Snaren. De lijnen zijn van 27 of 18 draad (drie strengskabelslag, tegenzon ge-slagen. behoort dus tegenzon te worden opgeschoten.) De lijnen moeten (daar zij bij 't gebruik nat worden en krimpen) vóór zij in gebruik gesteld worden, gerekt en nat gemerkt worden, het nulpunt aannemende bij de onderkant van het lood; nieuwe lijnen herhaaldelijk met de nagels op het halfdek vergelijken en oude lijnen geregeld op de dagwacht als zij in gebruik zijn.

De handloodlijn wordt gemerkt met een rood lapje op drie vaam　of op drie meters

　　　　　　　　　　　„ wit　　„　„ vijf　„　„　„ vijf　„
　　　　　　　　　　　„ blauw　„　„ zeven　„　„　„ zeven　„
　　　　　　　　　　　„ lederen　„　„ tien　„ enz.　„　„ tien　„ enz.

terwijl de lederen lapjes bij 10, 20, 30 vm enz. met één, twee, drie gaatjes gemerkt worden.

De **sloepsloodlijn** wordt gemerkt als de handloodlijn, doch de eerste drie vaam bovendien in voeten.

De **zware loodlijn** heeft bij elke vijf vaam een lusje en om de tien vaam een eindje waarin evenveel knoopen als het aantal tientallen vaamen bedraagt.

De stalen snaar van het Thomsonlood (Birmingham wire gauge n°. 22, diam. 0.028 inch., breek-kracht 200—240 Eng. Pond) is ongemerkt, zoo ook die van de Submarine Sentry of grondver-klikker, wire gauge n°. 25 of n°. 26.

Lijnen moeten zorgvuldig onderhouden en vooral niet voor andere doeleinden dan looden ge-bruikt worden. Zijn zij in geen week gebruikt, dan moet men ze drogen en luchten tegen ver-stikking van de vezels in de tieren.

Snaren hebben geen bijzonder onderhoud noodig, wel zorgvuldige behandeling. Is een snaar eens gekinkt, dan breke men haar af en splitse haar. Daartoe legt men de uiteinden twee voet over elkaar, draait ze ineen en soldeert ze aan de uiteinden en op verschillende afstanden vast met kopersoldeer. Bij 't ineendraaien zorge men de slagen goed aaneen te doen sluiten. Inplaats van soldeeren, kan men ook de uiteinden met zeilgaren aaneenwoelen.

De **slaggaard of stok** is verdeeld in dubbele decimeters zwart en wit om en om, behalve de onderste meter die zwart geschilderd blijft en de roode verdeelingen op 30, 40 en 50 palmen. Deze zijn zoodanig aangebracht dat de bovenkant dier verdeelingen 30, 40 en 50 palm aanwijst. Een druif onder aan den stok is voor ongeoefenden gemakkelijk bij 't steken, doch lastig om met wat vaart den stok weer naar zich toe te halen. In *zeer* weeke modder stekende rekene men de diepte 1 palm minder dan die de stok aanwijst als men even grond voelt. Er zijn twee soorten van slaggaarden lang 7,5 en 5 M.

Lengte van een vaam. De Engelsche vaam is 1,82877 M. lang; de onze 1,80 M. en is ver-deeld in zes voeten, zie tafeltje aan 't slot dezer afdeeling.

Gebruik van 't zware lood. Minder zeil en draai bij of laat de werktuigen langzaam draaien, Op groote diepten moet men bijdraaien of stoppen. Op c°. „loodmannen!" wordt het lood zoover als met het oog op de te verwachten diepte noodig is naar voren gebracht.

Men werkt altijd te loevert, om naar lij zakkende met het schip niet over de lijn heen te gaan, die dan ongetwijfeld bij 't ophalen zou breken, De loodlijnbalie wordt achteruit geplaatst en het blokje zoo achterlijk doenlijk buiten boord opgestoken; de lijn wordt naar voren gemand op het lood gestoken en in 't blokje gelegd; gasten worden langs de lijn verdeeld; de voorste man bij het lood, de anderen nemen een pak lijn klaar opgeschoten in handen. Als „klaar" is gefloten kommandeert men „werp" en hij die bij 't lood is slingert het naar voren weg, of zoo de diepte groot zal zijn slingert hij 't lood onder 't net door naar de lijkraanbalk daar men dan naar 't lood toezakkende de lijn recht op en neer krijgt. Hij roept daarbij: „geluk en behouden reis ermêe," of: „neem waar achter" en de gasten laten achtereenvolgens zoodra de lijn eischt, de bochten door de hand gaan, voelende of het lood grond krijgt; zoo neen, dan roepen zij hun opvolgers toe: „opgepast", zoo ja, dan zingt hij die grond heeft de diepte uit. Het lood wordt nu ingehaald en de opgehaalde grond aan de autoriteiten getoond.

Men zorge steeds vet aan 't lood te hebben, het na elke looding schoon te maken en op zijn plaats te brengen. Veel meer dan 100 vaam kan men met dit lood niet looden.

Het lood op de nachtwacht ter reede, geeft 's nachts, tenminste als er stroom gaat, niet veel zekerheid omtrent het drijven, tenzij men hard drijft. Van een hoog boord in een donkeren nacht steekt men n.l. zonder het recht te weten, lijn voor den stroom en wordt niet goed gewaar of men drijft, wat dubbel onzeker maakt als het schip zwaait. Men maakt zich dan noodeloos beangst en zal 't best doen met 't lood op te halen, wêer te laten vallen en niet tevreden te zijn voor men zekerheid heeft. Indien eenigszins mogelijk, houdt men vaste merken aan den wal in 't oog.

„Manuel du manoeuvrier" beveelt aan als men bang is voor drijven om een tweede anker te laten vallen en de kluis daarvan open te laten. Loopt er dan ketting uit, dan drijft men ook. (Zie verder manoeuvres.)

Grens van bruikbaarheid van 't handlood. Met 5 à 6 mijlsvaart kan men 7 vâam gemakkelijk looden. Bij 3 à 4 mijlsvaart is het aanlooden van 20 vaam moeilijk, ook voor geoefende looders.

In sloepen bevestigt men den broekmat aan den voorsten tentstut, maar daar de looder het lood slechts in een kleinen zwaai kan rondkrijgen, is het aanlooden van 10 vaam al moeilijk, en zal men om meer te halen moeten stoppen of op riemen houden.

Thomson's loodtoestel. Niet alle toestellen van Thomson zijn gelijk; wij geven dus eenige aanwijzingen en verwijzen naar de duidelijke beschrijving die bij de toestellen verstrekt wordt.

a. de snaar (zie hiervoren); men passe vooral op kinken in de snaar, doet zich een kink voor, daar aarzele men niet om de snaar te breken en te repareeren op de vroeger vermelde wijze. De voorlooper moet van gevlochten touw zijn.

b. de glazen buisjes. Neemt men een lange glazen buis, die van onderen open en van boven dicht is en van binnen bestreken is met chroomzuurzilver (rood van kleur) dan zal bij 't looden de hoogte waartoe het water de lucht in de buis heeft saamgedrongen een maatstaf voor waterdruk en diepte zijn. Voor zoover water in de buis is gedrongen is het chroomzuurzilver geel geworden. Is de lengte der buis a, de kolom water die evenwicht maakt met een luchtdruk van één atmosfeer b, de diepte x en de hoogte waarop het water in de buis dringt h dan heeft men: $a : a - h = b + x - h : b$. Om de berekening te ontgaan worden lineaaltjes verstrekt die verdeeld zijn voor een dampkringsdruk van 730,5—749 mM. Voor andere dampkringsdrukkingen passe men de navolgende correcties toe:

Barometer.	Optellen 1 vaam per		
756,0	40 vaam geloode diepte.		
762,0	30 „	„	„
775,0	20 „	„	„
787,0	15 „	„	„

Men gebruikt de buisjes alleen op groote diepten omdat zij eenmaal gebruikt moeilijk in orde zijn te maken, men kan ze echter wel zelf weer klaar maken en in ieder geval is een gebruikt buisje weer voor grootere diepten bruikbaar mits het eerst weer goed gedroogd zij.

c. Middel om de buisjes weer klaar te maken. Vervaardig twee oplossingen en wel n°. 1 één gewichtsdeel zilvernitraat op 5 water; n°. 2 één gewichtsdeel chroomzure potasch op 20 water. Neem het dopje van de buis af (door het lak te smelten), maak het buisje goed schoon met salamoniak, spoel met zoetwater na en droog de buis. Zuig met een spuitje n°. 1 door de buis heen en weer en doe onmiddellijk daarna hetzelfde (doch met een ander spuitje) met n°. 2. Laat dan uitlekken en droogen, zet dopje op en lak het.

d. Aflezen der buisjes. Houd het buisje *altijd* vertikaal anders vloeit het water dat nog in druppeltjes in de buis zit over de scheidingslijn en krijgt men onzekere aflezingen.

e. Dieptemeter voor kleine diepten. Gewoonlijk vindt men hiervoor een met een veer belasten zuiger die door den waterdruk in een kokertje geperst wordt en dan een index verschuift die als het lood grond heeft, of opgehaald wordt, niet wordt teruggevoerd, maar op een wijzerverdeeling blijft staan. Men leest dan af, zet den index weer op 0 en is voor een nieuwe aanwijzing gereed. Deze meter wordt in een zwaren looden zinker gebruikt, maar moet herhaaldelijk gecontrôleerd worden.

f. De wijzerplaat. Heeft men een wijzer met plaat aan den toestel, dan wijst deze bij benadering de hoeveelheid uitgeloopen snaar aan en kan men op kleine diepten snel looden zonder telkens alles in te halen en den meter af te lezen. Men houde daarbij in 't oog dat de uitgeloopen snaar bij 11 mijlsvaart tweemaal en bij 15 à 16 mijlsvaart 3¹/₂ maal de diepte bedraagt.

Gebruik van het Thomson lood. Men zorge vooral goed vaart te loopen, meer dan 5 mijl. Wil men echter bepaald minder loopen dan moet men de snaar wat minder snel uit laten loopen, waartoe men de snelheid zoodanig regelt dat de rol ongeveer 3 omwentelingen per secunde maakt. Dit moet echter alleen bij vertrouwd toezicht gebeuren daar het gevaarlijk is voor de lijn.

1°. *Bediening*. Een officier en twee man zijn tot het looden noodig, kortheidshalve wordt één van hen „man aan den stopper" de andere „man aan het lood" genoemd. De „man aan den stopper" plaatst zich aan stuurboordzijde van het werktuig en de „man aan het lood" nevens den draadklos.

2°. *Klaar om te looden*. Op dit kommando begeven de looders zich op hun post en tuigt de „man aan den stopper" het werktuig op, terwijl de „man aan het lood" het lood met diepteaanwijzer optuigt en aan de snaar bevestigt. Hij hangt den aanwijzer buiten boord en roept eer hij zijn hand van de lijn neemt: „stopper aanzetten."

3°. *Stopper aanzetten*. De „man aan den stopper" zet den stopper aan, daartoe de kruk *rechts* draaiende en helpt dan dadelijk het lood voorzichtig buiten boord hangen totdat het aan den diepteaanwijzer hangt. Hij gaat dan naar den stopper terug, geeft den draadklos een weinig lucht, terwijl de „man aan het lood" het koppelstuk vasthoudt, zorgende dat de staaldraad niet te snel afloopt totdat het koppelstuk over de geleidingsrol is gekomen. Daarop roept hij „stopper aanzetten." Inmiddels heeft de „man aan den stopper" den wijzer van den teller op 200 gezet. De „man aan het lood" laat los en roept: „gereed."

4°. *Gereed*. Als alles in orde is begeeft de officier zich aan bakboordszijde van het werktuig neemt den koperen haak met handvat en drukt dit op omtrent 2 voeten afstand van den draadklos licht tegen den staaldraad en roept: „stopper los".

5°. *Stopper los*. De „man aan den stopper" draait de kruk één slag *linksom* en houdt haar in dien stand tot het bevel „stoppen" volgt. Gedurende den tijd in welken de staaldraad afloopt, let hij aandachtig op de komst van het bevel stoppen en ziet naar den slagenteller. Hij noemt luid de getallen 50, 100, 150 die den wijzer voorbijgaan en zorgt wanneer de 150 gepasseerd is, zonder dat het bevel tot stoppen volgt, den draad langzamer te doen afloopen door de kruk een weinig rechtsom te draaien, zorgende dat de 200 niet bereikt wordt. Gedurende den tijd waarin de staaldraad uitloopt, gaat de officier voort hem zoo gelijkmatig mogelijk met den koperen haak aan te drukken, totdat hij hem plotseling losser voelt worden en roept dan in in één adem „stop."

6°. *Stop roepen*. De „man aan den stopper" draait de kruk onmiddellijk *rechtsom*, doet alzoo den draadklos stilstaan en leest den wijzer af. Inmiddels plaatst de „man aan het lood" zich aan de andere kruk en nadat de „man aan den stopper" de vork omgeklapt heeft, winden zij de snaar op.

Het is noodig dat onmiddellijk stop geroepen worde zoodra het lood grond heeft. De snaar heeft namelijk door den voortgeplanten schok neiging tot opspringen en zoo men dit niet tegenging zouden de op de trommel liggende windingen als het ware terugveeren; door het plotseling ophouden der trekkracht, en door het daarop volgend stijf opwinden van de uitgeloopen snaar, krijgt men ergens op de trommel eenige losse slagen, ingesloten tusschen de stijf daaromheen liggende waardoor de draad gemakkelijk kan kinken en dus breken.

7°. *Opwinden van den staaldraad.* De „man aan het lood" veegt onder het opwinden den natten draad met een vettig stuk linnen droog. De „man aan den stopper" neemt van tijd tot tijd de beweging van den wijzer des tellers waar en zoodra deze tot op 5 vademen genaderd is tot de aanwijzing waar begonnen werd, roept hij „lood in."

8°. *Innemen van het lood*; 9°. *Aflezen der diepte*; 10°. *Opbergen van het werktuig,* wijst zich verder vanzelf.

James Loodapparaat. Wordt op soortgelijke wijze als het Thomsonlood gebruikt bij den toestel die meer bekend is als behoorende tot James Submarine Sentry (zie onder). De dieptemeter wijkt in samenstelling en beginsel van Thomson's lood af en is als volgt samengesteld. Een gesloten buis waaraan van onderen een kraan, is in een koperen monteering gevat; deze kraan staat steeds in verbinding met een dunne lichtroode koperen buis die tot bovenaan in de gesloten glazen buis reikt. Te water gelaten, zal de vloeistof in de binnenbuis opstijgen en daarna overvloeien in de ruimte tusschen beide buizen. Deze hoeveelheid water kan op eene verdeeling der buitenbuis worden afgelezen en is een maatstaf voor de diepte die het lood bereikte. Draait men de kraan zóó dat het gat gemerkt A tegenover het woord „open" staat, dan loopt de ruimte leeg en maakt men haar voor een nieuwe looding gereed door de kraan naar links te draaien. Op moddergrond voldoet het lood minder goed; ook is het aanbevelenswaard de dieptemerken bij stilliggend schip te contrôleeren.

De Submarine Sentry (Grondverklikker). Het dakvormig, van voren snepend bijgewerkt instrument wordt door een hanepoot aan de snaar (wiregauge n°. 15) bevestigd. De voorste part van den hanepoot zit vast op een tuimelaarstang die door een draaibare stang voor aan het instrument gestoken wordt. Zet men het instrument buiten boord, dan zal de waterdruk boven op het schuinstaand dak het geheel naar beneden drukken tot op een diepte afhankelijk van de hoeveelheid uitgestoken lijn. Zij die diepte b.v. 30 vaam, dan zal, wanneer men op minder dan die diepte komt de stang aanloopen, de tuimelaar losschieten, de hanepoot vrijkomen en het geheel naar boven gaan. Men wordt daarvan gewaarschuwd doordien zich dan een bel doet hooren.

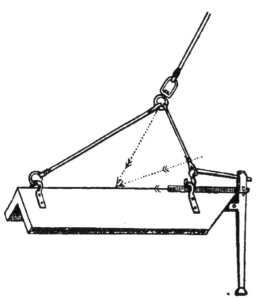

Het geheele instrument compleet, bestaat uit:

1. Stoel met staaldraad en twee losse krukken, bel, schaal voor het aflezen van den uitgeloopen draad en van de diepte.
2. Geleiderol voor den staaldraad.
3. Twee zwarte vliegers (voor diepten tot 30 vaam) en een roode (voor diepten van 30 tot 45 vaam.)
4. Vier stuks ijzeren platen met 24 houtschroeven en 4 schroefbouten ter bevestiging.

11

5. Een waarlooze spiraalveer voor de vliegers en twee waarlooze ooghaken voor den staaldraad.

6. Een schroefsleutel, een geleidestuk voor den staaldraad.

7. Een ijzeren buis om als lood te gebruiken en een dieptemeter.

8. Een regenkap.

Aanwijzing bij het gebruik van den grondverklikker.

a. Om uit te zetten en onder water te gebruiken.

1°. Bevestig op een geschikte plaats den stoel en de looprol; laatstgenoemde zóó dat de staaldraad vrij uitloopt.

2°. Breng den staaldraad over de looprol en bevestig een der vliegers, (de zwarte voor minder dan 30, de roode voor minder dan 45 vaam diepte); zorgende door den pal van den stoel in te zetten dat de draad niet kan afloopen.

3°. Klem de vaste kruk door haar naar beneden te drukken en maak daarna den pal los.

4°. Draai de verdeelde schijf zoo dat „zero" overeenstemt met den koperen vizierdraad in de kap over de verdeeling.

5°. *Vaart verminderen tot 7 of 8 mijl.*

6°. Licht de vaste kruk een weinig en zeer voorzichtig — de draadklos krijgt hierdoor speling.

7°. Licht de vaste kruk (zoodra de vlieger onder water komt) zeer voorzichtig meer en meer op en blijf afvieren tot de trommel de diepte aanwijst waarop men den vlieger wil doen zinken [1] zet dan met de kruk de draadrol vast.

8°. Zet den pal in en vermeerder de vaart van het schip desverkiezende tot 13 mijl.

b. Om in te halen onverschillig of de vlieger grond heeft gehad of niet.

1°. Zet de beide losse krukken op de vierkanten *van het rondsel* en plaats bij elke kruk één man, die de kruk goed aanhoudt.

2°. Breng de vaste kruk naar boven waardoor de draadklos vrijkomt.

3°. Zet den pal uit en commandeer: „inhalen". Het inhalen gaat geregeld door, tot de vlieger aan de looprol genaderd is.

4°. Commandeer stoppen en zet den pal in.

5°. Maak het instrument weer gereed voor gebruik of tuig het af.

Grondverklikker uit eigen middelen. Bij opneming, kruisen, enz. kan men op eenvoudige wijze in een grondverklikker voorzien door een licht anker met eenige vademen ketting voor de kluis te vieren en de scheepsklok met een eind lijn aan het anker te verbinden. Het schip zal dan op ondiep water in het anker optornen of voor 't minst zal de klok een ruk ontvangen.

Automatic Sounding Machine, Lucas Patent. Is een lood waarbij als bij 't oude diepzee-lood van Brooke een gewicht op den bodem blijft liggen wanneer men 't lood ophaalt.

Bij dit lood (dat evenals Thomson's lood aan een snaar hangt) zit onderaan een wijde bek die toehapt als men 't lood licht, zoodat men *zeker* is van grond mee te brengen. Er zijn twee soorten van, een met 5000 en een met 400 vaam staaldraad.

Loodingen genomen voor 't jaar 1850. Verdienen als zij de 100 vaam overschrijden geen vertrouwen daar men met 't gewoon zware lood niet meer dan 100 vaam kan looden. In 1850 voerde MAURY de methode in om de diepte te toetsen aan het tijdsverloop dat de lijn noodig had om uit te loopen; verminderde de snelheid der lijn aanzienlijk dan rekende men grond te hebben. BROOKE's diepzeelood stelde in staat grond van groote diepten op te halen. BELKNAP ontdekte er in 1856 het telegrafisch plateau in den N. Atlantischen Oceaan mêe.

---

[1] De vertikale diepten zijn gemeten van af de looprol op de verschansing. zoodat de diepte gelijk is aan de af-lezing verminderd met de hoogte van de looprol.

De Log.

De gewone log. Is 't nauwkeurigst voor schepen met geringe of veranderlijke vaart, mits zij geregeld geverifieerd wordt. Loggende let men op wind en zee. Voor den wind logt men te weinig en in den wind opgaande te veel. Zorg voor een langen voorlooper.

Loglijn. Laat een nieuwe lijn eenige dagen in een balie met water staan, maak er een streng van, hang aan het uiteinde gewicht; gedurende 3 à 4 dagen van tijd tot tijd bevochtigen; dan drogen en merken.

Andere manier: in een ketel met lauw water op 't vuur zetten, houtasch er bij doen, laten koken, daarna rekken en drogen.

Onderhoud van de lijn. Als zij niet gebruikt wordt goed drogen, en dikwijls luchten.

Lengte van een knoop. 15,432 M. (als de mijl = 1852 M., anders 15,458 voor mijl = 1856 M)

Logglaasje. Niet in regen of zon laten staan, noch in de zon laten drogen, maar vochtig zijnde. 't vijlsel op papier storten en glas en vijlsel in de schaduw drogen.

Verificatie. Vrijdags op de dagwacht.

Patentloggen. Werken goed bij middelbare en groote doch constante snelheden, moeten een langen voorlooper hebben. Slijten bij groote vaart hevig, waarom men ze liefst alleen gebruikt in de buurt van land en bij bijzondere omstandigheden. Patentloggen moeten over bekende afstanden worden vergeleken (desnoods kan men ze met een gewone log vergelijken) en liefst op stroomvrije gedeelten van den oceaan. Er zijn patentloggen met een fout van een percent of tien, wat niet schaadt, indien 't maar bekend is. Voorzorgen zijn:

1°. Zorgen dat de drijver of log niet uit het water kan springen, waartoe men den sleeper moet vieren bij toenemende zee; doch een lange sleeper is altijd verkieslijk. Deze moet van gevlochten touw zijn.

2°. Zorgen het werk in orde te houden, waartoe men een drijvende log die geborgen wordt vooraf in zoet water afwascht en goed van olie voorziet; anders treedt oxydatie in.

3°. Zorgen den teller, als die op de reeling is opgesteld, geregeld te oliën omdat bij zulk een log de trekkracht zeer groot is. Men moet zeer goede olie gebruiken.

4°. Zorgen het drijfwieltje te gebruiken om een regelmatige trekkracht te hebben.

5°. Zorgen dat de schroefbladen niet beschadigd worden.

6°. Zorgen, indien men een drijvende log gebruikt, een kruis van koperen stangetjes op de lijn te zetten dat wier tegenhoudt. Heeft men een teller op de reeling dan is dit niet geraden daar het de snelheid van den wijzer verminderen zou.

7°. Zorgen de log niet te verspelen en haar dus bij manoeuvreeren inhalen.

WALKER's Cherub log registreert den afgelegden weg in zeemijlen, maar doet ook de vaart kennen daar het instrument per zesde gedeelte van een zeemijl een hoorbaren tik geeft. Men heeft dus:

$$\text{Vaart} = \text{aantal tikken per minuut maal tien.}$$

$$\text{of wel: Vaart} = \frac{600}{\text{aant. secunden verloopen tusschen twee tikken.}}$$

Loch graphique. In een vertikale buis laat men water oploopen door de vaart van het schip; dit water drukt lucht samen in een reservoir en die lucht brengt de drukking (die een functie is van de snelheid) op een soort zelfregistreerenden barometer over.

Elektrische log van Granville. De omwentelingen van een drijver worden naar een teller binnenboord getelegrafeerd. Het scheepsijzer vormt daartoe met het zeewater en met een zinken buis aan den drijver het element. Eenige draden die rond den sleeper genomen worden vormen den sluitdraad. Alle kracht komt zoo op den sleeper, niet op de draden. Bij elke omwenteling wordt de stroom even gesloten en zoo het aantal omwentelingen getelegrafeerd.

De grondlog. Bestaat in geen algemeen bruikbaren vorm.

Log om onderstroomen te meten. Men vervaardigt een bord van planken, 6 voet lang bij 6 voet breed, met een rug van 2 voet hoog. De nokken van den rug worden met enden verzekerd op de nokken van het bord. Aan de nokken van den rug komt de hanepoot waarop men de boeireep zoodanig (proefondervindelijk) opsteekt dat het bord vertikaal komt als de stroom er op werkt. Het bord wordt met lood bezwaard. Naarmate de bovenstroom sterker is, moet de boei om niet onder te stroomen met andere boeien gekoppeld worden. De verplaatsing van de boei is dan iets minder dan het verschil tusschen boven en onderstroom.

De diepte waartoe het bord inzinkt kan worden bepaald door een dieptemeter van Thomson aan het bord te verbinden.

Kijkers en Binocles.

Afstand van duidelijk zien. Wordt op 25 cM. gesteld.

Lenzen. Om de werking van kijkers te begrijpen herinnere men zich de wetten volgens welke een enkele lens beelden vormt uitgedrukt door de formule:

$\frac{1}{m} + \frac{1}{b} = \frac{1}{F}$ waarin m of b afstand voorwerp of beeld tot de lens en F de hoofd-brandpuntsafstand $\left(\frac{1}{F} = (n-1) \left(\frac{1}{R} - \frac{1}{R_1} \right) \right)$ voorstelt.

Men noemt een beeld reëel, wanneer het aan die zijde van de lens ligt die van het lichtgevend voorwerp is afgekeerd, zoodat het op een scherm kan worden opgevangen. Een beeld is virtuëel wanneer het aan dezelfde zijde van de lens ligt als het voorwerp en virtuëele afstanden zoowel van beeld, als voorwerp hebben in de formule een negatief teeken. Voor een *convergeerende lens* gelden de volgende gegevens.

1°. de biconvexe, planconvexe en de lens met bollen meniscus zijn convergeerend (vergrootglazen.)

2°. een convergeerende lens geeft van een voorwerp dat op oneindigen afstand ligt een verkleind omgekeerd reëel beeld in het brandpunt der lens.

3°. nadert het voorwerp de lens van af oneindig ver tot op den dubbelen brandpuntsafstand, dan verplaatst het reëele omgekeerde beeld zich van uit het brandpunt tot den dubbelen brandpuntsafstand achter de lens; daarbij wordt de verkleining minder en wordt zelfs gelijk aan de eenheid als het voorwerp zich op dubbelen brandpuntsafstand bevindt.

4°. nadert het voorwerp de lens van af dubbelen brandpuntsafstand tot op brandpuntsafstand, dan krijgt men steeds grooter wordende reëele omgekeerde beelden die zich verder en verder van de lens verwijderen. Is eindelijk het voorwerp in het brandpunt gekomen dan ligt het beeld oneindig ver en is de vergrooting oneindig, het vormt zich dus niet.

5°. nadert het voorwerp de lens nog meer dan krijgt men vergroote rechtopstaande virtuëele beelden — de vergrooting wordt minder naarmate het voorwerp de lens nadert en ligt het voorwerp tegen de lens aan dan is het beeld niet meer vergroot.

Bij de enkelvoudige loupe of vergrootglas vormt zich dus overeenkomstig dit onderstelt geval, een rechtopstaand vergroot en virtuëel beeld dat echter in dezelfde verhouding als waarin het wordt vergroot, ook op verderen afstand dan het voorwerp zelf van de lens ligt, zoodat een waarnemer die het oog zeer dicht bij de lens moet houden het beeld onder denzelfden hoek en dus *niet* vergroot zou zien. Maar men brengt het beeld zooveel verder van het oog af dan het voorwerp lag, ten einde een duidelijk netvliesbeeld te krijgen, dat niet kan verkregen worden van kleine voorwerpen die op minder dan 25 cM. afstand van het oog zijn gelegen.

6°. ligt eindelijk het voorwerp achter de lens, met andere woorden, wanneer het voorwerp dat bezien moet worden zelf een lichtbeeld is dat door een andere lens of spiegel gevormd wordt en welks stralen door onze lens onderschept worden (zoodat het eerste lichtbeeld zich in werkelijkheid niet vormt), dan krijgt men reëele maar verkleinde beelden.

Bij een *divergeerende* lens heeft men de volgende gegevens:

1°. de biconcave, planconcave en de lens met hollen meniscus zijn divergeerend (verkleinglazen.)

2°. deze lenzen geven altijd verkleinde rechtopstaande virtuëele beelden, tenzij

3°. het voorwerp (even als hierboven sub 6°) een lichtbeeld is dat achter de lens gevormd zou worden maar welks stralen door onze lens onderschept worden. Men krijgt dan virtuëele omgekeerde vergroote beelden.

Dioptrie. Onder een lens van n dioptrieën verstaat men eene lens welker hoofdbrandpunts-afstand $\frac{1}{n}$ meters bedraagt.

Vroeger werden de lenzen onderscheiden naar den hoofdbrandpuntsafstand in duimen, zoodat een lens van n dioptrieën n duimen brandpuntsafstand had. Hierbij op de soort van duimen te letten.

De Hollandsche kijker. (Aardsche kijker, binocle.)

Bestaat uit een vergrootend objectief dat dus van een verafgelegen voorwerp een reëel omge-keerd en verkleind beeld geeft. Dat beeld komt niet tot wording want het wordt door een divergeerend oculair onderschept, zoodat men door het oculair ziende een virtuëel vergroot recht-opstaand beeld gewaar wordt. (Zie div. lens sub. 3°).

De Lange kijker. Het vergrootend objectief geeft van een verafgelegen voorwerp een ver-kleind omgekeerd reëel beeld nabij het brandpunt. Brengt men nu een vergrootend oculair aan zoodanig dat het gevormde beeld zich binnen het brandpunt van het oculair bevindt dan krijgt men een virtuëel, omgekeerd maar vergroot beeld.

Het veld van zulk een kijker is echter niet grooter dan de hoek waaronder men van uit het midden der objectieflens den pupil van het oog ziet.

Om het veld te vergrooten laat men het beeld van het objectief niet tot werkelijkheid komen maar onderschept het door een tweede convergeerende lens, veldlens genaamd, die dus een reëel maar verkleind beeld geeft (zie converg. lens sub 6°), maar dit beeld door een vergrootend oculair binnen brandpuntsafstand bezien geeft een virtuëel vergroot beeld, dat echter omgekeerd blijft. Ter plaatse waar het beeld door deze veldlens gevormd wordt brengt men een dradennet aan.

Dit samenstel van veldlens en oculair heet *oculair van Huigens* en men vindt het bij de meeste zeekijkers en bij de kijkers der sextanten. Bij deze soort van samenstel is de brandpuntsafstand der veldlens drie maal grooter dan die van de eigenlijke oculairlens en bedraagt de afstand der lenzen het dubbel van den brandpuntsafstand der laatstgenoemde.

Bij gebruik eener veldlens wordt het veld van den kijker gelijk aan den hoek waaronder men van uit de veldlens den pupil van het oog ziet.

Ook kan men het beeld door het objectief gevormd wel tot werkelijkheid laten komen en door een vergrootende veldlens en een vergrootend oculair bezien; men krijgt dan eveneens een omgekeerd, vergroot en virtuëel beeld. Dit samenstel heet *oculair van Ramsden*; men treft het bij de prismacirkels en de micrometers der universaal instrumenten aan. Het dradennet wordt bij dit oculair geplaatst dàdr waar het beeld door het objectief gevormd wordt en valt dus buiten de oogbuis. Dit heeft het voordeel dat de afstand van objectief tot dradennet constant kan zijn 't geen bij het Huigens oculair, waar het dradennet met de oogbuis op en neer gaat, niet het geval is. Toch is dit noodzakelijk, wanneer men zooals bij 't universaal instrument den angulairen afstand der draden noodig heeft. Bij deze soort van samenstel zijn de brandpunts-afstanden der beide lenzen aan elkaar gelijk en bedraagt hun onderlinge afstand $^2/_3$ van den brandpuntsafstand. Om rechtopstaande beelden te verkrijgen kan men in den langen kijker een stel van twee lenzen (aardsche oogbuis) plaatsen dat de beelden die omgekeerd zijn opnieuw omkeert.

Samengestelde lenzen. Men maakt lenzen samengesteld teneinde door het gebruik van glazen van verschillend materiaal het kleurschiftend vermogen op te heffen. Drievoudige lenzen geven vrijwel achromatische beelden en hebben het voordeel dat de meest verweerbare (flint) lens besloten is tusschen minder verweerbare lenzen (crown). Wanneer men de lenzen door middel van Canadabalsem aaneenhecht geschiedt dit met het doel om het lichtverlies door terugkaatsing op de lensoppervlakken te verminderen, want brengt men deze middenstof niet aan zoodat er lucht tusschen de glazen blijft, dan kunnen de vlakken der lenzen een gedeelte der lichtstralen reflecteeren die nu doorgaan. Canadabalsem maakt dus het geheel meer lichtgevend.

Verlies aan helderheid. Men rekent dat een lens 0,9 van de hoeveelheid licht die erop valt doorlaat. Een kijker met vijf glazen laat dus $0,9^5$ of zes tienden van de hoeveelheid licht die op het objectief valt door.

Onderhoud van kijkers. Men vege de glazen van kijkers alleen af met schoon afgedragen fijn linnen en volstrekt niet met zeemleer of watten die altijd ruwheden bevatten en krassen geven.

Men zorge dat er geen vocht kan komen tusschen de glazen van een samengestelde lens, het flintglas zou dadelijk verweren en men blijve indachtig om een samengestelde lens die uiteengenomen mocht zijn steeds weer met dezelfde vlakken tegen elkaar te plaatsen, en ook om dezelfde zijden der lenzen weer naar buiten te keeren, maar het uiteennemen is zeer nadeelig.

Bij glazen die zeer vuil zijn kan men wat spiritus tehulp nemen doch het is zaak anders niets op het linnen te brengen. Alleen de verniste deelen van kijkers mag men met de vingers aanraken. Lenzen die voor langen tijd niet behoeven te worden gebruikt kan men in de vaseline zetten. Het zoogen. wêer in lenzen bestaat in den regel uit microscopische plantaardige organismen, wieren of schimmels die zich vooral tusschen de oppervlakten vormen. Ontstaat het dus in een lens dan zal dit meestal zijn tusschen de oppervlakten der beide lenzen die samen de achromatische lens leveren. Losschroeven van die beide deelen en grondige zuivering der beide oppervlakken, liefst met verdunde loog en daarna met veel water zal in den regel voldoende zijn om het „wêer" te verwijderen.

Het bepalen van de vergrooting. Men zie door den kijker met het eene oog naar een rasterwerk, een laag metselsteenen of iets dergelijks, en beschouwt hetzelfde met het andere oog buiten den kijker. Dan vergelijkt men het aantal verdeelingen in en buiten den kijker. Bij kijkers met bolle oogglazen kan men op een andere wijze te werk gaan. Men keert het objectief naar den helderen hemel en plaatst onmiddellijk daarvoor een scherm met cirkelvormige opening. De lenzen werpen dan een beeldje op een kleinen afstand buiten het oculair welk beeldje men op een scherm opvangt. De verhouding van beeldje en eerste scherm is de vergrooting des kijkers. Men moet dit eerste scherm aanbrengen, omdat in de kijkerbuis nog meerdere schermen zijn welker beelden men anders zou opmeten inplaats van dat der nu ietwat kleiner objectiefopening.

Vergrooting van binocles, kijkers, enz.

Soort.	Vergrooting.	Prijs ongeveer in Gld.	Aanmerking.
Gewone binocle.	4—6	30—42	Voor de Zeiss fernrohre zie hierna.
Zeiss feldstecher	4—8—10—12	78—130—143—143	
„ relief fernrohr	8—12	117—137	
Jumelle longue vue	14—16—18	75—90—105	
Loodskijker	18	25	
Conische marinekijker	20	27.50	voldoet het best in dagelijksch gebruik.
Idem	30	46.50	
Idem	45	57	
Cilindr. kijker met rondselinstelling	45	80	

Het gebruik van kijkers. Men geeft gewoonlijk op een kijker een merk voor *scherp gesteld*. Is de kijker te ver uitgeschoven dan vertoont een beeld spoedig violette randen, in 't tegenovergestelde geval roode randen. Een bijziende moet een kijker minder ver uithalen dan een verziende. Sferische aberratie is goed gecorrigeerd, als het beeld eener ster als een scherp afgeteekend schijfje is. De minste verplaatsing van het oculair moet de volkomenheid van dat beeld verstoren. De juistheid der lens blijkt als men haar in- of uitschuift, het beeld der ster moet dan cirkelv. blijven en uit concentr. lichtringen bestaan.

Heeft men een binocle, eenmaal op de wacht komende, scherp gesteld dan moet men het instrument zoo laten staan en in dien stand blijven gebruiken zonder er weer aan te draaien, omdat men dan telkens de oogen weer voor andere brandpuntsafstanden accomodeeren moet, wat vermoeiend en wellicht slecht voor de oogen is.

Bij 't gebruik make men wel onderscheid tusschen de omstandigheden of men naar een lichtend punt of naar eenig voorwerp ziet.

Het beeld van een lichtend punt toch blijft een punt, en de helderheid van het beeld is vele malen grooter dan die van het voorwerp. Heeft men b.v. een kijker die driemaal (lineair) vergroot, dan is de helderheid van het beeld 9 maal grooter dan die van het lichtend punt, of zoo de kijker twee glazen heeft, is de helderheid van het beeld (wanneer men de vermindering der lichtsterkte tengevolge van de glazen in aanmerking brengt) $9 \times 0,9^2 = 7,29$ malen grooter dan die van het lichtend punt zelf.

Wanneer men echter een verlicht voorwerp beschouwt dan wordt dat voorwerp wel vergroot in vierkante reden van de lineaire vergrooting des kijkers; maar de hoeveelheid licht die het oog door het oculair treft is ook grooter in vierkante reden van diezelfde waarde. Het gevormde beeld zou dus even helder zijn als het voorwerp zelf zoo er geen lichtverlies op de glazen plaats had. Dit is echter wel het geval en men ziet dus een vergroot beeld van minder intensiteit dan het voorwerp zelf. Daarom gebruikt men de binocle in donkere nachten op andere wijze dan in heldere nachten.

Zoekt men namelijk naar lichten of vuren die als lichtende punten zijn aan te merken, dan geeft de binocle zeer heldere beelden en is het gebruik daarvan gemotiveerd, zoowel bij donkeren als bij helderen nacht.

Zoekt men in een helderen nacht naar zeilen, schepen of dergelijken dan geeft de binocle beelden van mindere helderheid dan de voorwerpen zelf, maar die voorwerpen zijn meestal een weinig verlicht en dus zal het beeld door zijn meerdere grootte, bij voldoende helderheid, wellicht eer in de binocle gezien worden dan door het ongewapend oog.

Maar is de nacht donker en dus de verlichting der voorwerpen gering dan wordt de intensiteit der beelden zoo klein dat men de voorwerpen eerder met het ongewapend oog dan met de binocle zal zien. 's Nachts naar hoog land kijkende, zal men b. v. door de holte der hand allicht meer zien dan door de binocle.

Bij het gebruik van kijkers is de grootte van het veld ook van zeer veel belang. Staat men op een hevig bewegend schip en wil men met den sextant een voorwerp observeeren dan zal dit telkens weer uit den kijker zijn, daarom gebruikt men dan veelal in 't geheel geen kijker of den kijker met het weinig vergrootend oculair. Zoo ook gebruikt men veelal 's nachts de binocle omdat deze een grooter veld heeft dan de lange kijker en omdat het lichtverlies in de binocle minder is dan in den kijker.

Men zij indachtig om lichtzwakke voorwerpen slechts te observeeren met weinig vergrootende kijkers, omdat een sterke vergrooting de lichtintensiteit kleiner zou maken.

Bij het uitkijken naar schepen waarvoor gemeden moet worden zij men indachtig dat maanlicht de zaa volstrekt niet gemakkelijk maakt, maar integendeel het vurenzicht verzwakt en dikwijls niet geschikt is om de rompen der schepen duidelijk te doen uitkomen. Zoo is in de avondschemering de uitkijk moeielijk wanneer de rompen niet meer en de lichten nog niet zichtbaar zijn. Ook is het noodig gedurende de overgave der wachten voor goeden uitkijk te zorgen, daar ieder die afgelost wordt dan juist bezig is met het overgeven van andere zaken en niet zijn volle attentie aan het uitkijken kan wijden.

Bij sommige lange kijkers kan men door in of uitschuiven van het oculair het veld van den kijker vergrooten of verkleinen; men gebruikt dan de sterke vergrooting bij klein veld overdag en de minder sterke vergrooting bij groot veld 's nachts. Dit is de zoogenaamde **dag en nachtkijker.**

Om een gewonen kijker tot een omkeerenden te maken neemt men alle lenzen behalve objectief, oculair en die voor het oculair weg. Men krijgt dan veel helderder beelden. Aldus is een kijker meer geschikt tot het waarnemen van Occultaties van de wachters van Jupiter etc. De geheele bewerking komt feitelijk neer op 't wegnemen der aardsche oogbuis.

De Zeiss Relief-Fernrohre. Deze overtreffen tegenwoordig al wat voorheen op 't gebied der kijkers geleverd is door de verhoogde perspectievische eigenschappen. Zij zijn echter *zeer* duur maar voor een commandant of eersten officier onwaardeerbare albeslissers; voor wachtgebruik zijn zij te mooi. De firma Kipp te Delft levert op aanvrage prijscouranten en gegevens omtrent deze instrumenten.

Zeekaarten.

1. **Wassende kaart.** (Mercator's projectie). Stel men wil een net construeeren tusschen $50°$ en $59°$ breedte en met een lengte uitgebreidheid van $10°$, dan is hoogte kaart $= \text{\VB} 59° - \text{\VB} 50°$ $= 4409, 14 - 3474, 47 = 934,07$ equatorminuten, dus b. v. als eenheid van den equatorminuut $0,1$ c.M. aannemende wordt hoogte kaart $= 93,41$ c.M. Op overeenkomstige wijze bepaalt men den onderlingen afstand der parallellen. Wil men de afplatting in rekening brengen dan herleidt men de geogr. breedte tot geoc. breedte naar de formule: $\tan \varphi' = \frac{b^2}{a^2} \tan \varphi$.

2. **Platte kaart.** Neem als grootte van een lengtegraad aan de grootte die zij op den middelsten parallel der kaart heeft. De breedtegraden blijven alle gelijk aan de aangenomen lengte van den equatorgraad. Alles wordt op deze kaart in O.W.-lijke richting vervormd, zoodat men afstand noch richting nauwkeurig kan meten. Alleen op lage breedten en voor opneming van havens en reeden is deze voorstelling voldoende juist.

3. Trek de parallen als evenwijdige rechte lijnen op onderlinge afstanden $=$ de grootte van een minuut op de middelbreedte der kaart. Voor de berekening dier breedte minuut heeft men de tabellen A en B van Afdg. XXIX. Een lijn loodrecht op de parallellen getrokken stelt den middelsten meridiaan voor. Wanneer men nu voor elke parallel de grootte van de lengteminuut berekent ook uit de tabellen A en B van Afdg. XXIX en die waarden links en rechts van den middenmeridiaan afzet, kan men de deelpunten vereenigen welke lijnen de overige meridianen voorstellen. Bij deze projectie is de vervorming aan den rand der kaart klein daar de meridianen den juisten stand innemen.

4. **Gnomische of centrale projectie.** In den regel wordt deze projectie alleen voor de poolstreken gebruikt, in dat geval is het projectievlak een raakvlak aan een der polen en het snijpunt van dat vlak met den, door eenig punt van het aardoppervlak, verlengden straal is de projectie van dat punt. De meridianen worden alzoo rechte uit de pool divergeerende lijnen en de parallellen concentrische cirkels met straal $= R.\cotan.$ breedte. Elke groote cirkel wordt in deze projectie een rechte lijn en de loodlijn uit de pool daarop neergelaten geeft den vertex.

Bij hydrografisch opnemen wordt ook veelal de gnomische projectie gebezigd, doch dan raakt het projectievlak aan het centrum der kaart. Zonder een merkbare fout te maken stelt men dan de parallellen als concentrische cirkels voor. Zie voor de constructie Brouwer D L II blz. 611 vlgg.

Gebruik enz. van Kaarten en Zeilaanwijzingen, van Berichten aan Zeevarenden en Gidsen.

Wijze van verstrekking voor de Marine. Nederlandsche en Nederlandsch—Indische zeekaarten zijn steeds zooveel mogelijk tot op dato bijgewerkt wanneer men ze van het Ministerie te 's Hage of het Departement te Batavia ontvangt. Dit geldt ook voor de Engelsche kaarten van 't zuidelijk deel der Noordzee en van de overzichtskaarten voor 't Kanaal, door tusschenkomst dier departementen ontvangen.

De datum van het aanbrengen van kleine verbeteringen op de kaarten wordt op de linkerzijde van den onderrand vermeld; hebben belangrijke vernieuwingen of verbeteringen plaats gehad dan staat dit met den datum op het midden van dien rand aangeteekend.

De Nederlandsche lichtenlijsten zijn eveneens bijgewerkt; de Engelsche alleen door verwijzing naar de desbetreffende B. a. Z. in de kolom: Remarks.

De beschrijvingen der Nederlandsche zeegaten worden verstrekt met de desbetreffende B. a. Z. ter plaatse ingelijmd. Van tijd tot tijd komen op die Beschrijvingen aanvullingsbladen, waarna men de ingehechte B. a. Z. verwijdert.

De Engelsche zeilaanwijzingen worden bijgehouden d. m. v. Hydografic Notices en Supplements. Na uitgave van een supplement vervallen de voorgaande notices, en de notices bevatten alleen de veranderingen na het laatstverschenen supplement.

Zie voorts de verschillende publicaties van het Hydrografisch Bureau b. v. den Gids voor den O. I. Archipel.

Verstrekking van topographische en waterstaatskaarten aan Officieren der Zeemacht. Zie Circ. Zeemacht n°. 31 (Min Res. dd 7 April 1887 H n°. 25).

Bijhouden van kaarten enz. aan boord. Veranderingen worden onmiddellijk op de kaart aangebracht en onder den titel verwijst men naar de betreffende B. a. Z.; evenzoo houdt men de lichtenlijsten bij.

De B. a. Z. worden in duplo verstrekt en zijn aan één kant bedrukt. Een stel kan daarom verknipt worden en in de zeilaanwijzingen, gidsen enz. ter plaatse worden ingeplakt. Het andere stel wordt bewaard.

Bij de B. a. Z. behoort een indexboekje waarin men de nummers der ontvangen berichten onder de respectieve hoofden inschrijft. Bij het einde van een jaar komt een indexblad dat inhoudsopgave bevat uit.

Voor Nederlandsch Oost Indië geeft het Departement te Batavia afzonderlijke Berichten aan Zeevarenden uit.

Inrichting der Berichten aan Zeevarenden. De lengte wordt gerekend van Greenwich; behalve bij de berichten betreffende Nederland waarbij de lengte van Amsterdam genomen wordt, tenzij het tegendeel wordt vermeld. Men rekent voor de lengteverschillen:

Amsterdam (Westerkerk) . . $4°\ 53'\ 3'',8$ O. van Greenwich.
Batavia (*) (Uitkijk) . . . . $106°\ 48'\ 37'',05$ O. „ „
Parijs . . . . $2°\ 20'\ 15''$ O. „ „
San Fernando (Cadix) . . . $6°\ 12'\ 24''$ W. „ „

Het oog van den waarnemer wordt gerekend 4.5 M. boven hoog water.
De zeemijl is de minuut van 60 in een meridiaangraad = Eng. mijl = $^1/_4$ D.G.M. = 1852 meter.
De peilingen zijn van uit zee en magnetisch, tenzij het tegendeel vermeld wordt.
De diepten zonder nadere omschrijving zijn uitgedrukt bij gewoon laag water.
Hoogten van lichten en voorwerpen zijn uitgedrukt boven hoogwater.
Met stuurboords of bakboordszijde van het vaarwater, denke men zich op een binnenkomend schip.

---

*) Op de kaarten enz. vóór 1897 uitgegeven is de aangenomen lengte van Batavia $106°\ 48'\ 25'',5$.

Voor de verkortingen in de B. a. Z. zie blz. 1 van elken jaargang, datum 1 Januari.

Mededeelingen op zeevaartkundig gebied over Nederlandsch Oost-Indië.

Door het *Ministerie van Marine, Afdeeling Hydrographie* worden, onder bovenstaanden titel uitgegeven de over *Nederlandsch Oost-Indië* verzamelde hydrographische berichten, welke te uitvoerig zijn om opgenomen te worden in de „Berichten aan Zeevarenden".

Deze Mededeelingen verschijnen op onbepaalde tijdstippen en worden door de firma MOUTON & Co., Uitgevers en Boekdrukkers te '*s-Gravenhage*, op aanvrage kosteloos en franco aan belanghebbenden aan een vast adres binnen het Rijk toegezonden.

Particuliere kaarten. (Bluebacks). Met omzichtigheid te gebruiken, want ongelukken tengevolge van onnauwkeurigheden in de blueback die op de admiraliteitskaarten vermeden waren, worden niet verontschuldigd.

Het lezen der kaart. In aanmerking nemende de groote moeite en zorg waarmêe kaarten vervaardigd worden zal het *zeer veel studie* vereischen om op een kaart te lezen wat erop staat en alles eruit te halen wat erin zit. Juiste kennis van de gebruikelijke teekens en afkortingen is daarom in de eerste plaats noodzakelijk. Wij geven dan ook de gebruikelijke verkortingen op de meest voorkomende kaarten, zoomede de gebruikelijke inrichting der kaart.

Dieptereductie. In Nederland zijn de diepten die op de kaarten staan aangeteekend gereduceerd op gemiddeld laagwater. Op de Indische kaarten zijn de diepten gereduceerd op gemiddeld laag-waterspring. Dit laatste is ook op de Engelsche, Duitsche en Belgische kaarten het geval. De Franschen reduceeren de diepten op den laagst bekenden waterstand.

Wanneer men in Nederland reduceert op Amsterdamsch peil moet onderscheiden worden of men het oude A. P. van vóór 1875 bedoelt of van na dien datum. In het laatste geval spreekt men van Nieuw Amsterdamsch Peil N. A. P.

In Oost-Indië (Java) wordt gewoonlijk gewerkt met S. H. V. P. Soerabaja Haven Vloed Peil·

Gebruik der kaarten. Voor in de zeemansgidsen vindt men gewoonlijk schetsjes waarop men onmiddellijk zien kan welke kaarten van zekere gedeelten bestaan. Ook zijn indexkaarten verkrijgbaar, die voor hetzelfde doel dienen.

Om de nauwkeurigheid van een kaart te beoordeelen lette men op het jaar der opneming; hoe ouder zij is, hoe minder vertrouwen zij verdient. Veel of weinig loodingen maken de be-trouwbaarheid der kaart groot of gering en wanneer de loodingen schaarsch of ongelijk verdeeld zijn, zij men voorzichtig. Plekken waar geen loodingen voorkomen met zorg te bevaren, vooral bij rotsige kusten, daar waar koraalriffen kunnen zijn. Ingeval van verschil tusschen kaart en zeilaanwijzing, dient men de eerstgenoemde meest te vertrouwen, ingeval van verschil tusschen lichtenlijsten en kaarten of zeilaanwijzingen geeft men aan de lichtenlijsten de voorkeur. Ge-compileerde kaarten moeten omzichtig gebruikt worden, vooral daar de onderlinge ligging van verschillende kusten min betrouwbaar kan zijn.

De diepte van vijf vademen is een waarschuwing om niet zonder noodzaak daarbinnen te komen, tenzij bij détailopnemingen waarvan men zeker is dat ook binnen die lijn goed is gelood. Langs rotsige kusten is de tienvaamslijn waarschuwing en vooral kaarten of gedeelten zonder dieptelijnen zijn met zorg te gebruiken, daar dit erop wijst dat er geen gegevens genoeg waren of de diepten te variabel waren om zulk eene lijn te trekken.

Bij 't bepalen van punten door kruispeiling of Snellius zij men indachtig dat het nat gedrukte papier krimpt en dus de punten zelden zuiver zijn te bepalen, al zijn de waarnemingen goed; alsook dat men bij gecompileerde kaarten op fouten tengevolge van onjuiste onderlinge ligging bedacht moet zijn. Kaarten op groote schaal verdienen de voorkeur boven die op kleine schaal. Op de ligging van tonnen en boeien moet men niet te zeer bouwen; kruispeilingen op nabijzijnde voorwerpen verdienen meer vertrouwen. Men rekene niet te zeer op het te juister tijd hooren van opgegeven mistseinen, maar gebruike het lood, zie Afdg. XV. De lichtcirkels worden in Engelsche werken opgegeven voor een hoogte van het oog van 4,5 M.; zoo ook in de Nederlandsche lichtenlijsten. Men lette vooral op de declinatie der naald volgens de kaart in verband met de jaarlijksche verandering.

Voor de grens der lichtcirkels zie Afdg. XXVIII.

Declinatie of variatie. De uitdrukkingen variation increasing of decreasing beteekenen dat de toe of afname hetzelfde of het tegengestelde teeken van de declinatie heeft. Deze veranderingen zijn echter dikwijls slechts zeer onnauwkeurig bekend.

Voor de Engelsche Admiraliteitskaarten zijn de navolgende verkortingen in gebruik:

Bodemsoort.	Gebruikelijke verkortingen.				Gebruikelijke inrichting.
b. — blue	Alt.	Alternating	L^t. F.	Light Fixed	1. De verticale randen loopen gewoonlijk recht noord en zuid.
blk. — black	Anch^{ge}.	Anchorage	L^t. Fl.	„ Flashing	
br. — brown	B.	Bay	L^t. F. Fl.	„ Fixed and	2. Diepten worden herleid tot gewoon laagwaterspring en uit-
brk. — broken	B.	Black		flashing	gedrukt in vademen of voeten,
c. — coarse	(bij een boei)		L^t. Grp. Fl.	„ Group Flashing	naarmate op de kaart is vermeld.
cl. — clay	Bat^y.	Battery	L^t. Int.	„ Intermittent	
crl. — coral	Bk.	Bank	L^t. Occ.	„ Occulting	3. Onderstreepte cijfers over een droogte geven aan 't zij hoe-
d. — dark.	Bn.	Beacon	L^t. Rev.	„ Revolving	veel water er bij H. W. op de
f. — fine	C.	Cape	L B.	Life Boat	bank staat, 't zij hoeveel de droog-
for. — foraminifera	C. G.	Coast-Guard	L. W.	Low Water	te boven L. W. uitsteekt, alnaar-
g. — gravel	Cath.	Cathedral	L. S. S.	Life Saving Stn.	mate op de kaart is vermeld.
gl. — globigerina	Ch.	Church	Mag^z.	Magazine	4. Snelheid van het tij is aan-
gn. — green	Chan.	Channel	Mag^c.	Magnetic	geduid in zeemijlen per uur. De
grd. — ground	Cheq.	Chequered	Min.	Minutes	periode van het tij in kwarten
gy. — gray	(bij een boei)		(bij een licht)		1 st. qr. tot 4th qr, soms ook
h, — hard	Col^d.	Coloured	M^t.	Mountain	door stippen op de stroompijlen;
m. — mud	Cr.	Creek	N$_p$.	Neaps	het aantal stippen is gelijk aan het aantal uren voor of na H. W.
oys. — oysters	ED.	Existence	m.	Miles	
oz. — ooze		doubtful	Ols^n. Spot.	Observation spot	5. Rijzing en verval zie blz. 91.
peb. — pebbles	Flg. Lt.	Floating	P.	Post	6. Hoogten worden opgegeven
pt. — pteropod		Light	P. D.	Position doubtful.	boven gewoon hoogwaterspring
r. — rock	Fms.	Fathoms	P$_k$.	Peak	en in voeten. (Uitzonderingen worden op de kaart vermeld).
rad. — radiolaria	F. S.	Flagstaff	P^t.	Point	
rot. — rotten	Ft.	Foot or feet	R.	River	7. Peilingen, winden en stroo-
s. — sand.	G.	Gulf	R.	Red	men volgens magnetische rich-
sft. — soft.	Gr. Grn.	Green	(bij een boei)		ting. Peiling van lichten van uit zee.
sh. — shells	G^t.	Great	R^f.	Reef	
spk. — speckled	H.	Hour	R^k.	Rock	8. Een kabellengte is ruim 100 vaam = 185 Meters.
st. — stones	H^d.	Head	S^d.	Sound	
stf. — stiff	H^o.	House	Sec.	Seconds	9. Een vaam is zes Voet.
w. — white	Hr.	Harbour	Sem.	Semaphore	10. Dieptelijnen meest van 3 5, 10, 20 en 100 vaam.
wd. — weed.	H. S.	Horiz. stripes	(bij een licht)		
y. — yellow.	(bij een boei)		Sh.	Shoal	Verdere teekens en verkortin- gen zie: *Explanation of Signs*
	H. W.	High water	Sp.	Springs	*and Abbreviations adopted in the*
	H.W. F. & C.	High water	Stn.	Station	*Charts issued by the Hydrographic*
		Full& Change	Str.	Strait	*Office Admiralty*, overal verkrijg- baar, prijs sixpence.
	I.	Island	Tel.	Telegraph	
	Is.	Islands	Tel St^n.	Telegraph Station	
	Kn.	Knots	Var^n.	Variation	
	L.	Lake, Loch, Lough	Vil.	Village	
			Vis.	Visible	
	Lat.	Latitude	(bij een licht)		
	Long.	Longitude	V. S.	Vertical Stripes	
	L^t.	Light	W.	White	
			(bij een licht)		
			W. Pl.	Watering Place	

Gebruikelijke teekens zijn:

 Rotsen waarboven bij L. W. minder dan zes voet water. ⚓ Ankerplaats voor groote schepen.

Rotsen met laagwater droog. Id. voor kleine schepen.

Richting van den stroom.

Voor de Nederlandsche en Nederlandsch-Indische kaarten zijn de navolgende verkortingen in gebruik:

Bodemsoort.	Gebruikelijke Verkortingen.				Gebruikelijke inrichting.
b. blauw.	B.	Berg.	Pt.	Punt.	In Nederland vindt
br. bruin.			R.	Rivier.	men gewoonlijk op
gebr. gebroken.	Br.	Breedte.	Re.	Reede.	de kaarten de
d. donker.	Bk.	Bank.	Rf.	Rif.	dieptelijnen van 25,
de. derrie.	Bt.	Bont.	Rs.	Rots.	50, 80 en 180 d.M.;
f. fijn.	B. T.	Bestaan twijfelachtig	Sec.	Secunden.	in Indië die van
grd. grond.	?	id.	S. H. V. P.	Soerabaja Haven	3, 5, 7 vM.
gl. geel.	d.M.	decimeter.		Vloed Peil.	
gn. groen.	Dp.	Dorp.	Str.	Straat.	De stroomen zijn
gr. grof.			Tel.	Telegraaf.	aangeduid als op de
gs. gruis.	Dr.	Droogte.	U.	Uur.	Engelsche kaarten.
gij. grijs.	E.	Eiland.	Vm.	Vadem.	
h. hard.	G.	Golf.	V. S.	Vertikale strepen.	
k. klei.	G. M.	Geografische mijl.	V. W.	Versch water.	
kr. koraal.	Gt.	Groot.	W.	Wit.	
m. modder.	H.	Hoek of Hoofd.			
mos. mosselen.	Hn	Haven.	o/m	over het midden.	
oes. oesters.	H. S.	Horizontale strepen.	Gb.	Geblokt.	
r. rots.	H. & L. W.	Hoog en laagwater.	Gn.	Groen.	
rd. rood.	V. & N. M.	Volle en nieuwe maan.	R	Rood.	
s. schelpen.	Kk.	Kreek.	Varie.	Variatie.	
sb. slib.	Kl.	Kanaal.	Z.	Zwart.	
skg. steekgrond.	Kn.	Klein.	Bd.	Band.	
sp. spikkels.	Kp.	Kaap.	Gem.	Gemiddeld.	
st. steenen.	L.	Lengte.			
vn. veen.	L. O.	Ligging onzeker.	Gg.	Goenoeng.	
w. wit.	L. S.	Lichtschip.	P.	Poeloe.	
wr. wier.	Lt.	Licht.	Br.	Besaar.	
z. zand.	V. Lt.	Vast licht.	Og.	Oedjoeng.	
zt. zacht.	F. Lt.	Flikkerlicht.	Sy.	Soengei.	
zw. zwart.	D. Lt.	Draailicht.	Ktl.	Ketjil.	
gw. grauw.	M.	Meter.	Tg.	Tandjong.	Verdere teekens
	Ms.	Vierk. meter.	Ma.	Moeara.	en verkortingen zie:
	Pk.	Piek.	K.	Kwalla, Kali.	**Teekens en ver-**
	Plt.	Plaat.	Kg.	Karang, Kampong.	**kortingen aan-**
			Bt.	Batoe.	**genomen in de**
					kaarten etc, prijs
					50 cents.

Op Fransche, Italiaansche, Spaansche en Duitsche kaarten vindt men o.a. de volgende verkortingen om de bodemsoort aan te duiden.

Nederlandsch.	Fransch.		Italiaansch.	Spaansch.	Duitsch.	
Klei	A.	Argile	Argilia	Arcilla of Barro	L.	Lehm
Koraal	Cor.	Corail	Corallo	Cl. Coral	K.	Korallen
Kiezel	Gr.	Gravier	Rena of Ghiaia	C⁰ Cascájo	g. s.	Grobes Sand
Modder	V.	Vase	Fango	F. Fango	Sch.	Schlemm
Rots	R.	Roche	Roccia	P. Piedra of Roca	F.	Fels
Zand	S.	Sable	Sablia of Arena	A. Arena	S.	Sand
Schulpjes	Coq.	Coquilles	Conchiglia	Cᵃ Conchuela	M.	Muschel
Steenen	Pi.	Pierre	Pietra	P. Piedra		Stein
Gras	H.	Herbe	Alga	A. Alga	G.	Gras
Fijn	fin.	Fin.	Fino	f Fino	f.	Fein
Grof	g.	Gros	Grosso	Escalroso	g.	Grob
Hard	d.	Dur	Tenace	Tenaz	Z.	Zähe
Zacht	m.	Mou	Molle	Muelle	W.	Weich
Zwart	n.	Noir	Nero	Negro	Schw.	Schwarz
Rood	r.	Rouge	Rosse	Roxez		Roth
Geel	j.	Jaune	Giallo	Amarillo		Gelb

Veelvuldig op vreemde kaarten voorkomende woorden, volgen hieronder met hunne beteekenis.

Abad	(Perz.)	Stad.	Farvand	(noorsch) vaarwater.	Kizil	(turk)	rood	Poor, pore	(Ind.)	stad.
Aber	(Kelt)	a/d mond der rivier.	Fu	(chin.) stad.	Ko	(jap.)	klein.	Puebla	(Sp.)	dorp.
			Gawa	(jap.) rivier	Kors	(noor)	kruis.	Punta	(It.)	kaap.
Akaba	(Arab)	Pas.	Gammel	(noor) oud.	Kuh	(perz.)	berg.	Ras	(arab.)	kaap.
Ard	(Kelt)	Hoog.	Giri	(ind.) berg.	Kuro	(jap.)	zwart.	Selva	(sp.)	bosch.
Bahia	(Port)	Baai.	Gol	(mong) meer.	Ling	(chin.)	berg.	Semlja	(russ.)	land.
Bahr	(Arab)	Rivier.	Grad	(serv.) stad.	Llan	(kelt.)	kerk.	Lhan	(chin.)	bergreeks.
Bakke	(noor)	Baken.	Innis, ennis	(kelt.) eiland.	Maremma	(it.)	moeras.	Shima	(jap.)	eiland.
Bally	(iersch)	Dorp.	Inver	(kelt.) als Aber.	Me	(siam)	rivier.	Shin	(jap.)	wit.
Balkan	(Turk)	Berg.	Irmagh	(turk) rivier.	Medina	(arab.)	stad.	Sierra	(sp.)	gebergte.
Ben	(Kelt)	Berg.	Jama	(Jap.) berg.	Minde	(noor)	mond.	Skerry	(eng)	rots of scheer.
Chow	(chin.)	Stad.	Jebel	(arab) berg.	Nada	(jap.)	baai.			
Ciudad	(sp)	Stad.	Jeni	(turk) nieuw.	Negro	(sp.)	zwart.	Skjaer	(skan.)	
Cordillera	(sp.)	bergreeks.	Kami	(Jap.) boven.	Nor	(mong)	meer.	Slievh	(ier.)	berg.
Dagh	(turk)	berg.	Kara	(turk) zwart.	Ny	(noor)	nieuw.	Stan	(perz.)	land.
Darja	(perz)	water.	Kebir	(arab) groot.	Oë	(skand)	eiland.			
Deccan	(ind.)	zuidland.	Kesr	(arab) kasteel	Patum	(sanskr.)	stad.			
Dyfde	(noor)	diepte, laagte.	Kiang	(chin.) rivier.	Polis	(gr.)	stad.			
Eski	(turk)	oud.								

Kaartpassen. Een ruim opgevat gebruik van *goede* evenwijdige linialen in plaats van onhandige driehoeken is aan te bevelen. *In graden verdeelde* evenwijdige linialen en driehoeken zijn gemakkelijk doch zelden nauwkeurig afgewerkt of zeer duur. Een van mica vervaardigde transporteur of graadboog met ·een gaatje door 't middelpunt geboord en daardoorheen een draad geschoren is zeer gemakkelijk. Om b. v. een koers tusschen twee punten af te zetten trekt men door een der punten met de evenwijdige liniaal een Noord en Zuidlijn — legt den graadboog met het middelpunt over de eene plaats, spant het lijntje en leest den koers af. —

Eenig zuiver beginsel om verheden op de wassende kaart te meten; is dat door Mercator zelf aangewezen, maar haast onbekend is.

Lees dan op den rand der kaart het breedteverschil tusschen A en B af en zet dat verschil *met de graadverdeeling van den ondersten rand der kaart als eenheid* op een der meridianen af, vanaf dien rand te beginnen; trek door het op dien meridiaan verkregen punt een lijn evenwijdig · aan den koers van A naar B, dan is de lengte dier lijn tot aan den ondersten rand der kaart gelijk aan een aantal graden en minuten dat gelijk aan de verheid is. Immers verkrijgt men een rechthoekigen driehoek waarvan de eene zijde $= \varDelta$ b en de hypothenusa $= \varDelta$ b sec. k $=$ v. is.

Vergelijkingstabel voor Nederlandsche en Engelsche vademen en Meters.

	I			II			III	
Eng. vadem	Holl. vadem.	Meters.	Holl. vadem	Engelsche vadem.	Meters.	Mr.	Engelsche vadem.	Hollandsche vadem.
1	1.01598	1,82877	1	0,98427	1,8	1.	0,54682	0,55556
2	2,03196	3,65753	2	1,96854	3,6	2.	1,09363	1,11111
3	3,04794	5,48630	3	2.95281	5,4	3.	1,64045	1,66667
4	4.06393	7,31507	4	3,93708	7,2	4.	2,18727	2,22222
5	5,07991	9,14383	5	4.92135	9,0	5.	2,73408	2,77778
6	6,09589	10,97260	6	5,90562	10,8	6.	3,28090	3.33333
7	7,11187	12,80137	7	6,88989	12,6	7.	3,82772	3,88889
8	8,12787	14,63013	8	7.87416	14,4	8.	4,37453	4,44444
9	9,14383	16,45890	9	8,85843	16,2	9.	4,92135	5.—

Op sommige oudere Indische zeekaarten is nog gebruikt de oude Amsterdamsche vadem van 1,699 M verdeeld in 6 voeten.

Dieptematen in verschillende landen gebruikelijk.

In België, Chili, Duitschland, Frankrijk, Italië en Oostenrijk is de Meter de gebruikelijke maat. Echter treft men de navolgende dieptematen aan:

	Naam.	Lengte in M.		Naam.	Lengte in M.
Denemarken	Favn	1,883	Noorwegen	Favn	1,883
Duitschland	Klafter	1,883	Oostenrijk	Klafter	1,896
Engeland	Fathom	1,829	Portugal	Braça	2,200
Frankrijk	Brasse	1,624	Rusland	Sascheen	1,829
Japan		1,829	Spanje	Braza	1,672
Nederland en Indië	Vadem	1,80	Vereen. Staten	Fathom	1,829
Nederland	Amst. vadem	1,699 verouderd.	Zweden.	Favn	1,781

Waarde der kabellengten in verschillende landen gebruikelijk:

Nederland	Kabellengte (manoeuvres)	225 M.	
„	Lengte tros	200 „	
Frankrijk	Encablure (oud)	195 „	
„	Encablure (nieuw)	200 „	
Engeland	Cable's length or cable	185 „	$^1/_{10}$ zeemijl.
Oostenrijk	Kabellänge (taktiek)	200 „	
Duitschland	Kabellänge (taktiek)	180 „	
Portugal	Estadio	258 „	
Spanje	Medida o cable	200 „	
Rusland	Kabel	183 „	

Gebruikelijke Teekens en Afkortingen op de meeste Indische Zeekaarten van vóór het jaar 1895.

A. Bergachtige kust

B. Rotsige

C. Gewoon strand

D. Zand

Lijn met laagwater droog

„ *van 3 vadem*

„ „ *5* „

„ „ *7* „

Steenen of bank boven water

Klip, rif of bank met laagwater droog

„ „ „ „ „ minder dan 3 vadem water

„ „ „ „ „ 3 tot 5 „ „

„ „ „ „ „ 5 tot 7 „ „

Rif of bank aan de eilanden of aan den wal vast

Altijd branding

Branding

Branding met verkleuring. ⌣ Verkleuring zonder branding

Aanlegplaats voor sloepen

Richting van den stroom

„ van den vloed

„ van de eb

z. zand, m. modder, s. schulpen, st. steenen, kr. koraal.

B.T. Bestaan twijfelachtig, L.O. Ligging onzeker, V.L. Vast licht, D.L. Draai licht.

L.S. Licht schip.

S.L. Schitter licht.

12

AANTEEKENINGEN VAN DEN GEBRUIKER.

6DE AFDEELING.

KOMPASSEN.

INHOUD: Kompasroos, ketel, nachthuis. — Marinekompassen. — Gyroscoop. — Oorzaken der fouten, opmaken der stuurlijst. — Herleiding van streken tot graden. — Formule voor de fouten. — Compensatie, theörie en praktijk.

Kompasroos, ketel en nachthuis.

Voorwaarden waaraan een goede kompasroos voldoen moet.

a. Een roos moet niet zwaarder zijn dan voor de stevigheid vereischt wordt.

b. Zal zij dan toch zoo rustig mogelijk zijn, dan moet het traagheidsmoment voor dat kleine gewicht zoo groot mogelijk zijn.

c. In verband met *b* moet dus de massa zooveel mogelijk aan den omtrek gebracht zijn.

d. Het magnetisch moment moet groot zijn.

Opmerking. De waarde van een roos wordt dus grootendeels uitgedrukt door de verhouding van statisch moment, en traagheidsmoment, maar beide momenten moeten elk op zich zelf een groote waarde hebben.

Algemeene inrichting der kompassen van Thomson.

a. De Roos. Bestaat uit een zeer dunnen ring van aluminium welke den buitenomtrek vormt. Aan dezen ring hangt om zoo te zeggen het geheel en het gewicht van den ring is ongeveer de helft van het geheele gewicht. Hij is in 32 gelijke deelen verdeeld en van uit ieder deelpunt loopt een dun zijden koord (of fijn koperdraad naar het midden). — Deze koordjes loopen aldaar uit op een schijfje van aluminium dat concentrisch geplaatst is met den buitensten ring. Het rust op den kompasdop die eveneens van aluminium is vervaardigd en voorzien is van een saffieren steentje. De magneetnaalden, van dun staaldraad, zijn 5.1 tot 8.2 c.M. lang en wegen samen 3.5 G. Gewoonlijk bevat iedere roos acht naalden die als de treden eener Jakobsladder met twee koorden van zijde (of fijn koperdraad) zijn verbonden en welk naaldenstelsel weer door vier koorden bevestigd is aan den buitensten ring. De roos is slechts zoover met zeer dun, doch stevig papier beplakt als noodig is om graden en kompasstreken duidelijk aan te brengen.

Heeft dus deze roos een groot traagheidsmoment, zij komt ook niet gemakkelijk in beweging, doch eens in beweging, komt zij niet spoedig tot rust, hetgeen een bezwaar zou zijn. In de praktijk blijkt echter dat de roos niet in beweging komt, waardoor het bezwaar vervalt.

De kleine magneetstaven worden niet noemenswaard door locale invloeden aangedaan en hebben daardoor eenige voordeelen in 't gebruik. Immers door groote magneetstaven te gebruiken neemt de magneetkracht boven een zekere grens niet in grootere doch zelfs in kleinere mate toe dan de massa en zouden dus de rozen ten slotte trager worden. (Grooter naalden dan van 6 inch lengte zijn niet te gebruiken). — Wanneer men verder den afstand der naalden tot de compensatiemagneten kleiner maakt dan zesmaal de halve lengte der naald, dan ontstaat een sextantale afwijking (F sin 3 ζ' + G cos 3 ζ') en de semicirculaire afwijking wordt grooter. Kleine naalden hebben dus het voordeel dat de mogelijkheid om sextantale afwijkingen te krijgen kleiner is dan bij groote naalden, terwijl bovendien de kwadrantale afwijking gemakkelijk gecompenseerd kan worden door kleine handelbare massa's weekijzer. Men gebruikt daartoe met succes weekijzeren bollen of, wat goedkooper is, stukken van gebruikte ijzeren vlampijpen.

De subtiliteit der roos is in de praktijk niet bezwaarlijk want de inrichting brengt mee dat het in de praktijk nimmer noodig is haar uit den hermetisch gesloten ketel te nemen. Dit toch zou alleen noodig zijn als men haar uit den ketel wilde nemen om de pen te scherpen en dat is bij een zoo lichte roos onnoodig. De kegelvorm van den kompasdop toch waarborgt der roos dat zij met haar midden op de pen rust mits deze scherp zij en de lichtheid der roos vrijwaart de pen tegen afslijting. — De subtiliteit der roos is in sommige opzichten voordeelig, b.v. bij schokken en stooten gaat veel levendige kracht aan vormverandering verloren hetgeen aan de duurzaamheid van pen en roos ten goede komt, terwijl de vormverandering zich vanzelf herstelt, wat b.v. niet het geval is bij het kromtrekken der micaschijven waaruit ouwerwetsche rozen zijn samengesteld.

b. De Kompasketel. Is van koper, gedeeltelijk cylindervormig en van onderen afgeknot kegelvormig. Koper is een geschikt metaal, daar bij het slingeren eener naald in een koperen ketel stroomen opgewekt worden die de beweging tegenwerken. Het kegelvormig deel wordt van het cylindrische gescheiden door een horizontale plaat en het onderste deel wordt met ricinusolie gevuld De tappen zijn niet cylindrisch doch van onderen prismatisch bijgewerkt. De kompaspen staat in een kokertje en eindigt in een punt van iridium. Van boven wordt de ketel hermetisch gesloten door een glazen plaat die d. m. v. vier schroeven wordt aangezet.

Bij de nieuwere soorten is op den rand van het glasdeksel een verdeeling van 0° — 180° aangebracht waardoor men gemakkelijk kan nagaan of de pen gecentreerd is en tevens peilingen ten opzichte van de kiellijn kan nemen. Omdat men niet over de bollen weekijzer heen kan zien is:

c. De Peiltoestel van een bijzonder model. Tegenwoordig is die toestel van een prisma voorzien. Op de gewone manier peilt men daarmée een hemellichaam brengende het beeld met behulp van het prisma op den rand der roos. Om echter een voorwerp dat in de kim is te peilen draait men het prisma 180°. om en krijgt aldus den rand der roos (die dan van een tweede verdeeling in spiegelschrift voorzien moet zijn) in het prisma. — Het voordeel van deze peiltoestellen is daarin gelegen dat het niet noodzakelijk is dat het gepeilde voorwerp juist ligt in den vertikaalcirkel die door 't midden van den toestel gaat. met uitzondering van peiling bij groote hoogten van het hemellicht, dan toch moet men het beeld laten samenvallen met den wijzer. — Om te onderzoeken of de lens goed gesteld is, moet men in de haven den ketel nauwkeurig horizontaal leggen en dan de zon als zij 25° à 30° hoog staat peilen. Het peiltoestel dan een weinig heen en weer gedraaid wordende, mag de peiling niet veranderen. Doet zij dit wel, dan staat de lens niet goed, wat belangrijke fouten kan veroorzaken.

d. De Cardanustoestel bestaat uit een ring met twee diametraal gelegen tapgaten. In vorm komen die gaten overeen met de tappen, doch zij laten ruimte voor een vrije beweging. De ring hangt aan twee kettingen die bevestigd zijn aan een sterk veerenden ring van ineengedraaid koperdraad die d.m.v. twee kogelscharnieren op het nachthuis rust.

e. Het Nachthuis. Hiervan bestaan twee soorten n.l. die welke ingericht zijn voor de circulaire en die voor de rechthoekige methode ter compensatie van de semicirculaire afwijking (zie hierna).

De Marinekompassen.

Worden onderscheiden in:

1. Standaardpeilkompassen, groot model.
2. Standaardpeilkompassen, klein model.
3. Stuurkompassen.
4. Sloepsvloeistofkompassen.
5. Kajuitshangkompassen.
6. Boussoles van Breithaupt.

a. De zijden rozen. Tusschen twee, gedeeltelijk van bandstaal en gedeeltelijk van bandkoper van gelijke afmetingen vervaardigde ringen wordt een lap zijde geperst, waarop vooraf d. m. v. lithografischen druk een windroos is afgebeeld. Is die bewerking geslaagd dan verkrijgt men een zuiveren hoepel van metaal die met zijde bespannen is. De stalen deelen der ringen vormen na magnetisatie de eigenlijk gezegde magneetnaalden en de koperen gedeelten ervan worden zoo lang genomen dat de polen der buitenmagneten 24°, die der binnenmagneten 96° van elkaar verwijderd zijn. De Noord en Zuidlijn der roos moet natuurlijk midden tusschen de boogvormige stalen deelen gelegen zijn. In het midden van het geheele stelsel is een kompasdop met saffieren steen aangebracht. Na het magnetiseeren verkrijgt de roos 2 zuid en 2 noordpolen in beide ringen die op bovengenoemde afstanden van elkaar liggen, alzoo 8 magnetische polen op zoodanigen afstand dat aan de theorie van Evans voor magneetnaalden van groote lengte voldaan wordt.

Om de zijde minder invloed van temperatuursverschillen te doen ondervinden en beter bestand te doen zijn tegen vocht, wordt zij geparaffineerd en daarna zoodanig geprepareerd dat de stof die door de paraffine te doorzichtig wordt, weer een doorschijnend en matwit voorkomen verkrijgt.

Op schepen voor buitenlandschen dienst wordt een waarlooze zijden roos per kompas verstrekt. De rozen moeten echter niet zonder noodzaak verwisseld, of uit den ketel genomen worden. Heeft men eene roos aan te vatten dan grijpt men haar altijd bij den kompasdop aan. Wordt zij in den ketel geplaatst dan is het noodig goed toe te zien dat de zijde niet met de punt der pen in aanraking kome. Bij gebruik stelle men de rozen zoo min mogelijk aan de directe werking der zonnestralen bloot. Ook moeten zij nimmer op ijzeren of stalen voorwerpen gedeponeerd worden. In de kistjes worden de rozen bewaard, met het Noorden naar de scharnieren gericht, waarna de kistjes worden opgestapeld met de scharnieren om en om zoodat steeds een Noordpool naar een Zuidpool gekeerd is. De rozen moeten op een droge plaats geborgen en van tijd tot tijd, door 't openzetten der deksels gelucht worden. — Vocht doet niet alleen de zijde verweren maar ook de naalden roesten.

b. De Kompaspennen.

Worden van gehard staal vervaardigd. Zij moeten midden in den ketel staan, waarvan men zich overtuigen kan door te onderzoeken of de spits van de pen, in alle standen van het vizier door den horizontalen draad wordt gedekt. Men kan de pennen niet zelf slijpen. Bij ieder kompas en bij elke waarlooze roos worden drie stalen pennen verstrekt. Men houde aanteekening wanneer eene pen verwisseld wordt en deponeere bij de gebruikte pennen eene opgaaf van datum en reden der verwisseling. De pennen worden verstrekt in geparaffineerd papier in glazen buisjes die in de kistjes der rozen worden bewaard. Bij ontpakking ontdoet men de punt met een schoonen doek van het vet, hetgeen dringend noodig is omdat zelfs een weinigje vaseline aan de punt de goede werking kan verhinderen, maar men mag de punt nimmer met den vinger aanraken daar zij anders roesten gaat.

Moet men pennen inpakken, dan brenge men ze allen gelijktijdig in het buisje, zoodat de punt van de eene pen niet door de onderzijde van de andere beschadigd kan worden; daarenboven moeten alle punten naar de opening van het buisje gericht zijn.

Plaatst men een nieuwe pen, dan moet de moer van het draagstuk stevig worden aangezet, daar de roos bij eenige trilling der voortstuwers, hevig zal gaan gieren zoo die pen maar de minste speling heeft.

c. De Peiltoestellen.

Men overtuige zich nu en dan en vooral bij verificatie der fouten in zee, dat daaraan niets mankeert. Wil men den toestel vertikaal op het dekglas stellen dan beschouwt men door het keepvizier den horizontalen draad en verstelt de kruiskoppen, totdat deze draad haar spiegelbeeld in het dekglas volkomen bedekt.

Al is de peiltoestel in orde zoo neme men toch geen peilingen met behulp van het spiegeltje maar men gebruike alleen rechtstreeksche peilingen, b. v. kimpeilingen, omdat bij eenigszins aanzienlijke hoogten de fout van den stand des spiegels aanmerkelijk vergroot op de peiling overgaat.

d. De Cardanusinrichting. Men kan den ketel rechtstreeks in den Cardanusring laten hangen doch ook hem aan dien ring laten hangen door inschakeling van elastieke banden, waartoe men twee koperen pennen uitneemt. Dit laatste is zelden noodig doch goed tegen trillingen — bij nieuwe ketels komen die banden niet meer voor.

e. De Nachthuizen worden vernist verstrekt, men poetse er dus niet aan alvorens het vernis begint los te laten. Behalve de inrichtingen voor de compensatie der quadrantale afwijking bestaande uit bakjes met hondeketting, bussen met weekijzeren staven of kleine vloeistof kompasjes, vindt men bij de nieuwere kompassen eene inrichting voor vertikale magneetstaven aangebracht, waaraan men echter vooral in zee niets zonder noodzaak mag veranderen. Het ware beter als de nachthuizen verstrekt werden met vier schroefbouten inplaats van drie, men denke er ook bij 't opstellen van een nachtbuis om, dat het deurtje in den voet naar achteren behoort te zijn gekeerd. Moet een nachthuis worden opgesteld dan gaat men als volgt te werk:

Men verwijdert de houten schijf onder aan 't nachthuis, door de drie moerbouten los te maken; men zal dan bevinden dat de schijf zeven gaten heeft waarvan één door 't middelpunt gaat, in die gaten passen houtschroeven. Heeft men de plaats waar 't nachthuis komen moet vastgesteld dan wordt de schijf met de middelste schroef aan het dek bevestigd. Dan wordt het nachthuis weer op de schijf geplaatst en behoorlijk, na tusschenvoeging van de caoutchoucschijven vastgezet. Door draaiing van het geheel om de eene aangebrachte houtschroef brengt men nu (met behulp van het peiltoestel) kompaspen en zeilstreep inéén met het langsmerk dat de kiellijn aanduidt en daartoe op mast of schoorsteen of iets dergelijks is aangebracht. Is dit geschied dan wordt de onderste schijf gemerkt en maakt men een overeenkomstig merk op het dek, verwijdert het nacht-huis, zet de overige zes schroeven aan en zorgt dat de merken goed overeen blijven komen. Is dit alles gereed dan wordt het nachthuis opnieuw aangebracht waarbij men met de moerbouten de richting der zeilstreep nog een weinig kan regelen. De schijf behoeft, als zij eens gesteld is *nooit* meer te worden weggenomen.

f. De verlichting.

Wanneer aan de verlichting iets hapert, ligt de schuld gewoonlijk bij den gebruiker en daarom is détailstudie van de verlichtingsmiddelen zeer aantebevelen. Men zorge steeds goed gedroogde pitten te gebruiken zoowel als zuivere olie en vooral bij de standaardkompassen dat de glazen platen en mica schijfjes die zich boven het lampje bevinden dagelijks worden gereinigd van roet.

Bij de keurige lampjes der vloeistofkompassen worden diaphragma's verstrekt die dienen om, geplaatst op het dekglas van het spiegelprisma, den lichtring grooter of kleiner te maken. Roetdeelen moeten droog worden afgeschuierd. Zwartgebrande koperen deelen worden met olie onderhouden.

De gloeilampjes der marinekompassen leveren bij 6 volt spanning eene lichtsterkte van $1/2$ à 1 normaalkaars. De stroom der dynamo moet dan allereerst een weerstand van $\pm$ 100 ohm doorgaan, indien de dynamo zelf 70 à 80 volt spanning geeft.

De Breithaupt-boussole. (Algemeene opmerkingen).

a. Men leest het instrument af met de loupe en schat de onderdeelen van halve graden op 't oog. Als het instrument excentriciteitsfouten vertoont, moeten beide einden der naald worden afgelezen, het gemiddelde is dan zonder die fout. Voor de vertikale graadverdeeling kan men de excentriciteitsfout niet bepalen.

Het instrument is zeer gevoelig; men zorge dus geen ijzeren of stalen voorwerpen bij zich te hebben; een stalen band in den hoed is reeds nadeelig voor de aflezing.

Het oculair des kijkers wordt eerst scherp gesteld ten opzichte van 't dradennet, daarna stelt men het scherp ten opzichte van het te peilen beeld.

Het noordeinde van de naald is blauw, het zuideinde geheel of gedeeltelijk blank, de verdeeling loopt van 0°—360° tegen zon, zoodat men met de uiteinden der naald afleest, en wel aldus:

kijker rechts van den waarnemer, dan wijst noordeinde aan: N....°O.

„   links   „   „   „   „   „   zuideinde   „   N....°O.

b. Om met het instrument te werken handele men als volgt:

Instrument opstellen met kijker rechts en doosniveau laten inspelen, magneetnaald los, peilen met den kijker, wachten tot naald geheel in rust, beide einden der naald aflezen, van de af-lezing bij zuid 180° aftrekken, of er bij optellen.

Doos 180° draaien, kijker doorkaaien, tweemaal aflezen. Het gemiddelde uit vier waarnemingen geeft dan het azimuth op $\pm$ 0°,1 nauwkeurig. Bij deze tweede waarneming moet van de aflezing bij 't *noord*einde der naald 180° worden afgetrokken of daarbij worden opgeteld.

Zoo men geen tijd heeft voor dubbele meting, dan kijker altijd rechts.

Het kan noodig zijn de naald te stellen wanneer zij niet zuiver horizontaal drijft. In dat geval moet men met een mes den veerring van het dekglas verwijderen, waarna men de naald met een ruitertje bezwaart en het glas weer aanbrengt. Men wringt het mes eenvoudig op verschillend plaatsen tusschen ring en glas tot de ring loslaat.

c. Het instrument is verder zeer bruikbaar om, van een zonneglas voorzien, de declinatie der magneetnaald te bepalen. Men kan er horizontale en vertikale hoeken mêe meten.

d. Het instrument als afstandmeter. Richt men den kijker op een in centimeters verdeelde lat die loodrecht op de as des kijkers is opgesteld en ziet men dan n verdeelingen tusschen de beide uiterste strepen dan is de afstand = n Meters, waarbij nog is te voegen het bedrag dat op den dop des kijkers is ingeslagen en dat aangeeft den afstand van het brandpunt van het objectief tot het draaipunt van den kijker.

e. Het instrument als waterpaswerktuig. Zie de officieële beschrijving der kompassen.

f. Onderhoud. Bij 't bergen in 't kistje zorge men het moerstuk in den bodem goed aan te draaien en de naald vast te zetten. Als 't instrument nat is geweest moet het goed afgedroogd worden. Voor verder zeldzaam voorkomend uiteennemen, zie men de officieële beschrijving der nieuwe instrumenten.

Voor schepen die geen Breithaupt-boussole varen, maar er een mochten behoeven is op de Rijks-Werf te Willemsoord zulk een instrument beschikbaar.

Gyroscopen. Zijn instrumenten die men voor gebruik aan boord wenscht in te voeren om steeds het ware Noorden aan te wijzen, en waarvoor kans van slagen bestaat, nu men in de electriciteit het hulpmiddel heeft om op eenvoudige wijs een lichaam regelmatig een snelle aswenteling te doen ondergaan. Zij de schijf in de figuur d. m. v. een as verbonden aan een stel draaibare ringen, welker assen loodrecht op elkaar staan. Doet men nu de schijf draaien dan gedraagt zij zich als een vrij in de ruimte zwevende schijf, blijft dus het vlak harer wenteling behouden zoodat de as steeds naar hetzelfde punt van den hemel wijst. Klemt men een der ringen vast dan moet de schijf gehoorzamen aan de aswenteling der aarde en zal daarbij de as der schijf zich zoo na mogelijk aan de aardas evenwijdig stellen. Den binnensten ring b. v. zóódanig vastzettende dat de as der schijf zich alleen in een horizontaal vlak bewegen kan zal die as in den zin van de aswenteling der aarde medegevoerd worden totdat zij er zooveel mogelijk aan evenwijdig is.

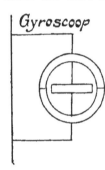

Gyroscoop

d. w. z. tot zij in de richting N.Z. staat. In den handel komen instrumenten voor, die op dit denkbeeld berusten. Bij sommigen zijn beide ringen beweegbaar en bij dezen heeft men dus een constante richting van de as ten opzichte van den hemel. Bij anderen is de as niet naar alle richtingen vrij in haar beweging en stelt zich dus de as zoo na mogelijk evenwijdig aan de aardas en vindt men dezen ruststand door de aardas op het vlak, waarin de as der schijf vrij is te projecteeren.

Het vertical force instrument van Thomson.

Is een instrumentje dat dient om de kracht die het scheepsmagnetisme in vertikalen zin op de roos uitoefent te bepalen, en daarna weg te nemen. Daarom gebruikt men het bij compensatie voor de hellingsfout (waar men zie). Het is een inclinatienaald besloten in een kokertje, aan de voor- en achterzijde door glas gesloten, en van boven voorzien van een doosniveau. De uiteinden der naald bewegen langs een verdeelden rand, en men kan de naald horizontaal stellen door een gewichtje langs een der uiteinden te verschuiven. Als het Noordeinde der naald op — 1,5 staat is zij goed gesteld.

Het aanstrijken van naalden.

a. Enkele streek.

Strijk altijd met dezelfde kracht en in dezelfde richting over de geheele lengte der aan te strijken naald. Helling der magneetnaald 25 à 30°.

b. Gescheiden streek (Duhamel).

Plaats twee naalden met de tegengestelde polen iets van elkander verwijderd in het midden der te magnetiseeren naald (helling 25 à 30°). Strijk met beide naalden van uit het midden naar de verschillende uiteinden, hef dan de beide naalden op — breng ze in 't midden weer tot elkaar en herhaal de bewerking. —

Het verdient aanbeveling de aan te strijken naald met de uiteinden op twee magneetstaven te leggen, waarbij men zorgt dat de noordpool van een der strijkende naalden naar de noordpool van een der liggende naalden toe beweegt en evenzoo voor de zuidpolen.

c. Dubbele streek (Aepinus).

Installatie geheel als sub *c*, doch helling der naalden 15 à 20°. Men strijkt beide naalden gelijktijdig van uit het midden naar hetzelfde uiteinde, dan terug over de geheele lengte hetgeen men zooveel noodig herhaalt. Eindelijk worden de naalden weer van het midden afgelicht.

d. Naalden van de nieuwe kompasrozen der Zeemacht worden als volgt gemagnetiseerd. Men legt de roos op een tafel, brengt de zuidpool van een sterken kunstmagneet in aanraking met den buitenrand van den metalen band juist ter plaatse waar zich het Noorden bevindt, strijkt dan langs den rand tot het Westen, van daar teruggaande over het Noorden tot het Oosten en weder terugkeerende tot het Noorden, alwaar de magneet in de richting van den straal der roos verwijderd wordt. Men drage goed zorg dat het midden van den magneet vóór men dien verwijdert, juist samenvalt met de streep der graadverdeeling die het Noorden aanwijst. De zuidelijke helft der roos wordt op dezelfde wijze gemagnetiseerd.

Het herkennen der polen van Compensatiestaven.

Zijn de compensatiestaven in messing besloten. dan is de noordpool door eenig merk aangeduid; zijn zij niet in messing besloten dan is het noordeinde rood, het zuideinde blauw geschilderd.

Nog kan men de polen herkennen doordat de noordpool der staaf de noordpool van de kompasnaald afstoot en de zuidpool aantrekt.

Benamingen voor de Hoofdstreken van het Kompas in verschillende talen.

	Zweedsch-, Noorsch- en Deensch.	Spaansch.	Baskisch.	Portugeesch.	Italiaansch.	Grieksch.	Russisch.	Turksch.
N.	Nord.	Norte.	Ipar.	Norte.	Norte, Tramontana.	O. Borras.	Nord, Sewer.	Yeldiz.
O.	Ost.	Este.	Sortalde.	Leste.	Est, Levante.	O. Apeliotes.	Ost, Wostok.	Dogu.
Z.	Syd.	Sud.	Eguerdi.	Sul.	Sud, Ostro.	O. Notos.	Zjuid, Jug.	Kibla.
W.	Vest.	Oeste.	Sartalde.	Oeste.	Ouest, Ponente.	O. Zephuros.	West, Zapad.	Baty.

	Poolsch.	Finsch.	Estisch.	Litausch.	Lettisch.	Toengoosisch.	Jakoetisch.	Tataarsch.
N.	Potnoc.	Pohja.	Pohi.	Sziauro.	Seemeli.	Amaski.	Hotu.	Tun Djagy.
O.	Wschod.	Itä.	Ida.	Rytai.	Austruns.	Gevin.	Kvintah Sevra.	Juz Ulus.
Z.	Poludnie.	Eteljä.	Louna.	Petus.	Deenwidi.	Anteki.	Sogri.	Tusluk.
W.	Zachod.	Länsi.	Laäs.	Wakarai.	Reetrums.	Nieski.	Onga.	Kojas Bajys.

	Arabisch.	Perzisch.	Hindustâni.	Maleisch.	Javaansch. (ngoko.)	(kromo.)	Soendaneesch.	Madoereesch.
N.	Semal.	Sjemal.	Shimal.	Octara.	Lor.	Lèr.	Kalèr.	Dèdjè.
O.	Sjark.	Ma-jrek.	Mushrick, Purab.	Timor.	Wétan.	Wétan.	Wétan.	Témor.
Z.	Djenub.	Dsjoenoeb.	Dakkhan.	Selatan.	Kidoel.	Kidoel.	Kidoel.	Laoq.
W.	Garb.	Maghreb.	Mughrib, Puchani.	Barat.	Koelon.	Kilèn.	Koelon.	Bèreq.

	Chineesch.	Japansch.	Hongaarsch.	Tagalog.	Bisaya.	Bikol.	Balineesch.	Makassaarsch.
N.	Poh.	Kita (hoku).	E'jszak.	Hilaga.	{ Amihan, Timog, Sobangan. }	Amihan.	Kèlod.	Wara. Timoro. Raya.
O.	Tong.	Higachi (to).	Kelet.	Silangan.		Sobangan.	Kangin.	Timboro. Sallatang
Z.	Nen.	Minami (nan).	Dél.	Timogan.	{ Habagat. Salatan. }	Habagat.	Kadja.	Laoë. Barà.
W.	Si.	Nichi (sai).	Nyugot.	Habagat.		Barat.	Kawoeh.	

	Boegineesch.	N. Zeelandsch.	Samoaansch.	Welsh.	Gaelisch.	Servisch.	Tsjechisch.	Bulgaarsch.
N.	Nò.	(Nota) Hau-Atiu N.W. Paeroa. Rawhiti.	Matu.	Gogledd.	Tuath.	Sewer.	Sever.	Nord, Sewer
O.	{ Timo. Laöe. Maniyang. Sallatang. }		Sasa'e.	Dwyrain.	Iar.	Istok.	Vychod.	Istok, Isch
Z.	{ Adja. Barè. }	Tonga.	Tonga.	Dehau.	Deas.	Jug.	Jih.	Jug.
W.		Hau-auru	Sisifo.	Gorllewin.	Ear.	Západ.	Západ.	Zapad.

	Noefoorsch.	Tamil.	Toumbulusch.	Bentenan.	Ponosakan.	Bolaäng. Mongondou.	Malagasi	Fidji.
N.	Broer.	Wadakku.	Amijan.	Tanai.	Tolasan.	Omonag.	Avaratrà.	Vualiku.
O.	Moerim	Kilakku.	Sèndangan.	Suwaögen.	Katoluwau.	Omuik.	Atsinanà.	Cake.
Z.	Brauer.	Tetku.	Timu	Saurina.	Totokija.	Tolatan.	Atsimo.	Ceva.
W.	Barik.	Métku.	Talikuran.	Surapèn.	Uwagat.	?	Andrefanà.	Ra.

De fouten van het Kompas en hare oorzaken.
Foutenlijst en Stuurlijst.

Om een kompas met vrucht te kunnen gebruiken, dient men goed bekend te zijn met de waarde van de *variatie* en soms met die van inclinatie en horizontale intensiteit voor de vrij, en buiten storende invloeden opgehangen magneetnaald. Bij het gebruik van tabellen en kaarten die deze gegevens doen kennen zij men indachtig op de seculaire verandering te letten en die verandering, zooveel noodig toe te passen. — Dit geldt inzonderheid voor de variatie, want menige peiling komt alleen zoogenaamd slecht uit, omdat vergeten is de variatie volgens kaart te verbeteren voor de jaarlijksche verandering. — Hierbij dient men dan te weten dat „*decreasing*" of „*increasing*", op de kaarten slechts beteekent dat de verandering hetzelfde teeken of het aan de variatie tegengesteld teeken heeft.

Niettemin is ook de waarde der jaarlijksche verandering, slechts zelden nauwkeurig bekend. Daarom verdient het in vele gevallen aanbeveling om indien men een kompas nauwkeurig verifieeren wil, de variatie zelf te gaan bepalen d. m. v. de Breithaupt boussole. Ook kan men als waarde van de variatie aannemen het gemiddelde der regelmatig over het kompas verspreide peilingen van een ver verwijderd voorwerp, passende op die waarde het bedrag van de laatste nauwkeurig gevonden coëfficiënt A toe. Men moet er in dat geval aan denken dezelfde roos en kompasketel te gebruiken als die bij de bepaling van A hebben gediend. — Omgekeerd, bewijst reeds een groote verandering die men in A constateeren zou, dat de gebruikte variatie verdacht is. —

Bij al het volgende zal steeds het standaardkompas bedoeld worden, terwijl de volgende benamingen worden gebezigd:

1°. Variatie gelijkbeteekenend als declinatie.

2°. Deviatie gelijkbeteekenend als fout van het kompas of afwijking.

3°. Miswijzing, zijnde de algebraische som van variatie en fout.

Variatie.	
Miswijzing.	worden met het (+) teeken aangeduid als zij Noordoostering zijn. — Bij
Fout.	Noordwestering gebruikt men het (—) teeken.

De fouten kunnen bepaald worden, maar zijn aan veranderingen onderhevig. zoodat contrôle *altijd* noodig is. — Invloeden die de fouten doen veranderen zijn:

1°. Het veranderen van magnetische breedte, waartegen doelmatige compensatie veel vermag.

2°. Helling van het schip, ook hiertegen kan men met veel succes compenseeren.
    Schepen die deklast varen, moeten vooral voor de helling goed gecompenseerd zijn, daar deze lading. zoo zij een weinig verwerkt duurzame slagzij geeft.

3°. Het verplaatsen van ijzermassa's b.v. kanonnen. en schilden, davits, waarlooze stagen en wanten. laadboomen, het op en neerlaten van schoorsteenen, aanbrassen van stalen raas enz. Op zulke invloeden dient *steeds* gelet te worden.

4°. Schokken die het schip ondervindt.

5°. Het lang achtereen voorleggen van een zelfden koers, onverschillig of dit gebeurt op een reis koersende, in een dok liggende of ten anker vertoevende, waar constante winden en stroomen heerschen.
    Om deze zelfde reden moet een schip dat van stapel geloopen is, met den kop worden rondgehaald in den tegengestelden koers van dien waarin het op stapel stond. Het raakt dan alle niet volstrekt permanente magnetisme beter kwijt en is, naar zee gaande, meer betrouwbaar wat de kompassen betreft. — *Zoo ook wanneer het lang in timmering gelegen heeft.*

6°. Het varen dáár waar de magnetische toestand door zeer locale invloeden wordt beheerscht b.v. in de buurt van de Tamborah op Soembawa, in het Skagerrak, en in 't zuidelijk deel der Roode Zee. — Voorts nabij de volgende plaatsen: Kaap St. Francis,

Labrador, Cossack, N. Australië, Nieuw Ierland, Bougainville, Solomon eilanden, kusten van Madagascar, IJsland. Odessa, Eiland de Los. W. kust van Afrika.

7°. Het veranderen van den toestand van het ijzer of van de richtkracht der naald, gedurende hevige onweders (zie bliksemafleider Afd. XXII).

8°. Temperatuursverschil, indien de zon steeds op één kant van het schip schijnt, hoewel die invloed te klein is voor de praktijk.

9°. De invloed van de elektrische installatiën:

a. gebruikt men stroomen van gelijke richting dan moet men voor heen en terugleiding draden gebruiken die zoo dicht mogelijk naast elkaar liggen om elkaars invloed op te heffen.

b. alsdan moet nog zorgvuldig onderzocht worden of de leidingen van het scheepsijzer geïsoleerd zijn.

c. daarom brenge men aan beide hoofdtakken een galvanometer aan, die aanwijst of de stroom bij het begin en bij het einde dezelfde is. Hierdoor zal men gebreken in de isolatie ontdekken.

d. gebruikt men wisselstroomen dan kan men soms met een leiding volstaan en het schip zelf als leiding terug doen dienen.

e. men lette nauwkeurig op, of het kompas dan nog 's nachts andere afwijkingen vertoont, want juist 's nachts neemt men gewoonlijk geen azimuths en ontsnappen de veranderingen gemakkelijk aan de aandacht.

f. men zorge dat de dynamo zelf geen magnetisme op het schip overbrengt en stelle deze dus vooral niet op nabij schotten of stutten waarvan de boveneinden dicht bij het kompas komen.

g. een gloeilampje kan voor de verlichting worden gebruikt.

Door nadere onderzoekingen van Dr. P. J. Kaiser is uitgemaakt dat een elektrisch zoeklicht op verplaatsbaren wagen minstens 4 M. van een kompas verwijderd moet zijn, en dat de dynamo minstens 12 M. van het kompas af moet staan. IJzer dat door den invloed van de dynamo magnetisch kan worden mag zich niet binnen de 5 M. van het kompas bevinden.

Met het oog op de elektrische installatiën verdient het dan ook aanbeveling de compensatie, als die overdag is geschied, *ook te contrôleeren bij brandende lampen, zoeklichten, enz.*, terwijl men tegenwoordig ook niet ontslagen is van de moeite des nachts in zee azimuths te nemen ter contrôle van den gestuurden koers.

Bij het bepalen der fouten, bedient men zich van de formule:

$$\text{Berekend astr. azimuth} - \text{gepeild azimuth} = \text{miswijzing} \ldots \text{(I}$$

$$\text{Miswijzing} - \text{variatie} = \text{fout van het kompas} \ldots\ldots\ldots \text{(II}$$

daarbij de azimuths van Noord door Oost tot 360° tellende en dienovereenkomstig aan NO.-ring het + teeken gevende.

Wanneer de zon zoo hoog staat dat men het spiegeltje van den peiltoestel zou moeten gebruiken, zijn de omstandigheden voor de waarneming te ongunstig.

Bij het bepalen der fouten gebruikt men naar gelang van het doel dat men ermêe voor heeft verschillende methoden en wel:

1°. **De azimuth-methode.**

Is een goede methode om in zee de fout te bepalen bij den koers dien men stuurt. Met een kalme gelegenheid rondstoomende kan men dan ook een nieuwe stuurlijst samenstellen uit acht azimuth-waarnemingen bij de hoofd en hoofdtusschenstreken. Zorg echter het schip bij alle koersen waarvoor men de afwijking bepaalt, goed te stutten en de waarnemingen eens SB. en eens BB. uitdraaiende te doen, teneinde gevrijwaard te zijn voor de fouten tengevolge van wat men zou kunnen noemen de traagheid van het scheepsmagnetisme, alsook voor de fouten die ontstaan doordien de roos tengevolge van de wrijving op de kompaspen een weinig wordt mêegesleept in de richting waarin het schip draait.

2°. Door kimpeiling.

Is eene *zeer* geschikte methode om „in zee" de fout bij den voorliggenden koers te bepalen, omdat de hoogte van het hemellichaam zoo klein mogelijk is en dus eene afwijking van den peiltoestel uit den vertikalen stand nagenoeg geen invloed heeft.

3°. Door het peilen van eenig voorwerp op grooten afstand doch welks azimuth onbekend is.

Dit is een goede methode ter contrôle. Men neemt een even aantal peilingen (die regelmatig over het kompas zijn verdeeld), van een ver verwijderd voorwerp. Het gemiddelde der peilingen zal de magnetische peiling van het voorwerp zijn, mits het kompas geen constante fout heeft. Heeft het kompas wel zulk een constante fout, welker grootte wordt voorgesteld door coëfficiënt A, dan moet de laatstgevonden A worden in rekening gebracht. Ook moeten de waarnemingen ééns SB. en ééns BB. rondgaande geschieden.

4°. Door den deviatiemeter.

Het kan gebeuren dat men lang in een dok gelegen heeft en plotseling naar zee moet. In het dok is dan de magnetische toestand van het schip gewijzigd en als men in zee is keert zij langzaam tot haar ouden toestand rerug. Men kan dan fouten hebben die voortdurend veranderen, zoodat men telkens weer moet contrôleeren. Is nu eenmaal de deviatiemeter ingesteld, dan kan men elk oogenblik vinden wat men voorligt of wat de fout in het sturen is. Op die wijze hebben wij wel eens den deviatiemeter met vrucht gebruikt.

5°. Door het peilen van bekende richtingen.

Hiertoe vindt men in sommige zeeplaatsen kompaskapen enz., b.v. te Wilhelmshaven. Zoo is de richting kompaskaap bij IJmuiden in Zuider havenhoofd nauwkeurig Z. 77° 34′ W. rechtwijzend [1]. Een dergelijk merk heet geschikt om naar zee gaande het kompas vlug te verifieeren of te controleeren, maar het kost in de werkelijkheid veel tijd; men stoomt dan in het opgegeven merk rond. Zeer goed en nauwkeurig, zelfs voor de compensatie geschikt wordt deze methode als men vooraf bakens zet in richtingen magnetisch Noord en Zuid en Oost en West. Er is dan echter geen sprake meer van rondstoomen, wel van rondhalen.

6°. Door astronomische peiling.

Is een zeer goede methode, om op een reede, de fouten opnieuw te bepalen en een nieuwe stuurlijst op te maken. Men kan haar zelfs gebruiken om naar te compenseeren, maar zal dan in den regel met trossen moeten rondhalen. De omstandigheden voor astronomische peiling zijn gunstig ·wanneer de zon laag staat en het voorwerp zelf niet al te hoog boven den zeespiegel ligt. Bergtoppen n.l. zouden juist in de wolken kunnen zijn wanneer men peilen wil. Ook moet het voorwerp niet al te laag zijn gelegen, met het oog op abnormale refractie. — Wel moet het zoover mogelijk van den waarnemer gelegen zijn. Is men genoodzaakt bij hoogstaande zon een astronomische peiling te nemen, dan zoeke men zoo mogelijk een voorwerp uit dat een afstandsboog van 90° geeft.

7°. Door het peilen van een verafzijnd voorwerp welks azimuth men door waarneming bepaalt.

Men plaatst zich dan met een kompas (liefst dat waarvan men de fouten bepalen wil) tusschen de vaste opstellingsplaats van het kompas en het te peilen voorwerp in. Als men nauwkeurig in die richting is, waartoe van boord wordt geseind, peilt men het aardsche voorwerp en heeft dan nauwkeurig deszelfs magnetische peiling (slechts aangedaan door de instrumentale fout).

Men moet hetzelfde kompas gebruiken, ten einde niet de fouten van twee kompassen in de waarneming te betrekken. Anders moet men toch beide kompassen vergelijken, hetgeen alleen aan wal zuiver te doen is. Deze methode is geschikt bij de compensatie, maar onbruikbaar voor geregelde contrôle. Zij is zeer zuiver als men de declinatie niet nauwkeurig kent, want men krijgt nu de fouten zonder de declinatie als bekend aan te nemen.

---

[1] De koers naar den Noord Hinder is juist 2 streken zuidelijker.

8°. **Door wederkeerige peilingen.**

Dit is een volstrekt niet aanbevelenswaardige methode, daar men afhankelijk is van de fouten van twee kompassen en van twee waarnemers. Bovendien moet men letten op de seinen ten einde elkaar gelijktijdig te peilen. Kan men in een dok of haven geen andere methode ter verificatie gebruiken dan verzuime men vooral niet het constante verschil van de kompassen nauwkeurig en aan den wal te bepalen.

9°. **Door gebruik te maken van vroeger verkregen gegevens.**

Dit kan te pas komen indien het schip veel van magnetische breedte veranderd is. Men heeft dan slechts drie nieuwe waarnemingen noodig, namelijk drie fouten bij streken die 90° van elkaar verschillen b.v. bij W., N. en O. Noemende de fouten bij W., N. en O. ook W., N. en O. en in de formule voor ζ' N de waarden 270°, 0° en 90° substitueerende, dan heeft men:

$$B = \tfrac{1}{2}(O - W) + F.$$
$$C = N - \tfrac{1}{2}(O + W) - 2 E - G.$$

Met de nieuwe B en C en de oude A, D, E (zoo noodig F en G) berekent men de nieuwe fouten bij de hoofd en hoofdtusschenstreken en vindt de overige fouten door interpolatie. (Zie Kompasjournaal)

Bij eenigzins nauwkeurige waarnemingen neme men steeds het volgende in acht:

1°. Peiltoestel moet in orde zijn en loodrecht op het dekglas staan, dekglas zelf zoo goed mogelijk horizontaal. Kompasdop en pen moeten zuiver zijn, roos mag niet aanloopen enz.

2°. Schip moet rechtop liggen en niet in de buurt van andere schepen of ijzermassa's zijn.

4°. Alle scheepsijzer moet op zijn plaats zijn of indien dit niet kan, wordt daarvan aanteekening gehouden, b. v. of de geschuttoren gedraaid is, voorts of de waarneming gedaan is ten anker liggende enz.

4°. Bij elke peiling moet het schip goed gestut worden.

De gevonden fouten worden gebruikt om door interpolatie de fouten bij de tusschen en enkele streken te vinden, waartoe de regel van Åstrand dient, luidende [1]):

„De fout bij een zekeren streek gelegen midden tusschen vier andere, waarbij de fouten „bekend zijn wordt gevonden door het gemiddelde te nemen van de fouten bij de dichtst bij „elkander gelegen streken: evenzoo het gemiddelde der fouten bij de beide uiterste streken en „het achtste gedeelte van het verschil der dus gevonden waarden te voegen bij het eerstgenoemde „gemiddelde bedrag." — (Eigenlijk leert deze regel slechts den $2\tfrac{1}{2}$.den term bepalen van een reeks der derde orde waarvan 4 termen gegeven zijn). — Men moet vooral goed op de teekens letten. — Zie ook Schema in het Kompasjournaal.

Wenscht men, behalve een foutenlijst voor het standaardkompas, er ook eene voor het stuurkompas aan te leggen, wat aan compensatie kan voorafgaan, dan laat men terwijl het schip een slag in de rondte maakt bij de verschillende streken die men successievelijk op het stuurkompas voorligt de aanwijzingen van het standaardkompas aanteekenen b. v.

Vóór op Stuurk. I.	Vóór op Standk. II.	Fout Standk. III.	Magn. koers II + III.	Fout Stuurk. II + III — I.
N 0° O	N 359° O	— 1°	N 358°,0 O	— 2°
11,2	12.5	— 1°	11, 5	+ 0°,3
22,5	20.0	— 1°,5	18, 5	— 4°,0

---

1) Ofschoon deze wijze van doen de bij de zeemacht officieele is, doet men beter zoo men de fouten van het kompas bij de hoofd-, hoofdtusschen en ook de tusschenstreken bepaalt waardoor sextantale en octantantale fouten eventueel eer aan 't licht zullen treden en bij welke wijze van handelen men verder de fouten bij de enkele streken vindt door die der tusschenstreken te middelen, waardoor Åstrand overbodig wordt.

of wel men teekent aan, wat het stuurkompas aanwijst bij de volle streken van het standaard-kompas, aldus:

Vóór op Standk. I.	Fout v.h Standk. II.	Magn. koers volgens standk. I + II.	Vóór op Stuurk. III.	Fout Stuurk. I + II — III.
N 0° O	+ 1°	N 1° O	N 1°. O	0
11,2	+ 1°	12°,2	N 13°,5 O	— 1°,3
22,5	+ 1°,5	24°,0	N 24°,5	— 0°,5

maar nu vindt men de fouten bij N 1° O, N 13°,5 O, N 24°,5 O enz. en moet dus bij N. Nt O enz. afleiden uit een diagram van Napier.

De Stuurlijst.

Om de stuurlijst op te maken zet men in het Napiersche diagram de bij elken streek behoorende fouten af — de positieve (oostelijke) fouten rechts, de negatieve fouten (westelijke) links van de vertikale lijn maar steeds in de richting van de gestippelde lijnen. Daarna trekt men door de uiteinden der aldus afgezette stukken een kromme lijn. Om nu te weten welke streek men op het kompas moet voorliggen om een bepaalden magnetischen koers op te gaan, gaat men als volgt te werk.

Men zoekt op de vertikale lijn den streek van den magnetischen koers, trekt verder van uit dat punt eene lijn evenwijdig aan de volle lijnen tot zij de kromme snijdt en uit dit snijpunt weer een lijn evenwijdig aan de stippellijnen; het punt waar deze laatste de vertikale lijn snijdt, geeft den gevraagden koers dien men op het kompas moet sturen.

Herhaalt men dit, voor elken streek, dan is de stuurtafel voldoende gereed. (De graad-verdeeling van de vertikale lijn, is in de oudere edities der kompasjournalen, niet volkomen zuiver hetgeen kleine verschillen kan veroorzaken).

Men is nu gereed voor alles, wat men in den dagelijkschen dienst bij de hand moet hebben. Dit bepaalt zich tot drie zaken.

Eerste Vraag. Een kompaspeiling tot magnetische peiling te herleiden.

Men past de *bij den voorliggenden koers* behoorende fout *met* haar teeken op de peiling toe.

Tweede Vraag. Een kompaskoers tot magnetischen koers te herleiden.

Men past de *bij den voorliggenden koers* behoorende fout *met* haar teeken op den kompaskoers toe.

Derde Vraag. Een opgegeven magnetischen koers tot kompaskoers te herleiden.

De stuurlijst geeft het antwoord van streek tot streek, voor tusschengelegen waarden interpoleere men op het oog.

Om streken en onderdeelen daarvan tot graden te herleiden, of omgekeerd, diene onder-staande tafel.

Tafel tot het herleiden van kompasstreken tot graden, enz.

Str.	Graden enz.			Str.	Graden enz.			Str.	Graden enz.			Str.	Graden enz.		
0	0°	0'	0"	2	22°	30'	0"	4	45°	0'	0"	6	67°	30'	0"
$\frac{1}{8}$	1	24	22	$\frac{1}{8}$	23	54	22	$\frac{1}{8}$	46	24	22	$\frac{1}{8}$	68	54	22
$\frac{1}{4}$	2	48	45	$\frac{1}{4}$	25	18	45	$\frac{1}{4}$	47	48	45	$\frac{1}{4}$	70	18	45
$\frac{1}{3}$	3	45	0	$\frac{1}{3}$	26	15	0	$\frac{1}{3}$	48	45	0	$\frac{1}{3}$	71	15	0
$\frac{3}{8}$	4	13	7	$\frac{3}{8}$	26	43	7	$\frac{3}{8}$	49	13	7	$\frac{3}{8}$	71	43	7
$\frac{1}{2}$	5	37	30	$\frac{1}{2}$	28	7	30	$\frac{1}{2}$	50	37	30	$\frac{1}{2}$	73	7	30
$\frac{5}{8}$	7	1	52	$\frac{5}{8}$	29	31	52	$\frac{5}{8}$	52	1	52	$\frac{5}{8}$	74	31	52
$\frac{2}{3}$	7	30	0	$\frac{2}{3}$	30	0	0	$\frac{2}{3}$	52	30	0	$\frac{2}{3}$	75	0	0
$\frac{3}{4}$	8	26	15	$\frac{3}{4}$	30	56	15	$\frac{3}{4}$	53	26	15	$\frac{3}{4}$	75	56	15
$\frac{7}{8}$	9	50	37	$\frac{7}{8}$	32	20	37	$\frac{7}{8}$	54	50	37	$\frac{7}{8}$	77	20	37
1	11	15	0	3	33	45	0	5	56	15	0	7	78	45	0
$\frac{1}{8}$	12	39	22	$\frac{1}{8}$	35	9	22	$\frac{1}{8}$	57	39	22	$\frac{1}{8}$	80	9	22
$\frac{1}{4}$	14	3	45	$\frac{1}{4}$	36	33	45	$\frac{1}{4}$	59	3	45	$\frac{1}{4}$	81	33	45
$\frac{1}{3}$	15	0	0	$\frac{1}{3}$	37	30	0	$\frac{1}{3}$	60	0	0	$\frac{1}{3}$	82	30	0
$\frac{3}{8}$	15	28	7	$\frac{3}{8}$	37	58	7	$\frac{3}{8}$	60	28	7	$\frac{3}{8}$	82	58	7
$\frac{1}{2}$	16	52	30	$\frac{1}{2}$	39	22	30	$\frac{1}{2}$	61	52	30	$\frac{1}{2}$	84	22	30
$\frac{5}{8}$	18	16	52	$\frac{5}{8}$	40	46	52	$\frac{5}{8}$	63	16	52	$\frac{5}{8}$	85	46	52
$\frac{2}{3}$	18	45	0	$\frac{2}{3}$	41	15	0	$\frac{2}{3}$	63	45	0	$\frac{2}{3}$	86	15	0
$\frac{3}{4}$	19	41	15	$\frac{3}{4}$	42	11	15	$\frac{3}{4}$	64	41	15	$\frac{3}{4}$	87	11	15
$\frac{7}{8}$	21	5	37	$\frac{7}{8}$	43	35	37	$\frac{7}{8}$	66	5	37	$\frac{7}{8}$	88	35	37
2	22	30	0	4	45	0	0	6	67	30	0	8	90	0	0

De formules voor de afwijking; de beteekenis, waarde en het bepalen der coëfficiënten.

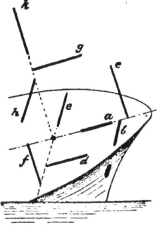

Grondformules van Poisson: $x' = a x + b y + c z + x + P.$
$y' = d x + e x + f z + y + Q.$
$z' = g x + h y + k z + z + R.$

waarin x', y', z' de naar voren, naar S.B. en naar omlaag ontbondenen van de totale op de naald werkende kracht.

x, y, z, de in dezelfde richtingen ontbondenen van het aardmagnetisme.

P, Q, R, de in dezelfde richtingen ontbondenen van het permanent magnetisme.

$a - k$ zijn als het ware weekijzeren massa's wier plaatsing uit de figuur, waarin het centrum de kompaspen voorstelt, duidelijk is.

Voor een gunstig opgesteld kompas is echter het weekijzer vrij symmetrisch verdeeld, zoodat de coëfficiënten b, d, f, h gewoonlijk klein zijn; de andere waarden kunnen onder omstandigheden aanzienlijk worden.

Uit de formules van Poisson leidt men verder af dat de afwijking δ bij een kompaskoers ζ' voorgesteld wordt door:

Sin. $\delta = \mathfrak{A} \cos. \delta + \mathfrak{B} \sin. \zeta' + \mathfrak{C} \cos. \zeta' + \mathfrak{D} \sin. (2 \zeta' + \delta) + \mathfrak{E} \cos. (2 \zeta' + \delta).$

Tusschen deze coëfficiënten en die uit de grondformules bestaat de betrekking:

$$\mathfrak{A} = \frac{1}{\lambda} \left(\frac{d - b}{2} \right)$$

$$\mathfrak{B} = \frac{1}{\lambda} \left(c \operatorname{tg} i + \frac{P}{H} \right).$$

$$\mathfrak{C} = \frac{1}{\lambda} \left(f \tan g \, i + \frac{Q}{H} \right).$$

$$\mathfrak{D} = \frac{1}{\lambda} \left(\frac{a - e}{2} \right).$$

$$\mathfrak{E} = \frac{1}{\lambda} \left(\frac{d + b}{2} \right).$$

$$\lambda = 1 + \frac{a + e}{2} = \frac{H'}{H} \cos. \delta.$$

waarin H' de horizontale component is van aard- en scheepsmagnetisme, H die van het aardmagnetisme.

Uit deze formule voor sin. δ leidt men de minder nauwkeurige af:

$\delta = A + B \sin. \zeta' + C \cos. \zeta' + D \sin. 2 \zeta' + E \cos. 2 \zeta' + F \sin. 3 \zeta' + G \cos. 3 \zeta' + H \cos. 4 \zeta'.$

waarin de coëfficiënten A tot E nagenoeg die bogen zijn waarvan $\mathfrak{A}$ tot $\mathfrak{E}$ de sinussen zijn. Noemende de afwijking bij N, NO, enz. ook N, NO enz. dan heeft men:

$$A = + \frac{1}{8} (N + NO + O + ZO + Z + ZW + W + NW.)$$

$$B = + \frac{1}{4} (O - W) + 0{,}1768 \left\{ (NO + ZO) - (ZW + NW) \right\}.$$

$$C = + \frac{1}{4} (N - Z) + 0{,}1768 \left\{ (NO - ZO) - (ZW - NW) \right\}.$$

$$D = + \frac{1}{4} \left\{ (NO - ZO) + (ZW - NW) \right\}.$$

$$E = + \frac{1}{4} \left\{ (N + Z) - (O + W) \right\}.$$

$$F = - \frac{1}{4} (O - W) + 0{,}1768 \left\{ (NO + ZO) - (ZW + NW) \right\}.$$

$$G = + \frac{1}{4} (N - Z) - 0{,}1768 \left\{ (NO - ZO) - (ZW - NW) \right\}.$$

$$H = + \frac{1}{8} \left\{ (N + O + Z + W) - (NO + ZO + ZW + NW) \right\}.$$

13

Wil men de gothische coëfficiënten weten, dan neme men slechts de sinussen van A, B. C, enz. of nauwkeuriger:

$\mathfrak{A}$ = sin. A.

$\mathfrak{B}$ = sin. B $\left(1 + \dfrac{1}{2} \text{ sin. D} - \dfrac{1}{4} \text{ sin. vers B} - \dfrac{1}{4} \text{ sin. vers C}\right) + \dfrac{1}{2}$ sin. C sin. E.

$\mathfrak{C}$ = sin. C $\left(1 - \dfrac{1}{2} \text{ sin. D} - \dfrac{1}{4} \text{ sin. vers B} - \dfrac{1}{4} \text{ sin. vers C}\right) + \dfrac{1}{2}$ sin. B sin. E.

$\mathfrak{D}$ = sin. D $\left(1 + \dfrac{1}{3} \text{ sin. vers D.}\right)$

$\mathfrak{E}$ = sin. E — sin. A sin. D.

Beschouwing der coëfficiënten afzonderlijk.

In plaats van de gothische coëfficiënten, zullen de romaansche beschouwd worden, waarbij men in 't oog houde, dat eerstgenoemden de sinussen zijn van laatstgenoemden, en men deze voldoende nauwkeurig kan leeren kennen door de eerstgenoemden met 57°,3 (boog=straal) te vermenigvuldigen. Men beschouwt dus eigenlijk de in graden uitgedrukte gothische coëfficiënten.

1°. $\lambda = \dfrac{H'}{H} \cos. \delta$ of λ H = H' cos. δ. Daar δ steeds klein is zal, het kompas rondgaande, de gemiddelde waarde van cos. δ nagenoeg 1 zijn, dus die van λ H = H'; daaruit volgt dat λ H de gemiddelde waarde is der kracht die de naald aan boord naar 't noorden richt, hetgeen men noemt de gemiddelde noordwaartsche kracht. Men kan λ proefondervindelijk bepalen; λ H toch is de gemiddelde noordwaartsche kracht, dus voor de reeds bepaalde fouten bij de hoofd en hoofdtusschenstreken heeft men $\lambda = \dfrac{1}{8} \Sigma \dfrac{H'}{H} \cos. \delta$. Nu moet men $\dfrac{H'}{H}$ vinden.

De slingertijden eener naald verhouden zich omgekeerd evenredig met de wortels uit de krachten die er op werken, dus is $\dfrac{H'}{H} = \dfrac{T^2}{T_1^2}$. Nu observeert men bij elk der acht koersen den tijd dien de naald behoeft om tien slingeringen te volbrengen en doet hetzelfde met de naald aan den wal. Eigenlijk zijn vier koersen voldoende. Voor elken koers weet men nu de verhouding $\dfrac{H'}{H}$ waardoor de formule wordt: $\lambda = \dfrac{1}{8} \Sigma \dfrac{T^2}{T_1^2} \cos. \delta$.

Bij de proef moet men zorg dragen dat de slingeringen die men voor de berekening gebruiken wil nagenoeg gelijke amplituden hebben of tusschen gelijke grenzen variëeren.

2°. *A.* A, is een waarde, afhankelijk van b en d, die klein zijn. A geeft de fout tengevolge van het ten opzichte van de midscheeps asymmetrisch weekijzer en van ongelijkheid in den toestand van het symmetrisch weekijzer, gecombineerd met de fout die voortvloeit uit de minder nauwkeurige opstelling van het kompas. A, is nagenoeg constant en desnoods door verplaatsing van de zeilstreep te verhelpen. Vindt men bij latere gelegenheden noemenswaarde verandering van A, dan heeft men vermoedelijk een onjuiste waarde voor de variatie gebruikt (zie hiervoren oorzaken der fouten). Wanneer men echter bij latere waarnemingen een anderen kompasketel en een andere roos gebruikt, zal men zich niet behoeven te verwonderen, zoo A wat veel veranderd is.

3°. B sin. ζ' + C cos. ζ'. Deze vorm is afhankelijk van c, f, P en Q, dus van verticaal geïnduceerd weekijzer en van de horizontaal ontbondenen van het permanent magnetisme. Om na te gaan wanneer deze waarde een maximum wordt heeft men:

1e diff. quot. = B cos. ζ' — C sin. ζ' = o

$\tan \zeta' = \dfrac{B}{C}$ geeft dus een maximum ter waarde $\sqrt{(B^2 + C^2)}$ en een even groot negatief maximum tot een bedrag van — ι' ($B^2 + C^2$), terwijl de vorm $= 0$ wordt als tang $\zeta' = - \dfrac{C}{B}$ is, dus bij koersen die 90° verschillen van die waarbij de maximale waarden optreden. Het verloop van 0 tot ι' ($B^2 + C^2$) door 0 tot — ι' ($B^2 + C^2$) doet in verband met de 180° verschillende koersen, den naam semicirculaire afwijking geven aan dit deel der fout.

Bedenkt men dat het permanent magnetisme, in hoofdzaak wordt vastgelegd bij den bouw van het schip en dat het vertikaal geïnduceerd magnetisme onafhankelijk is van den voorliggenden koers, dan zal men inzien dat men reeds bij den bouw eenig gegeven verkrijgt. Nemen wij b.v. aan dat het schip NW. op stapel stond dan is er horizontaal permanent magnetisme vastgelegd, dat gevoegd bij het vertikaal geïnduceerd magnetisme kan worden ontbonden in een horizontale langs- en een dwarsscheepsche component, respectievelijk $\lambda\,\mathfrak{B}$ en $\lambda\,\mathfrak{C}$. Ligt het schip nu, zonder dat de magnetische breedte veranderd is, weer NW. vóór, dan ondervindt de naald de inwerking van het, tijdens den bouw vastgelegd, permanent magnetisme en die van het geïnduceerd magnetisme, werkende in de richting van den magnetischen meridiaan.

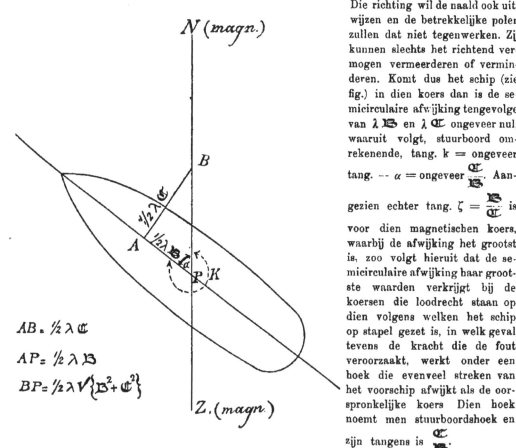

$AB = \tfrac{1}{2}\,\lambda\,\mathfrak{C}$

$AP = \tfrac{1}{2}\,\lambda\,\mathfrak{B}$

$BP = \tfrac{1}{2}\,\lambda\,V\{\mathfrak{B}^2 + \mathfrak{C}^2\}$

Die richting wil de naald ook uitwijzen en de betrekkelijke polen zullen dat niet tegenwerken. Zij kunnen slechts het richtend vermogen vermeerderen of verminderen. Komt dus het schip (zie fig.) in dien koers dan is de semicirculaire afwijking tengevolge van $\lambda\,\mathfrak{B}$ en $\lambda\,\mathfrak{C}$ ongeveer nul, waaruit volgt, stuurboord omrekenende, tang. $k =$ ongeveer tang. $-\alpha =$ ongeveer $\dfrac{\mathfrak{C}}{\mathfrak{B}}$. Aangezien echter tang. $\zeta = \dfrac{\mathfrak{B}}{\mathfrak{C}}$ is voor dien magnetischen koers, waarbij de afwijking het grootst is, zoo volgt hieruit dat de semicirculaire afwijking haar grootste waarden verkrijgt bij de koersen die loodrecht staan op dien volgens welken het schip op stapel gezet is, in welk geval tevens de kracht die de fout veroorzaakt, werkt onder een hoek die evenveel streken van het voorschip afwijkt als de oorspronkelijke koers Dien hoek noemt men stuurboordshoek en zijn tangens is $\dfrac{\mathfrak{C}}{\mathfrak{B}}$.

Wil men een schip na 't van stapel loopen deszelfs subpermanent magnetisme spoedig doen verliezen, wat zeer is aan te bevelen, dan haalt men den kop 180° rond. Zie hiervoren sub: de Fouten van het Kompas enz.

3°. D sin. 2 ζ' + E cos. 2 ζ'. Door differentiatie van de grondformule kan men aantoonen dat deze vorm in ieder kwadrant een maximum of minimum heeft waarom men dit deel der afwijking de kwadrantale afwijking noemt. D en E slechts afhankelijk zijnde van a, e, d en b, ziet men in dat het horizontaal geïnduceerd magnetismus die afwijking bewerkt. Haar maximum of minimum waarde bedraagt den hoek waarvan de sinus is $\pm$ 1′ ($D^2 + E^2$).

Bij hellend schip zoowel als bij een slingerend schip nemen de coördinaatvlakken volgens welke men de op de naald werkende krachten ontbindt, andere standen in het schip aan en verkrijgen de ontbondenen andere waarden, waardoor echter alleen C belangrijk verandert. Bij een helling Θ wordt die coëfficient:

$$\mathfrak{C}_\Theta = \mathfrak{C} + \frac{1}{\lambda_\Theta} \left\{ (e - k) - \frac{R}{Z} \right\} \Theta \text{ tang. i.}$$

waarin λ_Θ eene waarde is die weinig van λ verschilt, i is de inclinatie en Z stelt de vertikaal ontbondene van het permanent magnetisme voor. Uit den factor Θ blijkt dat de verandering van $\mathfrak{C}$ evenredig is aan de helling. Zoo, bij helling, alleen $\mathfrak{C}$ belangrijk verandert, is het ook voldoende alleen hare waarde opnieuw te bepalen bij een helling Θ en bij een andere helling Θ'. De verandering per graad helling J stellende is dan:

$$J = \frac{\mathfrak{C}_\Theta - \mathfrak{C}_{\Theta'}}{\Theta - \Theta'} \text{ of de bogen invoerende:}$$

$$J = \frac{C_\Theta - C_{\Theta'}}{\Theta - \Theta'}$$

Daar C cos. $\zeta' = $ C wordt wanneer men N. of Z. voorligt, bepaalt men dus C onder zekere hellingen bij N. of Z. voorliggende. Dan is:

$C_n = $ N. $- \frac{1}{2}$ (O. $+$ W.) $- 2$ E $-$ G

$C_z = -$ Z. $+ \frac{1}{2}$ (O. $+$ W.) $+ 2$ E $-$ G waaruit:

$$J = \frac{C_n - C_z}{\Theta - \Theta'} \text{ Liefst neemt men } \Theta \text{ en } \Theta' \text{ ongelijknamig dus b. v. } \Theta \text{ slagzij over}$$

stuurboord (+) en Θ' slagzij over bakboord (—).

Men kan nu voor een helling van b.v. 10° over stuur- of bakboord de waarden C_{10} en C_{-10} berekenen en met die nieuwe waarden van C en de oude waarden van A, B, D en E de fouten bij de hoofd- en hoofdtusschenstreken berekenen, waarna men d. m. v. de formule van Åstrand en het diagram van Napier de stuurtafel voor die hellingen opmaakt.

In de praktijk zal men beter doen met, op doelmatige wijze voor de helling te compenseeren, wat vooral op stoomers noodig is, die zelden een vaste helling aannemen, maar welker helling steeds verandert (slingeren). Opmerking verdient dat g bij *stampen* grooten invloed kan verkrijgen.

Theorie der Compensatie.

Opgesteld aan boord van een ijzeren schip, heeft een kompasnaald bij verschillende koersen, verschillende fouten; tevens is dan de richtende kracht bij die verschillende koersen van veranderlijke waarde.

Wanneer de fout bij alle koersen op nul is gereduceerd, is tevens de richtende kracht bij alle koersen gelijk.

Compensatie beoogt de richtende kracht bij alle koersen dezelfde te maken en de fouten tot een minimaal bedrag terug te brengen.

De fouten kunnen in vijf samenstellende deelen worden gesplitst; namelijk:

1°. de constante fout A (zie vorige paragraaf) die desnoods door verstellen van de zeilstreep is te verbeteren.

2°. de semicirculaire fout B sin. ζ' + C cos. ζ', (zie vorige paragraaf) waarin B en C afhankelijk zijn van horizontaal permanent en ook van vertikaal geïnduceerd magnetisme. Dit deel der fouten moet dus ook door horizontale permanente magneten en vertikale weekijzeren staven worden opgeheven.

3°. de kwadrantale fout D sin. 2 ζ' + E cos. 2 ζ' (zie vorige paragraaf) waarin D en E afhankelijk zijn van horizontaal geïnduceerd magnetisme. Dit deel der fouten moet dus, zoo mogelijk, door weekijzeren massa's worden opgeheven.

4°. de hellingsfout (zie vorige paragraaf) die vooral afhankelijk is van R en dus door een vertikalen permanenten magneet moet worden opgeheven.

5°. de stampfout, vooral afhankelijk van g, waarvoor echter niet gecompenseerd wordt.

Beschouwt men de formule met vijf coëfficiënten:

$$\delta = A + B \text{ sin. } \zeta' + C \text{ cos. } \zeta' + D \text{ sin. } 2 \zeta' + E \text{ cos. } 2 \zeta'$$

waarin ζ' den kompaskoers voorstelt, dan zal zij voor een volkomen gecompenseerd kompas overgaan in:

$$\delta = A + B \text{ sin. } \zeta' + C \text{ cos. } \zeta' + D \text{ sin. } 2 \zeta' + E \text{ cos. } 2 \zeta' = 0$$

waaraan voldaan wordt ingeval:

$$A = B = C = D = E = 0.$$

Semicirculaire fouten.

De semicirculaire fouten B sin. ζ' + C cos. ζ' *kunnen* op nul gereduceerd worden door, met behulp van permanente magneten, eerst B en dan C nul te maken; maar ook *kan* men de waarde der fouten ineens op nul terugbrengen door het aanbrengen van één magneet die onder het kompas wordt aangebracht en een hoek met de kiel maakt = stuurboordshoek d. i. de hoek waarvan tangens $= \dfrac{C}{B}$ (zie hiervoren), mits de afstand van de staaf tot de roos aan zekere voorwaarden voldoet.

Volgens de eerste methode kan men eerst B, dan C op nul reduceeren door de fouten C, bij Noord en Zuid en de fouten B bij Oost en West d. m. v. permanente magneten op te heffen, in dier voege dat C door een dwarsscheepsche, B door een langsscheepsche magneet wordt gecompenseerd. Immers bij N. vóór is fout = C en bij Oost is zij = B; de semicirculaire fout bij N. en O. opheffende, heeft men dus de geheele semicirculaire fout opgeheven.

Tot dusver werd echter niet in aanmerking genomen dat B en C waarden zijn die gedeeltelijk afhangen van vertikaal geïnduceerd magnetisme en dat men dus B en C geheel door permanent magnetisme compenseerende, onnauwkeurig handelt ten opzichte van de waarden $\dfrac{c \text{ tang. } i}{\lambda}$ en $\dfrac{f \text{ tang. } i}{\lambda}$ die in B en C zijn begrepen. De waarden c en f hangen af van vertikaal geïnduceerd weekijzer, welks invloed dus alleen door vertikaal weekijzer is te neutraliseeren. In aanmerking nemende dat f in den regel klein is, komt het er slechts op aan c en f uit de formule te scheiden en $\dfrac{c \text{ tang. } i}{\lambda}$ graden, door een vertikale weekijzeren staaf te compenseeren, latende $\dfrac{P}{\lambda H}$ graden voor rekening van den langscheepschen; $\dfrac{Q}{\lambda H}$ graden, voor rekening van den dwarsscheepschen magneet, terwijl $\dfrac{f \text{ tang. } i}{\lambda}$ graden, niet gecompenseerd worden. Nu zijn c en f alleen voor bepaling vatbaar wanneer het schip een reis heeft gemaakt en B en C tweemaal nauwkeurig zijn bepaald geworden onder verschillende omstandigheden, want men heeft twee stel vergelijkingen elk met twee onbekenden noodig. Een voorbeeld hiervan wordt gegeven.

Voor een nieuw schip kan men de berekening niet uitvoeren, maar men benadert dan somtijds door haar gelijk te stellen aan de c die op andere schepen van het zelfde type gevonden werd, en zoo ook dat niet bekend is, neemt men aan dat de waarde B uit twee gelijke deelen bestaat waarvan de eene helft d. m. v. vertikaal weekijzer, de andere d. m. v. een permanenten langscheepschen magneet wordt weggenomen. De C wordt dan in haar geheel door een permanenten dwarsscheepschen magneet weggenomen.

Zie. omtrent deze zaak den praktischen regel sub. Compensatie (praktijk) onder 't hoofd Flinder's bar blz. 200.

Voorbeeld: Gedurende de reis van H. M. *de Ruijter* naar Oost-Indië in den jare 1896, bleken de fouten van het stuurkompas achteruit groote veranderingen te hebben ondergaan en werd getracht de oorzaak daarvan op te sporen. Op 68°18′ OL. en 40°46′ ZBr. werd rondgestoomd en de fouten door zonsazimuthen bepaald. Men vond uit die **waarnemingen**:

	te Vlissingen.	Op 68°18′ OL. en 40°46′ ZBr.
Waarde $B = \left(\dfrac{P}{H} + c \tan i\right)\dfrac{1}{\lambda}$	4°,2 (+)	33°,5 (+)
Waarde $C = \left(\dfrac{Q}{H} + f \tan. i\right)\dfrac{1}{\lambda}$	3°,1 (+)	8°,8 (−)

Voor de waarden H en tang. i substitueerende de grootheden die de Deutsche Seewarte daarvoor opgeeft, respectievelijk + 1,82 bij + 2,36 en + 1,82 bij − 2,48 werden twee stel vergelijkingen met twee onbekenden verkregen, waaruit:

$$\frac{P}{\lambda} = + 33{,}6, \quad \frac{Q}{\lambda} = - 4{,}91, \quad \frac{c}{\lambda} = - 6{,}05, \quad \frac{f}{\lambda} = 2{,}46.$$

De oorzaak blijkt duidelijk. Te Vlissingen waren B en C weliswaar klein gemaakt, maar de onderdeelen behielden eene groote waarde zoodat, toen op ZBr. de inclinatie van teeken veranderde en beide deelen elkander gingen versterken B en C groote waarden verkregen als volgt:

te Vlissingen.	Op 68°18′ OL. en 40°46′ ZBr.
B = 18°,5 − 14°,3 = 4°,2 (+)	B = 18°,5 + 15°,0 = 33°,5 (+)
C = 2°,7 + 5°,8 = 3°,1 (+)	C = −2°,7 − 6°,1 = 8°,8 (−)

In elk geval leveren beide waarnemingen al wat men noodig heeft om het kompas duurzaam voor semicirculaire fouten te compenseeren. $\dfrac{P}{\lambda H}$ namelijk stelt het aantal graden voor dat voor rekening van den langscheepschen magneet komt; $\dfrac{Q}{\lambda H}$ komt voor rekening van den dwarsscheepschen magneet en $\dfrac{c \tan i}{\lambda}$ moet door de Flinder's bar worden opgeheven, $\dfrac{f \tan i}{\lambda}$ wordt op zijn beloop gelaten — zal ook zelden groot worden.

Kwadrantale fouten.

De kwadrantale afwijking wordt voorgesteld door: D sin. 2 ζ' + E cos. 2 ζ' waarin E gewoonlijk klein of = 0. Voor ζ' = 45°, 135°, 225° of 315° wordt D sin. 2 ζ' = D. Wil men compenseeren, dan moet D = 0 worden gemaakt hetgeen men dus zal verkiezen te doen door het aanbrengen van horizontaal weekijzer bij een magnetischen koers NO. of ZO., ZW. of NW. tot de afwijking = 0 is. Is de fout D niet grooter dan een graad of 3, dan gebruikt men daarvoor bij de zeemacht hondeketting; is zij niet grooter dan ± 10° dan bezigt men weekijzeren staven in koperen bussen besloten en is zij nog grooter, dan worden kleine vloeistofkompasjes ter zijde van het nachthuis aangebracht, hetgeen een oneigenlijk hulpmiddel is dat niet kan blijven voldoen wanneer het schip veel van magnetische breedte verandert.

Hellingsfouten.

Alleen C wordt door de helling belangrijk aangedaan, het is dus voldoende om voor Δ C per graad helling te compenseeren. De permanente R is de voornaamste oorzaak van de verandering van C; een vertikale magneet onder de kompaspen is dus als compensatiemiddel aangewezen en deze zal men moeten aanbrengen bij een magnetischen koers N of Z, wanneer het schip zekere helling heeft. Dan toch is C cos. $\zeta' = C$ en heeft men slechts de fout = nul te maken om gecompenseerd te zijn. Daarbij moet natuurlijk C reeds bij rechtliggend schip gecompenseerd zijn.

In zee, kan men wanneer een stuurkompas wat wild wordt tengevolge van de, bij slingeren, steeds veranderende hellingsfouten dit proefondervindelijk verbeteren door de vertikale staaf te doen rijzen of dalen. Aan een standaardkompas torne men vooral *niet*.

Overige fouten.

G, F, H en K zijn in den regel klein, maar kunnen aanzienlijk grooter worden wanneer de compensatiemiddelen zoo dichtbij zijn gelegen dat zij door de kompasnaald worden geïnduceerd. De waarde F sin 3 ζ' + G cos 3 ζ' geeft sextantale fouten, indien de afstand van de naalden tot de magneten kleiner is dan zesmaal de halve lengte der naald. H sin 4 ζ' + K cos 4 ζ' geeft een octantale fout, als de weekijzeren massa's te dicht bij de magneten zijn.

Compensatie. (Praktijk.)

Er wordt aangenomen dat het kompas geen sextantale of octantale afwijkingen vertoont. Is dit wel het geval dan zal men met een zeer ongunstig geplaatst kompas te doen hebben en de hulp des verificateurs moeten inroepen.

Men neemt de volgende voorzorgsmaatregelen.

1°. Alle ijzer en ijzerwerk moet op zijn plaats zijn, van verplaatsbare massa's als torens, kanonnen, davits, stagen, wanten enz., teekene men aan welke haar stand tijdens de compensatie was.

2°. kompasdop en pen moeten naar hare zuiverheid onderzocht zijn.

3°. de kompaspen moet in het kruispunt der tappenassen staan.

4°. de peiltoestel moet in orde zijn en vertikaal op het dekglas staan.

5°. het schip moet rechtop liggen.

6°. er moet geen ijzer of ijzeren schepen in de nabijheid zijn.

7°. de waarnemer moet geen ijzeren of stalen voorwerpen bij zich hebben b. v. geen stalen band in den hoed, geen stalen horlogeketting enz.

8°. het verdient alle aanbeveling de voor de compensatie gewenschte waarnemingen tweemaal te verrichten en wel eens met en eens zonder de werkende dynamo's, brandende zoeklichten. enz. ten einde te bespeuren of en in hoever men 's nachts andere fouten in de gestuurde koersen mag verwachten en om gebreken tijdig te kunnen verhelpen.

9°. heeft men met een zeer ongunstig geplaatst kompas te doen, dan wordt eerst voor de kwadrantale fout gecompenseerd. In den regel echter compenseert men eerst voor de semi circulaire fouten.

De weekijzeren massa's, die de kwadr. fouten veroorzaken, hebben namelijk veel grooter invloed op het richtend vermogen der naald, zoodat het inderdaad dikwijls verkieslijk is de naald *zooveel doenlijk* haar richtend vermogen te hergeven eer men de semicirculaire fouten compenseert.

Vervolgens legt men het schip in de gewilde koersen voor, waartoe men zich bedient van een der geschikt geoordeelde methoden b. v.

1. astronomische peiling en peilbord.
2. peiling van een punt welks azimuth bekend is.
3. het stellen van bakens in gewilde richtingen enz.

Compensatie der semi-circulaire fouten door twee magneten.

Om d. m. v. twee magneetstaven de semi-circulaire fouten op te heffen, legt men het schip eerst magnetisch Noord vóór en reduceert men C, (of liever nog dat gedeelte van C dat door $\frac{Q}{\lambda H}$ wordt voorgesteld, indien dat bekend is) d. m. v. een dwarsscheepschen magneet op nul. Men teekent zijn plaats op het dek, met krijt aan, en laat hem liggen.

Vervolgens wordt het schip magnetisch Oost voorgelegd waarbij men desgelijks handelt ten opzichte van B d. m. v. een langsscheepschen magneet. (Liefst echter compenseert men op deze wijze alleen dat gedeelte van B dat wordt voorgesteld door $\frac{P}{\lambda H}$ indien dat bekend is of bij benadering bekend is of wel men compenseert slechts de helft van B).

Men herhaalt de verrichtingen bij Zuid en bij West vóór en bevestigt dan elk der staven midden tusschen de plaatsen die zij bij N. of Z. en O. of W. zouden moeten innemen.

Bij het plaatsen der staven zorge men steeds dat haar midden recht vóór of achter of dwars van de projectie der kompaspen komen te liggen. Is één magneet niet voldoende, zoodat men paren gebruiken moet dan moeten zij, zoo mogelijk, aan weerszijden en symmetrisch komen te liggen d. w. z. elk der staven die bij elkaar behooren evenver van de projectie der kompaspen af.

Compensatie d. m. v. de Flinders bar.

Eerst wanneer men ingelicht is omtrent de waarde van het vertikaal geïnduceerd magnetisme zal men bij O. en W. de afwijking $\frac{c}{\lambda}$ tang. i. met de Flinders bar kunnen compenseeren komende het overig gedeelte der afwijking B voor rekening van den langscheepschen magneet. Echter kan voor $\frac{c}{\lambda}$ tang. i. eene waarde bijv. de helft van B worden aangenomen in welke onderstelling men dan de compensatie kan uitvoeren. In dat geval en ingeval men de geheele afwijking B door een magneet heeft opgeheven, verandert de semicirculaire afwijking van ongunstig geplaatste stuurkompassen soms nog op de reis aanzienlijk en kan het wenschelijk zijn in zee hierin te voorzien. Het eenvoudigst geval doet zich zeker voor wanneer men den magnetischen equator snijdt b. v. op het traject Aden—Colombo, c is dan = 0 en men kan de daar gevonden afwijking door langscheepsche magneten geheel opheffen, om alle afwijking die later nog gevonden wordt door de Flinders bar te compenseeren. In het algemeen echter kan men zulk een kompas op een reis duurzaam compenseeren naar den *Regel*: Verbeter de bij O. en W. gevonden afwijkingen door verplaatsing der langscheepsche magneten, wanneer men op plaatsen komt waar de vertikale intensiteit minder bedraagt dan op de plaats waar eerst gecompenseerd werd, en met de Flinders bar wanneer men op plaatsen komt waar zij sterker is.

De Flinders bar behoort meestal vóór het nachthuis bij de zeer voorlijk geplaatste nachthuizen op mailstoomers en bij stuurkompassen die dichtbij achter- of voorsteven staan; daarentegen achter het nachthuis bij kompassen die achter de halve lengte van het schip en verder dan zes meters van den achtersteven staan. De afstand van de Flinders bar tot de roos wordt niet gevonden door haar in horizontalen zin te verplaatsen, maar door haar te doen rijzen of dalen.

Compensatie der semi-circulaire fouten door één magneet.

Wil men de semicirculaire afwijking door slechts één magneet compenseeren dan moet deze onder stuurboordshoek worden aangebracht, dus de hoek waarvan de tangens is $\frac{C}{B}$ of in de richting die de magnetische meridiaan tijdens den bouw van het schip ten opzichte van het schip aannam.

Onder dien hoek met de kiellijn, de staaf vertikaal op en neer bewogen hebbende tot de afwijking nul is geworden, is voor de geheele semicirculaire afwijking gecompenseerd. Het noordeinde der staaf moet wijzen

naar SB. vooruit als B + en C +

,, BB. ,, ,, B + en C —

,, SB. achteruit ,, B — en C +

,, BB. ,, ,, B — en C —

De nachthuizen der Thomsonkompassen hebben eene bijzondere inrichting voor de compensatie, al naarmate men door de zoogenaamde circulaire of rechthoekige methode voor de waarde B sin. ζ' + C cos. ζ' wil compenseeren d. w. z. door twee magneetstaven of door eene enkele staaf.

Om d. m. v. de circulaire methode te compenseeren, maakt men eerst de kwadrantale afwijking = 0 waartoe men een rondpeiling neemt, D berekent, en haar met weekijzer compenseert. Daarna gaat men over tot compensatie d. m. v. één magneet.

Hiertoe brengt men bij een willekeurigen koers een magneet onder het kompas aan even- wijdig aan het dek en compenseert bij dien koers. Vervolgens een anderen koers voorliggende verplaatst men de staaf zoodanig dat de kracht die van den magneet uitgaat in O. of W. richting dezelfde is als bij den eersten koers. Is ook dan de afwijking bij den tweeden koers = o ge- maakt, dan is men klaar. Zij O N de richting van het magnetisch Noorden, O het middelpunt

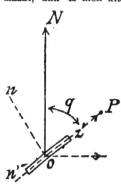

van het kompas en On de richting der naald bij den eersten koers die men vóórlag. Stelt men nu den magneet zóó dat $\angle$ N On = o wordt, dan is bij dien koers gecompenseerd. P is de kracht die de magneet op de naald uitoefent. Haar ontbondene in O — W richting is P sin. q. Hoe men nu verder bij een volgenden koers den magneet verplaatst, altijd moet P sin. q dezelfde blijven. Wordt nu P grooter doordat b.v. de staaf dichter bij de naald komt dan moet q kleiner worden of:

log. P. — log. cosec q = log. P sin. q = constant.

Daarom doet THOMSON den magneet die met zijn uiteinde langs een ring kan draaien die zoo verdeeld is dat men er log. cosec q op afleest, draaibaar bevestigen aan een vertikale as. Verder kan de magneet vertikaal op en neer bewegen langs een schaalverdeeling waarop men log. P afleest. Bij de eerste compensatie nu leest men log. P en log. cosec q af en zorgt bij de tweede het verschil constant te houden. Men doet het best eerst de halve waarde der afwijking te compenseeren door log. P te veranderen en de andere helft door log. cosec q een zelfde ver- andering te laten ondergaan, zoo vervolgende tot de staaf in de juiste richting ligt, dus de af- wijking opnieuw 0 maakt.

Bij de kompassen voor de rechthoekige methode zijn de zij- en voorvlakken van het nachthuis van horizontale ligplaatsen voor de magneten voorzien. Hun onderlinge afstand is zoodanig ge- kozen dat de compenseerende kracht evenveel vermeerdert of vermindert als men de staaf een gat hooger of lager brengt.

Compensatie der kwadrantale fouten.

Geschiedt door het aanbrengen van weekijzeren massa's terwijl men NO., Z.O., Z.W. of NW. magnetisch voorligt. Naar gelang van de grootte der fouten gebruikt men hondeketting, week- ijzeren staven of kompasjes (zie hiervoren).

Compensatie voor de hellingsfout.

Om de hellingsfout te compenseeren geeft men het schip slagzij nadat de vorige fouten ge- compenseerd zijn. Men legt daarbij het schip magnetisch Noord of Zuid voor omdat dat dan de afwijking C cos. ζ' haar grootste waarde krijgt. Een vertikalen magneet onder het kompas ver- schuivende tot C = 0 wordt is ook deze fout weggenomen.

Gemakkelijker, ofschoon daarom niet beter, handelt men door het schip geen slagzij te geven.

en bij de compensatie Thomson's vertical force instrument te gebruiken (zie hiervoren) Men stelt dan allereerst aan den wal de naald van het instrument horizontaal. Daarna de roos uit den ketel genomen zijnde, wordt het instrument op het midden van de dekplaat gezet, zoodat het draaipunt van het naaldje zoo veel mogelijk met de spits der kompaspen overeenkomt terwijl men natuurlijk zorgen moet dat de naald naar het magnetisch noorden wijst. Onder den invloed van het vertikaal permanent scheepsmagnetisme zal nu de naald weer zekere helling aannemen, welke helling men opheft door den vertikalen magneet die onder het centrum der kompaspen is aangebracht te doen rijzen of dalen totdat het naaldje weer horizontaal wijst. Bij dezen stand van de magneetstaaf is dan de invloed van het vertikaal permanent magnetisme opgeheven.

Men zorgt, indien men d. m. v. dit instrument compenseert, het schip niet Noord of Zuid maar Oost of West voor te leggen om geen invloed te ondervinden van het weekijzer dat door g wordt voorgesteld.

Aangezien echter, bij deze bewerking, ook de invloed van e en van k, die in de formule C_θ voorkomen is opgeheven en e en k toch *weekijzeren* massa's voorstellen, zal na zekeren tijd, op de reis de compensatie voor de helling niet meer volkomen zijn en zal men aan boord van een in Nederland gebouwd schip, dat op Zuiderbreedte komt, zulks wellicht bespeuren. Men moet in dat geval de verticale staven welker noordpool naar boven is gericht iets laten zakken en die welker zuidpool naar boven gericht is (welk laatste zelden voorkomt) iets laten rijzen. Zelfs kan het noodig worden de staven om te keeren.

Tegen fouten die bij stampen ontstaan wordt tot dusver niet gecompenseerd.

7DE AFDEELING.

SPIEGELINSTRUMENTEN, ENZ.

INHOUD: Spiegelinstrumenten. — Onderhoud en gebruik. Statief. — Kunstkim.

Spiegelinstrumenten.

Verificatie. Spiegelinstrumenten worden, op aanvrage. aan de Filiaal-Inrichtingen van het Kon. Ned. Met. Instituut te Amsterdam en te Rotterdam door de Directeuren dier inrichtingen met groote welwillendheid onderzocht en gekeurd. Bij aanschaffing van een nieuw instrument doet men wel van die gelegenheid gebruik te maken. De onkosten worden per instrument op twee gulden bepaald.

Het geraamte. Dit moet zeer stevig zijn. Goede sextanten, doch waarvan het geraamte bestaat uit twee bronzen platen die door kolommetjes worden aaneengehouden, zijn dikwijls te zwak.

De groote spiegel. Beschouwt men met den kijker van het instrument het in den spiegel teruggekaatst beeld van een veraf zijnd voorwerp, dan zal de spiegel niet deugen wanneer men het beeld onzuiver en vervormd ziet en ook wanneer men den, te voren op het voorwerp zelf ingestelden, kijker in of uit moet schuiven om het beeld scherp te zien. Beschouwt men op dezelfde wijze het teruggekaatst beeld van een voorwerp welks stralen zeer schuin op den spiegel invallen en men bespeurt een tweede, flauwer beeld. dan keure men ook den spiegel af.

Om te onderzoeken of de spiegel loodrecht op het vlak van het instrument staat, gaat men als volgt te werk:

Trek op twee reepjes karton negen strepen die b. v. een onderlingen afstand van 1 cM. hebben en spijker elk reepje aan een houten klos, waardoor het loodrecht (strepen horizontaal) op de tafel kan worden gesteld. De middelste streep moet ongeveer even hoog boven de tafel zijn als het midden van den grooten spiegel, wanneer het instrument met zijn pooten op de tafel rust: ter onderscheiding merkt men deze streep aan haar uiteinden door zwarte vlakjes en verder brengt men door haar midden een kleine opening aan voor het viseeren. De beide strooken worden nu op de uiteinden eener lange tafel gesteld, met de strepen naar elkaar toegekeerd waarna men midden tusschen beiden het instrument plaatst, zoodanig dat de vizierlijn een weinig buiten den spiegel valt. De spiegel wordt eerst naar het eene karton gekeerd, zoodanig dat men door deszelfs opening ziende zijn beeld, in den spiegel teruggekaatst, naast het andere karton ziet verschijnen. Alsdan kan door tellen bepaald worden hoeveel de middenstreep van het teruggekaatste beeld, hooger of lager gezien wordt dan die van het andere karton. De spiegel wordt daarna 180° om zijn as gedraaid en men herhaalt de proef. De halve som der gevonden afwijkingen is dan een maat van den hoek dien de spiegel met het vlak van het instrument maakt. welke proefondervindelijk op 0 kan worden teruggebracht.

Aan boord kan men zich zeer goed behelpen door het plakken van twee reepjes papier op den bodem van twee sigarenkistjes, daar een gaatje doorheen boren en verder het onderzoek instellen als boven.

Wat de grootte der gemaakte fout, bij hellenden grooten spiegel aangaat, kan men aannemen dat deze, wanneer alle deelen van het instrument overigens in orde zijn vrij snel toeneemt met de helling zoodat zij b. v. bij een gemeten hoek van 40° en een helling van den spiegel $= 20'$ nog slechts $2''.4$ bedraagt maar bij een hoek van 120° reeds $8''$ is. Bij een helling van 40′ worden de bedoelde waarden $10''$ en $32''$.

Ook kan men op het oog onderzoeken of de groote spiegel niet al te zeer van den loodrechten stand afwijkt door de navolgende proef. Men houdt het instrument met den grooten spiegel naar zich toegekeerd op een bekwamen afstand van zich en stelt de albidade op ongeveer 45° of zooveel meer of minder tot men het teruggekaatst beeld van het uiterste (rechtsche gedeelte) van den rand gelijktijdig ziet met dat gedeelte van den rand dat in de langsrichting van den spiegel zich bevindt. Ziet men dan beide gedeelten van den rand in elkaars verlengde dan staat de spiegel vrijwel goed. Bij de nieuwere sextanten vindt men achter den grooten spiegel nog een schroefje om den stand te rectificeeren.

De kijker en kijkerbeugel. De kijkeras moet evenwijdig zijn aan het vlak van het instrument. Om dit te onderzoeken, draai het oculair zoodanig dat twee der kruisdraden evenwijdig aan dat vlak staan en breng twee beelden welker afstand grooter is dan 90° op dien draad in bedekking, blijven zij dan elkaar bedekken wanneer men het contact op den anderen draad laat plaats hebben, dan staat de kijker goed. Staat hij niet goed dan verbetert men dit met de correctie-schroefjes. Gemakkelijk kan men ook den kijker rectificeeren wanneer men twee viziertjes (of dobbelsteenen van gelijke hoogte) op de uiteinden van den rand plaatst. Door den kijker ziende moet men dan een zelfde horizontale lijn dwars door het veld zien gaan als waarop men de lijn der viziertjes gericht heeft.

De gemaakte fout neemt bij hellenden kijker snel toe met de helling. Bedraagt de fout, indien het sextant overigens in orde is, bij een helling van 20′ en een gemeten hoek van 40° of 120° reeds 3″ en 12″ dan worden deze waarden bij een helling van 40′ resp: 10″ en 48″.

De kimspiegel. Kan men, door den kijker ziende, een voorwerp en deszelfs dubbel terugge-kaatst beeld zuiver in bedekking brengen, dan staat de spiegel goed, althans evenwijdig aan den grooten spiegel. Bij het bepalen der I. C. op eene ster blijkt dit onmiddellijk doordien de beelden zuiver over elkaar schuiven en brengt men zoo noodig verbetering aan d. m. v. de correctieschroeven van den kimspiegel.

De rand en nonius. Bij aankoop wete men dat blinkende randen geen aanbeveling verdienen, daar de aflezing onzuiver wordt vooral wanneer de insnijdingen diep en niet fijn zijn en wel doordat dan de eene zijde der insnijding helder verlicht is en de andere donker blijft, waardoor men fouten tot 30″ kan maken.

Om te weten of de verdeeling zuiver is, meet men bekende hoeken. Is de verdeeling onzuiver, dan bepaalt men de fouten, bij ongeveer 10°, 20° enz. Hiertoe zeer geschikt, is het meten in den artificiëelen horizon van serieën zonshoogten, op een bekende plaats, waarna men die gemeten hoogten met de berekende hoogten vergelijkt. Grafisch het beloop der fouten afzettende, bepaalt men dan de fouten bij 10°, 20° enz.

Zwaar geoxydeerde verdeelingen op den rand, kan men opfrisschen door een zeer fijn korrelvrij stuk houtskool te nemen dat beitelvormig wordt afgesneden. Dit wordt dikwijls in water gedoopt en met het gevlakte einde zacht over den rand gestreken. Ofschoon dit recept in alle werken die over instrumenten handelen wordt opgegeven, zal men zich nog beter bevinden wanneer men koude fijngewreven sigarenasch met een zachten lap randsgewijs (niet straals-gewijs) over de verdeeling uitwrijft.

Poetsmiddelen gebruike men nimmer daar deze de scherpe kanten der insnijdingen wegslijpen; zie verder onderhoud en gebruik.

De gekleurde glazen. Zijn de glazen niet omlegbaar dan kan men de fouten bepalen door eene methode die gebaseerd is op het aan de filiaal-inrichtingen gebruikelijk procédé.

Op een aan een muur bevestigd tafeltje is een kalklichtlantaarn opgesteld. Deze heeft geen lenzen maar aan de voorzijde een kleine cirkelvormige opening, waarin een sector van 90° is uitgespaard. Bij het licht van de enkele gasvlam kan men den kruisdraad van den kijker zeer scherp op dezen sector instellen. Brengt men de beide beelden van den sector op den kruisdraad in bedekking, dan kan men de aanwijzing van het sextant (indexcorrectie) aflezen. Door dan glazen voor kimspiegel of grooten spiegel te brengen en de helderheid van het beeld naar gelang der omstandigheden te regelen, zal men ontwaren dat de bedekking verbroken wordt indien de glazen fouten vertoonen, in welk geval de verandering in indexcorrectie de fout van het glas doet kennen. — Met het oog op den geringen afstand van den lantaarn kan men grooten spiegelparallax verwachten.

De Alhidade. Doorbuiging is, als zij groot is, gemakkelijk te constateeren door een der deelstrepen, door den loupe ziende, scherp in 't oog te houden en dan met den vinger den nonius te verschuiven; plotseling den vinger terug trekkende zal men den wijzer zien terug springen. Natuurlijk wordt geen klemschroef aangedraaid. Bij goede sextanten bedraagt de doorbuigingsfout gewoonlijk 10″ à 20″, doch bij minder goede instrumenten 1 of meer minuten. Toch moet men er wel aan denken dat men eigenlijk den gecombineerden invloed van torsie der as en van doorbuiging constateert.

Men kan zich van de doorbuigingsfout onafhankelijk maken door bij seriewaarnemingen de eene helft te verrichten, den haarschroef links en bij de andere helft den haarschroef rechts te draaien (de I.C. moet dan tweemaal bepaald zijn, en wel voor beide richtingen der schroef). Ook kan men haar ten deele ontgaan door bij de waarnemingen de haarschroef in denzelfden zin te draaien, als bij 't bepalen der I.C. geschied is. (Zie hierna.)

Bij verzending van Wegener sextanten, moet men eraan denken de alhidade goed aan den rand te *binden* omdat bij deze instrumenten een eventueel losspringen mogelijk is.

Bij den prismacirkel van F. Kaiser is de klemming centraal aangebracht en niet aan den rand van het instrument, zoodat men hier van doorbuigingsfout bevrijd is.

Excentriciteitsfouten. Zijn alleen te ontgaan bij den cirkel en gedeeltelijk bij instrumenten welker fouten nauwkeurig bekend zijn, ofschoon in dit geval toch de bekende fouten de som zijn van excentriciteitsfout en spiegelfout en dus veranderen bij elke verandering van den stand des spiegels.

Indexfout en Indexcorrectie. Men bepaalt deze door het meten van een bekenden hoek. b. v. de ☽ ¹/₂ m. Gewoonlijk vindt men zelfs na toepassing der correctie tafel XIX niet de waarde uit den almanak, hetgeen liggen kan aan de helling van den kimspiegel, doch op de I.C. geen invloed heeft. Bij maansafstanden en andere nauwkeurige waarnemingen is het van het hoogste belang de I.C. vóór en na de waarnemingen ettelijke malen te bepalen, daarvan het gemiddelde te nemen en tevens de bij de bepaling der I C. gevonden waarden voor de halve middellijnen te gebruiken. Ook zij men indachtig om bij het bepalen der I.C de haarschroef te draaien in den zin als bij de waarneming en het instrument te houden in den stand dien het bij de waarneming heeft.

Men vergisse zich niet in het teeken, b. v.

1e gemeten zonsmiddellijn   31′ 30″ (+) (links van het nulpunt)

2e   ,,   ,,   32′ 30″ (—) (rechts van het nulpunt)

$$4 \text{ ☽ } ^1/_2 \text{ m.} = \overline{64′ \ 0″} \text{ dus ☽ } ^1/_2 \text{ m.} = 16′$$

dubbele I. fout = 1′ 0″ (—) en dubbele I.C. = 1′ 0″ (+)

I. fout = 0′ 30″ (—) I.C. = 0′ 30″ (+)

Gesteld nog de ☉ ¹/₂ m. is volgens almanak 16′ 2″ en de ☾ ¹/₂ m. 15′ 47″ dan gebruike men ☉ ¹/₂ m. = 16′ 0″ en ☾ ¹/₂ m. = 15′ 45″.

Om de I.C. op aardsche voorwerpen in rekening te brengen bepaalt men haar op het linksche voorwerp en geeft veelal, om gemakkelijk te meten, een zeer kleine helling aan den kimspiegel, doch het is nauwkeuriger de spiegels evenwijdig te laten en de voorwerpen elkaar eerst aan de eene zijde, dan aan de andere, te doen raken waarna men het gemiddelde neemt.

Bij den prismacirkel van F. Kaiser krijgt men twee enkel gereflecteerde beelden en is de collimatiefout, die anders altijd in de metingen overblijft = nul.

Totale fout van het instrument. Deze kan zeer nauwkeurig worden bepaald door het meten van afstanden tusschen bekende sterren welke gemakkelijk berekend worden uit den driehoek die beide sterren met den pool vormen. Bovendien berekent men (d. m. v. een azimuth-tafel) de hoeken aan de sterren. De berekende afstand moet voor refractie verbeterd worden, waartoe men de refractie voor elke ster vermenigvuldige met den cosinus van den hoek bij de ster en die waarden van den afstand aftrekt. Het vooruit berekenen is noodig om de sterren gemakkelijk in den kimspiegel te krijgen. Zie ook: Tabel achter dit hoofdstuk en sterafstands-tafelen van Janse.

Foutenlijstjes bij de instrumenten verstrekt, behooren zoover voort te zijn gezet als de verdeeling loopt. — Ofschoon niet licht voorkomende, men kan te maken krijgen met hoeken die grooter zijn dan 120°, en zelfs tot 360° toe.

Fouten door verschillende waarnemers gemaakt. Gewone sextanten vertoonen zelden fouten grooter dan 1′ à 1′ 30″, waarbij dan nog komen de exentriciteitsfout en de fout door helling van den grooten spiegel zoowel als de persoonlijke fouten. Geoefende waarnemers kunnen daardoor bij de middagshoogte verschillen in meting verkrijgen van 3′ en meer.

--- ----- ---

Onderhoud en gebruik.

1. Raak alleen verniste of houten deelen aan, zij zijn vernist juist om aangevat te worden.
2. Raak nooit met de vingers den rand of de spiegels aan. Een vingervlek op den rand veroorzaakt soms belangrijke doorbuigingsfouten.
3. Neem het instrument alleen op bij handvat of raam.
4. Gebruik bij 't schoonmaken van rand, lenzen of spiegels fijn, afgedragen en schoon linnen, *geen zeemleer.*
5. Is het instrument door zeewater bevochtigd, tracht dit dan met zoet water weg te nemen. Smeer het nooit in met vet, vaseline en dergelijken.
6. Rand en nonius worden het best geconserveerd door droog af te vegen en nu en dan af te wrijven met fijne sigarenasch (zie hiervoren). Hoe verleidelijk het schijnt den rand in de vaseline te zetten, is dit steeds af te keuren, daar alle stofjes op de vaseline blijven liggen en deze naderhand bij 't verzetten van de alhidade in den rand worden gekrast.
7. Moet men zelf een spiegel opnieuw verzilveren, dan gaat men als volgt te werk:
   Neem bladtin (stanniol) en kwikzilver. Leg het bladtin dat aan alle kanten 1 c.M. grooter dan de te verzilveren oppervlakte moet wezen op een zachte oppervlakte (b. v. karton) en wrijf het uit, maar niet met den vinger. Voeg dan een druppeltje kwik bij en wrijf dat uit tot het bladtin een verzilverd oppervlak vertoont; voeg dan kwik bij tot het bladtin geheel vloeibaar is. Neem een stukje papier even groot als het bladtin. Neem het glas in de linker en het papier in de rechterhand na het kwik te hebben schoongemaakt. Leg het papier op het kwik en het glas op 't papier en trek (zacht op het glas drukkende) het papier onderuit. Keer het glas nu om en leg het hellende zoodat het kwik afloopt hetgeen men kan bespoedigen door een strookje bladtin aan den ondersten rand van het verfoelied deel aan te leggen. Na twaalf uur kan men de kanten zuiver recht maken. Geef na dien tijd den spiegel een bedekking van wijngeest en lak. [1]
   Bij dit recept valt echter op te merken dat men alvorens te beginnen de spiegels goed met water en onverdunden spiritus moet reinigen alsook het bladtin door eene oplossing van 1 d.l. salpeterzuur in 10 d.l. water waarna men het bladtin goed met water afwascht en droogt.

Wijze van gebruik van den cirkel. Beide noniën aflezen en die waarden middelen, dan indexcorrectie en instrumentale fout toepassen: dit geeft den waren hoek.

Voorbeeld, in de kunstkim is gemeten de hoogte

$$
\begin{array}{lr}
\text{eerste nonius} & 46^\circ \ 59' \ 10'' \\
\text{tweede nonius} & \underline{59' \ \ 0''} \\
\text{gem.} & 46^\circ \ 59' \ \ 5'' \\
\text{I.C. + instr. fout} = & \underline{15'' \ (-)} \\
\text{hoek} = & 46^\circ \ 59' \ 50'' \ \text{dus schijnbare hoogte} = 23^\circ \ 29' \ 25''
\end{array}
$$

---

[1] De rest van 't amalgaam niet bij het reservoir zuivere kwik te doen het bederft het kwik

Wijze van meten der verschillende hoeken. Een hoek is niet altijd voor directe meting vatbaar. Soms kan alleen 360° verminderd met dien hoek worden gemeten, soms moet men een klein prisma gebruiken dat tegen het oculaireinde des kijkers geschroefd wordt — met de opening gekeerd naar de rechterzijde van het instrument. Het staatje doet zien hoe men bij verschillende hoeken handelt.

Waarde van den hoek.	Bijzonder geval.	Wijze van meten.
0° — 130°		rechtstreeks.
	100° — 130°	idem of als hoeken tusschen 230° en 260.
130° — 180°		prisma gebruiken en dan de hoeken tusschen 180° en 230° meten.
180° — 260°		prisma gebruiken.
260° — 360°		rechtstreeks en dan de hoeken tusschen 0 en 100° meten.

Gebruik van de kijkers. Gebruik sterke vergrooting bij heldere beelden en dan nog alleen als er weinig beweging in het schip is. Door vergrooting, verliezen de beelden aan helderheid en wordt het veld klein, waardoor de observatie eer moeilijk wordt. Bij stersobservatiën begint men gewoonlijk zonder kijker om een groot veld te hebben.

Bij alle observatiën moet men zorgen de beelden van gelijke helderheid te maken door 't oordeelkundig kiezen van de glazen en op of neerschroeven van den kijker. Beginners gebruiken gaarne te heldere beelden; flauwe, mits voldoend scherp begrensde beelden zijn beter.

Bij den prismacirkel van F. Kaiser wordt elk der beelden slechts eenmaal gereflecteerd, zoodat zij beiden iets maar een van beiden minder dan anders aan licht verliezen, waardoor als de voorwerpen even helder zijn ook de beelden even helder blijven. Bij ongelijk heldere beelden rectificeert men dit d. m. v. den kijker.

Het meten van kleine of van groote hoeken· Kleine hoeken meet men het best met den sextant, daar de stralen dan vrij normaal op den spiegel vallen, wat heldere beelden moet geven. Groote hoeken meet men beter met den cirkel omdat de stralen bij dit instrument eerst dan normaal invallen.

Wanneer men hoeken van 120 à 130° graden meet, ziet men in den kimspiegel twee beelden, hetgeen hieruit voorkomt dat men behalve het gewone dubbel teruggekaatste beeld nog een ander ziet van voorwerpen die rechtstreeks door den kimspiegel worden teruggekaatst en rechts achter den waarnemer liggen. Laatstgenoemd beeld is zeer bewegelijk indien men slechts het instrument beweegt en daardoor gemakkelijk van het andere te onderkennen.

Bij den prismacirkel van F. Kaiser kan men rekenen dat de invalshoek der lichtstralen steeds gunstig is.

Wijze van meten van kleine hoeken. Geschiedt nauwkeurigst door den hoek links en rechts van het nulpunt te meten. Bij het middelen is men dan vrij van indexcorrectie. Voor tuighoogten soms, voor berghoogten altijd, verdient deze wijze van doen aanbeveling.

Tuighoogten. Op de wacht wenscht men niet zoozeer den afstand te weten, maar wel de verandering of m. a. w. wordt de afstand grooter of kleiner? De adelborst zet daarom zijn klemschroef bij den benoodigden hoek *vast* en let op den zin waarin de beelden verschuiven.

Hoeken meten tusschen aardsche voorwerpen. Indien groote nauwkeurigheid gewenscht wordt, bepaalt men de indexcorrectie op het linksche voorwerp. — Zie verder bij indexcorrectie en indexfout.

Observeeren bij mist, heiige kim of hooge zee. Bij de eerste twee dezer gevallen zal men dikwijls uit een kuil- of torpedopoort een vrij goede kim kunnen zien. In het derde geval observeere men van een hoog gelegen standplaats of wanneer het deel van het schip waar men staat omhoog is geheven. In geen der drie gevallen gebruike men sterke vergrootingen. Bij heiïge kim, mist of hooge zee heeft men zich ook wel eens beholpen op de navolgende wijze:

Neem een puts, tot op ongeveer 2 palm van den rand met water gevuld en leg een plat cirkelvormig stuk hout van ± 5 cM. dikte daarop. Het hout mag de wanden van de puts niet raken. Plaats op het hout een diep bord, gevuld met koolteer. Stel dan dit geheele apparaat midscheeps buiten den wind en tracht het slingeren te beperken door den kop van het schip op de zee te houden. Men heeft dan een kunstkim verkregen die soms voldoet.

Ook kan men de ster recht achteruit brengen — stoppen tot het schip stil ligt — een Holmeslicht laten vallen — vooruit aanzetten. Houdt men dan het licht recht onder de ster, dan kan men, door op den tijd te letten den afstand tot het licht steeds weten en de afstand van de ster tot het licht, na toepassing van de kimduiking met onvrije kim, is de schijnbare hoogte der ster.

Het meten van hoogten in den artificiëelen horizon. (Zie hierna blz. 211.)

Nachtelijke observatiën, vooral te nemen tijdens de schemering, desnoods ook als de maan den horizon goed verlicht.

De kim onder de maan zelf is dikwijls zeer bedriegelijk, doch terzijde zeer duidelijk, zoodat nachtelijke maanshoogten dikwijls minder goed zijn dan stershoogten, tenzij wellicht de maan hoog genoeg staat om haar hoogte over den kop te meten.

Is het bij maanshoogten twijfelachtig of men onder- of bovenrand nemen moet, dan overwege men slechts dat vóór volle maan de westelijke en nà volle maan de oostelijke rand verlicht is. Op vollen maansdag dus vooral op het oogenblik van volle maan te letten, dat men vinden kan op bladz. XII van den Almanak.

Is de ster flauw en de kim scherp, zet dan geen oogbuis in, maar draai het instrument met de spiegels naar rechts, den grooten spiegel naar onderen en breng dan de kim op de ster. Keer vervolgens het instrument opnieuw om en neem dan met behulp van kijker of oogbuis het contact; maar als 't schip bovendien hevig beweegt, gebruik dan geen kijker.

Is de ster helder en de kim flauw zichtbaar, breng dan de ster op de kim. Valt dit moeielijk, breng dan eerst de beide beelden van de ster in den kimspiegel en breng vervolgens door het instrument voorover te doen dalen het dubbel teruggekaatst beeld boven in den spiegel. Breng het dan door de alhidade te verschuiven weer onder in den spiegel en vervolgens door het instrument te doen dalen bovenin enz. tot men de ster in de kim heeft. Sluit dan een oogenblik de oogen en neem daarna het contact zonder aarzelen, m. a. w. zonder lang te scharrelen om het te verbeteren. Men zou anders doende de oogen maar vermoeien en niets goeds krijgen. Beter doet men met een paar zulke waarnemingen te middelen. (Zie over 't nemen van stersmeridiaanshoogten Afdg. IX.)

Vertrouwen in stershoogten te stellen. In streken waar veelal abnormale refractie voorkomt als b. v. in de Roode Zee, zal men met veel gerustheid kunnen varen op sterswaarnemingen gedurende de morgenschemering genomen en lichtelijk grooter waarde mogen hechten aan plaatsbepaling uit die waarnemingen, dan uit zonswaarnemingen afgeleid. In de kunstkim kan men fraaier resultaten verkrijgen op sterren dan op de zon. Maar wanneer de gelegenheid in zee van dien aard is dat men met kijker noch oogbuis (en wel liefst den aardschen kijker omdat deze minder lichtverlies geeft) een contact kan krijgen en wellicht met beide oogen open geobserveerd heeft, dan verdient een enkele waarneming geen voldoende vertrouwen en moet men er drie combineeren door hoogtelijnen, of seriën meridiaanswaarnemingen nemen. Het observeeren van sterren met behulp van den aardschen kijker eischt oefening.

De nauwkeurigheid der sterswaarnemingen en het vertrouwen daarin te stellen, rijst aanmerkelijk bij gebruik van nachtsextanten, die zich onderscheiden door afwezigheid van een onverfoelied deel des kimspiegels, groot objectief en een lens voor den grooten spiegel (cylindrisch) die de beelden der sterren uitrekt tot rechte lijntjes (zie *de Zee* Juni 1897).

Een instrument 's nachts aflezen. Zet een lantaarn buiten den wind, houd het instrument bijna vertikaal met den grooten spiegel naar de vlam, dan leest men gemakkelijk af.

Het observeeren van maansafstanden. Afstanden tusschen ☽ en ☾ bieden geen enkel voordeel boven afstanden van ☾ en sterren aan, en zelfs nadeel, daar zij altijd gekleurde glazen noodzakelijk maken die men bij stersafstanden door het op- of neerlaten van den kijker meestal ontberen kan. Kleine afstanden (niet grooter dan 20°) verdienen de voorkeur boven groote. omdat de fout van het instrument bij kleine hoeken klein is en omdat zij gemakkelijker zijn waar te nemen, bovendien laat een kleine afstand, oost of westelijk gemeten, gewoonlijk toe, dat men *kort daarna* nog een gelijken afstand west of oost kan meten, wat de nauwkeurigheid bevordert. Dit laatste kan bij zonswaarneming niet, zoodat ook dit een nadeel van zon- en maansafstanden is. Neemt men kleine afstanden, dan vindt men ze in den regel niet in den almanak opgegeven, zoodat men zelf dien afstand voor het oogenblik van waarneming berekenen moet. hetgeen men zeer gemakkelijk doet door twee afstanden te berekenen en wel eene die voor een oogenblik tien minuten vroeger, en eene die voor een oogenblik tien minuten later dan de tijd van waarneming geldt. De verandering in afstand is dan zeker evenredig aan het tijdsverloop. Afstanden die snel veranderen (kleine prop. log) verdienen overigens de voorkeur boven langzaam veranderende afstanden (groote prop. log.).

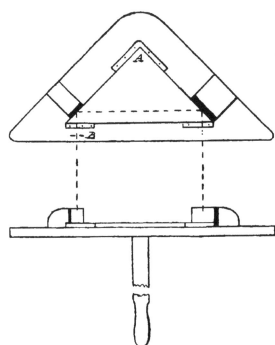

Men begint met de alhidade vast te zetten op eene randverdeeling die ongeveer overeenkomt met de grootte die de afstand hebben moet. Door den kijkerbeugel ziende, brengt men dan de beelden nagenoeg in contact om daarna den kijker plaatsende tot de waarneming over te gaan. Rechtstreeks viseert men immer het flauwste der beide hemellichamen, tenzij men het instrument zou moeten omkeeren, in welk geval het gemak van den waarnemer ruimschoots opweegt tegen de theorie van het flauwste beeld.

Bij de waarneming is het zaak vooraf te overleggen hoe men met de haarschroef zal handelen, omdat men zich namelijk daardoor rekenschap geeft van den invloed der doorbuigingsfout op de waarneming. Men kan op de navolgende wijzen te werk gaan:

a. de eene helft der waarnemingen verrichten door de haarschroef in den eenen en de andere helft te verrichten door haar in den anderen zin te bewegen, de fout is dan geëlimineerd.

b. de waarnemingen verrichten door de haarschroef in dien zin te bewegen waarin zij bewogen werd bij 't bepalen der I. C. De fout is dan grootendeels geëlimineerd.

Instrument om een hoek van 180° te meten. (Zie figuur.) Kan met eigen middelen worden aangemaakt, zoo men slechts zorge dat hoek A nauwkeurig recht is. Komt te pas als men in een langsmerk *tusschen de merken* stoomt, de waarnemer ziet volgens de stippellijn in den kimspiegel en over den kimspiegel heen. Een vizier of oogbuis bij B is aan te bevelen om de richting snel goed te hebben. Oefening is met dit instrument noodzakelijk.

De figuur is op een vijfde der natuurlijke grootte.

Statieven.

Zijn onschatbare hulpmiddelen om nauwkeurig, met den prismacirkel hoeken te meten. — De meest geschikte statief bestaat uit een koperen drievoet met beugel, contragewicht en draagstuk waarop de cirkel geschroefd wordt en waarbij aan den cirkel alle mogelijke standen kunnen worden gegeven. Wordt vervaardigd door Olland en is zeer veel beter dan de stokstatief. die ook wel bruikbaar is, mits men in het oog houde dat deze laatste niet dient voor vaste opstelling, maar alleen om het gewicht van het instrument op te heffen.

De Kunstkim.

Klaarmaken van de Kunstkim, systeem Dr. P. J. KAISER. Reinig de koperen plaat. Draai de gemerkte (rechtste) schroef met het gemerkte einde naar het centrum der plaat. — Draai den ongemerkten (linkschen) schroefkop tegen zon, tot hij stuit. — Nu is er lucht van atmosferischen druk boven het kwik.

Draai den gemerkten schroefkop 90° of 180° zoodat de lucht boven het kwik van de buitenlucht is afgesloten; draai den ongemerkten kop met zon, de lucht wordt dan samengeperst en het kwik uitgedreven. — Raakt de plaat niet geheel gevuld, draai dan den gemerkten kop even open en draai den ongemerkten kop snel neer; sluit dan den gemerkten kop weer en pomp opnieuw. — Soms is het noodig het kanaaltje door te steken, waarbij men uiterst voorzichtig moet zijn.

Aftuigen van de Kunstkim. Zet den gemerkten kop even open zoodat de luchtdruk binnen het instrument gelijk wordt aan die der buitenlucht en sluit dan dien kop weer. — Laat den ongemerkten kop langzaam dalen — er ontstaat dan een ijdel binnen het instrument en het kwik wordt door het kanaal naar binnen gedreven. — Is dit niet voldoende, zet dan den gemerkten kop open en draai den ongemerkten op, zoodat de lucht naar buiten gedreven wordt. Sluit, als de ongemerkte kop stuit, den gemerkten weêr en verwek een ijdel als voren.

Veeg de overgebleven druppels in de gootvormige uitholling tot vóór den gemerkten kop en zet dien even open — er zal ijdel genoeg zijn om die druppels weg te zuigen. Is dit niet het geval, verwek dan voorzichtig een nieuw ijdel.

Bijvullen van het instrument. Giet wat kwik op de plaat en doe als bij het aftuigen gezegd is. Veel kwik in het reservoir is onaangenaam — het spuit dan somwijlen uit de kraan van den ongemerkten kop naar buiten, wat nieuwen arbeid om het er weer in te krijgen vereischt

Nieuw amalgameeren van een kunstkim. Wanneer men na gebruik de kunstkim met water goed afwascht en daarna droogt, zal dit zelden noodig zijn. Mocht het geeïscht worden, breng dan een paar druppels *verdund* salpeterzuur en een paar druppels kwik op de plaat en wrijf dat met een propje zacht papier goed uit. — Wasch daarna het bakje goed af en droog het goed.

Men zorge geen amalgaam in het reservoir te doen, daar dit het kwik vrijwel bederft.

Voorzorg bij nieuwe kunstkimmen. Opletten dat het kanaal door een pennetje gesloten is, dat men heeft te verwijderen.

Het in aanraking brengen der beelden, bij gebruik van de kunstkim. — Is voor beginners soms moeielijk. Het gemakkelijkst is ten naastenbij de hoogte (dubbele) te berekenen, die men observeeren zal en de sextant op dien boog vast te zetten. Ook kan men als volgt te werk gaan: Zie met behulp der gekleurde glazen, zonder kijker naar het beeld in de kunstkim. Tracht het instrument om de denkbeeldige as des kijkers te draaien tot de zonnestralen langs het vlak van het instrument vallen. Beweeg dan, het instrument stilhoudende, de alhidade tot men ook het tweede beeld ziet. Zet de alhidade vast, sla de gekleurde glazen op en schroef den kijker met oogdop in. Zie voorts Afdg. VIII.

Voorzorg bij nachtelijke observaties. Zorg voor zachte verwarming van het kwik, daar het anders te veel door uitstraling afkoelt en beslaat, waardoor de spiegelende eigenschap verloren gaat. — Men kan daartoe het geheele instrument b. v. in een bak met verwarmd zand plaatsen.

Opgave van eenige Stersafstanden geschikt ter contrôle van de fouten van het Sextant.

(Voor de nauwkeurige berekening, leidt men den waren afstand af uit de gegeven rechte opklimmingen der sterren en hare declinatie; daarna wordt de afstand verminderd met de refractie van elke ster maal den cosinus van den hoek dien de afstandsboog maakt met den vertikaal dier ster.)

4°	β Centauri	— α Centauri	60°	α Leonis	— α Boötis	110°	α Eridani	— β Librae
8	β Scorpii	— α Scorpii		α Argus	— α Canis Min.		α Cassiop.	— α Columbae
9	β Orionis	— δ Orionis		α Gemin.	— β Leonis		α Urs. Min.	— β Scorpii
	δ Orionis	— α Orionis		α Scorpii	— α Aquilae		α Centauri	— α Lyrae
11	α Crucis	— β Centauri		α Androm.	— α Urs. Maj.		β Tauri	— α Lyrae
15	α Centauri	— α Trianguli		α Orionis	— α Argus		δ Orionis	— α Centauri
	β Librae	— β Scorpii		α Urs. Min.	— β Tauri			
	α Crucis	— α Centauri		α Androm.	— α Aurigae	120	α Aurigae	— α Virginis
16	α Tauri	— β Tauri					α Centauri	— α Pegasi
17	α Aurigae	— β Tauri	70	α Aurigae	— α Leonis		α Gemin.	— β Centauri
18	β Orionis	— α Orionis		δ Orionis	— α Leonis		β Tauri	α Virginis
19	α Persei	— α Aurigae		β Librae	— α Aquilae			
	β Centauri	— α Trianguli		α Cassiop.	— α Gemin.	130	α Crucis	— α Pegasi
	α Boötis	— α Coronae		α Urs. min.	— α Boötis		α Canis Maj.	— α Scorpii
20	α Androm.	— α Pegasi					α Tauri	— α Boötis
	α Columbae	— α Argus	80	α Tauri	— α Leonis			
				α Aurigae	— α Columbae	140	α Leonis	— α Aquilae
30	α Aurigae	— α Gemin.		α Boötis	— α Centauri		α Eridani	— α Boötis
	α Canis Min.	— α Hydrae		α Argus	— α Leonis		β Orionis	— α Aquilae
	α Tauri	— α Aurigae		α Boötis	— α Cygni			
				α Cassiopeae	— δ Orionis	150	β Orionis	— α Coronae
40	α Aurigae	— α Orionis					α Aurigae	— β Scorpii
	α Coronae	— α Lyrae	90	α Argus	— α Virginis		α Cassiop.	— α Trianguli
	α Canis Maj.	— α Hydrae		α Leonis	— α Centauri		α Orionis	— β Scorpii
	β Ceti	— α Eridani		α Canis Maj.	— α Virginis			
	α Gemin.	— α Leonis		β Librae	— α Cygni	160	α Urs. Min.	— α Trianguli
				β Orionis	— α Crucis		α Eridani	— α Urs. Maj.
50	α Aurigae	— α Urs. Maj.		α Androm.	— α Gemin.		β Leonis	— α Piscis Austr.
	α Virginis	— β Centauri					α Canis Maj.	— α Aquilae
	α Canis Maj.	— α Gemin.	100	α Columbae	— β Leonis			
	α Leonis	— α Urs. Maj.		α Orionis	— α Pegasi	170	α Tauri	— α Scorpii
	α Aurigae	— α Canis Min.		α Urs. Min.	— β Librae		α Cassiop.	— α Crucis
				α Urs. Maj.	— α Aquilae		β Orionis	— α Ophiuchi
				α Orionis	— α Crucis			

AANTEEKENINGEN VAN DEN GEBRUIKER.

8$^{\underline{\text{STE}}}$ AFDEELING.

TIJD EN TIJDMETERS.

INHOUD: Tijd. — Herleiden van tijd tot boog of tot deelen van een etmaal. — Zonnewijzer. — Tijdmeters; vervoer, bepalen van stand en gang. — Opmaken, bijhouden en controleeren van stand en gang. — Herleidingstafel voor den 130 tikker.

Tijd.

Sterretijd. Een sterredag is het tijdsverloop tusschen twee gelijknamige doorgangen van Aries. — Sterretijd is de westelijke uurhoek van Aries op een bepaalde plaats op eenig gewild oogenblik. — Op blz. II van den Almanak vindt men onder de benaming Sidereal Time den sterretijd op den middelbaren middag te Greenwich, die gelijk is aan de Rechte Opklimming der Middelbare Zon op dat zelfde oogenblik. Deze waarde neemt altijd met 9s,86 per uur toe. — In 't algemeen heeft men:

Sterretijd = middelbare zons AR + middelbare zons West. P.

of = middelbare zons AR + middelbaren tijd aan boord.

Middelbare tijd. Een middelbaar etmaal is het tijdsverloop tusschen twee gelijknamige doorgangen van de middelbare zon, d. i. een denkbeeldig punt dat in een jaar tijd met een eenparige snelheid den equator des hemels doorloopt.

1 middelb. dag = 24 midd. uren = 24 u. 3 m. 56 s., 6 sterretijd.

1 sterredag = 24 sterre uren = 23 u. 56 m. 4 s., 1 middelb. tijd.

voor het herleiden van sterre- en middelbaren tijd, dat zelden noodig is, zie de tafels van Brouwer.

Ware Tijd. Een zonnedag is het tijdsverloop tusschen twee gelijknamige doorgangen der zon.

Tijdvereffening. Is het verschil in tijd naarmate men dien rekent naar de middelbare of naar de ware zon op een zeker oogenblik, en tevens gelijk aan het verschil van beider rechte opklimmingen op dat oogenblik.

Tijdstip waarop het etmaal begint. De burgerlijke tijdrekening kent slechts het etmaal dat naar de middelbare zon gerekend wordt en te middernacht aanvangt. In de zeevaartkunde wordt de astronomische rekening gevolgd waarbij het etmaal op den middag aanvangt en wel zóó dat de sterrekundige datum 12 uur later dan de middelbare aanvangt.

De datumgrens. Men denke zich verschillende reizigers die op verschillende tijdstippen van uit Greenwich om de oost vertrokken zijn, welken datum zal elk hunner op hetzelfden oogenblik voor den waren houden b. v. ten 1 u. 's morgens te Greenwich van den 14en December? — De persoon die juist afreist rekent 14 December, een ander die zich op den 180sten lengtegraad bevindt, rekent ook 14 December maar voor hem is het reeds 1 u 's namiddags; een derde die juist weer te Greenwich aankomt, moet wel meenen dat het aldaar 24 uur later is dan het is — voor hem is het 1 u. 's morgens van 15 December.

Men denke zich eveneens reizigers die om de west vertrokken zijn. De persoon die zich op den 180en lengtegraad bevindt meent dat het 1 uur namiddag van 13 December is en voor dengene die juist weer te Londen aankomt is het 1 uur voormiddag van 13 December.

Zoo zal de oostwaarts reizende een dag te veel, de westwaarts reizende een dag te weinig hebben gerekend, waaraan te gemoet moet worden gekomen.

Aan boord van schepen, laat men daartoe ergens in den Stillen Oceaan den datum verspringen — koerst men om de oost dan laat men een datum weg, koerst men om de west dan telt men een datum bij, b.v.

Tijdstip te Greenwich.	Datum en tijd voor	
	een reiziger oostwaarts.	een reiziger westwaarts.
14 Dec. 1 u. 's morgens	14 Dec. 1 u. 's nam. wordt 13 Dec. 1 u. 's nam.	13 Dec. 1 u. 's nam. wordt 14 Dec. 1 u. 's nam.

en weer te Greenwich arriveerende zullen beiden denzelfden datum rekenen als men te Greenwich telt, want het oostwaarts gaande vaartuig rekent zich van af het verspringen van den datum op W.L. van Gr. — het westwaarts gaande op O.L. van Gr. — Aan boord van het eerst-genoemd schip moet men tweemaal 13 December rekenen — aan boord van laatstgenoemd schip laat men dien 13en December weg.

Verwarring bij waarnemingen kan hierdoor niet ontstaan. Gesteld b.v. men laat den datum verspringen op 181° O.L. dan heeft men:

	Tijd aan boord.	Gelijktijdige Grch. Tijd.
oostwaarts koersend schip . .	O.L. 12 u. 4 m.	
vóór de datumverspringing . .	14 Dec. 1 u. 's nam.	14 Dec. 0 u. 56 m. 's voorm.
Idem	W.L. 11 u. 56 m.	
na de datumverspringing . . .	13 Dec. 1 u. 's nam.	14 Dec. 0 u. 56 m. 's voorm.
westwaarts koersend schip . .	W.L. 11 u. 56 m.	
vóór de datumverspringing . .	13 Dec. 1 u. 's nam.	14 Dec. 0 u. 56 m. 's voorm.
Idem	O.L. 12 u. 4 m.	
na de datumverspringing . . .	14 Dec. 1 u. 's nam.	14 Dec. 0 u. 56 m. 's nam.

Tegenwoordig loopt de datumgrens beöosten Kamtschatka, Japan, de Philippijnen, Nieuw-Guinea, de Solomonseilanden, Loyalty eilanden en Nieuw-Zeeland.

Oude en nieuwe stijl. De oude stijl (Rusland) is 13 dagen ten achter bij den in westersche landen gebruikelijken nieuwen stijl. Dit verschil wordt eerst in 't jaar 2100 een etmaal meer.

Duur van het jaar, zie ook Afdg. I.

Tropisch (gewoon burgerlijk jaar) = 365,2422 middelbare dagen = 365 d. 5 u. 48 m. 45,5 s

Duur der maanden.

Synodische (gewoon burgerlijke maand) = 29 d. 12 u. 44 m. 2,8 s. | Middelb. tijdseenheid.
Siderische = 27 7 43 11,5 |

Juliaansche Periode; leert het aantal dagen kennen dat verstreken is sedert het jaar 4714 voor Christus.

Guldengetal; duidt de rangorde aan die eenig jaar bekleedt in den cyclus van 19 jaar waarin de schijngestalten der maan weêr op dezelfde data vallen. De eerste cyclus vangt aan 1 jaar v. Chr. Voor 1900 is dus het guldengetal = (1900 + 1) : 19; rest 1.

Epacta; duidt den maansouderdom aan op 1 Januari. De guldencyclus ving aan toen het op 1 Januari nieuwe maan was. Als dus guldengetal = 1, is epacta = 0, terwijl men ten

naastenbij als epacta voor eenig jaar krijgt de rest van de deeling $\dfrac{11 \times (\text{guldengetal} - 1)}{30}$

dus b.v. voor 1900 de waarde 0 of 30 (zij is 29).

Maansouderdom. Onthoud de epacta voor het loopende jaar. Geef dan aan de maanden Januari en Februari de nummers 1 en 2 en vervolgens Maart tot December de nummers 1 tot 10, dan is: Epacta + maandnummer + datum = maansouderdom. Is de som grooter dan 30 zoo trekke men 30 af.

Het herleiden van tijd tot boog (en omgekeerd). Zie sub Cijferen Afdg. IX.

Het Herleiden van tijd of boog tot decimalen van een etmaal.

Boog	Tijd	Decimalen van 't etmaal	Boog	Tijd	Decimalen van 't etmaal	Boog	Tijd	Decimalen van 't etmaal
15°	1 u.	. 0417	0° 15′	1 m.	. 0007	7° 45′	31 m.	. 0215
30	2	. 0833	0 30	2	. 0014	8 0	32	. 0222
45	3	. 1250	0 45	3	. 0021	8 15	33	. 0229
60	4	. 1667	1 0	4	. 0028	8 30	34	. 0236
75	5	. 2083	1 15	5	. 0035	8 45	35	. 0243
90	6	. 2500	1 30	6	. 0042	9 0	36	. 0250
105	7	. 2917	1 45	7	. 0049	9 15	37	. 0257
120	8	. 3333	2 0	8	. 0056	9 30	38	. 0264
135	9	. 3750	2 15	9	. 0062	9 45	39	. 0271
150	10	. 4167	2 30	10	. 0069	10 0	40	. 0278
165	11	. 4583	2 45	11	. 0076	10 15	41	. 0285
180	12	. 5000	3 0	12	. 0083	10 30	42	. 0292
195	13	. 5417	3 15	13	. 0090	10 45	43	. 0299
210	14	. 5833	3 30	14	. 0097	11 0	44	. 0306
225	15	. 6250	3 45	15	. 0104	11 15	45	. 0312
240	16	. 6667	4 0	16	. 0111	11 30	46	. 0319
255	17	. 7083	4 15	17	. 0118	11 45	47	. 0326
270	18	. 7500	4 30	18	. 0125	12 0	48	. 0333
285	19	. 7917	4 45	19	. 0132	12 15	49	. 0340
300	20	. 8333	5 0	20	. 0139	12 30	50	. 0347
315	21	. 8750	5 15	21	. 0146	12 45	51	. 0354
330	22	. 9167	5 30	22	. 0153	13 0	52	. 0361
345	23	. 9583	5 45	23	. 0160	13 15	53	. 0368
360	24	1. 0000	6 0	24	. 0167	13 30	54	. 0375
			6 15	25	. 0174	13 45	55	. 0382
			6 30	26	. 0181	14 0	56	. 0389
			6 45	27	. 0187	14 15	57	. 0396
			7 0	28	. 0194	14 30	58	. 0403
			7 15	29	. 0201	14 45	59	. 0410
			7 30	30	. 0208	15 0	60	. 0417

De Zonnewijzer. (Aanwijzing omtrent). Geeft waren tijd aan. Is op sommige buitenposten in Indië wel eens gemakkelijk. De tijdvereffening kan men aldaar in den Regeerinsalmanak

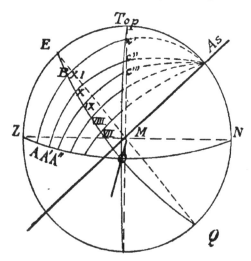

vinden. — De zon, in parallelcirkels om de aarde draaiende werpt een denkbeeldige schaduw van de aardas, die als men ze op het equatorvlak opgevangen denkt, bogen van 15° per uur doorloopt. Plaatst men nu een as in het vlak van den meridiaan die met den horizon een hoek maakt = de breedte der plaats, dan is die as evenwijdig aan de aardas. Een vlak door een punt dier as loodrecht op de as gaande is dan evenwijdig aan het equatorvlak dat men nog slechts in sectoren van 15° heeft te verdeelen om den zonnewijzer klaar te hebben.

Wil men haar projecteeren op een horizontaal vlak b. v. in de figuur ZN. dan heeft men door sferische trigonometrie de bogen ZA, ZA' enz. slechts te berekenen. Op een vertikaal vlak dat O.-W. is gericht berekend men Top C′, Top C″ enz.

Tijdseinen.. — In een haven vergewisse men zich omtrent tijdseinen en vertrouwe men niet blindelings de aanwijzingen der zeemansgidsen. — In Engeland, Schotland en Ierland geschieden zij meestal ten 1 u. M. T. Gr.

Standaardtijd in verschillende landen.

Voor zoover de burgerlijke tijdrekening naar het zône-stelsel geschiedt draagt de tijd, die naar de onderstaande meridianen gerekend wordt. den bijbehoorenden naam:

0°				Universaal	tijd.			
15	O.L.	v.	Gr.	Midden-Eur.	„	15° W.L. v. Gr.	Madera	tijd.
30	„			Oost-Eur.	„	30	„	Atlantische	„
45	„			Kaukasus	„	45	„	Braziliaansche	„
60	„			Transkaspische	„	60	„	Intercolonial of Z. Amerika.	„
75	„			Madras	„	75	„	Oostelijke	„
90	„			Calcutta	„	90	„	Centraal	„
105	„			Maleische	„	105	„	Rotsgebergte	„
120	„			Chineesche of W.-Australische	„	120	„	Pacific	„
135	„			Japansche	„	135	„	Br. Columbia	„
150	„			Oost-Austral.	„	150	„	Alaska	„
165	„			N.-Zeeland	„	165	„	Behrings	„
180	„			Antipoden	„	180	„	Antipoden	„

Voor zoover in sommige landen de tijdrekening al of niet in overeenstemming met bovenstaand schema is gebracht, heeft men den volgenden maatstaf.

		Stand tot M. T. Gr.		
Ierland, Dublin tijd	+	0 u.	25 m.	22 s.
Frankrijk en Algiers. Tijd van Parijs	—	0	9	21
België. Greenwichtijd		0	0	0
Portugal. id.		0	0	0
Duitschland. Midden Europeesche tijd.	...	1	0	0
Denemarken. Midden Europeesche tijd	—	1	0	0
Noorwegen. Midden Europeesche tijd	—	1	0	0
Zweden. Midden Europeesche tijd				
Oostenrijk-Hongarije. Midden Europeesche tijd	—	1	0	0
Zwitserland. Midden Europeesche tijd	—	1	0	0
Italië. Midden Europeesche tijd	—	1	0	0
Malta. Midden Europeesche tijd	—	1	0	0
Bulgarije. Oost Europeesche tijd	--	2	0	0
Rusland. Tijd van Pulkowa Observatorium	—	2	1	19
Egypte. Tijd Pyramide van Gizeh	—	2	4	31
Zuid-Afrika. Tijd meridiaan van 22° 30' O.L.	—	1	30	0
uitgezonderd:				
Natal. Tijd meridiaan van 30° O.L.	—	2	0	0

Canada en Vereenigde Staten:

Benaming van den tijd.	Midden meridiaan.	Nabijgelegen plaats.			
Intercolonial. . .	60° W.L. v. Gr.	3° 30' Oost van Halifax.	+	4	0	0
Eastern	75 "	New-York.	+	5	0	0
Central	90 "	New-Orleans.	+	6	0	0
Mountain	105 "	Denver, Colorado.	+	7	0	0
Pacific . . , . .	120 "	1° 30' Oost van Sacramento.	+	8	0	0
Sitka	135 "	0° 15' Oost van Sitka.	+	9	0	0
Tahiti	150 "	Otaheite.	+	10	0	0
Pacific Central . .	165 "	Trecker eiland, Sandwich.	+	11	0	0
Antipodes. . . .	180 "	Auckland.	+	12	0	0

Argentinië. Tijd van Cordova.	+	3	51	39
Japan. Tijd meridiaan 135° O.L.	-	9	0	0
Australië.				
N. Zuid-Wales, Queensland, Tasmanië en Victoria; tijd van den meridiaan van 150° O.L.	—	10	0	0
Zuid Australië; tijd van den meridiaan van 135° O.L.	—	9	0	0
West Australië; tijd van den meridiaan van 120° O.L.	--	8	0	0
Nieuw Zeeland. Tijd meridiaan 172° 30' O.L.	—	11	30	0
Sandwich Eilanden. Tijd meridiaan 157° 30' W.L.	+	10	30	

Tijdmeters.

Afhalen van Zeeinstrumenten voor de Marine. Zie Looporder van den Directeur en Commandant te Willemsoord, IIe Afdg. Nos. 17 en 70.

Embarkement, dagelijksche behandeling. Embarkeer de instrumenten zoo lang mogelijk voor den zeildag, om bij 't begin der reis geen last te hebben van veranderingen in den gang gedurende het transport ontstaan. Transporteer ze liefst niet met behulp van roeisloepen.

Men lette bij elk transport zeer op de beugels. Zij dienen alleen om den tijdmeter horizontaal te houden als het schip overhelt, en zullen alzoo bij stampen en slingeren zoowel als bij transport meer kwaad dan goed doen. Als de tijdmeter toch in de helling gaat deelen zouden de spillen tegen de steenen waarin zij draaien gedrukt worden en de gang van den tijdmeter zou aanzienlijk veranderen. Ofschoon men nu niet kan beoordeelen wanneer de beweging van het schip nadeelig wordt en dus a/b de beugels nimmer vastklemt, is dit *bij transport* toch een gebiedende eisch daar zij anders zeker de bewegingen van den tijdmeter vergrooten.

Neem bij het afhalen der tijdmeters den thermometer die in de tijdmeterkast behoort, mêe en vergelijk hem met dien welke door den verificateur gebruikt wordt, teneinde daarmede later rekening te kunnen houden.

Voorkom bij het transport draaiingen om de vertikale as van het instrument omdat een tijdmeter daardoor gemakkelijk kan blijven stilstaan.

Plaats bij elk transport de instrumenten in de buitenkisten.

Neem den dag na embarkement onmiddellijk een observatie van den tijdbal om te constateeren of soms een tijdmeter versprongen is. Zorg voor vertrek naar zee minstens nog een tweede standbepaling bovendien genomen te hebben, om tegen mogelijke vergissingen gewaarborgd te zijn en zoo mogelijk een nieuwe p te kunnen bepalen.

Stel de instrumenten laag in het schip op, liefst onder het pantserdek. Zorg dat het boord of de schotten geen trillingen op de instrumenten kunnen overbrengen en maak daarom de kast alleen aan een der dekken vast. Voorkom den invloed van tocht (luchtkokers) vocht en hitte. Stel ze niet op nabij de voortstuwers. Verplaats de instrumenten nimmer zonder noodzaak. Neem ze echter desnoods in de hand als er *in de nabijheid* der tijdmeters dusdanig met scherp zal gevuurd worden dat men voor storende invloeden bevreesd is; ook kan men ze dan op een matras plaatsen en met kussens dekken, mits niet in een langs boord loopende kooi.

Wind de tijdmeters op een vast tijdstip 's morgens tusschen acht en negen uur op. Ga daarbij als volgt te werk:

1. lees den thermometer af.

2. draai het instrument een halven slag tegen zon, zoodat de III op de plaats van den IX komt.

3. wind den tijdmeter, tegen zon draaiende geheel op, na den sleutel van stof te hebben gereinigd.

4. laat het instrument voorzichtig den weg teruggaan langs welken het gekomen is.

5. neem een vergelijking der tijdmeters.

Maak als er overdag nieuwe vergelijkingen genomen moeten worden, alleen de bovendeksels open.

Heeft men een tijdmeter laten stilstaan, wind hem dan opnieuw op en geef (het instrument in de hand nemende na den wervel te hebben vastgezet) hem een draaiende beweging van 90° over en weer. Een tijdmeter herneemt gewoonlijk zijn ouden gang mits hij niet langer dan een paar etmalen heeft stilgestaan.

Opzenden van defecte tijdmeters. Chronometers die een klein gebrek vertoonen en dus opgezonden moeten worden, worden lichtelijk beschadigd als men ze niet kan mêegeven aan iemand die ervoor weet te zorgen. Kan dit laatste, wat zeer de voorkeur verdient, niet, neem dan desnoods de volgende voorzorgen:

1. Neem het instrument uit de ringen, schroef het dekglas los, neem het uurwerk uit de koperen doos. Zet nu de balans vast door twee wigjes van kurk aan te brengen tusschen de balans en het geraamte. Sluit daarna alles weer op en hang het instrument in den Cardanusring.

2. Zet de Cardanusinrichting vast door den daartoe bestemden wervel. Is er dan nog speling neem die dan weg door b. v. een stukje kurk en neem maatregelen om het loswerken van den wervel te beletten.

3. Vul de ruimte tusschen het instrument en de wanden stijf op met paardenhaar, watten,

krullen of iets van dien aard, zoodat de tijdmeter op zijn plaats moet blijven al werken de beugels los.

4. Plaats den tijdmeter in de buitenkist of een kist die daartoe geschikt is gemaakt.

5. Zet buitenop het nummer van het instrument, datum van verzending, de gelegenheid waarmêe, den naam van het schip enz.

Wekelijksche voorzorg. In elke tijdmeterdoos behoort de officier der tijdmeters elke week een papier te deponeeren met stand en gang opdat men bij plotseling verlaten van het schip zich in de sloepen met de tijdmeters wete te redden.

Het bepalen van stand en gang, aan den wal.

Gebruik steeds een observatieboek waarin alle oorspronkelijke waarnemingen worden opgeteekend en een ander cijferboek waarin alle berekeningen worden uitgevoerd.

Neem altijd voor *en na* elke belangrijke waarneming een vergelijking van het horloge. Het kan gebeuren dat het horloge een oogenblik heeft stilgestaan zonder dat men het zou bespeuren. Wij hebben daarvan de onaangename gevolgen ondervonden.

De gemakkelijkste standbepaling aan den wal is die door waarneming van tijdkleppen of ballen, door vergelijking met astronomische klokken, enz. In de gidsen, zeilaanwijzingen en op de kaarten vindt men de plaats en aard der seinen opgegeven.

Is het noodzakelijk den gang van een tijdmeter uit een zeer kort tijdsverloop te bepalen (waarvoor men echter altijd een *vol* aantal dagen moet nemen), dan is het noodig de beide standen *zeer* nauwkeurig te bepalen, hetgeen daar waar de tijdseinen naar een nauwkeurige astronomische pendule worden gegeven, geschieden moet door nauwkeurige vergelijkingen met den 130 tikker en die pendule te verkrijgen — dus niet de tijdseinen waar te nemen die licht een secunde fout kunnen zijn. Ontbreekt voor de omschreven handeling de gelegenheid, dan moet men eigen observaties in den kwikhorizon verrichten waartoe men in dit geval wellicht van correspondeerende hoogten gebruik maken zal.

Verder kan men gebruik maken van observatie van de verduisteringen der wachters van Jupiter, stersbedekkingen en andere voorkomende verschijnselen.

In de praktijk komt veelal de methoden der uurhoeken voor, die wij zullen beschrijven.

In de eerste plaats gaat men na (tafel Brouwer) wanneer de omstandigheid voor tijdsbepaling gunstigst is, daarbij oplettende of de hoogte van het hemellicht bij die omstandigheid niet kleiner is dan 10° en niet grooter dan 70° is. Anders observeert men op een oogenblik dat zoo weinig mogelijk van den gunstigsten tijd verschilt en waarbij de hoogten aan genoemde voorwaarden voldoen.

Voor van boord te gaan neemt men een vergelijking. In de sloep die naar den wal gaat moet men meenemen: het spiegelinstrument, de kunstkim, den thermometer, het observatieboek, een potlood, een stoeltje, en zelf zorgdragen voor het horloge.

Nu zoekt men een plaats (dicht bij een punt waarvan de plaats bepaald is [1]) waar men geen last heeft van de trillingen van den grond en waar het niet waait, hangt den thermometer in de schaduw hoog boven den grond en laat de kunstkim opstellen.

Men behoort aan boord gezorgd te hebben dat de groote spiegel vertikaal op het vlak van het instrument staat en de kimspiegel eveneens. Men bepaalt nu eenige malen de indexcorrectie d. m. v. den oogdop en middelt de uitkomsten. Men zoekt daarna een plaats voor het stoeltje zoodanig dat men gemakkelijk zittende observeeren kan en brengt de beelden in contact. — Hoe men gemakkelijk beide beelden te zien krijgt is bij de kunstkim beschreven. (Afdg. VII).

[1] Kan men niet zeer nabij een punt welks lengte bepaald is observeeren dan bepaalt men door een eenvoudige triangulatie lengte en breedte der waarnemingsplaats.

Is men bevreesd voor belangrijke fouten tengevolge van de doorbuiging der alhidade, dan neme men de helft der waarnemingen, de haarschroef in den eenen, de andere helft de haarschroef in den anderen zin draaiende. Men zij indachtig op te letten of men onder- of bovenrandshoogten waarneemt. Heeft men het dubbel gereflecteerde beeld *onder* het rechtstreeks geziene beeld dan heeft men bovenrandshoogte. Daar men echter bij deze observatie liefst den oogdop gebruikt, verkrijgt men in dat geval zekerheid door het instrument wat te draaien om de kijkeras en op te letten welk beeld meest bewegelijk is. Men zorge beelden van gelijke helderheid te verkrijgen.

Wanneer men de glazen kap over de kunstkim gebruikt zal men wel doen om een aantal hoogten te nemen, dan de kap 180° te draaien en nog eens een gelijk aantal hoogten te nemen. Men neemt b.v. vier serieën elk van vier hoogten.

Vervolgens gaat men na of de hoogteveranderingen evenredig zijn met de tijden om gewaarborgd te zijn tegen groote fouten in het aflezen of het stoppen en zoo noodig een nieuwe serie te nemen. Is dit bevredigend, dan bepaalt men nogmaals de indexcorrectie eenige malen en middelt de resultaten. Nu schrijft men de temperatuur op. keert naar boord terug, neemt een nieuwe vergelijking en neemt den barometerstand op. Met al deze gegevens kan men aan het werk gaan, gebruikende voor de halve middellijn die welke men bij het bepalen der I. C. heeft geobserveerd (zie sextant de indexcorrectie, Afdg. VII). Correspondeerende hoogten zal men in de praktijk zelden nemen of kunnen nemen. Beter is het om 's morgens en 's avonds bij ongeveer gelijke hoogten serieën te nemen en die te middelen. In den regel observeert men slechts eenmaal daags, maar *dan moet men altijd 's morgens of altijd 's avonds gaan*, omdat het verschil der standen die men nu door ochtend- dan door avondwaarneming vinden zou, aangedaan is door een verschil dat gelijk is aan de constante en systematische fouten.

Een geoefend waarnemer kan volgens MAGNAC en VILLARCEAU onder gunstige omstandigheden rekenen dat hij een stand vindt die op 1 secunde nauwkeurig is. Minder geoefende waarnemers moeten 2 secunden rekenen en onder ongunstige omstandigheden zelfs 3 à 4 secunden.

Neemt men sterren waar, dan ondergaat de wijze van werken geen verandering; alleen zij er op gewezen dat sterswaarnemingen *veel grooter vertrouwen verdienen* dan die op de zon omdat des nachts de straalbuiging veel regelmatiger is. De fouten die men tengevolge van refractie in den stand der tijdmeters verkrijgt, gaan buitendien soms over op de gangen die men later toepast (indien men namelijk den nieuwen stand benut om den gang te verbeteren.) Vooral wanneer men de zon *boven het land* in de kunstkim zou waarnemen (Sint Vincent), moet men bepaald stershoogten nemen. Zie kunstkim bij nachtelijke observaties Afdg. VII.

Men kan nu op de bekende wijze de gevonden standen der tijdmeters op den middelbaren middag te Greenwich reduceeren en tabel I van het journaal invullen. In de laatste kolom vulle men bij eigen observaties ook in den toestand van het weer, of er in de laatste dagen gestoomd is of niet, enz, alles om de nauwkeurigheid der uitkomsten naar waarde te kunnen schatten. Het is praktisch altijd te rekenen dat een tijdmeter achter is en dus een stand + te gebruiken.

Bij het uitcijferen. zoowel als bij 't beöordeelen der waarnemingen kan men veel gemak ondervinden van het volgend tabelletje. (Zie ook de uitvoeriger tafels van BLACKBURNE).

Tijdsverloop overeenkomstig 1′ hoogteverandering.

Azimuth.	BREEDTE.							BREEDTE.							Azimuth.
	0°	10°	20°	30°	40°	50°	60°	0°	10°	20°	30°	40°	50°	60°	
1°	229 s.	233 s.	244 s.	265 s.	299 s.	357 s.	458 s.	11.2 s.	11.3 s.	11.9 s.	12.9 s.	14.6 s.	17.4 s.	22.3 s.	21°
2	115	116	122	132	150	178	229	10.2	10.4	10.9	11.8	13.4	15.9	20.5	23
3	76.4	77.6	81.3	88.2	99.8	119	153	9.46	9.61	10.1	10.9	12.7	14.7	18.9	25
4	57.3	58.2	61.0	66.2	74.9	89.2	114.7	8.52	8.65	9.07	9.84	11.1	13.3	17.0	28
5	45.9	46.6	48.8	53.0	59.9	71.4	91.8	7.77	7.89	8.26	8.97	10.1	12.1	15.5	31
6	38.3	38.9	40.7	44.2	50.0	59.5	76.5	7.15	7.26	7.61	8.26	9.34	11.1	14.3	34
7	32.8	33.3	34.9	37.9	42.8	51.1	65.6	6.50	6.60	6.91	7.50	8.48	10.1	13.0	38
8	28.7	29.2	30.6	33.2	37.5	44.7	57.5	5.98	6 07	6.36	6.90	7.80	9.30	12.0	42
9	25.6	26.0	27.2	29.5	33.4	39 8	51.1	5.56	5.65	5.92	6.42	7.62	8 65	11.1	46
10	23.0	23.4	24.5	26.6	30.1	35.8	46.1	5.15	5.23	5.48	5.94	6.72	8.01	10.3	51
11	21.0	21.3	21.2	24.2	27.4	32.6	41.9	4.82	4.90	5.13	5.57	6.30	7.51	9.65	56
12	19.2	19.5	20.5	22.2	25.1	29.9	38.5	4.57	4.64	4.87	5.28	5.97	7.11	9.15	61
13	17.8	18.1	18.9	20.5	23.2	27.7	35.6	4.38	4.45	4.66	5.06	5.72	6.81	8.76	66
14	16.5	16.8	17.6	19.1	21.6	25.7	33.1	4.21	4.27	4.48	4.86	5.49	6 54	8.41	72
15	15.4	15.7	16.4	17.8	20.2	24.0	30.9	4.09	4.15	4.35	4.72	5.34	6.36	8.18	78
17	13.7	13.9	14.6	15.8	17.9	21.3	27.4	4.02	4.08	4.28	4.64	5.25	6 26	8.04	84
19	12.3	12.5	13.1	14.2	16.0	19.1	24.6	4.00	4.0	4.26	4.62	5.22	6.22	8.00	90

Het opmaken der formule.

Wanneer men over genoeg waarnemingen beschikt, is het berekenen der onbekenden in de formule die den gang voorstelt:

$$g = p + b\,n + q\,(t - T)^2, \text{ waarin gewoonlijk } b = o \text{ is;}$$

een mechanisch werk, waartoe wij naar het tijdmeter-journaal en bijbehoorende toelichting ver-wijzen. Tabel II en III bevatten de noodige schema's. Over tabel IV zie: Controleeren van stand en gang in de haven.

De ondervinding leert dat alleen bij nieuwe tijdmeters, de coëfficiënt b van eenig belang is. Om die reden houdt men alleen rekening met deze waarde. wanneer men bij ontvangst van den tijdmeter een coëfficiënt b heeft opgemaakt bevonden. Is van uit Leiden geen b opgegeven, dan wordt zij ook niet meer opnieuw bepaald.

Nog zij opgemerkt dat men altijd positieve standen voor den tijdmeter aanneme en dat een tijdmeter die achter is op M. T. Greenwich een stand + heeft, een die te langzaam loopt een gang +.

Het bepalen der gangen in zee.

Is met behulp van tabel V zeer eenvoudig. Het zou verkieslijk zijn de laatste kolom dier tabel steeds in te vullen met opmerkingen betreffende het slingeren of stampen van het schip. het al of niet hebben van stoom, het trillen der schroeven, enz. Die kolom is toch dezelfde als kolom I. Men zij indachtig den dag van vertrek naar zee, of dien waarop men den laatsten stand heeft verkregen in te vullen met n = 0 en verder in de voorlaatste kolom ter plaatse waar zulks bij dien datum behoort, den laatst gevonden stand in te vullen.

Tabel VI en VII zijn gemakkelijk in te vullen; VII moet ook ter reede en aan den wal worden bijgehouden.

Om de week make men de zoogenaamde controleproef.

Men berekent namelijk de waarde $\Sigma (t - T)^2 + 2 T \Sigma t - n T^2$, die dan voor alle tijdmeters dezelfde moet zijn. Voor den datum waarop men die berekening uitvoert vindt men bij elken tijdmeter $\Sigma (t - T)^2$, Σt, T en n in tabel V, zoodat de berekening eenvoudig is.

Houdt men nu de tabellen geregeld bij, dan gaan als regel de standen meer en meer andere uitkomsten geven. Alsdan kan men met vrucht tabel VII gebruiken, waaruit men meestal zien kan of een der tijdmeters versprongen, of van gang veranderd is.

Het contrôleeren van den stand, in zee. Dikwijls is men in de gelegenheid in zee de tijdmeters te contrôleeren in zicht van land. Peiling op de lengte wordt dan veelal aanbevolen. Gewoonlijk echter zal men beter resultaten verkrijgen door kruispeiling. In tabel VI vult men de aldus verkregen lengte als: „bekend lengteverschil" in; kan men een nauwkeurige observatie tevens verkrijgen, dan vervolgt men de formule met den nieuwen stand.

Een alleruitstekendst middel om de tijdmeters te contrôleeren, dat echter te veel oefening vordert om in de gratie te zijn, bezit men in het *geregeld* waarnemen van kleine afstanden tusschen maan en sterren waarbij oostelijke en westelijke afstanden doelmatig worden gecombineerd. Eén stel waarnemingen is niet genoeg; men moet seriën nemen. Ook al vertrouwt men de tijdmeters, men zal zich in 't waarnemen van afstanden moeten blijven oefenen om het te kunnen als het noodig mocht zijn, hetgeen vooral op schepen die slechts één tijdmeter varen het geval kan wezen. Zie voorts Afdg. IX.

Contrôleeren van stand en gang, in de haven. In een haven zal men geregeld den stand bepalen en heeft men dat 14 dagen achtereen, bij niet te veel verschillende gemiddelde dagelijksche temperaturen, kunnen doen dan berekent men uit den waargenomen gang met de oude coefficienten b, q en T een nieuwe p volgens de formule:

$$g = p + bn + q (t - T^2) \text{ waaruit:}$$
$$p = g - bn - q (t - T^2). \quad \text{Zie tabel IV van het tijdmeterjournaal.}$$

Met die nieuwe p heeft men dus een nieuwe formule, waarmêe men de reis vervolgt.

Vooral zij men indachtig aan de volgende zinsnede uit de toelichting op het tijdmeterjournaal (blz. 17):

„Overigens laten zich geene bepaalde voorschriften geven en zal naar omstandigheden „gehandeld moeten worden, ook wat betreft het gedeeltelijk wijzigen der formule".

Tegenwoordig is echter voorgeschreven dat geene nieuw berekende coëfficienten mogen worden gebezigd ter vervanging van de oude, zonder toestemming van den commandant, nadat de officier der tijdmeters zijne beschouwingen schriftelijk heeft uiteengezet.

Herleidingstabel voor een Chronometer die 130 tikken in de minuut maakt.

t.	s.	t.	s.	t.	s.	t.	s.	t.	s.
1	0.46	27	12.46	53	24.46	79	36.46	105	48.46
2	0.92	28	12.92	54	24.92	80	36.92	106	48.92
3	1.38	29	13.38	55	25.38	81	37.38	107	49.38
4	1.85	30	13.85	56	25.85	82	37.85	108	49.85
5	2.31	31	14.31	57	26.31	83	38.31	109	50.31
6	2.77	32	14.77	58	26.77	84	38.77	110	50.77
7	3.23	33	15.23	59	27.23	85	39.23	111	51.23
8	3.69	34	15.69	60	27.69	86	39.69	112	51.69
9	4.15	35	16.15	61	28.15	87	40.15	113	52.15
10	4.61	36	16.61	62	28.61	88	40.61	114	52.61
11	5.08	37	17.08	63	29.08	89	41.08	115	53.08
12	5.54	38	17.54	64	29.54	90	41.54	116	53.54
13	6.00	39	18.00	65	30.00	91	42.00	117	54.00
14	6.46	40	18.46	66	30.46	92	42.46	118	54.46
15	6.92	41	18.92	67	30.92	93	42.92	119	54.92
16	7.38	42	19.38	68	31.38	94	43.38	120	55.38
17	7.85	43	19.85	69	31.85	95	43.85	121	55.85
18	8.31	44	20.31	70	32.31	96	44.31	122	56.31
19	8.77	45	20.77	71	32.77	97	44.77	123	56.77
20	9.23	46	21.23	72	33.23	98	45.23	124	57.23
21	9.69	47	21.69	73	33.69	99	45.69	125	57.69
22	10.15	48	22.15	74	34.15	100	46.15	126	58.15
23	10.61	49	22.61	75	34.61	101	46.61	127	58.61
24	11.08	50	23.08	76	35.08	102	47.08	128	59.08
25	11.54	51	23.54	77	35.54	103	47.54	129	59.54
26	12.00	52	24.00	78	36.00	104	48.00	130	60.00

Niet bij observaties, waarbij men den 130 tikker gebruikt, geeft dit instrument eenig voordeel, doch wel bij het vergelijken van tijdmeters, waarbij men het als *nonius* op den tijdmeter gebruikt. Daartoe let men op, op welke oogenblikken de tikken van beide uurwerken coïncideeren, hetgeen eens per zes secunden of per dertien tikken van den 130 tikker het geval zal zijn. B. v. de 122[e] tik coïncideert met 35.5 van den tijdmeter dan moet ook de 5[e] tik overeenkomen met 41 s. 5 van den tijdmeter.

9DE AFDEELING.

ZEEVAARTKUNDE.

INHOUD: Cijferen. — Eenvoudige constructies. — Peilingen en tafels voor peiling met doorzeiling. — Zeilaadjes. — Streektafel. — Groot cirkel zeilen. — Hoogteverbetering. — Hoogteberekening. — Azimuth. — Tijdsbepaling. — Tafels voor zons op- en ondergang. — Hoogtelijnen. — Lengtebepaling. — Breedtebepaling en doorgangstijd van sterren. — Maansafstanden. — Stersbedekkingen. — Sterrekaarten.

Cijferen.

„Le bagage scientifique nécessaire et suffisant du navigateur peut et doit se réduire à un très
„petit nombre de principes et à leurs conséquences immédiates. Là est le secret de la rapidité des
„calculs de point et de la réduction au minimum des chances d'erreur. Quand donc un calcul de point
„peut se rattacher au type général, c'est une faute que de vouloir, sous prétexte d'élégance ou de
„simplicité, le traiter suivant une méthode particulière. La sécurité de la navigation exige des ga-
„ranties plus sérieuses que celles que peut offrir un calcul qui n'a peut-être pas, faute d'une occasion
„été pratiqué depuis des mois; l'expérience prouve enfin que ces calculs dont il faut prendre le temps
„de se remémorer le principe et l'exécution sont les plus longs à faire. (H. BERSIER.)

1°. Vooruitwerken verdient aanbeveling en kan veel werk besparen. Zoo kan men vooruit de stersmeridiaanshoogten berekenen, vooruit schema's maken enz. Vooral is het van overwegend belang voor de waarnemingen de gunstigste omstandigheden te overwegen, of althans de zeer ongunstige te vermijden.

2°. Nagenoeg alle becijferingen in de zeevaartkunde beginnen met het bepalen van den tijd te Greenwich op 't oogenblik der waarneming.

Als algemeenen regel kan men aannemen:

Werkende met logarithmen in 4 decim. is de uitkomst op 1′ of 4 sec. tijd nauwkeurig.

„	„	„	„ 5	„	„	„	„ 5″	, ¹/₃ „	„	„
„	„	„	„ 6	„	„	„	„ 0.5″	0.03 „	„	„
„	„	„	„ 7	„	„	„	„ 0.05″.			

In den regel zijn dan ook 5 decimalen zeer voldoende mits men *ook* tafels in 5 decimalen gebruike want wil men met een tafel die meer decimalen geeft toch met een minder aantal werken (waar anders veel voor te zeggen valt), dan vergist men zich lichtelijk bij het interpoleeren. Beter is het daarom steeds te werken met zooveel cijfers als de tafel geeft, naar verkiezing zich hier en daar dan wat vrijheid veroorlovende in die gevallen waarbij een kleiner aantal decimalen voldoende is.

3°. Voorkom alle overschrijven en houdt daarom ook een boekje aan, waarin dagelijks alle oorspronkelijke waarnemingen worden aangeteekend. Vertrouw niet op een enkele berekening en maak zoo mogelijk een proef. Werk netjes, gebruik schema's, althans bij weinig voorkomende berekeningen en geef u rekenschap van den invloed van fouten in de gegevens op de uitkomst.

Als twee personen cijferen moeten zij geheel zelfstandig werken en *niet het minste* van elkaar overnemen; dat overnemen van kleinigheden veroorzaakt dat beiden dezelfde fouten maken.

4°. Cijfert men alleen, dan verdient het aanbeveling de bewerking tweemaal te verrichten. Deze dubbele bewerking plaatst men op twee naast elkaar gelegen bladzijden. Ten einde dit zoo doelmatig mogelijk (minste tijdverlies) te doen, gaat men als volgt te werk:

a. plaats op elk der beide bladzijden het schema der bewerking, zoek daarna alle logarithmen enz., eerst aan de eene, dan aan de andere zijde op en vergelijk de uitkomsten.

b. ga over tot het uitvoeren der gevorderde optellingen etc, eerst op de eene, dan op de andere bladzijde, vergelijk de uitkomsten en herstel de fouten.

Het herleiden van de sinussen van kleine bogen tot graden. Dikwijls vindt men als uitkomst der berekening een sinus en wil ten naastenbij den hoek weten die daarbij behoort (zie b.v. het bepalen van c in de Afdg. VI). Stel dan voor kleine hoeken, de bogen en de sinussen aan elkander evenredig. Nu is de boog welks lengte gelijk aan de eenheid is = 57°,3. De natuurlijke sinussen dus met 57°,3 vermenigvuldigd, geeft de grootte van den boog in graden, ingeval de hoek klein is.

Het herleiden van tijd tot boog en omgekeerd. Om tijd tot boog te herleiden. Maak de uren tot minuten en deel door 4, de uitkomst geeft dan graden, minuten en tienden van minuten boog b.v.: 7 u. 40 m. 53,73 s. = (460 m. 53,73 s.) : 4 = 115° 13′,43 = 115° 13′ 26′.

Om boog te herleiden tot tijd. Vermenigvuldig alles met 4, dan worden de graden minuten, de minuten secunden, de secunden zestigsten van secunden b.v.: 115° 13' 26" × 4 = 460 m. 53 s. 44 zest. sec. = 7 u. 40 m. 53,73. s.

Hoe te handelen zonder Nautical Almanac van het loopend jaar. Het kan gebeuren dat men zich heeft te behelpen met een almanak van het vorig jaar. Bij zonswaarnemingen gaat men als volgt te werk. Het jaar is lang 365 d. 5 u. 49 m. en wordt gesteld op 365 of 366 d. maar telkens na 365 d. 5 u. 49 minuten zijn zonsdeclinatie en rechte opklimming weer dezelfde, derhalve om een voorbeeld te noemen:

den 13en Mei 1895 ten 2 u. Greenwich zijn zonsdecl. en R.O. dezelfde als op 13 Mei 1894 doch ten 2 u. — 5.8 u. = — 3.8 u. te Greenwich (1894 was geen schrikkeljaar).

den 13en Januari 1905 ten 2 u. Greenwich zijn zonsdecl. en R.O. dezelfde als op 14 Januari 1904 doch ten 2 u. — 5.8 u. = — 3,8 u. te Greenwich (1904 is een schrikkeljaar).

Constructies.

Komen soms bij waarnemingen te pas en bij grafische voorstellingen. Het is daarom goed een blad millimeterpapier in het cijferboek te hebben.

I. Een boog van gewilde grootte te construeeren of af te passen.

Beschrijf een cirkel met een straal = 57 mM. Een graaddeel is dan op den omtrek = 1 mM., waaruit de oplossing volgt.

II. De Cirkelkwadratuur.

Maak hoek A b. v. volgens 1 gelijk aan 27° 35' 49",6 dan is AC. = ¼ π, dus de zijde van het vierkant.

$AD = \dfrac{\pi}{2}$ dus kwart cirkelomtrek.

III. Het vinden der goniometrische betrekkingen van een boog.

Beschrijf twee concentrische cirkels, een met 57 en een met 100 mM. als straal. Op den eersten kan men de hoeken afzetten, daar een graaddeel een millimeter is. De buitenste dient

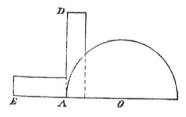

dan om de gon. betrekkingen af te lezen wat op millimeterpapier gemakkelijk is. Omgekeerd kan men op deze wijze hoeken meten.

IV. Een gegeven hoek in drie gelijke deelen te verdeelen.

Vervaardig een instrumentje van blik, hout of karton, bestaande uit een halven cirkel verbonden aan een winkelhaak en zoo dat A E = A O is.

Schuif den haak zoodanig tusschen de beenen van den te verdeelen hoek dat het hoekpunt in de lijn A D komt te liggen, dat E in een der beenen van den hoek komt en het andere been raaklijn wordt aanden cirkel. A en O zijn dan de gezochte deelpunten.

Het nemen en afzetten van Peilingen.

Verwerp de leer van den rechten hoek. maar peil bij voorkeur nabij gelegen voorwerpen, al is de hoek scherp en gebruik voor nauwkeurige plaatsbepaling liefst met de sextant gemeten hoeken bij ééne kompaspeiling. Zeer stompe hoeken geven nagenoeg nimmer vertrouwbare resultaten. In sommige dagelijksche gevallen kan men een verrassende juistheid verkrijgen met zoogenaamd hakken. De Pelorus is natuurlijk onbetrouwbaar bij eenigszins nauwkeurig gewenschte resultaten. Bij het afzetten van peilingen gebruike men evenwijdig liniaal en graadboog liever dan lompe driehoeken (zie Afdg. V) en men overtuige zich dat de declinatie volgens de kaart verbeterd is voor de jaarlijksche verandering sinds de uitgave der kaart. Vele peilingen heeten niet te deugen door het verwaarloozen van deze voorzorg.

De Ankerpeiling. Is de kruispeiling van een ten anker liggend schip en alzoo als benaming minder juist. Men trachte steeds op het oogenblik dat het anker *valt* merken op den wal te vinden waarin het anker ligt ten einde het bij eventueel verloren gaan gemakkelijk te kunnen visschen; deze merken in het journaal aangeteekend zijn meer waard dan de beste ankerpeiling. De ankerpeiling dient niet slechts tot eigen plaatsbepaling en om in te zenden bij het rapport maar meer om later te weten, waar men goed ligt of beter kan liggen en om aanwijzing te geven voor wien later komt. Op reeden waar weinig kenbare punten op de kaart staan, peilt men er om die reden gewoonlijk toch nog maar meerdere bij en zou men een ankerpeiling nemen al bestond er geen kaart om haar af te zetten.

Astronomische Peiling.

Bij het opgeven van de ligging van een gevaar of iets dergelijks stelle men zich niet tevreden met kruispeiling doch geve men astronomische peiling, rondmeting en loodingen op. (Zie ook Afdg. XXIX en de aanteekening bij straalbuiging in deze Afdg. sub hoogteverbetering). Het gewone schema is als volgt:

Gemeten afst. ☽ en voorwerp =			Gemeten hoogte voorwerp =	
Schijnb. hell. $\frac{1}{2}$ m. =			k =	
Schijnb. afst. A. =	_____		Schijnb. hoogte =	_____
Schijnb. afst. A. =				
„ hoogte voorwerp =	sec =		Gemeten ☽ h =	
„ ☉ hoogte =	sec =		Kimd =	
Som = 2 Σ =	_____		Schijnb. ☽ h =	_____
Σ =	cos =		Schijnb. vert. $\frac{1}{2}$ m. =	
Σ — A =	cos =		Schijnb. ☉ h. =	
2 cos $\frac{1}{2}$ A′ =	_____		p — r =	_____
$\frac{1}{2}$ A′ =			ware ☽ h. =	
A′ =				

Het azimuth dat men van A′ af moet trekken of erbij optellen, vindt men op een of andere wijze zie sub. azimuth blz. 241.

Peiling met doorzeiling.

Peil uit A eenig punt P op a streken met vóór of achterschip. Peil het opnieuw als de hoek

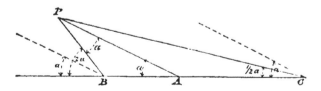

met vóór of achterschip 2 a of $\frac{1}{2}$ a is geworden, dan is de afgelegde weg zijde van een gelijkbeenigen driehoek. Is men b. v. van A in B gekomen, dan heeft men alleen de richting PB en de verzeiling tusschen de waarnemingen = PB af te zetten. Is men van A gekomen in C zet dan uit P de richting PA af en maak PA = de verzeiling. Alsdan de richting AC afzettende en AC = AP nemende vindt men C.

Gewoonlijk neemt men a = 4 streken en wacht tot het voorwerp dwarsuit is, of omgekeerd. Bepaalt men zich niet tot de hoeken 2a, a en $1/2$ a, dan dienen de volgende tabellen voor de verschillende vragen die zich voor kunnen doen.

Tafels voor de peiling met doorzeiling.

I. Om den afgelegden weg tusschen de waarnemingen te vinden. (Uitgedrukt in zeemijlen.)

Tijdsverloop in minuten.	Vaart in zeemijlen per uur.																		
	4	6	8	10	12	14	16	18	20	21	22	23	24	25	26	27	28	29	30
1	0.1	0.1	0.1	0.2	0.2	0.2	0.3	0.3	0.3	0.4	0.4	0.4	0.4	0.4	0.4	0.5	0.5	0.5	0.5
2	0.1	0.2	0.3	0.3	0.4	0.5	0.5	0.6	0.7	0.7	0.7	0.8	0.8	0.8	0.9	0.9	0.9	1.0	1.0
3	0.2	0.3	0.4	0.5	0.6	0.7	0.8	0.9	1.0	1.1	1.1	1.1	1.2	1.3	1.3	1.4	1.4	1.5	1.5
4	0.3	0.4	0.5	0.7	0.8	0.9	1.1	1.2	1.3	1.4	1.5	1.5	1.6	1.7	1.7	1.8	1.9	1.9	2.0
5	0.3	0.5	0.7	0.8	1.0	1.2	1.3	1.5	1.7	1.8	1.8	1.9	2.0	2.1	2.2	2.3	2.3	2.4	2.5
6	0.4	0.6	0.8	1.0	1.2	1.4	1.6	1.8	2.0	2.1	2.2	2.3	2.4	2.5	2.6	2.7	2.8	2.9	3.0
7	0.5	0.7	0.9	1.2	1.4	1.6	1.9	2.1	2.3	2.5	2.6	2.7	2.8	2.9	3.0	3.2	3.3	3.4	3.5
8	0.5	0.8	1.1	1.3	1.6	1.9	2.1	2.4	2.7	2.8	2.9	3.1	3.2	3.3	3.5	3.6	3.7	3.9	4.0
9	0.6	0.9	1.2	1.5	1.8	2.1	2.4	2.7	3.0	3.2	3.3	3.5	3.6	3.8	3.9	4.1	4.2	4.4	4.5
10	0.7	1.0	1.3	1.7	2.0	2.3	2.7	3.0	3.3	3.5	3.7	3.8	4.0	4.2	4.3	4.5	4.7	4.8	5.0
11	0.7	1.1	1.5	1.8	2.2	2.6	2.9	3.3	3.7	3.9	4.0	4.2	4.4	4.6	4.8	5.0	5.1	5.3	5.5
12	0.8	1.2	1.6	2.0	2.4	2.8	3.2	3.6	4.0	4.2	4.4	4.6	4.8	5.0	5.2	5.4	5.6	5.8	6.0
13	0.9	1.3	1.7	2.2	2.6	3.0	3.5	3.9	4.3	4.6	4.8	5.0	5.2	5.4	5.6	5.9	6.1	6.3	6.5
14	0.9	1.4	1.9	2.3	2.8	3.3	3.7	4.2	4.7	4.9	5.1	5.4	5.6	5.8	6.1	6.3	6.5	6.8	7.0
15	1.0	1.5	2.0	2.5	3.0	3.5	4.0	4.5	5.0	5.3	5.5	5.8	6.0	6.3	6.5	6.8	7.0	7.3	7.5
16	1.1	1.6	2.1	2.7	3.2	3.7	4.3	4.8	5.3	5.6	5.9	6.1	6.4	6.7	6.9	7.2	7.5	7.7	8.0
17	1.1	1.7	2.3	2.8	3.4	4.0	4.5	5.1	5.7	6.0	6.2	6.5	6.8	7.1	7.4	7.7	7.9	8.2	8.5
18	1.2	1.8	2.4	3.0	3.6	4.2	4.8	5.4	6.0	6.3	6.6	6.9	7.2	7.5	7.8	8.1	8.4	8.7	9.0
19	1.3	1.9	2.5	3.2	3.8	4.4	5.1	5.7	6.3	6.7	7.0	7.3	7.6	7.9	8.2	8.6	8.9	9.2	9.5
20	1.3	2.0	2.7	3.3	4.0	4.7	5.3	6.0	6.7	7.0	7.3	7.7	8.0	8.3	8.7	9.0	9.3	9.7	10.0

II. Om den afstand tot het voorwerp bij de laatste peiling te vinden.

(Vermenigvuldig den tusschen de waarnemingen afgelegden weg met den term uit de tafel).

Hoek dien men het voorwerp heeft doorgezet	Verschil tusschen voorliggenden koers en eerste peiling.																			
	20°	25°	30°	35°	40°	45°	50°	55°	60°	65°	70°	75°	80°	85°	90°	95°	100°	105°	110°	115°
10°	1.97	2.43	2.88	3.30	3.70	4.07	4.41	4.72	4.99	5.22	5.41	5.56	5.68	5.74	5.76	5.74	5.68	5.56	5.41	5.22
15	1.32	1.63	1.93	2.22	2.48	2.73	2.96	3.16	3.35	3.50	3.63	3.73	3.81	3.85	3.86	3.85	3.81	3.73	3.63	3.50
20	1.00	1.24	1.46	1.68	1.88	2.07	2.24	2.40	2.53	2.66	2.75	2.82	2.88	2.91	2.92	2.91	2.88	2.82	2.75	2.66
25	0.81	1.00	1.18	1.36	1.52	1.67	1.81	1.94	2.05	2.14	2.22	2.29	2.33	2.36	2.37	2.36	2.33	2.29	2.22	2.14
30	0.68	0.85	1.00	1.15	1.28	1.41	1.53	1.64	1.73	1.81	1.88	1.93	1.97	1.99	2.00	1.99	1.97	1.93	1.88	1.81
35	0.60	0.74	0.87	1.00	1.12	1.23	1.34	1.43	1.51	1.58	1.64	1.68	1.72	1.74	1.74	1.74	1.72	1.68	1.64	1.58
40	0.53	0.66	0.78	0.89	1.00	1.10	1.19	1.27	1.35	1.41	1.46	1.50	1.53	1.55	1.56	1.55	1.53	1.50	1.46	1.41
45	0.48	0.60	0.71	0.81	0.91	1.00	1.08	1.16	1.22	1.28	1.33	1.37	1.39	1.41	1.41	1.41	1.39	1.37	1.33	
50	0.45	0.55	0.65	0.75	0.84	0.92	1.00	1.07	1.16	1.18	1.23	1.26	1.29	1.30	1.31	1.30	1.29	1.26		
55	0.42	0.52	0.61	0.70	0.78	0.86	0.94	1.00	1.06	1.11	1.15	1.18	1.20	1.22	1.22	1.22	1.20			
60	0.39	0.49	0.58	0.66	0.74	0.82	0.88	0.95	1.00	1.04	1.09	1.12	1.14	1.15	1.15	1.15				
65	0.38	0.47	0.55	0.63	0.71	0.78	0.85	0.90	0.96	1.00	1.04	1.07	1.09	1.10	1.10					
70	0.36	0.45	0.53	0.61	0.68	0.75	0.82	0.87	0.92	0.96	1.00	1.03	1.05	1.06						
75	0.35	0.44	0.52	0.59	0.67	0.73	0.79	0.85	0.90	0.94	0.97	1.00	1.02							
80	0.35	0.43	0.51	0.58	0.66	0.72	0.78	0.83	0.88	0.92	0.95	0.98								
85	0.34	0.42	0.50	0.58	0.65	0.71	0.77	0.82	0.87	0.91	0.94									
90	0.34	0.42	0.50	0.57	0.64	0.71	0.77	0.82	0.87	0.91										
95	0.34	0.42	0.50	0.58	0.65	0.71	0.77	0.82	0.87											
100	0.35	0.43	0.51	0.58	0.66	0.72	0.78	0.83												
105	0.35	0.44	0.52	0.59	0.67	0.73	0.79													
110	0.36	0.45	0.53	0.61	0.68	0.75														
115	0.38	0.47	0.55	0.63	0.71															
120	0.39	0.49	0.58	0.66																
125	0.42	0.52	0.61																	
130	0.45	0.55																		
135	0.48																			

Gesteld nog men ziet onverwacht eenig kustlicht, terwijl men onbekend is met den afstand, dan kan men het (mits men naar die zijde de ruimte heeft) dwars uit brengen door snel koers te veranderen. Doorsturende tot het licht een streek achterlijker dan dwars gekomen is, kan men aannemen, dat het vijfmaal verder af is, dan de sinds koersverandering afgelegde weg bedraagt.

Bezit men een *betrouwbaren* afstandmeter, dan kan deze bij het nemen van peilingen onmiddellijk de plaats van het schip doen kennen.

III. Om den afstand te vinden waarop men het voorwerp zal passeeren.

(Vermenigvuldig den tusschen de waarnemingen afgelegden weg met den term uit de tafel.)

Hoek dien men het voorwerp heeft doorgezet.	Verschil tusschen voorliggenden koers en eerste peiling.											
	20°	25°	30°	35°	40°	45°	50°	55°	60°	65°	70°	75°
10°	0.99	1.39	1.85	2.33	2.83	3.33	3.82	4.28	4.69	5.04	5.33	5.56
15	0.76	1.05	1.37	1.70	2.03	2.36	2.68	2.97	3.24	3.44	3.62	
20	0.64	0.88	1.12	1.38	1.63	1.88	2.11	2.32	2.49	2.65		
25	0.57	0.77	0.97	1.18	1.38	1.57	1.75	1.91	2.04			
30	0.52	0.70	0.87	1.04	1.20	1.36	1.51	1.63				
35	0.49	0.64	0.79	0.94	1.08	1.21	1.34					
40	0.46	0.60	0.73	0.86	0.99	1.10						
45	0.44	0.56	0.69	0.80	0.91							
50	0.42	0.53	0.64	0.75								
55	0.41	0.51	0.61									
60	0.38	0.49										

Een speciaal geval kan zich voordoen wanneer de afstand al dadelijk bekend is, b. v.: wanneer men een licht in zekere peiling in 't zicht loopt en weten wil op welken afstand men het passeeren zal. Die gevraagde afstand is = v sin. q ; waarin v = grens van zichtbaarheid, q = peiling met het voorschip, wat men door de streektafel oplost. Gesteld men staat op den licht-cirkel van een 21 mijls licht en peilt het op 3 streken, dan passeert men het, zie streektafel

in 3 streken geeft 21' verheid 11'.7 afwijking,

dus op 11.7 zeemijl.

IV. Om den afstand te vinden die nog moet worden afgelegd, eer men het voorwerp dwars peilt.

(Vermenigvuldig den tusschen de waarnemingen afgelegden weg met den term uit de tafel.)

Hoek dien men het voorwerp heeft doorgezet.	Verschil tusschen voorliggenden koers en eerste peiling.											
	20°	25°	30°	35°	40°	45°	50°	55°	60°	.65°	70°	75°
10°	1.71	1.99	2.21	2.33	2.38	2.33	2.21	1.99	1.71	1.35	0.94	0.48
15	1.08	1.25	1.37	1.43	1.43	1.37	1.25	1.08	0.87	0.61	0.32	
20	0.77	0.88	0.94	0.96	0.94	0.88	0.77	0.62	0.44	0.23		
25	0.57	0.64	0.68	0.68	0.64	0.57	0.47	0.34	0.18			
30	0.44	0.49	0.50	0.49	0.44	0.37	0.27	0.14				
35	0.34	0.37	0.37	0.34	0.29	0.21	0.12					
40	0.27	0.28	0.27	0.23	0.17	0.10						
45	0.20	0.21	0.18	0.14	0.08							

**V. Om het voorwerp op een bepaalden afstand te passeeren,
kleiner dan die waarop men zich bevindt.**

Verhouding tusschen den afstand waarop men zich bevindt en dien waarop men het voorwerp passeeren wil.	0.1	0.2	0.3	0.4	0.5	0.6	0.7	0.8	0.9	1.0
Hoek met 't voorschip waarop men het voorwerp aanvankelijk brengen moet	6°	12°	17°	24°	30°	37°	44°	53°	64°	90°

Voorbeeld. Men stoomt met 12 mijls vaart, liggende op 't kompas N 336° O voor en peilt een vuurtoren N 5° O. Na 20 minuten peilt men den toren N 50° O.

Gevraagd:

1°. der afstand bij tweede waarneming?

eerste hoek met de koerslijn 29° afgelegde verheid = 4 zeemijl.

$$\frac{\text{tweede } \quad , \quad , \quad , \quad 74°}{\text{voorwerp doorgezet } 45°}$$

tafel II geeft coëfficient 0.69 dus afstand == 0.69 $\times$ 4 = 2,76 zeemijl.

2°. op welken afstand zal men den vuurtoren passeeren?

de afgelegde weg is 4 zeemijl.

termtafel II = 0.66   dus op 4 $\times$ 0.66 = 2.64 zeemijl.

3°. hoever zal men nog moeten stoomen eer men 't voorwerp dwars heeft?

de afgelegde weg is 4 zeemijl.

term tafel III = 0.18   dus nog 4 $\times$ 0.18 = 0.72 zeemijl.

4°. hoe moet men sturen om het voorwerp op 1.5 zeemijl in plaats van op 2.64 zeemijl te passeeren?

de afstand tot het voorwerp = 2.76 zeemijl.

de afstand waarop men passeeren wil is 1.1 zeemijl.

dus verhouding 1.1 : 2.76 = 0.4 en

term tafel IV   24° Aanvankelijk moet derhalve de toren onder 24° met 't voorschip worden gezien; de laatste peiling was N 5 O.

dus de kompaskoers wordt: N 341° O.

Koersen langs een gevaar.

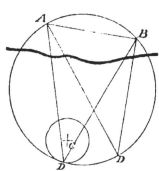

A en B zijn twee bekende punten op den wal, C is een bekend gevaar. Men wil C op niet minder dan, stel één zeemijl passeeren. Beschrijf dan uit C met 1 zeemijl als straal eenen cirkel om het punt C en beschrijf een tweeden cirkel die door A en B gaande tevens den eersten uitwendig raakt. Meet dan de grootte van hoek D op. Zorgt men nu dat A en B nimmer onder een hoek grooter dan D gezien worden, dan passeert men C zeker op minstens een zeemijl. (Zie voor de constructie ook Problema van SNELLIUS). Zoo zal men b.v. het hooge licht van Zuid-Voorland en dat van Noord-Voorland onder een rechten hoek houdende de Goodwin zeer nabij passeeren, doch ervan vrij blijven.

Een ander geval komt voor als men tusschen twee merken in de lijn dier merken moet blijven; zet dan den prismacirkel op 180° vast of liever gebruik het instrumentje dat in Afdg. VIII beschreven is, omdat de waarneming met den cirkel lastiger is.

Peiling op den lichtcirkel.

Zie de tabellen in Afdg. XXVIII.

Peiling met hoogtemeting.

Wanneer het gepeilde voorwerp een bekende hoogte heeft, is het soms nuttig die hoogte te meten en daarmede alsof het een tuighoogte ware (zie Tabellen Afdg. XXVIII) den afstand ten naastenbij te bepalen. Men kan dan somtijds hetzij contrôle op den gestuurden koers en verheid vinden, dan wel te weten komen of het punt dat gepeild wordt, inderdaad dat punt is waarvoor men het aanziet. Dergelijke peiling met meting van een berghoogte b.v., komt echter zelden in de navigatie te pas, anders dan bij vuurtorens van bekende hoogte (Zie verder Afdg. XXIX).

Globaal kan men den afstand uit de bekende hoogte afleiden door de formule:

$$\text{Afstand in zeemijlen} = 2 \times \frac{\text{hoogte voorwerp in Meters}}{\text{hoogte voorwerp in boogminuten}}$$

of

$$\text{Afstand in zeemijlen} = 0,6 \times \frac{\text{hoogte voorwerp in Engelsche voeten}}{\text{hoogte voorwerp in boogminuten}}$$

Beide formules geven den afstand slechts 6 à 7 °/₀ te groot, *doch de onderkant van het gemeten voorwerp moet zichtbaar zijn*, anders leiden de formules tot niets.

Wil men b.v. op tonnen en boeien den afstand d.m.v. de kimmethode (Afd. XXVIII) berekenen dan gebruike men de formulen:

$$\text{Afstand in zeemijlen} = 2 \times \frac{\text{hoogte oog des waarnemers in Meters}}{(\text{gemeten hoek} + \text{kimduiking}) \text{ in minuten}}$$

Deze laatste methode is zeer aan te bevelen, wanneer men zich steeds op eenzelfde brug bevindt, zoodat de hoogte van het oog constant is. Men gebruikt dan de volstrekt nauwkeurige formule:

$$\text{Afstand in zeemijlen} = \frac{\text{constante term}}{(\text{gemeten hoek} + \text{kimduiking}) \text{ in minuten}}$$

waarin: constante term $= 1,86 \times$ hoogte van het oog in meters.

en kimduiking $=$ constante waarde bij die hoogte van het oog.

Plaatsbepaling door Problema van Snellius.

Zie Afdg. XXIX.

Kaartpassen.

Zie Afdg. V.

Zeilaadjes.

Oostelijke en Westelijke koersen: Afw. $= \varDelta$ L $\times$ cos. b. Zie tafel VII (VIII)

$\varDelta$ L $=$ Afw. $\times$ sec. b. , , VI (VII)

Schuine koersen:

$\varDelta$ Br. $=$ verh. $\times$ cos. k. , , V

Afw. $=$ verh. $\times$ sin. k. $= \varDelta$ Br. tang. k. Zie tafel V.

$\varDelta$ L $=$ Afw. $\times$ sec. middelbr. , , VI (VII).

$\varDelta$ L $=$ verschil vergr. Br. $\times$ tang. k. , , VIII (X).

Streektafel.

KOERS.		10'	20'	30'	40'	50'	1'	2'	3'	4'	5'	6'	7'	8'	9'		
Graden.	Streken	veranderde breedte.															

VERHEID.

KOERS. Graden, Streken	10'	20'	30'	40'	50'	1'	2'	3'	4'	5'	6'	7'	8'	9'		KOERS.
2.8 · $1/_2$	10.0	20.0	30.0	40.0	49.9	1.0	2.0	3.0	4.0	5.0	6.0	7.0	8.0	9.0	$7^3/_4$	87.2
5.6 · $1/_4$	10.0	19.9	29.9	39.8	49.8	1.0	2.0	3.0	4.0	5.0	6.0	7.0	8.0	9.0	$7^1/_2$	84.4
8.4 · $3/_4$	9.9	19.8	29.7	39.6	49.5	1.0	2.0	3.0	4.0	4.9	5.9	6.9	7.9	8.9	$7^1/_4$	81.6
11.25 · 1	9.8	19.6	29.4	39.2	49.0	1.0	2.0	3.0	3.9	4.9	5.9	6.9	7.8	8.8	7	78.75
14.1 · $1^1/_2$	9.7	19.4	29.1	38.8	48.5	1.0	2.0	2.9	3.9	4.9	5.8	6.8	7.8	8.7	$6^3/_4$	75.9
16.9 · $1^1/_4$	9.6	19.1	28.7	38.3	47.9	1.0	1.9	2.9	3.8	4.8	5.7	6.7	7.7	8.6	$6^1/_2$	73.1
19.7 · $1^3/_4$	9.4	18.8	28.2	37.7	47.1	0.9	1.9	2.8	3.8	4.7	5.6	6.6	7.5	8.5	$6^1/_4$	70.3
22.50 · 2	9.2	18.5	27.7	37.0	46.2	0.9	1.8	2.8	3.7	4.6	5.5	6.5	7.4	8.3	6	67.50
25.3 · $2^1/_4$	9.0	18.1	27.1	36.2	45.2	0.9	1.8	2.7	3.6	4.5	5.4	6.3	7.2	8.1	$5^3/_4$	64.7
28.1 · $2^1/_2$	8.8	17.6	26.5	35.3	44.1	0.9	1.8	2.6	3.5	4.4	5.3	6.2	7.1	7.9	$5^1/_2$	61.9
30.9 · $2^3/_4$	8.6	17.2	25.7	34.3	42.9	0.9	1.7	2.6	3.4	4.3	5.1	6.0	6.9	7.7	$5^1/_4$	59.1
33.75 · 3	8.3	16.6	24.9	33.3	41.6	0.8	1.7	2.5	3.3	4.2	5.0	5.9	6.7	7.5	5	56.25
36.6 · $3^1/_4$	8.0	16.1	24.2	32.1	40.2	0.8	1.6	2.4	3.2	4.0	4.8	5.6	6.4	7.2	$4^3/_4$	53.4
39.4 · $3^1/_2$	7.7	15.5	23.2	30.9	38.6	0.8	1.5	2.3	3.1	3.9	4.6	5.4	6.2	7.0	$4^1/_2$	50.6
42.2 · $3^3/_4$	7.4	14.8	22.2	29.6	37.0	0.7	1.5	2.2	3.0	3.7	4.4	5.2	5.9	6.7	$4^1/_4$	47.8
45 · 4	7.1	14.1	21.2	28.3	35.4	0.7	1.4	2.1	2.8	3.5	4.2	4.9	5.7	6.4	4	45
47.8 · $4^1/_4$	6.7	13.4	20.1	26.9	33.6	0.7	1.3	2.0	2.7	3.4	4.0	4.7	5.4	6.0	$3^3/_4$	42.2
50.6 · $4^1/_2$	6.3	12.7	19.0	25.4	31.7	0.6	1.3	1.9	2.5	3.2	3.8	4.4	5.1	5.7	$3^1/_2$	39.4
53.4 · $4^3/_4$	6.0	11.9	17.9	23.8	29.8	0.6	1.2	1.8	2.4	3.0	3.6	4.2	4.8	5.4	$3^1/_4$	36.6
56.25 · 5	5.6	11.1	16.7	22.2	27.8	0.6	1.1	1.7	2.2	2.8	3.3	3.9	4.4	5.0	3	33.75
59.1 · $5^1/_4$	5.1	10.3	15.4	20.6	25.7	0.5	1.0	1.5	2.1	2.6	3.1	3.6	4.1	4.6	$2^3/_4$	30.9
61.9 · $5^1/_2$	4.7	9.4	14.1	18.9	23.6	0.5	0.9	1.4	1.9	2.4	2.8	3.3	3.8	4.2	$2^1/_2$	28.1
64.7 · $5^3/_4$	4.3	8.6	12.8	17.1	21.4	0.4	0.9	1.3	1.7	2.1	2.6	3.0	3.4	3.8	$2^1/_4$	25.3
67.50 · 6	3.8	7.7	11.5	15.3	19.1	0.4	0.8	1.1	1.5	1.9	2.3	2.7	3.1	3.4	2	22.50
70.3 · $6^1/_4$	3.4	6.7	10.1	13.5	16.8	0.3	0.7	1.0	1.3	1.7	2.0	2.4	2.7	3.0	$1^3/_4$	19.7
73.1 · $6^1/_2$	2.9	5.8	8.7	11.6	14.5	0.3	0.6	0.9	1.2	1.5	1.7	2.0	2.3	2.6	$1^1/_2$	16.9
75.9 · $6^3/_4$	2.4	4.9	7.3	9.7	12.1	0.3	0.5	0.7	1.0	1.2	1.5	1.7	1.9	2.2	$1^1/_4$	14.1
78.75 · 7	2.0	3.9	5.9	7.8	9.8	0.2	0.4	0.6	0.8	1.0	1.2	1.4	1.6	1.8	1	11.25
81.6 · $7^1/_4$	1.5	2.9	4.4	5.9	7.3	0.2	0.3	0.4	0.6	0.7	0.9	1.0	1.2	1.3	$3/_4$	8.4
84.4 · $7^1/_2$	1.0	2.0	2.9	3.9	4.9	0.1	0.2	0.3	0.4	0.5	0.6	0.7	0.8	0.9	$1/_2$	5.6
87.2 · $7^3/_4$	0.5	1.0	1.5	2.0	2.5	0.1	0.1	0.1	0.2	0.2	0.3	0.3	0.4	0.4	$1/_4$	2.8

afwijking.

	Streken.	Graden.
	KOERS.	

Gevraagd: veranderde breedte en afwijking bij 45' verheid in 3 streken.

koers 3 str. en 40' verheid geeft Δ br. = 33'.3   koers 3 str. en 40' verheid geeft afw. 22'.2

„   „   „ 5'   „   „   „ = 4'.2   „   „   „ 5'   „   „   „ 2'.8

totaal Δ br. = 37'.5   totaal afw. = 25'

Koppelkoers volgens het plat.

Koers.	Str.	Verh. in zeem.	Veranderd			
			N.	Z.	O.	W.
•						
•						

$$\frac{\text{Afw.}}{\text{\it{1} Br.}} = \text{tang. k.; dus k} = \ldots \text{str.}$$

In .... str. geeft .... $\textit{1}$ Br. (of Afw.) .... verheid in zeemijlen.

Groot-Cirkel-Zeilen.

Om de hoeken van aankomst en afvaart A en B te vinden, neme men aan dat B eene ster is die boven de plaats B in top staat, $\angle$ A is dan het azimuth van die ster, gezien uit A bij een uurhoek gelijk aan het lengteverschil in tijd, tusschen A en B. Indien de breedte van de plaats B (dus de declinatie van de ster B) kleiner is dan $40°$, kan men dat azimuth vinden d.m.v. Tafels XXXII Brouwer. (Zie hierna sub azimuth). Op overeenkomstige wijze vindt men $\angle$ B. Reiken die tafels door beperkte declinatie niet uit, dan heeft men:

voor de hoeken van afvaart A en van aankomst B.

$$\text{tang. A} = \frac{\sin \varphi}{\cos. (b + \varphi)} \times \text{tang. P en tang. } \varphi = \text{cotang. b' cos. P}$$

$$\text{tang. B} = \frac{\sin. \varphi'}{\cos. (b' + \varphi')} \times \text{tang. P en tang. } \varphi' = \text{cotang. b cos. P}$$

voor den afstand:

$$\cos. v = \frac{\sin. (b + \varphi) \sin. b'}{\cos. \varphi} \text{ en tang. } \varphi = \text{cotang b' cos. P}$$

voor den vertex:

cos. breedte vertex $=$ sin. A cos. b

cotang P' $=$ sin. b tang. A

waarin:

b $=$ breedte van A
b' $=$ breedte van B
P $=$ lengteverschil A en B
v $=$ verheid
P' $=$ lengteverschil A en vertex.

Voor den grooten cirkel die een gegeven parallel raakt, b.v. die van $p°$ breedte heeft men:

cos. φ $=$ cotang. p tang. a en
cos. φ' $=$ cotang. p tang. b
dus lengte c en d bekend,

$$\cos. \text{A c} = \frac{\sin. a}{\sin. p} \qquad \cos. \text{B d} = \frac{\sin. b}{\sin. p}$$

c d $=$ $\{ (l' - 1) - (\varphi + \varphi') \}$ cos. p.

V $=$ A c $+$ c d $+$ d B.

dus verheid bekend.

$$\text{Sin. A} = \frac{\cos. p}{\cos. a} \text{ en sin. B} = \frac{\cos. p}{\cos. b}$$

dus hoeken van afvaart en aankomst bekend.

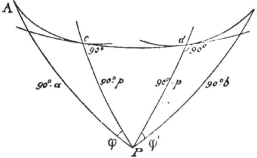

Om over den oceaan den grooten cirkel te kunnen volgen kan men elken dag den nieuwen koers van afvaart berekenen of in de azimuthtafel opzoeken. Voor de gevallen waarin deze niet uitreikt en die waarin men b.v. weten wil wat de koers wordt na elke 60 zeemijl afgelegde verheid, kan men zeer gemakkelijk het punt berekenen waar de groote cirkel dien men volgen wil de linie snijdt alsmede den hoek van aankomst in dat punt en de verheid tot aan dat punt. Men kan dan elken dag het azimuth van dat punt opzoeken en dat is de koers dien men sturen zal, of ook kan men van te voren om de 60 zeemijl den koers berekenen en op die manier zeer nauwkeurig den grooten cirkel construeeren. Eigenlijk stuurt men dan niet groot cirkel naar B maar naar C, wat op 't zelfde neerkomt.

Men heeft:

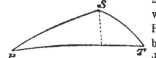

$$\text{tang. } A = \frac{\text{tang. } (l' - l) \sin. \Psi}{\text{cos. } (a + \Psi)}$$ waarin tang. Ψ = cotang b cos. (l' — l)

cos. breedte vertex = cos. a sin. A.

tang. ∠ A P V = cotang. A cosec a

∠ A P C = 90° + ∠ A P V . . . .(1.

tang. A V = cotang. a cos. A.

A C = 90° + ∠ A V . . . . (2.

en ten slotte ∠ C = Bg P V = compl. breedte vertex . . . . (3.

Zij gevraagd de groote cirkel van A (Bergen) naar B (Quebec) dan zijn de breedten van A en B resp. 60° en 52° 30′ terwijl ∠ A P B = 60° is, nu is:

b = 52° 30′ cotang = 9.885

l' — l = 60° cos. = 9.699 tang. = 0.239

tang. Ψ = 9.584

Ψ = 21° sin. = 9.554

a = 60° cosec = 0.062 cos. = 9.699 cotang = 9.761

a + Ψ = 81° sec. = 0.806

tang. A = 0.599

A = 76° cotang = 9.397 sin. = 9.987 cos. = 9.384

tang. A P V = 9.459 cos. br. vert. = 9.686 tang. A V = 9.145

A P V = 16° br. vertex = 61° A V = 7°57′

90° = 90° P V = 29° 90° = 90°

lengteverschil Bergen en snijpunt C = 106° A C = 98°

Nu is er groote analogie tusschen driehoek A P C en een pooldriehoek P S T waarin ∠ P = 29°, P T = 98°, P S = 90°, S T = 30° zijn, zoodat men met die waarden als P, b en d het azimuth zoekt b.v.

P = 29° = 1 u. 56 m.	Term tafel		T = 76°.
b = — 8°	XXXII geeft	Term tafel × cos. br.	
d = 0°	0.253	0. 253 cos. 8° = 0.250	

heeft men nu 15 mijl langs den grooten cirkel gemaakt dan wordt b alleen — 7° en termtafel × cos. br. = 0.221 = cotang 77° 30′ enz. Zoodat men eens de aanvankelijke berekening gemaakt hebbende gedurende de geheele reis den koers naar C vinden kan als men slechts weet hoeveel er langs den grooten cirkel gemaakt is. (Zie ook de berekening van het azimuth).

In de practijk is een kaart volgens de centrale projectie gemakkelijk (Chart to facilitate the practice of Great Circle Sailing with accompanying diagram for the determination of Courses and Distances; by Hugh Godfray. Sold by J. D. Potter, Poultry, London).

Ook een globe kan gemak geven. Wil men echter een grooten cirkel ten naastenbij op de wassende kaart projecteeren, dan volgt men deze regels:

1. Vereenig de punten waartusschen men den cirkel trekken wil door een rechte lijn. Richt op het midden dier lijn een loodlijn op, en verleng deze door den equator heen.

2. Zoek met de gemiddelde breedte in onderstaande tabel, den term correspondeerende breedte.

3. Het snijpunt van de loodlijn met de parallel der correspondeerende breedte is het middelpunt van een cirkel op de kaart, die door de twee plaatsen gaat en deze is nagenoeg de projectie van den grooten cirkel.

Opmerking. De breedten van A en B moeten gelijknamig zijn. In de praktijk zeilt men toch geen groot cirkel tusschen plaatsen aan verschillende zijden der linie.

Tabel voor groot-cirkelconstructie in de wassende kaart.

Middelbr.	Correspond: Br.		Middelbr.	Correspond: Br.		Middelbr.	Correspond: Br.	
20°	81° 13'		44°	31° 38'		58°	4° 0'	
22	78 16		46	26 42		60	9 15	
24	74 59		48	21 42		62	14 32	
26	71 26	Ongelijknamig met de breedte van A en B.	50	16 16	Ongelijknamig met de breedte van A en B.	64	19 50	Gelijknamig met de breedte van A en B.
28	67 38		52	11 33		66	25 9	
30	63 37		54	6 24		68	30 30	
32	59 25		56	1 13		70	35 52	
34	55 5					72	41 14	
36	50 36					74	46 37	
38	46 0					76	52 1	
40	41 18					78	57 25	
42	36 31					80	62 51	

Zoo men bekend is met den koers volgens den loxodroom (dus op de wassende kaart), kan men met behulp van de streektafel gemakkelijk bepalen hoeveel de koers volgens den cirkel N.-lijker of Z.-lijker valt uit de formule:

$$a = \tfrac{1}{2}\,\varDelta\,L\ \text{sin. middelbreedte.}$$

Zij de afg: breedte 30°, de gewilde breedte 50°, dus de middelbreedte = 40° bij een lengteverschil van 60°, dan geeft de streektafel: in 40° geeft 30° verheid : 19°.3 afwijking. Men moet dus een koers sturen die 19°.3 meer poolwaarts gericht is. Overigens geven wij een tabel voor bovenstaande formule:

Verschil tusschen de koersen volgens Loxodroom en Grooten Cirkel.
(Zie Brouwer DL. II, bladz. 607 en 608).

Middelbr.	VERANDERDE LENGTE.																Middelbr.	
	10°	20°	30°	40°	50°	60°	70°	80°	90°	100°	110°	120°	130°	140°	150°	160°		
5°	0°.4	0°.9	1°.3	1°.7	2°.1	2°.6	3°.0	3°.5	4°.0	4°.4	4°.8	5°.2	5°.6	6°.1	6°.5	7°.0	5°	
10	0.9	1.7	2.6	3.5	4.3	5.2	6.0	6.9	7.8	8.7	9.5	10 4	11.3	12.2	13.0	13.9	10	
15	1.3	2.6	3.9	5.2	6.5	7.8	9.1	10.4	11.6	12.9	14.2	15.5	16.8	18.1	19.4	20.7	15	De groote cirkel valt aan de poolzijde van den loxodroom.
20	1.7	3.4	5.1	6.8	8.6	10.3	12.0	13.7	15.4	17.1	18.8	20.5	22.2	23.9	25.6	27.4	20	
25	2.1	4 2	6.3	8.5	10.6	12.7	14.8	16.9	19.0	21.1	23.2	25.4	27.4	29.6	31.7	33.8	25	
30	2.5	5.0	7.5	10.0	12.5	15.0	17.5	20.0	22.5	25.0	27.5	30.0	32.5	35.0	37.5	40.0	30	
35	2.9	5.7	8.6	11.5	14.3	17.2	20.1	22.9	25.8	28.7	31.5	34.4	37.3	40.2	43.0	45.9	35	
40	3.2	6.4	9.6	12.9	16.1	19.3	22.5	25.7	28.9	32.1	35.3	38.6	41.8	45.0	48.2	51.4	40	
45	3.5	7.1	10.6	14.1	17.7	21.2	24.7	28.3	31.8	35.4	38.9	42.4	45.9	49.5	53.0	56.6	45	
50	3.8	7.7	11.5	15.3	19 2	23.0	26.8	30.6	34.4	38.3	42.1	46.0	49.8	53.6	57.5	61.3	50	
55	4.1	8.2	12.3	16.4	20.5	24.6	28.6	32.8	36.8	41.0	45.0	49.1	53.2	57.3	61.4	65.5	55	
60	4.3	8.7	13.0	17.3	21.7	26.0	30.3	34.6	38.9	43.3	47.6	52.0	56.3	60.6	65.0	69.3	60	

Voorbeeld: Afg. Br. = 30° Br. bestemmingsplaats 50°, lengteverschil 60°, dan is koersverschil gr. cirkel en loxodroom = $\tfrac{1}{2}\,\varDelta\,L$ sin. middelbreedte. Bij 40° middelbr. en 60° lengteverschil geeft tafel 19°.3 koersverschil.

Hoogteverbeteringen.

Kimduiking. Zij hoogte oog = h rijnlandsche voeten. dan is k = $\sqrt{h}$ boogminuten. Zi tafels IX (X) en X (XI) alwaar niettemin h in Meters is uitgedrukt.

Wil men de kimduiking zeer nauwkeurig kennen, dan dient men althans het verschi tusschen de temperatuur der lucht en die van het water op te nemen, waarna onderstaand tabel dienen kan. De cijfers aan het hoofd der kolommen geven: luchttemperatuur (bij d oppervlakte) — watertemperatuur. — In de dagelijksche praktijk gebruike men de kolon gemerkt 0°.

Hoogte van het oog.	+8°	+7°	+6°	+5°	+4°	+3°	+2°	+1°	0°	—1°	—2°	—3°	—4°	—5°	—6'
4 m.	1'	1'	1½'	2'	2'	2½'	3'	3½'	3½'	4'	4½'	5'	5'	5½'	6'
5 m.	1½'	1½'	2'	2½'	2½'	3'	3½'	3½'	4'	4½'	5'	5'	5½'	6'	6¹ ½
6 m.	1½'	2'	2½	2½'	3'	3½'	4'	4'	4½'	5'	5'	5½'	6'	6½'	6½'
7 m.	2'	2½'	2½'	3'	3½'	4'	4'	4½'	5'	5'	5½'	6'	6½'	6½'	7'
8 m.	2'	2½'	3'	3½'	4'	4'	4½'	5'	5'	5½'	6	6½'	6½'	7'	7½'
9 m.	3'	3'	3½	4'	4'	4½'	5'	5'	5½'	6'	6½'	6½'	7'	7½'	7½'
10 m.	3'	3½'	3½'	4'	4½'	4½'	5'	5½'	6'	6'	6½'	7'	7'	7½'	8'
12 m.	3½'	4'	4'	4½'	5'	5½'	5½'	6'	6½'	6½'	7'	7½'	8'	8'	8½'
14 m.	4'	4½'	4½'	5'	5½'	5½'	6'	6½'	7'	7'	7½'	8'	8'	8½'	9'
16 m.	4½'	4½'	5'	5½'	6'	6'	6½'	7'	7'	7½'	8'	8½'	8½'	9'	9½'

Kimduiking met onvrije kim. Is de onvrije kim zeer nabij dan kan men den afstand gemakkelijk elimineeren door de hoogte van een hemellichaam op twee vertikaal ten op zichte van elkaar gelegen punten gelijktijdig te meten.

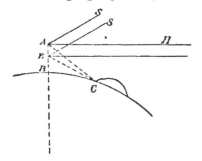

Stel $\angle$ A B C = R zoodat B C ‖ A H, dan is:

$$AB : BE = tg\,ACB : tg\,ECB.$$
$$= ACB\,tg\,1' : ECB\,tg\,1'$$
$$= \angle ACB : \angle ECB.$$
$$(AB - BE) : AB = (\angle ACB - \angle ECB) : \angle ACB$$
$$AE : AB = \angle ACE : \angle ACB$$
$$\angle ACB = kimd = \frac{AB}{AE} \times \angle ACE$$

d. i. in woorden: de kimduiking = verhouding van de hoogten van het oog boven water, maal het verschil der gemeten hoogten.

Straalbuiging. Neem zonder noodzaak geen hoogten van hemellichten lager dan 6°. Zie tafels XII (XIII) en XIV A — XIV B. Voor de maan is de correctie straalbuiging opgenomen in tafel XX. welke de waarde P cos h — r geeft. Kleine hoogten verdienen als men grootere kan nemen afkeuring, eerstens omdat de toe te passen correctie voor straalbuiging min nauwkeurig bekend is en anderszins omdat ook refractie in azimuthalen zin bestaan kan waaromtrent niets anders is bekend dan dat zij nu en dan voorkomt en vele secunden bedragen kan. Is dit laatste wel is waar geen bezwaar bij hoogtemeting. het is zeker een beletsel te meer om bij 't nemen van maansafstanden kleine hoogten te gebruiken en de invloed moet bij het nemen van nauwkeurige astronomische peiling zoo klein mogelijk gemaakt worden door die peiling onder verschillende omstandigheden waar te nemen en te becijferen.

Parallax. Zie voor ☉ en planeten de verklaring van tafel XI (XII) op blz. 250 I der tafels. Voor de maan is tafel XX de gecombineerde correctie op de hoogte voor parallax en refractie. Let erop dat tafel XX berekend is met ☾ horiz. par. als argument; dus dat men eerst de parallax uit den almanak moet verbeteren met term tafel XVIII. Zie verder de verklaring achter in de tafels.

Halve middellijnen. Gebruik bij het herleiden van zeer nauwkeurige randwaarnemingen de ☽ ¹/₂ m. die men bij het bepalen der I.C. vond, niet die uit den almanak. Geldt het de maan bovendien, neem dan haar halve middellijn evenveel te groot of te klein als die der zon te groot of te klein bevonden werd bij het bepalen der I. C.

Zie overigens de tafels XVII en XIX.

Herleiding der hoogte tot een ander toppunt.

c = m cos. q. m = aantal gezeilde zeemijlen tusschen de waarnemingen.

Ψ = peiling hemellicht met voor of achterschip.

Ψ is + als het hemellicht scherp met het voorschip } is gepeild.

q' is — „ „ „ „ „ „ achterschip }

Invloed afplatting der aarde. Herleid de gevonden geografische hoogte, tot het geocentrisch toppunt. Bovenstaande formule wordt dan:

c = — (Ψ — Ψ') cos. T.

Reken T van af de pool boven den horizon. Zie voor φ — q' tafel XLII (XXXI A).

Herleiden van ware tot schijnbare hoogte. Handel juist andersom als bij de herleiding van schijnbare tot ware hoogte. Beschouw de uitkomst als een benaderde waarde, waarmee men opnieuw de refractie opzoekt (of term tafel XX) en op de ware hoogte toepast; tweede gevonden schijnb. hoogte is dan nauwkeurig genoeg voor 't gebruik.

Hoogteberekening.

Formule: tang. Ψ = cos. P cotang. d.

$$\sin. h = \frac{\sin. (b + \Psi) \sin. d.}{\cos. \Psi.}$$

waarin de breedte van den waarnemer het positief teeken verkrijgt.

Is d. negatief, dan is q' > 90°; is P > 6 u. dan is Ψ negatief.

Andere formule: sin. h. = cos. (b — d) — cos. b cos d. sin. vers. P.

De log. sin. vers. P wordt gevonden in tafel III (XXIX c) Brouwer. Deze formule wordt door sommigen geprefereerd omdat alle teekens van den sin. vers. en van den cos. positief zijn.

Het Azimuth.

Algemeene opmerkingen. Het uit eenige formule gevonden azimuth wordt steeds gerekend gelijknamig met de breedte van den waarnemer en met den uurhoek van het hemellichaam. Bijv. zij b = 30° N, P = 5 u. West, T = 150°, dan is azimuth N 150° W.

Het peilen van voorwerpen waarvan de hoogte > 30° verdient steeds afkeuring, omdat daarbij de invloed van den niet loodrechten stand van den peiltoestel groot wordt.

Azimuth zonder gemeten hoogte.

I. *Door berekening.*

$$\text{tang. } \varphi = \text{cos. P cotang. d.}$$

$$\text{tang. T} = \frac{\text{sin. } \varphi}{\text{cos. (b + }\varphi)} \times \text{tang. P.}$$

waarin de breedte van den waarnemer het positief teeken verkrijgt.

Is d negatief, dan is $\varphi > 90$; is $P > 6$ u. dan is φ negatief.

Voor $P = 6$ uur, heeft men tang. T = sec. b. cotang. d.

II. *D. m. v. Tafel XXXII. Brouwer.*

Methode bruikbaar voor hemellichamen welker declinatie kleiner is dan 40°. Men heeft:

$$\text{cotang. T} = (\text{term tafel XXXII}) \times - \text{cos. b.}$$

is derhalve de term der tafel positief, dan is T stomp.

is „   „   „   „   „ negatief, dan is T scherp.

Beschouwt men den term als eene verheid in den koers b, dan geeft de bij die verheid behoorende $\varDelta$ Br. uit de streektafel de natuurlijke cotangens van T. Gebruikt men den laatsten druk der tafels, dan doet men gewoonlijk handig door cotang. T in de streektafel te zoeken, omdat men tafel XXVI zelden bij de hand heeft.

III. *D. m. v. de Tafels van Fulst.* (Bremen M. HEINSIUS).

Zijn ook samengesteld voor de gegevens b, d en P en bruikbaar voor alle breedten tusschen 60° N. en 60° Z. en alle declinatiën van 30° N. — 30° Z. Zij zijn berekend naar de formule:

$$\text{cotang T} = (\text{cos. b. tang. d} - \text{sin. b cos. P}) \text{ cosec. P.}$$

de eerste tafel geeft de waarde cos. b. tang. d bij argumenten b en d.

„ tweede „   „   „   „   sin. b cos. P „   „   b en P.

„ derde „   „   „   „   T   „   „   uit I en II en P.

IV. *D. m. v. de Tafels van Labrosse.*

Deze tafels hebben haar tijd gehad sedert tafel XXXII BROUWER of de tafels van FULST voor azimuthbepaling geschikt zijn. Het groote nadeel is dat LABROSSE zeer duur is en niet bruikbaar voor kimpeilingen, die juist voor verificatie der kompassen meest noodig zijn.

Azimuth met gemeten hoogte.

I. *Bij gegeven breedte, declinatie en hoogte.*

De formule luidt:

$$\text{Cos. } \tfrac{1}{2} \text{ T} = \sqrt{\left\{ \frac{\text{cos. } \varSigma \text{ cos. } (\varSigma - \varDelta)}{\text{cos. b cos. h.}} \right\}} \quad \text{waarin:}$$

$\varSigma = \tfrac{1}{2} (b + \varDelta + h)$ en $\varDelta = 90° \pm$ declinatie.

II. *Bij gegeven uurhoek, declinatie en hoogte.*

behoeft feitelijk nooit gebruikt te worden; de formule luidt:

$$\text{sin. T} = \frac{\text{cos. d}}{\text{cos. h}} \text{ sin. P;}$$

nadeel is dat men T vindt door den sinus en men dus in 't onzekere kan verkeeren omtrent het quadrant waarin de hoek ligt. Bestaat die twijfel, dan gaat men in tafel XXIV Brouwer na, of 't hemellichaam reeds of nog niet den eersten vertikaal gepasseerd is. De tafels van Weijer die op deze formule zijn gebaseerd vinden dan ook weinig toepassing.

Kimpeiling. Om het azimuth bij opkomst of ondergang te vinden, heeft men:

$$\text{sin. T} = \text{cos. d sin. P.}$$

Om dit azimuth te verbeteren voor de omstandigheid dat de zon nog beneden den horizon staat wanneer een der randen de kim raakt, passe men toe de correctie uit tafel XXXIV Brouwer. Dit schijnbaar azimuth is altijd *kleiner* dan het eerstgevonden ware azimuth.

In de gegeven formule heeft men:

indien b en d gelijknamig, dan is $T < 90°$.

„   „   „   „ ongelijknamig, „   „ $T > 90°$.

Waarnemingen op sterren. Moeten vooral niet verzuimd worden daar de gelegenheid om groote kompasfouten te maken, op elektrisch verlichte schepen, niet klein is en juist 's nachts staan de bedoelde apparaten meest te werk, zoodat men langen tijd onkundig zou kunnen blijven van eventueele grove fouten in de gestuurde koersen wanneer er ergens kortsluiting is. Op N.Br. is de poolster vrij geschikt voor azimuthwaarneming, mits men zorge dat wanneer de hoogte grooter dan 30° is, de peiltoestel goed loodrecht op de dekplaat staat en het schip moet vrij stil liggen, anders is men nog niet zeker; op Zuiderbreedte daarentegen zijn β en γ Hydri geschikt, doch γ beter dan β daar zij midden tusschen de Kaapsche wolken in staat en dus gemakkelijker is te vinden. Op lage breedten b.v. tusschen 10° N en 10° Z is het gemakkelijk om sterren van geringe declinatie te peilen daar het azimuth van die sterren dan altijd om en bij de 90° bedraagt. Wij geven daarom een tabelletje voor de poolster, een voor β en een voor γ Hydri alsmede een voor δ Orionis terwijl een laatste tabelletje voor γ Virginis en α Aquarii beiden dienen kan. Gebruik makende van deze tabellen zal men althans geen grove fouten in den te sturen koers maken, waar 't ook alleen om te doen is.

Poolster.

NB.				Uurhoek.			
	0 u.	1 u.	2 u.	3 u.	4 u.	5 u.	6 u.
30°	0.0	0.4	0.7	1.0	1.2	1.4	1.5
20°	0.0	0.3	0.7	0.9	1.1	1.3	1.3
10°	0.0	0.3	0.6	0.9	1.1	1.2	1.3
	12	11	10	9	8	7	6

Uurhoek.

δ. Orionis.

Br.	Uurhoek.		
	4 u.	5 u.	6 u.
10° N.	96°	93°	
8 "	95	93	
6 "	94	92	
4 "	93	92	
2 "	92	91	
0 N.	90	90	
0° Z.	90	90	
2 "	90	90	90
4 "	92	91	90
6 "	93	91	90
8 "	94	92	90
10 Z.	95	92	91

Den 1en Januari 1900 is

		AR.		Decl.	
	Polaris	1 u.	23 m.	88° 46′ N.	
γ	Hydri	3	49	74 32 Z.	
β	Hydri	0	20	77 49 Z.	
δ	Orionis	5	27	0 22 Z.	
γ	Virginis	12	37	0 54 Z.	
α	Aquarii	22	1	0 48 Z.	

γ. Virginis. α. Aquarii.

Br.	Uurhoek.		
	4 u.	5 u.	6 u.
10° N.	97°	94°	
8 "	96	93	
6 "	94	93	
4 "	93	92	
2 "	92	91	
0 N.	91	91	
0 Z.	89	89	89
2 "	90	90	89
4 "	91	90	89
6 "	93	91	89
8 "	94	91	89
10 "	95	92	89

β. Hydri.

Z. Br.						Uurhoek.						
	0 u.	1 u.	2 u.	3 u.	4 u.	5 u.	6 u.	7 u.	8 u.	9 u.	10 u.	11 u.
0°	0°	4°	8°	11°	13°	14°	14°	13°	11°	9°	6°	3°
0°	0	4	7	10	12	13	13	12	11	9	6	3
0°	0	3	6	9	11	12	12	12	10	8	6	3

γ. Hydri.

Z. Br.						Uurhoek.						
	0 u.	1 u.	2 u.	3 u.	4 u.	5 u.	6 u	7 u.	8 u.	9 u.	10 u.	11 u
20°	0	5	9	13	15	16	16	15	14	11	8	4
10°	0	4	8	11	14	15	15	15	13	11	8	

Astronomische peiling.

Schema zie hiervoren blz. 230. Zie ook Afdg. XXIX.

Tijdsbepaling.

[1]) Formule luidt: $\sin. \tfrac{1}{2} P = V \left\{ \dfrac{\cos. \Sigma \sin. (\Sigma - h)}{\cos. b \sin. \varDelta} \right\}$

Nauwkeurige bepaling van den uurhoek, aan den wal. Over de voorzorgen bij de waarneming in acht te nemen, zie Afdg. VIII blz. 222.

Tijdsbepaling in zee. In den regel zet men de klokken op V. M. en P. V. gelijk en behoort dan te nemen den tijd van de gegiste plaats in verband met de fout in lengte die bij het laatst benaderd punt is bevonden.

Opkomst en ondergang.

Formule luidt: $\cos. P = - \tan. b. \tan. d.$

Voor de correctie van waren op- en ondergang tot schijnbaren, zie tafels van Brouwer. of wel gebruik de formule: $\varDelta P = \dfrac{A}{15} \times \sec. b \times \sec. d \times \operatorname{cosec}. P$; waarin

$$A = - k - r + p + \tfrac{1}{2} m. \text{ bij onderrandsaanraking}$$
$$\text{of} \quad A = - k - r + p - \tfrac{1}{2} m. \text{ „ bovenrandsaanraking.}$$

In een open sloep, in volle zee. kan het bij gebreke aan een sextant noodig zijn door waarneming van den op- of ondergang de lengte te bepalen, daar dit alsdan de eenige observatie is die overblijft. In dat geval berekent men den uurhoek door de gewone formule:

$$\sin. \tfrac{1}{2} P. = V \left\{ \dfrac{\cos. \Sigma \sin. (\Sigma - h)}{\cos. b \sin. \varDelta} \right\}$$

waarin $h = - (k + 20')$ of $- (k + 52')$ naar gelang men onder- of bovenrand observeert.

Men vindt dan uit den uurhoek, in verband met den uit de aanwijzing van het horloge afgeleiden M. T. Greenwich, de fout in lengte en door berekening van den invloed van 1' hooger breedte de Sumnerlijn.

Waarneming van den waren op- of ondergang. Zet de alhidade vast bij een bedrag $= k + 20'$ voor onderrandsaanraking en van $k + 52'$ voor bovenrandsaanraking. Wacht het oogenblik af, waarop de rand die hoogte heeft, dan vindt men den uurhoek direct uit $\cos. P = - \tan. b \tan. d$, omdat nu de ware hoogte $= 0°$ is. Door het schitteren der kim is echter de waarneming lastig.

---

[1]) Sommigen prefereeren de formule: $\sin. \text{vers. } P = \dfrac{2 \cos. \Sigma \sin. (\Sigma - h.)}{\cos. b \sin. \varDelta}$. Het schema blijft dan hetzelfde, alleen bij de optelling komt nog de waarde 0,301030. Men vindt P direct d. m. v. tafel XXIX C der tafels van Brouwer of tafel III van den 3en druk van dat werk.

Middelbare Tijd van Zonsbovenrands ondergang, voor een jaar volgende op een schrikkeldag.

(De waarnemer bevindt zich op het dek van een schip van middelbare grootte.)

Voor het 2^e, 3^e en 4^e jaar na den schrikkeldag, gebruikt men de waarde voor $^1/_4$, $^1/_2$, en $^3/_4$ etmaal vroeger.

Datum.	Willemsoord.	Hellevoet-sluis.	Datum.	Willemsoord.	Hellevoet-sluis.
1 Maart.	5 u. 38 m.	5 u. 40 m.	1 Sept.	6 u. 51 m.	6 u. 49 m.
5	46	47	5	42	40
10	55	56	10	30	28
15	6 4	6 5	15	17	17
20	13	13	20	6	5
25	22	22	25	5 53	5 54
30	31	30	30	41	42
1 April.	35	34	1 Oct.	39	40
5	42	40	5	30	31
10	51	49	10	18	19
15	7 1	58	15	7	8
20	9	7 6	20	4 56	4 58
25	17	14	25	45	48
30	26	23	30	35	38
1 Mei.	28	25	1 Nov.	31	34
5	35	31	5	23	27
10	44	39	10	15	19
15	52	47	15	7	11
20	59	54	20	0	5
25	8 7	8 1	25	3 55	0
30	13	7	30	50	3 56
1 Juni.	16	10	1 Dec.	49	56
5	20	14	5	47	53
10	25	18	10	45	51
15	28	21	15	45	51
20	30	23	20	46	52
25	31	24	25	48	55
30	30	24	30	53	59
1 Juli.	30	23	1 Jan.	55	4 3
5	28	22	5	4 0	6
10	25	19	10	6	12
15	20	14	15	14	20
20	14	8	20	22	27
25	7	2	25	31	36
30	7 59	7 54	30	41	45
1 Aug.	56	51	1 Febr.	44	49
5	49	45	5	52	56
10	39	35	10	5 2	5 5
15	29	25	15	12	14
20	18	15	20	21	24
25	7	5	25	31	33
30	6 56	6 54	28	36	38

Uurhoek der zon bij waren opkomst of ondergang. [1]

(Voor gebruik in de Ned. Overzeesche Bezittingen).

DECLINATIE.

Breedte.	0°	1°	2°	3°	4°	5°	6°	7°	8°	9°
0°	6u. 0m.	6u. 0m.	6u. 0m.	6u. 0m.	6u. 0m.	6u. 0m.	6u. 0m.	6u. 0m.	6u. 1m.	6u. 1m.
5	0	0	0	1	1	1	2	2	3	3
10	0	1	1	2	3	3	4	5	5	6
12	0	1	2	3	3	4	5	6	7	8
14	0	1	2	3	4	5	6	7	8	9

DECLINATIE.

Breedte.	10°	11°	12°	13°	14°	15°	16°	17°	18°	19°
0°	6u. 1m.	6u. 1m.	6u. 1m.	6u. 1m.	6u. 1m.	6u. 1m.	6u. 1m.	6u. 1m.	6u. 1m.	6u. 1m.
5	3	3	4	4	5	5	6	6	6	6
10	7	8	9	9	10	11	12	12	13	13
12	9	10	10	11	12	12	14	15	16	17
14	10	11	12	13	14	15	16	17	19	20

DECLINATIE.

Breedte.	20°	21°	22°	23°	24°
0°	6u. 1m.	6u. 2m.	6u. 2m.	6u. 2m.	6u. 2m.
5	7	7	8	8	9
10	15	16	16	17	19
12	18	19	20	21	22
14	21	22	23	24	25

Is declinatie gelijknamig met breedte: **Tijd van ondergang.**

Is declinatie ongelijknamig met breedte: **Tijd van opkomst.**

Op de uitkomst der tabel behoeft alleen de tijdvereffening te worden toegepast om M. T. te vinden. Zie voor de te gebruiken declinatie en tijdv. Afdeeling I.

NBr.		Z.Br.	
Curaçao	12° 7'	Pontianak	0° 1'
Paramaïbo	5° 50'	Padang	0° 58'
Riouw	0° 56'	Palembang	2° 29'
Atjeh	5° 35'	Bandjerm.	3° 19'
		Ambon	3° 42'
		Makassar	5° 8'
		Batavia	6° 8'
		Soerabaja	7° 12'

[1] Voor $\varDelta$ P kan 4 min. gebezigd worden, zijnde de waarde die men (in volle minuten) vindt bij een hoogte van 't oog = 3 meters. Voor de gebezigde breedten kan deze $\varDelta$ P constant geacht worden, daar zij varieert van 3 m., 7 tot 4 m , 8.

Breedtebepaling.

I. Door waarneming in den meridiaan.

Men zie de schema's achter in de tafels van Brouwer. Bij snelle verandering van breedte of declinatie neme men niet de grootste hoogte als meridiaanshoogte aan, maar berekene men de aanwijzing van het horloge bij den doorgang en neme men op dat oogenblik waar. Daardoor wordt de lastige correctie ontgaan. Gewoonlijk berekent men die aanwijzing, waar het de zon geldt, aldus:

$$
\begin{aligned}
\text{WT. a/b bij observatie} &= 0\,\text{u. } 0\,\text{m. } 0\,\text{s.} \\
\text{tijdv.} &= \underline{\hspace{3cm}} \\
\text{MT. a/b bij observatie} &= \\
\text{lengte in tijd} &= \underline{\hspace{3cm}} \\
\text{MT. Gr. bij observatie} &= \\
\text{Stand tijdm.} &= \text{omgek. teeken} \\
\text{Aanw. tijdm. bij observatie} &= \\
\text{Stand obs. horl. tot tijdm.} &= \text{omgek. teeken} \\
\text{Aanw. obs. horl.} &=
\end{aligned}
$$

Geldt het eene ster dan berekent men eerst den MT. a/b bij observatie door de formule:
$$\text{midd. } ⊕ \, P = * \, R. O. — \text{midd. } ⊕ \, R. O.$$

Bij de snelle vaart die de nieuwere schepen loopen, is het gebiedend noodzakelijk geworden althans de standaardwaarnemingen zooals de middagbreedte er eene is, op deze wijze te doen en niet de grootste hoogte af te wachten.

Ia. Correctie op de grootste hoogte toe te passen.

Heeft men b. v. bij gebreke van een observatiehorloge toch de grootste hoogte gemeten, dan wordt deze als volgt tot meridiaanshoogte herleid.

Stel:

$b = $ breedteverandering per tijdminuut, in boogsec. uitgedrukt; is + als het schip van de pool boven den horizon afgaat.

$v = $ declinatieverandering per tijdminuut, in boogsec. uitgedrukt; is + als het hemellichaam de pool boven den horizon nadert.

$A = $ dicht bij den middagscoëfficient uit tafel XXVIII Brouwer.

dan is:

$\dfrac{v + b}{2 A} = $ uurhoek in tijdminuten, waarbij de grootste hoogte gemeten wordt,

en

$\left(\dfrac{v + b}{2 A}\right)^2 \times A = $ correctie, uitgedrukt in boogsecunden als men tafel XXIX en in boogminuten als men de tafel hierna in dit werk opgenomen gebruikt.

Indien voorts $\dfrac{v + b}{2 A}$ positief is, dan wordt de grootste hoogte na den bovensten doorgang waargenomen en is de correctie negatief. Is daarentegen $\dfrac{v \div b}{2 A}$ negatief dan is de correctie positief.

II. Door hoogten dicht bij den middag.

Het schema is:

$$
\begin{aligned}
\text{Aanwijz. horloge op den middag} &= \\
\text{,,\qquad ,,\qquad bij waarneming} &= \underline{\hspace{3cm}} \\
p &= \\
Ap^2 &= \text{Zie tafel} \\
\text{waargenomen hoogte} &= \underline{\hspace{3cm}}\,(+) \\
\text{meridiaanshoogte} &= \\
\text{berekende meridiaanshoogte} &= \underline{\hspace{3cm}} \\
\text{fout in breedte} &= \underline{\hspace{3cm}}
\end{aligned}
$$

Is een eenvoudige en goede methode, om de breedte te bepalen. maar bij snelle plaats-verandering om de Oost of West, kieze men hoogten bij ongeveer gelijke uurhoeken aan weerszijden van den meridiaan. Stel b. v. dat de aanwijzing van het horloge op den middag berekend is, en men 15 min. voor dat oogenblik een waarneming doet. Nu loopt het schip b. v. met 11 mijls vaart om de Oost en is op een breedte = 30°. Op 't oogenblik van observatie is men nog 11° × 15 × sec. 30 = 190° = 12,7 sec. verwijderd van den meridiaan waarvoor de middag berekend is. De uurhoek bij observatie is dus 12,7 sec. te klein genomen, de fouten daaruit ontstaande, worden, als boven gezegd is, door observatiën ter weerszijden van den meridiaan geëlimineerd. Steeds houde men rekening met de breedteverandering tot den middag.

Soms wil men voor zeer nauwkeurige waarnemingen b. v. bij opnemingen vrij zijn van de fouten in kimduiking en halve middellijn. Men meet dan bij gelijke uurhoeken evenveel hoogten voor als na den doorgang, boven 't noorden en boven 't zuiden, gedeeltelijk boven en gedeeltelijk onderrandswaarnemingen. Om dan de meridiaanshoogte te vinden gaat men als volgt te werk:

voor den doorgang.
$$H = h_1 + I.C. - k - R + p + \tfrac{1}{2}m. + A P_1^2 \quad (\text{rechtstreeks gemeten} \odot h = h_1)$$
$$H = h_2 + I.C. - k - R + p - \tfrac{1}{2}m. + A P_2^2 \quad (\text{rechtstreeks gemeten} \overline{\odot} h = h_2)$$
$$180° - H = h_3 + I.C. - k + R - p + \tfrac{1}{2}m. + A P_3^2 \quad (\text{over den kop gemeten} \odot h = h_3)$$
$$180° - H = h_4 + I.C. - k + R - p - \tfrac{1}{2}m. + A P_4^2 \quad (\text{over den kop gemeten} \overline{\odot} h = h_4)$$

na den doorgang.
$$180° - H = h'_4 + I.C. - k + R - p - \tfrac{1}{2}m. + A P'_4^2 \quad (\text{over den kop gem.} \overline{\odot} h = h'_4)$$
$$180° - H = h'_3 + I.C. - k + R - p + \tfrac{1}{2}m. + A P'_3^2 \quad (\text{over den kop gem.} \odot h = h'_3)$$
$$H = h'_2 + I.C. - k - R + p - \tfrac{1}{2}m. + A P'_2^2 \quad (\text{rechtstreeks gem.} \overline{\odot} h = h'_2)$$
$$H = h'_1 + I.C. - k - R + p - \tfrac{1}{2}m. + A P'_1^2 \quad (\text{rechtstreeks gem.} \odot h = h'_1)$$

Tellende alle rechtstreeks, zoowel als over den kop gemeten hoogten op geeft:
$$4 H = h_1 + h_2 + h'_2 + h'_1 + 4 I.C. - 4 k - 4 R + 4 p + A (P_1^2 + P_2^2 + P'_2^2 + P'_1^2).$$
$$720° - 4 H = h_3 + h_4 + h'_4 + h'_3 + 4 I.C. - 4 k + 4 R - 4 p + A (P_3^2 + P_4^2 + P'_4^2 + P'_3^2).$$

Beide leden der eerste vergelijking van 360° aftrekkende, die der tweede met 360° verminde-rende, geeft:
$$360° - 4 H = 90° - h_1 + 90° - h_2 + 90° - h'_1 + 90° - h'_2 - 4 I.C. + 4 k + 4 R - 4 p - A$$
$$(P_1^2 + P_2^2 + P'_2^2 P'_1^2).$$
$$360° - 4 H = h_3 - 90° + h_4 - 90° + h'_4 - 90° + h'_3 - 90° + 4 I.C. - 4 k + 4 R - 4 p + A$$
$$(P_3^2 + P_4^2 + P'_4^2 P'_3^2).$$

Sommeerende en door 8 deelende:
$$90° - H = \frac{1}{8} \Big\{ (90° - h_1) + (90° - h_2) + (90° - h'_1) + (90° - h'_2) + 8 R - 8 p + (h_3 - 90°) +$$
$$(h_4 - 90°) + (h'_4 - 90°) + (h'_3 - 90°) - A P_1^2 - A P_2^2 - A P'_1^2 - A P'_1^2 +$$
$$A P_3^2 + A P_4^2 + A P'_4^2 + A P'_3^2. \Big\} \quad \text{of:}$$

$$90° - H = \frac{1}{8} \Big\{ 90° - (h_1 + A P_1^2) + 90° - (h_2 + A P_2^2) + 90° - (h'_1 + A P'_1^2) + 90° - (h'_2 +$$
$$A P'_2^2) + (h_3 + A P_3^2 - 90°) + (h_4 + A P_4^2 - 90°) + (h'_4 + A P'_4^2 - 90°) +$$
$$(h'_3 + A P'_3^2 - 90°) \Big\} + R - p$$

Waaruit de eenvoudige *regel*:

Trek de rechtstreeks gedane waarnemingen na er de correctie alleen op te hebben toegepast van 90° af, verminder de over den kop gedane waarnemingen, ook na er de correctie op te hebben toegepast met 90°. Neem het gemiddelde dier waarden, tel daar de refractie bij op en trek er de parallax af dan heeft men den topsafstand van het hemellichaam in den meridiaan.

Bedrag c = Ap² in boogminuten.

A	3	4	5	6	7	8	9	10	11	12	13	14	15	16	17	18	19	20
						Uurhoeken in minuten tijd.												
1".0	0.2	0.3	0.4	0.6	0.8	1.1	1.4	1.7	2.0	2.4	2.8	3.3	3.8	4.3	4.8	5.4	6.0	6.7
1.2	0.2	0.3	0.5	0.7	1.0	1.3	1.6	2.0	2.4	2.9	3.4	3.9	4.5	5.1	5.8	6.5	7.2	8.0
1.4	0.2	0.4	0.6	0.8	1.2	1.5	1.9	2.3	2.8	3.4	4.0	4.6	5.3	6.0	6.8	7.6	8.4	9.3
1.6	0.2	0.4	0.7	1.0	1.3	1.7	2.2	2.7	3.2	3.8	4.5	5.2	6.0	6.8	7.7	8.6	9.6	10.7
1.8	0.3	0.5	0.8	1.1	1.5	1.9	2.4	3.0	3.6	4.3	5.1	5.9	6.8	7.7	8.7	9.7	10.8	12.0
2.0	0.3	0.5	0.8	1.2	1.6	2.1	2.7	3.3	4.0	4.8	5.6	6.5	7.5	8.5	9.6	10.8	12.0	13.3
2.2	0.3	0.6	0.9	1.3	1.8	2.3	3.0	3.7	4.4	5.3	6.2	7.3	8.3	9.4	10.6	11.9	13.2	14.7
2.4	0.4	0.6	1.0	1.4	2.0	2.6	3.2	4.0	4.8	5.8	6.8	7.8	9.0	10.2	11.6	13.0	14.4	16.0
2.6	0.4	0.7	1.1	1.6	2.1	2.8	3.5	4.3	5.2	6.2	7.3	8.5	9.8	11.1	12.5	14.0	15.6	17.3
2.8	0.4	0.7	1.2	1.7	2.3	3.0	3.8	4.7	5.6	6.7	7.9	9.1	10.5	11.9	13.5	15.1	16.8	18.7
3.0	0.5	0.8	1.3	1.8	2.5	3.2	4.1	5.0	6.1	7.2	8.5	9.8	11.3	12.8	14.5	16.2	18.1	20.0
3.2	0.5	0.9	1.3	1.9	2.6	3.4	4.3	5.3	6.5	7.7	9.0	10.5	12.0	13.7	15.4	17.3	19.3	21.3
3.4	0.5	0.9	1.4	2.0	2.8	3.6	4.6	5.7	6.9	8.2	9.6	11.1	12.8	14.5	16.4	18.4	20.5	22.7
3.6	0.5	1.0	1.5	2.2	2.9	3.8	4.9	6.0	7.3	8.6	10.1	11.8	13.5	15.4	17.3	19.4	21.7	24.0
3.8	0.6	1.0	1.6	2.3	3.1	4.1	5.1	6.3	7.7	9.1	10.7	12.4	14.3	16.2	18.3	20.5	23.9	25.3
4.0	0.6	1.1	1.7	2.4	3.3	4.3	5.4	6.7	8.1	9.6	11.3	13.1	15.0	17.1	19.3	21.6	24.1	26.7
4.2	0.6	1.1	1.8	2.5	3.4	4.5	5.7	7.0	8.5	10.1	11.8	13.7	15.8	17.9	20.2	22.7	25.3	28.0
4.4	0.7	1.2	1.8	2.6	3.6	4.7	5.9	7.3	8.9	10.6	12.4	14.4	16.5	18.8	21.2	23.8	26.5	29.3
4.6	0.7	1.2	1.9	2.8	3.8	4.9	6.2	7.7	9.3	11.0	13.0	15.0	17.3	19.6	22.2	24.8	27.7	30.7
4.8	0.7	1.3	2.0	2.9	3.9	5.1	6.5	8.0	9.7	11.5	13.5	15.7	18.0	20.5	23.1	25.9	28.9	32.0
5.0	0.8	1.3	2.1	3.0	4.1	5.3	6.8	8.3	10.1	12.0	14.1	16.3	18.8	21.3	24.1	27.0	30.1	33.3
5.2	0.8	1.4	2.2	3.1	4.2	5.5	7.0	8.7	10.5	12.5	14.6	17.0	19.5	22.2	25.0	28.1	31.3	34.7
5.4	0.8	1.4	2.3	3.2	4.4	5.8	7.3	9.0	10.9	13.0	15.2	17.6	20.3	23.0	26.0	29.2	32.5	36.0
5.6	0.8	1.5	2.3	3.4	4.6	6.0	7.6	9.3	11.3	13.4	15.8	18.3	21.0	23.9	27.0	30.2	33.7	37.3
5.8	0.9	1.5	2.4	3.5	4.7	6.2	7.8	9.7	11.7	13.9	16.3	18.9	21.8	24.7	27.9	31.3	34.9	38.7
6.0	0.9	1.6	2.5	3.6	4.9	6.4	8.1	10.0	12.1	14.4	16.9	19.6	22.5	25.6	28.9	32.4	36.1	40.0
6.2	0.9	1.7	2.6	3.7	5.1	6.6	8.4	10.3	12.5	14.9	17.5	20.3	23.3	26.5	29.9	33.5	37.3	
6.4	1.0	1.7	2.7	3.8	5.2	6.8	8.6	10.7	12.9	15.4	18.0	20.9	24.0	27.3	30.8	34.6		
6.6	1.0	1.8	2.7	4.0	5.4	7.0	8.9	11.0	13.3	15.8	18.6	21.6	24.8	28.2	31.8			
6.8	1.0	1.8	2.8	4.1	5.6	7.3	9.2	11.3	13.7	16.3	19.2	22.2	25.5	29.0	32.8			
7.0	1.1	1.9	2.9	4.2	5.7	7.5	9.5	11.7	14.1	16.8	19.7	22.9	26.3	29.9	33.7			
7.2	1.1	1.9	3.0	4.3	5.9	7.7	9.7	12.0	14.5	17.3	20.3	23.5	27.0	30.7				
7.4	1.1	2.0	3.1	4.4	6.1	7.9	10.0	12.3	14.9	17.8	20.9	24.2	27.8	31.6				
7.6	1.1	2.0	3.2	4.6	6.2	8.1	10.3	12.7	15.3	18.2	21.4	24.8	28.5					
7.8	1.2	2.1	3.3	4.7	6.4	8.3	10.5	13.0	15.7	18.7	22.0	25.5	29.3					
8.0	1.2	2.1	3.3	4.8	6.5	8.5	10.8	13.3	16.1	19.2	22.5	26.1	30.3					

Voorbeeld: Coefficient A is gevonden = 4".1 en p is 9 min. dan is correctie c = A p² = 5',6. Voor de waarde der tweede altijd negatieve correctie:

corr. = — $\frac{1}{2}$ c² tang. H sin. 1": zie laatsten druk der Tafels van BROUWER.

Limiet van den uurhoek,

waarbinnen men circummeridiaanshoogten kan nemen die de breedte op 1 minuut nauwkeurig geven.

BREEDTE en DECLINATIE gelijknamig.

Breedte.	DECLINATIE.														
	0°	5°	10°	15°	20°	25°	30°	35°	40°	45°	50°	55°	60°	65°	70°
0°	.	8 m.	14 m.	19 m.	23 m.	28 m.	32 m.	37 m.	42 m.	47 m.	52 m.	58 m.	64 m.	71 m.	78 m.
5°	8 m.	.	8	14	19	24	28	33	38	43	49	55	61	68	76
10°	14	8	.	8	14	19	24	29	34	40	46	52	58	65	74
15°	19	14	8	.	8	14	20	25	31	36	42	48	55	62	71
20°	23	19	14	8	.	9	15	21	27	32	38	45	52	59	69
25°	28	24	19	14	9	.	9	16	22	28	34	41	48	56	66
30°	32	28	24	20	15	9	.	10	17	23	30	37	45	53	63
35°	37	33	29	25	21	16	10	.	10	18	25	32	41	49	59
40°	42	38	34	31	27	22	17	10	.	11	19	27	36	45	55
45°	47	43	40	36	32	28	23	18	11	.	12	21	30	40	51
50°	52	49	46	42	38	34	30	25	19	12	.	13	24	34	46
55°	58	55	52	48	45	41	37	32	27	21	13	.	15	27	40
60°	64	61	58	55	52	48	45	41	36	30	24	15	.	17	32
65°	71	68	65	62	59	56	53	49	45	40	34	27	17	.	21
70°	78	76	74	71	69	66	63	59	55	51	46	40	32	21	.

BREEDTE en DECLINATIE ongelijknamig.

Breedte.	DECLINATIE.														
	0°	5°	10°	15°	20°	25°	30°	35°	40°	45°	50°	55°	60°	65°	70°
0°	.	8 m.	14 m.	19 m.	23 m.	28 m.	32 m.	37 m.	42 m.	47 m.	52 m.	58 m.	64 m.	70 m.	78 m.
5°	8 m.	14	18	23	27	32	36	41	45	50	55	61	67	72	80
10°	14	18	23	27	31	36	40	44	49	53	58	64	70	75	83
15°	19	33	27	31	35	39	43	48	52	57	62	67	72	78	85
20°	23	27	31	35	39	43	47	51	56	60	65	70	75	81	
25°	28	32	36	39	43	47	50	54	59	63	68	73	78		
30°	32	36	40	43	47	50	54	58	62	67	71	76			
35°	37	41	44	48	51	54	58	62	66	70	75				
40°	42	45	49	52	56	59	62	66	70	74					
45°	47	50	53	57	60	63	67	70	74						
50°	52	55	58	62	65	68	71	75							
55°	58	61	64	67	70	73	76								
60°	64	67	70	72	75	78									
65°	70	72	75	78	81										
70°	78	80	83	85											

Wanneer men dus circummeridiaanshoogten neemt onder gegevens die niet in Tafel XXVI (XXVIII) vervat zijn, berekent men den coëfficiënt A volgens de formule:

$$\log A = 0.293031 + \log \cos. b + \log. \cos. d + \log \operatorname{cosec}(b - d).$$ Men vindt dan A in boogsecunden.

De voorafgaande tafels zijn van tweeërlei aard. De eerste geeft de waarde c = A p² in boogminuten ter vervanging van de overeenkomstige tafel XXIX van Brouwer.

De tweede tafel is eene aanvulling op XXVIII, daar zij in staat stelt na te gaan welk vertrouwen men in eene waarneming dicht bij den meridiaan stellen kan.

Door de formule onderaan, kan men A berekenen voor sterren welker declinatie grooter dan 24° is, en dus ook die hemellichamen beter benutten.

In 't algemeen pleit ook veel voor de bewering dat de zoogenaamde circummeridiaans-waarnemingen, bij groote vaart, niet als standaardobservaties gebruikt moeten worden, daar zij aanleiding geven tot fouten. Ook kan men ze gemakkelijk uitcijferen naar de formule:

$$\text{Sin. vers. } (90°- H) = \text{sin. vers. } (90°-h) - \text{cos. } b \text{ cos. } d \text{ sin. vers. } P.$$

die vooral geschikt is voor waarnemingen op sterren.

Bevindt men zich tusschen de keerkringen, dan kan men tafel XXVIII Brouwer ook gebruiken voor sterren welker declinatie tot 80° bedraagt, zoo men b en d der tafels omwisselt.

III. Door stersmeridiaanswaarnemingen.

Zie over het nemen van stershoogten Afdeeling VII blz. 209.

Een enkele sterswaarneming verdient geen vertrouwen. Serieën van hoogten, boven N. en Z. gemeten kunnen onder zeer gunstige omstandigheden de breedte op 4 à 5 minuten nauwkeurig geven. Serieën die gedurende een paar uren zijn volgehouden kan men eenig vertrouwen schenken, wanneer zij overeenstemmen of zekere regelmaat vertoonen. Tijdens de schemering kan men goede stershoogten nemen, maar dan Sumnert men de waarnemingen liever in verband b.v. met eene zonshoogte. Dat het nemen van stershoogten speciaal adelborstenwerk zou zijn, mag om goede redenen ontkend worden.

Aangezien het waarnemen van stersmeridiaanshoogten de oogen zeer vermoeit, zal men gewoonlijk beter doen door het oogenblik van doorgang te berekenen en een paar circummeridiaanshoogten te nemen. Ook kan men onder zeer gunstige omstandigheden, vóór en na het berekend tijdstip eenige hoogten nemen en grafisch oplossen welke de grootste (of kleinste) hoogte geweest is. Bij stersobservatiën behoort de vraag:

Te berekenen welke sterren gedurende zeker tijdsverloop culmineeren.

✳ P + ✳ Æ = ☉ P + ☉ Æ. maar bij doorgang is ✳ P = 0 u. of 12 u. dus:

✳ Æ = ☉ P + ☉ Æ. voor bovensten doorgang

of

✳ Æ = ☉ P + ☉ Æ — 12 u. voor benedensten doorgang.

Men wil b. v. weten welke sterren tusschen 8 u. 's avonds en 4 u. 's morgens culmineeren dan is de Æ dier sterren:

voor die in den bovensten mer. culmineeren van 8 u. + ☉ Æ tot 16 u. + ☉ Æ.

„ „ „ „ ondersten „ „ „ ☉ Æ — 4 u. tot ☉ Æ + 4 u.

en heeft men ze slechts uit den almanak op te schrijven. Den waren tijd van doorgang voor elke ster berekent men dan door de formule:

☉ P = ✳ Æ — ☉ Æ voor bovensten doorgang, en

☉ P = 12 u. + ✳ Æ — ☉ Æ voor bovensten doorgang.

Verder neme men in acht dat van de sterren die aan de bovenbedoelde Æ voldoen alleen die bruikbaar zijn, welke gelijknamige declinatie hebben of welker ongelijknamige declinatie kleiner is dan 80°—b, terwijl voor de observatie in den benedensten meridiaan alleen bruikbaar zijn. die welker gelijknamige declinatie grooter is dan 100°—b.

Ook verzuime men niet te onderzoeken of maan en planeten culmineeren.

Verder worden de stershoogten zooveel mogelijk van te voren voor een bepaalde plaats berekend; men vindt dan uit de observatie dadelijk het breedteverschil met die plaats.

Verklaring der tafel. De tafel is berekend voor een jaar volgende op den 1 en Maart 1900 en geeft den tijd van doorgang, zoomede de kleine correcties voor verandering in rechte opklimming van zon en ster. Gesteld men vraagt den doorgangstijd van Arcturus op 15 Februari 1904 dan geeft de tafel: 16 u. 23 m. van 13 Februari.

corr. voor 2 dagen	8	(—)
corr. Δ A R Arcturus	0,2	(+)
corr. Δ A R zon	0,1	(—)
Doorgangstijd =	16 u. 15 m.	

Zij die gebruik maken van Brown's „Comprehensive Nautical Almanac etc." vinden daar voor elke maand den doorgangstijd der voornaamste sterren.

IV. Door Maans meridiaanshoogten.

Lengte in tijd =
Correctie op den doorgangstijd toe te passen = 2 min. $\times$ lengte in uren.
Correctie aftrekken als de lengte is Oost, optellen als zij West is.

Doorgangstijd uit Almanak =		
lengte correctie =		($\pm$)
Doorgangstijd aan boord =		
O L of W L in tijd =		($\pm$)
M T Gr. bij waarng. =		

met behulp van dezen **M T** Gr. wordt de maansdeclinatie verbeterd.

Gemeten $\mathbb{C}$ randshoogte =	
k =	
tafel X X =	
$^1/_2$ m. =	
$\mathbb{C}$ hoogte =	waaruit de breedte.

V. Door Poolstershoogte.

Schema:

Gemeten $\ast$ hoogte =	
k =	
r =	
verbeterde hoogte =	
correctie = $-\Delta$ cos. P =	
breedte =	

de zoogenaamde tweede en derde correcties zijn als regel te klein voor de praktijk.

Heeft men geen tafel bij de hand die de waarde $-\Delta$ cos. P geeft dan heeft men op 1 Jan. 1900 $\ast$ $A\!\!R$ = 1 u. 22 m. 33 s. . . . . . $\ast$ Nd = 88° 46′ 27″

toenemende per jaar 25 s.   toenemende per jaar 18″, 8;

de correctie wordt dan d. m. v. de streektafel gevonden.

Het is steeds zaak bij een poolsterswaarneming den uurhoek uit de aanwijzing van het horloge en niet uit die van de scheepsklok af te leiden. Gewoonlijk is de waarneming alleen betrouwbaar tijdens de schemering.

Staan Mizar (ζ van den Grooten Beer) en de poolster boven elkaar, dan is de uurhoek 0 u. of 12 u.; staan beiden even hoog, dan is de breedte = verbeterde hoogte.

min.)

Oct.	16 Oct.		31 Oct.		15 Nov.		30 N(	
u. 33 m.	10 u. 38 m.		9 u. 41 m.		8 u. 41 m.		7 u. 3	
38		43		46		46		4
51		56		59		59		5
04	11	09	10	12	9	12	8	0
52		57	11	00	10	00		5
03	12	08		11		11	9	0
31		36		39		39		3
26	13	31	12	34	11	34	10	3
46		51		54		54		5
59	15	04	14	07	13	07	12	0
38		43		46		46		4
38		43		46		46		4
49		54		57		57		5
55	16	01	15	03	14	03	13	0
04		10		12		12		0
18		23		26		26		2
50		55		58		58		5
09	17	14	16	17	15	17	14	1
56	18	02	17	04	16	04	15	0
02		07		10		10		0
07		13		15		15		1
51	19	56	18	59	17	59	16	5
31	20	36	19	39	18	39	17	3
25	21	30	20	33	19	33	18	3
12	22	17	21	20	20	20	19	1
49		54		57		57		5
51	23	52	22	55	21	55	20	5
15	0	20	23	20	22	20	21	1
28		33		32		32		2
42		47		46		46		4
04	1	09	0	12	23	08	22	0
11		17		19		16		1
22		27		30		26		2
01	2	06	1	09	0	09	23	0
54		59	2	02	1	02	0	0
01	4	06	3	09	2	09	1	0
04	5	09	4	12	3	12	2	1
16	6	21	5	24	4	24	3	2
08	7	13	6	16	5	16	4	1
09	8	14	7	17	6	17	5	1
22	9	27	8	30	7	30	6	2

VI. **Naar de methode van Preuss.** (Bono).
Is een benaderingsmethode.

$\frac{\Delta t}{t}$	1'	2'	3'	4'	5'	6'	7'	8'	9	10'	15'	20'	25'	30'
						Δ h.								
0.10	4.8	9.5	14.3	19.0	23.8	28.6	33.3	38.1	42.8	47.6	71.4	95.2	119	142.9
0.11	4.4	8.8	13.2	17.5	21.9	26.3	30.7	35.1	39.5	43.9	65 8	87.7	109.6	131.6
0.12	3.9	7.9	11.8	15.7	19.7	23.6	27.5	31.4	35.4	39 3	59	78.6	98.3	117.9
0.13	3.6	7.2	10.8	14.4	18.1	21.7	25.3	28.9	32.5	36.1	54.2	72.2	96.3	108.3
0.14	3.3	6.7	10	13.4	16.7	20.0	23.4	26.7	30	33.4	50.1	66.8	83.5	100.1
0.15	3.1	6.2	9.3	12.4	15.5	18.6	21.7	24.8	27.9	31.0	46.5	62.0	77.3	93.0
0.16	2.9	5.8	8.7	11.6	14.5	17.4	20.3	23.2	26	28.9	43.4	57.9	72.4	86.8
0.17	2.7	5.4	8.1	10.8	13.6	16.3	19.0	21.7	24.4	27.1	40.7	54.2	67.8	81.3
0 18	2.5	5.1	7.6	10.2	12.7	15.4	17.8	20.4	22.9	25.5	38.2	51	63.7	76.4
0.19	2.4	4.8	7.2	9.6	12	14.4	16.8	19.2	21.6	24.0	36	48.1	60.1	72.1
0.20	2.3	4.6	6.8	9.1	11.4	13.6	15.9	18.2	20.5	22.7	34.1	45.5	56.9	68.2
0.25	1.8	3.6	5.3	7.1	8.9	10.7	12.4	14.2	16.0	17.8	26.7	35.6	44.5	53.3
0.30	1.5	2.9	4.4	5.8	7 3	8.7	10.2	11.6	13.1	14.5	21.8	29.0	36.3	43.5
0.40	1.0	2.1	3.1	4.2	5.2	6.3	7.3	8.3	9.4	10.4	15.6	20.8	26.0	31.3
0.50	0.8	1.6	2.4	3.2	4.0	4.8	5.6	6.4	7.2	8.0	12.0	16.0	20.0	24.0
0.6	0.6	1.3	1.9	2.6	3.2	3.8	4.5	5.1	5.8	6.4	9.6	12.8	16.9	19.2
0.7	0.5	1.1	1.6	2.1	2.6	3.2	3.7	4.2	4.8	5.3	7.9	10.6	13.2	15.9
0.8	0.4	0.9	1.3	1.8	2.2	2.7	3.1	3.6	4.0	4,5	6.7	8.9	11.2	13.4
0.9	0.4	0.8	1.2	1.5	1.9	2.3	2.7	3.1	3.4	3.8	5.7	7 7	9.6	11.5
1	0.3	0.7	1.0	1.3	1.7	2.0	2.3	2.7	3.0	3.3	5.0	6.7	8.3	10
1.1	0.3	0.6	0.9	1.2	1.5	1.8	2.1	2.3	2.6	2.9	4.4	5.9	7.3	8.8
1.2	0.3	0.5	0.8	1.0	1.3	1.6	1.8	2.1	2.3	2.6	3.9	5.2	6.5	7.8
1.3	0.2	0 5	0.7	0.9	1.2	1.4	1.6	1.9	2.1	2.3	3.5	4 7	5.8	7.0
1.4	0.2	0.4	0.6	0.8	1.1	1.3	1.5	1.7	1.9	2.1	3.2	4.2	5.3	6.3
1.5	0.2	0.4	0.6	0.8	1.0	1.1	1.3	1.5	1.7	1.9	2.9	3.8	4,8	5.7
1.6	0.2	0.4	0.5	0.7	0.9	1.0	1.2	1.4	1.6	1.7	2.6	3.5	4.4	5.2
1.7	0.2	0.3	0.5	0.6	0.8	1.0	1.1	1.3	1.4	1.6	2.4	3.2	4.0	4.8
1.8	0.1	0.3	0.4	0.6	0.7	0.9	1.0	1.2	1.3	1.5	2.2	2.9	3.7	4.4
1.9	0.1	0.3	0.4	0.5	0.7	0.8	0.9	1.1	1.2	1.4	2.0	2.7	3.4	4.1
2.0	0 1	0.3	0.4	0.5	0.6	0.8	0.9	1.0	1.1	1.3	1.9	2.5	3.1	3.8
3.0	0.1	0.1	0.2	0.3	0.3	0.4	0.5	0.5	0.6	0.7	1.0	1.3	1.7	2.0
4.0	0.0	0.1	0.1	0.2	0.2	0.3	0.3	0.3	0.4	0.4	0.6	0.8	1.0	1.3
5.0	0.0	0.1	0.1	0.1	0.1	0.2	0.2	0.2	0.3	0,3	0.4	0.6	0.7	0 9
6.0	0.0	0.0	0.1	0.1	0.1	0.1	0.1	0.2	0.2	0.2	0.3	0.4	0.5	0.6
7.0	0.0	0.0	0.0	0.1	0.1	0.1	0.1	0.1	0.1	0.2	0.2	0.3	0.4	0.5
$\frac{\Delta t}{t}$	1'	2'	3'	4'	5'	6'	7'	8'	9'	10'	15'	20'	25'	30'

t = uurh. bij de laatste hoogte.
term tafel = corr. op laatste hoogte.
Δ t = verloopen tijd.

Stel dat men twee hoogten meet waarvan:

2^e hoogte $= h$ bij uurhoek P' en aanwijzing $= t'$ en

1^e hoogte $= h - \varDelta h$ bij uurhoek P en aanwijzing $= t$

Stel middagshoogte $= H$ dan zijn de hoogteveranderingen sinds t en t' tot den middag:

$$H - (h - \varDelta h) = x + \varDelta h. \text{ en}$$
$$H - h = x$$

Verder is ten naastenbij:

$$x = A\,P'^2 \quad (A = \text{term tafel XXVI}).$$

$$x + \varDelta h = A\,P,^2 : \text{dus op elkaar deelende}$$

$$x : x + \varDelta h = P'^2 : P^2 \text{ waaruit}:$$

$$x = \frac{\varDelta h}{\left(2 + \dfrac{\varDelta t}{P^1}\right)\dfrac{\varDelta t}{P^1}}$$

noemen wij voor het gemak den laatsten uurhoek t, dan is de correctie op de laatste hoogte:

$$c = \frac{\varDelta h}{\left(2 + \dfrac{\varDelta t}{t}\right)\dfrac{\varDelta t}{t}}$$

waarvoor hiernevens de tabel.

Zijn P en P', ongelijknamig dan beschouwe men ze als wel gelijknamig maar men trekke ze af voor den verloopen tijd: b. v. $P' = 0$ u. 30 m. West en $P = = 40$ m. Oost dan is $P' - P = 10$ m.

Lang voor den middag kan men deze methode reeds aanwenden

Meest gebruikelijke astronomische symbolen.

☉	Zon.		☊	Klimm. Knoop.
☾	Maan.		☋	Dalende Knoop.
☿	Mercurius.			
♀	Venus.	0.	♈	Ram.
⊕		I.	♉	Stier.
of	Aarde.	II.	♊	Tweelingen.
♁		III.	♋	Kreeft.
♂	Mars.	IV.	♌	Leeuw.
♃	Jupiter.	V.	♍	Maagd.
♄	Saturnus.	VI.	♎	Weegschaal.
♅	Uranus.	VII.	♏	Schorpioen.
♆	Neptunus.	VIII.	♐	Schutter.
☌	Conjunctie.	IX.	♑	Steenbok.
□	Quadratuur.	X.	♒	Waterman.
☍	Oppositie.	XI.	♓	Visschen.

Lengtebepaling.

Gunstige omstandigheden.

d ongelijknamig met b : zoo kort mogelijk na opkomst of vóór ondergang.

d gelijknamig met, maar $<$ b : in den eersten vertikaal (azimuth 90°) zie tafel XXIV.

d gelijknamig met, maar $>$ b : als parallaktische hoek $= 90°$ is, zie tafel XXIV.

Schema.

Zie formule voor de tijdsbepaling blz. 244.

Sumnerlijn.

Bereken den invloed van 1′ hoogere breedte. Zet op de wassende kaart van uit het punt waarvan de lengte = tijdmeterlengte en de breedte = gegiste breedte,

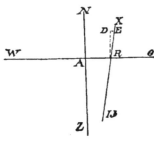

n minuten af in de richting van de hoogere breedte en n malen
het aantal minuten lengteverandering dat met 1′ breedtefout
overeenkomt. Vereenig beide punten door een rechte lijn, dan is
die lijn de meetkunstige plaats waarop het schip staat.

Stel R is de zoogenaamde tijdmeterlengte waarbij 1′ N. geeft
0′,2 Oost. Maak dan R D = 10′ breedte, R E = 2′ lengte dan
is E R of X Y de meetkunstige plaats.

X Y is loodrecht op het azimuth van het waargenomen hemellichaam.

In de nabijheid van land, geeft de enkele meetkunstige plaats nog een groot voordeel. Ver-
lengt men de lijn waarop men zich bevindt (hoogtelijn) en is B de zoogenaamde plaats bij
tijdmeterlengte, dan zal men, den wil naar A hebbende, een aantal mijlen B D loodrecht op p q
sturen en daarna weer evenwijdig aan p q. Men is dan zeker, zeer
dicht bij A uit te komen.

Ook kan men op deze wijze een gevaar mijden.

Verder kan een looding of een peiling op de hoogtelijn zekerheid
geven omtrent de plaats waar men is, of althans een plek waarbinnen men zeker staat, zoodat men den gunstigsten koers kan bepalen. Zie Afdeeling XXIII.

Lengtebepaling nabij den middag.

Op lage breedten, doch ook alleen daar, kan men soms succes hebben wanneer men circa een
kwartier vóór den middag de hoogte meet en een kwartier na denmiddag gelijke hoogte. Het gemiddelde der aanwijzingen van het horloge is dan de aanwijzing op den middag ter plaatse waar men
zich midden tusschen de waarnemingen bevond, waaruit de lengte gemakkelijk is af te leiden.

Lengtebepaling bij op- en ondergang. Zie hiervoren blz. 244.

Tafel ter berekening van de fout in Lengte voor ééne minuut fout in Breedte.

Azi-muth.	Breedte.									
	0°	20°	25°	30°	35°	40°	45°	50°	55°	60°
90°	.00	.00	.00	.00	.00	.00	.00	.00	.00	.00
85	.09	.09	.10	.10	.11	.12	.12	.14	.15	.17
80	.18	.19	.19	.20	.22	.23	.25	.27	.31	.35
75	.27	.29	.30	.31	.33	.35	.38	.42	.47	.54
70	.36	.39	.40	.42	.45	.48	.52	.57	.64	.73
65	.47	.50	.52	.54	.57	.61	.66	.72	.82	.93
60	.58	.61	.64	.67	.71	.76	.82	.90	1.02	1.15
55	.70	.75	.77	.81	.86	.92	.99	1.09	1.24	1.40
50	.84	.89	.93	.97	1.03	1.10	1.19	1.31	1.48	1.68
45	1.00	1.07	1.10	1.16	1.22	1.31	1.42	1.56	1.77	2.00

Is het azimuth tusschen N. en O. of Z. en W. dan geeft Noord: West.

    ″ ″ ″ ″ ″ ″ ″ ″ ″ ″ ″ Zuid: Oost.

    ″ ″ ″ ″ N. en W. of Z. en O. ″ ″ Noord: Oost.

    ″ ″ ″ ″ ″ ″ ″ ″ ″ ″ ″ Zuid: West.

Lengte en Breedte door de Sumnermethode.

Door berekening. Men bewerkt twee hoogten elk als tijdmeterlengte en berekent daarbij den invloed van 1′ hoogere breedte op de lengte. Zij:

A de eerste waarnemingsplaats, a de invloed van 1′ hoogere breedte.

B „ tweede „ b „ „ „ 1′ „ „

$\varDelta$ L de verzeiling in lengte tusschen de waarnemingen,

x de fout in breedte

dan is:

Tijdm. Lengte A $+$ a x $+$ $\varDelta$ L $=$ Tijdm. Lengte B $+$ b x $\ldots\ldots\ldots\ldots$ (1

Geg: Lengte A $\qquad +$ $\varDelta$ L $=$ Geg: Lengte B.

———————————————————————————————— af

1ᵉ Misgissing in Lengte $+$ a x $=$ 2ᵉ Misgissing in lengte $+$ b x.

waaruit: fout in breedte $= \dfrac{2ᵉ \text{ Misgissing in lengte} - 1ᵉ \text{ Misgissing in lengte}}{a - b} \ldots\ldots$ (2

Hierbij goed op de teekens te letten. Men geeft het positieve teeken aan al wat gelijknamig is met de breedte en lengte van het schip.

Voorbeeld:

Gegiste breedte en lengte der eerste waarnemingsplaats zijn 40° N. en 10° W., de verzeiling in lengte is 12′ Oost.

Eerste waarneming geeft: 16′ West bij 1′ N. geeft 2′,7 Oost ⎫

Tweede „ „ 9′ Oost „ 1′ N. „ 0′,4 „ ⎬ N. en W. pos.

fout in breedte $= \dfrac{-9′ - 16′}{-2′,7 + 0′,4} = +10′,9$ d. i. Noord.

De breedte van de (tweede) waarnemingsplaats is dus 11′ grooter dan de gegiste.

Ter contrôle berekent men de lengte tweemaal als volgt:

Tijdm. lengte A $+$ a x $+$ $\varDelta$ L $= 10° 16′ - (10′,9 \times 2,7) - 12′ = 9° 34′,6$

„ „ B $+$ b x $\qquad = 9° 39′ - (10′,9 \times 0,4) \qquad = 9° 34′,6$

Constructie. Heeft men een kaart op voldoend groote schaal beschikbaar, dan verdient con-

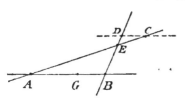

structie de voorkeur, omdat men dan onmiddellijk de waarde der plaatsbepaling kan overzien. Zij G de gegiste plaats, dan zullen als de eene hoogte een bedrag G A West, de andere een bedrag G B Oost geeft. A en B punten van de respectieve hoogtelijnen zijn. Bepaalt men dan met behulp van tafel XXXII nog twee punten C en D op b. v. 20′ hoogere breedte, dan kan men de hoogtelijnen A C en B D trekken en geeft E de standplaats van het schip, op het oogenblik dat het zich volgens gegist bestek in G bevond, waarvoor als regel het oogenblik der tweede waarneming wordt gekozen.

Lengte en Breedte door Methode Marcq St. Hilaire (Villarceau).

Door berekening.

Men berekent het verschil tusschen de waargenomen hoogte en de hoogte van hetzelfde hemellichaam zooals die op hetzelfde oogenblik zou zijn waargenomen op de *gegiste* plaats van het schip. Dit hoogteverschil, naar omstandigheden, in de richting van het azimuth of daaraan tegengesteld uitgezet geeft een punt van de hoogtelijn en de hoogtelijn zelve staat loodrecht op het azimuth. De snijding van twee zulke hoogtelijnen geeft de ware lengte en breedte.

Schema ter berekening eener hoogtelijn.

1e Berekening gegist bestek. 2e berekening tijdvereffening en ⊙ decl.; of m. zons R. O. en ✳ R. O. en declinatie. Daarna uurhoek:

Voor de zon.

Aanw. obs. horl. bij waarn. =

Stand obs. horl. tot tijdm. = _____

Aanw. tijdm. bij waarn. ==

Stand tijdm. tot M. T. Gr. =

M.T.Gr.·bij waarn. =

tijdv. = _____

W.T.Gr. bij waarn. =

Gegiste lengte in tijd = _____

W. T. a/b bij waarn. =

⊙ uurhoek =

Voor eene ster.

Aanw. obs. horl. bij waarn. =

Stand obs. horl. tot tijdm. = _____

Aanw. tijdm. bij waarn. =

Stand tijdm. tot M. T. Gr. = ·

M. T. Gr. bij waarn. =

R. O. midd. ⊙ op dat oogenblik =

Sterretijd te Gr. =

Gegiste lengte in tijd = _____

Sterretijd a/b =

✳ R. O. =

✳ uurhoek = _____ af

Hoogte en azimuthberekening als volgt:

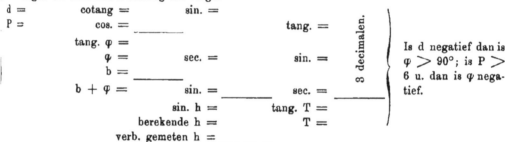

d = cotang =   sin. =

P = cos. _____   tang. =

tang. φ =

φ = sec. =   sin. =

b =

b + φ = _____ sin. =   sec. = _____

sin. =   tang. T =

berekende h =   T =

verb. gemeten h = _____

{ 3 decimalen. } Is d negatief dan is φ > 90°; is P > 6 u. dan is φ negatief.

p = _____ ; zoo de gemeten hoogte grooter is dan de berekende wordt p in de richting van het azimuth afgezet, anders tegengesteld daaraan (negatief).

Formules ter berekening van de snijding van twee hoogtelijnen.

Stel de eerste hoogtelijn geeft een hoogteverschil p bij azimuth T en de tweede hoogtelijn geeft een hoogteverschil p' , , T', dan koppele men van uit de tweede gegiste waarnemingsplaats:

de verheid p in den koers T met

de verheid $\left\{ p' - p \cos. (T' - T) \right\}$ cosec. (T' — T), in den koers 90° + T.

De gevonden plaats is dan de standplaats van het schip bij tweede waarneming.

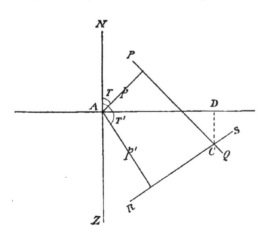

Door gedeeltelijke constructie. Stel dat men niet in de gelegenheid is de hoogtelijnen op de zeekaart zelve af te zetten, dan gebruike men een blad papier waarop de koersen d. m. v. graadboog en de afstanden naar een willekeurige schaal worden afgezet.

Zij A de gegiste plaats der tweede waarneming, terwijl p en p', T en T' de hoogteverschillen en azimuths der beide waarnemingen zijn. Zet dan van uit A de azimuths d. m. v. den graadboog af en de hoogteverschillen in minuten naar een zekere schaal. Trek door de alzoo verkregen punten lijnen P Q en R S loodrecht op het azimuth, dan verkrijgt men de lengte en breedte van het snijpunt C op de volgende wijze:

C D is het breedteverschil van C en A naar de aangenomen schaal.

A D is „ afwijkingsverschil „ C en A „ „ „ ,

A D × (sec. breedte van A) is het lengteverschil van C en A.

A D sec. b wordt met behulp van factor tafel VI of streektafel berekend.

Opmerking. Wanneer men zeker is zon te zullen hebben voor een tweede waarneming, kan men zeer vlug werken als men de zonshoogte voor de tweede plaats van waarneming op een gewenscht oogenblik vooruit berekent. Die zonshoogte tot schijnbare onderrandshoogte gebracht geeft onmiddellijk het verschil van de geobserveerde en berekende onderrandshoogten: de p.

Opmerking. De zoogenaamde benaderde plaats stelt volstrekt geen punt op aarde voor, dat per se dichter bij de ware plaats van het schip ligt dan de gegiste plaats. Het tegendeel *kan* het geval zijn. De benaderde plaats stelt voor dat punt van den gelijke-hoogtecirkel waaraan men zonder aan de eischen der praktijk te schaden, de raaklijn construeert; voor dat punt kiest men het punt dat het *naast aan* de gegiste plaats is gelegen (point le plus rapproché).

Vergelijking van de methoden Sumner en Villarceau.

De voordeelen van de eene methode boven de andere zijn zoo onbeduidend, dat men over het algemeen het vlugst en nauwkeurigst werkt met die methode waarmee men het best vertrouwd is.

De methode Villarceau verdient uit een wetenschappelijk oogpunt de voorkeur, omdat men onafhankelijk van de *waarde* van het azimuth een hoogtelijn bepalen kan, hetgeen bij de Sumnermethode moeilijk wordt, wanneer het azimuth nagenoeg 0° of 180° wordt. In de praktijk beteekent dit weinig, daar men in dit geval ook de methode Villarceau niet gebruikt, maar wel de circummeridiaansbreedte.

Bij de Sumnermethode daarentegen, kan men zich zoowel van constructie als van de berekening bedienen, terwijl de eindberekening der Villarceau-methode omslachtig is. Daarom kan de Sumner-methode ruimer toepassing vinden.

Invloed van fouten in de hoogten bij de methoden Sumner en Villarceau.

Wanneer beide hoogten door verschillende waarnemers zijn geöbserveerd zal men gunstige plaatsbepaling verkrijgen indien de hoogtelijnen elkaar onder een rechten hoek snijden en dus de azimuths ook 90°. verschillen.

Zijn echter beide hoogten door dezelfde persoon waargenomen dan verdienen azimuthverschillen van 60° à 40° de voorkeur, maar azimuthverschillen van 90° staan daarbij niet ver ten achter. Zeer stompe azimuthverschillen moeten echter *niet* gebruikt worden daar zij veel minder betrouwbare resultaten leveren dan scherpe waarden die er het supplement van zijn. Heeft men het echter niet in zijn macht kleine azimuthverschillen te vermijden zoodat men zich behelpen moet met de waarnemingen die men krijgen kan, dan kan men zelfs bij verschillen van minder dan een streek nog goede resultaten verkrijgen door voorzorgen te nemen, die de toevallige waarnemingsfouten tot een klein bedrag terugbrengen. Deze voorzorgen zijn:

1°. Beide waarnemingen door eenzelfden persoon, met hetzelfde instrument en op dezelfde plaats van het schip te doen verrichten.

2°. Telkens eene serie van hoogten te nemen, en vóór men die hoogten middelt eerst de minder goed overeenstemmende te schrappen.

3°. Bij de berekening groote nauwkeurigheid in acht te nemen. zoodat men dan b. v. de argumenten niet tot volle minuten afrondt, in tafel XXXII wel interpoleert enz.

4°. Door het behoud tusschen de waarnemingen zoo nauwkeurig mogelijk in rekening te brengen, waartoe men het afleidt uit het verschil der tijdmeteraanwijzingen.

Berekening van den Stand der Tijdmeters uit observatie van eene stersbedekking door de Maan.
(Methode Luit. ter zee W. Cornelis.)

Deze methode dient voor hen die slechts een zeer enkele maal van stersbedekkingen gebruik maken en dus het onderwerp niet volkomen meester zijn.

Heeft men alzoo eene occultatie waargenomen en herleid tot een tijdmeter welks stand ten naastenbij bekend is, dan gaat men op de navolgende wijze te werk.

Zij t de tijd Greenwich bij occultatie, volgens den tijdmeter, dan berekent men voor dat oogenblik $\mathbb{C}$ $^1/_2$ m en $\mathbb{C}$ E.H.V. waaruit $\mathbb{C}$ H.V.

Zij verder de maximale in den stand der tijdmeters te verwachten fout $= \delta$ dan berekent men voor tijden Greenwich $t - \delta$ en $t + \delta$.

de $\mathbb{C}$ ÆR en $\mathbb{C}$ declinatie.
de midd. $\odot$ ÆR
de $\mathbb{C}$ P en $\ast$ P

Eischt men groote nauwkeurigheid (wat het geval zal zijn als de occultatie niet loodrecht maar zeer scherp plaats heeft) dan berekent men voor drie tijdstippen $t - \delta$, t en $t + \delta$.

Met de gemiddelde van de twee berekende $\mathbb{C}$ P's en d's en de bekende geocentrische breedte wordt nu uit den pooldriehoek de hoogte h' en de parallaktische hoek S berekend uit de formules:

$$\text{Sin. } h' = \frac{\sin. (d + \psi) \sin. b'}{\cos. \psi}; \quad \text{tang. } \varphi = \text{cotang } b'. \cos. P; \quad \sin S = \sin. P \times \frac{\cos. b}{\cos. h'}.$$

Is tang. φ negatief dan neemt men $\varphi > 90°$.

S en $d + \varphi$ liggen in hetzelfde kwadrant.

De declinatie bepaalt het teeken, dus bij Z. declinatie Z + en N —.

Alsnu berekent men de parallax in hoogte naar de formule: $h' - h'' =$ Hor. Versch. zicht $\times \cos. h''$, hetgeen benaderenderwijs geschieden moet daar h'' onbekend is. Neemt men dus eerst $h'' = h'$ dan vindt men een benaderde waarde van h'' die opnieuw gebruikt wordt voor cos. h'', hetgeen men herhaalt tot $h' - h''$ niet meer merkbaar verandert.

Daarna berekent men met de formules der koers- en verheidsrekening de locale $\mathbb{C}$ d's en $\mathbb{C}$ P's uit onderstaande figuur.

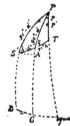

S plaats der maan gezien uit middelpunt aarde.
S' „ „ „ „ „ , waarnemingsplaats.
SS' $= h' - h''$ dus in plat driehoekje S S' A:
S A = verand. decl. = S S' cos. S dus $d' = d + (h' - h'') \cos. S$ . . . . (I)
en:
S' A = S S' sin. S = $(h' - h'') \sin. S$ dus:
boog B C $= \angle$ S' P A = $(h' - h'') \sin. S$ sec. d' waaruit

$$P' = P + \frac{(h' - h'') \sin. S}{\cos. d'} \quad (P \text{ en } P' \text{ in boog, niet in tijd}) \ldots \ldots (II)$$

„Het teeken van $d' - d$ hangt voornamelijk af van dat van cos. S en behoort men dus bij „'t berekenen van S goed op te letten in welk kwadrant die hoek ligt. P' en P rekent men „altijd beide Oost of beide West en dan is P' altijd $> P$."

Indien S niet veel van 90° verschilt en d niet klein is. is de formule voor d' niet nauwkeurig genoeg. In dat geval wordt d' eerst met bovenstaande formule berekend, daarna P en eindelijk opnieuw d' uit de formule:

$$d' = d + (h' - h'') \cos. (S \pm \alpha) \text{ waarin:}$$

sin. $\alpha = \frac{1}{2}$ sin. $(P' - P)$ sin. d of $\alpha = \frac{1}{2} (P' - P)$ sin. d terwijl α negatief is, en du $S - \alpha$ gebruikt wordt, als $S < 90°$. Is $S > 90°$ dan is α positief.

Heeft men nu voor twee tijdstippen de locale declinatie en uurhoek berekend, dan gaat me over tot het berekenen der afstanden $*$ en $\mathbb{C}$ met de formulen der koers- en verheidsrekening aldus

De grondformule: $\text{tang k} = \dfrac{\text{afw.}}{\Delta \text{ br.}} = \dfrac{\Delta \text{ L.} \times \cos. \text{ middelbr.}}{\Delta \text{ br.}}$ toegepast, geeft:

$$\text{tang. k} = \frac{(P' - p) \cos. \frac{1}{2} (d' + \text{decl. } *)}{d' - \text{decl. } *} \quad \ldots \ldots \quad (p = * \text{ uurh.}) \quad \ldots \ldots \quad (A)$$

De grondformule: $\text{verh.} = \dfrac{\text{afw.cosec.k.}}{\Delta \text{ br.}} = \dfrac{\Delta \text{ L.} \cos. \text{ middelbr.}}{\Delta \text{ br.}}$ toegepast, geeft:

$$\text{verheid} = \frac{(P' - p) \cos. \frac{1}{2} (d' + \text{decl. } *)}{\sin. \text{ k}} = \frac{d' - \text{decl. } *}{\cos. \text{ k}} \quad \ldots \ldots \ldots \ldots \quad (B)$$

waarin het laatste lid een toepassing is van de formule $v = \Delta$ br. sec. k.

Uit de formulen A en B (voor de tijden $t - \delta$ en $t + \delta$) vindt men dus 2 afstander $\mathbb{C}$ en $*$. Verder is:

Schijnb. locale $\mathbb{C}$ $\frac{1}{2}$ m. $= \mathbb{C}$ $\frac{1}{2}$ m. $+ 3,67$ $(\frac{1}{2}$ m$)^2$ sin. h sin. $1''$.

Heeft men den afstand $*$ $\mathbb{C}$ dus voor de tijden $t + \delta$ en $t - \delta$ berekend, dan vindt men voor den M.T. van bedekking $t + \alpha$ waarin:

$$\alpha = 2 \delta \times \frac{\mathbb{C} \frac{1}{2} \text{m.} - \text{gemidd. der ber. afstn.}}{2^e \text{ afst.} - 1^e \text{ afst.}} \quad \ldots \ldots \ldots \ldots \quad (C).$$

want zie figuur:

$(1^e$ afst. $- 2^e$. afst.) : $(\frac{1}{2}$ m. $- 2^e$ afst.) $= 2 \delta : \delta - \alpha$.

1^e afst. $\times \delta - 2^e$ afst. $\times \delta - 1^e$ afst. $\times \alpha + 2^e$ afst. $\times \alpha = m \delta - 2^e$ afst. $\times 2 \delta$.

α $(2^e$ afst. $- 1^e$ afst.$) = - 2^e$ afst. $\times 2 \delta + 2^e$ afst. $\times \delta - 1^e$ afst. $\times \delta + m \delta$

α $(2^e$ afst. $- 1^e$ afst.$) = \delta (- 2^e$ afst. $- 1^e$ afst. $+ m).$

$$\alpha = 2 \delta. \frac{\mathbb{C} \frac{1}{2} \text{ m.} - \text{gem. afst.}}{2^e \text{ afst.} - 1^e \text{ afst.}}$$

Heeft men den afstand berekend voor 3 tijdstippen $t + \delta$, t en $t - \delta$ dan werkt men bij de berekening van α met tweede verschillen, als bij de afstanden.

Maansafstanden.

Zie Afdeeling VII. Schema der bewerking zie Brouwer-tafels.

Waarnemingen tusschen zon en maan verdienen afkeuring, niet het minst omdat de verwarming door brandende zonnestralen fouten in het instrument veroorzaakt die buiten alle contrôle vallen. Bovendien duurt het vrij lang eer men oostelijke afstanden tot de zon met westelijke dito's combineeren kan. In 't algemeen doet men dus 't best waarnemingen op planeten en sterren te verrichten — nachtelijke waarnemingen alzoo. Daarbij moet men waarnemingen op Venus vermijden, omdat zij, wanneer zij overigens voor gebruik geschikt is haar donkere zijde naar de verlichte helft der maan keert, zoodat men beider gelijknamige randen in aanraking moet brengen wat niet nauwkeurig is te doen. Overigens moet men voor de waarneming liefst sterren gebruiken die dicht bij de maan staan (niet verder weg dan 20°) al komen hare afstanden niet in den almanak voor, mits zij echter *nabij de maansbaan* gelegen zijn. Men moet dan wel zelf de afstanden berekenen, maar wanneer men die heeft uitgecijferd voor b. v. 15 min. vóór en 15 min. nà het oogenblik van waarneming, kan men de tweede verschillen weer ontberen. Aldus werkende heeft men de navolgende groote voordeelen tegenover andere kleinere nadeelen

1°. Men kan snel achter elkaar seriën van O. en W.-afstanden verkrijgen.

2°. Het meten van een kleinen afstandsboog is gemakkelijker dan het meten van een grooten oog en dus nauwkeuriger uitvoerbaar. Dit is vooral tegenwoordig, nu de geoefendheid der waar-emers is achteruit gegaan, van groot belang.

3°. Bij grooten afstandsboog is de kans dat een der hemellichamen geringe hoogte heeft groot n moet men dus hinderlijke straalbuigingsfouten verwachten.

4°. Bij kleine hoeken zijn de instrumentale fouten der sextanten en cirkels onbeduidend.

De eisch dat de ster die men waarneemt nagenoeg in de maansbaan liggen moet, is zeer ;lemmend. Men controleert dit gemakkelijk door aan te nemen dat de maansbaan loodrecht staat ip de lijn die de horens der maan verbindt, of anders door in den almanak na te gaan welke terren laatstelijk door de maan zijn bedekt geworden of binnenkort zullen worden bedekt (star's ccultations) en die te vergelijken met de ster die men waarnemen wil. Het berekenen der af-tanden waartusschen geïnterpoleerd moet worden geschiedt door de formulen der hoogteberekeng, waarin het verschil der R. O. in plaats treedt van den uurhoek en de declinatie der maan roor de breedte, dus:

$$\text{tang. } \varphi = \text{cotang } \ast d \cdot \cos. \; (\text{(C R. O.} - \ast \text{R. O.)}$$
$$\cos. \; A = \sin. \; \ast d \cdot \sin. \; (\text{(C } d + \varphi) \cdot \sec. \; \varphi.$$

Zijn de waarnemingen over een geheelen nacht verdeeld, dan berekene men de afstanden om het uur, en niet om de drie uur, ten einde van fouten in de bewerking te worden gewaarschuwd. Dit is wel meer werk, maar dit mag in den tegenwoordigen tijd, wanneer men nog eens af-standen neemt, geen bezwaar zijn. Sinds vele schepen met slechts één tijdmeter worden uitgerust *moet* men zich in de afstandwaarneming blijven oefenen al behoeft men ze niet altijd uit te cijferen.

Met de helling van het instrument tijdens de waarneming behoeft men zich in de praktijk niet op te houden, daar gebruik van tafel XIX alleen dan noodig kan zijn wanneer de hoogte gering en de afstandboog steil is zoodat men reeds uit hoofde van dien, in zoo ongunstige om-standigheden verkeert dat geen nauwkeurige resultaten zijn te verwachten. Men moet er ook op letten dat de afstandsboog liefst niet vertikaal staat, want in dit geval gaan de fouten der gebezigde straalbuiging rechtstreeks over op den afstand. Gewoonlijk echter kan men hieraan weinig verhelpen, daar de stand van dezen boog geheel wordt bepaald door dien van de maansbaan ten opzichte van den horizon. Daarom vooral moet men geringe hoogten vermijden. Berekende hoogten verdienen de voorkeur boven gemeten hoogten waarbij men dan de geocentrische breedte der waarnemingsplaats bezigt. Gemeten hoogten worden na reductie tot ware hoogten door de formule $c = - (\varphi - \varphi') \cos. \; T$ tot geocentrische hoogten herleid.

Heeft men noodig de 2e verschillen der afstanden in rekening te brengen dan berekene men die liefst zelf, daar het tafeltje in den Almanac niet volkomen correct is. Men heeft:

Prop. log correctie = Prop. log x + Prop. log (3 — x) + Prop. log ½ $\varDelta_1$ A — Prop. log $\varDelta$ A

waarna x = benaderd tijdsverloop

$\varDelta$ A = eerste verschil

$\varDelta_1$ A = tweede verschil.

de correctie is + wanneer de prop. log toenemen, of de afstanden afnemen.

Gebruikt men eigene van uur tot uur berekende afstanden dan vindt men den bij den waar-genomen afstand behoorenden tijd door evenredigstelling van de afstandsverandering en de tijds-verandering. Deze waarde kan men gebruiken om de correctie voor de tweede verschillen te vinden door haar in decimalen van uren uit te drukken en te substitueeren in de formule:

$$C = \frac{(^1/n - 1)\,(^1/n - 2)}{1 \cdot 2} \; \varDelta \; A_2$$

waarin $\varDelta$ A$_2$ = gemiddeld tweede verschil. De correctie is weer + wanneer de afstanden afnemen.

Gebruikt men kleine afstanden dan geeft de herleiding naar de methode van Borda niet zeer nauwkeurige resultaten. Men kan in dit geval met meer succes de door den Luitenant ter Z‹ 1e klasse W. Cornelis gegeven methode volgen.

Wanneer t den tijd Greenwich volgens den tijdmeter voorstelt, bereken dan voor tw‹ tijdstippen t + δ en t — δ de ☾'s declinatie en uurhoek P en den stersuurhoek p en vo‹ den tijd t de ☾ ¹/₂ m. en E H V, waaruit H V en de ✳ (planeets) d (en planeets ¹/₂ m. en H V

Met de gemiddelde van de berekende P's en D's en de bekende (geocentrische) breedte wor‹ uit den pooldriehoek berekend de hoogte H (zie hoogteberekening) en de parallaktische hoek naar de formule:

$$\text{Sin. } S = \text{sin. } P \times \frac{\cos. b}{\cos. H}$$

Om te weten of S grooter of kleiner dan 90° is heeft men: S en de waarde (d + φ) ligg‹ steeds in 't zelfde kwadrant.

Op gelijke wijze berekent men h en s.

Daarna wordt term tafel XX berekend, zooveel noodig de bewerking herhalende omdat ‹ tafel de schijnbare hoogte als argument geeft. Voorts zoekt men de refractie der ster op, ‹ (r — p) als men eene planeet heeft waargenomen.

Vervolgens worden de schijnbare maansdeclinatie D′ en de schijnbare maans-uurhoek ‹ voor beide tijdstippen (correcties bij beide dezelfde) berekend naar de formulen:

$$D' = D - \text{term tafel XX} \cos. S - \tfrac{1}{2} \sin. 1'' \text{ tang. } D \text{ (term tafel XX)}^2 \sin.^2 S.$$

$$P' = P + \frac{(\text{term tafel XX}) \sin. S}{\cos. D'} \qquad (\text{P en P' in boog, niet in tijd}).$$

Het teeken van D′ — D hangt vooral af van cos. S, dus goed op het teeken van S te lett‹ P′ is altijd grooter dan P.

Evenzoo berekent men d′ en p′ van de ster, waarbij p′ steeds kleiner is dan p.

Met behulp van het verschil der aldus gevonden schijnbare uurhoeken en met de schijnb‹ declinaties van ☾ en ✳ berekent men nu met de formulen van blz. 261 den *schijnba* middelpuntsafstand voor die twee tijdstippen. Wanneer de hierboven aangenomen δ maximumfout des tijdmeters beteekent, zal de uit de meting afgeleide waarde tusschen berekende waarden in liggen en komt men de fout van den tijdmeter door evenredigstell‹ te weten.

ALIGNEMENTEN.

Poolster	α en β Groote Beer verlengen.
α Draak	op de lijn van δ Groote Beer naar Wega.
α Cephei	nabij de lijn α en β Cassiopeia.
γ Cephei	op de lijn α Groote Beer en Poolster.
α Persei	op de lijn α, β, γ. van Andromeda.
β Persei	op de lijn α—β van Andromeda.
Capella	op de lijn Poolster—Rigel.
Deneb	ter plaatse waar de Melkweg zich splitst.
Areturus	in 't verlengde van den staart van den Grooten Beer.
α Arietis	nabij de lijn Poolster—γ Andromedae.
α Ceti	op 't verlengde der lijn β Andromedae—α Arietis.
Aldebaran	nabij de lijn Zevengesternte—γ Orionis.
Castor en Pollux	nabij de lijn β—α Orionis.
Procyon	op de lijn die van uit de Poolster tusschen Castor en Pollux doorgaat.
α Hydrae	op de lijn Aldebaran—Procyon.
Regulus	op de lijn die van den gordel van Orion, door Procyon gaat.
β Leonis	op de lijn Poolster—γ van den Grooten Beer.
α Ophiuchi	op de lijn Poolster—β van den Draak.
Altaïr	op de lijn α Draak en α Lier.
α Aquarii	nabij de lijn α Andromedae—α Pegasi.

ous

ıller

0

aal

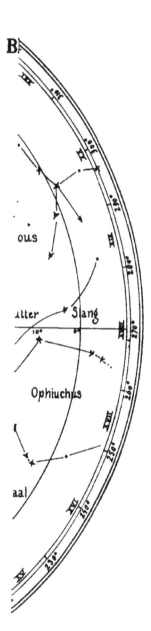

B

ous

alter → Slang

Ophiuchus

aal

Sirius

α Lib

Foma

Canop

α en β

Spica

ELDE

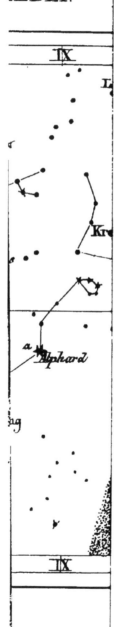

IX

L⌐

σ

Kr⌐

σ

α
Alphard

⌐ng

IX

10$\underline{\overset{\text{DE}}{}}$ AFDEELING.

METEOROLOGIE.

INHOUD: Instrumenten. — Wolken. — Wind. — Mist. — Vorst en ijs. — Zee. — Verschillende windrozen enz. — Bijzondere opgaven betreffende den wind. — Rijzen en dalen van den barometer. — Oplettendheid ten aanzien van het weder. — Barometrische maxima en minima. — Manoeuvres in depressiën op hooge en middelbare breedten. — Weerbericht en stormseinen. — Manoeuvres in tropische orkanen. — Meteorologische opgaven voor Nederlandsch Oost-Indië.

Instrumenten.

Afhalen en transporteeren. Zie hierover Looporders Dir. en Ct. te Willemsoord Afdg. II nos. 17 en 70. Een kwikbarometer moet, *bij elk transport*, eerst langzaam horizontaal worden gelegd en daarna goed verzekerd in de kist die er bij behoort, worden vervoerd.

Vergelijken van Zee-Instrumenten. Voor naar zee te gaan, of anders eenmaal per jaar, is het gewenscht alle instrumenten zorgvuldig te vergelijken, met de in de meeste groote zeehavens aanwezige standaard-instrumenten, althans indien daar gelegenheid is tot nauwkeurig en stelselmatig onderzoek. Vergelijken op de Directie leidt tot niets.

Barometer. Wijst aan de gezamenlijke spanning van de lucht en den aanwezigen waterdamp.

Bij aankoop van een kwikbarometer onderzoekt men allereerst of de buis luchtledig is. Brengt men namelijk het instrument snel in een schuinen stand, dan moet het kwik met een goed hoorbaar metallieken klank aanslaan tegen het boveneinde der buis. Is het instrument eenmaal opgesteld dan moet men die proef niet herhalen.

De barometer mag niet zoo gevoelig zijn dat het kwik in de buis, tengevolge van de bewegingen van het schip, zou gaan pompen. Dit onderzoekt men door den valtijd te bepalen op de navolgende wijze:

1°. Lees den barometer af en noteer de aanwijzing. Stel deze is a m. M.

2°. Houd het instrument voorzichtig schuin tot de buis bijna geheel met kwik is gevuld; laat het daarna den vertikalen stand hernemen.

3°. Noteer het oogenblik waarop het kwik gedaald is tot op a + 25 mM. en dat waarop de aanwijzing a + 5 mM. geworden is.

4°. Het tijdsverloop tusschen beide aanwijzingen, mag niet minder dan 2 en niet meer dan 9 minuten bedragen. Deze proef later niet te herhalen.

Opstelling van den barometer. Men hangt, ten einde de temperatuurscorrectie zuiver te kunnen toepassen, het instrument op een tochtvrije plaats en niet in de zon, noch waar gestookt wordt en houdt geregeld toezicht op den goeden staat der slingerbeugels. Kwik-barometers omgeeft men van een veiligheidstraliewerk, aneroïdebarometers van een nouten kastje

Bij schieten, kan het geraden zijn den kwikbarometer weg te nemen en in de kist te bergen.

Aflezen van den barometerstand.

1°. Den thermometer van den barometer aflezen, die tengevolge van de uitstralende lichaamswarmte des waarnemers zou kunnen rijzen.

2°. Den barometer zooveel draaien dat het licht op de achterzijde van het instrument valt. of de kaars achter het instrument houden. Zacht tegen het instrument tikken.

3°. Index zoodanig instellen dat deszelfs onderkant raakt aan den top van de kwikoppervlakte.

4°. Nonius aflezen.

Corrigeeren van den barometerstand. De indexcorrectie moet bekend zijn.

De hoogtecorrectie bedraagt 1 mM. per 10,5 M. hoogte van den bak van den barometer boven of beneden den zeespiegel.

Voor een eenmaal opgesteld instrument worden index- en hoogtecorrectie samen genomen.

Men gaat als volgt te werk:

1°. Temperatuurscorrectie toepassen (reduceeren op 0° C.). Daarbij moet men er om denken eerst de aanwijzing van den thermometer zelf te corrigeeren voor de I. C. van dat instrument. Zij H de afgelezen barometerhoogte, t de temperatuur dan is de verbeterde barometerhoogte:

$$H o = H - (0,00016\ t)\ H;$$

voor de correctie kan men de tafel vóór in 't meteorologisch journaal gebruiken. Globaal kan men aannemen dat de barometerhoogte per graad temperatuur met 0,12 mM. moet verminderd worden.

2°. Index- en hoogtecorrectie toepassen.

3°. Zoo noodig zwaartecorrectie toepassen (reduceeren op 45° breedte). Dit geschiedt echter zelden. (Zie tafel Mohn Va.)

Voorbeeld: Barometerhoogte = 774,3 mM., thermometeraanwijzing 9°,2.

Index corr. barom. = 3,4 mM. (—)   Therm. aanw. = 9°,2

hoogte boven water stel 3 M. geeft: 0,3 „ (+)   I. C van den therm. = 1°,2 (—)

Verbet. Index corr. = 3,1 „ (—)   temp. = 8°,0

$$
\begin{aligned}
\text{Barom. hoogte} &= 774,3 \text{ mM.}\\
\text{corr. voor temp.} &= \underline{\quad 1,0\quad} \text{ (—)}\\
&\quad\; 773,3\\
\text{Ind. corr.} &= \underline{\quad 3,1\quad} \text{ (—)}\\
\text{Verb. bar. stand} &= \overline{770,2}
\end{aligned}
$$

temp. corr. = (— 0,00016 × 8 × 774,3) mM. = — 1,0 mM. (zie tabel).

Boeken van den barometerstand. In de meteorologische journalen wordt gewoonlijk de ongecorrigeerde stand geboekt.

Aneroïdebarometer. Zorgen dat het instrument vertikaal hangt. Bij het waarnemen eerst even tegen het glas tikken en dan met één oog aflezen; dit voorkomt parallaktische fouten.

Het instrument moet dikwijls met den kwikbarometer vergeleken worden en opdat men bij ongereed raken van laatstgenoemden geholpen zij, bepaalt men indexcorrectie en temperatuur-coëfficient.

Gewoonlijk kan men met behulp van een gewonen schroevedraaier een schroef aan de achterzijde van de doos bewegen en daarmede, zoo noodig, den wijzer gelijk zetten.

Eventueele correctie voor verschil in zwaartekracht komt bij den aneroïdebarometer *niet* te pas. Een aneroïde die hier te lande met een kwikbarometer vergeleken is, zal echter aan den equator ruim 2 mM. minder dan de kwikbarometer aanwijzen, aangezien laatstgenoemde feitelijk wel voor de zwaartekracht moet gecorrigeerd worden.

Zelfregistreerende barometer. Dagelijks met den kwikbarometer vergelijken en wekelijks beide aanwijzingen benevens de middagbestekken achter op het papier aanteekenen wanneer men het papier verwisselt.

Het instrument is zeer gevoelig — ook voor temperatuur — en moet daarom oordeelkundig worden geplaatst. De wijzer kan zoo noodig worden ingesteld d. m. v. een nokje dat met een horlogesleutel bewogen wordt. Het uurwerk kan men regelen d. m. v. een kompasje boven in den trommel.

Om een nieuw papier op te spannen, handelt men als volgt:

1°. Zet den wijzer uit zijn werk (hefboom onder aan 't kastje).

2°. Pik den haak waarin het kastje hangt uit, leg den accumulator ter zijde, zet het kastje neer en sla het deksel op.

3°. Draai de moer, die boven op de as zit los, licht den trommel van de as af, maak de springveer los, neem het papier af en wind het instrument op.

4°. Span een ander papier op, acht gevende dat het gemerkte uiteinde boven het andere en onder de springveer komt.

5°. Doe een weinig inkt aan de pen en tuig het instrument in omgekeerde volgorde op.

Temperatuursinvloeden daargelaten, leert de vorm der afgeteekende lijn het volgende:

rechte lijn: gang van den barometer verandert niet.

bolle zijde naar boven: $\left\{ \begin{array}{l} \text{bij dalenden barometer: daling neemt toe.}\\ \text{„ rijzenden } \qquad \text{„ } \quad \text{rijzing } \quad \text{„ af.} \end{array} \right.$

holle zijde naar boven: $\left\{ \begin{array}{l} \text{„ dalenden } \qquad \text{„ } \quad \text{daling } \quad \text{„ af.}\\ \text{„ rijzenden } \qquad \text{„ } \quad \text{rijzing } \quad \text{„ toe.} \end{array} \right.$

Herleiding van millimeters barometerstand tot inches.

Inches	mM.	Inches	mM.	Inches	mM.
25,2	640	27,1	688	29,0	737
25,3	643	27,2	691	29,1	739
25,4	645	27,3	693	29,2	742
25,5	648	27,4	696	29,3	744
25,6	650	27,5	698	29,4	747
25,7	653	27,6	701	29,5	749
25,8	655	27,7	704	29,6	752
25,9	658	27,8	706	29,7	754
26,0	660	27,9	709	29,8	757
26,1	663	28,0	711	29,9	759
26,2	665	28,1	714	30,0	762
26,3	668	28,2	716	30,1	765
26,4	671	28,3	719	30,2	767
26,5	673	28,4	721	30,3	770
26,6	676	28,5	724	30,4	772
26,7	678	28,6	726	30,5	775
26,8	681	28,7	729	30,6	777
26,9	683	28,8	732	30,7	780
27,0	686	28,9	734	30,8	782

Het weêrglas. Is een glazen instrumentje, in vorm overeenkomende met het voorste derde gedeelte van een trekpot en gedeeltelijk met water gevuld. De stand van het niveau is een maatstaf voor de gecombineerde werking van dampkringsdruk *en* temperatuur. Ofschoon het weerglas tot de primitiefste aller instrumenten behoort, is het waarschijnlijk tengevolge van zijn groote gevoeligheid nooit van het terrein der practijk verdwenen.

Thermometer. Moet in een kastje met jalouziën worden opgehangen, zoodanig dat het instrument zich in de schaduw bevindt maar toch vrije toetreding der lucht mogelijk is. In den regel heeft men dus aan boord verschillende haken noodig om het geheel naar gelang van omstandigheden te kunnen ophangen. De bol moet altijd droog en schoon zijn.

Het nulpunt van thermometers van oude confectie is, vooral in de eerste jaren, een weinig veranderlijk zoodat men ze dikwijls verifieeren moet. Thermometerwaarnemingen aan boord zijn nimmer zeer betrouwbaar, als gevolg van de ongunstige uitwendige omstandigheden. De nauwkeurigste aflezingen verkrijgt men nog door een thermometer aan een lijn opgehangen, eenigen tijd rond te draaien zoodat hij met tal van luchtdeeltjes in aanraking is geweest.

Betrekking der verschillende thermometerschalen.

x° Celsius = (0,8)° R = (⁹/₅ x + 32)° F.
x° Fahrenheit = ⁵/₉ (x — 32)° C = ⁴/₉ (x — 32)° R.
x° Réaumur = 1¹/₄ x° C = (⁹/₄ x + 32°) F.

Psychrometer (thermometer met drogen en natten bol).
Dient tot het berekenen van 1°. relatieve vochtigheid, 2°. volstrekte vochtigheid, 3°. dauwpunt. *Wanneer de relatieve vochtigheid toe- of afneemt, ziet men veelal den barometer dalen of rijzen.*

Gebruik voor overtrek van den natten bol goed uitgewasschen neteldoek dat nergens dubbel wordt genomen en in natten staat wordt aangebracht. Wordt het vuil of hard, dan worde het vernieuwd. In het reservoir gebruikt men zuiver regenwater of gesmolten sneeuw, vooral geen kalkhoudend water.

Om den psychrometer te gebruiken wanneer de natte bol minder dan 0° C aanwijst, of bevroren is handelt men als volgt. Neem het reservoir weg, breng een glas met water aan den natten bol zoodat deze met overtrek en al in het water is; de thermometer rijst dan tot alle ijs gesmolten is en blijft eindelijk op 0° C staan. Neem dan het glas weg, den druppel die hangen blijft verwijderende, waarna het kwik in den thermometer weer beneden nul zal dalen. Is de minimumstand bereikt, dan mag men dien voor juist houden.

Psychrometerwaarnemingen behoeven aan boord niet gedaan te worden.

De Zeethermometer. Men moet zorgen het water voor den boeg op te halen (geen water uit de spoelpomp nemen), dan den thermometer snel in te dompelen en er 2 minuten in te laten staan.

De Diepzeekoker. Helpt zelden aan praktisch bruikbare resultaten, tenzij bij herhaald en systematisch onderzoek.

De windsnelheidmeter (anemometer.) Wordt aan boord niet gebruikt; men schat den wind naar de Beaufort-schaal (zie hierna.) Ware kracht en richting moet men uit de waargenomene windkracht en richting afleiden, daar deze laatste slechts de resultante is van de kracht en richting en koers en vaart van het schip. Is de kracht volgens de Beaufort-schaal gegeven, dan weet men ook bij benadering de windsnelheid en kan men door constructie van het parallelogram van krachten de ware grootheden vinden. Ook kan men zich bedienen van het tabelletje dat hierna wordt gegeven. (blz. 269).

Wolken.

Bij internationale overeenkomst is besloten de wolken naar haren vorm en uiterlijk in tien klassen te onderscheiden. Deze zijn hieronder vermeld, doch het is noodig de normaaltypen (zie Internationale Wolken-Atlas) goed met de beschrijvingen en met de werkelijkheid te vergelijken, eer men zich met een overeenkomstig indeelen der wolken zal inlaten.

De nieuwe indeeling is:

1. Cirrus-wolken (Ci). Gemiddeld 9000 M. boven de oppervlakte der aarde, bestaan geheel uit ijsnaalden en hebben den vorm van witte vederen of fijne dooreengeweven strepen. Dikwijls voorboden van krachtigen wind (windveeren).

2. Cirro-stratus (Ci. S.) Lager dan de cirrus-wolken, bestaan uit ijsnaalden en bedekken den hemel als een fijn melkachtig waas, waarvan de uiteinden den indruk van veeren of krullen maken.

3. Cirro-cumulus (Ci. Cu.) Gemiddeld 6500 M. boven de oppervlakte der aarde. Kleine ronde wolkjes, glanzend wit en min of meer regelmatig gegroepeerd (schapenwolken).

4. Alto-Cumulus (A. Cu.) Gelijken veel op de Ci. Cu., maar zijn minder fijn van vorm; hoogte boven de aardoppervlakte ± 4000 M.

5. Alto-stratus (A. S.) Gemiddeld 5000 M. boven de oppervlakte der aarde. Vormen een dichten grauwen sluier, gelijken veel op Ci. S.. maar missen het vederachtige der uiteinden. Bij het opkomen van slecht weder worden de Ci. gewoonlijk door Ci. S. en A. S. gevolgd.

6. Strato-Cumulus (S. Cu.) Groote donkere wolken, gemiddeld 2300 M. boven de oppervlakte der aarde. Gelijken op A. Cu., maar zijn donkerder en grooter, bedekken soms den geheelen hemel, komen voornamelijk in den winter voor.

7. Nimbus (N) Gemiddeld 1500 M. boven de oppervlakte der aarde. Dikke donkere regenwolken zonder scherpe vormen, met gerafelde randen. Brengen langdurigen regen. Tusschen de openingen door ziet men A. S. Dikwijls lost een nimbuswolk zich op in kleine flarden, die snel voorbijtrekken.

8. Cumulus (Cu.) Dikke witte stapelwolken. Hoogte veranderlijk. Hebben sterk gewelfde koppen en ontstaan bij snel opstijgende lucht en rustige atmosfeer, (dus vooral tusschen de tropen.) Tegen den avond (dalende luchtstroom) verdwijnen zij gewoonlijk.

9. Cumulo-nimbus. (Cu. N.) Onweerswolken.

10. Stratus (S.) Laag zwevende nevels. Gemiddeld 700 M. boven de oppervlakte der aarde. Brengen gewoonlijk geen regen maar geven de lucht een betrokken aanzien.

Bewolking. Wordt uitgedrukt in tiende deelen van het zichtbaar uitspansel, waarbij 0 geheel onbewolkt, 10 geheel bewolkt voorstelt.

Wind.

Bij 't noteeren van den wind vult men de werkelijke richting en kracht in, niet de grootheden die men rechtstreeks waarneemt. Bij matigen wind kan men de ware richting zeer nauwkeurig bepalen door te letten op de koppen der golfjes, hetgeen vooral bij groote vaart van het schip nuttig is, omdat het verschil tusschen ware en schijnbare richting dan zeer groot worden kan. Men schat de windkracht door de ervaring; de richting wordt steeds *rechtwijzend* vermeld.

Ingeval de wind zeer flauw is, wordt de richting nog 't best geschat door 't opsteken van een natten vinger en te constateeren waar men 't eerst koude gewaar wordt.

Beaufort-schaal.

N°.	Snelh. in M. p. sec. tot:	Druk in KG. p. M². tot:	Maatstaf	
			Voor zeilschepen (bij den wind).	Voor stoomschepen.
0	1,5	0,3	Stilte.	Stilte.
1	3,5	1,5	het schip stuurt.	flauw en stil.
2	6,0	2,4	1—2 mijls vaart.	flauwe koelte.
3	8,0	7,9	3—4 mijls vaart.	lichte koelte.
4	10,0	12	5—6 mijls vaart.	matige koelte.
5	12,5	19	met b/br. zeils.	frissche bries.
6	15,0	28	bramzeils en 1 rif in de m/z.	stijve bries.
7	18,0	40	2 reven in de m/z.	harde wind.
8	21,5	57	3 reven in de m/z.	stormachtig.
9	25,0	77	dichtger. m/z. en o/z.	storm.
10	29,0	103	dichtger. gr. m/z. en ger. fok.	zware storm.
11	33,5	138	stormstagzeilen.	zeer zware storm.
12	40,0	196	orkaan.	orkaan.

De druk is benaderd bij 15° C. temperatuur, dus een dichtheid der lucht = 0,001225, waaruit ongeveer: druk in KG. = 0,1225 v^2 wanneer v de snelheid in meters is. Voor een barometerstand = H en een temperatuur van t° C. kan men den theoretischen winddruk *benaderen* naar de formule:

$$K = v^2 \times \frac{1,24}{1 \times \alpha\, t} \times \frac{H}{76 \times 9,81} \text{ Kilogram.}$$

Tabel tot het bepalen van ware windkracht en richting.

VAART VAN HET SCHIP.

4 Mijl.

Kracht van den schijnbaren wind.	Schijnb. windrichting (streken.)						
	2	4	6	8	10	12	14
Ware richting en kracht.							
1	3 / 1	5 / 1	7 / 1	9 / 1	11 / 1	12 / 2	13 / 2
2	3 / 1	6 / 1	8 / 2	10 / 2	11 / 2	13 / 3	15 / 3
3	3 / 2	5 / 3	7 / 3	9 / 3	11 / 4	13 / 4	14 / 4
5	5 / 4	7 / 5	8 / 5	9 / 5	11 / 5	13 / 6	14 / 6
6	5 / 4	7 / 6	9 / 6	9 / 6	11 / 7	12 / 7	14 / 7
8							

7,5 Mijl.

Kracht van den schijnbaren wind.	Schijnb. windrichting (streken.)						
	2	4	6	8	10	12	14
Ware richting en kracht.							
1	9 / 1	10 / 1	11 / 1	12 / 2	13 / 2	14 / 3	15 / 3
2	5 / 1	8 / 1	10 / 2	11 / 2	13 / 3	14 / 3	15 / 4
3	4 / 2	7 / 2	9 / 3	10 / 3	12 / 4	13 / 5	15 / 5
5	3 / 3	5 / 4	8 / 5	10 / 5	11 / 6	13 / 6	14 / 6
6	5 / 6	7 / 6	9 / 8	9 / 8	11 / 7	13 / 7	14 / 7
8	5 / 7	6 / 7	8 / 9	9 / 8	11 / 8	13 / 8	14 / 9

12 Mijl.

Kracht van den schijnbaren wind.	Schijnb. windrichting (streken.)						
	2	4	6	8	10	12	14
Ware richting en kracht.							
1							
2	10 / 1	11 / 2	12 / 3	13 / 3	13 / 4	14 / 4	15 / 5
3	6 / 1	8 / 2	10 / 3	11 / 3	13 / 4	13 / 5	15 / 5
5	4 / 3	6 / 4	7 / 5	9 / 5	10 / 6	12 / 6	14 / 7
6	3 / 4	6 / 5	8 / 6	9 / 7	10 / 7	13 / 8	14 / 8
8	3 / 6	6 / 6	7 / 7	9 / 8	10 / 8	13 / 9	14 / 9

15,5 Mijl.

Kracht van den schijnbaren wind.	Schijnb. windrichting (streken.)						
	2	4	6	8	10	12	14
Ware richting en kracht.							
1							
2	12 / 1	12 / 2	13 / 3	13 / 3	14 / 4	14 / 5	15 / 5
3	8 / 1	10 / 2	11 / 3	12 / 4	13 / 5	14 / 6	15 / 6
5	4 / 2	8 / 3	9 / 4	11 / 5	12 / 6	14 / 7	15 / 7
6	4 / 4	7 / 5	9 / 6	10 / 7	12 / 8	13 / 8	15 / 8
8	3 / 5	6 / 6	8 / 7	10 / 8	12 / 9	13 / 9	14 / 10

Voorbeeld :

Gegeven: vaart = 12 mijl.
Schijnb. windr. = 6 streken
Schijnb. windkr. = 6 .
dus ware windr. = 8 streken
en ware windkr. = 6.

Gegeven: vaart = 7,5 mijl.
Schijnb. windr. = 12 streken
Schijnb. windkr. = 6
dus ware windr. = 13 streken
en ware windkr. = 7

NOTA. De streken zijn van af het voorschip gerekend.

Windrozen, enz.

Aangezien het aantal windrozen van uiteenloopend beginsel legio is, worden er slechts enkelen vermeld.

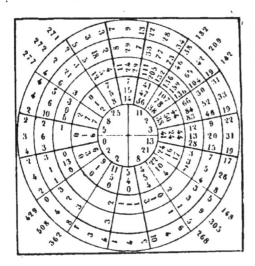

1°. **Windroos van Maury.** De eenheid van oppervlakte is een veld van 5° Lengte bij 5° Breedte. Alle windrichtingen zijn op 16 streken gereduceerd, zoodat de roos evenzooveel sectoren bevat. De tijdseenheid is 8 uur. zoodat als werkelijk waargenomen winden vermeld worden diegene welke 8 uur lang overheerschend geweest zijn. De cijfers worden ingevuld overeenkomstig den sleutel figuur A.

De inwendige cirkel dient tot het opteekenen der windstilten, zoo zijn in Januari 2, in October 8 keer windstilten van 8 uren duur genoteerd.

De vier concentrische ringen zijn elk aan een stel van drie maanden gewijd. In elken sector wordt dan het aantal waarnemingen aangeteekend. Zoo is b. v. in Januari de W.Z.W. wind 4 maal 8 uren lang waargenomen.

In de hoeken staat aangeteekend het totaal aantal waarnemingen dat voor elke maand is gebezigd.

Feitelijk blijft den gebruiker dus over het berekenen der windpercenten.

Zoo ziet men dat in Januari de kans op Noordelijken wind is als 9 : 209 of 4,5 %.

2°. **Windroos gebezigd op de Algemeene Windkaart,** uitgegeven door het Kon. Ned. Met. Instituut (1860).

In elk vijfgradenveld treft men vier reeksen elk drie windrozen bevattende aan. De bovenste rij heeft betrekking (van links naar rechts gaande) op de maanden December, Januari, Februari: de volgende op Maart, April. Mei; enz. Elke windroos is voorzien van een centralen ring, van waaruit *met* den wind wijzende pijlen getrokken zijn welker lengte bepaald wordt naar de schaal 1 mM. = 5 %.

De centrale kringen zijn naar omstandigheden verschillend geharceerd waarbij is in acht genomen.

wit	beduidt	0 — 5 $\%$	windstilten.
horizontaal gestreept	„	5 — 10 „	„
vertikaal gestreept	„	10 — 15 „	„
schuin gestreept	„	15 — 20 „	„
overkruis gestreept	„	20 — 30 „	„
half zwart	„	30 — 40 „	„
zwart	„	40 — 50 „	„

3°. **Windroos gebezigd in de Atlassen voor den Indischen Oceaan,** uitgegeven door het Kon. Ned. Met. Instituut.

De windrichting is afgezet, zoodanig dat de pijlen van uit het middelpunt gerekend de windrichting aanwijzen. 100$\%$ kans op een bepaalden wind wordt door 50 mM. voorgesteld en zoo naar evenredigheid. In elk vak is het totaal aantal waarnemingen opgegeven met het aantal windstilten er onder.

4°. **Windroos** gebezigd in het werk van Dr. J. P. van der Stok: *Winds and Weather etc. in the Indian Archipelago*".

Voor elke maand, worden twee rozen gegeven, één voor de dag- en één voor de nachturen. Een straal van 50 mM. afgezet van uit den omtrek van den kleinen cirkel, geeft 100 $\%$ kans aan; de windrichting wordt afgelezen in de richting naar het centrum toe.

Mist.

Soms doen zich teekenen voor, die mist aankondigen, en waardoor men haar als zij geen al te groote uitgebreidheid heeft kan ontgaan. Mistbanken die soms lang van te voren te zien zijn wijzen van zelf uit in welken koers men ze wellicht vermijden kan. Om verder te bëoordeelen of er kans is op mist lette men goed op wind, psychrometer en temperatuur der zee, daarbij in het oog houdende dat mist ontstaan kan in de navolgende gevallen:

1°. Wanneer vochtige wind strijkt over land, water of ijs dat kouder is dan de luchtstroom zelf. Deze wordt dan afgekoeld en de overtollige waterdamp wordt in fijne blaasjes afgescheiden. Om deze reden is mist ook dikwijls een voorbode van warmer winden en zachter weer.

2°. Wanneer het water warmer is dan de lucht en verdampt in grooter hoeveelheid dan door de lucht kan worden opgenomen. (Dit verschijnsel is op rivieren dikwijls 's morgens vroeg waar te nemen).

Roode mist. Nabij de Kaap Verdische eilanden waait veelal stof uit de Sahara over, bekend als roode mist. Hetzelfde verschijnsel komt in de Roode Zee en de Golf van Aden voor.

Vorst en IJs.

Nachtvorst. Ligt het dauwpunt boven het vriespunt, dan zal zoolang het dauwt, de temperatuur niet licht dalen beneden het vriespunt en is de kans op nachtvorst gering. Zijn bijv. de aanwijzingen van den psychrometer 8° en 12° dus het dauwpunt 2°,8 dan volgt daaruit dat geen vorst waarschijnlijk is. [1]

IJsblink zichtbaar 20 à 30 D.G.M.

---

[1] Toch kan men tusschen de tropen soms ijs maken door kleine aarden dammen aan te leggen van 1 dM. hoogte waarmede men vierkanten vormt over 1 à 1,5 M. zijde. Men legt dan stroo in die vakken en plaatst op dat stroo vlakke schalen met water, dat dan door de uitstraling ijs kan worden, doch alleen als de lucht stil en helder is.

IJsbergen. Deel onder water staat tot deel boven water als 6 : 1. Bij ontmoeting met ijsbergen trachte men deze aan loevert te passeeren en niet te naderen, daar zij soms kapseizen en vergezeld gaan van schollen. Zij doen zich des nachts voor als witachtige wolken aan de kim en geven, wanneer zij met sneeuw bedekt zijn, een flikkerend schijnsel af. Op grooten afstand, hoort men de branding tegen den voet slaan. In hoeverre de zeethermometer voor hunne nabijheid waarschuwt is twijfelachtig; wellicht neemt men alleen aan de lijzijde eenige daling waar, aangezien het gesmolten water sneller wegdrijft dan de berg. Dikwijls zijn ijsbergen door een mistbank omgeven waarop men bij de navigatie dient te letten.

Grondijs. Een verschijnsel dat soms op rivieren (Elbe) voorkomt, is de vorming van ijs op den bodem dat onverwacht kan loslaten en naar boven kan komen.

IJs in den N. Atlantischen Oceaan.

Dec. t/m. Febr. Weinig ijs en niet zuidelijker dan 45° N B noch beöosten 46° W L.

Maart t/m. Mei. Veldijs, soms ook bergen benoorden 40° N B en bewesten 40° W L.

Juni t/m. Aug. Weinig veldijs, meer bergen benoorden 40° N B soms 37° N B en bewesten 38° W L.

Sept. t/m. Nov. IJs zeldzaam.

IJs op het zuidelijk halfrond. In November, December en Januari komen de meeste, in Juni en Juli de minste ijsbergen voor. In Februari is de grens in den Zuid Atl. Oceaan 39° Z Br, in Augustus 45° Z Br. Afzonderlijke schollen komen zelfs in de nabijheid van het Kaapland voor. Globaal kan men dus zeggen dat de grens loopt van Kaap Hoorn langs de Falklands en Gough eilanden naar de Kaap de Goede Hoop. Tusschen deze kaap en van Diemensland ligt de grens op 40° Z Br., tusschen Nieuw-Zeeland en Kaap Hoorn op 42° Z Br.

Zee.

In de meteorologische journalen gebruikt men de volgende afkortingen:

0	vlak.	5	aanschietende zee.
1	kabbelend.	6	wilde zee.
2	lichtgolvend.	7	hooge zee.
3	golvend.	8	zeer hooge zee.
4	zee.	9	buitengewoon hooge en wilde zee.

In oudere journalen vindt men: **K** kalm, **G** golvend, **Z** zee, **H Z** hooge zee, **D** deining, **H D** hooge deining, **L D** lange deining. In 't algemeen kan men zee of toename in onstuimigheid verwachten wanneer stroom en wind tegen elkaar in gaan.

Oplettendheid ten aanzien van weersverschijnselen.

Weerkennis en het door den zeeman gewaardeerde „zicht op het weder" zijn alleen te verkrijgen door waarneming van het weer in verband met de bekende normale verschijnselen en de aanwijzingen der instrumenten, die evenwel niets anders geven dan een maatstaf van den toestand *op het oogenblik der waarneming* en zonder oordeelkundige waardeering, voor de praktijk toch nietszeggend zijn. Men moet steeds goed acht geven op aanwijzing en gang der instrumenten, op kleur, vorm en drift der verschillende wolkenlagen en vooral op de waargenomen barometeraanwijzingen in verband met de te verwachten standen en gangen gedurende den tijd van het jaar of van den dag ter plaatse waar men zich bevindt. Men zal er dan, na niet al te lang tijdsverloop, meer van gaan weten dan de vraagbaak: loods. Een enkele slechts gedurende korten tijd waargenomen cirrusstreep kan de windrichting wachten, ja etmalen te voren doen voorspellen, welke in onze klimaten soms overeen zal komen met de cirrusstreep. Hooge baroneterstanden voorspellen, op zichzelf, geen fraai weer of flauwen wind, want het kan zijn dat de gradienten steil zijn en dan mag men voor 't minst veel wind verwachten.

De navolgende aanteekeningen gelden slechts onder zeker voorbehoud:

In 't Noordzeeklimaat heeten de kleuren der wolken en van het uitspansel voorteekenen van het weer als volgt:

rozenroode lucht bij zonsondergang voorspelt: mooi weer;
schijngele of helgele   , ,   ,   ,   wind;
bleekgele   , ,   ,   ,   regen;
vuurroode   , , zonsopkomst   ,   regen of. wind;
grauwe   , ,   ,   ,   veelal goed weer;

een donkerblauwe lucht zou wind, een helderblauwe mooi weer voorspellen. Gaat de zon onder, of komt zij op achter een wolkenbank dan voorspelt dit ruw weer. Fijne stationnaire wolken voorspellen mooi weer. Dauw en mist heeten voorboden van goed weer te zijn.

Heldere lucht, ongewone straalbuigingsverschijnselen, buitengewoon goed tonnenzicht (in de zuidelijke zeegaten het blinken van de Slikken) zouden veelal aan vocht en krachtigen wind voorafgaan.

Wanneer zeevogels weinig gezien worden, of zich naar land begeven, verwacht men een ommekeer; vliegen zij echter naar zee of worden zij buitengewoon ver uit den wal aangetroffen, dan verwachte men bestendig weer.

De navolgende rijmpjes heeten aan de ervaring ontleend te zijn:

The evening red and the morning grey are sure signs of a fine day;
But the evening grey and the morning red, make the sailor shake his head.

Kort voorspeld, spoedig gedaan, lang voorspeld houdt aan.
of   Long foretold, long last; short notice soon past.

Een krans om de maan kan nog gaan, maar een krans om de zon:
Daar huilen vrouw en kinderen om.

When the glass falls low, prepare for a blow;
When it rises high, let all your kites fly.

When rise begins after low, squalls expect and clear blow.

Buien kunnen zeer plotseling invallen, zonder eenig voorteeken; dit zijn de gevaarlijke droge buien of zengen.

Meestal ziet men de buien opkomen aan de kim; er komen kopjes op de golven, de zee begint te bruisen. Een buiige wolk waar men onderdoor kan zien gaat gewoonlijk gepaard met minder wind, dan een samenhangende wolk die gedeeltelijk onder de kim is. Komt de bui snel opzetten en verandert de wolk voortdurend van gedaante, dan verwachte men meer wind dan wanneer hij langzaam komt opzetten en zijn vorm behoudt.

Witte buien komen uit een wit wolkje. Zijn waarschijnlijk dikwijls hoozen, waarbij weinig condensatie van waterdamp plaats heeft terwijl de zee als bij een waterhoos opbruist. Komen vooral in W. Indië en nabij Vuurland voor.

Men denke aan de rijmpjes:

Komt de wind al voor den regen,
dan kan de boel er wel tegen;
Maar komt de regen voor den wind,
berg dan de bramzeils maar gezwind.

Algemeene en bijzondere opgaven betreffende den wind.

Algemeene luchtcirculatie. Het verschil in temperatuur tusschen de poolstreken en de verzengde luchtstreken veroorzaakt op de, als stilstaand aangenomen, aarde een luchtstrooming in meridionalen zin. Aan den equator stijgt de lucht op en vloeit in de bovenlagen poolwaarts, zakt in de poolstreken neer en stroomt equatorwaarts terug. Het scheidingsvlak van de vertikale beweging ligt ongeveer op 30° breedte.

De draaiing der aarde doet evenwel deze lucht steeds naar rechts (Z. halfrond naar links) afwijken. In de bovenlagen ontstaan hierdoor zeer krachtige winden uit een richting bezuiden het Westen (Z. halfrond benoorden het Westen). In de benedenlagen zouden de winden uit eene richting benoorden (Z. halfrond bezuiden) het Oosten waaien, doch poolwaarts van de 30e parallel komen zij niet tot ontwikkeling, daar de snelheid der dalende W. winden grooter is. De naar den equator terugvloeiende lucht waait dus hier uit een richting benoorden (Z. halfrond bezuiden) het Westen; alleen langs de oppervlakte waaien de winden uit een richting bezuiden (Z. halfrond benoorden) het Westen. Tusschen de parallellen van 30° N. Br. en 30° Z. Br. waar geen neerdaling — wel opstijging — van lucht plaats heeft, komen de NO. en Z.O. passaten tot ontwikkeling.

Bij westelijke winden is de draaiingssnelheid der lucht (en dus de middelpuntvliedende kracht) grooter dan die der aarde, zoodat de lucht zich equatorwaarts verplaatsen moet en eene opeenhooping veroorzaakt zoolang tot de daaruit voortvloeiende tegendruk evenwicht maakt met den druk naar den equator. Bij oostelijke winden verkrijgt men om soortgelijke redenen eene opeenhooping van lucht naar de poolzijde. Tengevolge van de heerschende winden aan de oppervlakte ontstaat dan aan de poolzijde van de 30e parallel een gebied van betrekkelijk hoogen druk; terwijl zich aan de poolzijde van het gebied van Westelijke winden (dus op hooge breedte) en aan de equatorzijde van de passaten (dus aan den equator) een gebied van lagen dampkringsdruk ontwikkeld heeft.

Daar de oppervlakte der aarde niet homogeen is en de declinatie der zon steeds verandert, komen op dit algemeene stelsel tallooze afwijkingen voor.

Algemeen windsysteem. Doordat des zomers de continenten sterk worden verhit, treft men in die jaargetijden gebieden van lagen druk aan boven de vaste landen en gebieden van hoogen druk boven de zeeën. Des winters zijn die gebieden van plaats verwisseld. De rondom die gebieden waaiende winden gedragen zich overeenkomstig hetgeen de wet van BUIJS BALLOT leert.

Zoo ligt in Juli een gebied van lagen druk boven de Himalaya; dus waait in den Indischen Oceaan en de Chineesche zee een ZW.wind. Boven Australië ligt daarentegen een centrum van hoogen druk; dus waaien ZO.winden over Java en de Kleine Soenda-eilanden In Juli strekt zich een centrum van hoogen druk uit van de Bermudas tot de Azoren; daarom waait langs de Portugeesche kust de „Portugeesche Noord", terwijl West Europa ZW.wind ondervindt.

In Januari ligt boven Azië een gebied van hoogen druk en daarom waait in de Indische en Chineesche zee NW.wind. Boven Australië is de luchtdruk gering en waait dus op Java Westmoesson. Nabij IJsland ligt een gebied van lagen druk boven de zee, zoodat W.-Europa ZW.wind ondervindt.

Verder zie men de kaartjes.

Moessons. Zijn a. h. w. land- en zeewinden in het groot. Wanneer b. v. 's zomers de hoogvlakten van Azië sterk zijn verhit, stroomt koelere lucht uit den Indischen Oceaan als ZW. moesson toe. Overigens houdt deze ZW. moesson nauw verband met den ZO. passaat, die, op 't noordelijk halfrond gekomen, naar rechts ombuigt. 's Winters als de hoogvlakten van Azië sterk zijn afgekoeld, stroomt de koele lucht als NO. passaat naar de zee. Zoo veroorzaakt het vasteland van Australië in de zomermaanden (Oct.—April) westmoesson op de Soenda-eilanden en in de wintermaanden (April—Oct.) oostmoesson. (Zie verder hierachter blz. 288 vlgg). Dergelijke moessons treft men ook nabij Kaap Palmas aan, evenals in Spanje eenigermate het geval is, waar gedurende de zomermaanden een soort moesson van alle zijden op de kust gericht kan zijn.

Land- en Zeewind. Wordt overdag het land sterk verwarmd, dan wordt de onderste lucht-laag mede sterk verhit en stijgt op, terwijl de koelere lucht boven de zee aanwezig, als zeewind haar plaats komt innemen. Later op den dag en gedurende den nacht, koelt de aarde sneller af dan de zee, dus ook de luchtlagen boven het land sneller dan boven het water en eerstge-noemden zullen dientengevolge als landwind naar de kust en naar zee stroomen. Op de richting van zee- of landwind kan de aardrotatie invloed hebben, terwijl ook de kracht versterkt of ver-zwakt kan worden door overheerschende passaten of moessons, zoodanig dat een van beide nauwlijks bespeurd wordt. Op Java wordt de zeewind niet hooger dan tot 2500 voet waargenomen en verliest de NW moesson boven de 5000 voet hare kracht, terwijl boven de 6000 voet de passaat bestendig doorstaat. Land- en zeewind staan krachtigst door, waar zich gebergten nabij de kust bevinden.

Afwijking nabij zeestraten. Boven zeeëngten trekt de wind — althans in de onderste lucht-lagen — gewoonlijk in de richting van de straat, het land als het ware mijdende — men denke aan Straat Gibraltar en vele Indische zeestraten.

Invloed van de getijden op den wind. Ter plaatse waar veel verval van water is, kan het gebeuren dat de getijden de windrichting wijzigen, waarvoor echter geen regels zijn op te geven. Dit geschiedt b. v. bij Guernsey en Alderney (zie Channel Pilot) en op sommige plaatsen in den O. I. Archipel.

Wegen der depressiën. Houdt men in het oog, hoe de wind zich beweegt rond eene depressie of rond een gebied van hoogen druk (zie hierna barometrische maxima en minima), dan kan men in 't algemeen zeggen dat de gewone depressies zich om de uitgestrekte gebieden van hoogen en lagen druk bewegen, in denzelfden zin als de winden om cyclonen en anti cyclonen. Echter is ook de temperatuursverdeeling van veel invloed.

Opgave van de gemiddelde grenzen der passaat en moessongebieden enz.

A. *Atlantische Oceaan.*

Maanden.		Jan. Febr. Maart.	Apr. Mei. Juni.	Juli. Aug. Sept.	Oct. Nov. Dec.
N.O. passaat.	N. grens.	lijn Madeira-Havana	lijn K. St. Vincent-Havana.	lijn van 10° W L. en 34° N B. naar de Bahamas.	lijn Canarische eiln.-Havana.
	Z. grens. (a	2° N B.	3° N B.	11° N B.	6° N B.
Z.O. passaat.	N. grens. (b	de linie.	1° N B.	lijn van 10° W L. en 2° NB. naar 40° WL. en 5° NB.	3° N B.
	Z. grens. (c	lijn K. Goede Hoop-K. Frio.	als Januari.	als Januari.	als Januari.
Regentijden.		Guyana en N. Brazilië. Afrika bezuiden de linie.	Guyana, Brazilië en Afrika benoorden de linie in Mei en Juni; Caraib. zee in Juni.	West Indië en Afrika benoorden de linie, Brazilië in Juli en Augustus	Guyana in Decem-ber, Afrika bezuiden de linie in Nov. en Dec.

W. I. Cyclonen: *June* too soon, *July* stand by, *August* look out you must, *September* remember, *October* all over; zie blz. 287.

a. Tusschen K. Verd en Siërra Leone veranderen winden en stroomen nog met de s
Van Juni tot September ZW. wind en stroom om de NO. Van October tot Mei NO wind
om de ZO.

b. Onder de Braziliaansche kust bezuiden Bahia komen NNO.—O. winden voor van G
Maart, anders ZW.—ZO. wind van April tot September.

c. Z. en ZW. winden komen op de W.kust van Afrika bezuiden Siërra Leone het geh
voor. Een lijn van Walvisch baai—Kaap Palmas is de grens tusschen deze winden en
passaat.

B. *Indische Zee en Zuidelijke Zee.*

	1^e. Arabische Golf.	2^e. Golf van Bengalen.	3^e. Chineesche
November--Maart	NO. moesson kracht matig, fraai weer.	NO. moesson kracht matig, fraai weer.	(October—Ap NO. moesso sterk in Nov. De
Mei--September.	ZW. moesson zeer krachtig met slecht weer in Juni en Juli; neemt in Augustus af.	ZW. moesson krachtig, overigens als in Arab. golf.	ZW. moesso flauw, regen, is sterkst in Juni, J Augustus.
Cyclonen . . .	In April en Mei en van October—December.		Typhonen van Juli—Noven

4^e. Kanaal van Mozambique.

	Van 2° N.Br.—3° Z.Br.	Van 3° Z.Br.—Sofala.	Zuidelijk deel.
Januari	N. winden en stilten.	Variabel, zwak N., of stilten.	Variabel en zwak wind.
Juli	Zwakke Z. winden.	Zwakke ZO. winden.	Zwakke ZO. wind.

5^e. Van af de linie tot de parallel van 10° Z.Br.

November—Maart. NW. moesson doch zwak en met vele stilten, terwijl van de Seychel
Afrik. kust NO. moesson waait.

Mei tot September. ZO. passaat, doch zwak en met vele stilten benoorden de 4° Z.Br.
over tot ZW. tusschen den 80^{en} lengtegraad en de Sumatraansche kust.

6^e. Tusschen de parallellen van 10° en 27° Z.Br.
ZO. passaat. Cyclonen van December tot April doch meest in Februari.

7^e. Indische Archipel. (Zie hierna blz. 288 vlgg).

8^e. Zuidelijke zee.

Van den meridiaan K. Goede Hoop tot 95° OL.	Van 95° OL tot meridiaan van Melbou
en tusschen 35° en 40° ZBr.	
Januari W. winden, flauw—krachtig.	Januari ZW. en Z. winden, flauw.
Juli W. winden, krachtig.	Juli W. winden, **krachtig**.

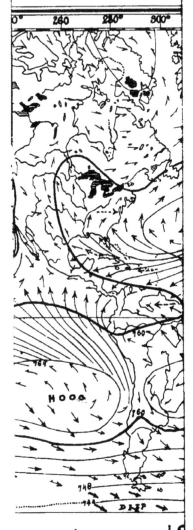

260°   280°   300°

IS

el en 45° Breedte)

Stormachtige winden

matige winden

zwakke winden

0°   100°   80°   60°

9e. Bezuiden de 40° ZBr.

	tot 50° OL.	tot 95° OL.	tot 122°.5 OL.	tot 155° OL.
Januari .	WNW., krachtig.	NW.—WNW., krachtig.	W. krachtig.	WNW., flauw-krachtig.
Juli . .	WNW., krachtig.	NW.—WNW., z. krachtig.	WNW., krachtig.	WNW. krachtig.

Bijzondere benamingen voor verschillende windverschijnselen.

Zonnewind, noemt men een wind die in den loop van den dag met de zon mede geloopen is.

Bakstagwind, wind die vier streken achterlijker dan dwars inkomt.

Labberkoelte, flauwe koelte, waarbij een schip stuur heeft.

Windstilte, Om te beoordeelen of er nog wind is en waar die van daan komt: vinger nat maken en omhoog steken, letten op kopjes op het water.

Huiken en guiten, (oud-hollandsch), het krijten en razen van den wind.

De wind is wieuw (waauw), (oud-hollandsch), de wind is kwaad (goed).

Zeevlam, is het vochtig neerslag dat men ziet neerdalen, wanneer in den vooravond de zee- wind over het reeds afgekoelde land strijkt.

The wind veers, draait.

„ „ **shifts,** draait van links naar rechts.

„ „ **backs,** draait van rechts naar links.

„ „ **lulls,** raast.

Gusts and squalls, Hieronder verstaan de Engelschen buien en zengen, ruk- en valwinden.

Doldrums, flauwe en warrelende koelten.

Etesiën en Tramontanen, Noordelijke winden, voorloopers van den passaat, die over de Mid- dellandsche Zee strijken.

Scirocco, heete en droge wind over Sicilië en Z. Italië, die vooral wordt waargenomen indien er een krachtig centrum van lagen druk, uit Afrika afkomstig, boven de Tyrrheensche Zee ligt. Gelijktijdig met dien scirocco kan dan boven de Golfe du Lion mistral voorkomen. Te Palermo gemiddeld 12 scirocco-stormen per jaar. Temperatuur 's nachts tot 35° C. Veel zand in de lucht, zoodat de zon moeilijk te zien is en de hemel zich geelachtig of rood vertoont. Andere namen voor Scirocco-verschijnselen zijn: In Italië: Maledetto of Molezzo; in de Adriatische Zee: Furiante; in Spanje: Leveche; in N.-Afrika: Samoem; op Madera: Leste; in Egypte: Chamsin.

Mistral, NW. wind, die dikwijls 's winters over de Golfe du Lion waait met hevige vlagen, doch droge en heldere lucht geeft. Veelal gaat hij tegen den avond liggen en steekt tegen den morgen op. Op Sicilië noemt men den verzwakten mistral: Mamatele.

Bora, NW.—NO. wind boven Dalmatië, die veel overeenkomst met den Mistral heeft. In Italië en op Malta heet de NO. wind: Greco.

Northers, Soortgelijk verschijnsel als Mistral en Bora, voorkomende in de Golf van Mexico.

Levanter of Solano, O. wind in straat Gibraltar.

Liberator of Ponente, W. wind in Straat Gibraltar.

Ventu di Sole en Chocolatero, Oostewind in Italië.

Brisa parda, Sterke N. wind op de Canarische eilanden.

Sharki of Kdus, ZO. wind in de Golf van Perzië, **Schemal** een NW. wind aldaar.

Kita, Z. tot ZW. wind in de Golf van Siam.

Harmattan, ONO.—OZO. wind op de Westkust van Afrika (December—Februari.)

Föhn, in Zwitserland en de noordelijk gelegen vlakten. Waait in voorjaar en herfst en dan van

ZW.—ZO. Op Groenland oostelijke Föhn tengevolge van een barometrisch minimum boven Davisstraat. Deze voert de temperatuur 10 à 20° C. op. Dergelijke Föhn-verschijnselen komen ook elders voor, b. v. nabij Makassar. Als men n. l. te Makassar W. moesson heeft, is het aan de Golf van Boni goed en helder weer.

Bergwind, Vooral bij Straat Magellaan en Kaap Hoorn. Overdag gaat een warme stroom berg-opwaarts en 's nachts dalwaarts. Komen soms zoo geregeld voor, dat men uit 't wegblijven weersverandering voorspelt.

Williwaws, Straat Magellaan. Zijn draaiwinden tusschen de bergen na stormen in de Zuidzee.

Gronggong, (Pasoeroean) en **Gĕnding** (Probolinggo). Op Oost-Java waait tusschen de bergen door, van den voormiddag tot den avond een sterke zuidenwind, gronggong of gĕnding geheeten Is een zeewind die als in een trechter geperst, groote kracht verkrijgt.

Broeboer, O.-lijke winden, die in de omstreken van Makassar in de maanden Juli en Augustus waaien, veel kalkstof mêebrengen en soms asthma bevorderen.

Tornado's, Lokale stormen, tusschen de tropen voorkomende. Na zeer warme dagen kan het gebeuren dat de opstijgende warme lucht hooger op wordt afgekoeld, waardoor wolken ontstaan die verdere uitstraling beletten. Er rust dan een laag dichte lucht op een laag ijle lucht, tot het evenwicht zich plotseling herstelt met geweldigen neerslag en onweer gepaard. Tornado's worden veelal aangekondigd door een donkere wolk, die snel aan de kim omhoog stijgt (olho de boi).

Northwesters, Zware onweersbuien in de Golf van Bengalen.

Chubasco, Zeetornado bij Midden Amerika.

Sumatraan, Naam van buien in Straat Malaka, die zich aankondigen door een snel opstijgenden gewelfden wolkenboog, vallen zeer plotseling in.

Baquio, Wervelstorm op de Philippijnen.

Pampero, Hevige W. wind nabij de Rio de la Plata. Wordt veelal aangekondigd door insecten-zwermen, die door den luchtstroom in het centrum der depressie zijn opgenomen en tijdens de nog voorafgaande stilte, ver in zee worden neergeworpen.

Nebojo, ZW. storm aan de O.kust van Brazilië.

Su-estado, Hevige ZO. wind nabij de Rio de la Plata.

Waterhoos, Hiervoor te mijden door desnoods koers te veranderen. In de nabijheid loopt de wind veelal rond, zoodat het zaak is vierkante zeilen te bergen.

Het rijzen en dalen van den barometer.

De barometer leert ons eigenlijk de gezamenlijke drukking van de lucht en van den waterdamp die daarin aanwezig is.

De barometer is het belangrijkste der meteorologische instrumenten. Om hem goed te gebruiken moet men vooral kennen:

1°. De toe te passen correcties.

2°. Den gemiddelden barometerstand voor de plaats waar men zich bevindt.

3°. De dagelijksche amplitudo ter plaatse.

De gemiddelde normale barometerstanden voor de verschillende parallellen zijn in onderstaand tabelletje gegeven. Men moet er echter om denken dat dit slechts zeer algemeene waarden zijn, geldende voor de geheele parallel, niet voor een bepaald punt.

Breedte.	Noord. halfr.			Zuid. halfr.		
	Jaar.	Jan.	Juli.	Jaar.	Jan.	Juli.
°	mM.	mM.	mM.	mM.	mM.	mM.
0	758,0	757,4	758,6	758,0	757,4	758,6
5	758,0	758,0	757,9	758,3	757,1	759,5
10	757,9	758,4	757,4	759,1	757,4	760.8
15	758,3	759,3	757.3	760,2	758,2	762.2
20	759,2	760,6	757,8	761,7	759,5	763,9
25	760,4	762.0	758,8	763,2	760,8	765.5
30	761,7	763,4	760,0	763,5	761,3	765,7
35	762,4	764,1	760,7	762,4	760,6	764.2
40	762,0	763,6	760,4	760,5	759,1	761,9
45	761,5	763,0	760,0	757,3	756,3	758,3
50	760,7	762,1	759,3	753.2	752,7	753.7
55	759,7	761,0	758,4	748,2	748,2	748,2
60	758,7	759,7	757,7	743,4		
65	758.2	758,8	757,6	739,7		
70	758,6	759,0	758,2	738,0		
75	760,0	760,2	758,8			
80	760,5	760,4	760,6			

In Nederland is de gem. bar. stand 761 mM. In 1843 werd eens een bar. stand waargenomen van 715 mM. en boven de 785 mM. rijst hij zelden.

In 't Engelsche Kanaal bedraagt de hoogste stand des winters 775 mM., de laagste 736 mM.

Algemeene dag. gang van den barometer.

van 4u. DW tot 10u. VM rijzing
„ 10 „ VM „ 4 „ AM daling
„ 4 „ AM „ 10 „ PV rijzing
„ 10 „ PV „ 4 „ DW daling

} tusschen de tropen bedraagt het dage- lijksch verschil 2 mM., in koele kli- maten zelden meer dan 0.45 mM.

De barometer daalt in de navolgende gevallen:

1°. Wanneer de lucht verwarmd wordt, daardoor uitzet, wegstroomt en dus in dichtheid vermindert. (middagdaling).

2°. Als de lucht vochtig is. Waterdamp toch is lichter dan lucht, zoodat verzadigde lucht lichter is dan droge lucht. Hierdoor kan men meermalen aan het rijzen of dalen van den psychrometer (vochtgehalte) zien wat de barometer zal gaan doen en daardoor zelfs een uitschieter kunnen voorspellen.

3°. Als de lucht in opstijgende beweging is.

4°. Bij verdichting van waterdamp tot wolken of tot regen. Door de condensatie neemt de temperatuur der lucht toe en wint de opstijgende luchtstroom aan kracht, zie sub 3°. Ook verdwijnt bij regenval de waterdamp die zekere spanning bezit, met welke spanning dan de barometerstand verminderd wordt.

5°. Door beweging der lucht. Bij hevigen wind oefent de lucht minder drukking uit en staat dus de barometer lager.

6°. Wanneer de lucht van een barometrisch maximum wegvloeit, terwijl de oorzaak die het maximum schiep en staande hield, niet meer in staat is de weggestroomde lucht aan te vullen.

De barometer rijst in de navolgende gevallen:

1°. Bij afkoeling van de onderste luchtlagen waardoor deze inkrimpen en de lucht van alle kanten moet toestroomen tengevolge waarvan de dichtheid en de hoeveelheid, dus ook de druk toenemen.

2°. Als de lucht in daling begrepen is en dus de onderste lagen samendrukt.

3°. Wanneer de lucht naar eenig barometrisch minimum toestroomt en het aanvult.

Bij het waarnemen van veranderingen in den barometerstand trachte men zich dan ook wel rekenschap te geven van de oorzaken.

Barometrische Gradient.

Gradient is het verschil in dampkringsdrukking over een afstand van 60 zeemijlen en gemeten in eene richting loodrecht op de isobaar eener bepaalde plaats. Aan de Noordzeekusten gaat een gradient van 4 mM. gewoonlijk reeds met stormachtigen wind gepaard. De regel dat een steile gradient met krachtigen wind gepaard zou gaan, gaat niet altijd op. Zoo regelt de luchtbeweging zich niet alleen naar den toestand zooals die op een gegeven oogenblik is, doch de beweging waaronder de luchtdeeltjes zich voor dien tijd bevonden, doet nog eenigen tijd zijn invloed gelden. Komt dus de lucht uit een toestand van betrekkelijke rust, dan zal het eenigen tijd duren vóór de windkracht evenredig met den gradient is. Omgekeerd, is de lucht afkomstig uit lagen die grooter bewegingssnelheid hadden dan met den gradient overeenkomt, dan duurt het eenigen tijd voor zij die meerdere snelheid verliest.

Verschillende stelsels van verdeeling der luchtdrukking.

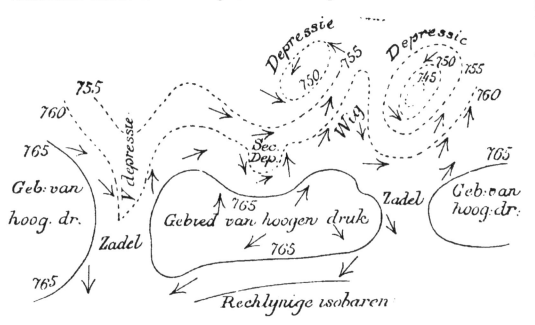

1°. Gebieden van hooge drukking; toelichting overbodig.

2°. Zadel; scheidt meermalen gebieden van hooge drukking vaneen. In 't zadel is de dampkringsdrukking iets lager dan in de centra van hooge drukking. Gewoonlijk is het er stil en somber weêr, 's zomers gepaard met onweders.

3°. Wig; uitlooper van een gebied van hooge drukking dat twee depressies van elkaar scheidt. Aan de voorzijde heeft men mooi weêr, aan de achterzijde buiig; wind loopt snel rond bij 't passeeren van de centrale lijn.

4°. V depressie. Uitlooper van een gebied van lage drukking dat twee barometrische maxima van elkaar scheidt. Aan de voorzijde gewoonlijk bewolkt en buiig; wind loopt snel rond (met hevige bui) bij 't passeeren van de centrale lijn. Achterzijde veelal helder.

5°. Depressie.

6°. Secondaire depressie.

7°. Rechtlijnige isobaren; windrichting over een groote uitgestrektheid dezelfde. Aan de zijde

Fig.1

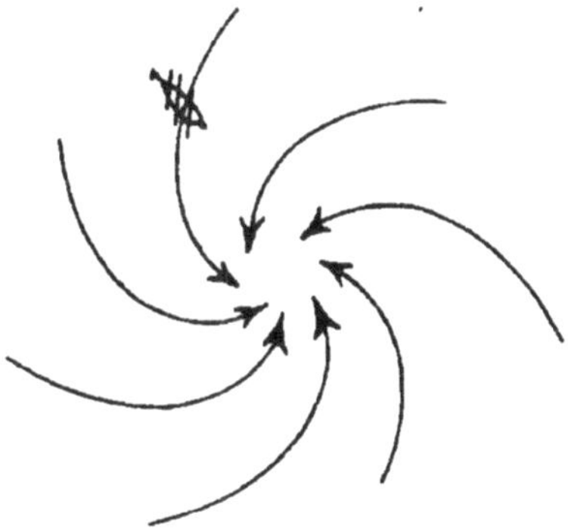

Fig:2.

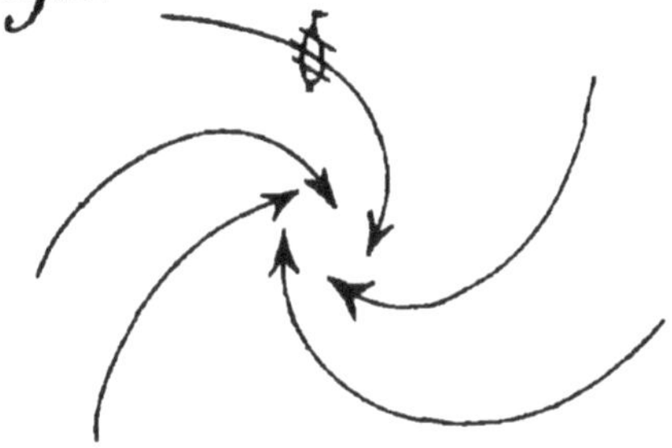

Fig:3

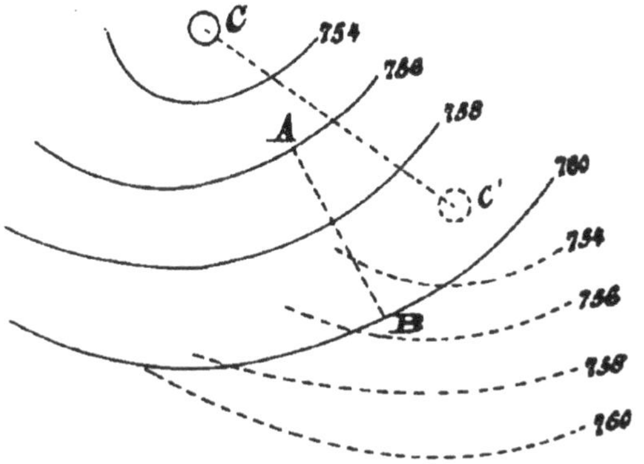

C
754
756
A
758
C'
760
B
754
756
758
760

Fig:4ª

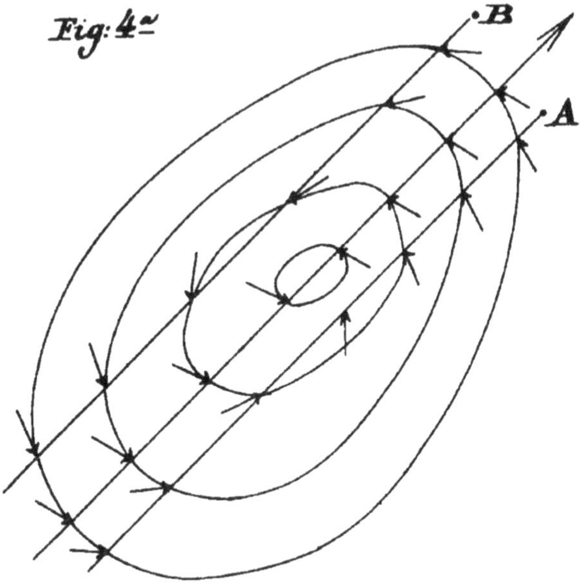

B
A

Fig:4ᵇ

1

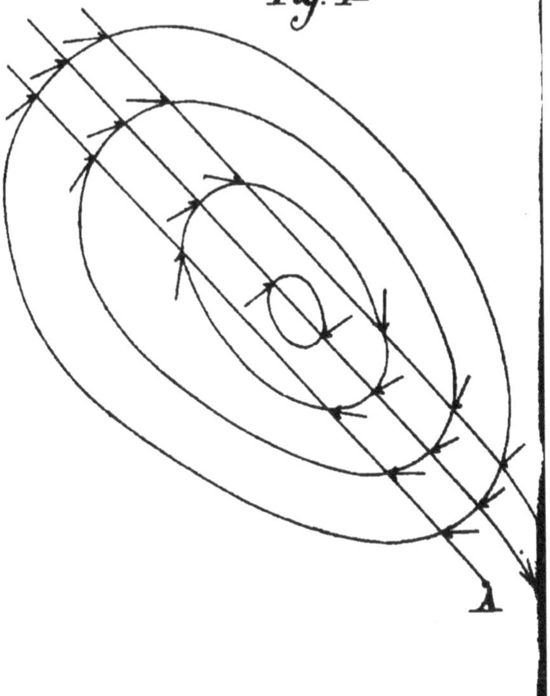

van de hooge drukking is .'t veelal helder, naar de lage drukking voortgaande toonen zich wind-
wolken gevolgd door harde strato-cumulus wolken.

Barometrische Maxima en Minima.

Algemeene windwet. Op 't $\frac{\text{Noordelijk}}{\text{Zuidelijk}}$ halfrond waaien de winden rond een barometrisch minimum $\frac{\text{tegen zon}}{\text{met zon}}$ en rond een maximum in juist omgekeerden zin. Gewoonlijk zijn de
winden rond een minimum krachtiger dan rond een maximum.

Uit fig. 1, enz. kan men zien dat een schip, dat op 't $\frac{\text{Noordelijk}}{\text{Zuidelijk}}$ halfrond het centrum eener depressie wil trachten te ontwijken, over $\frac{\text{bakboord}}{\text{stuurboord}}$ moet bijsteken; over den anderen boeg liggende
zal men juist het centrum te gemoet loopen. Wanneer men dus genoodzaakt is bij te liggen
zal men op 't $\frac{\text{Noordelijk}}{\text{Zuidelijk}}$ halfrond, zoo mogelijk $\frac{\text{bakboords}}{\text{stuurboords}}$ boeg kiezen.

Eenmaal bijliggende kan men eenige onderstelling opmaken omtrent de beweging der depressie
zelve en omtrent het gedeelte der depressie waarin men zich bevindt.

Zoo zal een schip in A, zie fig. 3 (noordelijk halfrond), bij den wind zeilende over bakboord,
na zekeren tijd in B komen. Heeft in dien zelfden tijd het centrum der depressie zich echter
verplaatst, b. v. van C naar C', dan heeft men niet den barometer zien rijzen van 756 op 760,
maar zien dalen tot 755. Had C zich in tegengestelde richting verplaatst, dan zou men sterke
rijzing hebben waargenomen. Neemt men dus aan boord van een schip dat op 't $\frac{\text{Noordelijk}}{\text{Zuidelijk}}$
halfrond over $\frac{\text{bakhoord}}{\text{stuurboord}}$ bij den wind zeilt dalenden barometer waar, dan is men aan de voorzijde der depressie. Zeilt men over den verkeerden boeg bij den wind en rijst de barometer toch,
dan is men aan de achterzijde der depressie.

Ligt echter een schip onder klein zeil bij. zoodat het zich weinig verplaatst, dan kan men
zich aan 't veranderen van den barometerstand en aan het rondgaan van den wind beter voorstelling maken van het gedeelte der depressie waarin men zich bevindt. Zoo leeren de figuren **4a**
en **4b**, dat een bijliggend vaartuig, dat zich in het rechtsche gedeelte eener depressie bevindt,
met zon draaienden wind en dalenden barometer ondervindt; in het linksche gedeelte der depressie,
draait de wind tegen zon en daalt de barometer evenzeer. Een schip dat zich ergens op de baan
van het centrum bevindt, neemt dalenden barometer waar; maar de wind blijft steeds uit denzelfden hoek, om na 't passeeren van 't centrum plotseling rond te loopen en uit den tegenge-
stelden hoek te blijven waaien. Waar men zich ook binnen de depressie bevindt, de verandering
van windrichting geschiedt het snelst wanneer het centrum passeert. Volgt op dit rondgaan van
den wind een terugloopen, dan is meestal een tweede depressie in aantocht. Vandaar 't spreek-
woord: „een krimper is een stinker".

In onze streken. Reeds eer men iets van de depressie gewaar wordt en zelfs nog een hoogen
barometerstand, soms ook mist, waarneemt, ziet men zeer hoog gelegen vederwolken uit 't Westen.
Langzaam aan begint de barometer te dalen, de hemel raakt gesluierd. losse wolken komen in
snelle vaart aandrijven. Deining begint toe te nemen, de wind loopt veelal naar 't ZO. en ZW.
Deze winden brengen gewoonlijk regen mêe (de ZO. wind is dikwijls slechts een afgeleide ZW.
wind). De barometer blijft dalen tot het centrum genaderd is, de wind die langzaam aan met

zon draaide, loopt snel naar 't NW., waarbij de barometer gaat rijzen en het wêer begint af te buien en op te klaren.

Dikwijls kan men den uitschieter van den wind zien aankomen, men wordt dan gewaar dat de lucht in 't NW. boogsgewijs opklaart.

In 't vorenstaande werd aangenomen dat de depressie, zooals ook gewoonlijk het geval is, benoorden ons langs gaat. Gaat zij bezuiden langs, dan draait de wind natuurlijk tegen zon.

Een middelpunt van hoogen druk geeft 's winters koude en dikwijls heldere lucht — soms mist; 's zomers geeft het droge hitte en heldere lucht.

Hieronder volgt een type van een hevige depressie in 't Noordzeegebied.

Storm op de Hollandsche kust van 14 – 15 October 1881.

	Terschell. bank.	Schouwen Bank.	Noord Hinder.	Terschellinger Bank.		Schouwen Bank.		N. Hinder.	
	Barometerstanden.			Windrichting en kracht.					
14 Oct.									
HW.		747.3	748.7			ZW.	9	Z.—ZZW.	8—9
DW.		744.0	744.2			ZW.	10	ZZW.	9—10
VM.		738.6	742.4			ZW.	10	ZW.—WZW.	11—10
AM.	737.0	738.0	741.4	WZW.	11	WZW.	10	WZW.	11—12
PV.	727.4	737.4	748.0	WZW.—NNW.	12—13	WZW.	11	WZW.—W.	12—10
EW.	723.5	737.0	755.2	WNW.	13	WZW.—NW.	11	NW. t. W.	9—10
15 Oct.									
HW.	722.8	743.0	758.6	NW.	Ork.	NW.	10	NW. t. W.	10—8
DW.	747.8	750.6	761.3	NW.	13—12	NW.	8	NW. t. W.	8—7
VM.	750.1	756.2	760.7	NW. t. W.	11	NW.	8	WNW.—W.	7
AM.		756.0	761.6			NW.	8	WNW.—NW	7
PV.		757.0	763.2			NW.	8	NW.—NW t. W.	8
EW.		758.0	766.4			NW.	8	NW.	8

Grootste daling per wacht 9.6 mM. (Terschellingerbank.)

Daarna rijzing in minder dan een wacht 13.2 mM.

Onderlinge luchtdrukverschillen: 14 Oct. PV. Terschell.—Schouwen = 10   mM.

14   „   „   Terschell.—N. Hinder = 20   „

14   „   EW. Terschell.—Schouwen = 13.5   „

14   „   „   Terschell.—N. Hinder = 31.7   „

Aanwijzingen voor het manoeuvreeren bij storm.

(Zie Tijdschrift „de Zee" jaargang 1900).

I. Algemeene Regels.

1. In den $\frac{\text{rechtschen}}{\text{linkschen}}$ (gevaarlijken) halven cirkel van het $\frac{\text{Noordelijk}}{\text{Zuidelijk}}$ halfrond, draait de wind naar $\frac{\text{rechts}}{\text{links}}$ en moet men bijliggen over $\frac{\text{B.B}}{\text{S.B}}$

2. In den $\frac{\text{linkschen}}{\text{rechtschen}}$ (niet gevaarlijken) halven cirkel van het $\frac{\text{Noordelijk}}{\text{Zuidelijk}}$ halfrond, draait de wind naar $\frac{\text{links}}{\text{rechts}}$ en moet men wegloopen, zoo mogelijk den wind $\frac{\text{S.B}}{\text{B.B}}$ latende inkomen; en bij rijzenden barometer willende bijliggen, dit doen over $\frac{\text{S.B}}{\text{B.B}}$

3. Derhalve in alle gevallen: bijliggen over den boeg die ruimende winden geeft.

4. Gaat de barometer voort met hard te dalen, zonder dat gedurende geruimen tijd de windrichting verandert, dan bevindt men zich waarschijnlijk op de baan vóór het centrum en moet dan lenzen, ten einde in den niet gevaarlijken halven cirkel te komen.

5. Wanneer men niet weet in welken halven cirkel men zich bevindt: bijliggen alsof men in den gevaarlijken halven cirkel was.

Blijkt uit de verandering van den wind dat men in den niet gevaarlijken halven cirkel is, dan kan men dadelijk afhouden en wegloopen of verhalzen en bijsteken over den anderen boeg.

6. Wanneer men zich nabij een cycloongebied bevindt, moet goed gelet worden op den barometer, de windrichting en de richting der wolken. Bij de schatting van de peiling van 't centrum dient men, met den rug naar den wind staande, het centrum minstens 2 streken voorlijker dan dwars te rekenen, op 't Noordelijk halfrond links, op 't Zuidelijk halfrond rechts van den waarnemer.

Op verandering van de windrichting verlate men zich niet te spoedig, doch eerder op de richting der benedenwolken die loodrecht staat op de richting waarin het centrum gelegen is.

Het radiatiepunt der cirrus en cirro-stratus wolken wijst de ligging van het centrum aan. Evenzoo ligt het centrum in de richting waarin zich de dichte wolkenbank, bij de nadering van den cycloon, boven den horizon vertoont.

Aangezien de isobaren geen regelmatige kromme lijnen behoeven te zijn en de depressies op verschillende gedeelten van den aardbol haar eigen karakter toonen, behoeft men voor verschillende streken bijzondere aanwijzingen.

II. Bijzondere aanwijzingen.

Voor oostwaarts bestemde zeilschepen in het westelijk deel van den N. Atl. Oceaan.

1. Ten noorden van 35° N. Br.

Wanneer de wind O. Z. O. of Zuidelijker is bijliggen over B.B.

, , , O. N. O. „Noordelijker „ , , S.B.

, , , O t Z. — O t N. is: N.W. sturen totdat de wind door O. N. O. gedraaid is en dan bijliggen over S.B.

2. Tusschen 35° en 30° N. Br.

Wanneer de wind O t Z. of Zuidelijker is: bijliggen over B.B.

, , , Noordelijker dan O.N.O. is: , , S.B.

, , , O. tot O. N. W. is: W. N. W. sturen totdat de wind naar N. O. gedraaid is en dan bijliggen over S.B.

3. Tusschen 30° en 25° N. Br.

Wanneer de wind Oost of Zuidelijker is: bijliggen over B.B.

   „   „   „   Noordelijker dan N. O. is   „   „   S.B.

   „   „   „   O t N. tot N. O. is: West sturen totdat de wind door N. O. is gedraaid en dan bijliggen over S.B.

Het Weerbericht en de Stormseinen.

Bij ons en in vele andere landen worden geregeld weerberichten verspreid. Synoptische kaartjes echter geven hem die zich een weinig op de Meteorologie heeft toegelegd de beste inlichtingen.

Ten onzent wordt de weersverwachting naar den onderstaanden sleutel, die wel geen toelichting vereischen zal, getelegrafeerd.

a	zwak	N. lijk	helder.	nachtvorst.	weinig verandering in temperatuur.
b	zwak tot matig.	NO. „	lichtbewolkt.	's morgens mistig, nachtvorst.	geringe toename in temperatuur.
c	matig.	O. „	gedeeltel. bewolkt.	's morgens mistig.	warmer.
d	matig tot krachtig.	ZO. „	bewolkt.	mistig.	warm weer.
e	krachtig.	Z. „	zwaar bewolkt.	mistig en sneeuw.	geringe afname in temperatuur.
f	krachtig tot stormachtig.	ZW. „	betrokken.	regenachtig en morgenmist.	kouder.
g	stormachtig.	W. „	opklarend weer.	regenachtig.	koud weer.
h	storm.	NW. „	toenemende bewolking.	regen.	guur weer.
i				regen met onweer.	vorst.
j				onweer.	strenge vorst.
k				buiig weer.	dooiweer.
l				sneeuw.	
„					
„					
z	niet in te vullen.	als voren.	als voren.	als voren.	als voren.

Voorbeeld: c a d z e beteekent dus:

Verwachting:
$\begin{cases} \text{matige} \\ \text{noordelijke wind} \\ \text{bewolkt.} \\ \\ \text{geringe afname in temperatuur.} \end{cases}$

Stormwaarschuwingsdienst bestaat thans (1900) langs de kusten der navolgende Staten:

Vereenigd Koninkrijk, Noorwegen, Zweden, Rusland, Duitschland, Nederland, België, Frankrijk, Portugal, Italië, Engelsch-Indië, Hong-Kong, China, Japan, Vereenigde Staten van N.-A., Mexico en Chili.

In **Nederland** en **Duitschland** worden de seinen naar het volgend stelsel gegeven:

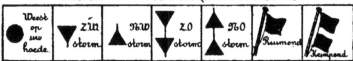

Als nachtsein wordt een roode lantaarn getoond wanneer het bericht te laat is ontvangen om nog tijdig het dagsein te doen. Deze lantaarn beteekent dus als de bal: „weest op uwe hoede." Seinen worden in Nederland op de navolgende plaatsen gedaan:

Eerste Loodsdistrict.
Delfzijl.
Schiermonnikoog.
Zeedijk tusschen Wierum en Moddergat.
Oostmahorn.

Tweede Loodsdistrict.
Harlingen.
Vlieland (Vuurduin).
Vlieland * (Posthuis).
Terschelling (West van Brandaris).
Terschelling (Dwars van Oosterend).
Ameland (West van lichttoren).
Ameland * (Dwars van Nes).

Derde Loodsdistrict.
Eierland *
Oude Schild *
Koog *
Zanddijk *
Kamperduin *
Egmond aan Zee *
Ymuiden
Zandvoort *
Stavoren *
de Ven *
Helder.
Nieuwediep.

Vierde en Vijfde Loodsdistrict.
Noordwijk aan Zee.
Katwijk aan Zee.
Scheveningen.
Ter Heide.
Maassluis.
Hoek van Holland (alleen binnenwaarts zichtbaar).
Oostvoorne.
Dordrecht.
Hellevoetsluis.
Goedereede (IJzeren Baak).
Ouddorp.
Brouwershaven.
Noord-Schouwen.
West-Schouwen.
Burgsluis.

Zesde Loodsdistrict.
West-Kapelle. *
Vlissingen. *
Nieuwersluis. *

* geen nachtsein.

België.
Een kegel met de punt omhoog: harde N. wind verwacht.
Een kegel met de punt omlaag: harde Z. wind verwacht.

Groot Brittanje en Ierland.
1°. Kegel met punt omlaag: Storm of harde wind wordt verwacht uit 't Zuiden. (Van ZO. door Z. naar NW.)
2°. Kegel met punt omhoog: Storm of harde wind wordt verwacht uit 't Noorden. (Van NW. door N. naar NO.
3°. 's Nachts, drie lantaarns in een driehoek, top als kegel.

Frankrijk.

1°. Kegel met punt omlaag: zie Engeland.

2°. Kegel met punt omhoog: zie Engeland.

3°. Kegel met punt omlaag en cilinder boven den kegel: hevige storm uit Z.

4°. Kegel met punt omhoog en cilinder boven den kegel: hevige storm uit N.

5°. Vierkante vlag (willekeurig): weder twijfelachtig, barometer neiging tot dalen.

6°. Standaard (willekeurig): weder slecht, veel zee, barometer dalende.

7°. Wimpel (willekeurig): weder beterende, barometer rijst.

8°. Vierkante vlag boven een standaard (willekeurig): ingang haven gevaarlijk.

9°. Vierkante vlag onder een standaard (willekeurig): reddingboot komt uit.

Noorwegen. Stormsignalen bij Oxö en Faerder.

1°. Kegel met punt omhoog: harde wind uit N.

2°. Kegel met punt omlaag: harde wind uit Z.

Ook te Christiania eenigszins andere seinen van den toren van Hanshaugen.

Portugal.

Geen uniform stelsel. Informaties omtrent het weder in de Golf van Biscaye, Straat van Gibraltar en Madera, wordt op verzoek gratis door de semaphoren geseind aan voorbijvarende schepen, d. m. v. het seinboek. Deze semaphoren zijn: Nossa Senhora da Luz, aan den ingang der Douro; Kaap Carvociro; Oitavos; Taagmonding; Kaap Espichel; Sagres punt.

Manoeuvres in tropische Cyclonen.

Het voornaamste kenmerk voor het naderen van een tropischen cycloon is het dalen van den barometer. Daalt deze eenige millimeters beneden den normalen stand, *daarbij in aanmerking genomen de dagelijksche daling*, dan kan men reeds de nadering van een cycloon vreezen. Blijft de barometer dalen, dan gaat men bijliggen, alsof men in den gevaarlijken halven cirkel was, dus op N. halfrond over BB., op 't zuidelijk halfrond over SB. Men tracht nu de richting van het centrum te bepalen, dat gewoonlijk samenvalt met de richting waaruit de cirruswolken komen, de cirrocumulus, alto stratus, alto-cumulus en de benedenwolken wijken achtereenvolgens 2, 4, 6 en 8 streken van die richting af. Komt eindelijk de wolkenbank op, dan ligt het centrum gewoonlijk in het dichtste gedeelte daarvan. De richting waarin het centrum voortschrijdt *is niet* te bepalen. Ondervindt men nu krimpenden wind in de zeilen, dan kan men afhouden en met den wind een streek of drie van achteren inkomende, weglenzen of indien men niet lenzen kan (land onder de lij, toestand der zee) verhalzen om over den anderen boeg bij te steken.

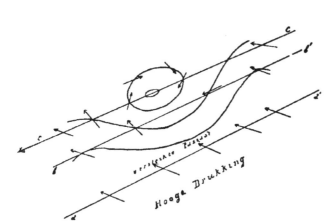

Blijft de wind constant, dan bevindt men zich wellicht in den gordel van versterkten passaat, die den cycloon omgeeft, b.v. op de lijn a a'. In dit geval mag men dus volstrekt niet aannemen, dat men evenals bij depressies op hoogere breedten het geval is, op de baan en voor het centrum staat, zoodat men zou gaan lenzen; maar integendeel moet men nu blijven bijliggen over den boeg, waarover men reeds ligt. Bijliggende blijft men afwachten of de barometer 15 mM. beneden den normaalstand daalt. Blijft hij echter constant uit denzelfden hoek ook *nadat* de barometer 15 mM. gedaald is, dan bevindt men zich waarschijnlijk op de baan voor het centrum en moet men lenzende voor het centrum over trachten te geraken.

Ruimt evenwel de wind, dan bevindt men zich vermoedelijk dicht bij het centrum, b. v. op de lijn b b' of c c'; men moet dan trachten in den niet gevaarlijken halven cirkel te komen, door vóór het centrum over te lenzen. Tijdens het lenzen zal men den barometer zien dalen; maar dit verandert niet aan de ondernomen manoeuvre, daar het nu te laat zou zijn om nog bij te steken. Is eindelijk de wind 8 à 12 streken gedraaid, dan steekt men over den anderen boeg bij.

In de achterzijde van een cycloon zijnde moet men niet lenzen, wel bijliggen, daar men anders wellicht in het centrum zou loopen. Men blijft bijliggen tot de barometer weer zijn normalen stand heeft bereikt.

Het gebruik van olie op de golven is in elken cycloon zeer aan te bevelen.

Streken en Jaargetijden, waar en wanneer Cyclonen voorkomen.

Orkanen. West Indië en Oostkust van Noord Amerika, kusten van Mexico en Californië aan den Grooten Oceaan, van Juli tot October en soms in November.

In den Zuidelijken Grooten Oceaan, tusschen Nieuw-Holland en Low-Archipel van December tot Maart.

Cyclonen. Kust van Malabar en Golf van Bengalen, in April en Mei en van October tot December; Zuid-Indische zee meest van December tot April.

Typhonen. Chineesche Zee, Juli tot November. Japansche kust, Augustus, September, October.

Cyclonen in de Arabische Zee en Golf van Aden. Het totaal aantal orkanen dat in dit gebied is waargenomen is als volgt verdeeld:

Jan.	Febr.	Maart.	April.	Mei.	Juni.	Juli.	Aug.	Sept.	Oct.	Nov.	Dec.
2	0	1	9	12	17	0	1	3	4	10	2

Zij ontstaan òf bij de Lakediven òf komen uit de Golf van Bengalen, òf nemen hun oorsprong tusschen de Lakediven, Malediven en Ceylon. Deze laatsten zijn het talrijkst, gaan met zeer lage barometerstanden gepaard en volgen de W. kust van Voor-Indië.

Zij bewegen zich voort in een richting tusschen W. en N.

Vroegtijdige daling van den barometer, gepaard met deining uit de richting waarin de cycloon nadert, zijn zekere voorteekenen.

Deze cyclonen overschrijden zelden de Arabische Zee; enkele malen bereiken zij de Golf van Aden. Zoo trad daar in Juni 1885 een O.—W. trekkende cycloon op met een minimum barometerstand van 721 mM.

Cyclonen tusschen Java met Kleine Soenda-eilanden en Australië. Zeldzaam. Zij treden voor zoover bekend op van December tot Mei en bewegen zich voort in richtingen tusschen WNW. en Z. Slechts van één is bekend dat hij na 't passeeren van den Steenbokskeerkring naar het Oosten en dus naar Australië omboog.

Zij schijnen veel overeenkomst te vertoonen met de Mauritius-cyclonen.

Meteorologische opgaven voor Ned. Oost-Indië.

Algemeen systeem. Om zich een denkbeeld van de heerschende windsystemen te vormen, neme men aan dat de zee benoorden de linie behoort tot het gebied van den NO. Passaat en dat bezuiden de linie tot den ZO. Passaat.

Staat de zon boven het N. halfrond, dan vormt zich boven Azië een uitgestrekt gebied ᵥ ᵤn lagen druk. Volgens de algemeene windwet ondervinden dus Voor-Indië en Achter-Azië ZW. winden die den geheelen passaat verdringen. Mede onder den invloed van Nieuw-Holland, waarover in dien tijd een gebied van hoogen druk ligt, ondervinden Java en de andere eilanden bezuiden de linie een versterkten ZO. passaat.

Staat de zon boven het Z. halfrond, dan vormt zich boven Nieuw-Holland een gebied van lagen druk. Volgens de algemeene windwet ondervinden dus de eilanden bezuiden de linie NW. winden, die den passaat verdringen. Onder den invloed van Azië waarover in dien tijd een gebied van hoogen druk ligt ondervinden de eilanden benoorden de linie versterkte NO. passaat.

Zeer in 't algemeen heeft men dus:

	April—Oct.	Oct.—April.	de pijltjes
beN. de linie	ZW. moesson.	NO. passaat.	wijzen aan hoe het eene
0°			0°
beZ. de linie.	ZO. passaat.	NW. moesson.	systeem in 't andere kan overgaan.

Maar toch is het zeker dat bezuiden de linie de lucht *over het geheele jaar genomen* naar den equator vloeit, al overschrijdt zij de linie in hoofdzaak niet.

Natuurlijk vertoonen zich groote en kleine verschillen ten opzichte van dit systeem. Locale invloeden hebben dikwijls veel uitwerking en hierop valt te letten. Sumatra, dat zich evenver benoorden als bezuiden de linie uitstrekt, behoort tot beide systemen. De groote eilanden werken soms min of meer als continenten enz.

Gemiddelde barometerstand Java   758.7 mM. (Batavia).

            Padang   753.7   ,

            Key eiln. 759.02   ,

I. Straat van Malakka bezuiden de Deli-rivier.

Gewoonlijk wordt aangenomen dat de straat in het gebied van N.O. en Z.W. moesson is gelegen, hetgeen niet volkomen juist is, wanneer men den wind in plaats van den regen als hoofdmoment aanneemt. De grens der moessons ligt noordelijker.

Van Mei tot Augustus zijn Z.O. en Z. winden overheerschend, maar wind uit W., N.W. en N. komt ook voor. Dit duurt tot September en dan krijgt men meer W. en N.W. winden. Van Mei tot September is het weer ongestadig en soms buiig.

Van October tot December treedt met den NW. moesson soms buiig weer in. In Januari waait de N.O. passaat die weinig regen of buien meebrengt. Dit duurt tot einde Maart, zoodat men in April zeer variabel weer heeft.

De getijstroomen zijn sterker dan de permanente stroom. Over het algemeen heeft men tweemaal daags hoogwater.

II. Oostkust Atjeh van de Deli rivier tot Diamant-punt.

De moessons zijn weinig geprononceerd maar in 't algemeen komen de winden van Mei tot November uit de Zuidelijke helft van het kompas. Land- en zeewinden zijn sterk uitgedrukt en verdringen de moessons. September tot en met December zijn de regenmaanden. 's Morgens is het heiig en maakt men moeielijk land. (Sumatranen, zie blz. 278).

Winden van N.W.-N.O. veroorzaken moeielijke zee.

J .I. Noordkust Atjeh van Diamant-punt tot Batoe Pedir.

Dit deel der Straat behoort tot het gebied van den N.O. en Z.W. moesson, maar de land- en zeewinden zijn sterk geprononceerd, zoodat de waargenomen wind zeer duidelijk zich doet gevoelen als de resultante van moesson en land- of zeewind.

De eerste drie maanden van het jaar zijn fraai en helder. Februari en Maart zijn droog. April ongestadig. Van Juni tot Augustus treedt de wind krachtig op. October tot December brengen regen.

Maart, April, Februari, October en November brengen kalme zee mede, maar vooral bij ebbe staat er krachtige stroom om de W.N.W.

IV. Noordkust Atjeh van Batoe Pedir tot Oleh-leh.

Ofschoon binnen het gebied van N.O. en Z.W. moesson onderscheide men hier drie seizoenen en wel: Z.W. moesson van April tot October, Oostmoesson in Januari en Februari en Z.O.-O.Z.O. moesson in November, December en Maart. Nabij den wal spelen echter land- en zeewinden een groote rol.

Februari en Maart zijn droge maanden met fraai weer. Gedurende en na April treden Z.W. winden nu en dan met hevige buien op. De regentijd duurt tot November.

Van Juni tot September ondervindt men nog al zee, maar Maart, April, Februari, November en October zijn in dat opzicht beter.

V. Poeloe Bras.

Land- en zeewind zijn van weinig beteekenis. De Z.W. moesson komt in April door en brengt regen, toch worden nog winden waargenomen uit W., O. of Z. en buien uit W. en Z.W. Van Mei tot October waait de moesson krachtig uit Z.W., W. en Z. met bewolkte lucht en ruw weer. In November neemt de moesson af, nu en dan waait de wind uit 't oosten maar van December tot Maart waait de Oostmoesson en brengt droog en veelal fraai weer.

Maart, April en Mei zijn het kalmst wat de zee betreft; gedurende December en Januari staat er de meeste zee.

VI. Westkust Atjeh van Atjeh-hoofd tot Trong.

Behoort de Noordkust van Atjeh eigenlijk wat de moessons betreft, tot de Golf van Bengalen, zoo behoort de Westkust meer tot den Indischen Oceaan. De Z.O. wind die in open zee bezuiden de linie waait, buigt om tot Z.W., bereikt de kust nabij Trong en volgt dan van Mei tot October de kustlijn zoodat Atjeh's westkust Z.Z.O. en de kust van Padang N. N.W. wind krijgt.

Van November tot April heeft men oostelijke winden. (Zie verder blz. 296).

Ofschoon regen gedurende het geheele jaar voorkomt zijn de eerste vier maanden van het jaar betrekkelijk droog.

Er staat veel deining maar nog het minst gedurende de eerste vier maanden. Van Juni tot September is de zee zeer onstuimig.

VII. Westkust Atjeh van Trong tot Sinkel.

De oost moesson treedt niet sterk op, de Z.W. moesson doet zich uit N. N.W. gevoelen (zie VI). Overigens veel overeenkomst met het kustgedeelte van Atjeh-hoofd tot Trong.

VIII. Westkust Sumatra van Singkel tot Ajerbangies.

Van Juli tot October waait de N.N.W. moesson, zie VI. Gedurende de andere maanden van het jaar is de wind variabel en treden land- en zeewinden sterk op. Het weer is in 't algemeen betrokken, steeds dreigend met buien.

Februari tot April en Juli schijnen de kalmste zee mede te brengen. De stroom hangt van den wind af en de getijstroomen zijn zwak.

IX. Westkust Sumatra van Ajerbangies tot Straat Soenda.

Van November tot Maart waait de wind van W. tot N.W. en van Mei tot September van Oost tot Zuidoost. Land- en zeewind treden echter op en de gecombineerde werking der moessons en der land- en zeewinden beslist in hoofdzaak de kracht van den wind. Het weer is gemeenlijk ruw en er valt veel regen, meest nog van September tot December. Westelijke buien brengen soms veel onweer meê. De lucht is dikwijls heiig en er staat bijna altijd veel zee.

De stroom loopt om de Z.O., van November tot Maart sterker dan in de andere maanden en 's nachts sterker dan overdag.

X. Chineesche Zee benoorden de lijn Lingga-Pontianak.

Mei tot October zuidelijke, November tot April noordelijke winden. April en October-November zijn de kenteringsmaanden. De wind is dikwijls krachtig en vooral gedurende den N. moesson. Het weer is gedurende beide moessons betrokken, doch hevige buien komen nagenoeg alleen in den N. moesson voor, terwijl de Z. moesson meer onweer aanbrengt. De regenval is middelmatig. De deining is meest matig en de stroomen hangen van de moessons af.

XI. Noordoostkust Banka tot Pontianak.

De Z.Z.O. moesson treedt in April op, maar Z.W. en N.W. winden komen nog voor; van April tot Augustus neemt de moesson in kracht toe, maar neemt in October weer af. In die maand treden soms Z.W. winden in en reeds voor December is de N.N.W. moesson ingetreden. Weer en zee komen veel overeen met die beschreven sub X maar zijn over 't algemeen gunstiger.

XII. Riouw-Lingga Archipel.

De Z.Z.O. moesson treedt in de tweede helft van April in en staat tot September door. In October komen Z.Z.W.-W. lijke winden voor maar toch ook nog Z.O. en Z.Z.O wind. In November zijn winden van N.N.W. overheerschend en in Januari staat de N. moesson door om in Maart af te nemen en zich soms uit N.O. te doen gevoelen. Gedurende den Oostmoesson ondervindt men nu en dan hevige buien uit Z. en Z.W. October en December geven veel, Februari en Juli weinig regen. Gewoonlijk is de zee kalm uitgezonderd in December en Januari.

XIII. Straat Banka.

De Oost moesson komt in April door, maar in die maand ondervindt men toch ook wind uit Z., Z.W. en N.O. Van Mei tot October staat de moesson goed door, maar in November wordt de wind W.N.W., in December N.W. In Januari, Februari en Maart staat de moesson goed door van N.W. tot N. De land- en zeewinden zijn zeer merkbaar, ook door de afwijking die zij aan den moesson geven kunnen. De droogste maand is Juli. In den Oostmoesson is het dikwijls heiig. Des nachts heeft men soms buien uit Z.W. en W.

XIV. Karimata en Gaspar Straten.

De Z.O. moesson treedt in de tweede helft van April op en neemt in kracht toe tot Augustus. In October komt W.Z.W. wind voor en omtrent November is er kentering. De moesson waait in December uit W.N.W., in Januari uit N.W. en neemt in Februari en Maart af, April brengt de kentering. Het weer is het heele jaar door dikwijls bewolkt, er valt veel regen en wel meest van November tot Januari. Alleen in April heeft men de meeste kans op weinig zee. Gewoonlijk zijn de stroomen gewone driften met den wind mêe, zij bereiken in den Oostmoesson een kracht tot 42, in den Westmoesson tot 35 zeemijl per etmaal. maar trekken een enkelen keer tegen den wind in. De gemiddelde waarde is 13 zeemijl in den Oost-, 17 in den Westmoesson.

XV. Straat Soenda.

De Oostmoesson treedt niet krachtig op. Zij treedt in April in, maar dan waaien er ook wel Z.W., W. en N.W. winden. In Mei, Juni en Juli ondervindt men Z.O. en Z.Z.O. winden maar eerst in Augustus en September hebben de Z.Z.O. winden de overhand. Land- en zeewind doen zich echter zeer sterk gevoelen. In de tweede helft van October doen zich westelijke winden gevoelen, maar de moesson treedt niet in voor de tweede helft van November uit W., W.N.W., Z.W. en W.Z.W. In December, Januari, Februari wordt de wind respectievelijk meer W.Z.W., W. en W.N.W. maar in Maart neemt de wind af wordt W.Z.W. met veel stilten of veranderlijke winden.

Het weer is eigenlijk even ongunstig als onder Sumatra's Westkust, en dat meest in den Westmoesson. Van Mei tot November maken de winden die van Nieuw-Holland komen de lucht heiig. De regentijden varieeren met de moessons brengende de W. moesson regen.

In December, Januari en Februari kan er veel zee staan, ook al door den stroom, die steeds om de Z.W. loopt en door de enkeldaagsche getijstroomen wordt mêe of tegengewerkt. Ofschoon de getijstroomen enkeldaagsch zijn, kenteren de getijden tweemaal daags.

XVI. Indische Zee, bezuiden Java.

De Z.O. moesson waait van April tot September uit het Z.O.lijk kwadrant maar Z.W. en Z.Z.W. wind komt soms voor. In September vormt zich de depressie boven Nieuw-Holland zoodat de wind begint te draaien, in October Zuid, in November en December Z.Z.W. en in Januari W.N.W. wordt. In Februari wordt de wind weer meer West, in Maart Z.W. en in de tweede helft van April staat de Oostmoesson weer door. Er valt weinig regen, ook in den Westmoesson, die echter zeer krachtig kan optreden. Gewoonlijk staat er veel deining.

De stroom loopt meest om de Z.O. met een snelheid van 20 zeemijl per etmaal, maar van October tot Maart kan men op die richting niet veel rekenen; van April tot September daarentegen kan men er in het westelijk gedeelte vrij zeker op rekenen. Oostelijker opgaande veroorzaken de uit de zeeën van Timor komende westelijke stroomen sterke rafelingen en dringen den Z.O. stroom gedeeltelijk oostwaarts op en doen hem overigens door Zuid tot West ombuigen.

XVII. Z.O. kust van Sumatra. (res. Palembang).

Voor half Mei kan men niet op O.Z.O. moesson rekenen. De wind staat dan tot October door uit Z., O. en N.O. Overdag wordt de wind meest noordelijker, 's nachts draait zij veelal een weinig naar 't westen. Het weer is dan droog en bestendig maar de lucht heiig. In November komen W. lijke winden door. In December, Januari, Februari is de wind respectevelijk W., W.N.W. en N.W., in Maart W.N.W. en in April W.Z.W. Land- en zeewind die men tot aan den Noordwachter bespeuren kan, hebben veel invloed. In den W. moesson is het weer meer buiig maar de lucht minder heiig. De stroomen trekken met den wind en geven in den O. moesson lastige zee.

XVIII. Java-Zee van Bantam tot den meridiaan van Japara.

Acht maanden Z O. moesson en vier maanden Westmoesson,

In April ondervindt men nabij den wal meest land- en zeewind maar Z.O. wind is overheerschend. In Mei komt O.Z.O. wind door en duurt tot November. In die maand is Z. wind overheerschend maar veel veranderlijke winden komen voor. In December komt de W. moesson door en is uit W.N.W. het krachtigst in Januari en Februari. In Maart staat die wind nog door.

In den O. moesson, althans bij Z.O. wind is de lucht heiïg, ook 's nachts, tenzij het geregend heeft. Op den stroom valt niet met zekerheid te rekenen en de zee is dikwijls vrij woelig. De kalmste zee heeft men tijdens de kenteringen. De getijstroomen kenteren eens per etmaal.

XIX. Java-Zee tot den meridiaan van Bandjermasin en Oosthoek Madoera.

Zeven of acht maanden lang Oostmoesson doorstaande uit O.Z.O., vier of vijf maanden West moesson uit W. Maart en April zijn kenteringsmaanden met veranderlijke winden.

In Mei is de moesson door, staat in Augustus stijf door, neemt in September en October af en in November is de wind kompasrond en zwak. In Januari en Februari staat de Westmoesson met kracht door.

In den Oostmoesson is de lucht heiig en het zicht-slecht. Juli, Augustus en September zijn droge maanden en in Februari regent het veel. Tijdens de kentering is de zee het handzaamst maar vooral in den Westmoesson staat er nog al deining.

XX. Java Zee van den meridiaan van Bandjermasin tot dien van Makassar en tusschen de parallellen van Poeloe Laut en Java's N.O. hoek.

Zeven maanden Z.O. moesson en vier maanden W.N.W. moesson. De Oostmoesson staat in Juli en Augustus het stijfst door maar duurt van Mei tot November. In December komt de W. moesson door en duurt tot midden Maart. Deze moesson is in Februari het sterkst en in April komen de winden meest uit den zuidelijken hoek. In den Oostmoesson is het heiig, in den Westmoesson niet. In December, Januari en Februari regent het nog al veel. Zware buien komen alleen bij Westen wind voor. Als regel staat er vrij veel zee, maar in April en November nog het minst. Op de richting der stroomen kan niet worden gerekend.

XXI. Straat Madoera.

De West moesson komt weinig tot zijn recht, alleen in Januari en Februari is de wind vrij gestadig uit W. tot N.W. In December en in Maart ondervindt men winden van Z. tot N.W. De Oostmoesson die uit O.Z.O. waait, treedt in April in, is in Mei 't sterkst en neemt in October af. Land- en zeewind hebben grooten invloed op de windresultante. Alleen in Januari regent het vrij veel. De lucht is veelal onbewolkt, doch zeer heiig. Gedurende den Oost moesson kan er nog al eens zee staan, maar in den W. moesson minder.

XXII. Spermundes.

Land- en zeewind doen krachtigen invloed gevoelen (zie de tabellen). De Oostmoesson staat overigens stijf uit Z.O. door, maar in October komen reeds winden uit den Westelijken hoek voor. De Oostmoesson brengt zeer droog weer, maar de Westmoesson veel regen, vooral in December, Januari en Februari. Gedurende den Oostmoesson is 't veelal heiig in den dampkring. De stroomen trekken om de Z. en Z.W. en zijn in den W. moesson vrij sterk. In het midden van den W. moesson is de zee kalmer dan in het hartje van den Oostmoesson.

XXIII. Straat Makassar, Zuidelijk gedeelte.

De moessons zijn weinig geprononceerd zoowel wat windrichting en kracht als regenval betreft. Van December tot Maart valt de meeste, van Juli tot September de minste regen. Hevige buien komen nog al voor, behalve van Augustus tot November. De dampkring is dikwijls heiig en de zee is vrij matig en in den Westmoesson kalmer dan in den Oostmoesson. De zeestroomen loopen in den O.moesson om de ZW., in den W.moesson om de ZO. met een gemiddelde snelheid van 17 mijl per etmaal en een waargenomen maximum snelheid van 57 mijl.

XXIV. Straat Makassar, Noordelijk gedeelte.

De moessons waaien uit N. en ZZW. maar zijn weinig geprononceerd. Het geheele jaar door heeft men meer of minder kans op regen en naar het schijnt meer naarmate men dichter onder de kusten komt. Overigens is de dampkring weinig heiig, buien komen weinig maar mist komt meermalen voor. De zee is gewoonlijk kalm. De zeestroomen trekken om de zuid met een gemiddelde snelheid van 15,4 zeemijl in den ZZW.- en 20 zeemijl per etmaal in den N. moesson — de grootst waargenomen snelheid is 56 mijl geweest.

XXV. Noordoostkust Borneo.

Weinig geprononceerde moessons — weinig krachtige wind, veel regenval en geen duidelijk te onderscheiden droge en natte jaargetijden. Verder weinig buiig weer en geringe heiigheid, soms bij noordenwind mist — kalme zee. Zeestroomen trekken om de zuid met een gemiddelde snelheid van 18,8 à 15,8 mijl per etmaal; grootst waargenomen snelheid 58 mijl.

XXVI. Celebes-Zee.

Nabij den wal hebben land en zeewind veel invloed op de windresultante. Hoe verder men om de Oost komt, zoo duidelijker treden de moessonverschijnselen op. De meeste regenval komt voor in Januari, de minste in September. Zware buien komen in den Z.moesson soms met den landwind mêe. Van December tot April staat er veel deining uit 't Noorden, ook in den Z. moesson heeft men soms deining. In den N. moesson ondervindt men weinig stroom, maar in den Z. moesson bevindt men zich hier in een vak waar de stroom tegen zon draait zoodanig dat men in de westelijke gedeelten zuidelijke stroomen, nabij den wal oostelijke en in de oostelijke gedeelten noordelijke stroomen ondervindt.

XXVII. Menado-Ternate.

Sterk geprononceerde moessons uit N. en ZZW. Het geheele jaar door is de kans op regen vrij groot maar in Juni en Juli en Januari valt de meeste regen. September, October en Februari en Maart brengen den minsten regen; soms is de regenval zeer zwaar. Bij noordelijke winden staat er nog al deining en in Mei en October soms veel zee: Mei, September en October brengen de kalmste zee. De stroomen trekken meest met den wind; gemiddelde snelheid 18 zeemijl per etmaal.

XXVIII. Tomini-Golf.

Veel variabele en draaiende wind, zwakke moessons. Maximum regen in Juni, Juli en December

— minimum regenval in Maart, April en October-November. De zee is gewoonlijk kalm. Gedurende den Z. moesson draait de stroom vermoedelijk langs de kusten in den zin van de wijzers der klok en verlaat de bocht met een NO. richting.

XXIX. Moluksche-Zee.

NNW. en ZZO. moesson en in April en November kentering. De moessons staan krachtig door.

Juni, Juli, Augustus; maximale regenval.
December, Januari;   idem.
September, October, November; minimale regenval.
Februari;   idem.

Weinig wind, weinig zee. Deining komt weinig voor. Zee en hooge zee komen *tijdens de regentijden* veel voor.

De zeestroomen zijn meest van den wind afhankelijk en zwak. Zij treden het duidelijkst te voorschijn in den ZZO. moesson. Soms is waargenomen 30 mijl om de oost of west per etmaal in den Z. moesson en 78 mijl om de Z.Z.O. in den N. moesson.

XXX. Soenda-Zee.

Krachtige moessons, zie de tabellen. Het regent er weinig en dan met buien en wat de hoeveelheid neerslag betreft, komen de regentijden met de moessons overeen. In den W. moesson is de lucht betrokken, in den O. moesson is de dampkring heiig. De regenverdeeling langs de kusten van Celebes vertoont groote plaatselijke verschillen. Weinig deining behalve in het hartje van den O. moesson maar dikwijls moeilijke zee als gevolg van de veranderlijkheid der stroomingen die niet sterk zijn. Gemiddeld 13,1 en 12,5 mijl per etmaal in W. en O. moesson. Grootst waargenomen snelheden 38 en 53 mijl in den WNW. moesson.

XXXI. Noordkust der Westelijke kleine Soenda-eilanden.

Voor de winden zie de tabellen. Er valt weinig regen. Van Juli tot October is de kans op regen zeer gering; in den W. moesson is de regenval matig maar nog het meest van December tot April. Toch is het weer nog al eens buiig in dien moesson. Z. winden maken den dampkring heiig. In Maart en van October tot December is de zee vrij gunstig, maar vooral in den Oost-moesson kan er nog al deining staan. De stroomen zijn noch krachtig noch sterk doorstaande, maar in 't algemeen voeren de zeestraten water om de Zuid; doch is bij Meindertsdroogte de overheerschende richting NW. (zie ook XXXV).

XXXII. Zuidkust der Westelijke Kleine Soenda-eilanden.

Zie de tabellen. In de zeestraten waait de wind in de richting dier Straten en krachtiger naarmate zij smaller zijn. Weinig regen en dan met buien en meest in Januari. De dampkring is veelal heiig. De deining is minder dan aan de Zuidkust van Java, maar in Augustus en September komt er veel deining uit de Timor-zee. De zeestroomen trekken in den W. moesson om de ZO., in den O. moesson om de ZW.; grootst waargenomen snelheid 36 à 45 mijl per etmaal om de OZO.

In de Straten trekken sterke tijstroomen, die, als zij in den wind optrekken sterke en gevaarlijke rafelingen veroorzaken.

XXXIII. Noordkust der Oostelijke Kleine Soenda-eilanden.

Zie de tabellen. In de Straten waait de wind als sub XXXII vermeld. Maximum regenval in December en Januari. Juli, Augustus, September en October zijn droog. In die maanden is de dampkring heiig en het zicht slecht, gelijk ook in den W. moesson bij zuidenwind het geval is. De zee is in den W. moesson vrij kalm, in den O. moesson meer onstuimig. In de Straten trekken sterke tijstroomen vergezeld van krachtige rafelingen. Sterkste waargenomen stroomen 76 mijl per etmaal om de WZW. en 41 om de OZO.

XXXIV. Zuidkust der Oostelijke Kleine Soenda-eilanden.

Zie de tabellen. De lucht is veelal helder, maar de dampkring heiig, tenzij na regens. De regenval is grooter dan nabij de om de West gelegen eilanden en het sterkst in December. De zee is over 't algemeen kalm, maar bij ZW. wind meer onstuimig. De stroom door de Straten is om de Zuid gericht, bovendien loopen er getijstroomen, zoodat er sterke rafelingen voorkomen. Gemiddelde stroomsnelheid 16,4 mijl per etmaal in den W. moesson.

       „   „   18,3 „   „   „   „ O. „

maximum waargenomen: 76 mijl in den Oost en 52 mijl per etmaal in den W. moesson, beiden om de WZW. gericht.

XXXV. Indische Oceaan, bezuiden de Kleine Soenda-eilanden.

Krachtige winden, bewolkte lucht, buiig weer, en bij afwezigheid van regen een groote heiigheid zijn karakteristiek; zware deining en hooge woelige zee komen veel voor. Januari en Februari brengen den meesten regen.

In den O. moesson komt de deining uit de Timor- en Harafoera-zee; in den W. moesson is de deining minder, maar er staat meer zee.

De stroomen trekken in den O. moesson om de West met een gemiddelde snelheid van 22 zeemijl per etmaal; zij verlengen a. h. w. de westelijke stroomen der Timor-zee, vereenigen zich met de ZO. gerichte stroomen bezuiden Java en geven zoo een stroom om de ZW., waarvan uit Straat Bali komende schepen profiteeren. (Zie ook sub. XVI).

In den W. moesson trekt de stroom om de ZO., doordien alsdan Oostelijke stroomen onder den Java-wal heerschen en ZO. gerichte stroomen in de zeestraten dringen. Deze stroom om de Oost wordt dus tegengewerkt door den ZW. stroom uit de Timor-zee, zoodat stroom in verschillende richtingen ondervonden wordt en de stroom om de Zuid, die in den Oostmoesson bij Straat Bali voorkomt, verplaatst zich nu Oostwaarts tusschen de 120° en 124° OL.

XXXVI. Timor-Zee.

Lucht veelal helder en weinig bewolkt, maar zeer heiige dampkring, kracht van den wind vrij aanzienlijk. In December en Januari valt de meeste regen, Mei en October zijn zeer droog; maar onder den wal zijn de regenverhoudingen eenigszins anders. Over 't geheel is de zee weinig kalm, dikwijls woelig.

Stroom steeds om de ZW., gemiddelde snelheid in den O. moesson 16,6 en in den W. moesson 10 mijl per etmaal. Maximum waarden resp. 38 en 25 zeemijl.

XXXVII. Harafoera-Zee.

Krachtig doorstaande winden, veel kans op regen gedurende het geheele jaar. Augustus, September en October zijn betrekkelijk droog, de bewolking betrekkelijk groot, kans op hevige buien ook groot, de heiigheid van den dampkring gering.

De zee is zelden kalm en nog het handzaamst in Maart en October, dan volgen September, November en December.

De grootst waargenomen stroomsnelheid was in den O. moesson 48 mijl per etmaal om de West en in den W. moesson 21 mijl per etmaal om de ZO. De resulteerende richting in beide moessons is W. en ZW.

XXXVIII. Banda-Zee, Zuidelijk gedeelte.

Veel heldere lucht maar veel buien; sterk geprononceerde moessons. Veel regen valt van December tot Februari; van Maart tot Juni valt weinig regen en Juli tot October of November is de droge tijd. De zee is over 't geheel gunstig.

De stroomen hangen van de moessons af, gemiddeld 16,7 zeemijl per etmaal in den O. moesson en 16,0 in den W. moesson; grootst waargenomen snelheden zijn 53 en 46 mijl geweest.

XXXIX. Banda-Zee, Noordelijk gedeelte.

Lucht minder helder en dampkring meer heiig dan in het Zuidelijk gedeelte, regenval grooter, maar regelmatiger en minder in buien, de moessons zijn minder stadig en de wind minder krachtig. De droge en natte seizoenen zijn minder scherp afgescheiden. Het natte seizoen duurt van Mei tot Augustus, de droogste maanden zijn September, October en November en van December tot April is de neerslag matig. Gewoonlijk staat er nog al deining, maar nog 't minst van September tot November.

De stroomen hangen van de moessons af, gemiddeld 12,8 zeemijl per etmaal in den O. moesson en 11,3 in den W. moesson; grootst waargenomen snelheden zijn 56 en 38 mijl geweest.

XL. Ceram-Zee.

Winden, zie de tabellen. De bewolking is grooter dan in de Banda-zee, Zuidelijk gedeelte. De regenval is geringer dan bezuiden Ambon, maar de gestadigheid van den moesson is geringer dan in de Banda-zeeën, de heiigheid van den dampkring is grooter. Van eigenlijke regenseizoenen is weinig sprake en de neerslag over het geheele jaar vrijwel dezelfde. De zee is over het geheel gunstig.

XLI. Noordwestkust, Nieuw-Guinea.

Zie de tabellen. Van Juli tot September is vermoedelijk het natte, van December tot Juni het droge seizoen. Zware buien komen zelden voor. In den Westmoesson staat er veel deining, in den O. moesson wat minder.

In de navolgende tabellen worden de windrichting, percenten stadigheid en kracht voor elk der bovengenoemde deelen van den archipel van maand tot maand en wel voor de dag- en de nachturen afzonderlijk gegeven. Om hieruit de gemiddelde windrichting en stadigheid voor de dag- en nachturen (dus zonder invloed van b. v. land- en zeewind) te vinden, koppelt men de gegevens der beide tabellen. B. v. de tabel voor vak II geeft:

			N.	Z.	O.	W.
April	overdag N.N.W.	40	37.0	--	—	15.3
	's nachts Z.W.	54	—	38.2	—	38.2
				1.2		53.5

waaruit gemiddelde richting en stadigheid voor dag en nacht:

West . . . . 27 °/₀.

Trekt men de componenten voor den nacht van die voor den dag af en deelt door twee, dan vindt men de richting van den zeewind: dus in dit geval

75.2 N. en 22.9 O.

dus zeewind: N.N.O. 39 en landwind Z.Z.W. 39.

	I. Straat Malakka bez. Deli rivier.						IV. Noordkust Atjeh tot Olehleh.					
	Overdag.			Des nachts.			Overdag.			Des nachts.		
	Wind-richting.	% stadig-heid.	Kracht.	Wind-richting.	% stadig-heid.	Kracht.	Wind-richting.	% stadig-heid.	Kracht.	Wind-richting.	% stadig-heid.	Kracht.
Januari	NO.	23	1.2	NO.	47	1.4	ONO.	76	1.7	OZO.	65	1.6
Februari	NNO.	26	1.2	NO.	36	1.3	ONO.	69	1.5	ZO.	56	1.4
Maart	O.	8	1.2	ONO.	37	1.4	ONO.	52	1.4	ZZO.	66	1.3
April	N.	15	1.3	N.	15	1.4	NNW.	13	1.3	ZZW.	44	1.2
Mei	ZO.	39	1.3	ZO.	29	1.4	W.	17	1.4	ZZW.	61	1.4
Juni	ZO.	43	1.4	ZZO.	34	1.5	WZW.	42	1.7	ZZW.	68	1.6
Juli	Z.	38	1.3	ZZW.	18	1.4	ZW.	53	1.7	ZW.	72	1.6
Augustus	ZZO.	23	1.4	ZZO.	25	1.4	ZW.	65	1.8	ZW.	78	1.7
September	WZW.	10	1.4	ZW.	11	1.4	ZW.	52	1.7	ZW.	68	1.6
October	WNW	2l	1.4	N.	19	1.5	WZW.	30	1.4	ZZW.	61	1.3
November	NW.	38	1.4	NNO.	35	1.6	O.	23	1.3	ZZO.	47	1.3
December	NNW.	52	1.4	N.	43	1.4	O.	60	1.5	ZO.	67	1.5

	II. Oostkust Atjeh tot Diamantpunt.						V. Poeloe Bras.					
Januari	NO.	51	1.3	ZZW.	31	1.3	O.	87	1.9	O.	80	1.5
Februari	NO.	43	1.5	ZW.	42	1.3	O.	80	1.6	O.	73	1.4
Maart	N.	47	1.3	ZW.	38	1.2	ONO.	58	1.4	OZO.	44	1.1
April	NNW.	40	1.4	ZW.	54	1.3	Z.	15	1.3	ZZW.	30	1.1
Mei	ONO.	23	1.3	ZZW.	46	1.3	ZW.	52	1.5	ZW.	59	1.2
Juni	OZO.	37	1.3	ZZW.	54	1.2	ZW.	59	1.6	ZW.	72	1.4
Juli	ONO.	35	1.2	ZZW.	58	1.2	ZW.	74	1.6	ZW.	72	1.3
Augustus	O.	25	1.4	ZZW·	54	1.2	ZW.	75	1.7	WZW.	67	1.3
September	ONO.	29	1.3	ZZW.	47	1.1	WZW.	68	1.6	ZW.	67	1.4
October	NNO.	18	1.3	ZW.	56	1.1	ZW.	61	1.4	ZW.	62	1.2
November	ONO.	36	1.3	Z.	39	1.3	Z.	20	1.5	Z.	24	1.3
December	N.	33	1.4	ZZW.	37	1.4	O.	16	1.5	OZO.	51	1.3

	III. Noordkust Atjeh tot B. Pedir.						VI. Atjeh-Hoofd tot Trong.					
Januari	ONO.	71	1.4	ZZO.	58	1.1	ONO.	23	1.1	ONO.	55	1.1
Februari	NO.	62	1.3	Z.	57	1.1	ZZO.	8	1.2	ONO.	58	1.2
Maart	NO.	54	1.3	Z.	60	1.1	Z.	5	1.2	ONO.	49	1.2
April	N.	40	1.3	ZZW.	74	1.1	Z.	12	1.2	ONO.	44	1.1
Mei	NNO	24	1.3	ZZW.	57	1.2	ZZW.	32	1.1	ZZO.	21	1.3
Juni	NNO.	17	1.3	Z.	65	1.2	ZW.	41	1.5	ZZO.	18	1.5
Juli	NNO.	19	1.4	Z.	59	1.1	Z.	26	1.4	OZO.	27	1.4
Augustus	ONO.	13	1.3	ZZW.	59	1.2	Z.	36	1 3	OZO.	34	1.3
September	N.	15	1.4	ZZW.	60	1.2	ZZW.	16	1.4	OZO.	26	1.5
October	N.	19	1.2	Z.	46	1.1	ZW.	20	1.3	O.	21	1.3
November	ONO.	39	1.2	Z.	56	1.1	ZO.	26	1.1	O.	50	1.1
December	ONO.	60	1.4	ZZO.	54	1.2	OZO.	19	1.1	O.	59	1.2

NOTATIE voor de windkracht is in de tabellen als volgt: 1. zeer flauwe koelte; 2. flauwe koelte; 3. matige ~lte; 4. stijve bries; 5. harde wind; 6. storm. Door de windrichting en kans overdag met die factoren voor den nacht ~elen, krijgt men de gemiddelde luchtbeweging voor de geheele maand.

| | VII. Trong tot Singkel. | | | | | | X. Chineesche Zee. (N. Gedeelte). | | | | | |
| | Overdag. | | | Des nachts. | | | Overdag. | | | Des nachts. | | |
	Wind-richting.	%stadigheid.	Kracht.	Wind-richting.	%stadigheid.	Kracht.	Wind-richting.	%stadigheid.	Kracht.	Wind-richting.	%stadigheid.	Kracht.
Januari	ZZW.	6	1.1	NO.	48	1.1	NNW.	86	1.8	N.	72	1.8
Februari	Z.	13	1.2	NNO.	36	1.2	N.	75	2.1	NNO.	75	2.4
Maart	WNW	31	1.2	ONO.	49	1.2	NNO.	50	1.4	NNO.	51	1.2
April	WZW.	23	1.2	WNW	34	1.1	NNO.	21	1.4	ONO.	37	1.4
Mei	ZW.	30	1.1	NNO.	26	1.3	ZZW.	25	1.5	ZO.	46	1.5
Juni	NW.	64	1.5	NO.	71	1.5	ZZW.	49	1.6	ZZO.	61	1.6
Juli	NW.	35	1.4	NNO.	41	1.4	ZZO.	49	1.7	ZZO.	68	1.7
Augustus	N.	28	1.3	N.	10	1.3	ZZW.	50	1.7	ZZO.	51	1.6
September	NW.	50	1.4	NNO.	67	1.5	ZZW.	68	1.8	Z.	67	1.6
October	NW.	57	1.3	N.	80	1.3	W.	24	1.6	OZO.	20	1.6
November	WNW	7	1.1	NO.	27	1.1	WNW	26	1.6	NO.	7	1.5
December	ZO.	33	1.1	ONO.	52	1.2	NNW.	47	1 8	NNO.	49	1.7

| | VIII. Singkel tot Ajerbangies. | | | | | | XI. Chineesche Zee. Z. Gedeelte. | | | | | |
	Windrichting.	%stadigheid.	Kracht.	Windrichting.	%stadigheid.	Kracht.	Windrichting.	%stadigheid.	Kracht.	Windrichting.	%stadigheid.	Kracht.
Januari	ZW.	21	1.4	ONO.	33	1.4	NNW.	85	2.5	NNW.	83	2.6
Februari	ZW.	17	1.4	OZO.	13	1.4	N.	89	1.7	N.	81	1.7
Maart	ZW.	22	1.5	O.	33	1.4	N.	46	1.4	NNO.	41	1 5
April	W.	20	1.4	NO.	30	1.4	ZZO.	23	1.5	ZZO.	32	1.4
Mei	W.	13	1.4	NO.	23	1.4	ZZO.	44	1.4	ZZO.	60	1.5
Juni	W.	27	1.6	NO.	36	1.6	ZO.	65	1.7	ZZO.	55	1.6
Juli	WNW	28	1.4	NNO.	35	1.3	ZZO.	68	1.6	ZO.	70	1.6
Augustus	WNW	36	1.6	N.	32	1.5	ZZO.	77	1.7	ZO.	64	1.7
September	WNW	47	1.6	N.	53	1.6	ZZO.	84	1 7	ZZO.	70	1.7
October	WNW	39	1.5	N.	44	1.5	Z.	31	1.6	ZZO.	42	1.5
November	W.	33	1.5	NNO.	29	1.5	WNW	37	1.4	WNW	21	1.4
December	WZW.	21	1.5	NO.	27	1.4	NW.	71	2.0	NNW.	69	1.8

| | IX. Ajerbangies tot Straat Soenda. | | | | | | XII. Riouw Lingga Archipel. | | | | | |
	Windrichting.	%stadigheid.	Kracht.	Windrichting.	%stadigheid.	Kracht.	Windrichting.	%stadigheid.	Kracht.	Windrichting.	%stadigheid.	Kracht.
Januari	W.	33	1.5	NNW.	22	1.5	N.	84	1.7	N.	83	1.7
Februari	WZW.	33	1.5	N.	12	1.4	N.	76	1.7	N.	85	1.7
Maart	WNW	49	1.7	NNW.	31	1.7	NNO.	47	1.5	N.	53	1.5
April	WZW.	20	1.4	O.	13	1.5	Z.	4	1.5	NNO.	19	1.4
Mei	ZZO.	24	1.5	O.	34	1.5	ZZO.	51	1.5	ONO.	40	1.4
Juni	OZO.	9	1.4	ONO.	33	1.5	ZZO.	64	1.6	ZO.	63	1.5
Juli	W.	10	1.6	NO.	19	1.5	ZZO.	65	1.7	ZZO.	69	1.7
Augustus	Z.	7	1.6	ONO.	35	1.6	ZZO.	62	1.7	ZZO.	64	1.5
September	Z.	18	1.6	O.	28	1.6	ZZO.	50	1.7	ZZO.	61	1.7
October	ZZO.	26	1.6	OZO.	41	1.4	ZZW.	36	1.5	ZZW.	40	1 5
November	WNW	35	1.6	NNO.	25	1.5	NW.	32	1.6	NW.	32	1.6
December	WZW.	23	1.6	NNW.	18	1.7	NNW.	64	1.7	NNW.	63	1.8

XIII. Straat Banka. / XVI. Bezuiden Java.

	Overdag.			Des nachts.			Overdag.			Des nachts.		
	Windrichting.	°/₀ stadigheid.	Kracht.	Windrichting.	°/₀ stadigheid.	Kracht.	Windrichting.	°/₀ stadigheid.	Kracht.	Windrichting.	°/₀ stadigheid.	Kracht.
Januari	NW.	83	1.5	NW.	66	1.5	NW.	44	2.2	WNW	69	1.6
Februari	NNW.	78	1.6	NNW.	63	1.4	W.	34	1.3	WZW.	49	1.5
Maart	N.	67	1.6	N.	69	1.6	WZW.	13	1.3	ZW.	29	1.4
April	NO.	16	1.4	ZZO.	32	1.4	ZO.	35	1.4	Z.	52	1.4
Mei	ZO.	50	1.5	ZZO.	46	1.5	OZO.	62	1.9	OZO.	55	1.6
Juni	ZO.	58	1.5	ZZO.	63	1.7	ZZO.	66	1.7	ZZO.	48	1.7
Juli	ZO.	58	1.5	ZZO.	58	1.5	O.	26	1.4	ZZO.	67	1.3
Augustus	ZO.	59	1.6	ZZO.	67	1.5	Z.	39	1.9	ZZW.	71	2.0
September	ZO.	74	1.6	ZO.	60	1.5	ZO.	64	1.6	ZZO.	70	1.7
October	ZZO.	42	1.5	ZZO.	42	1.5	Z.	36	1.6	Z.	64	1.7
November	NW.	25	1.3	W.	29	1.3	Z.	42	1.7	ZZW.	75	1.7
December	NNW.	58	1.6	NW.	50	1.7	Z.	59	1.6	ZZW.	71	1.5

XIV. Karimata en Gaspar Straten. / XVII. Z.O. kust Sumatra.

	Overdag.			Des nachts.			Overdag.			Des nachts.		
Januari	NW.	84	1.8	NW.	71	1.5	WNW	70	1.8	WNW	59	1.9
Februari	NW.	57	1.4	NW.	58	1.7	NW.	67	1.7	WNW	63	1.7
Maart	NW.	67	1.6	NW.	43	1.4	NW.	49	1.6	WNW	47	1.7
April	WNW	12	1.3	Z.	20	1.1	O.	1	1.5	Z.	63	1.5
Mei	OZO	48	1.5	OZO.	63	1.4	OZO.	42	1.4	ZO.	55	1.5
Juni	ZO.	67	1.7	ZO.	75	1.7	OZO.	26	1.5	ZZO.	45	1.5
Juli	ZO.	67	1.6	ZO	79	1.7	OZO.	38	1.6	ZO.	57	1.5
Augustus	ZO.	77	1.8	OZO.	73	1.8	OZO.	43	1.6	ZO.	59	1.5
September	ZZO.	63	1.7	OZO.	77	1.7	O.	39	1.5	ZO.	64	1.4
October	ZO.	40	1.7	ZZO.	30	1.5	OZO.	30	1.5	ZO.	50	1.6
November	WZW.	38	1.5	W.	35	1.5	OZO.	28	1.5	ZO.	47	1.6
December	WNW	70	1.7	WNW	66	1.8	W.	55	1.7	WZW.	57	1.8

XV. Straat Soenda. / XVIII. Java-Zee. Westelijk deel.

	Overdag.			Des nachts.			Overdag.			Des nachts.		
Januari	W.	53	1.8	NW.	55	1.9	WNW	81	1.8	W.	69	1.7
Februari	W.	44	1.6	WNW	54	1.7	WNW	77	1.7	W.	62	1.5
Maart	WZW.	40	1.7	WZW.	42	1.8	NW.	41	1.5	W.	34	1.4
April	Z.	6	1.6	ZZO.	28	1.5	O.	20	1.5	ZZO.	30	1.4
Mei	OZO.	9	1.3	ZZO.	43	1.5	O.	57	1.6	ZO.	59	1.5
Juni	Z.	16	1.5	ZZO.	49	1.5	OZO.	72	1.7	OZO.	71	1.7
Juli	ONO.	31	1.5	OZO.	43	1.6	O.	67	1.6	ZO.	65	1.7
Augustus	Z.	39	1.7	ZZO.	55	1.6	OZO.	66	1.7	ZO.	61	1.7
September	ZZO.	43	1.6	ZZO.	66	1.5	O.	57	1.6	ZO.	63	1.7
October	ZZW.	66	1.6	ZZW.	75	1.6	O.	40	1.5	ZO.	51	1.5
November	ZZW.	44	1.7	Z.	44	1.5	ONO.	4	1.4	Z.	31	1.5
December	WZW.	66	1.8	WZW.	48	1 6	WNW	53	1.6	WZW.	53	1.6

XIX. Java Zee. Midden.

	Overdag.			Des nachts.		
	Wind-richting.	%stadigheid.	Kracht.	Wind-richting.	%stadigheid.	Kracht.
Januari	WNW	71	1.7	W.	70	1.7
Februari	WNW	72	1.8	W.	79	1.9
Maart	WNW	28	1.5	WZW.	30	1.4
April	ZO.	14	1.3	ZZO.	28	1.3
Mei	OZO.	61	1.6	OZO.	69	1.7
Juni	OZO.	65	1.7	OZO.	68	1.7
Juli	OZO.	72	1.7	OZO.	77	1.7
Augustus	OZO.	69	1.7	ZO.	78	1.7
September	OZO.	64	1.5	ZO.	69	1.6
October	OZO.	48	1.6	ZO.	53	1.6
November	ZZO.	8	1.3	Z.	23	1.4
December	W.	39	1.5	WZW.	49	1.5

XXII. Spermunde Archipel.

	Overdag.			Des nachts.		
	Wind-richting.	%stadigheid.	Kracht.	Wind-richting.	%stadigheid.	Kracht.
Januari	WNW	53	1.6	NNW.	25	1.5
Februari	NW.	50	1.5	NW.	63	1.6
Maart	NW.	43	1.6	NNW.	43	1.5
April	W.	17	1.5	ONO.	24	1.3
Mei	OZO.	46	1.6	OZO.	77	1.6
Juni	ZO.	47	1.6	OZO.	67	1.6
Juli	ZZO.	50	1.7	OZO.	82	1.7
Augustus	ZO.	53	1.8	OZO.	79	1.7
September	ZZO.	59	1.8	ZO.	77	1.6
October	Z.	44	1.7	OZO.	53	1.4
November	W.	21	1.5	NO.	17	1.4
December	WNW	51	1.6	NW.	32	1.6

XX. Java Zee Oostelijk Deel.

	Overdag.			Des nachts.		
	Wind-richting.	%stadigheid.	Kracht.	Wind-richting.	%stadigheid.	Kracht.
Januari	WNW	59	1.7	WNW	66	1.7
Februari	WNW	70	1.9	WNW	71	1.8
Maart	WNW	44	1.6	W.	46	1.5
April	ZZO.	11	1.4	Z.	24	1.4
Mei	OZO.	63	1.7	ZO.	67	1.7
Juni	OZO.	68	1.6	ZO.	70	1.8
Juli	OZO.	75	1.7	ZO.	79	1.8
Augustus	ZO.	78	1.9	ZO.	77	1.9
September	ZO.	62	1.7	ZO.	74	1.8
October	ZO.	64	1.6	ZZO.	69	1.7
November	ZZO.	31	1.4	Z.	55	1.5
December	W.	42	1.6	WZW.	42	1.6

XXIII. Zuidelijk deel. Str. Makasser.

	Overdag.			Des nachts.		
	Wind-richting.	%stadigheid.	Kracht.	Wind-richting.	%stadigheid.	Kracht.
Januari	NW.	44	1.5	NW.	48	1.6
Februari	N.	44	1.6	N.	43	1.5
Maart	NW.	33	1.4	NNW.	23	1.2
April	O.	25	1.2	O.	28	1.2
Mei	OZO.	17	1.3	ZO.	16	1.4
Juni	ZZO.	45	1.4	ZO.	38	1.4
Juli	ZZO.	34	1.5	ZO.	37	1.7
Augustus	ZZO.	39	1.5	ZO.	50	1.5
September	ZZO.	48	1.3	OZO.	53	1.5
October	Z.	23	1.2	O.	31	1.2
November	W.	25	1.2	WNW	22	1.2
December	WNW	36	1.6	WNW	45	1.6

XXI. Straat Madoera.

	Overdag.			Des nachts.		
	Wind-richting.	%stadigheid.	Kracht.	Wind-richting.	%stadigheid.	Kracht.
Januari	WNW	64	1.6	W.	69	1.6
Februari	WNW	69	1.6	W.	71	1.6
Maart	WNW	14	1.6	ZW.	33	1.5
April	O.	39	1.4	ZZO.	38	1.4
Mei	O.	66	1.6	ZO.	61	1.6
Juni	OZO.	69	1.6	ZZO.	65	1.6
Juli	OZO.	51	1.7	ZZO.	73	1.6
Augustus	O.	54	1.8	ZZO.	64	1.7
September	OZO.	59	1.7	ZZO.	67	1.8
October	O.	36	1.5	O.	62	1.7
November	O.	17	1.4	Z.	52	1.4
December	WNW	25	1.5	ZW.	56	1.6

XXIV. Noord. deel Str. Makasser.

	Overdag.			Des nachts.		
	Wind-richting.	%stadigheid.	Kracht.	Wind-richting.	%stadigheid.	Kracht.
Januari	N.	34	1.5	N.	39	1.3
Februari	NNO.	67	1.4	N.	60	1.6
Maart	NNO.	27	1.3	N.	26	1.3
April	NO.	17	1.2	NO.	16	1.2
Mei	Z.	32	1.4	ZW.	25	1.3
Juni	ZW.	42	1.3	ZZW.	44	1.2
Juli	ZW.	41	1.4	Z.	45	1.4
Augustus	ZZW.	58	1.6	ZZW.	47	1.4
September	ZW.	39	1.6	Z.	49	1.4
October	ZZW.	25	1.4	Z.	30	1.3
November	ZW.	22	1.2	WZW	19	1.2
December	W.	11	1.3	NW.	33	1.5

| | XXV. N.O. kust Borneo. | | | | | | XXVIII. Golf van Tomini. | | | | | |
| | Overdag. | | | Des nachts. | | | Overdag. | | | Des nachts. | | |
	Windrichting.	%stadigheid.	Kracht.	Windrichting.	%stadigheid.	Kracht.	Windrichting.	%stadigheid.	Kracht.	Windrichting.	%stadigheid.	Kracht.
Januari	N.	40	1.4	N.	45	1.4	N.	45	1.6	NNW	53	1.4
Februari	NNO.	22	1.3	N.	49	1.3	NW.	38	1.3	NNW.	35	1.3
Maart	NO.	36	1.3	N.	43	1.3	N.	39	1.3	N.	54	1.3
April	ONO.	36	1.2	NO.	26	1.2	ONO.	16	1.3	NW.	39	1.2
Mei	NO.	11	1.0	NNO.	11	1.1	Z.	26	1.3	NW.	11	1.5
Juni	O.	7	1.2	NNW.	16	1.2	ZZO.	26	1.5	ZZW.	14	1.4
Juli	ZZO.	31	1.3	ZZW.	28	1.2	ZZO.	41	1.6	WZW.	23	1.7
Augustus	ZO.	32	1.2	ZZW.	22	1.2	Z.	13	1.6	ZZW.	34	1.7
September	ZZW.	26	1.4	ZZW.	37	1.4	Z.	17	1.5	ZZW.	19	1.5
October	Z.	7	1.2	ZW.	11	1.2	Z.	40	1.4	ZW.	12	1.6
November	ONO.	3	1.1	WNN.	19	1.1	ZZO.	14	1.5	N.	20	1.5
December	N.	19	1.2	NNW.	34	1.3	NW.	29	1.4	NNW.	42	1.4

| | XXVI. Celebes-Zee. | | | | | | XXIX. Moluksche Zee. | | | | | |
| | Overdag. | | | Des nachts. | | | Overdag. | | | Des nachts. | | |
	Windrichting.	%stadigheid.	Kracht.	Windrichting.	%stadigheid.	Kracht.	Windrichting.	%stadigheid.	Kracht.	Windrichting.	%stadigheid.	Kracht.
Januari	N.	41	1.5	NNO.	41	1.3	NNW.	63	1.5	NNW.	72	1.7
Februari	NNW.	44	1.5	O.	47	1.5	NNW.	67	1.5	NNW.	70	1.6
Maart	N.	43	1.5	NO.	40	1.5	N.	45	1.5	NNW.	50	1.5
April	NNO.	55	1.2	ONO.	35	1.3	WNW	19	1.4	WNW	9	1.4
Mei	NNW.	25	1.3	ZZW.	34	1.2	Z	46	1.4	ZZO.	41	1.3
Juni	ZZW.	37	1.3	ZZO.	44	1.5	ZO.	58	1.6	ZO.	65	1.7
Juli	ZZW.	14	1.4	Z.	50	1.4	ZZO.	83	1.7	ZZO.	78	1.7
Augustus	ZZW.	22	1.3	ZZO.	49	1.4	ZZO.	62	1.8	Z.	68	1.7
September	Z.	18	1.3	Z.	57	1.4	ZZO.	64	1.7	ZZO.	69	1.7
October	ZZW.	12	1.2	ZZO.	48	1.2	Z.	57	1.5	ZZO.	54	1.5
November	N.	25	1.5	ONO.	25	1.4	ZW.	19	1.2	ZW.	16	1.2
December	NNO.	34	1.2	ONO.	45	1.3	NW.	50	1.5	NNW.	30	1.6

| | XXVII. Van Menado—Ternate. | | | | | | XXX. Soenda-Zee. | | | | | |
| | Overdag. | | | Des nachts. | | | Overdag. | | | Des nachts. | | |
	Windrichting.	%stadigheid.	Kracht.	Windrichting.	%stadigheid.	Kracht.	Windrichting.	%stadigheid.	Kracht.	Windrichting.	%stadigheid.	Kracht.
Januari	N.	50	1.5	N.	60	1.5	W.	80	1.7	WNW	76	1.7
Februari	N.	57	1.5	N.	67	1.6	WNW	43	1.5	WNW	54	1.5
Maart	N.	65	1.6	N.	69	1.6	WNW	39	1.6	WNW	39	1.6
April	N.	43	1.4	N.	43	1.3	OZO.	29	1.5	OZO.	31	1.6
Mei	ZW.	31	1.4	ZW.	22	1.4	OZO.	69	1.7	OZO.	72	1.7
Juni	Z.	54	1.5	Z.	46	1.5	OZO.	78	1.7	OZO.	78	1.8
Juli	ZZW.	61	1.6	ZZW.	61	1.6	OZO.	77	1.8	OZO.	77	1.8
Augustus	Z.	76	1.8	Z.	66	1.7	OZO.	75	1.8	OZO.	77	1.8
September	ZZW.	66	1.6	ZZW.	69	1.6	OZO.	66	1.7	OZO.	73	1.7
October	ZZW.	48	1.4	Z.	35	1.1	OZO.	59	1.6	ZO.	70	1.6
November	W.	32	1.4	WNW	66	1.3	ZW.	12	1.5	W.	6	1.4
December	N.	47	1.5	N.	61	1.5	WNW	52	1.6	WNW	52	1.6

| | XXXI. Kl. Soenda Eil. (N. kust.) | | | | | | XXIV. Flores, enz. (Z. kust.) | | | | | |
| | Overdag. | | | Des nachts. | | | Overdag. | | | Des nachts. | | |
	Wind-richting.	%stadig-heid.	Kracht.	Wind-richting.	%stadig-heid.	Kracht.	Wind-richting.	%stadig-heid.	Kracht.	Wind-richting.	%stadig-heid.	Kracht.
Januari	WNW	64	1.9	W.	73	1.8	W.	48	1.5	WNW	48	1.3
Februari	NW.	46	1.6	W.	47	1.5	WNW	33	1.2	WNW	53	1.3
Maart	WNW	18	1.5	ZW.	33	1.6	WNW	26	1.5	W.	33	1.4
April	O.	24	1.4	ZZO.	41	1.4	OZO.	21	1.4	OZO.	20	1.5
Mei	OZO.	50	1.6	ZO.	57	1.5	ZO.	31	1.4	ZZO.	44	1.4
Juni	OZO.	54	1.7	ZO.	66	1.7	OZO.	46	1.5	ZO.	62	1.4
Juli	OZO.	49	1.6	ZO.	75	1.6	OZO.	48	1.5	ZO.	76	1.5
Augustus	ZO.	51	1.7	ZZO.	66	1.7	ZO.	47	1.5	ZO.	55	1.5
September	OZO.	42	1.6	ZZO.	69	1.7	ZO.	24	1.5	ZO.	54	1.4
October	ZO.	30	1.5	ZZO.	62	1.6	OZO.	23	1.3	OZO.	25	1.2
November	ZZO.	22	1.4	Z.	55	1.4	ZW.	19	1.4	Z.	27	1.2
December	WZW	28	1.4	ZZW.	47	1.4	W.	40	1.4	W.	37	1.4
	XXXII. Kl. Soenda-Eil. (Z. kust.)						XXXV. Bez. de Kl. Soenda-Eil.					
Januari	WNW	53	1.8	W.	63	1.8	Z.	32	2.1	ZZW.	33	2.1
Februari	NW.	40	1.6	W.	38	1.4	ZZO.	13	1.0	ZW.	52	1.3
Maart	N.	2	1.5	Z.	29	1.5	ZZO.	62	1.8	ZZO.	54	1.9
April	O.	38	1.4	ZZO.	42	1.4	O.	58	1.5	OZO.	67	1.4
Mei	OZO.	48	1.6	ZO.	51	1.5	ZO.	72	1.5	OZO.	62	1.5
Juni	ZO.	51	1.7	ZO.	63	1.7	OZO.	85	1.9	Z.	76	1.9
Juli	OZO.	40	1.6	ZZO.	75	1.5	OZO.	80	1.8	ZO.	77	1.8
Augustus	ZO.	46	1.7	ZZO.	66	1.7	OZO.	75	1.8	ZO.	85	2.2
September	OZO.	35	1.5	ZZO.	67	1.6	ZO.	89	1.7	ZO.	85	1.7
October	ZO.	19	1.6	Z.	64	1.6	—	—	—	—	—	—
November	Z.	29	1.4	Z.	49	1.4	O.	25	1.3	NNO.	33	1.0
December	ZW.	38	1.4	ZZW.	47	1.4	ZW.	39	1.7	ZZW.	32	1.8
	XXXIII. Flores enz. N. kust.						XXXVI. Timor-Zee.					
Januari	W.	55	1.5	W.	62	1.6	W.	62	2.0	WNW	71	1.5
Februari	NW.	30	1.1	NW.	55	1.3	W.	67	1.6	ZW.	39	1.4
Maart	W.	29	1.5	WZW.	42	1.3	W.	43	1.8	O.	2	1.8
April	O.	33	1.4	ZO.	44	1.5	ZO.	28	1.6	OZO.	56	1.6
Mei	OZO.	33	1.4	ZO.	50	1.4	OZO.	38	1.5	ZO.	50	1.5
Juni	OZO.	61	1.5	ZO.	66	1.5	ZO.	55	1.7	ZO.	77	1.7
Juli	OZO.	61	1.5	ZO.	73	1.5	ZO	56	1.8	OZO.	81	1.8
Augustus	OZO.	57	1.6	ZO.	61	1.5	ZZO.	39	1.6	ZO.	71	1.5
September	O.	26	1.4	ZO.	55	1.4	Z.	39	1.6	ZO.	58	1.5
October	O.	36	1.3	OZO.	41	1.2	ZW.	14	1.4	ZO.	35	1.5
November	O.	16	1.4	ZZW.	20	1.3	ZW.	31	1.6	Z.	30	1.5
December	WNW	45	1.6	W.	45	1.4	W.	46	1.7	W.	31	1.6

| | XXXVII. Harafoera Zee. | | | | | XL. Ceram-Zee. | | | | |
| | Overdag. | | | Des nachts. | | | Overdag. | | | Des nac[hts] |
	Wind-richting.	%stadigheid.	Kracht.	Wind-richting.	%stadigheid.	Kracht.	Wind-richting.	%stadigheid.	Kracht.	Wind-richting.	%stadigheid.
Januari	NW.	65	1.6	NW.	57	1.3	NW.	59	1.6	NNW.	59
Februari	WNW	68	1.7	WNW	63	1.7	NW.	60	1.6	NW.	52
Maart	W.	20	1.2	WZW.	18	1.4	NW.	47	1.6	NW.	38
April	OZO.	42	1.7	ZO.	48	1.5	NW.	26	1.4	OZO.	11
Mei	ZO.	52	1.5	ZO.	49	1.5	ZZO.	23	1.4	ZZO.	34
Juni	ZO.	79	1.7	ZO.	83	1.6	ZZO.	24	1.5	Z.	39
Juli.	ZO.	89	2.1	ZO.	94	2.0	ZZO.	52	1.7	ZZO.	61
Augustus	ZO.	90	1.8	ZO.	94	2.0	ZZO.	64	1.6	Z.	71
September	ZZO.	66	1.3	ZO.	86	1.4	Z.	56	1.6	Z.	62
October	OZO.	54	1.3	OZO.	65	1.3	ZZO.	34	1.4	ZZO.	52
November	ZZO.	30	1.4	ZO.	47	1.2	ZW.	22	1.6	ZZW.	28
December	WNW	64	1.5	NW.	68	1.5	NW.	57	1.5	NW.	49

| | XXXVIII. Banda Zee. Z. Deel. | | | | | | XLI. NW. kust Nieuw Guine[a] | | | | |
	Wind-richting.	%stadigheid.	Kracht.	Wind-richting.	%stadigheid.	Kracht.	Wind-richting.	%stadigheid.	Kracht.	Wind-richting.	%stadigheid.
Januari	WNW	88	1.9	NW.	91	1.9	NW.	90	1.9	NW.	95
Februari	WNW	92	3.1	WNW	86	2.9					
Maart	WNW	32	1.6	NW	30	1.5	NW.	45	1.4	W.	41
April	ZO.	63	1.5	ZO.	55	1.4	NW.	18	1.3	W.	43
Mei	OZO.	89	2.0	ZO.	86	1.9	ONO.	48	1.5	ZO.	41
Juni	OZO.	75	2.0	ZO.	77	1.9	O.	65	1.6	OZO.	68
Juli	ZO.	92	2.0	ZO.	93	2.0	ZO.	32	0.9	O.	26
Augustus.	ZO.	95	1.7	OZO.	96	1.8					
September	ZO.	94	1.5	ZO.	91	1.5	W.	25	1.4	WZW.	59
October	ZO.	71	1.5	ZO.	75	1.4	O.	45	1.4	O.	74
November	ZZO.	50	1.5	ZO.	63	1.3	NW.	70	1.3	NW.	67
December	WNW	45	1.4	WNW	48	1.3					

| | XXXIX. Banda Zee. N. Deel. | | | | | |
	Wind-richting.	%stadigheid.	Kracht.	Wind-richting.	%stadigheid.	Kracht.
Januari	WNW	60	1.8	NW.	69	1.7
Februari	WNW	54	1.7	NW.	67	1.7
Maart	W.	29	1.5	NW.	31	1.5
April	ZO.	35	1.5	OZO.	31	1.5
Mei	ZO.	50	1.6	ZO.	48	1.6
Juni	ZO.	79	1.8	ZO.	80	1.9
Juli	ZO.	82	1.9	ZO.	80	2.0
Augustus	ZO.	84	1.9	ZO.	85	1.9
September	ZZO.	46	1.6	ZO.	76	1.6
October	ZO.	66	1.4	ZO.	63	1.4
November	Z.	23	1.4	ZZO.	9	1.3
December	W.	39	1.5	NW.	44	1.4

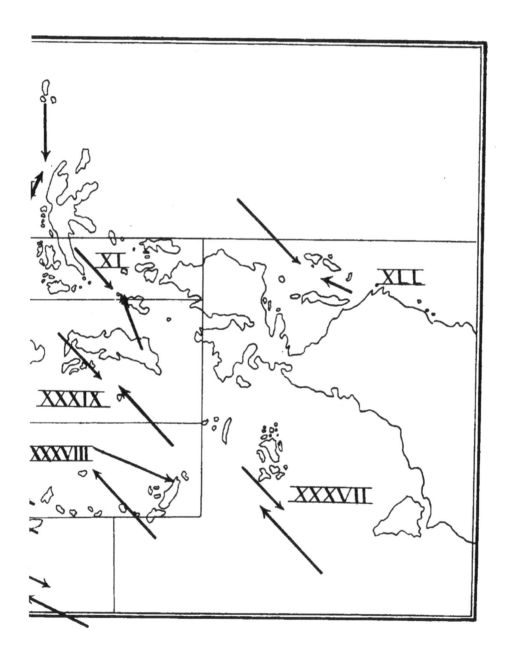

11$\underline{\text{DE}}$ AFDEELING.

ZEESTROOMINGEN. - GOLFWAARNEMINGEN.

INHOUD: Opgaven omtrent zeewater. — Oorzaken van stroomingen. — Meest belangrijke zeestroomingen — Stroomen in den O. I. Archipel. — Golfwaarnemingen. — Zee-Routen.

Zeestroomingen.

Analyse van 1000 gewichtsdeelen zeewater.

	gewicht.	$^o/_o$ v/h totaal zoutgehalte.
keukenzout	26,7	78,3
bitterzout (MgSO$_4$)	2,2	6,4
gips (CaSO$_4$)	1,3	3,9
magnesiumchloride (MgCl$_2$)	3,2	9.4
kaliumchloride (KCl)	0,5	1,6
totaal	33,9	99,6

Het zoutgehalte van verschillende zeeën bedraagt;

Noordzee 3,5 $^o/_o$, Skagerrak 3 $^o/_o$, Kattegat 1,27 $^o/_o$, Sond 0,92 $^o/_o$, Finsche Golf 0,35 $^o/_o$, Roode Zee 4 $^o/_o$, Middellandsche Zee 3.5 à 3.9 $^o/_o$.

De zouten komen steeds in dezelfde verhoudingen voor.

Kleur van het Zeewater. Een laag zuiver water van 1 vadem dikte absorbeert de helft van de roode en een derde van de oranje lichtstralen; het doorgelaten licht wordt dus in hoofdzaak groen en blauw. De eigen kleur van zuiver water is in dikke lagen blauw en wordt blauwer naarmate het zoutgehalte toeneemt. Melkzee noemt men een, o. a. in de Molukken voorkomend verschijnsel, dat aan infusoriën wordt toegeschreven. De zee is dan melkwit van kleur.

Doorzichtigheid van Zeewater. Licht dringt vermoedelijk niet verder dan 400 vaam door. In de tropen kan men dikwijls in 20 vaam den bodem zien.

Stroomwaarnemingen. In zee bepaalt men de stroomrichting, bij gebrek aan beter, door het gegist bestek met kruispeilingen en hoogtelijnen te verbinden, waarbij nauwkeurig dient te worden gelet op die invloeden, die niet aan den stroom zijn te wijten, als: slecht sturen, onnauwkeurig bekende variatie der naald, afdrijven met den wind, enz., enz. Nuttig is het. te letten op de richting werwaarts drijvende voorwerpen de lengteas gericht hebben. Vooral moet men om tot een nauwkeurige kennis der stroomen te geraken, trachten het bestek te verbeteren wanneer men zich in de nabijheid van bepaalde stroomen weet, of wanneer men reden heeft te veronderstellen dat de stroom veranderd is. Zoo ook wanneer men de grenzen van bepaalde windstelsels nadert en vooral wanneer men groote veranderingen in de temperatuur van het zeewater waarneemt, gepaard met ongestadig weer en elektrische verschijnselen.

Omtrent het bepalen van benedenstroomen, zie Afdg. V blz. 164.

Stroomen ontstaan hoofdzakelijk tengevolge van drie oorzaken, n.l.:

1°. **de wrijving tusschen de deeltjes van de wateroppervlakte en den daar overheenstrijkenden wind.** Is die wrijving het gevolg van een heerschenden wind, dan veroorzaakt zij een voortdurenden stroom naar lij, daar de deeltjes aan de oppervlakte hun beweging aan de deeltjes van volgende lagen mededeelen zoodra zij eenmaal zelf in beweging zijn. Hieruit is duidelijk dat de stroomsnelheid naar de diepte afneemt en aan de oppervlakte zelve kleiner is dan de windsnelheid.

Zoo bewerken de passaten de equatoriaalstroomen, zoo drijven de ZW.-winden het water krachtiger langs onze kusten. Wanneer het water tengevolge van hevigen storm wordt voortgezweept. ziet men de strooming duidelijk voor oogen in de geweldige watermassa's (golven) wier koppen voor den wind verstuiven. Bij zulk onstuimig weer echter kan het gebeuren dat het water tot op zekere diepte in strooming geraakt en eene snelheid bereikt overeenkomende met de maxi-

snelheid die bij de heerschende windkracht behoort; het verstuiven van de golven die dan
.· snel voor den wind vlieden houdt op, en men noemt de zee *doodgewaaid*.

Dit door den wind in strooming geraken van het water komt op kleine en groote schaal voor.
.·o veroorzaken altijd uit denzelfden hoek waaiende winden ook stroomen naar een zelfde rich-
'ng, die we driften zullen noemen; maar zoo het water ergens in drift geraakt en wegvloeit,
.oet het van elders worden aangevuld, zoodat men à priori kan spreken van *driften* en *aan-
.·llingsdriften*. Nu is het duidelijk dat driften, zoolang zij in het windgebied waar zij geboren
.verden verblijven, niet vrij zijn, doch hun loop vrij vervolgen, zoodra zij dat windgebied ver-
.aten hebben; zij gaan dan spoedig over tot aanvullingsdriften voor driften in een ander wind-
.ebied, waar ook andere heerschende winden gevonden worden.

Driften en aanvullingsdriften kan men veelal in 't klein zien bij aflandigen wind. Zulk een
wind toch drijft oppervlaktewater van de kust af, dat alleen door water uit de diepte kan
vervangen worden; er ontstaat dan een opstijgende stroom, 't geen aan den zeethermometer
geconstateerd kan worden. Die stroom is dan feitelijk aanvullingsdrift.

2°. **door temperatuurverschil van het water.** Het is toch duidelijk dat warm water als
bovenstroom naar koudere streken tracht te stroomen en koud water als benedenstroom de warme
gewesten opzoekt.

3°. **door verschil in zoutgehalte van het water.** In de Oostzee b. v. monden vele rivieren
uit en is de verdamping gering, zoodat het zoutgehalte geringer is dan in de Noordzee, die
weinig rivieren in zich opneemt; dus stroomt Oostzeewater als bovenstroom uit Sonten, Belt en
Kattegat; terwijl Noordzeewater als onderstroom die Straten invloeit. In de Middellandsche zee
is de verdamping sterk en de toevoer aan zoet water onbeduidend, zoodat de stroom in Straat
Gibraltar meest om de Oost is gericht (echter is er onder den Afrikaanschen wal een neer waarvan opkruisende schepen partij trekken).

Gecombineerd geven deze drie oorzaken aanleiding tot de meest bekende stroomen en stroomstelsels, waarbij vooral in aanmerking komt de rotatie der aarde, die op 't Noordelijk halfrond
de stroomen naar rechts en op 't Zuidelijk halfrond naar links doet afwijken.

a. De stroomen in den Atlantischen Oceaan van 30° N.Br.— 30° Z.Br.

1e. *de Noordelijke Equatoriaalstroom.* (N.O.passaat drift).
Heerscht over een eenigszins veranderlijk oppervlak, daar de grenzen en vooral de Noordelijke
grens zich met de jaargetijden verplaatsen. Als gemiddelde Zuidelijke grens kan men stellen
tusschen de 20° en 25° W.L. als volgt:

in Januari	. .	8° N.Br.	in Juli	. . .	11° N.Br.
„ Maart	. .	6° „	„ September.		12° „
„ Mei	. . .	6° „	„ November .		9° „

De gemiddelde stroomsterkte bedraagt:
Zuidelijk van den 20sten parallel; 15 à 17 zeemijlen per etmaal.
Noordelijk „ „ „ ⎞
     tot „ 28sten „ ⎰ 10 „ „ „
Maximumsnelheid . . . . 36 „ „ „

Ofschoon door den N.O.passaat veroorzaakt, loopt de stroom meer en meer om den Noord,
naarmate hij de Amerikaansche kust nadert. Waarschijnlijk is dit toe te schrijven aan den sterken
Z. Equatoriaal stroom die eenmaal op N.Br. komende, het water van den N. Eq. stroom wegdringt.

2e. *de Zuidelijke Equatoriaalstroom.* (Z.O.passaat drift).
Beslaat in den beginne een oppervlak van 15 breedtegraden. De stroomrichting is dan een
weinig benoorden het Westen. De Noordelijke grens ligt op den meridiaan van Greenwich iu
1° N.Br. en op 10° W.L. in 3° à 4° N.Br., terwijl op 30° W.L. de stroomrichting geprononceerd
Noordwestelijk wordt. De om de NW. vloeiende tak van dezen stroom loopt dan onder den naam

20

van Guyanastroom gecombineerd met het, in dezelfde richting stroomende, water van den N. Eq. stroom naar de Antillen; terwijl een ander deel van den Z. Eq. stroom om de ZW. ombochtende Braziliaansche strooming heet. De stroomsnelheid van den Z. Equatoriaalstroom bedraagt 13 tot 22 zeemijlen per etmaal, met dien verstande dat er in 't stroomlichaam twee aderen met maximum-snelheid zijn te bepeuren. Nauwkeurig ziet men dit uit de tabel:

Snelheid van den Z. Eq.-stroom op versch. maanden:

Breedte.	Dec. Jan.	Febr. Maart	April. Mei.	Juni. Juli.	Aug. Sept.	Oct. Nov.
4°—2°	21	19	19	25	21	19
2°—0°	15	22	23	31	21	18
0°—2°	19	16	17	21	21	17
2°—4°	22	20	20	26	22	19
4°—6°	22	17	19	22	21	18
6°—8°	15	18	19	20	17	13
8°—10°	13	16	15	15	18	20

Zie over de koudwatereilanden sub Guinea-stroom.

3ᵉ. *de Caraibische strooming.*

Is de voortzetting van den reeds genoemden Guyanastroom, in de Caraïbische zee; dus een deel van de gecombineerde N. en Z. Eq.-stroomen. Nabij de kust van Venezuela is de snelheid 24 ad 72, oostelijker 12 ad 36, en tusschen Yucatan en Cuba 50 en meer zeemijl per etmaal. Opmerking verdient dat in de Windward passage (tusschen Cuba en Hayti) de stroom om de Zuid dus de Caraibische zee inloopt, terwijl in de Mona passage (tusschen Hayti en Porto Rico de stroom om den Noord trekt.

4ᵉ. *de Antillen Strooming.*

Een deel der equatoriaalstroomen en wel hoofdzakelijk van den Noord Equatoriaal stroom trekt langs de Antillen op de Bahama's aan, onder den naam van Antillenstrooming met een snelheid van ongeveer 17,5 zeemijl per etmaal.

5ᵉ. *de Braziliaansche Stroom.*

Is de voortzetting van den Zuidelijken tak van den Z. Eq.-stroom en bereikt zelden een snel-heid grooter dan 24 zeemijl per etmaal, terwijl zijn invloed tot op 200 zeemijl uit den wal dikwijls kan worden vernietigd of omgekeerd door heerschende moessons.

7ᵉ. *de Noord-Afrikaansche Stroom.*

Is een stroom opgewekt tengevolge van heerschende noordewinden van Madera tot de Kaap-Verden. De stroomsterkte wisselt af van 8—30 zeemijl per etmaal. De stroom zelf wordt, meer om de Zuid komende, in den Noord Equatoriaalstroom opgenomen.

8ᵉ. *De Zuid-Afrikaansche of Benguelastroom.*

Is geheel analoog aan den N. Afr. stroom (zie 7), wordt opgewekt door heerschende zuidelijke winden; stroomgebied tusschen de Kaapstad en St. Thomé. De gemiddelde sterkte is 12, maximum 30 zeemijl per etmaal. Gelijk de N. Afr. stroom den N. Equatoriaalstroom onderhoudt, zoo onderhoud deze Z. Afrikaansche drift den Z. Equatoriaalstroom. Het water van de Congorivier is op 75 D.G.M. in zee waargenomen; het stroomt om de N.W. mêe en is donker van kleur.

9ᵉ. *De Guineastrooming.*

Uit nieuwere onderzoekingen is gebleken dat de vroeger als tegen-equatoriaalstroom bekende drift eigenlijk niet bestaat; wel is gebleken dat in 't gebied tusschen den N. en den Z. Equa-toriaalstroom een oostwaarts gericht stroomstelsel gevonden wordt, dat sedert Guineastroom heet. De oppervlakte van dien stroom is waaiervormig, zoodat de „hoekzak" dien men op de kaart tusschen de beide equatoriaalstroomen ziet, erdoor wordt gevuld. De spits van dien waaier ligt waarschijnlijk nimmer westelijker dan 40° W.L. v. Gr , terwijl men kan aannemen dat zij in:

November		33° W.L.	en op 8° à 10° N.B. des zomers.
Januari	gevonden wordt in	27° „	of op 4° à 5° N.B. des winters.
Maart		25° „	
Mei		28° „	

Stroomrichting en snelheid kunnen zeer variëeren, maar men kan aannemen dat de snelheid gemiddeld 18 en hoogstens 40 à 50 zeemijl per etmaal bedraagt; terwijl de snelheid op de Zuidelijke grenzen van het gebied gewoonlijk vrij groot is. Oostelijker dan 15° W.L. neemt de snelheid ook dikwijls toe, omdat de stroom, meer en meer bij den wal komende, gesplitst wordt in twee takken, waarvan de voornaamste de Golf van Guinea inloopt maar in een smaller stroomgebied komt, daar zij aan de Zuidzijde begrensd wordt door den Z. Eq.-stroom; zoodat de snelheid *moet* toenemen en bij Kaap Palmas meermalen stroomverlijeringen van 48 (soms 85) zeemijl per etmaal zijn waargenomen. Voorbij den eersten meridiaan kan men dezen tak echter als verloopen beschouwen, ten minste gewoonlijk. Een klein gedeelte van het water stroomt als tweede tak ietwat om den Noord langs de Afrikaansche kust.

In de Guineastrooming zie men niets anders dan den aanvullingsstroom, ja zelfs neerstroom die noodig is om een gedeelte van het water dat door N. en Z Equatoriaaldriften wordt weggevoerd weer aan te vullen, waartoe zelfs veel water van de randen dier stroomen op zijn baan terugkeert; terwijl als vanzelf het veelal windstille gebied is aangewezen voor dien aanvullingsstroom om zijn kracht te ontwikkelen; waarbij nog komt het ook in dit gebied optreden van een Z.W. moesson. Wat dit aanvullen (compenseeren) betreft, zij opgemerkt dat in den Zuidelijken Eq.-stroom soms zoogen. koudwatereilanden of koudwaterplekken worden gevonden die op aanvulling uit de diepte wijzen.

b. De Stroomen in den N. Atlantischen Oceaan benoorden 30° N.Br.

10e. *De Floridastroom.*

Het warme, in de Golf van Mexico opgestuwde, water vindt een uitweg tusschen Florida en Cuba, vanwaar het met groote snelheid evenwijdig aan de kust van het vaste land stroomt, waarbij de westrand van den stroom de 200 meters dieptelijn vrijwel volgt. Het water is indigoblauw van kleur, zoodat de grens, vooral de westgrens, van den stroom zeer duidelijk is. Bij kalme gelegenheid zijn de grenzen zeer duidelijk te zien aan rafelingen; op hooger breedte is de verdamping zeer sterk. Daar waar de temperatuur van den stroom het hoogst is, is ook de stroomsterkte het grootst. Aan de westelijke grens van den stroom kan men soms binnen een kabellengte temperatuursverschillen van 16° C. opmerken. Echter bewijst het aanwezig zijn van warm water niet dat men in den stroom is, want de Floridastroom vloeit soms, om zoo te zeggen, over zijne grenzen en dan ontstaat aan zijne kanten wel eens een soort neer, zoodat men soms Westelijke en Zuidwestelijke stroomverlijering ondervindt, wanneer men zich aan de Zuid- en Oostzijde van den stroom bevindt.

In de Straat van Florida is de snelheid gemiddeld 72 zeemijl per etmaal, en als maximum 100 à 120 zeemijl; in den winter en des zomers is de kracht van den stroom zeer groot. De temperaturen zijn in de as van den stroom als volgt verdeeld:

	Januari.	April.	Juli.	October.
Floridastraat	25°	25°.5	28°.5	28°
Bij Charleston	24°	25°	28°	27°
„ Hatteras	22°	23°	27°	24°.5
ZO. van Nantucket Sh..	19°.5	20°	27°	22°
Z. van Nova Scotia . . . . , . . .	17°	19°.5	25°.5	20°.5

Het weer is warm en variabel. Buiten de N. en W. grenzen van den stroom is het koud; b
stormweer ondervindt men hooge en moeilijke zee.

11e. *De Golfstroom.*

De Golfstroom beheerscht van af 40° N.Br. en Noordelijker, het grootste deel van den N. At
Oceaan. Het Zuidelijk deel van die groote strooming trekt om de Oost naar de Azoren, vanwaa
de richting OZO. en Zuidelijk wordt. Het middelste deel stroomt naar de Britsche eilanden, d
Faroër en IJsland; het Noordelijkst deel trekt N. en W.waarts. De stroom beslaat derhalve ee
waaiervormig oppervlak. Stroomverlijeringen van 48 zeemijl per etmaal zijn in dit gebied zelde
waargenomen — hoe verder men van den oorsprong des strooms af is, zoo kleiner wordt d
stroomsnelheid zoodat deze veelal niet te bespeuren is, doch gemiddeld kan men op 10 à 1
zeemijl per etmaal rekenen.

a. het zuidelijk deel van den Golfstroom. Uit het bovenstaande wordt duidelijk dat hiermêe d
kringloop rond de Sargasso-zee gesloten wordt, daar dit deel van den stroom overgaat in de N
Afr. strooming, N. Equatoriaalstrooming, enz.

b. het middelste deel van den Golfstroom. Trekt op de Engelsche kusten aan, langs Ierland e
Schotland om den Noord en brengt aldus nog warm water in de Noordelijke IJszee. De stroom
snelheid is zelden 12 zeemijl per etmaal. Echter is er ook water uit den Golfstroom, dat in d
Golf van Biscaye komt en aan een zeer belangrijk verschijnsel bij Kaap Finisterre het bestaan
geeft. De stroom namelijk treft vooral bij hevige Westewinden Kaap Ortegal en splitst zich daar

in een tak om de Oost en een om de Zuid. Deze stroom kan het ronden van Kaap Finisterre
zeer gevaarlijk maken, daar hij recht in den wal kan zetten en de oorzaak van veel ongelukken
kan worden, gelijk hij er reeds vele veroorzaakt heeft. Over den stroom die schepen in 't verkeerde Kanaal brengen kan, zie bladz. 96.

12e. *De Labradorstroom.*

Is ten deele het gevolg van de heerschende winden in de Baffins-baai (zie isobarenkaartje), ten deele een aanvullingsdrift voor het water, dat door den Florida-stroom wordt weggevoerd. Langs de Amerikaansche kust doet hij aan een neer denken. IJsbergen zijn door dezen stroom tot op 38° NBr. mêegevoerd.

c. De stroomen in den Zuid-Atlantischen Oceaan bez. 30° ZBr.

13e. *De Braziliaansche Stroom Zuid van 30° ZBr. en de Falklandstroom.*

Leveren ofschoon zeer verschillende in kracht, de tegenhangers van Florida- en Labradorstroom. De Falklandstroom brengt koud water tot Rio Janeiro en Kaap Frio. De grens tusschen Braz.-stroom en Falklandstroom is zeer duidelijk, daar de eerste evenals de Floridastroom indigokleurig water bevat. Het water van den Falklandstroom is groen, rijk aan visschen, zoodat men er veel albatrossen, enz. tegenkomt. Op hooge Zuiderbreedte is hier de verdamping zeer sterk, vooral bij Oostelijke winden, evenals reeds van den Floridastroom werd gezegd. Noordelijker dan 40° ZBr. zal men in den Falklandstroom zelden ijsbergen ontmoeten.

a. Stroomen voor Rio de la Plata. Vóór den ingang kondigen NNW. en ZZW. loopende stroomen Zuidelijke of Noordelijke winden aan Deze stroomen bereiken een snelheid van 1 à 3 zeemijl per uur.

14e. *De Zuid-Atlantische Verbindingsstroom.*

Zie Stroomkaart. De snelheid varieert van 6 tot 33 zeemijl per etmaal.

d. Stroomen in den Indischen Oceaan.

15e. *Benoorden de Linie.*

Aangezien hier de NO. en ZW. moessons overheerschen, hangen de stroomsystemen van die moessons af.

a. gedurende den NO. moesson. Gedurende dien moesson (wintermaanden) stroomt het water in de Golf van Bengalen, langs de kust van Coromandel om de ZW. terwijl aan de kust van Andaman een stroom om de NW. den golf binnenzet, zoodat midden in de golf, de stroom over 't algemeen om de W. is gericht. Bezuiden en beoosten Ceilon kan de stroom 80 à 108 zeemijl per etmaal worden.

In de Arabische Golf is de stroomloop analoog aan dien in de Golf van Bengalen. De NO. moesson stuwt water in de Roode Zee en de stroom die om de ZW. uit den Arabischen Golf naar de kust van Afrika trekt, kan aanleiding geven tot stroomverlijeringen van gewoonlijk 24 maar soms 48 à 60 zeemijl per etmaal.

b. gedurende den Z.W. moesson.

De stroom is onder den wal van Arabië om de N.O. gericht en zuigt daardoor water uit de Roode Zee, wat soms in 't Suez-Kanaal kan worden bespeurd. Langs de kust van Malabar trekt de stroom om de Zuid en bereikt bij Ceylon een kracht van 48 à 78 zeemijl per etmaal. Zie verder schetskaartje op de volgende bladzijde.

16e. *in 't Keerkringsgebied, bezuiden de Linie.*

Tusschen 7° en 20° Z.Br. treft men den Equatoriaalstroom aan die in de maanden October tot April soms zijn noordgrens tot de Chagos-eilanden uitstrekt. De snelheid van dien stroom bedraagt 12 à 36, soms 60 zeemijl per etmaal. Waar deze stroom Madagascar bereikt, splitst hij zich ten deele om den Noord, naar de Noordpunt van dat eiland gaande, ten deele Zuidelijk ombuigende. Langs de Noordpunt van Madagascar heeft de stroom dan een snelheid van 18—48 zeemijl per etmaal. Tegen den Afrikaanschen wal stuitende gaat een deel van de stroom om de Zuid (snelheid 40—69 zeemijl per etmaal) en houdt den Afrikawal zoodat aan den tegenover- liggenden Malagassischen wal neerstroom om den Noord loopt. Het andere deel van den Equatoriaalstroom is, toen het de Afrikaansche kust bereikte, om den Noord gevloeid en **gaat gedurende** den Z.W. moesson over in den stroom die de Arabische golf binnenvloeit; terwijl **het gedurende** den N.O. moesson den tegen-Equatoriaalstroom vormt die naar Straat Soenda **trekt. (zie de** kaartjes). De snelheid van dien stroom bedraagt gewoonlijk niet meer dan 48, **soms 72 zeemijl** per etmaal.

Stroomen gedurende den Z.W. Moesson.

17e. *de Agulhas-stroom.* Is de voortzetting van de Mozambique strooming, uit het **Kanaal van** dien naam komende. Deze stroom vloeit langs de Z. Afrikaansche kust en over **het Kaapsche** Rif om de West, doch komt niet veel Westelijker dan de meridiaan van de Kaap, **waarbij hij op** de door Westenwind veroorzaakte drift stuit, die den stroom keeren doet en zich **met dezen** vermengt. Onder den wal loopt een neer, terwijl de snelheid van den Agulhas**stroom 51 à 46,** hoogstens 80 à 110 zeemijl per etmaal bedraagt. De vermenging van beide stroomen uit zich in de evenwijdige strooken van zeer verschillende temperatuur. De Tafelbaai is naar gelang van den overheerschenden wind onder den invloed van Agulhasstroom, Westenwinddrift of Z. Atl. verbindingsstroom.

18e. *De West-Australische stroom.*

Is evenals de Benguela-stroom aan de Afrikaansche kust, een Noordwaarts **trekkende koude** stroom langs de Westkust van Australië, doch van geringe snelheid.

19e. *De Westenwind drift.*

De Westenwindengordel veroorzaakt op ongeveer den 40en breedtegraad, een **gesloten stroom** om de Oost, die in den Indischen oceaan een snelheid van ongeveer 9 zeemijl per etmaal **verkrijgt.** Bezuiden de Kaap vindt men in dien algemeen kouden stroom warme strooken van **uit den** Agulhasstroom afkomstig water; voorbij Madagascar vindt men eveneens warme **strooken van** water afkomstig uit den Equatoriaalstroom die tegen Madagascar is omgebogen. **Het water van** de Westenwinddrift is kenbaar aan eene vuilgroene kleur.

Opgaven omtrent andere voorname stroomen.

1e. *Noord Equatoriaalstroom. (Stille Zuidzee.)*
Richting West. Snelheid 12—18 zeemijl per etmaal. Bij de Philippijnen wordt de richting Noord, snelheid 18—42 zeemijl per etmaal.

2e. *Zuid Equatoriaalstroom. (Stille Zuidzee).*
Richting·West. Snelheid aan de Noordgrens 't grootst en gemiddeld 24 à 25, soms 79 zeemijl per etmaal. Bij de Marquesas-eilanden begint het Zuidelijk deel van dezen stroom meer en meer Zuidwest en, zijn oppervlak uitbreidende, naar de kust van Nieuw-Holland te vloeien. Dat eiland bereikt hebbende bocht een deel van het water naar de Torres-Straat om; een deel bocht om de Zuid en in een kringloop aan beide zijden van Nieuw Zeeland op 40° Z.Br. om de Oost terug.

3e. *Equatoriaal Tegenstroom. (Stille Zuidzee).*
Tusschen beide genoemde stroomen in; richting Oost; beduidt meestal weinig.

4e. *Japansche stroom.*
Snelheid bij Formosa 's zomers 24—42, 's winters 24—36 zeemijl per etmaal. Snelheid bij Straat v. Diemen 's zomers 48, 's winters 24 zeemijl per etmaal.

5e. *De Westenwinddrift of Kuro-Shio.*
Zet van Japan over naar Amerika, snelheid 16 à 18 zeemijl.

6e. *De Kalifornische Stroom.*
7e. *De Oost-Australische Stroom,*
8e. *De Westenwinddrift op 't Z. halfrond.* } pro memorie.
9e. *De Kaap-Hoornstroom.*
10e. *De Peruaansche of Humboldtstroom.*

De Stroomen in den Oost-Indischen Archipel.

Zie het kaartje alsook de speciale toelichtingen in Afdg. X.

Golfwaarnemingen.

Wil men golfwaarnemingen doen, dan bepale men (zie Afdg. X) de ware windrichting en snelheid en door vergelijking met de BEAUFORT-schaal de drukking en het nummer van den wind. Natuurlijk vult men in tabel in, niet de eigenlijke windrichting, maar windrichting ten opzichte van den koers.

TABEL I. Eigenschappen van het schip.

Datum.	Uur.	Snelh. v/d. schijnbaren wind.	Verhouding Snelh. schip:snelh.schijnb.wind.	Schijnb. windrichting.	Vaart bij de log.	Werkelijke windsnelheid.	Verhouding Snelh. schip: snelh. werk. wind.	Werkelijke windrichting.	Nummer van den wind.	Opmerkingen.

Bepalen van de golfhoogte. Wanneer men op een punt gaat staan, zoodanig gelegen men den golftop in de kim ziet op 't oogenblik dat men zelf in het golfdal is, is de hoogte het oog gelijk aan de golfhoogte. Meestal wordt de hoogte overschat, als gevolg van een op bedrog. Heeft namelijk het schip zijn grootste helling dan is men geneigd de hoogte va kruin der golf boven het dek voor de golfhoogte te houden.

Bepalen golfsnelheid. Ligt men stil met den kop op de golf, dan is de snelheid gelijk de lengte van het schip, gedeeld door het aantal secunden dat zij behoeft om onder het door te gaan. Komt de golf aanrollen onder een hoek k met den kiel (van 't voorschip af nende) en loopt men een vaart v dan is de snelheid $= \dfrac{l \cos. k - v \cos. k}{t} = \left(\dfrac{l - v}{t}\right) c$

waarin $l =$ lengte van het schip in meters, v snelheid van het schip in meters per secunde

Bepalen golflengte. Observeert men den tijd waarin twee opvolgende golven het schip reiken en men vermenigvuldigt dien tijd met de snelheid dan verkrijgt men de lengte.

Opmerking. Waar loodingen te krijgen zijn moet men ze nemen. Ook neme men het gemidd van vele waarnemingen.

Is het om de eigenschappen der golven zelf te doen, dan legge men een tabel aan:

TABEL II. Eigenschappen der golven.

Toestand zee.	Kracht wind BEAUFORT.			Windsnelheid (ware).	Windkracht (ware).	Golfhoogte.			Golfsnelheid.			Golflengte.			Periode.			Hoogte gedeeld door Lengte.			Windsnelh. gedeeld door golfsnelh.			Dagen van (van hoogte en wind alleen.)
	Gemiddeld.	Maximum.	Minimum.			Gemiddeld.	Maximum.	Minimum.	Gemiddeld.	Maximum.	Minimum.	Gemiddeld.	Maximum.	Minimum.	Gemiddeld.	Maximum.	Minimum.	Gemiddeld.	Maximum.	Minimum.	Gemiddeld.	Maximum.	Minimum.	

Aldus kan men alle waarnemingen naar rang en datum invullen. Later kan men ze onderl middelen en voor elken oceaan gemiddelde, maximale en minimale waarden opmaken. In eerste kolom teekene men op waar de waarnemingen geschiedden en voegt men nog een kol toe met het aantal dagen dat de beweging van het schip onmerkbaar was.

Nadere bemerkingen. Regen slecht af. De zee neemt gewoonlijk toe, wanneer de stroom het getij tegen den wind in trekt en neemt af wanneer stroom of tij in gelijke richting tre In streken waar men iets van de getijstroomen en zeestroomingen weet, kan men hierop een voorspelling baseeren. Deining kondigt dikwijls atmosferische verstoring aan.

Doet men golfwaarnemingen in verband met de slingertijden van het schip, dan moet clinometer nabij de slingeras van het schip hangen of beter nog doet men door de inrichti te gebruiken hierna genoemd.

Algemeene gegevens betreffende golven zijn:

Golfperiode in sec.	Snelh. in zeemijlen per uur.	Golflengte in Meters.
0.33	1	0.2
1.6	5	4.7
3.3	10	19
4.9	15	42
6.6	20	75
8.2	25	117
9.9	30	168

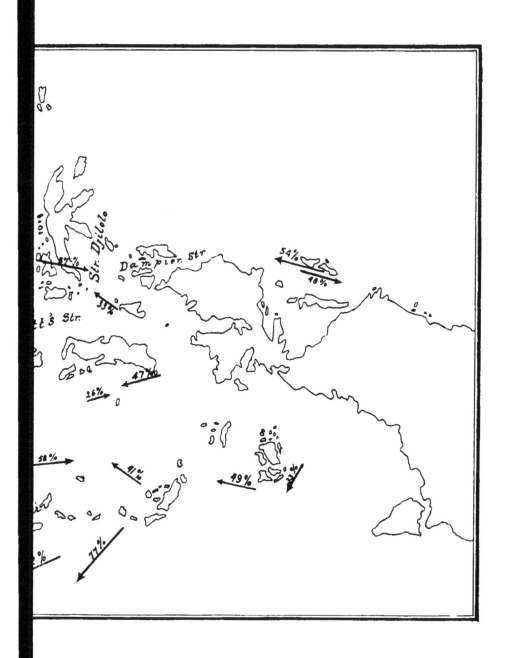

In den Indischen Oceaan werden door zorgvuldige waarnemers geen golven waargenomen hooger dan 12 à 13 Meters. Bij stormgolven kan men als uiterste waarden aannemen: hoogte 20 M., lengte 800 M., periode 24 sec.

Tot de zeer merkwaardige verschijnselen behooren de eenzame golven (solitary seas), die met groote snelheid en kracht plotseling, bij welke gelegenheid ook, kunnen voorkomen en groote verwoestingen aanrichten. (Zie Naut. Mag. Mei 1895).

Clinometer. Tot dusver de meest geschikte clinometer schijnt te zijn eene inrichting als volgt: Twee vertikale latten worden evenver uit de midscheeps en in eenzelfde dwarsscheeps vlak opgesteld, de afstand wordt zoo groot mogelijk genomen. De latten worden verdeeld volgens de tangenten van 1°, 2°, 3° enz. bij een straal gelijk aan den halven afstand der latten en voor een nulpunt dat bij beiden evenhoog boven de waterlijn ligt. In de midscheeps wordt een plankje opgesteld waarin een richtgat, liggende in de lijn der nulpunten van de latten en dus in het middelpunt der graadverdeeling, is aangebracht. Door het richtgat naar de kim ziende langs de lat die zich aan lij bevindt, kan men alzoo de verdeeling die in een lijn met de kim ligt aflezen, waardoor de hellingshoek bepaald is.

Op soortgelijke wijze kan men een inrichting maken om den zoo belangrijken stamphoek te bepalen.

Zee-Routen.

Van het Kanaal naar de Linie. Voor alle schepen die eene bestemming hebben Zuidelijker dan 20° ZB. is de route dezelfde.

Het eerste gedeelte der reis is het moeielijkste, vooral in de wintermaanden. Daarom moet het streven zijn zoo spoedig mogelijk Zuid te maken wat gemakkelijker is naarmate men zich verder uit den wal bevindt. De overheerschende W. tot N.W. winden echter gaan met veel zee gepaard, zoodat men alleen ruimschoots zeilende genoeg vaart loopen kan, waarbij dikwijls aan West zal worden verloren. Daar men in den winter eerst op 25° NB. den passaat krijgt, moet men bezuiden Kaap Finisterre toch ook trachten uit den wal te blijven, waartoe men dikwijls in de gelegenheid zal zijn door tijdig over SB. boeg West te maken wanneer de wind naar 't Zuiden loopt. Maakt men aldus West, dan zal dit er toe bijdragen dat men eerder een N.W. wind krijgt, terwijl men over BB. liggende, Z.O. zou opgaan en langen tijd een schralen wind zou hebben.

Dit West maken is vooral in de laatste maanden van het jaar noodig, omdat er dan dikwijls lang achtereen een depressie tusschen de Azoren, de Kaap Verden en Kaap Finisterre ligt. Wordt men reeds vroeg, b. v. vóór 't Kanaal, door toenemenden Oostenwind en dalenden barometer daarvoor gewaarschuwd, dan make men dadelijk West tot de wind N.O. is en men verwachten kan dat men met een Z.W. koers aan de Westzijde van dat minimum blijven zal. Ingevolge deze depressie, zal de passaat wel tot den 20en breedtegraad door Westelijke winden zijn onderbroken; men kan daarom in dit geval de parallel van 30° NB gerust in 25° à 26° WL. snijden.

Bij het streven om Zuid te maken, moet men echter de Westelijke winden benutten, al zou men reeds beoosten de gewone route zijn, en zelfs niet schromen beoosten Madera en tusschen de Canarische eilanden door te koersen.

Een moeielijk punt is nu weer hoe men den stiltengordel passeeren zal. Uit de stilten komen de schepen rechtstreeks, of met den Z.W. moesson, in den Z.O. passaat, waarmede over SB. boeg de linie gepasseerd wordt. Ten einde Zuid te maken, blijft men over dien boeg liggen, maar er moet gezorgd worden dat men de Braziliaansche kust niet te veel nadert, om niet te moeten wenden. Daarom moet men nog in den N.O. passaat zijnde, beslissen hoe de verdere route zal worden.

Van November tot Mei is de stiltengordel 't smalst nabij de Amerikaansche kusten en veel smaller dan nabij de Afrikaansche. In deze maanden moet men dus zorgen dat men met den N.O. passaat zeer Westelijk opgaat. Men geniet dan lang van dien wind en zal weinig stilten ondervinden.

Van af half Juni tot half October is de zaak anders. De stiltengordel is dan tot op 20° WL. overal nagenoeg even breed, terwijl aan de Zuidzijde van dien gordel de ZW. moesson wordt aangetroffen, waarmede men op 20° à 26° lengte dikwijls nog sneller Zuid maakt dan wanneer men meer om de West staat.

De tweede vraag is nu wat men in den ZO. passaat te wachten heeft, die bewesten den 25en lengtegraad zeer veranderlijk is. Van November tot April is hij gewoonlijk zoo Oostelijk, dat men bezuiden Kaap St. Roque spoedig Zuid kan maken; in dit half jaar kan men dus de linie gerust meer Westelijk snijden. Van Mei tot October echter staat de passaat meer Zuidelijk door — dan is het dus geraden veel ruimte aan de kust te geven en moet men daartoe de linie meer Oostelijk snijden. Op 5° NBr. liggen de routen gewoonlijk het verst uiteen, in den Noordelijken winter gewoonlijk op 25° WL., in den Noordelijken zomer op 20° WL. en nog Oostelijker.

Vanaf het passaatgebied loopt men tusschen 20° en 35ᶜ ZBr. over in dat der Westewinden, waarbij de wind gewoonlijk langzaam door O en NO. naar NW. loopt.

Van Europa naar N. Amerika. Het uitgangspunt der reis is voor booten uit Liverpool de Fastnet-Rock. Nederlandsche en Duitsche booten nemen de Sorlings als uitgangspunt en vandaar: Van 15 Januari tot 8 April (beide data inbegrepen).

Langs den grooten cirkel die den meridiaan van 49° WL. in 42° 30′ NBr. snijdt en vandaar naar Boston-Outerlight of naar Sandy-Hook, daarbij 20 zeemijl bezuiden Nantucket-lichtschip blijvende.

Van 9 April tot 14 Juni (beide data inbegrepen).

Langs den grooten cirkel die den meridiaan van 49° WL. in 41° NBr. snijdt en vandaar als voren.

Van 15 Juni tot 14 Juli (beide data inbegrepen).

Langs den grooten cirkel die den meridiaan van 49° WL. in 42° 30′ NBr. snijdt en vandaar als voren.

Van 15 Juli tot 14 Januari (beide data inbegrepen),

Langs den grooten cirkel die den meridiaan van 49° WL. in 46° NBr. snijdt en vandaar naar 60° WL. en 43° NBr. en voorts naar Boston Outerlight of naar Sandy-Hook, blijvende 20 zeemijl bezuiden Nantucket-lichtschip.

Van N. Amerika naar Europa. Het uitgangspunt der reis is Sandy-Hook-lichtschip of Five Fathoms Bank South lichtschip, vanwaar gekoerst wordt naar 70° 0′ WL. en 40° 10′ NBr., niet Noordelijker. Vervolgens:

Van 15 Januari tot 31 Maart (beide data inbegrepen.)

Van af het snijpunt (of van Boston Outerlight) naar 49° WL. en 41° 40′ NBr. en vandaar langs den grooten cirkel naar Fastnet of Bishop-Rock.

Van 1 April tot 23 Juni (beide data inbegrepen).

Van af het snijpunt naar 49° WL. en 40° 10′ NBr. en vandaar langs den grooten cirkel naar Fastnet of Bishop-Rock.

Van 24 Juni tot 23 Juli (beide data inbegrepen).

Van af het snijpunt naar 49° WL. en 41° 40′ NBr. en vandaar langs den grooten cirkel naar Fastnet of Bishop-Rock.

Van 24 Juli tot 14 Januari (beide data inbegrepen.)

Van af het snijpunt naar 60° WL. en 42° 0′ NBr., vandaar naar 45° WL. en 46° 30′ NBr. en vervolgens langs den grooten cirkel naar Fastnet of Bishop-Rock.

De reizen van Aden naar Padang of Straat Soenda, en terug. (Men zie meteorologische jgaven, Afdeeling X.)

Voor schepen op de uitreis, moet de rechtstreeksche route dicht langs Minicoï de voordeeligste ijn gedurende die maanden waarin de ZW. moesson geregeld doorstaat nl. Juni, Juli, Augustus en September en voor schepen op de thuisreis in de maanden December, Januari en Februari, waarin men vrij zeker op NO. passaat kan rekenen.

Daar de ZW. moesson zeer krachtig is en zich zelden verder uitstrekt dan van af ongeveer 5° ZBr., kan men ook aannemen dat thuisvaarders beter doen er niet in op te stoomen, maar een meer Zuidelijke route te nemen tot de ZW. wind niet langer tegenwind zal zijn.

De NO. passaat is weliswaar minder sterk, maar uitgaande schepen zullen er voordeel bij vinden om hem te ontloopen door een kleinen omweg te maken.

In Maart en April bestaat er nòch voor uitgaande schepen, nòch voor thuisvaarders veel bezwaar in het volgen der rechte route.

In Mei komt de ZW. moesson al spoedig met kracht door, uitgaande schepen kunnen dus in deze maand de rechte route nog volgen: thuisvaarders ook, zoolang deze moesson nog niet doorstaat, maar dit is niet aan een datum gebonden.

In October neemt de ZW. moesson af, en in de Arabische zee beginnen reeds noordelijke winden te waaien, het is dus moeilijk om vooraf te zeggen of het voor thuisvaarders raadzaam is, om den moesson heen of er tegen in te stoomen.

In November waait in de Arabische zee de NO. moesson met matige kracht. Zuidelijker dan 8° NBr, vindt men veranderlijke winden en stilte. Thuisvaarders kunnen dus de rechte route volgen en uitgaande schepen kunnen door iets om de Zuid te houden spoedig buiten den invloed van den NO. moesson komen.

Als globalen regel kan men dus aannemen:

Schepen die van om den Noord komen, volgen de Noordelijke route, behalve in de laatste 2 en de eerste 3 maanden des jaars.

Schepen die van om de Zuid komen, volgen de Zuidelijke route, behalve in de laatste 2 en de 4½ eerste maanden des jaars.

Nauwkeurig vindt men de wegen van en naar Padang of Straat Soenda aangewezen op de twee volgende tabellen:

UITREIZEN.

Als men den mer. 75° snijdt in de Maand	55°	65°	75°	85°	95°
November	12° N.—8° N.	6° N.—3° N.	2° N.—2° Z.	2° N.—2° Z. 1° N.—2° Z.	0°—2° Z. 2° Z.—5° Z.
December	11° N.—7° N.	4° N.—0°	2° N.—2° Z.	1° N.—2° Z. 0—2° Z.	0°—2° Z. 2° Z.—5° Z.
Januari	11° N.—9° N.	5° N.—3° N.	2° N.—1° Z. 1° N.—1° Z.	1° N.—3° Z. 1° Z.—4° Z.	1° N.—3° Z. 3° Z.—5° Z.
Februari	11° N.—9° N.	5° N.—2° N.	2° N.—1° Z. 1° Z.—3° Z.	2° N.—2° Z. 3° Z.—5° Z.	0°—2° Z. 3° Z.—6° Z.
Maart	14° N.—10° N.	11° N.—9° N.	8° N.—6° N.	5° N.—2° N. 4° N.—2° N.	1° N.—1° Z. 1° Z.—5° Z.
April	14° N.—11° N.	12° N.—9° N.	8° N.—6° N.	5° N.—2° N. 5° N.—1° N.	1° N.—1° Z. 1° Z.—3° Z.
Mei	14° N.—11° N.	11° N.—9° N.	9° N.—6° N.	5° N.—3° N. 4° N.—2° N.	2° N—1° Z. 0°—3° Z.
Juni	14° N.—12° N.	12° N.—9° N.	8° N.—6° N.	5° N.—3° N. 5° N.—2° N.	1° N.—1° Z. 0° —3° Z.
Juli	14° N.—12° N.	12° N.—9° N.	9° N.—6° N.	5° N.—1° N. 4° N.—1° N.	1° N.—1° Z. 1° Z.—3° Z.
Augustus	14° N.—12° N.	12° N.—9° N.	8° N.—6° N.	5° N.—2° N. 4° N.—1° N.	1° N.—1° Z. 1° N.—4° Z.
September	14° N.—11° N.	12° N.—9° N.	9° N.—6° N.	5° N.—3° N. 5° N.—2° N.	1° N.—1° Z. 1° N.—3° Z.
October	14° N.—11° N.	12° N.—9° N.	9° N.—6° N.	5° N.—2° N. 3° N.—2° N.	1° N.—1° Z. 1° N.—3° Z.

In de tabellen vindt men voor elke maand de breedten opgegeven, waarop men elken meridiaan moet snijden om de meeste kans te hebben op een vlugge reis. Waar in één vak twee breedten boven elkander zijn opgegeven, betreft de bovenste de reizen naar Padang en de onderste die naar Straat Soenda.

THUISREIZEN.

Als men den mer. 75° snijdt in de Maand	95°	85°	75°	65°	57°
October	2° N.−0° 0°−3° Z.	6° N.−3° N. 6° N.−1° N.	9° N.−7° N.	12° N.−10° N.	14° N.−12° N.
November	2° N.−0° 0°−2° Z.	5° N.−3° N. 5° N.−2° N.	9° N.−6° N.	11° N.−10° N.	14° N.−11° N.
December	1° N.−0° 1° Z −3° Z.	5° N.−3° N. 5° N.−1° N.	8° N.−6° N.	12° N.−9° N.	14° N.−11° N.
Januari	2° N.−0° 0°−2° Z.	6° N.−3° N. 6° N.−2° N.	9° N.−6° N.	12° N.−9° N.	14° N.−12° N.
Februari	3° N.−1° Z. 1° Z.−3° Z.	6° N.−3° N.	8° N.−6° N.	11° N.−9° N.	14° N.−12° N.
Maart	1° N.−1° Z. 1° Z.−3° Z.	5° N.−3° N.	8° N.−6° N'	11° N.−9° N.	14° N.−11° N.
April	2° N.−0° 2° Z.−4° Z.	6° N.−2° N. 5° N.−2° N.	8° N.−6° N.	12° N.−9° N.	14° N.−12° N.
Mei (1e deel).	1° N.−1° Z. 1° Z.−2° Z.	6° N.−3° N. 4° N.−3° N.	8° N.−6° N.	11° N.−10° N. 10° N.−7° N.	14° N.−12° N.
Mei (2e deel).	1° Z.−5° Z. 3° Z.−8° Z.	1° Z.−5° Z. 1° Z.−6° Z.	3° Z.−5° Z.	0°−4° Z. 0°−2° Z.	9° N.−3° N.
Juni	0°−5° Z. 5° Z.−7° Z.	0°−3° Z. 5° Z.−7° Z.	1° Z.−3° Z. 3° Z.−5° Z.	1° N.−3° Z. 1° Z.−3° Z.	8° N.−5° N.
Juli	2° Z.−5° Z. 5° Z.−7° Z.	2° Z.−6° Z. 4° Z.−6° Z.	1° Z.−3° Z. 3° Z.−6° Z.	2° N.−3° Z.	8° N.−1° N.
Augustus	2° Z.−6° Z. 5° Z.−7° Z,	2° Z.−4° Z. 4° Z −6° Z.	1° Z.−5° Z.	1° N.−4° Z. 0°−2° Z.	8° N.−1° N. 8° N.−5° N.
September	0°−2° Z. 4° Z.−8° Z.	1° Z.−5° Z. 3° Z.−7° Z.	3° Z.−6° Z.	1° N.−4° Z. 1° Z.−4° Z.	9° N.−2° N.

Van Aden naar Straat Malakka. Stoomschepen volgen de directe route. Van Maart tot October wordt be N. Sokotora langs gehouden, om de moeielijke zee die dan be Z. dat eiland staat te ontloopen. De koers loopt verder langs Minicoi, daarna ongeveer 50 zeemijl be Z. Ceylon, waarna hij bepaald wordt op P^{oo} Rondo of Bras. Heeft men zich daaraan verkend dan wordt zoodanig gekoerst, dat men tusschen Pera en Diamantpunt de straat inloopt.

Van Straat Malaka naar Aden. Alleen krachtige stoomers volgen steeds de rechte route. van Mei tot September (dus in den Z.W. moesson) be N. Sokotora langs houdende. Minder krachtige stoomers moeten in den Z.W. moesson, zoodra zij Athjehoofd gepasseerd zijn om de Zuid houden en zelfs den equator overschrijden daarbij steeds Westelijker sturende. Van af 80° OL. volgt men dan verder de opgegeven route voor thuisvarende schepen van uit Padang, van de 2e helft van Mei tot en met September.

Schepen van uit Singapoera komende, verkiezen van Mei tot October dikwijls de route door Straat Soenda boven die door Straat Malaka.

Routen door den O. I. Archipel leidende.

Routen die door den O. I. Archipel leiden.

In hoofdzaak behooren hiertoe de groote routen voor stoom- en zeilschepen die van uit de Roode Zee of van de Kaap komende, den wil hebben naar China en Japan of omgekeerd. Verder de verkeerswegen tusschen Australië en Achter-Azië. Deze wegen verschillen naar gelang van de heerschende moessons.

a. In den Noord-Oost moesson.

1°. *Van Singapore naar China en Japan.*
Van af Singapore wordt de Borneokust in 't zicht geloopen en verder de kust van dat eiland en van Palawan gevolgd, waardoor men de groote kracht die deze moesson in de Chineesche zee ontwikkelt ontgaat. Van af Piedra Punt (Luzon) kan naar Hongkong of Macao worden gestuurd. Staat echter de moesson zeer krachtig door, dan houdt men eerst door Straat Balabak naar Mindoro en vervolgt de reis langs de Westkusten van de voornaamste eilanden der Philippijnen-groep.

Van Hongkong naar Shanghai volgt de stroom de Chineesche kust. Is echter de wil naar Japan, dan passeert men bezuiden Formosa en volgt de Oostkust van dat eiland.

2°. *Van de Kaap naar China en Japan.*
Van om de Zuid (41° ZB.). steekt men op naar Straat Alas, vanwaar de route door Straat Makassar en langs de Westkust der Philippijnen naar Mindoro-straat en de Chineesche zee leidt.

Dikwijls echter worden andere wegen gevolgd die alle samenkomen benoorden Nieuw Guinea in 134° OL. en 3° NBr. Deze wegen zijn:

1e.	2e.	3e.	4e.
Door Straat Makassar, naar N.pt. Sangir groep	Door Straat Saleyer, naar NW. pt. Boeroe.		Van af Zpt. Soemba, door Straat Ombaai, naar NWpt. Boeroe,
door Molukken passage. naar Npt. Halmaheira groep.		door Pitt's en Gilolo Str. of door Dampier Straat.	verder als sub. 2e of 3e.

3°. *Van China en Japan naar den Archipel.*
In dezen moesson, volgt men ongeveer de kortste routen.

4°. *Van Australië naar China en Japan.*
Schepen die tusschen October en Maart Australië verlaten, koersen tusschen de Lord-Howe eilanden en het Elizabeth-rif en van daar bewesten Nieuw-Caledonië. De koers leidt dan tusschen

de Solomon en Santa-Cruz eilanden door, naar de linie die in 159° gesneden wordt. Van af den equator leidt de koers verder tusschen de Carolinen door naar de bestemming.

5°. *Van China naar Australië.*

Er zijn twee wegen. Sommige schepen, koersen door de Chineesche zee, Java zee, Flores-zee en Torres Straat. Andere schepen sturen den Oceaan in en koersen dan om de Z.O. naar Nieuw-Ierland; passeeren tusschen dat eiland en de Solomon groep door en van daar naar een punt op 20° ZBr. en 161° Ol.., vanwaar naar de bestemmingsplaats wordt gekoerst.

Schepen die bepaald Zuid-Australische havens willen aandoen volgen veelal den eersten weg tot Straat Alas en steken vandaar bij den Z.O. passaat op, om eindelijk met de Westewinden Australië te bereiken.

b. In den Zuid-West moesson.

1°. *Van Singapore naar China en Japan.*
Kortste route.

2°. *Van de Kaap naar China en Japan.*
Men volgt den gewonen weg naar Straat Soenda en vervolgt de reis door Straat Banka, Gaspar of Karimata en kan verder de kortste route nemen.

3°. *Van China en Japan naar den O. I. Archipel en de Kaap.*
Het kruisen in den moesson op, is bezwaarlijk. Schepen die Yokohama verlaten, houden daarom om de ZO, tot zij den 30en breedtegraad in 145° OL. snijden, daarna den 21sten breedtegraad in 141° OL., van af welk punt men koers kan stellen naar de NO. punt van Luzon.

Van Yokohama naar Shanghai is het kruisen niet zeer moeilijk, daar de winden niet altijd uit denzelfden hoek waaien en men van zee- en landwinden kan profiteeren.

Op het traject Hongkong-Singapore houdt men min of meer den Chineeschen wal, alwaar men land- en zeewind en slecht water mag verwachten. Voorbij Kaap Padaran ondervindt men krachtigen moesson, zoodat zeilschepen een slag maken naar den Borneo-wal.

Met den wil naar de Kaap, maakt men het noodige Zuid beoosten de Philippijnen en neemt men verder den weg door de Molukken passage en een der Straten tusschen de Java-Zee en den Indischen Oceaan.

4°. *Van Australië naar China.*
Van uit Sydney stuurt men om de NO. tot in 157° OL. en vandaar om den Noord tot in 11° ZBr. Vanhier leidt de koers NW. tusschen de Solomongroep en Nieuw Ierland door (de linie wordt gesneden in 155° OL.) Men kan dan verder koers bepalen naar Shanghai of Yokohama, maar heeft men den wil naar Hongkong, dan wordt tusschen de Westelijke Carolinen door naar Balintang Kanaal gestuurd.

Schepen die in Juli of Augustus Australië verlaten, behoeven slechts door te leggen tot 157° OL. en 17° ZBr., kunnende zij van daar naar de Torres-Straat sturen. De route leidt dan verder tusschen de Tenimber- en Aroë-eilanden door — verder tusschen Ceram en Boeroe door naar de Molukken-passage en eindelijk benoorden Celebes langs, door Straat Basilan en Mindoro.

5°. *Van China en Japan naar Australië.*
Men kan op den Grooten Oceaan houden en daar ZO. maken, tot men de Marshall- en Gilbert-eilanden nadert, om van daar beoosten de Nieuwe Hebriden en Nieuw Caledonië naar de kust van Australië te sturen. Van Hongkong uit, kan men echter de reis beginnen alsof men den wil naar den Archipel en de Kaap had (zie sub. 3°.); maar men moet dan verder bij den ZO. passaat op, totdat men de Westewinden krijgt.

AANTEEKENINGEN VAN DEN GEBRUIKER.

12DE AFDEELING.

ZEEVISSCHERIJEN.

INHOUD: Gegevens betreffende de Nederlandsche zeevisscherijen. —
Merken van visschersvaartuigen.

21

Gegevens betreffende de Nederlandsche zeevisscherijen.

(Voornaamste wetten en besluiten.)

Wet van 21 Juni 1881, Staatsbl. No. 76.

Hierbij zijn omschreven de verplichting tot en de contrôle over het voeren van onderscheidings-teekenen door visschersvaartuigen. Verder de bepalingen tot instandhouding der zeevisscherijen. Zoo is het verboden haring, bot of spiering aan te voeren, te koopen, te vervoeren, voorhanden te hebben of te gebruiken wanneer de afmetingen dier visschen respectievelijk kleiner zijn dan 10, 8 en 7 centimeters, ook kan het dooden en vangen van robben worden beperkt. Ook is bij deze wet de bemoeiing van het College voor Zeevisscherijen als adviseerend lichaam der regeering omschreven.

Wet van 28 Juni 1881, Stbl. No. 98, houdende strafbepalingen tot beteugeling van desertie van zeevisschers.

Besluit van 20 Maart 1884, Stbl. No. 40, bepalende plaatsing in het Staatsblad van de tusschen Nederland, België, Denemarken, Duitschland, Frankrijk en het Vereenigd Koninkrijk van Groot Brittanje en Ierland op 6 Mei 1882 te 's-Gravenhage gesloten overeenkomst tot regeling van de politie op de visscherij in de Noordzee buiten de territoriale wateren.

De grens der territoriale wateren is op 3 mijlen (van 60 op een breedtegraad) uit de laag-waterlijn bepaald.

Wet van 7 December 1883, Stbl. No. 202, ter uitvoering van de op 6 Mei 1882 te 's-Gravenhage gesloten internationale overeenkomst tot regeling van de politie op de visscherij in de Noordzee buiten de territoriale wateren.

Wet van 15 April 1891, Stbl. No. 84., houdende bepalingen tot het tegengaan van den verkoop van sterken drank onder de Noordzeevisschers.

De alhier te geven beschrijving van de verschillende wijzen waarop het bedrijf door Noordzee-visschers wordt uitgeoefend is niet zoozeer bedoeld als eene verklaring daarvan, maar als eene toelichting op Art. 9 der Bepalingen ter Voorkoming van Aanvaringen, enz. Zie Afdg. XIII.

a. **De drijfnetvisscherij.** Deze wordt meestal door zeilvaartuigen uitgeoefend, doch in den laatsten tijd ook door stoomvaartuigen. De zeilvaartuigen zijn of scherpe vaartuigen, zooals loggers, of ronde en platboomde vaartuigen zooals bommen. Het denkbeeld dat aan deze wijze van visschen ten grondslag ligt, is het opstellen van een groote oppervlakte aan netwerk op 6 M. onder water, zoodat de haring die in groote scholen zwemt, er tegen aan komt en zich met kieuwen of vinnen in de mazen vastzet.

Het vischwant hiervoor benoodigd bestaat uit een groot aantal netten, elk 32 M. lang en 16 M. hoog, die achter elkander verbonden zijn en d. m. v. kurken, drijvers en gewichten met de bovenkant vrij ver onder de oppervlakte der zee worden gehouden. Aan elk net zijn boeien of joonen aangebracht die er boven drijven. Het vaartuig zelf is met een langen reep aan het achterste net verbonden en heeft, zoo het een zeilvaartuig is, den grooten mast gestreken maar den druil bijstaande ten einde het recht op den wind te houden. Bij het inhalen der netten worden deze op zijde d. m. v. het spil binnenboord genomen. De vleet is 2200 M. lang, wordt meest 's avonds ten 4 ure uitgezet en met den dageraad ingehaald.

Een vaartuig dat met deze visscherij bezig is, kan totaal niet manoeuvreeren. Ook is het voor anderen steeds gevaarlijk over zulk een net heen te *stoomen* met het oog op de lijnen der boeien en joonen. Men zij altijd indachtig dat zulke vaartuigen, vooral wanneer de netten bijna geheel binnenboord zijn, sterk naar lij wegdrijven.

b. **De Beugvisscherij.** Deze wordt uitgeoefend door zeil- en stoomvaartuigen. Het denkbeeld is het neerleggen van een groot aantal lijnen met hoeken en aas, op den bodem der zee, om zoodoende kabeljauw, schelvisch, tarbot enz. te vangen. Alle deze lijnen (± 1 M. lang) zijn verbonden aan een lange lijn (de beug), welke met ankertjes (waaraan boeien met boeireepen) verankerd wordt. Bij het plaatsen (schieten der beug) zeilt of stoomt het vaartuig langzaam en kan niet manoeuvreeren. Is de beug uitgeschoten, dan keert het vaartuig terug (hetgeen overzeilen der beug heet), en haalt de beug weder in, beginnende daar waar zij het eerst is uitgeschoten. Gedurende dit inhalen kan het dus niet manoeuvreeren om uit te wijken. Breekt de lijn, dan wordt d. m. v. de boot getracht wêer verbinding te krijgen. Een beug is soms 12000 M. lang.

De kolvisscherij is een dergelijke bezigheid als beugvisschen, wordt uitgeoefend in afwachting van den haring en ook wel tijdens het haringvisschen. De lijnen, waaraan hoeken, worden aan de hand buiten boord gehouden als bij 't peuren. Het vaartuig gaat hierbij voor een drijf-anker liggen met de voorzeilen neer en soms het grootzeil bij.

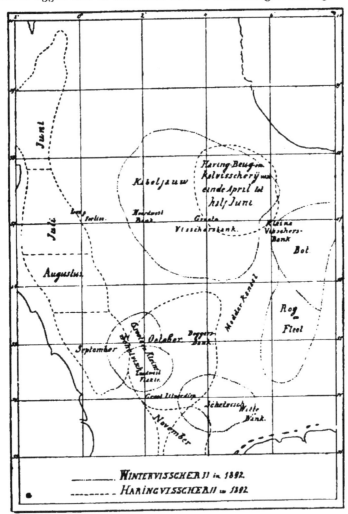

WINTERVISSCHERIJ in 1892.
HARINGVISSCHERIJ in 1892.

c. **De korre of schrobnet-visscherij.** De korre (trawl) is een net dat den vorm heeft van een grooten puntigen zak. Door een langen sleeper verbonden aan het visschers-vaartuig wordt hij over den bodem der zee gesleept. Om het net op de gewenschte wijze open te houden wordt de bovenrand der opening aan een boom verbonden, kor-boom genaamd. Deze korboom wordt door ijzeren stutten (paardepooten) op ± 6 d.M. boven den bodem gehouden. De onderkant van het net, loodpees geheeten, wordt met gewicht bezwaard en sleept over den grond.

Bij de groote netten die thans door de stoomtrawlers gebruikt worden, wordt de boom vervangen door een bord aan weerszijden. Door den druk op de naar elkaar toegekeerde zijden der borden, worden deze zoodra het net over den bodem sleept uit elkaar gebracht en zoodoende het net opengehouden. Men kort steeds met den stroom mede.

Bij de kustvisschers, als bot-ters, blazers enz. wijst de reep in den regel te loevert op. Bij de grooteren als smakken en loggers iets meer naar achteren en bij stoomtrawlers achteruit. Bommen gebruiken twee kleine korren (schrobnetten), een vooruit en een achteruit.

Lichten door visschers te voeren, zie Afdg. XIII.

Bijzondere seinen tusschen visschersvaartuigen en politievaartuigen ter visscherij. De in nevensgaande tabel vermelde bijzondere seinen worden gebezigd door België, Denemarken, Duitschland, Frankrijk en Nederland, tusschen visschersvaartuigen en politievaartuigen ter visscherij in de Noordzee, met vervanging van de Ned. vlag door de respectieve Natievlag. Engeland zal deze seinen vermoedelijk ook invoeren.

De onderscheidingsstandaard wordt door alle politievaartuigen ter visscherij in de Noordzee gevoerd aan den fokkemast.

In Engeland is vastgesteld dat een „rocket signal" van een visschersvaartuig beteekent dat assistentie van een kruiser wordt verzocht.

Door Deensche visschers wordt een blauwe vlag getoond wanneer zij bezig zijn met een soort zeegnet te visschen.

Belgische visschers toonen een „blue-light" gevolgd door een schitterlicht, ten teeken dat zij hulp van den kruiser verzoeken. Hetzelfde sein door den kruiser gedaan, beteekent: „ik kom u ter hulp".

ONDERSCHEIDINGSSTANDAARD.

BETEEKENIS VAN HET SEIN. indien het gedaan wordt door een visschersvaartuig.	SEIN.	BETEEKENIS VAN HET SEIN indien het gedaan wordt door een politievaartuig.
Ik vraag gemeenschap.		Ik vraag gemeenschap.
Ik heb moeilijkheden met andere visschers of Ik wensch proces verbaal te doen opmaken.		Kom bij mij aan boord; ik heb den schipper eene mededeeling te doen.
Ik heb levensmiddelen noodig.		Schrijf Uwe mededeeling op een zwart bord of op een plank; ik kan U niet verstaan.
Ik heb hulp noodig aan manschappen.		Ik zal U een sloep zenden of Ik zal U helpen.
Ik heb geneeskundige hulp noodig voor inwendige zieken.		Ik kan U geen sloep zenden of Ik kan U niet helpen.
Ik heb geneeskundige hulp noodig voor uitwendige zieken.		Breng Uwe zieken met Uw eigen boot bij mij aan boord, bij den dokter.
Verzoeke mij een boot te zenden; de mijne is niet te gebruiken of Ik heb geen boot.		Wijk uit; ik kan niet manoeuvreeren.
Contrasein. Wordt na elk sein geheschen om aan te toonen dat men het begrepen heeft.		Contrasein. Wordt na elk sein geheschen om aan te toonen dat men het begrepen heeft.

De vlag **met een knoop er in**, of vlag **in sjouw**, blijft het teeken. dat men in nood verkeert en dus dringend hulp noodig heeft.

Merken van de Noordzeevisschersvaartuigen.

Belg. = België; Ned. = Nederland; Den. = Denemarken; Duitsch. = Duitschland; Sch. = Schotland; Eng. = Engeland; Fr. = Frankrijk; Ierl. = Ierland.

A.	Antwerpen.	Belg.	B. I. W.	Broek in Waterland . .	Ned.
A.	Aalborg.	Den.	B. K.	Boschkapelle	„
A.	Aberdeen	Sch.	B. K.	Berwick on Tweed. . .	Eng.
A. A.	Alloa	„	B. K. H.	Berkhout	Ned.
A. B.	Aberystwith	Eng.	B. L.	Blankenham	„
A. B.	Bensersiel	Duitsch.	B. L.	Bristol	Eng.
A. C.	Carolinensiel	„	B. L. O.	Blokzijl	Ned.
A. D.	Ardrossan	Sch.	B. N.	Boston, Lincolnshire . .	Eng.
A. E.	Emden	Duitsch.	B. O.	Borrowstoness	Sch.
A. F.	Friedrichs-Schleuse. . .	„	B. R.	Breskens	Ned.
A. G.	Greetsiel	„	B. R.	Bridgwater	Eng.
A. G.	Ardrishaig	Sch.	B. R. D.	Broadford	Sch.
A. H.	Arbroath	„	B. R. U.	Bruinisse	Ned.
A. J.	Juist	Duitsch.	B. S.	Beaumaris	Eng.
A. L.	Ameland	Ned.	B. T.	Bridport.	„
A. L.	Langeoog	Duitsch.	B. U.	Bunschoten	Ned.
A. M.	Amsterdam	Ned.	B. V.	Vegesack	Duitsch.
A. N.	Norderney.	Duitsch.	B. W.	Barrow	Eng.
A. O.	Oldersum	Duitsch.	B. X.	Bremerhaven.	Duitsch.
A. R.	Rhandermoor.	„	B. Z.	Bergen op Zoom . . .	Ned.
A. R.	Ayr	Sch.			
A. R. M.	Arnemuiden	Ned.	C.	Cork	Ierl.
A. S.	Spiekeroog.	Duitsch.	C.	Coxide	Belg.
A. S.	Aarhuus	Den.	C.	Caen.	Fr.
A. U.	Baltzum.	Duitsch.	C. A.	Cardigan	Eng.
A. V.	Avenhorn	Ned.	C. A. L.	Calais	Fr.
A. V.	Norden . . . . . , .	Duitsch.	C. A. N.	Cancale.	„
A. W.	Wilhelmshaven	„	C. B.	Brake	Duitsch.
A. X.	Borkum	„	C. E.	Coleraine	Ierl.
A. IJ.	Norddeich	„	C. F.	Cardiff	Eng.
A. Z.	Neuharlingersiel . . .	„	C. H.	Cherbourg	Fr.
			C. H.	Chester	Eng.
B.	Blankenberghe	Belg.	C. K.	Colchester	„
B.	Belfast	Ierl.	C. L.	Carlisle	„
B.	Boulogne	Fr.	C. L. N.	Clinge	Ned.
B. A.	Ballina	Ierl.	C. N.	Campbeltown.	Sch.
B. B.	Bremen	Duitsch.	C. O.	Carnarvon	Eng.
B. C.	Bovencarspel	Ned.	C. O.	Courseulles.	Fr.
B. D.	Bideford	Eng.	C. P.	Colijnsplaat	Ned.
B. E.	Barnstaple.	„	C. S.	Cowes (Wight)	Eng.
B. F.	Banff.	Sch.	C. T. of	Castletown	„
B. H.	Brouwershaven	Ned.	Ce. Tn.	(eiland Man)	
B. I.	Brielle	„	C. W.	Chepstow	„
B. I. E.	Biervliet	„	C. Y.	Castlebay (Barra) .	Sch

D.	Dublin	Ierl.		G. R.	Gloucester	Eng.
D.	Buinkerken	Fr.		G. R. A.	Grauw	Ned.
D. A.	Drogheda	Ierl.		G. R. O.	Groningen	„
D. D.	Dordrecht	Ned.		G. S.	Gasselte	„
D. E.	Dundee	Sch.		G. T.	Grafhorst	„
D. H.	Dartmouth	Eng.		G. U.	Guernsey	Eng.
D. I.	Dieppe	Fr.		G. W.	Glasgow	Sch.
D. K.	Dunkalk	Ierl.		G. Y.	Grimsby	Eng.
D. L.	Deal	Eng.				
D. O. of	Douglas	Eng.		H.	Hâvre	Fr.
D. O. S.	(eil. Man.)			H.	Heyst	Belg.
D. R.	Dover	Eng.		H.	Helsingör	Den.
D. S.	Doornspijk	Ned.		H.	Hull	Eng.
D. S.	Dumfries	Sch.		H. A.	Harlingen	Ned.
D. V.	Deventer	Ned.		H. A. S.	Hasselt	„
				H. B.	Het Bildt	„
E.	Exeter	Eng.		H. C.	Cuxhaven	Duitsch.
E.	Esbjerg	Den.		H. D.	Helder	Ned.
E. B.	Elburg	Ned.		H. D.	Hardinxveld	„
E. E.	Eenrum	„		H. E.	Hayle	Eng.
E. G.	Egmond aan Zee	„		of S. S.		
E. H.	Enkhuizen	„		H. F.	Finkenwärder	Duitsch.
				H. G.	Hjörring	Den.
F.	Fanö	Den.		H. H.	Hamburg	Duitsch.
F.	Fécamp	Fr.		H. H.	Harwich	Eng.
F. of F. M.	Faversham	Eng.		H. I.	Hindelopen	Ned.
F. D.	Fleetwood	„		H. K.	Harderwijk	„
F. E.	Folkestone	„		H. L.	Hemelumer Oldephaert	
F. H.	Falmouth	„			en Noordwolde	„
F. L.	Finsterwolde	Ned.		H. L.	Hartlepool, West-	Eng.
F. M. of F.	Faversham	Eng.		H. N.	Hoorn	Ned.
F. N.	Frederikshaven	Den.		H. O.	Hoogeveen	„
F. R.	Franeker	Ned.		H. O.	Honfleur	Fr.
F. R.	Fraserburgh	Sch.		H. O. N.	Hontenisse	Ned.
F. Y.	Fowey	Eng.		H. P.	Hoofdplaat	„
				H. S.	Haamstede	„
G.	Galway	Eng.		H. T.	Heenvliet	„
G.	Granville	Fr.		H. V.	Hellevoetsluis	„
G.	Gravelines	Fr.		H. V. L.	Hoogvliet	„
G. A.	Gaasterland	Ned.		H. W.	Hoogwoud	„
G. A.	Gainsborough	Eng.		H. Z.	Huizen	„
G. D.	's Gravendeel	Ned.				
G. E.	Goole	Eng.		I.	Isigny	Fr.
G. G.	Geertruidenberg	Ned.		I. of	Inverness	Sch.
G. H.	Grangemouth	Sch.		I. N. S.		
G. K.	Greenock	„		I. H.	Ipswich	Eng.
G. M.	Genemuiden	Ned.		I. L.	IJpendam	Ned.
G. N.	Granton (Edinburgh)	Sch.				
G. O.	Goedereede	Ned.				
G. O. E.	Goes	„		J.	Jersey	Eng.

K.	Kopenhagen	Den.		M. N.	Maldon (Essex)	Eng.
K. of K. L.	Kirkwall	Eng.		M. O.	Monnikendam.	Ned.
K. B.	Krabbendijke	Ned.		M. P.	Meppel	„
K. H.	Kolhorn Barsingerhorn	„		M. T.	Maryport	Eng.
K. L.	Klundert	„		M. T.	Middelfart	Den.
K. L. of K.	Kirkwall	Eng.		M. U.	Muiden	Ned.
K. N.	Kruiningen	Ned.				
K. O.	Koog a. d. Zaan	„		N.	Nieuwpoort	Belg.
K. P.	Kampen	„		N.	Nakskov	Den.
K. R.	Korsör	Den.		N.	Newry	Ierl.
K. U.	Kuinre	Ned.		N. D.	Nieuwe-Niedorp	Ned.
K. W.	Katwijk	„		N. E.	Newcastle on Tyne	Eng.
K. Y.	Kirkaldy	Sch.		N. F.	Nykjöbing op Falster	Den.
				N. G.	Nyborg	„
L.	Lannion	Fr.		N. I.	Nieuwendam	Ned.
L.	Limerick	Ierl.		N. K.	Nijkerk	„
L.	Lemvig	Den.		N. N.	Newhaven (Sussex)	Eng.
L. A.	Llanelly	Eng.		N. S.	New-Ross	Ierl.
L. C.	Conquet	Fr.		N. T.	Newport (Monmouth)	Eng.
L. E.	Lemsterland	Ned.		N. V.	Nieuw-Vosmeer	Ned.
L. E.	Lyme (Dorset)	Eng.		N. W.	Noordwijk	„
L. F.	Finkenwerder	Duitsch.		N. Z.	Terneuzen	„
L. H.	La Hougue	Fr.				
L. H.	Leith	Sch.		O.	Ostende	Belg.
L. I.	Littlehampton	Eng.		O.	Odense	Den.
L. K.	Lerwick (Shetland)	Sch.		O. B.	Oban	Sch.
L. K.	Lübeck	Duitsch.		O. B.	Brake	Duitsch.
L. L.	Liverpool	Eng.		O. D.	Ouddorp	Ned.
L. M.	Landsmeer	Ned.		O. D.	Oost Duinkerke	Belg.
L. N.	Lökken	Den.		O. E.	Elsfleth	Duitsch.
L. N.	Lynn (Norfolk)	Eng.		O. H.	Oosthuizen	Ned.
L. O.	London	„		O. L.	Oost-Dongeradeel	„
L. P.	Loppersum	Ned.		O. V.	Oud-Vosmeer	„
L. R.	Lancaster	Eng.		O. W.	Wangeroog	Duitsch.
L. S.	Leens	Ned.		O. Z.	Oostzaan	Ned.
L. T.	Lowestoft	Eng.				
L. W.	Leeuwarden	Ned.		P.	La Panne	Belg.
L. Y.	Londonderry	Ierl.		P.	Paimpol	Fr.
				P.	Portsmouth	Eng.
M.	Marstal	Den.		P. C.	Cranz a/d. Elbe	Duitsch.
M.	Milford	Eng.		P. D.	Peterhead	Sch.
M. A.	Maassluis	Ned.		P. E.	Poole (Dorset)	Eng.
M. D.	Middelharnis	„		P. E. H.	Perth	Sch.
M. E.	Medemblik	„		P. G.	Geestemünde	Duitsch.
M. E.	Montrose	Sch.		P. G. W.	Port Glasgow	Sch.
M. G.	Middelburg	Ned.		P. H.	Plymouth	Eng.
M. H.	Middlesborough	Eng.		P. I.	Philippine	Ned.
M. K.	Marken	Ned.		P. L.	Peel (eiland Man)	Eng.
M. L.	Maasland	„		P. N.	Preston	„
				P. R.	Pernis	Ned.

P. S.	Sint Philipsland	Ned.	S. O.	Sligo	Ierl.
P. U.	Putten	„	S. P.	Spaarndam	Ned.
P. W.	Padstow	Eng.	S. P.	Pellworm	Duitsch.
P. Z.	Penzance	„	S. R.	Stanraer	Sch.
			S. R.	Kirkeby (Romö). . . .	Duitsch.
R. of R. E.	Ramsgate	„	S. S. of H. E.	Hayle	Eng.
R.	Ribe	Den.			
R.	Rouaan	Fr.	S. S. S.	Shields, South|	„
R. D.	Ransdorp	Ned.	S. T.	Stavoren	Ned.
R. I.	Ringkjöbing	Den.	S. T.	Stockton	Eng.
R. L.	Rilland	Ned.	S. T. O.	Stoppeldijk	Ned.
R. N.	Runcorn	Eng.	S. U.	Southampton	Eng.
R. O.	Rotterdam	Ned.	S. V.	Stavenisse	Ned.
R. O.	Rothesay	Sch.	St. V. C.	St. Valery en Caux . .	Fr.
R. Ö.	Rönne	Den.	St. V. S. S.	St. Valery sur Somme .	„
R. P.	de Rijp	Ned.	S. W.	Wijk auf Föhr	Duitsch.
R. R.	Rochester	Eng.	S. Y.	Stornoway	Sch.
R. U.	Rudkjöbing	Den.	S. Y.	Teufelsbrück	Duitsch.
R. X.	Rye (Sussex)	Eng.			
R. Y.	Ramsey (eil. Man) . . .	„	T.	Thisted	Den.
			T.	Tralee	Ierl.
S.	Skagen	Den.	T.	Tréport	Fr.
S.	Skibbereen.	Ierl.	T. D.	Tietjerksteradeel . . .	Ned.
S. A.	Amrum	Duitsch.	T. H.	Tholen	„
S. A.	Swansea.	Eng.	T. H.	Teignmouth	Eng.
S. A. L.	Sint Annaland	Ned.	T. N.	Thorshavn	Den.
S. B.	Blankenese.	Duitsch.	T. N.	Troon	Sch.
S. C.	Scilly	Eng.	T. O.	Truro	Eng.
S. C. H.	Scheveningen	Ned.	T. R.	Trouville	Fr.
S. D.	Altona	Duitsch.	T. S.	Terschelling	Ned.
S. D.	Sunderland	Eng.	T. X.	Texel	„
S. D. M.	Schiedam	Ned.			
S. E.	Elmshorn	Duitsch.	U. D.	Uitingeradeel	„
S. E.	Svaneke	Den.	U. K.	Urk	„
S. G.	Glückstadt	Duitsch.			
S. G.	Svendborg	Den.	V.	Veen	„
S. H.	Schellinkhout	Ned.	V.	Varde	Den.
S. H.	Husum	Duitsch.	V. D.	Volendam (Edam) . . .	Ned.
S. H.	Scarborough	Eng.			
S. K.	Keitum	Duitsch.	V. E.	Veere	„
S. L.	Stellendam	Ned.	V L.	Vlaardingen	„
S. M.	Mühlenberg	Duitsch.	V. L. I.	Vlissingen	„
S. M.	Shoreham	Eng.	V. L. L.	Vlieland	„
S. M. A.	Smallingerland	Ned.	V. N.	Vollenhove	„
S. M. H.	St. Margereths Hope . . (Orkney)	Sch.	W.	Waterford	Ierl.
S. M. J.	Smilde	Ned.	W. A.	Whitehaven	Eng.
S. N.	Shields (North)	Eng.	W. B.	Wijmbritseradeel . . .	Ned.
S. N. E.	Sneek	Ned.	W. D.	Wexford	Ierl.

W. D. N.	Wijdenes	Ned.	W. U.	Wilsum	Ned.
W. E.	Woodbridge	Eng.	W. V.	Wildervank	„
W. F.	Wervershoof	Ned.	W. Y.	Whitby	Eng.
W. H.	Weymouth.	Eng.			
W. I.	Wisbeach	„	Y.	Youghal.	Ierl.
W. K.	Workum	Ned.	Y. E.	Yerseke	Ned.
W. K.	Wick.	Sch.	Y. H.	Yarmouth (Norfolk) . .	Eng.
W. L.	Westdongeradeel . . .	Ned.	Y. M.	Ymuiden	Ned.
W. M.	Willemstad	„			
W. M. D.	Wemeldinge	„	Z. A.	Zaandam	„
W. N.	Wigtown	Sch.	Z. D.	Zuidwolde	„
W. O.	Workington	Eng.	Z. K.	Zoutkamp (Ulrum) . . .	„
W. O. N.	Wonseradeel	Ned.	Z. L.	Zwaluwe	„
W. R.	Wieringen.	„	Z. O.	Zoutelande.	„
W. R. W.	Wieringerwaard. . . .	„	Z. S.	Zwartsluis	„
W. S.	Wells (Norfolk)	Eng.	Z. V.	Zandvoort	„
W. T.	Westport	Ierl.	Z. W.	Zwartewaal	„

De groote zeeslang. De bijzonderheden omtrent deze al of niet bestaande diersoort voorbijgaande en daarvoor verwijzende naar het werk: „The great Sea-Serpent" by A. C. OUDEMANS, Leiden, E. J. BRILL 1892, wordt aangeteekend op welke gegevens, bij eventuëele opmerking van het dier wordt prijs gesteld.

Men trachte zich van eene photographie instantanée te voorzien, daar alleen hierdoor zoölogen zich zullen laten overtuigen, terwijl alle teekeningen, rapporten en schetsen schouderophalend worden bejegend. Het is raadzaam het zeer schuwe dier niet met een stoomschip te naderen.

De eenige manier om het dier oogenblikkelijk te dooden, zal wel zijn door gebruik te maken van ontplofbare projectielen of van harpoenen geladen met nitro-glycerine. Daar het gedoode dier vermoedelijk zal zinken, zooals de meeste vinvoetige dieren, heeft harpoeneeren de meeste kans op succes.

Op de navolgende afmetingen wordt prijs gesteld:

1. Lengte van neus tot achterhoofd. 2. Lengte van nek tot achterhoofd der schouders. 3. Romplengte van de schouders tot de punt van den staart. 4. Lengte van den staart. 5. Afstand van de borstvinnen tot de schouders. 6. Afstand van het dikst van den romp tot de schouders. 7. Lengte van eene borstvin. 8. Omtrek eener buikvin. 9. Omtrek van hoofd, nek, romp en van het begin van den staart.

Zoo mogelijk trachte men van een gedood dier skelet en huid te bewaren of als dit onmogelijk is beware men den schoongemaakten kop, zoomede de beenderen van een stel vinnen, vier of vijf wervels van rug, nek en staart, de huid van den kop en een strook huid van een voet breedte loopende over de geheele lengte van nek, romp en staart.

Kan men slechts het dier beschrijven, dan wordt prijs gesteld op een nauwkeurige beschrijving van den kop en van de vinnen. Zoo mogelijk make men eene schets.

AANTEEKENINGEN VAN DEN GEBRUIKER.

13ᴰᴱ AFDEELING.

RULE OF THE ROAD.

INHOUD: Bepalingen ter voorkoming van aanvaringen. — Lichten zooals zij door een uitkijk gezien worden. — Bemerkingen op de bepalingen. — Aanwijzingen bij het naderen van schepen. — Reglement ter voorkoming van aanvaringen op openbare wateren binnen het Rijk.

Bepalingen tot het voorkomen van Aanvaringen op Zee. [1])

Algemeene Bepalingen.

De navolgende voorschriften zijn van toepassing op alle vaartuigen in zee.

Bij de toepassing wordt:

een stoomvaartuig, hetwelk onder zeil en niet onder stoom is, beschouwd als zeilvaartuig; en elk vaartuig onder stoom, ook al is het tegelijk onder zeil, als stoomvaartuig;

onder „stoomvaartuig" verstaan, elk vaartuig voortbewogen door machines;

een vaartuig als „varende" beschouwd, wanneer het niet ten anker is, noch vastgemaakt is aan den wal, noch aan den grond zit.

Voorschriften omtrent het voeren van lichten, enz.

De uitdrukking „zichtbaar" in deze voorschriften ten opzichte van lichten gebezigd, beteekent zichtbaar bij donkeren nacht en helderen dampkring.

Art. 1. De voorschriften betreffende de lichten moeten bij elke weersgesteldheid van zonsondergang tot zonsopgang worden opgevolgd; gedurende dien tijd mogen geene andere lichten, welke aangezien kunnen worden voor de voorgeschrevene, getoond worden.

Art. 2. Een stoomvaartuig moet, wanneer het varende is, voeren:

a. Aan of voor den fokkemast, of bij gebreke van een fokkemast voor op het vaartuig, op een hoogte boven den romp van ten minste 6 meter en indien het vaartuig meer dan 6 meter breed is, op eene hoogte boven den romp van ten minste die breedte, met dien verstande echter, dat het licht niet hooger boven den romp gevoerd behoeft te worden dan 12 meter, een helder wit licht, dat zoodanig is ingericht, dat het een onafgebroken licht doet schijnen over een boog van den horizon van 20 kompasstreken en zoodanig is geplaatst, dat het licht werpt over 10 kompasstreken ter wederzijde van het vaartuig te weten van recht vooruit, tot twee streken achterlijker dan dwars aan elke zijde. Het licht moet op een afstand van ten minste 5 zeemijlen (van 60 in 1 graad) zichtbaar zijn.

b. Aan stuurboordszijde een groen licht, zoodanig ingericht, dat het een onafgebroken licht doet schijnen over een boog van den horizon van 10 kompasstreken en zoodanig geplaatst, dat het licht werpt van recht vooruit tot twee streken achterlijker dan dwars aan die zijde. Het licht moet op een afstand van ten minste 2 zeemijlen (van 60 in 1 graad) zichtbaar zijn.

c. Aan bakboordszijde een rood licht, zoodanig ingericht, dat het een onafgebroken licht doet schijnen over een boog van den horizon van 10 kompasstreken en zoodanig geplaatst, dat het licht werpt van recht vooruit tot twee streken achterlijker dan dwars aan die zijde. Het licht moet op een afstand van ten minste 2 zeemijlen (van 60 in 1 graad) zichtbaar zijn.

d. De genoemde groene en roode zijdelichten moeten aan de binnenzijde voorzien zijn van schermen, die tot een afstand van 9 decimeter van het voorvlak van de lantaarn naar voren doorloopen en zoo gesteld zijn, dat zij beletten dat het bakboords- of roode licht aan stuurboordszijde en het stuurboords- of groene licht aan bakboordszijde gezien wordt.

e. Een stoomvaartuig, dat varende is, mag bovendien een tweede wit licht voeren, van dezelfde inrichting als het onder *a* genoemde. Deze twee lichten moeten zoodanig in één richting met de kiel geplaatst worden, dat het eene ten minste $4\frac{1}{2}$ meter hooger is dan het andere, en in zoodanige onderlinge positie dat het lagere licht vóór het hoogere is geplaatst. De verticale afstand tusschen deze twee lichten moet kleiner zijn dan de horizontale.

Art. 3. Een stoomvaartuig, een ander vaartuig sleepende, moet behalve zijne zijdelichten twee heldere witte lichten loodrecht boven elkander voeren, met ten minste 18 decimeter tusschenruimte, en indien het meer dan één vaartuig sleept, en de lengte van den sleep, gerekend van het hek van het vaartuig dat sleept, tot het hek van het achterste gesleepte vaartuig, meer dan 180 meter bedraagt, moet het nog een derde helder wit licht voeren 18 decimeter boven of beneden de reeds genoemde lichten. Elk dezer lichten moet van gelijke inrichting en sterkte en geplaatst zijn als het witte licht genoemd in Art. 2 (*a*), met uitzondering van het derde licht, hetwelk gevoerd moet worden op een hoogte van ten minste 4 meter boven den romp.

Ten behoeve van het sturen op het gesleept wordende vaartuig mag het sleepende stoomvaartuig, achter den schoorsteen of den achtersten mast, een klein wit licht voeren, doch dit licht mag niet voorlijker dan dwars zichtbaar zijn.

Art. 4. *a.* Een vaartuig, waarmede tengevolge van eenig ongeval niet gemanoeuvreerd kan worden, moet, tenzij het is een visschersvaartuig, waaromtrent geldt het bepaalde bij Art. 9, § 8, op dezelfde hoogte als het in Art. 2 (*a*) genoemde witte licht, daar waar zij het best gezien kunnen worden, en, wanneer het een stoomvaartuig is, in plaats van dit licht, twee roode lichten loodrecht boven elkander, met ten minste 18 decimeter, tusschenruimte, voeren, zoodanig ingericht dat zij over den geheelen horizon zichtbaar zijn op een afstand van ten minste 2 zeemijlen (van 60 in 1 graad). Bij dag moet zoodanig vaartuig, daar waar zij het best gezien kunnen worden, voeren twee zwarte ballen of figuren, elk 6 decimeter in middellijn, de een loodrecht boven den ander, met een tusschenruimte van ten minste 18 decimeter.

b. Een vaartuig, bezig zijnde met het leggen of lichten van een telegraafkabel, moet, ter plaatse van het in Art. 2 (*a*) bedoelde witte licht, en, wanneer het een stoomvaartuig is, in plaats van dat licht, drie lichten, loodrecht boven elkander en met eene onderlinge tusschenruimte van ten minste 18 decimeter, voeren. Het hoogste en laagste van deze lichten moet rood en het middelste wit zijn; zij moeten zoodanig zijn ingericht dat zij over den geheelen horizon zichtbaar zijn, op een afstand van ten minste 2 zeemijlen (van 60 in 1 graad). Bij dag moet zoodanig vaartuig, daar waar zij het best gezien kunnen worden, drie figuren van ten minste 6 decimeter middellijn, loodrecht boven elkander en met een onderlinge tusschenruimte van ten minste 18 decimeter, voeren. De bovenste en onderste dezer figuren moeten bolvormig en rood van kleur, de middelste ruitvormig en wit van kleur zijn.

c. De vaartuigen waarover in dit artikel gehandeld wordt, mogen, wanneer zij geen vaart loopen, de zijdelichten niet voeren, maar moeten die lichten voeren wanneer zij vaart loopen.

d. De lichten en figuren bij dit artikel voorgeschreven, zijn voor andere vaartuigen het teeken, dat het vaartuig dat ze voert, niet kan manoeuvreeren en dus niet uit den weg kan gaan.

Deze signalen zijn niet die, welke gedaan moeten worden, wanneer vaartuigen in nood verkeeren en hulp noodig hebben. Laatstbedoelde zijn vermeld in Art. 31.

Art. 5. Een zeilvaartuig dat varende is, en elk vaartuig hetwelk gesleept wordt, moet dezelfde lichten voeren welke in Art. 2 voor een stoomvaartuig dat varende is, zijn voorgeschreven, met uitzondering van de in dat artikel genoemde witte lichten, welke het nimmer mag voeren.

Art. 6. Wanneer zooals dit bij slecht weder op kleine vaartuigen die varende zijn kan voorkomen, de groene en roode zijdelichten niet vastgezet kunnen worden, moeten deze lichten aangestoken en klaar tot gebruik bij de hand worden gehouden, en, indien een ander vaartuig nadert, of indien het zelf in de nabijheid van een ander vaartuig komt, aan hunne respectieve zijden, tijdig genoeg om aanvaring te voorkomen, getoond worden op zoodanige wijze dat zij het best zichtbaar zijn; het groene licht mag niet aan bakboord, het roode niet aan stuurboord, en beide lichten mogen aan hunne respectieve zijden zooveel doenlijk niet meer dan twee streken achterlijker dan dwars, zichtbaar zijn.

Om het gebruik dezer draagbare lichten zoo zeker en gemakkelijk mogelijk te maken, moet elke lantaarn uitwendig geverfd zijn met de kleur van het licht dat zij doet schijnen en bovendien voorzien zijn van een doelmatig scherm.

Art. 7. Stoomvaartuigen van minder dan 40, vaartuigen, voortbewogen door middel van riemen of zeilen, van minder dan 20 ton (van 2,83 M³) bruto inhoud, en roeibooten, zijn wanneer zij varende zijn, niet verplicht de lichten te voeren in Art. 2 (*a*) (*b*) (*c*) vermeld; zij moeten echter, wanneer zij die lichten niet voeren, voorzien zijn van de volgende lichten:

1°. Stoomvaartuigen van minder dan 40 ton (van 2,83 M³.) bruto inhoud, moeten voeren:

a. Vóór op het vaartuig, of aan, of vóór den schoorsteen, waar dit het best gezien kan worden, en op een hoogte boven het potdeksel van ten minste 27 decimeter, een helder wit licht, ingericht en geplaatst op de wijze als voorgeschreven in Art. 2 (*a*) en van zoodanige sterkte dat het zichtbaar is op een afstand van ten minste 2 zeemijlen (van 60 in 1 graad).

b. Groene en roode zijdelichten, ingericht en geplaatst als voorgeschreven in Art. 2 (*b*) en (*c*), en van zoodanige sterkte, dat zij zichtbaar zijn op een afstand van ten minste 1 zeemijl (van 60 in 1 graad) of een samengestelde lantaarn, toonende aan de daarvoor aangewezene zijden van het vaartuig groen en rood licht, van recht vooruit, tot 2 streken achterlijker dan dwars. Deze lantaarn moet ten minste 9 decimeter beneden het witte licht gevoerd worden.

2°. Stoomsloepen, zooals die aan boord van zeeschepen gevoerd worden, mogen het witte licht op minder dan 27 decimeter boven het potdeksel voeren, doch in elk geval boven de onder 1° *b* bedoelde samengestelde lantaarn.

3°. Vaartuigen, welke worden voortbewogen door middel van riemen of zeilen, van minder dan 20 ton (van 2,83 M³.) bruto inhoud, moeten een lantaarn aangestoken gereedhouden, met een groen glas aan de eene en een rood glas aan de andere zijde. Deze lantaarn moet, indien een ander vaartuig nadert, of indien het zelf in de nabijheid van een ander vaartuig komt, tijdig genoeg om aanvaring te voorkomen, getoond worden, zoodanig, dat het groene licht niet aan bakboordszijde, en het roode licht niet aan stuurboordszijde gezien kan worden.

4°. Roeibooten, hetzij daarmede geroeid of gezeild wordt, moeten een wit licht gevende lantaarn aangestoken gereed houden, welke nu en dan, doch tijdig genoeg om aanvaring te voorkomen, getoond moet worden.

De in dit artikel bedoelde vaartuigen behoeven de in Art. 4 (*a*) en in Art. 11, laatste zinsnede, voorgeschreven lichten niet te voeren.

Art. 8. Loodsvaartuigen op hun kruisstation varende, moeten niet de lichten voeren welke voor andere vaartuigen zijn voorgeschreven. Zij moeten enkel aan den top van den mast een wit licht voeren, dat rondom zichtbaar is.

Bovendien moeten zij met korte tusschenpoozen, van ten hoogste 15 minuten, een of meer schitterlichten vertoonen.

Wanneer zij andere vaartuigen of andere vaartuigen hen op korten afstand naderen, moeten zij de, aangestoken en tot gebruik gereed zijnde, zijdelichten bij korte tusschenpoozen toonen, om de richting waarin zij sturen, aan te geven, doch het groene licht mag niet aan bakboordszijde, en het roode niet aan stuurboordszijde getoond worden.

Een loodsvaartuig, dat langszij van een vaartuig moet gaan, om een loods af te geven, mag het witte licht toonen, in plaats van het aan den mast te voeren, en mag, in stede van de bovengenoemde gekleurde lichten, een lantaarn tot gebruik gereed houden, met een groen glas aan de eene en een rood glas aan de andere zijde, ten einde die op de in Art. 7 sub 3 omschreven wijze te gebruiken.

Loodsvaartuigen, niet op hun kruisstation varende, moeten dezelfde lichten voeren als andere vaartuigen van hunne tonnemaat.

Art. 9. § 1. Visschersvaartuigen bezig met de uitoefening der visscherij, moeten, behoudens het bepaalde bij de §§ 3 en 4 van dit artikel, niet de lichten voeren, in de artikelen 2 en 5 voorgeschreven.

§ 2. Een visschersvaartuig bezig met de uitoefening der drijfnetvisscherij, moet, zoolang de netten in hun geheel of gedeeltelijk te water zijn, twee helder witte lichten voeren, zoodanig ingericht, dat zij rondom een onafgebroken licht doen schijnen, hetwelk op een afstand van ten minste 3 zeemijlen (van 60 in 1 graad) zichtbaar is.

Eén daarvan moet geplaatst zijn op een hoogte, boven den romp gemeten, van niet minder dan 6 meter en niet meer dan 7,80 meter, terwijl de vertikale afstand tusschen dit licht en het lager geplaatste niet minder mag bedragen dan 1,80 meter en niet meer dan 3 meter.

De horizontale afstand tusschen beide lichten, waarvan het lagere vóór het hoogere moet zijn geplaatst, gemeten in de richting van de kiel, mag niet minder dan 1,50 meter en niet meer dan 3 meter zijn.

Bovendien mag, ter voorkoming van aanvaring, aan de zijde van het vaartuig, waar de netten meer uitstaan dan recht voor het schip, een groen of rood pyrotechnisch licht worden getoond, dat gedurende ten minste 30 seconden moet branden; met dien verstande evenwel, dat het groene licht alleen aan stuurboords- en het roode licht alleen aan bakboordszijde mag worden getoond.

De in deze § bedoelde vaartuigen moeten van de in het vorige lid genoemde pyrotechnische lichten voorzien zijn.

Het bij de uitoefening der drijfnetvisscherij vereischte arbeidslicht bij de haringkribben mag niet hooger geplaatst zijn, dan 1,50 meter boven den romp.

§ 3. Een visschersvaartuig, bezig met de uitoefening der beugvisscherij, moet voeren:

a. terwijl het de beug schiet:

de lichten in de artikelen 2 en 5 voorgeschreven, naar gelang het een stoom- of een zeilvaartuig is, benevens een helder wit licht, niet hooger geplaatst dan 1 meter boven den romp;

b. terwijl het de beug overzeilt:

de lichten in de artikelen 2 en 5 voorgeschreven;

c. terwijl het de beug inhaalt, of daaraan op speellijnen verbonden is:

de onder letter *a* van deze § voorgeschreven lichten, benevens nog een helder wit licht, niet hooger geplaatst dan ter hoogte van de zijdelichten.

De in deze § voorgeschreven witte lichten moeten rondom een onafgebroken licht doen schijnen, hetwelk op een afstand van ten minste 3 zeemijlen (van 60 in 1 graad) zichtbaar is.

§ 4. Een visschersvaartuig, bezig met de uitoefening der kolvisscherij, moet de lichten voeren in § 3 *c* van dit artikel vastgesteld.

§ 5. Een visschersvaartuig, dat bezig is met eene korre of schrobnet te visschen, waaronder verstaan wordt een vischtuig, dat over den bodem der zee gesleept wordt, moet voeren:

I. Wanneer het een stoomvaartuig is:

a. aan of voor den top van den voormast een lantaarn, toonende een wit licht vooruit, een groen licht aan stuurboordszijde en een rood licht aan bakboordszijde.

Deze lantaarn moet zoodanig zijn ingericht en aangebracht, dat het witte licht onafgebroken schijnt over een boog van den horizon van 4 streken (van recht vooruit tot 2 streken aan elke zijde); het groene licht aan stuurboordszijde onafgebroken schijnt over een boog van den horizon van 8 streken (van 2 streken van voren tot 2 streken achterlijker dan dwars); het roode licht aan bakboordszijde onafgebroken schijnt over een boog van den horizon van 8 streken (van 2 streken van voren tot 2 streken achterlijker dan dwars);

b. ten minste 2 meter en ten hoogste 4 meter beneden de driekleurige lantaarn, een helder wit licht, zoodanig ingericht, dat het rondom een onafgebroken licht doet schijnen.

II. Wanneer het een zeilvaartuig is:

een helder wit licht, zoodanig ingericht, dat het rondom een onafgebroken licht doet schijuen

Bovendien moet, wanneer gevaar voor aanvaring bestaat, aan de zijde van het vaartuig waar het net uitstaat, een groen of rood pyrotechnisch licht worden getoond, dat ten minste 30 seconden moet branden, met dien verstande evenwel, dat het groene licht alleen aan stuurboords- en het roode licht alleen aan bakboordszijde mag worden getoond.

De in deze § sub II bedoelde vaartuigen moeten van de in het vorige lid genoemde pyro-technische lichten voorzien zijn.

De in deze § genoemde lichten, met uitzondering van de pyrotechnische, moeten op een afstand van ten minste 2 zeemijlen (van 60 in 1 graad) zichtbaar zijn.

§ 6. Visschersvaartuigen, behoorende tot die bedoeld in Art. 7, moeten, indien zij bezig zijn met visschen, een helder wit licht voeren, zoodanig ingericht, dat het rondom een onafgebroken licht doet schijnen hetwelk op een afstand van ten minste 1 zeemijl (van 60 in 1 graad) zicht-baar is.

§ 7. Een visschersvaartuig moet, wanneer het bezig is met visschen, dit bij dag aan naderende vaartuigen kenbaar maken door het voeren van eene mand, ter plaatse waar deze het best gezien kan worden.

§ 8. Een visschersvaartuig waarmede, tengevolge van eenig ongeval, niet kan gemanoeuvreerd worden, moet het licht voeren in Art. 11, 1e lid, voor vaartuigen ten anker zijnde, voorgeschreven.

Art. 10. Een vaartuig, hetwelk door een ander wordt opgeloopen, moet, van het hek, aan het oploopende vaartuig een wit licht of een schitterlicht toonen.

Het witte licht mag vast zijn en in een lantaarn gevoerd worden, doch in dat geval moet de lantaarn zoodanig ingericht en van schermen voorzien zijn, dat zij een onafgebroken licht werpt over een boog van den horizon van 12 kompasstreken, namelijk 6 streken van recht achteruit aan elke zijde. Het licht moet op een afstand van ten minste 1 zeemijl (van 60 in 1 graad) zicht-baar zijn en zooveel mogelijk op gelijke hoogte als de zijdelichten gevoerd worden.

Art. 11. Een vaartuig, ten anker zijnde, moet, wanneer het minder dan 45 meter lang is, vooruit, waar het het best gezien kan worden, doch niet hooger dan 6 meter boven den romp, een wit licht voeren in een lantaarn, zoodanig ingericht, dat zij een helder en onafgebroken licht verspreidt, rondom, op een afstand van ten minste 1 zeemijl (van 60 in 1 graad), zichtbaar.

Een vaartuig van 45 meter lengte en daarboven, ten anker zijnde, moet twee zulke lichten voeren; het eene vóór op het vaartuig op eene hoogte van niet minder dan 6 en niet meer dan 12 meter boven den romp; het andere op of bij het hek van het vaartuig, ten minste 4,5 meter lager dan het voorste.

Als lengte van het vaartuig geldt de in den meetbrief aangegeven lengte.

Een vaartuig, hetwelk in of nabij een vaarwater aan den grond zit, moet, tenzij het is een visschersvaartuig waaromtrent geldt het bepaalde bij Art. 9, § 8, het licht of de lichten hier-boven genoemd voeren, en bovendien de twee roode lichten voorgeschreven in Art. 4 (a).

Art. 12. Indien het noodig is om de aandacht te trekken, mag elk vaartuig, behalve de lichten welke het volgens deze voorschriften voeren moet, een schitterlicht toonen, of eenig knalsein geven, hetwelk niet voor een noodsein kan worden gehouden.

Art. 13. De inhoud dezer voorschriften belet noch de handhaving van bijzondere bepalingen, door de Regeering van eenige natie gemaakt, met betrekking tot het voeren van vaste- of sein-lichten, buiten en behalve de hierbij voorgeschrevene, voor twee of meer oorlogsvaartuigen of voor vaartuigen onder convooi, noch het toonen van door reeders aangenomen verkenningsseinen, mits deze van Regeeringswege zijn goedgekeurd en bekend gemaakt.

Art. 14. Een stoomvaartuig moet, ingeval het uitsluitend onder zeil is, doch zijn schoorsteen op heeft, overdag vóór op het vaartuig een zwarte bal of figuur voeren van 6 decimeter middellijn, ter plaatse waar dezelve het best gezien kan worden.

Geluidseinen bij mist, enz.

Art. 15. Alle seinen, in dit artikel voorgeschreven voor vaartuigen die varende zijn, moeten worden gegeven:

1. door „stoomvaartuigen" op de stoomfluit of sirene;
2. door zeilvaartuigen en vaartuigen die gesleept worden op den misthoorn.

Onder „lange stoot" wordt in dit artikel verstaan, een stoot van 4 tot 6 seconden duur.

Een stoomvaartuig moet voorzien zijn:

van een krachtig geluidgevende stoomfluit of sirene, werkende door stoom of door eenig middel hetwelk stoom vervangt, en zoodanig geplaatst, dat het geluid niet door eenig beletsel kan worden onderschept;

van een deugdelijken misthoorn, waarvan het geluid op werktuigelijke wijze wordt voortgebracht; en

van een goed geluidgevende klok. [1])

Een zeilvaartuig van 20 ton (van 2,83 M³.) bruto-inhoud en daarboven, moet van een dergelijken misthoorn en klok voorzien zijn.

Ingeval van mist of nevelachtig weder, indien het sneeuwt of bij zware regenbuien, moeten zoowel bij dag als des nachts, de volgende seinen gegeven worden:

a. Een stoomvaartuig, hetwelk vaart loopt, moet, met tusschenpoozen van niet meer dan twee minuten, een langen stoot geven.

b. Een stoomvaartuig, dat varende is, moet, wanneer het gestopt ligt en geen vaart loopt, met tusschenpoozen van niet meer dan twee minuten, twee lange stooten, met een tusschenpoos van ongeveer één seconde geven.

c. Een zeilvaartuig, dat varende is, moet, met tusschenpoozen van niet meer dan één minuut, één stoot geven als het over bakboord bij den wind ligt, twee stooten achter elkander als het over stuurboord bij den wind ligt en drie stooten achter elkander als het den wind achterlijker dan dwars heeft.

d. Een vaartuig ten anker zijnde, moet, met tusschenpoozen van niet meer dan één minuut gedurende ongeveer vijf seconden snel de klok luiden.

e. Een vaartuig dat een ander vaartuig sleept, een vaartuig, bezig zijnde met het leggen of lichten van een telegraafkabel, en een vaartuig hetwelk varende is, en voor een naderend vaartuig niet uit den weg kan gaan. omdat er in het geheel niet, of niet volgens deze voorschriften mede gemanoeuvreerd kan worden, moet in plaats van de in dit artikel onder *a* en *c* voorgeschreven seinen met tusschenpoozen van ten hoogste twee minuten, drie stooten geven, namelijk een langen stoot gevolgd door twee korte stooten.

Een vaartuig dat gesleept wordt, mag dit sein, doch geen ander geven.

Zeilvaartuigen en booten van minder dan 20 ton (van 2,83 M³.) bruto-inhoud, behoeven de boven voorgeschreven seinen niet te geven; doch zijn, indien zij deze seinen niet geven, verplicht eenig ander duidelijk geluidsein met tusschenpoozen van ten hoogste een minuut te geven.

---

[1]) In alle gevallen waarbij in deze voorschriften het gebruik van een klok is voorgeschreven, mag deze aan boord van Turksche vaartuigen worden vervangen door een trom, of door een gong waar deze instrumenten aan boord van kleine vaartuigen gebruikt worden.

Vaart der vaartuigen bij mist enz. moet verminderd worden.

Art. 16. Elk vaartuig moet bij mist, bij nevelachtig weder, indien het sneeuwt of bij zware regenbuien, met zorgvuldige inachtneming van de bestaande omstandigheden en toestanden, slechts een matige vaart loopen.

Een stoomvaartuig dat vermeent voorlijker dan dwars het mistsein te hooren van een vaartuig, waarvan de positie niet met zekerheid bekend is, moet, voor zooveel de omstandigheden dit toelaten, de machines stoppen en voorzichtig manoeuvreeren tot het gevaar van aanvaring geweken is.

Bepalingen omtrent het uitwijken.

Inleiding. — Gevaar voor aanvaring.

Gevaar voor aanvaring kan, indien de omstandigheden het toelaten, bemerkt worden, door zorgvuldig de kompaspeiling van het naderende schip na te gaan. Verandert die peiling niet noemenswaard, dan moet aangenomen worden, dat er gevaar voor aanvaring bestaat.

Art. 17. Wanneer twee zeilvaartuigen elkander naderen, zoodat gevaar voor aanvaring bestaat, moet een van beide wijken, waarbij de volgende regelen in acht genomen moeten worden:

a. een vaartuig, dat met ruimen wind zeilt, moet wijken voor een vaartuig, dat bij den wind zeilt;

b. een vaartuig, dat over stuurboord bij den wind ligt, moet wijken voor een vaartuig, dat over bakboord bij den wind ligt;

c. wanneer beide met ruimen wind zeilen, doch over verschillende boegen liggen, dan moet het vaartuig, dat over stuurboord ligt, wijken voor het vaartuig, dat over bakboord ligt;

d. wanneer beide ruim zeilen, over denzelfden boeg liggende, dan moet het loefwaartsche vaartuig wijken voor het lijwaartsche vaartuig;

e. een vaartuig, dat vóór den wind zeilt, moet voor een ander vaartuig uit den weg gaan.

Art. 18. Indien twee stoomvaartuigen recht of bijna recht tegen elkander insturen, zoodat gevaar voor aanvaring bestaat, moeten beide naar stuurboord uitwijken, zoodat zij elkander aan bakboordszijde voorbijvaren.

Dit artikel is alleen van toepassing in gevallen dat vaartuigen recht of bijna recht tegen elkander insturen en wel zoo dat gevaar voor aanvaring bestaat, en is niet van toepassing op twee vaartuigen, die, indien zij hunne koersen vervolgden, van zelve van elkander zouden vrijloopen.

Het is dus alleen van toepassing, wanneer elk der twee vaartuigen recht of bijna recht tegen het andere instuurt, met andere woorden, wanneer bij dag elk der twee vaartuigen de masten van het andere vaartuig met zijn eigen masten in *éne* lijn of nagenoeg in *éne* lijn heeft, of wanneer des nachts elk der twee vaartuigen de twee zijdelichten van het andere ziet.

Het is niet van toepassing, wanneer bij dag een vaartuig een ander recht vooruit ziet, welks koers den zijnen kruist, noch wanneer bij nacht het roode licht van het eene vaartuig gekeerd is naar het roode licht van het andere, of het groene licht van het eene vaartuig gekeerd is naar het groene licht van het andere, noch wanneer bij nacht slechts een der gekleurde lichten recht vooruit gezien wordt of de beide gekleurde lichten in eene andere richting dan recht vooruit gezien worden.

Art. 19. Indien de koersen van twee vaartuigen onder stoom elkander zoodanig kruisen, dat er gevaar voor aanvaring bestaat, moet het vaartuig dat het andere aan stuurboordszijde van zich heeft daarvoor uit den weg gaan.

Art. 20. Wanneer een stoomvaartuig en een zeilvaartuig zoodanige koersen volgen, dat er gevaar voor aanvaring bestaat, moet het stoomvaartuig voor het zeilvaartuig uit den weg gaan.

Art. 21. Wanneer volgens deze bepalingen een der beide vaartuigen uit den weg moet gaan, moet het andere zijn koers en zijn vaart behouden.

Noot. Wanneer echter tengevolge van dik weder of andere oorzaken het vaartuig dat vaart moet houden, zich zoo dicht bij het vaartuig dat moet uitwijken bevindt, dat aanvaring door dit vaartuig alleen niet vermeden kan worden, zoo zal het ook verplicht zijn zoodanige maatregelen te nemen, als ter voorkoming der aanvaring kunnen bijdragen. (Zie artt. 27 en 29).

Art. 22. Elk vaartuig, dat volgens deze voorschriften, verplicht is voor een ander vaartuig uit te wijken, moet, wanneer de omstandigheden het toelaten, vermijden vóór het andere over te gaan.

Art. 23. Elk stoomvaartuig, dat volgens deze voorschriften, verplicht is voor een ander vaartuig uit te wijken, moet, wanneer het dit nadert, zoo noodig zijn vaart verminderen, stoppen of achteruitslaan.

Art. 24. Onafhankelijk van hetgeen in deze voorschriften is voorgeschreven, moet elk vaartuig, dat een ander oploopt, voor het laatstgenoemde uit den weg gaan.

Als oploopend vaartuig wordt beschouwd elk vaartuig, dat een ander vaartuig in een richting van meer dan twee streken achterlijker dan dwars nadert, d. w. z. in zoodanige positie, met betrekking tot het vaartuig dat opgeloopen wordt, dat het des nachts geen van de zijdelichten van dat vaartuig zou zien. Geen daarop volgende verandering van de peiling tusschen de twee vaartuigen zal het oploopende vaartuig volgens deze voorschriften tot een kruisend vaartuig kunnen maken, of het kunnen ontslaan van den plicht, om voor het andere vaartuig uit te wijken, totdat het laatstgenoemde geheel gepasseerd en er vrij van is.

Daar men overdag op het oploopende vaartuig niet altijd met zekerheid kan weten of het vóór of achter de boven omschreven richting van het andere vaartuig is, moet het ingeval van twijfel, zich als een oploopend vaartuig beschouwen en uit den weg gaan.

Art. 25. In nauwe vaarwaters moet elk stoomvaartuig, zoo dit uitvoerbaar is en veilig kan geschieden, aan die zijde van het vaarwater houden, welke aan de stuurboordszijde van het vaartuig ligt.

Art. 26. Zeilvaartuigen, welke varende zijn, moeten uit den weg gaan voor zeilvaartuigen of booten, visschende met netten, lijnen of sleepnetten. Deze bepaling geeft echter aan geen vaartuig of boot bezig met visschen, het recht om een vaarwater te versperren, dat door andere dan visschersvaartuigen gebezigd wordt.

Art. 27. Bij het nakomen en uitvoeren dezer voorschriften, moet men behoorlijk acht geven, zoowel op de gevaren der navigatie en van aanvaring, als op de eigenaardige omstandigheden, die, ter voorkoming van onmiddellijk gevaar, eene afwijking van de bedoelde voorschriften noodzakelijk mochten maken.

Geluidseinen voor schepen die elkander zien.

Art. 28. De uitdrukking „korte stoot" in dit artikel gebezigd, beteekent een stoot van ongeveer één seconde duur.

Een stoomvaartuig dat varende is, moet, wanneer het overeenkomstig de vorenstaande bepalingen handelt, die handeling aan een ander in 't zicht zijnd vaartuig door de volgende seinen met de stoomfluit of sirene kenbaar maken:

Een korto stoot beteekent:

„Ik wijk naar stuurboord uit"

Twee korte stooten beteekenen:

„Ik wijk naar bakboord uit"

Drie korte stooten beteekenen:

„Ik sla volle kracht achteruit".

Geen vaartuig mag, onder welke omstandigheden ook, de vereischte voorzichtigheid uit het oog verliezen.

Art. 29. De bovenvermelde voorschriften ontheffen noch het vaartuig, noch zijn eigenaar, gezagvoerder of bemanning van de verantwoordelijkheid voor de gevolgen, welke mochten voortvloeien uit eenige nalatigheid in het voeren van lichten, in het geven van seinen, het houden van goeden uitkijk of uit veronachtzaming van die maatregelen van voorzorg, welke volgens het gewone zeemansgebruik of naar aanleiding van bijzondere omstandigheden behooren genomen te worden.

Voorbehoud ten opzichte van Voorschriften voor havens of voor binnenwateren.

Art. 30. De inhoud dezer voorschriften belet niet de handhaving van bijzondere bepalingen, door de ter plaatse bevoegde autoriteiten gemaakt, met betrekking tot de vaart in havens, op rivieren of op binnenwateren.

Noodseinen.

(Voor de loodsseinen zie Afdg. II blz. 81).

Art. 31. Wanneer een vaartuig in nood verkeert en hulp verlangt van andere vaartuigen of van den wal, moeten de volgende seinen, hetzij te zamen, hetzij afzonderlijk gebezigd worden:

Bij dag:

1°) Kanonschoten, of andere knalseinen, met tusschenpoozen van ongeveer één minuut;

2°) het sein N. C. van het algemeen seinboek;

3°) het afstandssein, bestaande uit een vierkante vlag, boven of onder welke een bal, of een voorwerp, dat op een bal gelijkt is geheschen;

4°) het aanhoudend geluid geven met eenig mistseintoestel.

Bij nacht:

1°) Kanonschoten, of andere knalseinen, met tusschenpoozen van ongeveer een minuut;

2°) een vlammend vuur (zoo als van een brandend teer- of olievat);

3°) vuurpijlen of lichtkogels, onverschillig van welke kleur of inrichting, welke één voor één met korte tusschenpoozen worden ontstoken;

4°) het aanhoudend geluid geven met eenig mistseintoestel.

Art. 32. In het Koninklijk besluit van 10 October 1875 (Staatsblad n°. 178) aangevuld bij Koninklijk besluit van 3 Augustus 1896 (Staatsblad n°. 147), tot vaststelling van seinen voor schepen die in nood of gevaar verkeeren of een loods verlangen, worden de volgende wijzigingen gebracht:

A. In het opschrift in de considerans vervallen de woorden: „in nood of gevaar verkeeren, of";

B. In art. 1 vervallen de woorden: „in geval van nood of gevaar, of";

C. Art. 2 wordt ingetrokken.

Art. 33. Dit besluit treedt in werking, enz.

Toelichting.

A. *Omtrent de inrichting van de schermen der boordseinlantaarns.* (Art. 2 d.)

Aan het voorschrift, vervat in Art. 2, sub d, van vorenstaand reglement wordt voldaan, indien de lijn, gaande langs de binnenzijde van de kous en den voorkant van het scherm of den buitenkant van een klos, die aan het vooreinde van het scherm aan de buitenzijde is aangebracht, evenwijdig loopt aan de kiellijn van het vaartuig.

Bij elektrisch verlichte lantaarns komt de binnenkant van den gloeienden kooldraad in de plaats van den binnenkant van de kous. Het plaatsen van meer dan één gloeilamp in een elektrische boordlantaarn is niet aan te bevelen, omdat dit de goede werking van het scherm in gevaar brengt.

B. *Bepalingen vigeerende in Ned. Oost-Indië.*

In verschillende staten zijn ten aanzien van visschersvaartuigen, andere bepalingen van kracht dan de bovengenoemde; zoo zijn door de Regeering van Nederlandsch-Indië bij Ordonnantie van den 23sten Juli 1897 (uitgegeven 29 Juli 1897) gelijke bepalingen ten opzichte van het voeren van lichten als bovenstaande, enz. uitgevaardigd, maar hierop maakt Art. 9 eene uitzondering en luidt:

Visschersvaartuigen zijn niet verplicht de zijdelichten te voeren, die voor andere zeeschepen zijn bepaald, maar indien zij die lichten niet voeren, moeten zij voorzien zijn van een lantaarn, waarvan de eene helft groen en de andere helft rood licht uitstraalt.

Ter voorkoming van aanvaring moet die lantaarn tijdig worden uitgestoken en zoodanig gehouden, dat het groene licht niet aan bakboordszijde en het roode licht niet aan stuurboordszijde kunne worden gezien.

Visschersvaartuigen ten anker, of voor hunne netten liggende, moeten een helder wit licht vertoonen. Zij mogen bovendien indien zij het nuttig achten, van tijd tot tijd een schitterlicht vertoonen.

In verband hiermêe wordt in Art. 4 dier ordonnantie voor de verwijzing (in den aanhef) Art. 9 § 8 gelezen Art. 11 bij welk artikel het gewone ankerlicht wordt voorgeschreven.

In Art. 16 zijn de woorden „indien het sneeuwt" gesupprimeerd.

Zie voor de hier genoemde ordonnantie de Verzameling van Voorschriften voor H. M. Zeemacht in Oost-Indië DL. I. Hoofdst. III Bijlage B.

Opgave van de te voeren Lichten.

1. Stoomschip	Wit licht, vóóruit. Gekleurde boordlichten. Positielicht naar verkiezing.
2. Slepend stoomschip . . . . ,	Twee of drie witte lichten vóóruit. Gekleurde boordlichten. Klein wit heklicht om op te sturen, naar verkiezing.
3. Schip dat niet manoeuvrabel is.	Twee roode lichten, vertikaal boven elkaar. Gekleurde boordlichten, als het schip vaart loopt.
4. Telegraafkabellegger.	Boven elkander, drie lichten: rood, wit, rood en gekleurde boordlichten als het schip vaart loopt.

5. Zeilschip en gesleepte vaartuigen.   { Gekleurde boordlichten.

6. Stoomschepen kleiner dan 40 ton,   Een helder wit licht voorop.
   indien zij de lichten van art.   Gekleurde boordlichten
   2 *a, b, c,* niet voeren.   of een samengestelde lantaarn.

7. Kleine stoomvaartuigen. . . .   { Als sub 6. (Het witte licht mag wat lager hangen).

8. Roei- en zeilvaartuig, kleiner dan   Een samengestelde lantaarn bij de hand hebben.
   20 ton.

9. Roeibooten (ook als zij zeilen).   { Witte lantaarn moet bij de hand zijn.

10. Loodsvaartuig op zijn kruispost.   Een wit licht van top, en minstens alle 15 minuten een
                                         of meer schitterlichten, bovendien de gekleurde boord-
                                         lichten als het een schip nadert.

11. Loodsvaartuig dat geen dienst   Zelfde lichten als andere schepen van de zelfde tonne-
    doet.   maat.

12. Visschersvaartuig, bezig met drijf- Twee witte lichten, op verschillende hoogten.
    net.visscherij.

13. Beugvisschersvaartuig . . . .   Beugschietende: de lichten voor stoom- of zeilvaartuigen
                                            voorgeschreven en een helder wit licht daarenboven.
                                         De beug overzeilende: de lichten voor stoom- of zeil-
                                            vaartuigen voorgeschreven.
                                         De beug inhalende: als beugschietende en nog een tweede
                                            wit licht bovendien, niet hooger dan de boordlichten.

14. Kolvisschersvaartuig . . , . .   { Als beug inhalend vaartuig.

15. Stoomtrawler. . . . .   Driekleurige lantaarn (rood, wit, groen.)
                                       daaronder een wit licht.

16. Trawler . . . .   Een wit licht.
                                    Bij nadering van schepen een groen of rood pyrotech-
                                       nisch licht, aan de zijde waar het net uitstaat.

17. Visschend visschersvaartuig . .   { Helder wit licht.

18. Visschersvaartuig dat niet ma-   Als ten anker liggend vaartuig.
    noeuvreeren kan.

19. Vaartuig dat opgeloopen wordt .   { Wit licht of schitterlicht, achteruit.

an boord van een
aar verkiezing
EN worden.

t voorin gezien.

in gezien.

oord in gezien.

t voorin gezien.
p korter dan 180 M).

p van meer dan één vaar-
en langer dan 180 M).

Duur:

..... Van 4 tot 6 sec.

.....

..... ± 1 sec.

..... „ 5 sec.

Aanteekeningen op de Bepalingen.

Vele aanvaringen worden veroorzaakt door slecht kennen of slecht opvolgen der bepalingen. Hiertoe moet ook gebracht worden een verderfelijke verleiding, om onoordeelkundig koers te veranderen, zonder te hebben overlegd naar welke zijde men den koers veranderen moet; zoowel als het veranderen van den koers wanneer men juist moet blijven doorsturen. Andere aanvaringen kunnen weder het gevolg zijn van slecht gehouden uitkijk — men is ook niet ontslagen van uitkijken naar achteruit.

Men moet zorgen geen lichten te toonen die met de voorgeschrevene kunnen worden verward — dus eventueel waken tegen het sieren van hutten met gekleurde poortgordijntjes, lampekappen, enz. Men moet zorgen dat de lichten steeds goed branden, zoodat ze niet verwisseld worden op critieke oogenblikken en evenzeer, indien men een ander licht in 't zicht krijgt, zich opnieuw overtuigen dat de lichten naar die zijde goed zichtbaar zijn en branden. Contactknoppen van elektrische boord- en toplichten behooren in de kaartenkamer te zijn.

Niet minder noodig is het te zorgen dat de lantarens onmiddellijk door anderen kunnen worden vervangen, of zoo men elektrische lichten toont, een reserve-accumulatorenbatterij te hebben. (Een Spaansch schip verging in de haven van Havana doordat een machinist met de hand in den motor der dynamo geraakte waardoor deze gestopt moest worden. Tengevolge daarvan gingen de lichten uit, werd het schip door een ander aangevaren, explodeerde de ketel en gingen schip en bemanning te gronde.) Het is echter moeielijk al die dingen steeds in orde bij de hand te hebben, waarom sommigen prefereeren aan B.B. een rood en aan S.B. een groen costonlicht klaar te hebben liggen. Het is niet alleen noodig dat de lantarens goed branden, maar ook dat de lenzen goed schoon zijn en nu en dan van buiswater gereinigd worden; lantarens die zeer voorlijk zijn opgesteld, verdienen op dat punt speciaal de aandacht (en afkeuring). Ook worden bij stoomvaartuigen die den wind van achteren hebben, de lichten dikwijls door den dikken rook verduisterd, waarop tegenliggers verdacht dienen te zijn.

Over het keuren van boordlantaarns zie: Aanhangsel sub XXVI.

Op de wacht komende, geve men zich rekenschap dat de eigen lantaarns goed branden en overlegt voor welke schepen men bijna zeker moet uitwijken en die dus de grootste zorgvuldigheid vereischen. Zoo zal men bij den wind over stuurboord zeilende, in 't bijzonder oppletten op vaartuigen die kraanbalksgewijs aan lij in 't zicht komen (zie hierna); halverwind over stuurboord zeilende of recht vóór den wind, zal men zeer speciaal letten op schepen die circa 4 streken te loevert, of aan S.B. worden gezien (zie hierna). Met dik weer zal een zeilschip, indien de gelegenheid der reis het toelaat, trachten bij te steken over bakboord en het kan in dat geval zeer goed voorkomen dat men ten anker gaat, mits in parages waar ook anderen redelijkerwijze ten anker liggende vaartuigen kunnen verwachten.

Op de wacht komende, moet men vooral *tijdens* het overnemen der wacht zorgen dat goede uitkijk gehouden wordt, omdat dan juist beide wachthebbende officieren niet alle aandacht aan het uitkijken kunnen wijden.

Men zorge de uitwerking van het roer in verband met de schroef wel te kennen (zie Afdg. XXIII). Schepen met rechtsche schroef zullen in 't algemeen zich 't best naar de bepalingen kunnen gedragen.

Er zijn tien gevallen waarin een schip genoodzaakt kan worden uit te wijken om aanvaring te voorkomen (ongewone gevallen daargelaten):

1°. Een stoomschip dat een ander stoomschip recht, of bijna recht voorin ziet.

2°. Een stoomschip dat een ander stoomschip dat zich aan zijne stuurboordszijde bevindt, nadert (uitzondering moet gemaakt worden indien het andere schip een oplooper is).

3°. Een stoomschip dat een zeilschip nadert.

4°. Eenig vaartuig dat een ander vaartuig oploopt, (dit is behoudens het geval sub 10° het eenige geval waarin een zeilvaartuig verplicht kan zijn voor een stoomvaartuig te mijden.

5°. Een ruimzeilend vaartuig dat een bij den wind zeilend vaartuig nadert.

6°. Een over stuurboord bij den wind zeilend vaartuig dat een over bakboord bij den wind zeilend vaartuig nadert.

7°. Een over stuurboord ruimzeilend vaartuig dat een over bakboord ruimzeilend vaartuig nadert.

8°. Een ruimzeilend vaartuig dat een over denzelfden boeg ruimzeilend vaartuig van te loevert nabijkomt.

9°. Een voor den wind zeilend vaartuig dat een ander zeilvaartuig nadert.

10°. Een vaartuig dat een ander vaartuig nadert, waarmêe door eenig ongeval niet gemanoeuvreerd kan worden of dat bezig is een telegraafkabel te leggen of te lichten, alsook wanneer een zeilvaartuig andere zeilvaartuigen of booten die visschende zijn, nadert.

Alleen in het eerste geval is voorgeschreven dat men: „stuurboord uit" wijken moet, in alle andere gevallen heeft men „uit den weg te gaan"; terwijl degene, die niet uit den weg behoeft te gaan, door blijft liggen zonder aan koers of vaart te veranderen. Het oude denkbeeld, dat het bakboord leggen van het roer aanvaring voorkomt, is dus verkeerd — kan zelfs aanvaring veroorzaken. [1]) Zoolang twee schepen elkander gelijk gekleurde lichten toonen, kan geen aanvaring voorkomen — naar dit begrip zal men dus *wel* kunnen handelen, *mits elkaar voldoende ruimte latende*. Over het uitzien naar schepen zie Afdg. V.

Wanneer men uitwijken moet is het zaak dit tijdig te doen, na wel overlegd te hebben welken kant men uit moet gaan. Vooral moet men het er niet op aan laten komen, opdat de wachthebbenden aan boord van het andere schip niet zullen denken, dat zij onopgemerkt blijven en daardoor in de verleiding kunnen komen eenige manoeuvre uit te voeren, die wellicht juist aanvaring teweeg brengen zou. Acht men den toestand gevaarlijk, dan doet men met de telegrafen naar de machinekamer voorloopig het attentiesein. Uitwijkende zal men tevens zorgen, zoo de gelegenheid het toelaat, niet voor den ander over te loopen.

Wanneer men niet uitwijken moet en dus wel moet blijven doorsturen, dient men vooral goed op het sturen te letten, opdat degeen, die wel uitwijken moet, begrijpe, dat hij die door blijft liggen, weet dat hij door *moet blijven liggen* en vast voornemens is *door te blijven liggen*.

Is hij die moet blijven doorliggen niet overtuigd dat de andere hem ziet of voornemens is koers te veranderen, dan kan hij de aandacht op zich vestigen door een schitterlicht of eenig knalsein dat niet voor een noodsein kan worden gehouden. Art. 12. Een ruim gebruik van dit sein verdient aanbeveling.

Stoomschepen zullen zeer wel doen door gebruik te maken van de vergunning tot het voeren van een tweede stoomlantaarn, aangezien men, vooral bij een tegenliggend stoomschip, uit de onderlinge positie der beide stoomlantaarns ongeveer kan besluiten hoe het vaartuig ligt en snel alle koersveranderingen kan zien geschieden. Niettemin heeft het gebruik van het positielicht het nadeel, dat men bij het zien van twee witte lichten niet direct weet of men een visscher of een varend stoomvaartuig, dan wel een slepend stoomvaartuig ziet.

Het beginsel van het uitwijken berust steeds op het nemen van twee kompaspeilingen met eenig tijdsverloop tusschen beide, waardoor men kan beoordeelen of beide vaartuigen naar eenzelfde punt toeloopen of niet. Wordt er goed en nauwkeurig gestuurd, dan komt de peiling

---

[1]) Men denke zich het geval dat twee stoomschepen elkaar naderen en elkaar op zeer korten afstand even aan stuurboord zien. In dat geval zou — indien beiden het roer bakboord legden — waarschijnlijk aanvaring volgen; maar zullen zij vrijloopen indien beiden maar even het roer aan stuurboord leggen en dus de gelijk gekleurde lichten nog meer toonen.

neer op het waarnemen van eenig punt van eigen romp of tuig waarin men den ander ziet. Verandert de peiling, dan bestaat geen gevaar voor aanvaring, maar verandert zij niet dan is dat gevaar aanwezig.

Heeft men een verafgelegen achtergrond, dan neemt men het *wisselen* van het andere schip met betrekking tot dien achtergrond — sterren, lucht of land waar.

In slecht water, kan men nog letten op het kielwater van het andere schip.

:

Bij mist, sneeuw, hagel, zware regenbuien, enz., moet matige vaart worden geloopen en moet in het schip zoo min mogelijk geraas worden gemaakt. Men doet de voorgeschreven seinen, (die wel moeten worden onderscheiden van de seinen die bepaald zijn voor schepen die elkander *zien*), zoo getrouw mogelijk; houdt goeden uitkijk en luistert goed uit. Dit alles moet men nimmer verzuimen — ook niet wanneer het zich laat aanzien dat de mist van korten duur zal zijn — ook moet men zooveel doenlijk vollen stoomdruk houden om in critieke oogenblikken al het mogelijke te kunnen doen. Bij mist is de richting wanwaar een geluidsein komt, moeilijk te bepalen — de afstand waarop men het verneemt al evenmin en sommige menschen hebben er geheel geen oor voor. Van uit het tuig, hoort men dikwijls beter dan aan dek en kan men soms over den mist heen de toppen der masten van andere schepen zien, zoodat men ook voor uitkijken, tevens uitluisteraars hoog in het tuig zorgt. Over de hoorbaarheid van geluidseinen, zie Afdg. XV. Verder houdt men zooveel mogelijk alle waterdichte deuren en sluitingen dicht, houdt alle pompen gereed, zoomede veiligheidsmat en reddingmiddelen en zorgt voor jakobsladders in de koekoeken der verblijven, opdat alle bewoners op kunnen komen. Stoomfluiten moeten vóór den voorsten schoorsteen zijn aangebracht. Indien men een mistsein van een ander schip verneemt, is het niet altijd goed onmiddellijk de eigen stoomfluit te werk te stellen. Men doet beter daarmêe eenige secunden te wachten, opdat de wachthebbende personen aan boord van het andere schip, wier gehoor een weinig is verzwakt door het geraas van hun seinmiddel, tijd hebben gehad om weer hun vol vermogen van uitluisteren te hebben.

Het beginsel der twee peilingen kan bij mist slechts in zeldzame gevallen, en dan nog onder voorbehoud tot richtsnoer dienen, wegens de onzekerheid en onnauwkeurigheid der waarneming. Behalve de voorschriften omtrent het loopen van matige vaart, het doen der seinen, het voeren der lichten, het stoppen der werktuigen wanneer men eenig mistsein voorlijker dan dwars vermeent het daarna voorzichtig manoeuvreeren en het doen der seinen voor gestopte vaartuigen, kan men ingeval van mist, enz., geen op de Internationale Bepalingen gebaseerde aanwijzingen geven, doch het strikt opvolgen der bepalingen kan veel onheil voorkomen. In dikken mist overdag, kan het voeren der boordlichten aanbeveling verdienen, daar deze dikwijls eerder een naderend vaartuig en den koers dien het ligt verraden, dan de onduidelijk zichtbare romp. Wordt het schip dat men in de buurt weet zichtbaar, dan zal men dikwijls plotseling moeten manoeuvreeren, waarbij niet moet worden nagelaten de seinen te doen, voorgeschreven voor schepen die elkander zien. In dit geval is kennis van de werking van het roer in verband met die der schroef van het hoogste nut. (Zie Afdg. XXIII). Is aanvaring onvermijdelijk, dan kan het soms nog mogelijk zijn den stoot, boeg aan boeg, waar de schepen toch het sterkst gebouwd zijn, op te vangen en zal men dit wellicht als middel tot behoud aangrijpen. Wetsuitleggingen zijn echter weinig minder gevaarlijk dan de aanvaring zelf, zoodat men niet lichtelijk iets buiten de voorschriften doen zal; het is vooral ook geen zaak op vooronderstellingen betreffende koers, afstand, enz. van het andere schip in te gaan. Vooronderstellingen zijn in dezen — waar een schip gevaarlijker is dan een klip — niet geoorloofd.

Ingeval eene aanvaring geschied en in de wederzijdsche veiligheid voorzien is, zorge men *zoo spoedig mogelijk* proces-verbaal op te maken en alle getuigen daarbij te hooren. Het verbaal moet vooral bevatten: den hoek dien de kiellijnen der schepen maakten, den koers dien men voorlag, het laatste bevel dat aan roer en machine gegeven werd, hoe het roer lag en wat de machine deed toen de aanvaring geschiedde, hoe laat het was, wind, toestand der zee, dikte van den mist, enz. Schetsteekeningen van het gebeurde kunnen zeer dienstig zijn.

Schepen die van hunne ankers geslagen zijn, bijliggen, gestopt of bijgedraaid zijn moeten aangemerkt worden als: „varende".

Hier ter plaatse wordt nog opgemerkt dat er veel is waaromtrent geen voldoende eenstemmigheid heerscht of voldoende voorschriften zijn. Welke geluidseinen moet een zeilvaartuig doen dat bij mist ligt bijgedraaid of bij mist en windstilte slechts drijvende is? Welke mistseinen moet een visschende drijfnetvisscher doen? Voor het eerste geval is zeker de beste oplossing niet bij te draaien maar tegen te brassen en bij een minimum vaart, de seinen voor vaartuigen bij den wind voorgeschreven te doen. Voor het tweede geval kan men desnoods zeggen dat elk der drie mogelijke mistseinen gedaan kan worden, daar twee zeilschepen elkaar bij windstilte niet zullen bereiken en eventueele stoomers toch uit den weg moeten gaan. Zoo is niet uitgesproken, welke lichten een zeilschip dat een ander vaartuig sleept moet voeren, al kan het slechts de gewone lichten van een zeilschip voeren. Trawlers en althans stoomtrawlers behooren volgens den Engelschen rechter de gewone lichten voor stoomschepen te voeren, tenzij hun vischgerei het uitwijken belet. Dezelfde rechtbank keurt af het voeren van twee roode lantaarns, zoolang er nog stuur in een schip is. Zoo is het kwestieus, in hoeverre men bij het overnemen van loodsen zelf manoeuvreeren moet of zooals het gebruik is, het loodsvaartuig moet laten manoeuvreeren. [1]) De Duitsche wet stelt het loodsvaartuig aansprakelijk. Zoo is niet met *volkomen* zekerheid uitgemaakt wat men onder „bij den wind" heeft te verstaan. Zoo is, wat zeer te betreuren valt, niet vastgesteld hoe de boordlichten ten opzichte van het stoomlicht moeten worden aangebracht. Ook zou het goed zijn indien bepaald ware of een schip door eskaders of vloten heen mag sturen, enz.

Wat telegraafkabelleggers aangaat bestaat een internationale overeenkomst, waarbij is bepaald dat men ze niet binnen den afstand van één zeemijl mag naderen. (Besluit van 16 April 1888, Staatsbl. n°. 74).

Een tweede ankerlicht behoort volgens rechterlijke uitspraken niet aan den achtersten mast, maar zoo achterlijk mogelijk te zijn geheschen.

Drie moeilijke gevallen die zich aan boord van een zeilschip voor kunnen doen.

I. *A* zeilt in een donkeren nacht bij den wind over stuurboord en ziet plotseling van nabij het roode licht van *B* op 2 streken aan lij.

B is dan een bij den wind over bakboord zeilend vaartuig, want lag *B* lager dan halverwind dan zou ook het groene licht van *B* zichtbaar zijn.

A moet uitwijken, want doorliggende zullen de schepen die nagenoeg evenveel vaart loopen en elk waarschijnlijk op zes streken zeilen, elkaar te boord loopen. dus: „op het roer", „groote schoot los", „springschoot van de bezaan of boomschoot afvieren", „loef achterbrassen in handen", „levendig brassen achter".

II. *C* die over stuurboord ruim zeilt, kan steeds het groene licht van *D* blijven zien, zonder het noodige omtrent den koers van *D* te kunnen besluiten.

---

[1]) Op een schip met rechtsche schroef kan men bakboord lij maken met den wind aan SB. goed voorlijker dan dwars inkomende en dan recht op het loodsbootje aansturen. Een slag achteruit van de machine is dan voldoende om zoo men het bootje te veel nadert SB. uit te gieren. Hierbij op de eigenaardigheden van het schip te letten.

Want stuurt *D* van ongeveer Zuid tot ongeveer Zuidwest dan moet *C* die over stuurboord ruimzeilende is voor *D* uitwijken.

Maar stuurt *D* beoosten het zuiden dan liggen beiden over denzelfden boeg en moet *D*. die zich te loevert op bevindt, wijken voor *C*.

III. **Twee** zeilschepen, die elkander naderen, en beide over denzelfden boeg bij den wind zeilen, doch het lijwaartsche zeilt scherper dan het loefwaartsche.

Gewoonlijk zal het loefwaartsche afhouden, doch geen der bepalingen van Art. 17 schrijft dit voor.

NOTA. De bepalingen omtrent het voeren van lichten, het uitwijken, enz. zijn van zoo groot aanbelang in de zeevaart, dat het een ieder geraden is ze nu en dan in te zien, al meent hij ze nog zoo goed meester te zijn.

Onder Stoom.

Aanwijzingen bij het naderen van een schip.

Toont het naderend vaartuig, 't zij stoom- 't zij zeilschip, één boordlicht van dezelfde kleur als dat wat men zelf naar hem heeft toegewend: „Stuur door";
maar als de boordlichten die men wederkeerig ziet verschillend gekleurd zijn:

1°. Neem een peiling;
2°. **Maak** uit of het een stoom- of een zeilschip is;
3°. Zoo het een stoomer is:

    a. en zich aan bakboordszijde bevindt: „stuur door";
    b. of zich vooruit bevindt:

        1. met groen en wit licht zichtbaar: (stuurboord ingezien) „stuur door";
        2. met rood en wit licht zichtbaar: (bakboord ingezien) „stuur door";
        3. met wit, rood en groen licht zichtbaar: (vóór ingezien) „bakboord het roer" en koers veranderen, zoodanig, dat het groene licht onzichtbaar wordt. (Zie noot blz. 344 onder).

4°. Zoo het een zeilschip is:

    a. en zich niet recht vooruit bevindt:

        1. neem tweede peiling;
        2. zoo de peiling verandert: „stuur door";
        3. zoo de peiling niet verandert: „verander koers", zoodat de peiling wel verandert.

    b. en zich recht vooruit bevindt:

        1. zoo slechts een boordlicht zichtbaar is (en de schepen elkaar niet recht of bijna recht tegemoet loopen): „stuur door";
        2. zoo beide boordlichten zichtbaar zijn of wanneer de schepen elkaar recht of bijna recht tegemoet loopen: verander koers naar stuurboord of bakboord tot een der zijdelichten van het zeilschip verdwijnt.

Bemerking: Een stoomvaartuig dat door de voorschriften verplicht wordt uit te wijken en een ander vaartuig nadert zal zoo noodig vaart minderen, stoppen of achteruitslaan.

Onder Zeil. [1]

Aanwijzingen bij het naderen van een schip.

A. Bij den wind over Bakboord liggende.

Goed koers blijven sturen.

B. Bij den wind over Stuurboord liggende.

1°. Neem een peiling.
2°. Maak uit, of het een stoom- of een zeilschip is.
3°. Is het een stoomer: „stuur door".
4°. Is het een zeilschip:

a. dat zich te loevert bevindt: „stuur door";
b. dat zich van vooruit tot kraanbalksgewijs aan lij bevindt: „stuur door";
c. dat zich kraanbalksgewijs of nog verder aan lij bevindt:

1. neem tweede peiling;
2. verandert de peiling en blijft zij veranderen: „stuur door";
3. verandert de peiling niet: „houd af'; (op het roer, groote schoot los, springschoot bezaan los en bezaan geien, grootzeil geien, achtertuig desnoods levendig), of „wend".

C. Van den wind over Bakboord liggende.

1°. Neem een peiling.
2°. Maak uit, of het een stoom- of een zeilschip is.
3°. Is het een stoomer: „stuur door".
4°. Is het een zeilschip:

a. dat zich te loevert op bevindt, of dat zich vooruit bevindt en ruim zeilt, of dat aan bakboord wordt ingezien (mits niet bij den wind zeilende): „stuur door";
b. dat zich vooruit bevindt en bij den wind zeilt, of dat zich aan lij bevindt, of wanneer het stuurboord ingezien wordt, of dat opgeloopen wordt:

1. neem tweede peiling;
2. verandert de peiling: „stuur door";
3. verandert de peiling niet: „verander koers" zoodat de peiling verandert.

D. Van den wind voor Stuurboord liggende.

1°. Neem een peiling.
2°. Maak uit, of het een stoom- of een zeilschip is.
3°. Is het een stoomer: „stuur door".
4°. Is het een zeilschip: [2]

a. dat zich te loevert bevindt en met ruimen wind over stuurboord of recht voor den wind zeilt: „stuur door";

---

[1] Onder de uitdrukkingen. „te loevert" of „aan lij" moet men verstaan al wat zich boven of benedenswinds van den perpendiculair op den wind bevindt.
[2] Dit geval kan gevaar aanbieden wanneer men niet met juistheid weet hoe de wind op het andere schip inkomt.

a'. in alle andere gevallen:

1. neem een tweede peiling;
2. verandert de peiling en blijft zij veranderen: „stuur door".

b. dat zich aan stuurboord bevindt:

1. neem een tweede peiling:
2. verandert de peiling: „stuur door";
3. verandert de peiling niet: „verander koers zoo dat de peiling wel verandert".

E. Voor den wind.

1°. Neem een peiling.
2°. Maak uit, of het een stoom- of een zeilvaartuig is.
3°. Is het een stoomer: „stuur door".
4°. Is het een zeilschip:

a. dat zich achteruit bevindt of een oplooper is: „stuur door".
b. in alle andere gevallen:

1. neem tweede peiling;
2. verandert de peiling: „stuur door";
3. verandert de peiling niet: „verander koers" zoodat de peiling verandert.

REGLEMENT

TER

Voorkoming van aanvaring of aandrijving op openbare wateren in het Rijk die voor de Scheepvaart openstaan.

Staatsblad No. 102, besluit van 18 Mei 1892, tot vaststelling van een reglement ter voorkoming van aanvaring of aandrijving op openbare wateren in het Rijk, die voor de scheepvaart openstaan. Gewijzigd bij *Staatsblad* 16 Juli 1897, No. 179 en 29 Juni 1898, No. 153.

HOOFDSTUK I.

Algemeene bepalingen.

Art. 1. Voor de toepassing van dit reglement geldt:
ieder vaartuig bestemd om de zee te bevaren als zeeschip, en ieder vaartuig niet bestemd om de zee te bevaren als binnenvaartuig;
ieder stoomvaartuig onder zeil en niet onder stoom als zeilvaartuig, en ieder stoomvaartuig onder stoom, al of niet zeilvoerende, als stoomvaartuig;
ieder vaarwater waarvan de doorgaande bevaarbare breedte tusschen de betonning, en bij gebreke daarvan in de vaargeul, minder dan 300 meter bedraagt. als nauw vaarwater;

de tijd tusschen zonsopgang en zonsondergang als dag;

de tijd tusschen zonsondergang en zonsopgang als nacht.

Art. 1 bis. De bepalingen van dit reglement gelden ook voor vaartuigen, welke door eene andere mechanische kracht dan stoom worden voortbewogen, met dien verstande, dat voor de toepassing dier bepalingen, zoodanige vaartuigen, ook dan wanneer zij gedurende de vaart bij het manoeuvreeren zich tijdelijk met stilstaande machine bewegen of tijdelijk stilliggen, gelijk gesteld worden met stoomvaartuigen en stoomvaartuigen onder stoom, en dat de schippers dier vaartuigen tot het geven van de geluidseinen, voorgeschreven ten aanzien van de stoomfluit, zich zullen moeten bedienen van eene luchtfluit.

Art. 2. Dit reglement geldt, binnen de uitertonnen, voor alle wateren in het Rijk, die voor de scheepvaart openstaan; met uitzondering van de rivieren, genoemd in de Koninklijke besluiten van 12 April 1892 (*Staatsblad* n°. 86) en van 6 Mei 1892 (*Staatsblad* n°. 97). [1]

Voor niet betonde toegangen tot zee geldt als grens de dieptelijn van 80 decimeter, indien deze binnen de territoriale grens ligt, anders die territoriale grens zelve.

Art. 3. De schepelingen zijn verplicht te gehoorzamen aan alle bevelen, die hun ter uitvoering van dit reglement door den schipper worden gegeven.

Art. 4. Bij de toepassing van dit reglement moeten de schippers letten op de eischen van goede zeemanschap, indien deze, onder bijzondere omstandigheden, afwijking van de daarin vervatte bepalingen medebrengen.

Art. 5. De handhaving van dit reglement is opgedragen aan de ambtenaren en beambten der Rijks- en gemeentepolitie, aan die van den waterstaat en het loodswezen, aan de ambtenaren door of van wege den Minister van Waterstaat, Handel en Nijverheid met eenig toezicht of beheer over de vaarwaters of eenig deel daarvan belast, aan de ambtenaren van de ambulante recherche te water, en aan de ambtenaren belast met het toezicht op de visscherij.

De schippers zijn verplicht op de vaarwaters, wier geringe diepte of breedte of wel tijdelijke verondieping bijzondere voorzichtigheid bij de doorvaart noodig maakt, de voorschriften en bevelen op te volgen, door de daartoe aangewezen ambtenaren en beambten met betrekking tot de doorvaart te geven.

HOOFDSTUK II.

Voorschriften omtrent het voeren van lichten en seinen.

Art. 6. De schippers zorgen dat hunne vaartuigen des nachts, welke ook de weersgesteldheid zij, de lichten voeren voorgeschreven in de volgende artikelen.

Het voeren van andere lichten is verboden.

Art. 7. 1°. Ieder stoomvaartuig onder stoom moet voeren:

a. Aan of voor den fokkemast op eene hoogte boven den romp van niet minder dan de breedte van het vaartuig, doch in geen geval lager dan 3 meter, eene lantaarn, die een gelijk-

---

[1] De in genoemde Kon. Besluiten — sedert laatstelijk vervangen, resp. door de Kon. Besluiten van 9 October 1897 Staatsbl. No. 204 en van 29 Dec. 1897. Staatsbl. No. 268 — bedoelde rivieren zijn: 1. de Rijn, met inbegrip van de Waal en de Lek, 2. de Merwede, de Noord en de Nieuwe Maas.

matig en onafgebroken helder wit licht doet schijnen, hetzij rondschijnend, of ten minste over een boog van den horizon van 20 kompasstreken, en in het laatste geval zoodanig geplaatst dat zij licht werpt over ten minste 10 streken ter wederzijde van het vaartuig, te weten van recht vooruit tot 2 streken achterlijker dan dwars, aan elke zijde.

Het licht moet bij donkeren nacht en goed zicht op een afstand van ten minste 2 zeemijlen (van 60 in den breedtegraad, 3704 meter) zichtbaar zijn.

b. Aan stuurboordzijde eene lantaarn, die een gelijkmatig en onafgebroken groen licht doet schijnen, over een boog van den horizon van 10 kompasstreken, en wel van recht vooruit tot 2 streken achterlijker dan dwars.

c. Aan bakboordzijde eene lantaarn, die een gelijkmatig en onafgebroken rood licht doet schijnen over een boog van den horizon van 10 kompasstreken, en wel van recht vooruit tot 2 streken achterlijker dan dwars.

De lichten onder *b* en *c* vermeld moeten bij donkeren nacht en goed zicht, op een afstand van ten minste 1 zeemijl (van 60 in den breedtegraad, 1852 meter) zichtbaar zijn. Zij moeten zoo gesteld zijn, dat het bakboords of roode licht van stuurboordzijde, en het stuurboords of groene licht van bakboordszijde niet kan gezien worden.

Deze lichten mogen op kleine stoomvaartuigen gevoerd worden in ééne lantaarn bij den voorsteven, mits voldaan worde aan de bovengestelde eischen van zichtbaarheid.

2°. Ieder stoomvaartuig moet gedurende het uitoefenen van eenigen sleepdienst, behalve de lichten hierboven voorgeschreven, een tweede wit toplicht voeren.

Dit licht moet in alle deelen overeenkomen met het toplicht onder 1°. *a* omschreven, en op een afstand van niet minder dan 0.5 meter, en niet meer dan 1 meter, loodrecht boven het eerstgenoemde gehangen worden.

Art. 8. 1°. Alle vaartuigen die onder zeil of drijvende zijn, of gesleept, gejaagd, geroeid, geboomd of getrokken worden, moeten een helder wit licht van den grooten top voeren. Van de vaartuigen die onder zeil zijn of gesleept worden, moet het licht bij donkeren nacht en goed zicht, op ten minste 1 zeemijl (van 60 in den breedtegraad, 1852 meter) zichtbaar zijn.

Vaartuigen met gestreken mast moeten het licht ter hoogte van ten minste 3 meter boven den romp voeren. Op vaartuigen zonder mast moet het licht zoodanig zijn aangebracht, dat het van alle zijden goed zichtbaar is.

Zeilvaartuigen mogen op ruime vaarwaters, in stede van het boven bepaalde toplicht, de in art. 7 genoemde zijlichten voeren.

2°. Visschersvaartuigen die in span aan de netten liggen moeten een helder wit licht aan den voorsteven voeren.

Art. 9. Gierponten, zoomede de veerponten die zich bewegen langs een dwars door het vaarwater gelegden kabel, moeten des nachts, op eene hoogte van ten minste 6 meter boven water, van een helder groen licht, en 1 meter loodrecht daaronder, van een helder wit licht voorzien worden.

Bij gierponten moet bovendien het bovenste schuitje, en wanneer inplaats van schuitjes boeien gebezigd worden, de bovenste boven water uitstekende boei, van een helder licht voorzien zijn, dat bij schuitjes ten minste 3 meter boven water moet hangen.

Voor de naleving van de bovenstaande bepalingen wordt de veerman als schipper beschouwd.

De schippers van stoomvaartuigen, den dienst doende in overzetveren, moeten, in stede van de lichten in art. 7 voorgeschreven, de lichten, die hierboven voor gierponten en veerponten zijn bepaald, doen voeren.

Art. 10. Vlotten, onverschillig waar zij zich bevinden, of zij stil liggen dan wel in de vaart zijn, moeten zoowel bij voor- als achtereinde, aan den kant van het vaarwater twee helder witte lichten voeren, naast elkander geheschen, met niet meer dan 4 en niet minder dan 2 meter tusschenruimte, en niet lager dan 4 meter boven het vlot.

Art. 11. Vaartuigen in eenig vaarwater ten anker of gemeerd liggende, mogen niet de lichten voeren, die voor in de vaart zijnde schepen zijn voorgeschreven. Zoodanig vaartuig voert ter plaatse waar zulks het beste kan gezien worden, evenwel niet lager dan 3 meter en niet hooger dan 6 meter boven den romp, een helder wit licht, dat aan alle zijden goed zichtbaar is.

Dit licht moet bij donkeren nacht en goed zicht op ten minste 1 zeemijl (van 60 in den breedtegraad, 1852 meter) zichtbaar zijn.

Dit artikel is niet van toepassing op vaartuigen, liggende:

1°. in vaarwaters, waarin de vaart door ijs of andere oorzaken gestremd is;

2°. aan een behoorlijk verlichte lig-, laad- of losplaats.

Art. 12. De schippers van baggervaartuigen, werkvaartuigen en dergelijke moeten al hunne ankers, die in of nabij het vaarwater uitstaan, aanduiden door eene roode ton, des nachts van een helder wit licht voorzien.

Deze verplichting rust, voor zooverre de zijankers betreft, op de schippers van alle vaartuigen, die zulke ankers hebben uitstaan in of nabij het vaarwater.

Indien het niet doenlijk is, de ankers of zijankers des nachts door een licht aan te duiden, zorgen de schippers dat op hunne vaartuigen de lichten worden geplaatst, voorgeschreven in het laatste lid van art. 13, voor vaartuigen geplaatst bij wrakken.

Art. 13. Een vaartuig, dat in het vaarwater vastzit of waarmede door eenige oorzaak niet kan worden gemanoeuvreerd, voert des daags de vlag in sjouw, en mag des nachts niet de lichten voeren, die voor in de vaart zijnde schepen zijn voorgeschreven, doch moet in stede daarvan het licht voeren in art. 11 bepaald, en loodrecht daarboven, met eene tusschenruimte van niet minder dan 0,50 meter en niet meer dan 1 meter, een rood licht, dat aan de eischen voldoet voor het witte licht voorgeschreven.

Gelijke bepaling geldt voor wrakken, met dien verstande dat de lichten, zoo zij niet op het wrak zelf geheschen kunnen worden, in nauwe vaarwaters op een boven het wrak geplaatst vaartuig worden vertoond.

Wordt het vaartuig geplaatst ter zijde van het wrak, dan voert het, behalve de hierboven omschreven lichten, aan de zijde waar het vaarwater niet vrij is, een rood licht. Des daags worden deze lichten vervangen door zwarte bollen.

Art. 14. Van alle vaartuigen zonder onderscheid, hetzij zij in de vaart zijn of stil liggen, die door een ander vaartuig in eene richting genaderd worden, waarin hun licht of hunne lichten moeilijk of in het geheel niet kan of kunnen gezien worden, moeten de schippers tijdelijk een helder wit licht vertoonen, in zoodanigen stand dat dit van het naderend vaartuig tijdig kan worden waargenomen.

Art. 15. Wanneer door mist, sneeuwjacht of andere oorzaken het goed zicht belemmerd wordt, zorgen de schippers van vaartuigen, die zich in het vaarwater bevinden, dat zoowel bij dag als bij nacht de volgende seinen van hunne vaartuigen gegeven worden:

a. Een stoomvaartuig onder stoom doet met de stoomfluit, met tusschenpoozen van niet meer dan 2 minuten, een aangehouden stoot hooren;

b. Ieder ander vaartuig, dat varende is, doet met den misthoorn korte stooten geven, met kleine tusschenpoozen;

c. Ten anker liggende vaartuigen doen ten minste iedere minuut, en tevens wanneer geluid-signalen de nadering van andere vaartuigen aanduiden, de klok luiden of dergelijk geluid hooren.

Waar in dit en volgende artikelen gesproken wordt over een aangehouden stoot, wordt daar-mede bedoeld een geluidsignaal van ten minste 5 seconden duûr. Met korte stooten worden be-doeld geluidsignalen, die niet langer dan 2 seconden duren.

Art. 16. De schippers van stoomvaartuigen, die in het zicht van elkander naderen met gevaar van aanvaring, kunnen door de volgende seinen aanwijzing doen omtrent de plaats hebbende manoeuvre:

Een korte stoot beteekent: „Ik wijk naar stuurboord uit."

Twee korte stooten beteekent: „Ik wijk naar bakboord uit."

Drie korte stooten beteekent: „Ik sla met volle kracht achteruit."

Indien een vaartuig niet manoeuvreeren kan, is de schipper bevoegd om dit door vier korte stooten te kennen te geven; welk sein alsdan zoowel tegenover het stoom- als tegenover het zeilvaartuig beteekent: „Gij moet uitwijken, ik kan niet manoeuvreeren."

Art. 17. Tot verkenning tusschen den schipper der sleepboot en die der gesleept wordende vaartuigen wederzijds, dient eene roode vlag met een wit vierkant in het midden.

Als seinen worden bepaald: *de vlag in top* beduidt op de sleepboot, dat de machine met volle kracht zal werken; en op de gesleept wordende vaartuigen, verzoek of goedkeuring dat met volle kracht gewerkt zal worden;

de vlag half gestreken beduidt op de sleepboot, dat de machine slechts met halve kracht zal werken; en op de gesleept wordende vaartuigen, verzoek of goedkeuring dat met halve kracht gewerkt zal worden;

de vlag geheel gestreken beduidt op de sleepboot, dat de machine dadelijk gestopt zal worden; en op de gesleept wordende vaartuigen, verzoek of goedkeuring dat de machine dadelijk gestopt zal worden.

Art. 18. De schippers van zeeschepen moeten de lichten doen voeren en de seinen geven, voor-geschreven bij het Koninklijk besluit van 24 April 1897 *(Staatsblad n°. 107)* tot vaststelling van gewijzigde bepalingen ter voorkoming van aanvaringen op zee, of wel die, welke bij latere be-sluiten voor die vaartuigen mochten worden vastgesteld.

De schippers van zeilschepen verkeerende in de gevallen omschreven in de artt. 6 en 7 van bovengenoemd besluit, doen echter de lichten voeren in de eerste twee alinea's van art. 8, 1° van dit reglement omschreven.

HOOFDSTUK III.

Voorschriften omtrent de vaart, het uitwijken en ankeren.

Art. 19. De schipper van elk stoomvaartuig, dat een ander vaartuig nadert, moet, wanneer er gevaar voor aanvaring bestaat, zijne vaart verminderen, of zoo noodig stoppen en de werk-tuigen achteruit doen slaan.

Art. 20. Wanneer door mist, sneeuwjacht of andere oorzaken het goed zicht belemmerd wordt, matigen de schippers de snelheid zooveel als de omstandigheden medebrengen.

Art. 21. De schipper van een stoomvaartuig doet de machine stilstaan vóórdat de booten langs zijde komen om af te halen of aan boord te brengen.

Art. 22. De schippers van vaartuigen, die onder zeil of stoom zijn, of gesleept, geroeid of beiden langs denzelfden oever gejaagd worden, moeten, indien de vaartuigen elkander in tegen-overgestelde of bijna tegenovergestelde koersen tegemoet gaan, zoodat zij gevaar loopen elkander aan te varen, beiden ter voorkoming daarvan naar stuurboord houden, en elkander aan bakboord voorbijvaren.

Wanneer echter een vaartuig, dat gejaagd wordt, een ander vaartuig, niet aan de lijn, in tegenovergestelden koers ontmoet, houdt de schipper van het gejaagde binnen door langs het jaagpad, en die van het vaartuig dat niet gejaagd wordt buitenom.

Art. 23. Wanneer twee zeilvaartuigen met kruisende koersen elkander naderen, zoodat gevaar voor aanvaring bestaat, moeten de schippers zich houden aan de volgende regelen:

a. een vaartuig dat met ruimen wind zeilt, moet wijken voor een vaartuig dat bij den wind zeilt;

b. een vaartuig dat over stuurboord bij den wind ligt, moet wijken voor een vaartuig dat over bakboord bij den wind ligt;

c. wanneer beiden met ruimen wind zeilen, doch over verschillende boegen liggen, moet het vaartuig dat over stuurboord ligt, wijken voor het vaartuig dat over bakboord ligt;

d. wanneer beiden met ruimen wind zeilen, over denzelfden boeg liggende, moet het loef-waartsche vaartuig wijken voor het lijwaartsche vaartuig;

e. een vaartuig dat voor den wind zeilt moet voor ieder ander zeilvaartuig wijken.

Art. 24. Wanneer in ruime vaarwaters twee stoomvaartuigen met zoodanige koersen elkander naderen, dat het blijven volgen dier koersen gevaar van aanvaring oplevert, moet de schipper van het vaartuig dat het andere aan stuurboord van zich heeft, wijken.

Naderen een stoomvaartuig en een zeilvaartuig onder die omstandigheden elkander in zoodanige koersen, dat daaruit gevaar voor aanvaring ontstaat, dan is de schipper van het stoomvaartuig verplicht, voor het zeilvaartuig te wijken.

Art. 25. Op plaatsen, waar het nauwe vaarwater sterke bochten vormt, moeten de schippers van alle stoomvaartuigen de stuurboordszijde van het vaarwater, en die van zeilvaartuigen, indien de windrichting het toelaat, het midden van het vaarwater of stuurboordswal houden.

Art. 26. Indien in nauwe vaarwaters stoomvaartuigen de stuurboordszijde van het vaarwater houden, moeten de schippers van alle andere vaartuigen, uitgezonderd die bedoeld in het tweede lid van Art. 22 en de stoomvaartuigen bedoeld in het eerste lid van Art. 27, zich zorgvuldig wachten van tusschen de stoomvaartuigen en den wal dien deze houden, te geraken.

De schippers van stoomvaartuigen, die in een nauw vaarwater den stuurboordswal niet kunnen houden, moeten wijken voor laveerende vaartuigen.

Steken zij het nauwe vaarwater geheel of gedeeltelijk over, dan mogen zij de koerslijnen niet snijden van andere vaartuigen, indien deze daardoor verplicht zouden worden van den koers af te wijken om aanvaring te voorkomen.

De schippers van twee stoomvaartuigen, die beide het vaarwater geheel of gedeeltelijk oversteken, gedragen zich onderling naar de regelen gesteld in het eerste lid van Art. 24.

De schippers van met ruimen wind zeilende vaartuigen moeten, bij het geheel of gedeeltelijk oversteken van een nauw vaarwater, wijken voor stoomvaartuigen, die zich in de richting van het vaarwater bewegen.

Art. 27. De schipper van een stoomvaartuig, dat een ander stoom- of zeilvaartuig oploopt en voorbij vaart, moet het vaartuig, dat voorbij gevaren wordt, aan bakboord houden.

Loopt een zeilvaartuig een ander vaartuig op en voorbij, dan moet de schipper van het eerste boven 's winds voorbijvaren.

Wordt het opgeloopen vaartuig, dat voorbij gevaren moet worden, gejaagd, dan houdt dit den wal van het jaagpad.

Bij het oploopen en voorbijvaren van een vaartuig aan de lijn door een ander vaartuig aan de lijn, houdt de schipper van het voorbijvarende binnendoor, en laat die van het andere vaartuig in tijds de lijn vallen.

De schipper van het opgeloopen vaartuig is verplicht, het oploopende vaartuig de ruimte te laten en, zeil voerende, naar omstandigheden zeil te verminderen.

De schipper van een vaartuig, dat een ander vaartuig oploopt en wil voorbij varen, geeft, op een afstand van ten minste 200 meter, van zijn verlangen kennis, door praaien, roepen of door een aangehouden stoot op de stoomfluit. Zoo noodig wordt dit sein herhaald.

Art. 28. Indien de omstandigheden den schipper van eenig stoomvaartuig noodzaken om naar bakboord uit te wijken, is hij in dit opzicht niet gehouden aan de voorschriften der artikelen 22, 25 en 27 eerste lid, en geeft hij van zijn voornemen tijdig kennis, des daags door het vertoonen eener blauwe vlag op een goed zichtbare plaats; des nachts door telkens herhaalde twee korte stooten. Bovendien moet hij, in de gevallen van afwijking van de artikelen 22 en 25, de vaart aanmerkelijk verminderen.

Art. 29. Wanneer in vaarwaters alwaar stroom loopt, twee vaartuigen elkander bij eene engte, brug of bocht ontmoeten, waarvan de doortocht zoo nauw is, dat het doorvaren van beiden tegelijk gevaar zou opleveren, moet de schipper van het stroomopvarend vaartuig het gaande houden, totdat het stroomafvarend vaartuig de engte, brug of bocht is doorgevaren.

Wanneer in een vaarwater waar geen stroom loopt, vaartuigen bij een bocht elkander ontmoeten, zoodat er gevaar bestaat indien de vaartuigen elkander in die bocht voorbijgaan, moeten de schippers van het vaartuig of van de vaartuigen, die de groote bocht aan hunne stuurboordszijde hebben, den weg vervolgen, en de schippers van het andere of van de andere vaartuigen wachten totdat de bocht vrij is.

Art. 30. De schipper van een vaartuig is verplicht uit te wijken voor vaartuigen, die voor stroom afdrijven. Bij gebrek aan voldoende ruimte, is de schipper van het voor stroom drijvende vaartuig verplicht, ruimte te laten door hulp van ankers of riemen.

Art. 31. Het is op nauwe vaarwaters verboden een vaartuig dwarsstrooms te laten afdrijven.

Art. 32. De schippers van veerponten die zich bewegen langs een dwars door het vaarwater gelegden kabel, benevens die van gierponten, moeten bij het oversteken voor alle vaartuigen het vaarwater vrijlaten.

Art. 33. Wanneer overeenkomstig de bovenstaande voorschriften een der beide vaartuigen moet wijken, moet de schipper van het andere zijnen koers blijven volgen.

Behoort bij het Koninklijk besluit van 18 Mei 1892 (*Staatsblad* no. 102).

Ons bekend,

De Minister van Waterstaat, Handel en Nijverheid,
C. LELY.

De Minister van Marine,
J. C. JANSEN.

De Minister van Justitie,
SMIDT.

AANTEEKENINGEN VAN DEN GEBRUIKER.

14$^{\underline{\text{DE}}}$ AFDEELING.

ALGEMEENE OPGAVEN OMTRENT SCHEPEN.

INHOUD: Lengte en diepgangsmerken. — Maatstelsel en tonnen-maat. — Lloyd's en Veritas. — Verandering van de stuurlast. — Water-ballast en kimkielen. — Ketel- en machinevermogen. — Werking van het roer. — Vaartproeven. — Draaiproeven. — Tabellen.

Algemeene opgaven van schepen, inhouden, krachten die op een schip werken, enz.

De lengte van een schip wordt gemeten:
a. op de lastlijn toegeladen van het plan, en wel:
  1^e. tusschen de loodlijnen.
  2^e. over de uiterste punten van den romp.
b. over de uiterste punten van den romp.

Bij punt a valt op te merken:

De achterloodlijn staat loodrecht op het lastlijnvlak; bij schepen met een gewoon roer wordt zij getrokken door het snijpunt van den achterkant van den roersteven; bij schepen met een even- wichtsroer gaat zij door het snijpunt van de hartlijn van den roerkoning met het lastlijnvlak.

De voorloodlijn wordt getrokken door het snijpunt van de lastlijn met den voorkant van den voorsteven en staat ook loodrecht op het lastlijnvlak.

Lloyd's lengte. Wordt gemeten als sub a, doch van achterkant vóór- tot voorkant achtersteven.

De lengte eener sloep, wordt over alles gemeten.

Breedte over alles, wordt gemeten op de buitenkanten der huid over het breedste deel van het schip.

Breedte naar den mal, wordt gemeten op de spanten over het breedste deel van het schip.

Holte naar den mal, wordt op één, twee, en driedeksch schepen gemeten in vertikale richting van bovenkant kiel tot bovenkant der dekbalken van het bovendek tegenboord; op spar- en tent- dekschepen van bovenkant kiel tot bovenkant der dekbalken van het hoofddek eveneens tegenboord.

Holte volgens Lloyd's, verschilt alleen van de voorgaande doordat zij in de midscheeps gemeten wordt, zoodat de ronding van den dekbalk er bij komt.

Diepgangsmerken. Men behoort aan weerszijden drie stel merken te vinden.

1^e De achterste merken staan daar, waar het schip den grootsten diepgang heeft; men neemt daarbij het laagste punt als nulpunt aan, dus bij een overhangend roer of overhangende schroef rekent men van den onderkant daarvan.

2^e. De voorste merken staan bij schepen met een rechte kiel op den voorsteven, en bij schepen met oploopende kiel, ter hoogte van het eindpunt van de rechte kiel. Het nulpunt is dan het einde van de rechte kiel.

3^e. De middelste merken staan ter hoogte van het grootspant en het nulpunt is daarbij de onderkant van kiel of kielplaat.

De merken worden aangebracht met arabische cijfers. Bij schepen van meer dan 100 ton zijn deze 10 cM. hoog en bij kleinere vaartuigen is de hoogte 5 cM. Zij wijzen den diepgang per dubbelen decimeter aan, zoodat de onderkant van het cijfer de maat aanwijst. Is b.v. 48 bedekt, dan is de diepgang = 49, staat 48 juist geheel vrij dan is hij 48.

Op donkeren grond zijn de merken wit, op lichten grond zwart.

Het bovenste merk van elk stel moet ingehakt zijn.

De merken moeten loopen vanaf 0,5 M. boven de toegeladen lastlijn, tot op de leege lastlijn bij schepen van meer dan 100 ton. Bij kleinere schepen loopen zij van af 0,25 M. boven de toe- geladen lastlijn.

Voorroeren worden bij 't plaatsen van merken buiten rekening gelaten.

Om een overzicht van de verandering van den diepgang te hebben, kan men tabelletjes aan- leggen als volgt:

Gewicht in tonnen ad 1000 KG.	Gemidd. diepgang in zeewater.	Gewicht in tonnen ad 1000 KG.	Gemidd. diepgang in zeewater.	Gewicht in tonnen ad 1000 KG.	Gemidd. diepgang in zeewater.
Schip „ ton.					
Kolen „ „					
Inventaris „					
Lading 100 „					
„ 200 „					

Verandering van diepgang bij overgang van zee· op zoetwater (bij benadering).

Diepgang in zeewater	2	3	4	5	6	7	8	M.
„ „ zoet water	2,05	3,08	4.10	5,13	6,16	7,18	8,21	
Verschil	0,05	0,08	0,10	0,13	0,16	0,18	0,21	

Lastlijnmerken van Engelsche koopvaarders. (Plimsoll merk).

Naar gelang van de bestemming dezer schepen, ontvangen zij maximum lastlijnmerken in verband met de zeeën die bevaren zullen worden. Deze merken worden aangeduid door letters. Namelijk:

F. W. for fresh water.
I. S. Indian Summer.
S. Summer.
W. Winter.
W. N. A. Winter North Atlantic.

Bij de merken behoort een cirkel welks horizontale middellijn gaat door den bovenkant van streep S. Een stoomschip kan zich aan stuurboordszij ingezien vertoonen. Zie fig.

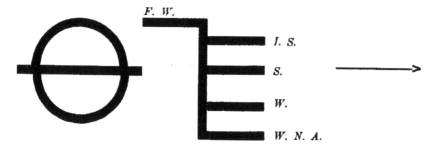

Coëfficient van fijnheid.

Is de verhouding tusschen het ondergedompelde deel van het schip en het daaromheen beschreven parallelopipedum, zij bedraagt in 't algemeen:

0,8 voor een zeer vol schip;
0,75—0,7 voor een gewonen vrachtstoomer;
0,65 voor een scherpgebouwden vrachtstoomer;
0,6 voor een scherpgebouwden passagiersstoomer;
0.5 voor jachten en zeer scherp gebouwde stoomers;
0,4 voor zeer scherp gebouwde jachten.

Maatstelsel en Tonnemaat.

De ton wordt gebruikt als ruimte (inhouds-) maat, als deplacementsmaat en als gewichtsmaat.

a. Ton als ruimtemaat.

Registerton = 100 kub. Eng. voet = 2.832 M³. (1 M³. = 0,353 ton).

Gross register tonnage = ruimte inhoud bruto. } Sprekende van register tonnage wordt
Net register tonnage = ruimte inhoud netto. } altijd netto bedoeld.

Freight ton = 40 kub. Eng. voet = 1,13 M³.

Tonneau d'encombrement = 1,44 M³. inhoud van vier Bordeaux wijnvaten.

b. **Ton als deplacementsmaat.**

Deplacementston = 2240 Eng. Pond = 1016 KG., maar wordt in landen die het decimaal-
stelsel gebruiken veelal op 1000 KG. gerekend. Is een maat die veelal voor schepen die
weinig van diepgang veranderen, b.v. oorlogsschepen gebruikt wordt om de waterverplaatsing
aan te duiden. Onder tonnen waterverplaatsing. verstaat men dan het aantal M³. verplaatst
zeewater, zoodat het gewicht 1,026 maal zooveel gewichtstonnen van 1000 KG. bedraagt.

Voor binnenvaartuigen wordt de ton op 1 M³. gesteld.

c. **Ton als gewichtsmaat.**

Als gewichtsmaat bedraagt de ton 1000 KG. Voor steenkolen zie Afdg. XVI.

Zie voor het meten van zeeschepen: „*Voorschriften omtrent het meten van zeeschepen*", officiëele
uitgave bij Gebr. GIUNTA D'ALBANI te 's Gravenhage, alsmede „*Extract from the Regulations for
the Measurement of Tonnage*" in het Reglement van doorvaart, door de Suez-Kanaal Mij. aan
elk der doorvarende schepen verstrekt. Nauwkeurige opgave der wijze van meting komt ook
voor in: WALTON „*Leer uw schip kennen*".

Moorsom's regel om benaderend het deplacement bruto te vinden is:

$$\text{ruimte inhoud in M}^3. = L \times B \times D \times C, \text{ waarin:}$$

L = lengte aan dek, binnenstevens.

B = breedte „ „ binnenboord.

D = holte van onderkant opperdek tot bovenkant dubbele bodem.

C een coëfficiënt van de navolgende waarde:

C = 0.70 voor zeilschepen.

    0,68 „ klippers en stoomschepen met 3 dekken.

    0,65 „ „ „ „ „ 2 „

    0,50 „ jachten en vaartuigen van meer dan 40 ton.

    0.55 „ kleinere jachten en vaartuigen.

Lloyd's en Veritas.

In 't begin der 17e eeuw hield zekere EDWARD LLOYD een koffiehuis in Lombard Street, Londen,
waar belanghebbenden gewoon waren, handels- en scheepvaartzaken af te doen. In 1726 werd
voor het eerst „*Lloyd's List*" uitgegeven, die allerlei voor reeders belangrijke berichten uit
Britsche en buitenlandsche havens onder oogen der belanghebbenden bracht. *Lloyd's List* is
later één geworden met de „*Shipping Gazette*" en heet thans: „*Shipping Gazette and Lloyd's List*".
In 1769 ging de List in het bezit van eene vereeniging over. De tegenwoordige „*Register of
British and foreign shipping*" draagt inzonderheid zorg voor de gegevens betreffende de schepen
in hun tegenwoordigen staat.

Voor de medewerking zijn op verschillende plaatsen der wereld agenten en sub-agenten
benoemd, die alle scheepstijdingen naar het centraal-bureau seinen. Zoo komen de berichten in
over schipbreuken en ongevallen, over het aankomen en vertrekken van schepen en over
gepraaide schepen. In oorlogstijd of bij oorlogsgevaar, berichten de agenten de bewegingen van
oorlogsschepen en kruisers. Zij doen mededeelingen betreffende averij aan schip en lading,
waarbij hun tusschenkomst is ingeroepen en behartigen de belangen der eigenaars, zoo bij
schipbreuk geen gevolmachtigde ter plaatse aanwezig is; evenzoo kunnen zij bij reparaties
uitgenoodigd worden bemiddelend op te treden.

LLOYD's heeft verscheidene semaphoren, die men wel moet onderscheiden van de semaphoren
aan gouvernementen behoorende. Zij seinen alle gepasseerde schepen over, die men dan in de
Shipping Gazette vermeld vindt. LLOYD's verstrekt inlichtingen omtrent alle gezagvoerders der

Britsche handelsvloot en ofschoon in de eerste plaats de zeevaart in 't algemeen dienende, worden ook private doeleinden behartigd.

„*Lloyd's register of British and foreign shipping*" geeft inlichtingen omtrent bouw en toestand der schepen. De toestand van houten schepen wordt aangewezen door de letters:

 A. beteekenende zonder gebreken gebouwd;

 A. (rood) niet meer zonder gebreken maar geschikt voor transport van droge waren en goederen;

 Æ. nog bruikbaar voor transport van droge goederen op korte trajecten;

 E. gebrekkige staat.

De uitrusting wordt als zij in orde is bevonden door letter I vermeld, de duur waarvoor een brevet is verleend wordt in cijfers uitgedrukt, dus: A. I. 12. Schip der hoogste klasse, zonder gebreken uitgerust, onder toezicht gebouwd, klasse verleend voor 12 jaar.

IJzeren en stalen schepen worden als volgt vermeld: 100 A. zonder gebreken; 90 A. dunner platen dan voorgeschreven; 80 A. nog dunner; A. zonder gebreken voor bepaald te vermelden diensten. Uitrusting en duur van 't brevet worden vermeld als voor houten schepen.

LLOYD'S streeft meer het dienen der scheepvaart dan het geldverdienen na en is daardoor ook de groote macht, die soms door den staat wordt dienstbaar gemaakt tot het geven van voorschriften van allerlei aard. Echter dient LLOYD'S in de eerste plaats Engelsche belangen *Veritas* is een gelijksoortige, door Nederlanders gestichte, doch internationale onderneming gevestigd te Parijs. Zie verder de volgende tabellen waarin ook nog andere soortgelijke ondernemingen zijn vermeld.

KLASSEN VAN HET BUREAU VERITAS
voor Houten Schepen.

3/3 1. 1.	5/6 2. 1.
5/6 1. 1.	3/4 2. 1.

voor IJzeren Zeil- en Stoomschepen.

Voor schepen gebouwd vóór 1869.	Gebouwd na 1869.
⩞	I 3,3 1. 1.
⩞	II 3/3 1. 1.
⩞	III 3/3 1. 1.

Schepen gebouwd onder voortdurend of speciaal toezicht, worden aangewezen door het onderscheidingsteeken. ✠

DE NEDERLANDSCHE VEREENIGING VAN ASSURADEUREN
heeft de volgende teekens voor de verschillende klassen:

1°. voor IJzeren Stoom- en Zeilschepen.

$$\frac{A}{1} \quad \frac{A}{2} \quad \frac{A}{3} \quad \frac{A}{1}^{1/2} \quad \frac{A}{2}^{1/2} \quad \frac{A}{3}^{1/2} \quad A$$

2°. voor Houten Schepen.

 A. A1. A2. B1. B. C. D.

Het teeken * aan een dezer klassen toegevoegd toont aan dat de schepen niet van bliksemafleiders zijn voorzien.

Vergelijking van scheepsclassificatiën der onderscheidene hieronder vermelde Vereenigingen in 1898.

HOUTEN SCHEPEN.

Vereeniging van Assuradeuren	Bureau Veritas.	Lloyd's Register.	Germ. Lloyd.	Registre Maritime.	Record of American Shipping.	Registro Italiano.	Veritas Austro Ungarico.	Norske Veritas.	Veritas Hellénique.
I. Klasse.									
A 1	3/3. 1. 1.	A. 1.	A 1	1re C. 1°.	A 1	1,00 I.I.	A. I. I.	A. 1. 1.	(1.00) A
A 2	5/6. 1. 1.	A. 1. (in rood)	A	1re C. 2°.	A 1¹/₄	0,85 I.I.	B. I. I.	A 2.* 2.	(0.85) A
B 1				2e C. 1°.	A 1¹/₂			A. 2. 3.	
					A 1³/₄				
II. Klasse									
B	5/6. 2. 1.	Æ 1,	B 1	2e C. 2°.	A 2	0,85 II.I.	B II. I.	B. 1. 4.	(0.65) AB.
	3/4. 2. 1.		B	3e C. 1°.	A 2¹/₄	0,75 II.I.	C II. I.	B. 2. 4.	(0.75) AB.
					A 2¹/₂				
III. Klasse									
C	2/3. 3. 1.	E	C L	3e C. 2°.	A. 3.	0,65 III. II.	C. II. II.	C. 1. 5.	(0.65) F
D	1/2. 3. 2 (B)	I	C K			0,50 III. II.	L. II. II.	C. 2. 5.	(0.50) V.

IJzeren en Stalen Schepen.

Nederl. Vereeniging.	Bureau Veritas.	Lloyd's Register [1]		German. Lloyd.	Registre Maritime.	Record of Americ. Shipping. [2]	Registro Italiano.	Veritas Austro Ungarico.	Norske Veritas.
		Lloyd's Register.	ex Liverpool Underwr. Registry.						
A₁	of I.	A 1 of, 100 A 1, 95 A 1	AI*, A 1*	100	1re. C. 1o.	+ A 1.20	1.00 A	-4-	1 A.1
A₁ 1/2				95		A 1.17 jaren	0.95 A		1 A.1
A₂	of II.	A 1 of, 90 A 1, 85 A 1	A 1	90	1re. C. 1o.	+ A 1.16	0.90 A	-3-	2 A.1
A₂ 1/2				85		A 1.13 jaren.	0.85 A		2 A.1
A₃	of III.	A 1 of, 80 A 1, 75 A 1	A	80	1re. C. 1o.	+ A 1.13	0.80 A	-2-	3 A.1
A₃ 1/2				75		A 1.10 jaren en daar beneden.	0.75 A		3 A.1

[1] bij „Liverpool Underwriters Registry". Schepen welke onder toezicht van deze tegenwoordig met Lloyds Register vereenigde Corporatie, gebouwd zijn, bekomen het Klassenteeken (AI*, AI* en A) in het rood. Twee sterretjes achter het Klassenteeken AI (AI*) duiden aan dat het schip zwaarder en van beter materiaal gebouwd is, dan de voorschriften van de Liverpool Underwriters Registry verlangen. Schepen geclassificeerd in Rood, zijn onder toezicht van de Experts van de Liverpool Registry gebouwd. Schepen geclassificeerd AI* en Zwart of Rood zijn boven de voorschriften van de Liverpool Underwriters Registry en van het beste materiaal gebouwd.

[2] bij „American Record." Schepen welke onder toezicht van het Record en volgens hunne aangenomene voorschriften gebouwd, of daaraan, wat sterkte betreft, overeenkomen, bekomen het teeken + en het getal jaren der Klasse.

Lloyd's Register of Shipping Merken voor Houten Schepen.

A A in rood Æ en E.

Lloyds Merken voor IJzeren Stoom- en Zeilschepen,

vóór 1870 Gebouwd.

A voor schepen met de **zwaarste** beplating.

A „ „ „ beplating, ongeveer gelijk aan die van 100 **A** „Spardecked".

A „ „ „ idem „ „ „ „ „ 90 **A**

A „ „ welke afwijken van het **Lloyd's Reglement**.

A „ „ welke gebouwd zijn voor een bijzonder doel, *niet* geschikt voor het vervoeren van droge en licht beschadigbare goederen naar en van alle plaatsen.

nà 1869 Gebouwd.

100 **A** voor schepen met **zware** beplating, [1])

90 **A** „ „ „ } lichtere dito.

80 **A** „ „ „ }

de nummers van **95 tot 75**, voor de letter **A** geplaatst, duiden aan, dat de afmetingen der onderscheidene deelen bij de samenstelling van het schip gebruikt, invallen tusschen de

vermelde categoriën van **100-90** en **90-80 A**

Afgescheiden van de klasse, moet met betrekking tot de belading, diepgang en uitwatering, nog in acht worden genomen of het schip „**spar**" of „**three decked**" is gebouwd. Beschouwingen daaromtrent zijn van wege **Lloyds Register office** te **Londen** kenbaar gemaakt.

De opwaartsche druk. is gelijk aan het deplacement.

De druk van terzijde door het water uitgeoefend. Is voor één zijde van een schip $= \frac{T^2}{2} \times L$ voor een gelijklastig schip. T is daarin de diepgang en L de lengte, beiden in meters, zoodat men de uitkomst verkrijgt in tonnen. Voor een niet gelijklastig schip, verdeelt men het schip in mooten elk van een lengte $= 1$, de zijdelingsche druk is dan voor elke moot $\frac{t^2}{2} \times 1$, welke waarden men optelt. (t is hier de gemiddelde diepgang.)

De druk van het water van voren of van achteren. Men verdeelt het grootspant in mooten van een breedte b, en berekent voor elke moot $\frac{T^2}{2} \times b$ en sommeert die waarden.

De druk van het water tegen een waterdicht schot. Is ook $\frac{T^2}{2} L$, waarin L $=$ lengte en T $=$ hoogte ondergedompeld deel van het schot.

---

[1]) Zooals bvb die van de *Stoomvaart-Maatschappij* „*Nederland*".

De druk van het water tegen een geheel ondergestroomde deur of sluis. Is gelijk: opper vlak deur of sluis $\times$ afstand van zwaartepunt deur of sluis, tot waterspiegel.

Verhouding rompgewicht tot totaal gewicht, enz.

Bij houten schepen is rompgewicht 45 à 50 °/₀ van het totaal.

  „ ijzeren   „   „   „   45 à 40 °/₀ „   „   „

  „ stalen   „   „   „   35 °/₀   „   „   „

  „ kleine schepen en koopvaarders is rompgewicht 30 °/₀ van het totaal.

  „ vroegere schepen was gewicht der machine per p.k. = 0,8 ton.

  „ nieuwere   „   is   „   „   „   „ „ = 0,2 „

  „ vroegere machines was kolenverbruik 4 Kg. per p.k. per uur.

  „ nieuwere   „   is   „   1   „   „   „   „

  „ vroegere schepen was gewicht artillerie 12 °/₀ van het totaal.

  „ nieuwere   „   is   „   „ $7^{1}/_{2}$ °/₀ „   „   „ en minder.

Stabiliteitsproef. Men neemt met een schip twee stab: proeven — een na afloop, een voor 't naar zee gaan.

Het drukkingspunt moet bekend zijn — men vindt het uit de teekeningen, want het is niet anders dan het zwp. van 't verplaatste water. Ook moet de afstand r van drukkingspunt tot metacenter bekend zijn. Men vindt die waarde uit de formule: P. r. sin. α = p. γ δ waarin P = deplacement, α een zekere helling, p het deplacement van de bij die helling in of uit 't water tredende wig, en γ δ de afstand der zwaartepunten dier wiggen zijn; p en γ δ worden uit de teekeningen gevonden. Geeft men nu het schip d. m. v. gewicht q een helling Θ dan is:

$$(r - a) \sin. \Theta = \frac{q}{P} \times w \text{ cotang } \Theta,$$

waarin a de gevraagde afstand van zwaartepunt tot drukkingspunt en w de dubbele afstand van 't verplaatste gewicht tot de midscheeps is. Dubbele afstand, omdat men aan weerszijden een gewicht q opstapelt en dan een stel gewichten q overbrengt. Als men dan de plaats van 't zwaartepunt gevonden heeft moet zij gecorrigeerd worden voor de weer van boord te geven 2 q gewichten.

Metacentrische hoogte voor sommige scheepstypen.

Oude zeilfregatten	2,2 M.
„ stoomfregatten	1,2 —1,5 M.
Eerste Fransche pantserschepen	1,8 —2,12 „
„ Engelsche „	1,2 —1,5 „
Ongepantserde fregatten en korvetten . .	0,6 —1,1 „
H. M. Kortenaer	0,96 „
Kleine ongepantserde oorlogs- en handels-	
vaartuigen	0,45—0,9 „
Sleepbooten en klein onzeewaardig vaartuig	0,45—0,6 „
Torpedobooten	0,18 „
Transatlantische stoomers	0,3 „

Het wijzigen van den stuurlast (b.v. om te dokken.) Het gemakkelijkst lost men deze vraag op indien het devies het koppelmoment in metertonnen opgeeft, dat noodig is, om den stuurlast b. v. 1 Meter te wijzigen. Bijv. indien het devies opgeeft dat 2500 Metertonnen noodig zijn om den stuurlast 1 M. te veranderen en men zou wenschen dat bedrag 0,25 te wijzigen; dan zijn daartoe 625 Metertonnen benoodigd. Men moet dan 6,25 ton over 100 M. verplaatsen of wel 62,5 ton over 10 Meter enz.

Heeft men zulk een opgaaf niet, dan neme men aan dat het moment in Metertonnen, benoodigd om den stuurlast 1 M. te wijzigen, gelijk is aan het gewicht in tonnen van het schip. B.v. een schip van 3500 ton, heeft een stuurlast van 0,66 M. en men wil dien stuurlast op 0,5 M. terugbrengen, dan heeft men: 3500 : 1 = x : 0,16

x   = 560 Metertonnen, d. i. 56 ton over een afstand van 10 M., enz.

De werking van den wind op zeilen.

Noemt men den stand van een zeil, waarbij de wind invalt in den stompen hoek tusschen ra en kiel: den gewonen; en dien waarbij de wind in den scherpen hoek invalt: den ongewonen stand, dan heeft men de volgende regels:

1°. Een volstaand zeil, zoo *roor* als *achter*, doet vooruitgaan, een tegenliggend zeil doet deinzen.

2°. Een voorzeil doet in den gewonen stand vallen; een achterzeil doet in dien stand loeven.

3°. Een voorzeil doet in den ongewonen stand loeven, een achterzeil in dien stand doet vallen.

Algemeene eigenschappen van schepen.

Stuurlast geeft meer uitwerking aan roer en schroef, de tegenstand van het voorschip is minder, het schip loopt dus harder.

Te veel stuurlast maakt een schip slap op 't roer.

Te weinig stuurlast maakt een schip te loefgierig.

Bijliggende en ten anker, is stuurlast in 't algemeen voordeelig, daar een schip dan goed wil rijzen.

Lenzende wordt weinig stuurlast voordeelig geacht, want anders storten de zeeën licht over 't achterschip heen.

Stijfheid (hoog metacentrum). Een schip heet stijf, wanneer b. v. te veel ballast onderin is, waardoor het met geweld den loodrechten stand herneemt en met rukken slingert (wreed). Dit is nadeelig voor schip en tuig.

Rankheid (laag metacentrum). Een schip is rank, als b. v. de ballast te hoog ligt. Bij ranke oorlogsschepen zijn de stukken spoedig niet meer te gebruiken en koopvaarders zeilen de lading over. (Zie ook waterballast). Smalle schepen zijn ranker dan breede. Schepen met zeer gebogen spanten zijn rank, maar slingeren gemakkelijk. Schepen met scherpe spanten zijn stijf. Groote schepen zijn in 't midden vol, maar vóór scherp van vorm en hebben dus de noodige eigenschappen van rankheid en stijfheid.

Zeer hellende voorstevens, doen het water onderlangs snel wegvloeien en gaan het neerdrukken in zee tegen.

Breede boeg boven water. Vooral nuttig op zeilschepen daar het diep neerploffen in de zee, waardoor vaart vermindert en het tuig gevaar loopt, hierdoor minder wordt.

Verdeeling van gewichten. Is van 't hoogste belang om uit een schip te halen wat er uit te halen is. Het gebruiken van water uit voor- of achterruim, het leegstoken van voor-, achter- of zij-kolenruimen enz. moet vooraf worden overdacht in verband met de eigenschappen van rankheid en stijfheid en de gevolgen daaruit voortvloeiende. (Zie ook waterballast hierna).

Weggeveegde lijnen achter. Doen het water gemakkelijk toevloeien naar schroeven en roer en geven dus weinig aanleiding tot het voor de vaart zoo nadeelig zog.

Bijzondere eigenschappen van snelle Oceaanstoomers.

Om een groote snelheid in zee te behouden, moet een stoomer aan verschillende voorwaarden voldoen, n.l.:

1. groote afmetingen;

2. geschikte vorm om het water te doorklieven, en om snel door hooge zeeën te stoomen zonder veel water over te nemen, of de schroeven te laten doorslaan;

3. groote diepgang;

4. een groote mate van stabiliteit in hooge zee;

5. sterke machines en sterke romp;

6. groote of vele ketels die steeds den noodigen stoom kunnen leveren;

7. goede luchttoevoer naar de stookplaatsen.

De eisch sub 2 is voor den ontwerper zeer moeielijk, daar de grens tusschen te scherpe en te volle lijnen moeilijk is te beoordeelen.

De eisch sub 1 is niet zoo lastig. Een snelle stoomer moet grooter zijn dan men alleen uit proeven met modellen in *stil* water zou vermoeden. Dit is uit de praktijk gebleken.

De eisch sub 4 moet gesteld worden omdat de tegenstand dien het schip ondervindt veel grooter is wanneer het slagzij heeft, dan wanneer het rechtop ligt. Zonder dus de stabiliteits- maat te overdrijven, waardoor het schip met zware rukken zou slingeren, is het moeielijk de juiste maat te bepalen. Praktisch heeft men daarvoor echter een zeer geschikt middel in den waterballast, terwijl men de eigenschappen van een schip altijd nog een weinig kan wijzigen door het aanbrengen of wijzigen der kimkielen.

Waterballast en Kimkielen.

Het kan bij uitstek nuttig zijn, om door 't innemen van waterballast, de stabiliteit te ver- meerderen of haar door uitpompen te verminderen. Groote omzichtigheid wordt daarbij echter vereischt, want zoolang de tank dien men vullen of ledigen wil nog niet vol of nog niet leeg is, zal men het water bij elke slingering over kunnen zeilen, waardoor het schip zeer hevig en zelfs gevaarlijk kan gaan slingeren; het is dus zaak, hieromtrent gegevens te hebben en vooral met het vermeerderen of verminderen dezer ballast *in zee* hoogst voorzichtig te zijn.

Veel minder gevaarlijk wordt waterballast, wanneer langscheepsche tanken door een lang- scheeps waterdicht schot zijn gescheiden, waardoor althans de waterballast die zich in een nog niet volle of nog niet geledigde tank bevindt niet van boord tot boord kan slingeren. Systema- tisch uitgedrukt kan men dus zeggen:

1°. alle tanken moeten in de midscheeps een langscheepsch schot hebben.

2°. is dat schot er niet, dan vulle noch ledige men tanken bij eenige zee of deining.

3°. is dat schot er niet, en men besluit bij kalme gelegenheid om de tanken toch te vullen, dan zal men onder 't vullen wel wat meer slingeren, maar men vulle dan ook slechts één tank tegelijk, met de kleinste beginnende.

4°. is dat schot er wel, dan vulle men één zulk een tank aan SB. gelijktijdig met eene aan BB.

5°. de tanken moeten steeds geheel vol of geheel ledig zijn.

6°. wat voor 't vullen gezegd wordt, geldt ook voor 't ledigen.

7°. men legge voor de waterballastruimen tabellen aan als volgt:

N°.	Plaats in 't schip.	Grootte.	Duur van 't vullen.		Duur van 't leegmaken.
			door druk.	door pompen.	

Overigens heeft men nog zoogenaamde kisten juist *met* bewegenden waterballast. Deze zijn dwarsscheeps geplaatst, worden gedeeltelijk gevuld en zijn opgesteld paarsgewijs met een com- municatie tusschen beide. De grootte der communicatieopening is zoo gekozen, dat de watermassa er doorheen stroomt, in evenveel tijd, als het schip een slingering naar een zijde volbrengt. Het meeste water bevindt zich dus steeds aan de rijzende zijde van 't schip en gaat dus het slingeren tegen.

Kimkielen vermeerderen den wrijvingsweerstand doch maken de slingerhoeken kleiner, waai door het schip dat dus minder komt te hellen ten slotte ook minder weerstand ondervindt, som harder zal kunnen loopen dan zonder die kielen. Het eigenlijk doel der kimkielen is echter het vergrooten van den weerstand van den romp tegen slingeren, wanneer de vorm van het schip zoo rond is dat het gemakkelijk aan het slingeren blijft. Men vergroot er echter de statische stabiliteit volstrekt niet mede.

Zeer kleine schepen kunnen bij hevig slingeren, baat vinden bij het omnemen van trossen die van voor tot achter het schip doorgaan. Soms wordt beweerd, dat buiten boord hangende sloepen binnen zekere grenzen het slingeren verminderen, doch zij bieden dan toch een zeer onwelkome hulp voor 't geval men met sloepen aan lij schept, of ze kwijt raakt.

Ouderdom van Schepen.

Kustvaartuigen worden soms 80 jaar oud. Houten schepen in de kleine vaart worden 40 à 50 jaar. Het schip Benjamin Franklin, waarmede FRANKLIN in 1818 een poolexpeditie ondernam, voer nog in '93 tusschen Engeland en Kiel. In de groote vaart worden houten schepen zelden ouder dan 30 jaar. Een maximum levensduur voor ijzeren en stalen schepen is niet op te geven.

Vermogen van machines en ketels.

Indien bij de Zeemacht van maximum-vermogen wordt gewaagd, betreft dit alleen schepen waar met kunstmatigen trek kan worden gestoomd; dit vermogen wordt verkregen bij een luchtdruk van ongeveer één cM.

Onder vol vermogen wordt verstaan het vermogen ontwikkeld bij natuurlijken trek en een kolenverbruik van ongeveer 100 KG. goede Cardiffkolen per uur en per M^2 roosteroppervlak.

Normaal vermogen wordt genoemd het vermogen te verkrijgen bij een kolenverbruik van $\pm$ 80 KG. per uur en per M^2. roosteroppervlak.

Het bovenstaande heeft geen betrekking op torpedobooten en op schepen waarvoor in de deviezen bij de proeftocht-uitkomsten voor maximum, vol, en normaal vermogen andere waarden zijn opgegeven. (Zie Afd. XVI.)

Om een bruikbaar overzicht van het vermogen van machines en ketels te hebben, stelt men tabellen samen ongeveer als volgt:

Soort der Machines.	
Soort der Ketels	
Aantal , , ...	
, , vuren . , ...	
Gemidd. spanning	
Soort der voortstuwers.	
Aantal bladen	
Middellijn	
Spoed	
Aantal en soort der kleine werktuigen. . .	

Soort der Machines.	
Aantal en soort der dynamos	
. Grootst aantal lampen . . . . Grootste spanning in volts	
Aantal, soort en gemiddelde spanning in de hulpketels	

Voor den kolenvoorraad:

Plaats v/h ruim.	Aantal.		Capaciteit in tonnen ad 1000 KG.
	Stort- gaten.	Poorten.	

Voor de zoetwatertanken:

```
  „    tanken à   „  L.   =        L.
  „      „    à   „  L.   =
Ballastruim   à   „  L.   =
  „           à   „  L.   =        ____
                      Totaal       L.
```

Werking van het roer.

De buitenwaartsche helling die een schip soms krijgt, wanneer, bij groote vaart, het roer aan boord wordt gelegd, wordt veroorzaakt doordien de richting van het voorschip sneller wordt gewijzigd dan de richting die het schip uitgaat, zoodat het zich aanvankelijk eenigermate dwars door het water verplaatst. Daarbij grijpt de weerstand beneden het zwaartepunt aan en veroorzaakt een koppel dat slagzij naar buiten geeft.

Werking der schroeven.

Zie Afdg. XXIII.

Draaiproeven.

Uit de praktijk blijkt:

1°. het eerste kwadrant wordt in den minsten tijd doorloopen, maar de afgelegde weg is het grootst.

2°. ieder kwadrant verhoudt zich op dezelfde wijze tot een volgend kwadrant totdat:

3°. de beweging van het schip in een cirkel is overgegaan.

De beste methode om draaicirkels te meten is de methode COLOMB.

Wacht een kalmen dag af en neem de proef op diep water. maar in 't zicht van een ver verwijderd punt aan den wal.

Maak twee met ballast bezwaarde en van vlaggetjes voorziene boeien klaar; de boeien zelf mogen slechts even boven water uitsteken, daar anders de nauwkeurigheid van de proef in *hooge mate* wordt aangedaan.

Men legt op het dekglas van 't standaardkompas een met den peiltoestel concentrische schijf, die verdeeld is in sectoren van vier, acht, enz. streken.

Op 't voor- en op 't achterschip plaatsen zich waarnemers met pelorus of beter nog met sextant, om geregeld den hoek waaronder de boei met de kiellijn gepeild wordt te observeeren. De afstand tusschen de waarnemers wordt nauwkeurig opgemeten en is de basis der geheele cirkelopmeting. In den regel is het voldoende als men den hoek op 5° nauwkeurig bepaalt.

Een derde waarnemer noteert de straks te noemen tijdstippen en een vierde posteert zich bij 't standaardkompas, om op te letten telkens wanneer het schip 4 streken is doorgedraaid.

Een leerling wordt geplaatst bij de stoomfluit, één bij de telegraaf en de machinisten krijgen order om de aanwijzing der slagentellers te noteeren, telkens als de telegraaf wordt verzet.

Om nu de proef te nemen, gaat men als volgt te werk:

1°. De leider heeft het werk verdeeld; hij manoeuvreert en legt de boeien op een 1300 Meter van elkaar af te water. Hij begeeft zich bij 't roer, legt het schip op een bekwamen afstand evenwijdig aan de lijn der boeien en laat het verlangd aantal slagen doen. Zoo passeert men de eerste boei.

2°. Wanneer men de tweede boei bijna op 4 streken heeft, waarschuwt de waarnemer bij het kompas „opgepast" en daarna „stop". Bij stop noteert men den voorliggenden koers. [1] Verder geschiedt op 't oogenblik van stop het volgende:

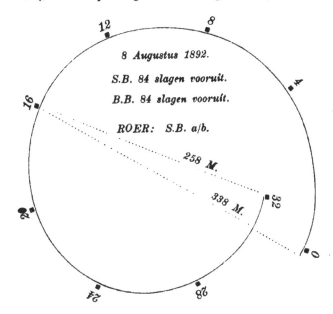

8 *Augustus 1892.*

S.B. *84 slagen vooruit.*

B.B. *84 slagen vooruit.*

ROER: *S.B. a/b.*

258 M.

338 M.

a. de leerling bij de stoomfluit geeft een stoot opdat alle waarnemers goed het oogenblik komen te vernemen (zij zouden het stop wellicht *niet* hooren).

b. de leider laat het roer zooveel als noodig is uit de midscheeps leggen.

c. de waarnemers bij pelorus of sextant, peilen den hoek waaronder men de boei met de kiellijn ziet en teekenen zijn waarde aan.

d. de leerling bij de telegraaf zet haar op de vooraf bevolen seinen en teekent die ook op.

e. de machinisten voeren het telegrafisch bevel uit en noteeren de slagentelleraanwijzingen.

f. de vierde waarnemer noteert de aanwijzing van het horloge.

3°. Wanneer het schip 8, 12 enz. streken van koers is veranderd hetgeen de waarnemer bij 't standaardkompas [2] aan de peiling van

[1] Dit behoeft slechts eens gedaan te worden. ten einde den wind zoo noodig in aanmerking te kunnen nemen.

[2] Hierbij is de in sectoren verdeelde schijf noodig. Zoodra toch de boei op 4 str. gepeild is, moet het ver verwijderd punt uitmaken, of men 4, 8, 16 str van koers is veranderd. Bij 't peilen der boei legt men dus de verdeelde schijf en zet den peiltoestel op 't verwijderd punt en blijft dat punt viseeren. Blijft dan de schijf op haar plaats, dan kan men gemakkelijk de koersverandering volgen. Een verdeeling in graden op den rand van het dekglas ware even wel zoo gemakkelijk.

't ver verwijderd punt bespeurt, waarschuwt hij „opgepast" en „stop" en vervolgt men als sub 2.

Strekt men de waarneming niet verder dan tot 16 streken uit, dan kan men na die waarneming doorliggen op de tweede boei en onmiddellijk een nieuw stel waarnemingen beginnen.

4°. Wanneer alle waarnemers hun notities hebben ingeleverd, kan men op een willekeurigen schaal zeer nauwkeurig de cirkels construeeren en opmeten, want elke afzonderlijke waarneming geeft slechts aanleiding tot het construeeren van een driehoek waarvan de basis en twee hoeken aan de basis bekend zijn.

Voor praktisch gebruik vult men als de waarnemingen zijn afgeloopen een tabel in, de voorstellingen der cirkels worden in 't devies geplakt.

Tabel der Draaicirkels en Draaitijden.

Vaart-vooruit.		Roer.			
		S. B.....°	S.Baan boord.	B. B.....°	B.Baan boord.
Volle Kr.	Geheele draaiing in 8 streek „ „ 4 streek „ „ Draaicirkel	m. s. M.	m. s. M.	m. s. M.	m. s. M.
Halve Kr.	Geheele draaiing in 8 streek „ „ 4 streek „ „ Draaicirkel	m. s. M.	m. s. M.	m. s. M.	m. s. M.
Langzaam.	Geheele draaiing in 8 streek „ „ 4 streek „ „ Draaicirkel	m. s. M.	m. s. M.	m. s. M.	m. s. M.
Zeer langzaam.	als voren	als voren.	als voren.	als voren.	als voren.

Opmerking. Naar gelang van de grootte van het schip, de nauwkeurigheid die verlangd wordt enz., kan men enkele van de bovenomschreven voorzorgen nalaten.

Vaartproeven.

Moeten met zeer veel zorg genomen worden. Op de gemeten mijl zijn noodig een langsmerk en twee dwarsmerken, verder een ton op ieder dwarsmerk en aan weerszijden buiten de dwarsmerken een aanloopton. Bij de aanloopton wordt dan de machinekamer gewaarschuwd, om te zorgen dat er stoom is, dat alles klaar moet zijn en dat de proef gaat beginnen. Men zorge diepgang vóór en achter enz. voor de waarneming op te nemen en bij de waarneming de aanwijzing der slagentellers en het tijdsverloop op te nemen, zoo ook den stoomdruk stand smoorklep, stand schaar enz. Ook moet men er wel op letten dat men zich uit de zeilaanwijzingen overtuigt, hoeveel meters de afstand der bakens bedraagt. daar deze zelden nauwkeurig een mijl of onderdeel van een mijl is, in welk geval men zich niet direct van onderstaande proeftochttabel kan bedienen. Gedurende de proef drage men de leiding aan één persoon op, die ook zorgen moet dat elk vooraf zijn werk verneme.

Dikwijls wordt de vaart op de gemeten mijl tegenstroom en daarna met stroom bepaald, heeft dan b. v. de eerste waarneming *a* min. de tweede *b* minuten geduurd, dan zegt men: de snelheid is die welke overeenkomt met $1/2$ $(a + b)$ minuten maar dit is onjuist. *Men moet voor elken run de snelheid bepalen en dan de met en tegen stroom verkregen snelheden middelen.*

Gewoonlijk zal men wenschen te weten hoeveel de snelheid van het schip is bij een rond aantal slagen en toch is het aantal slagen per minuut, dat men bij de proeftocht vond, alleen soms toevalligerwijs een rond getal. Men moet dan binnen de grenzen van de omwentelings- snelheden bij den proeftocht, een zekere verhouding vinden tusschen de vaart en het aantal omwentelingen, hetgeen mogelijk is zoo men binnen enge grenzen het aantal omwentelingen evenredig stelt aan de vaart. Met den tijd van den run is bedoeld het verschil van de midden- tijden der runs.

Stel men heeft gedaan 4 runs:

1e run 5 mijlsvaart bij 88 slagen, tijd van den run min.
2e „ 7.95 „ „ 89.8 „ „ „ „ „ 19 „
3e „ 6 „ „ 91.6 „ „ „ „ „ 16 „
4e „ 7.65 „ „ 90.7 „ „ „ „ „ 18 „

} Gevraagd: snelheid bij 90 slagen.

Stel f = factor tusschen aantal slagen en vaart,
s = stroomsnelheid in mijlen per wacht en Δ s = stroomverandering per minuut, dan is:

$5 = 88 f - s$.

$7.95 = 89.8 f + s + 19 \Delta s$
$5 = 88 f - s$
———
$12.95 = 177.8 f + 19 \Delta s$
$453.25 = 6223 f + (19 \times 35 \Delta s)$ } 35
$19 = 68.4 f - (19 \times 35 \Delta s)$
———
$472.25 = 6291.4 f$ dus f = 0.07506;

$6 = 91.6 f - s - 35 \Delta s$
$5 = 88 f - s$
———
$1 = 3.6 f - 35 \Delta s$ } 19

gaat men van proef 2 uit als eerste proef dan heeft men:

$7.95 = 89.8 f + s$
$6 = 91.6 f - s - 16 \Delta s$
———
$13.95 = 181.4 f - 16 \Delta s$
$237.15 = 3083.8 f - 272 \Delta s$ } 17
$-24 = 7.2 f + 272 \Delta s$
———
$234.75 = 3091 f$ dus f = 0.07595

$6 = 91.6 f - s - 16 \Delta s$.

$7.65 = 90.7 f + s + 34 \Delta s$
$7.95 = 89.8 f + s$
———
$- 0 3 = 0.9 f + 34 \Delta s$

derhalve vaart bij 90 sl. = $90 \times 0.075 = 6.75$ Mijl.
vermoedelijke „ „ 80 „ = $80 \times 0.075 = 6.00$ Mijl.

Het teeken van Δ s in de tweede vergelijking, kan natuurlijk altijd + zijn daar het bij opvolgende waarn. omkeert en geëlimineerd wordt.

Om een bruikbaar overzicht te hebben over de snelheid van een schip, stelle men tabellen samen als volgt:

	I.				
Aantal Omw. p. min.	Druk in H.D. Stoomsch. kast.	I. P. K.	Kolenverbr. per P.K. p. uur.	Kolenverbr. per dag in tonnen.	Snelh. in mijlen.

	II.	Snelheid.	
Omw:		veel diepg.	weinig diepg.
Volle kr. halve kr. langz. z. langz.			

III.

Gemiddelde manoeuvre-vaardigheid.

	Moet volle kr. achteruit.				Moet halve kr. achteruit.			
	uit-voering na m. s.	wer-king na m. s.	loopt nog ... M. door.	Slaat kop naar	uit-voering na m. s.	wer-king na m. s.	loopt nog ... M. door.	Slaat kop naar
Schip loopt vooruit.								
Volle kr.								
Halve kr.								
Langzaam.								
Z. langzaam.								
	Moet volle kr. vooruit.				Moet halve kr. vooruit.			
Schip loopt achteruit.								
Volle kr.								
Halve kr.								
Langzaam.								
Z. langzaam.								

Soms wordt de vaartproef met de vermogenproef gecombineerd. Bij deze laatste tracht men het gemiddeld vermogen gedurende vier achtereenvolgende uren te leeren kennen en rekent men de proef te beginnen zoodra alles in de machinekamer gereed is. Dit oogenblik wordt genoteerd en daarbij de aanwijzing van den slagenteller. Stopklep en smoorklep worden vol opengezet, de scharen worden zoover opgehaald als men rekent het ermêe te kunnen volhouden, de luchtdrukking wordt op de bepaalde hoogte gebracht. Gedurende vier uren mag aan de stoomtoelating niets veranderd worden; om het half uur, of minder worden diagrammen van alle cylinders gelijktijdig genomen en na vier uren wordt de aanwijzing van den slagenteller opnieuw genoteerd. Uit de diagrammen en het bijbehoorend aantal omwentelingen per minuut wordt het vermogen, behoorende bij het uit den slagenteller afgeleide aantal omwentelingen per minuut, afgeleid naar de formule:

$$\text{I. P. K.} : (\text{I. P. K.})_1 = n^3 : n_1^3$$

Aldus wordt een vollekrachtproef met kunstmatigen trek gedaan en een met zoogenaamd natuurlijken trek (1 cM. druk op de stookplaats). Ook neemt men zulke proeven met geringere snelheden en een varieerend aantal ketels.

Doorloopen verheid in Meters per minuut (bij verschillende vaart in mijlen).

Vaart.	Aantal meters.	Vaart.	Aantal meters.
1	30,9	16	493,9
2	61,7	17	524,7
3	92.6	18	555,6
4	123,5	19	586,5
5	154,3	20	617,3
6	185,2	21	648,2
7	216,1	22	679.1
8	246,9	23	709,9
9	277,8	24	740,8
10	308,7	25	771.7
11	339,5	26	802,5
12	370.4	27	833,4
13	401.3	28	864,3
14	432,1	29	895,1
15	463,0	30	926,0

Daar men ten onzent gewoon is met zeemijlen van 1852 M. of geografische mijlen van 7408 M. te werken, worden voor 't juist apprecieeren van proeftochtsnelheden de onderstaande tabellen gegeven :

Om zeemijlen van 1852 M. te herleiden tot Naut. Miles of Knots van 1853,1 M.

N.M. Knots.	Zeemijlen.	N.M. Knots.	Zeemijlen.	Z.M.	Naut. Miles. of Knots.	Z.M.	Naut. Miles. of Knots.
1	1.000594	16	16.009504	1	0.999406	16	15.990496
2	2.001188	17	17.010098	2	1.998812	17	16.989902
3	3.001782	18	18.010692	3	2.998218	18	17.989308
4	4.002376	19	19.011286	4	3.997624	19	18.988714
5	5.002970	20	20.011880	5	4.997030	20	18.988120
6	6.003564	21	21.012474	6	5.996436	21	20.987526
7	7.004158	22	22.013068	7	6.995842	22	21.986932
8	8.004752	23	23.013662	8	7.995248	23	22.986338
9	9.005346	24	24.014256	9	8.994654	24	23.985744
10	10.005940	25	25.014850	10	9.994060	25	24.985150
11	11.006534	26	26.015444	11	10.993466	26	25.984556
12	12.007128	27	27.016038	12	11.992872	27	26.983962
13	13.007722	28	28.016632	13	12.992278	28	27.983368
14	14.008316	29	29.017226	14	13.991684	29	28.982774
15	15.008910	30	30.017820	15	14.991090	30	29.982180

Bij het sluiten van contracten in Engeland, moet erop gelet worden dat slechts de uitdrukking „knot" gebruikt worde, aangezien de Engelsche rechter erkent dat voor miles mag worden gelezen: „statute miles".

(1 Statute mile = 0,8689475 knot: 1 knot = 1, 1508172 statute mile.

Proeftocht-Tabel.

(Voor een gemeten basis = 1 Zeemijl.)

Tijd m.	s.	Snelheid.	Tijd m.	s.	Snelheid.	Tijd m.	s.	Snelheid.	Tijd m.	s.	Snelheid.	Tijd m.	s.	Snelheid.	Tijd m.	s.	Snelheid.	Tijd m.	s.	Snelheid.
14	59	4.004	14	13	4.220	13	27	4.460	12	41	4.730	11	55	5.035	11	9	5.381	10	23	5.778
"	58	4.008	"	12	4.225	"	26	4.466	"	40	4.738	"	54	5.042	"	8	5.389	"	22	5.787
"	57	4.013	"	11	4.230	"	25	4.472	"	39	4.743	"	53	5.049	"	7	5.397	"	21	5.797
"	56	4.017	"	10	4.235	"	24	4.477	"	38	4.749	"	52	5.056	"	6	5.405	"	20	5.806
"	55	4.022	"	9	4.240	"	23	4.483	"	37	4.755	"	51	5.063	"	5	5.413	"	19	5.815
"	54	4.026	"	8	4.245	"	22	4.488	"	36	4.761	"	50	5.070	"	4	5.421	"	18	5.825
"	53	4.031	"	7	4.250	"	21	4.494	"	35	4.769	"	49	5.077	"	3	5.429	"	17	5.834
"	52	4.035	"	6	4.255	"	20	4.500	"	34	4.774	"	48	5.084	"	2	5.438	"	16	5.844
"	51	4.040	"	5	4.260	"	19	4.505	"	33	4.780	"	47	5.091	"	1	5.446	"	15	5.853
"	50	4.044	"	4	4.265	"	18	4.511	"	32	4.787	"	46	5.099	"	0	5.454	"	14	5.863
"	49	4.049	"	3	4.270	"	17	4.516	"	31	4.793	"	45	5.106	10	59	5.463	"	13	5.872
"	48	4.054	"	2	4.275	"	16	4.522	"	30	4.800	"	44	5.114	"	58	5.471	"	12	5.882
"	47	4.058	"	1	4.280	"	15	4.528	"	29	4.806	"	43	5.121	"	57	5.479	"	11	5.891
"	46	4.063	"	0	4.285	"	14	4.534	"	28	4.812	"	42	5.128	"	56	5.487	"	10	5.901
"	45	4.067	13	59	4.290	"	13	4.539	"	27	4.819	"	41	5.135	"	55	5.496	"	9	5.911
"	44	4.072	"	58	4.295	"	12	4.545	"	26	4.825	"	40	5.142	"	54	5.504	"	8	5.921
"	43	4.077	"	57	4.301	"	11	4.551	"	25	4.832	"	39	5.150	"	53	5.513	"	7	5.930
"	42	4.080	"	56	4.306	"	10	4.556	"	24	4.838	"	38	5.157	"	52	5.521	"	6	5.940
"	41	4.085	"	55	4.311	"	9	4.562	"	23	4.845	"	37	5.164	"	51	5.530	"	5	5.950
"	40	4.090	"	54	4.316	"	8	4.568	"	22	4.851	"	36	5.172	"	50	5.538	"	4	5.960
"	39	4.095	"	53	4.321	"	7	4.574	"	21	4.858	"	35	5.179	"	49	5.547	"	3	5.970
"	38	4.100	"	52	4.326	"	6	4.580	"	20	4.864	"	34	5.187	"	48	5.555	"	2	5.980
"	37	4.105	"	51	4.332	"	5	4.585	"	19	4.871	"	33	5.195	"	47	5.564	"	1	5.990
"	36	4.110	"	50	4.337	"	4	4.591	"	18	4.878	"	32	5.202	"	46	5.572	"	0	6.000
"	35	4.114	"	49	4.342	"	3	4.597	"	17	4.884	"	31	5.210	"	45	5.581	9	59	6.010
"	34	4.118	"	48	4.347	"	2	4.603	"	16	4.890	"	30	5.217	"	44	5.590	"	58	6.020
"	33	4.123	"	47	4.353	"	1	4.609	"	15	4.897	"	29	5.224	"	43	5.598	"	57	6.030
"	32	4.128	"	46	4.358	"	0	4.615	"	14	4.904	"	28	5.232	"	42	5.607	"	56	6.040
"	31	4.133	"	45	4.363	12	59	4.621	"	13	4.911	"	27	5.240	"	41	5.616	"	55	6.050
"	30	4.137	"	44	4.368	"	58	4.627	"	12	4.918	"	26	5.247	"	40	5.625	"	54	6.060
"	29	4.142	"	43	4.374	"	57	4.633	"	11	4.924	"	25	5.255	"	39	5.633	"	53	6.071
"	28	4.147	"	42	4.379	"	56	4.639	"	10	4.931	"	24	5.263	"	38	5.642	"	52	6.081
"	27	4.152	"	41	4.384	"	55	4.645	"	9	4.938	"	23	5.270	"	37	5.651	"	51	6.091
"	26	4.157	"	40	4.390	"	54	4.651	"	8	4.945	"	22	5.278	"	36	5.660	"	50	6.101
"	25	4.161	"	39	4.395	"	53	4.657	"	7	4.951	"	21	5.286	"	35	5.669	"	49	6.112
"	24	4.166	"	38	4.400	"	52	4.663	"	6	4.958	"	20	5.294	"	34	5.678	"	48	6.122
"	23	4.171	"	37	4.406	"	51	4.669	"	5	4.965	"	19	5.301	"	33	5.687	"	47	6.132
"	22	4.176	"	36	4.411	"	50	4.675	"	4	4.972	"	18	5.309	"	32	5.696	"	46	6.143
"	21	4.181	"	35	4.417	"	49	4.681	"	3	4.979	"	17	5.317	"	31	5.705	"	45	6.153
"	20	4.186	"	34	4.422	"	48	4.687	"	2	4.986	"	16	5.325	"	30	5.714	"	44	6.164
"	19	4.191	"	33	4.428	"	47	4.693	"	1	4.993	"	15	5.333	"	29	5.723	"	43	6.174
"	18	4.196	"	32	4.433	"	46	4.700	"	0	5.000	"	14	5.341	"	28	5.732	"	42	6.185
"	17	4.201	"	31	4.438	"	45	4.706	11	59	5.006	"	13	5.349	"	27	5.741	"	41	6.196
"	16	4.206	"	30	4.444	"	44	4.712	"	58	5.013	"	12	5.357	"	26	5.750	"	40	6.207
"	15	4.210	"	29	4.449	"	43	4.718	"	57	5.020	"	11	5.365	"	25	5.760	"	39	6.217
"	14	4.215	"	28	4.455	"	42	4.724	"	56	5.028	"	10	5.373	"	24	5.769	"	38	6.228

Voorbeeld: Gesteld de basis waarlangs men stoomt is ¹/₂ Eng. mijl, die men aflegt in 5 min. 4 sec., dan is de snelheid ¹/₂ × term tafel = 0,5 × 11,841 == 5,921 Engelsche mijl per uur.

Bemerking: Bij proeftocht vóór en tegen stroom, niet de tijden middelen en daarmêe in tabel zoeken, doch voor elken run den term uit de tafel zoeken en die termen middelen.

Tijd.		Snelheid.	Tijd.		Snelheid.	Tijd.		Snelheid.	Tijd.		Snelheid.	Tijd.		Snelheid.	Tijd.		Snelheid.	Tijd.		Snelheid.
m.	s.		m.	s.		m.	s.		m.	s.		m.	s.		m.	s.		m.	s.	
9	37	6.239	8	42	6.896	7	47	7.708	6	52	8.737	5	57	10.084	5	2	11.920	4	7	14.575
»	36	6.250	»	41	6.909	»	46	7.725	»	51	8.759	»	56	10.112	»	1	11.960	.	6	14.634
»	35	6.260	»	40	6.923	»	45	7.741	»	50	8.780	»	55	10.140	»	0	12.000	»	5	14.694
»	34	6.271	»	39	6.936	»	44	7.758	»	49	8.801	»	54	10.169	4	59	12.040	»	4	14.754
»	33	6.282	»	38	6.950	»	43	7.775	»	48	8.823	»	53	10.198	»	58	12.080	»	3	14.815
»	32	6.293	»	37	6.963	»	42	7.792	»	47	8.845	»	52	10.227	»	57	12.121	»	2	14.876
»	31	6.304	»	36	6.977	»	41	7.809	»	46	8.867	»	51	10.256	»	56	12.162	»	1	14.938
»	30	6.315	»	35	6.990	»	40	7.826	»	45	8.889	»	50	10.286	»	55	12.203	»	0	15.000
»	29	6.324	»	34	7.004	»	39	7.843	»	44	8.911	»	49	10.315	»	54	12.245	3	59	15.062
»	28	6.338	»	33	7.017	»	38	7.860	»	43	8.933	»	48	10.345	»	53	12.287	»	58	15.125
»	27	6.349	»	32	7.031	»	37	7.877	»	42	8.955	»	47	10.375	»	52	12.324	»	57	15.190
»	26	6.360	»	31	7.045	»	36	7.895	»	41	8.977	»	46	10.404	»	51	12.371	»	56	15.254
»	25	6.371	»	30	7.059	»	35	7.912	»	40	9.000	»	45	10.434	»	50	12.413	»	55	15.319
»	24	6.383	»	29	7.072	»	34	7.929	»	39	9.022	»	44	10.465	»	49	12.456	»	54	15.384
»	23	6.394	»	28	7.086	»	33	7.947	»	38	9.044	»	43	10.495	»	48	12.500	»	53	15.450
»	22	6.405	»	27	7.100	»	32	7.964	»	37	9.068	»	42	10.526	»	47	12.543	»	52	15.517
»	21	6.417	»	26	7.114	»	31	7.982	»	36	9.090	»	41	10.557	»	46	12.587	»	51	15.584
»	20	6.428	»	25	7.128	»	30	8.000	»	35	9.113	»	40	10.588	»	45	12.631	»	50	15.652
»	19	6.440	»	24	7.142	»	29	8.017	»	34	9.137	»	39	10.619	»	44	12.676	»	49	15.721
»	18	6.451	»	23	7.157	»	28	8.035	»	33	9.160	»	38	10.651	»	43	12.711	»	48	15.789
»	17	6.463	»	22	7.171	»	27	8.053	»	32	9.183	»	37	10.682	»	42	12.766	»	47	15.859
»	16	6.474	»	21	7.185	»	26	8.071	»	31	9.207	»	36	10.714	»	41	12.811	»	46	15.929
»	15	6.486	»	20	7.200	»	25	8.090	»	30	9.230	»	35	10.744	»	40	12.857	»	45	16.000
»	14	6.498	»	19	7.214	»	24	8.108	»	29	9.254	»	34	10.778	»	39	12.903	»	44	16.071
»	13	6.509	»	18	7.229	»	23	8.127	»	28	9.278	»	33	10.810	»	38	12.946	»	43	16.143
»	12	6.521	»	17	7.243	»	22	8.144	»	27	9.302	»	32	10.843	»	37	12.996	»	42	16.216
»	11	6.533	»	16	7.258	»	21	8.163	»	26	9.326	»	31	10.876	»	36	13.043	»	41	16.289
»	10	6.545	»	15	7.272	»	20	8.181	»	25	9.350	»	30	10.909	»	35	13.092	»	40	16.363
»	9	6.557	»	14	7.287	»	19	8.200	»	24	9.375	»	29	10.942	»	34	13.138	»	39	16.438
»	8	6.569	»	13	7.302	»	18	8.219	»	23	9.399	»	28	10.975	»	33	13.186	»	38	16.514
»	7	6.581	»	12	7.317	»	17	8.228	»	22	9.424	»	27	11.009	»	32	13.235	»	37	16.590
»	6	6.593	»	11	7.331	»	16	8.257	»	21	9.448	»	26	11.043	»	31	13.284	»	36	16.667
»	5	6.605	»	10	7.346	»	15	8.276	»	20	9.473	»	25	11.077	»	30	13.333	»	35	16.744
»	4	6.617	»	9	7.362	»	14	8.295	»	19	9.490	»	24	11.111	»	29	13.383	»	34	16.822
»	3	6.629	»	8	7.377	»	13	8.315	»	18	9.524	»	23	11.146	»	28	13.432	»	33	16.901
»	2	6.642	»	7	7.392	»	12	8.334	»	17	9.549	»	22	11.180	»	27	13.483	»	32	16.981
»	1	6.654	»	6	7.407	»	11	8.353	»	16	9.574	»	21	11.214	»	26	13.538	»	31	17.061
»	0	6.660	»	5	7.422	»	10	8.372	»	15	9.600	»	20	11.250	»	25	13.584	»	30	17.143
8	59	6.679	»	4	7.438	»	9	8.392	»	14	9.625	»	19	11.285	»	24	13.636	»	29	17.225
»	58	6.691	»	3	7.453	»	8	8.413	»	13	9.651	»	18	11.323	»	23	13.688	»	28	17.307
»	57	6.704	»	2	7.468	»	7	8.430	»	12	9.677	»	17	11.356	»	22	13.740	»	27	17.391
»	56	6.716	»	1	7.484	»	6	8.450	»	11	9.703	»	16	11.392	»	21	13.793	»	26	17.475
»	55	6.730	»	0	7.500	»	5	8.470	»	10	9.729	»	15	11.428	»	20	13.846	»	25	17.560
»	54	6.741	7	59	7.515	»	4	8.490	»	9	9.756	»	14	11.456	»	19	13.900	»	24	17.647
»	53	6.754	»	58	7.531	»	3	8.510	»	8	9.783	»	13	11.501	»	18	13.953	»	23	17.734
»	52	6.766	»	57	7.547	»	2	8.530	»	7	9.809	»	12	11.538	»	17	14.008	»	22	17.823
»	51	6.779	»	56	7.563	»	1	8.551	»	6	9.830	»	11	11.575	»	16	14.063	»	21	17.910
»	50	6.792	»	55	7.579	»	0	8.571	»	5	9.863	»	10	11.613	»	15	14.118	»	20	18.000
»	49	6.805	»	54	7.595	6	59	8.591	»	4	9.890	»	9	11.650	»	14	14.173	»	19	18.090
»	48	6.818	»	53	7.611	»	58	8.612	»	3	9.917	»	8	11.688	»	13	14.221	»	18	18.181
»	47	6.831	»	52	7.627	»	57	8.633	»	2	9.944	»	7	11.726	»	12	14.285	»	17	18.274
»	46	6.844	»	51	7.643	»	56	8.654	»	1	9.972	»	6	11.764	»	11	14.342	»	16	18.367
»	45	6.857	»	50	7.659	»	55	8.675	»	0	10.000	»	5	11.803	»	10	14.400	»	15	18.461
»	44	6.870	»	49	7.675	»	54	8.695	5	59	10.027	»	4	11.841	»	9	14.457	»	14	18.556
»	43	6.883	»	48	7.692	»	53	8.716	»	58	10.055	»	3	11.880	»	8	14.516	»	13	18.652

Each group of columns is headed **Tijd.** / **Snelheid.** For the first group the time is given in **m. / s.**; for the other six groups (each headed "2 minuten.") the time is given in **s. / t.**

m.	s.	Snelheid	s.	t.	Snelheid	s.	t.	Snelheid	s.	t.	Snelheid	s.	t.	Snelheid	s.	t.	Snelheid	s.	t.	Snelheid
3	12	18.750																		
»	11	18.848																		
»	10	18.947	53	20	20.776	44	20	21.919	35	20	23.183	26	20	24.609	17	20	26.214	8	20	28.051
»	9	19.047	»	10	20.796	»	10	21.942	»	10	23.208	»	10	24.637	»	10	26.247	»	10	28.088
»	8	19.150	»	00	20.816	»	00	21.965	»	00	23.233	»	00	24.665	»	00	26.279	»	00	28.125
»	7	19.251	52	50	20.836	43	50	21.987	34	50	23.258	25	50	24.698	16	50	26.312	7	50	28.161
»	6	19.355	»	40	20.856	»	40	22.008	»	40	23.283	»	40	24.726	»	40	26.345	»	40	28.197
»	5	19.460	»	30	20.876	»	30	22.029	»	30	23.308	»	30	24.754	»	30	26.379	»	30	28.235
»	4	19.564	»	20	20.896	»	20	22.050	»	20	23.333	»	20	24.782	»	20	26.411	»	20	28.272
»	3	19.672	»	10	20.916	»	10	22.071	»	10	23.358	»	10	24.810	»	10	26.443	»	10	28.310
»	2	19.780	»	00	20.936	»	00	22.092	»	00	23.383	»	00	24.838	»	00	26.476	»	00	28.347
»	1	19.890	51	50	20.957	42	50	22.114	33	50	23.407	24	50	24.860	15	50	26.503	6	50	28.384
»	0	20.000	»	40	20.978	»	40	22.137	»	40	23.433	»	40	24.888	»	40	26.536	»	40	28.421
2 minuten.			»	30	20.998	»	30	22.160	»	30	23.459	»	30	24.916	»	30	26.569	»	30	28.459
			»	20	21.019	»	20	22.183	»	20	23.485	»	20	24.944	»	20	26.601	»	20	28.496
s.	t.		»	10	21.039	»	10	22.206	»	10	23.511	»	10	24.972	»	10	26.634	»	10	28.534
59	50	20.028	»	00	21.059	»	00	22.229	»	00	23.537	»	00	25.000	»	00	26.667	»	00	28.571
»	40	20.046	50	50	21.078	41	50	22.255	32	50	23.561	23	50	25.029	14	50	26.700	5	50	28.609
»	30	20.064	»	40	21.099	»	40	22.279	»	40	23.587	»	40	25.058	»	40	26.733	»	40	28.647
»	20	20.082	»	30	21.120	»	30	22.303	»	30	23.613	»	30	25.087	»	30	26.766	»	30	28.685
»	10	20.100	»	20	21.147	»	20	22.327	»	20	23.639	»	20	25.116	»	20	26.799	»	20	28.723
»	00	20.118	»	10	21.162	»	10	22.351	»	10	23.665	»	10	25.145	»	10	26.833	»	10	28.761
58	50	20.136	»	00	21.183	»	00	22.375	»	00	23.691	»	00	25.175	»	00	26.866	»	00	28.800
»	40	20.154	49	50	21.204	40	50	22.395	31	50	23.718	22	50	25.204	13	50	26.900	4	50	28.839
»	30	20.172	»	40	21.225	»	40	22.416	»	40	23.744	»	40	25.234	»	40	26.934	»	40	28.877
»	20	20.190	»	30	21.246	»	30	22.437	»	30	23.770	»	30	25.263	»	30	26.968	»	30	28.916
»	10	20.208	»	20	21.267	»	20	22.458	»	20	23.796	»	20	25.293	»	20	27.000	»	20	28.954
»	00	20.226	»	10	21.288	»	10	22.479	»	10	23.822	»	10	25.323	»	10	27.036	»	10	28.993
57	50	20.250	»	00	21.309	»	00	22.500	»	00	23.848	»	00	25.352	»	00	27.072	»	00	29.032
»	40	20.269	48	50	21.330	39	50	22.523	30	50	23.875	21	50	25.382	12	50	27.106	3	50	29.072
»	30	20.288	»	40	21.351	»	40	22.548	»	40	23.900	»	40	25.412	»	40	27.142	»	40	29.111
»	20	20.307	»	30	21.372	»	30	22.573	»	30	23.925	»	30	25.442	»	30	27.170	»	30	29.150
»	10	20.326	»	20	21.393	»	20	22.598	»	20	23.950	»	20	25.472	»	20	27.204	»	20	29.189
»	00	20.345	»	10	21.414	»	10	22.623	»	10	23.975	»	10	25.503	»	10	27.239	»	10	29.229
56	50	20.364	»	00	21.435	»	00	22.648	»	00	24.000	»	00	25.533	»	00	27.273	»	00	29.269
»	40	20.383	47	50	21.458	38	50	22.673	29	50	24.028	20	50	25.563	11	50	27.308	2	50	29.308
»	30	20.402	»	40	21.479	»	40	22.697	»	40	24.057	»	40	25.594	»	40	27.342	»	40	29.348
»	20	20.421	»	30	21.500	»	30	22.721	»	30	24.086	»	30	25.624	»	30	27.377	»	30	29.388
»	10	20.440	»	20	21.521	»	20	22.745	»	20	24.115	»	20	25.654	»	20	27.411	»	20	29.429
»	00	20.459	»	10	21.542	»	10	22.769	»	10	24.144	»	10	25.684	»	10	27.446	»	10	29.470
55	50	20.482	»	00	21.563	»	00	22.793	»	00	24.173	»	00	25.714	»	00	27.481	»	00	29.513
»	40	20.501	46	50	21.583	37	50	22.817	28	50	24.201	19	50	25.745	10	50	27.516	1	50	29.545
»	30	20.520	»	40	21.605	»	40	22.841	»	40	24.227	»	40	25.776	»	40	27.551	»	40	29.587
»	20	20.539	»	30	21.627	»	30	22.865	»	30	24.253	»	30	25.807	»	30	27.587	»	30	29.628
»	10	20.558	»	20	21.649	»	20	22.889	»	20	24.279	»	20	25.838	»	20	27.622	»	20	29.669
»	00	20.577	»	10	21.671	»	10	22.913	»	10	24.305	»	10	25.869	»	10	27.658	»	10	29.711
54	50	20.597	»	00	21.693	»	00	22.937	»	00	24.331	»	00	25.900	»	00	27.693	»	00	29.752
»	40	20.617	45	50	21.714	36	50	22.964	27	50	24.357	18	50	25.931	9	50	27.728	0	50	29.793
»	30	20.636	»	40	21.736	»	40	22.988	»	40	24.385	»	40	25.962	»	40	27.765	0	40	29.834
»	20	20.656	»	30	21.758	»	30	23.012	»	30	24.413	»	30	25.993	»	30	27.802	0	30	29.876
»	10	20.676	»	20	21.780	»	20	23.036	»	20	24.441	»	20	26.024	»	20	27.837	0	20	29.917
»	00	20.696	»	10	21.802	»	10	23.060	»	10	24.469	»	10	26.056	»	10	27.871	0	10	29.959
53	50	20.716	»	00	21.824	»	00	23.084	»	00	24.497	»	00	26.087	»	00	27.907	2 min.		30.000
»	40	20.736	44	50	21.850	35	50	23.108	26	50	24.525	17	50	26.119	8	50	27.943			
»	30	20.756	»	40	21.873	»	40	23.133	»	40	24.553	»	40	26.151	»	40	27.979			
			»	30	21.896	»	30	23.158	»	30	24.581	»	30	26.182	»	30	28.015			

AANTEEKENINGEN VAN DEN GEBRUIKER.

15DE AFDEELING.

VLAGGEN EN SEINEN.

INHOUD: Natievlag. — Wimpels. — Pavoiseeren. — Seinmiddelen in het algemeen. — Internationaal Seinboek. — Seinmiddelen der Zeemacht. -- Heliostaat. — Duivenpost. — Extract uit de Reglementen op de Eerbewijzingen en Saluten.

Vlaggen.

De afmetingen der Nederlandsche vlaggen en wimpels zijn vastgesteld bij **Min. Res.** dd. 26 Aug. 1885 D n°. 58 (vervallen circulaire voor de zeemacht n°. 17). Zie hiervoor het Aanhangsel van dit werkje sub Hoofdstuk B IX.

Nederlandsche vlag. Wordt gevoerd door alle Nederlandsche oorlogsschepen en schepen toebehoorende aan Nederlandsche onderdanen en maatschappijen, hun zetel hebbende binnen het rijk. Meer en meer komt op oorlogsschepen van alle natiën het gebruik in zwang de vlag van de gaffel te doen waaien zoolang het schip stoomt en ten anker liggende, de vlag aan den vlaggestok te hijschen.

Afzonderlijke vlaggen. Vaartuigen toebehoorende aan leden der Koninklijke Roei- en Zeilvereeniging, Loodsvaartuigen op hun station en 's Lands werkvaartuigen, voeren afzonderlijke vlaggen. Eerstgenoemden toonen in 't midden van de witte baan der Nederlandsche vlag een gekroonde W op een zwarte ruit. Laatstgenoemde voeren de Nederlandsche vlag, waarin aan de broeking op een wit veld een staand onklaar anker met kroon (alles rood) is aangebracht. Loodsvaartuigen voeren bijzondere vlaggen naarmate van het district waartoe zij behooren. (Zie Afdg. II).

Koopvaardijschepen onder bevel van een Officier der Koninklijke Nederlandsche Marine Reserve, mogen als natievlag voeren de Nederlandsche vlag met een onklaar, gekroond anker, alles zwart, in het midden der witte baan. Dergelijke schepen moeten echter niet verward worden met schepen die in oorlogstijd zullen bewapend worden en in zooverre deel uitmaken van het drijvend oorlogsmaterieël van den staat, noch ook met schepen in dienst van den staat en onder .bevel van een zeeofficier of reserve officier. Bij saluten aan eene vlag gedaan, behooren zij dan ook beantwoord te worden met inhouding van twee schoten tot een maximum van vijf.

Stedelijke en provinciale kleuren ziet men zelden anders dan bij feestelijke gelegenheden.

Gespleten wimpel. De gespleten wimpel wordt algemeen beschouwd als het kenmerk van een oorlogsschip en wordt dus ook gevoerd aan boord van transportschepen, aviso's, jachten en hospitaalschepen, behoorende tot den staat met militaire bemanning en commandant. Transportschepen welke van de handelsvloot tijdelijk in dienst van den staat zijn gehuurd, krijgen alleen het karakter en de rechten der Marine *als* en *voor zoolang* zij *uitsluitend* voor staatsdoeleinden gebezigd worden en daarbij gecommandeerd worden door Marine Officieren in activiteit, van de reserve of „en retraite", in het algemeen door gezagvoerders, welke militair karakter dragen *en door den Staat zijn aangesteld.* In dat geval voeren ook deze schepen den gespleten wimpel al mochten zij slechts een zwakke militaire bemanning hebben en met geen enkel kanon bewapend zijn. In Nederland en Koloniën zijn bij Kon. Besluit van 27 Mei 1899 (Staatsblad n°. 143) bepalingen dermate verscherpt, dat koopvaardijschepen zich zelfs niet van wimpels op den oorlogswimpel gelijkende, kunnen bedienen (Zie ook Art. 410 Wetboek van Strafrecht). De zakelijke inhoud van gemeld besluit, luidt als volgt:

Art. 1. Als Nederlandsch oorlogsvaartuig zullen worden beschouwd:

1°. alle Rijks- en particuliere- in dienst van het Rijk zijnde vaartuigen,

2°. alle vaartuigen, behoorende aan- of in dienst van een Nederlandsch koloniaal Gouvernement, die staan onder bevel van een militair gezaghebber en die geheel of gedeeltelijk door militairen zijn bemand.

Art. 2. Een Nederlandsch oorlogsvaartuig onderscheidt zich van alle onder Nederlandsche vlag varende vaartuigen, door het voeren van een wimpel, of van een commandovlag of een standaard.

Art. 3. Onder wimpel wordt in het algemeen verstaan een lange, platte en zeer smalle gespleten of ongespleten scheepsvaan van vlaggedoek of ander doek, welke over de gansche lengte nagenoeg dezelfde breedte heeft.

De wimpel wordt gevoerd op oorlogsvaartuigen met meer dan één mast aan den top van den grooten mast en op oorlogsvaartuigen met slechts één mast aan den top van dien mast.

De in artikel 2 bedoelde commandovlag is eene Nederlandsche vlag, die in het roode doek aan de broekingzijde voorzien is van 4, 3 of 2 sterren van wit doek. Zij wordt gevoerd aan den grooten, den voor- of den kruistop.

De in artikel 2 bedoelde standaard is een Nederlandsche standaard, en wordt gevoerd aan den grooten top.

Op een vlaggeschip waait de standaard of vlag van den vlootvoogd, in stede van den oorlogswimpel. Bij de Nederlandsche marine worden deze distinctieteekeuen als volgt gevoerd:

de drijvende Ned. standaard	door	een	Kapitein-Luitenant ter Zee.
de staande	„	,	„	„	Kapitein ter Zee.
de commandovlag met 2 sterren	„	,	Schout bij Nacht.
de	„	„	3	,	„	,	Vice Admiraal, enz.

Van deze distinctieteekenen is de eerstgenoemde in de jongste uitgave der bepalingen niet meer vermeld. Commandovlaggen, zijn ten onzent steeds vierkant, in tegenstelling van andere door *militaire* autoriteiten van gelijken rang te voeren vlaggen, die langwerpig zijn (l = 1½ b) waardoor wordt aangeduid dat de bedoelde personen *wèl* in commissie aan boord van eenig vaartuig zijn, doch *geen* commando voeren. Alleen vlag- en opperofficieren toonen sterren in hun persoonlijke vlaggen, civiele autoriteiten behooren nimmer sterren, hoogstens ballen te toonen. Bij de Engelsche vloot is het aantal ballen dat in de commandovlag voorkomt zoodanig geregeld dat een schout-bij-nacht drie, een vice-admiraal twee en een luitenant-admiraal één bal toont.

Op oorlogssloepen is de wimpel het distinctieteeken van den officier die zich daarin bevindt, tenzij deze is een adelborst 1e kl. in dienst; officieren gerechtigd tot het voeren eener commandovlag of standaard, voeren dien in plaats van den wimpel vóór op hunne sloep. Vlag- en opperofficieren in commissie en hooge civiele autoriteiten, voeren hunne vlag vóór op de sloep, doch *onder* den wimpel die dus waaien blijft, waarvan is uitgezonderd de Gouverneur-Generaal van Ned. Indië, die in kwaliteit van Opperbevelhebber, zijn eigen standaard en vlag in plaats van den wimpel voert. In den vreemde schijnt de gewoonte te bestaan, dat officieren in burgerkleeding. dien wimpel niet mogen voeren, noch ook wanneer zij zich bevinden in werksloepen of vletten en jolletjes. Ten onzent voert men op zeilsloepen ook den wimpel, al bevindt zich geen officier in de sloep, hetgeen men zoude kunnen nalaten, daar de wimpel in den regel toch niet de eigenlijke windrichting aanwijst en een wimpeltje van andere, vooral dunnere stof of kleur, denzelfden dienst kan doen.

Wimpels van de dunst mogelijke stof vervaardigd, lijden het minst aan het euvel van onklaar te zwaaien.

Kerkwimpel. Is een ongespleten Nederlandsche standaard en wordt tijdens de godsdienstoefening aan den achtersten top geheschen. Bij andere marines wordt de kerkwimpel veelal geheschen als rustwimpel en om kenbaar te maken, dat commandant en officieren geen bezoeken wenschen te ontvangen of voor het minst, dat geen saluten kunnen worden gegeven of beantwoord.

Seinen met de Natievlag te doen.

Natievlag half gestreken: teeken van rouw, waarbij voor 't minst ook wimpel en geus ter halver hoogte worden getoond. In sommige havens wordt door schepen die nog niet zijn ingeklaard, maar die in geregelden dienst varen, zoodat zij vergunning hebben om oningeklaard op te varen, ten teeken, daarvan de natievlag halfgestreken gevoerd zoolang zij nog niet ingeklaard zijn.

Natievlag in 't voorwant: zelfde beteekenis als de quarantainevlag.

Natievlag in sjouw: (d. i. met een knoop erin) beteekent gewoonlijk schip in nood; op Nederlandsche rivieren toont een schip dat in het vaarwater vast-zit of niet manoeuvrabel is de vlag in sjouw.

Natievlag omgekeerd aan de gaffel: *man over boord.* Alle schepen verleenen onmiddellijk bijstand tot redding. Bij de Fransche Marine hijscht het schip dat den drenkeling gered heeft, de vlag weder vóór, of halen alle schepen de vlag neer, als de pogingen tot redding zijn opgegeven.

Twee natievlaggen onder elkaar aan den voortop. Wordt in Nederland gewoonlijk aangemerkt als sein om eene sleepboot of op de Noordzee als communicatiesein met visschers. In Indië toont men dit sein veelal om aan te duiden dat men brieven aan boord heeft. Eigenlijke mailbooten voeren de postvlag, deze is blauw met een witte P.

Natievlag aan een der toppen. Vreemde koopvaardijschepen door eenig ander gouvernement voor bijzondere diensten gecharterd of in geregelden dienst op een vreemde haven varende, voeren de natievlag van dat rijk veelal, als beleefdheid, aan een der toppen.

Aan den voortop wordt de natievlag ook dikwijls getoond bij wijze van loodsvlag.

Natievlag als communicatiemiddel met Noordzeevisschers. } Zie Afdg. XII.

Verkenningsseinen van Koopvaarders. Sommige groote stoombootreederijen houden er voor hare schepen nachtelijke verkenningsseinen op na, b. v.:

1°. Stoomv. Mij. Nederland: Vier roode pyrotechnische lichten in een vierkant.

2°. Rotterdamsche Lloyd: Twee roode lichten en een wit licht in een driehoek getoond, het witte licht in het toppunt.

3°. Ned. Am. Stoomvaart Mij.: Op vóór- en op achterschip een groen- en op de brug een wit blikvuur.

Zie voor andere Maatschappijen Lloyd's Calendar.

Aangaande de schoorsteenmerken zij aangeteekend dat de rand der schoorsteenen gewoonlijk zwart wordt geschilderd met het oog op de sierlijkheid, maar dat die band niet altijd tot het merk behoort.

Vlaggen van top, Pavoiseeren, Illumineeren, enz. Het van top vlaggen als eerbewijs voor vorstelijke personen enz. bestaat in het hijschen van eene natievlag aan elken top, benevens het toonen van natievlag aan gaffel of vlaggestok, wimpel en geus. Vlagt men van top, voor vreemde vorstelijke personen (en niet minder bij saluten waarbij ook vreemde vlaggen ge-heschen worden) dan is het zaak toe te zien dat vooral de vreemde vlaggen goed worden opgedoekt, zoodat zijn niet omgekeerd boven komen.

Bij het pavoiseeren bezigt men seinvlaggen die naar smaak en aantal worden geheschen. Soms neemt men aan SB. dezelfde vlaggen als aan BB, en laat aan de drie toppen de roode. witte en blauwe kleuren overheerschen, terwijl het beleefd is om geene vlaggen te gebruiken die gelijkenis hebben met de natievlag van eenig ter reede aanwezig schip. Evenwel moet men ook zorgen geen der toppen *enkel met rood* te pavoiseeren en wellicht is het minst onsierlijk, zoo men aan alle toppen de kleuren regelmatig doet afwisselen. Vooral moet men er reeds bij 't ontwerpen der pavoiseerteekening om denken, dat geen driekleeds-vlaggen tusschen de $4^{1}/_{2}$-kleeds-vlaggen voorkomen en in elk geval de vlaggen den dag te voren op de pavoiseer-lijnen vastnaaien.

Bij de Nederlandsche Marine, wordt waar het nog mogelijk is, gepavoiseerd door de vlaggen van af den bramhommer naar de nokken (d. i. dus de uiterste einden) der raas te leiden. hetgeen vóór heeft, dat alleen bij deze wijze van doen, alle vlaggen duidelijk kunnen uitwaaien.

Bij masten zonder raas, leidt men de vlaggen van af het voorschip over de toppen der masten heen naar achteruit, doch zóó dat de topvlaggen goed zichtbaar blijven.

Men kan de pavoiseervlaggen op twee wijzen naar de nokken der raas brengen en ook neernemen:

1°. door op die nokken kousjes of blokjes te zetten en daardoor lijnen te scheren, waarmêe men de pavoiseerlijnen uithaalt nadat zij voorgeheschen zijn; zij moeten dan vooraf op de juiste plaats zijn opgestoken hetgeen den dag te voren veel werk geeft en veel lijn vereischt, 2°. door met het hijschen der vlaggen, matrozen op te laten enteren die de pavoiseerlijnen mede naar buiten nemen en op de nokken met garens vastzetten.

Wil men naar de eischen des tijds illumineeren, dan geschiedt dit door het aanbrengen van elektrische lampjes langs de voornaamste lijnen van het schip en van het tuig. Men moet dan echter van te voren zijn uitgerust met de noodige kabels en lampjes. De kabels worden desnoods met garens bijgebonden. Heeft men tijd en geld, dan leidt men de kabels langs latten waarbij gezorgd wordt dat alle lampjes gelijk gericht zijn. Het illumineeren over de toppen alleen staat wat kaal.

Saluten aan de natievlag met de natievlag. Wordt overdag de natievlag gesalueerd, door andere schepen, dan bestaat dit soms daarin, dat naar oud gebruik, de salueerende zijn vlag driemaal op en neer haalt. *Daarna* haalt men de eigen vlag op een oorlogsschip eens neer en hijscht haar weder voor. Meer in zwang komt de gewoonte, dat degene die salueert, zijne vlag neerhaalt en afwacht, of anderzijds, hetzelfde geschiedt, waarna beiden de vlag weder hijschen. Wordt het saluut niet opgemerkt, dan neemt de salueerende zijn eigen vlag binnenboord. Oorlogsschepen salueeren nimmer het eerst met de vlag maar beäntwoorden de saluten vlug en *onmiddellijk*.

Tusschen koopvaardijschepen wordt het gewoonte dat een oploopend vaartuig of wel een vaartuig dat een ander dat stilliggende is passeert, het allereerst salueert; dat in de meeste andere gevallen, het schip dat het andere aan stuurboord heeft het eerste groet en dat het neerhalen der vlag niet later geschiedt, dan wanneer het andere vaartuig op uiterlijk 2 streken voorlijker dan dwars wordt gezien.

Tegenwoordig wordt soms als saluut aangemerkt het geven van drie langgerekte toonen op de stoomfluit, wat natuurlijk alleen in de schemering voorkomt en op gelijke wijze beäntwoord wordt.

Saluten op een vreemde reede, Feestelijkheden, enz. Wanneer men op een vreemde reede deelneemt aan feestelijkheden van andere natiën en daarbij van top vlagt, wellicht ook pavoiseert, hijscht men de vlag der natie in welker feest men deelt, aan den grooten top, in plaats van de eigen topvlag, al het overige blijft hetzelfde als bij eigen plechtigheden. Waait aan den grooten top een commandovlag dan komt de vreemde natievlag aan den voortop.

Salueert men een vreemde *mogendheid* met geschut, dan hijscht men behalve de geus, de betrokken natievlag aan den grooten top (tenzij daar een commandovlag waait, in welk geval men de vreemde natievlag aan den voortop hijscht).

Salueert men vreemde *vorstelijke personen* met geschut, dan wordt van top gevlagd, soms ook gepavoiseerd en geparadeerd, doch aan den grooten top wordt de vlag der betrokken natie geheschen instede van de eigen topvlag. Begeven vorstelijke personen zich aan boord, dan hijscht men op het oogenblik van komst aan boord hun persoonlijke vlag aan den grooten top en haalt de vreemde topvlag neer. De persoonlijke vlag blijft waaien, tot het saluut bij vertrek is afgeloopen en dan weer door de vreemde topvlag vervangen. De eigen wimpel is blijven waaien. Bezit men de persoonlijke vlag niet, dan gebruikt men de vreemde natievlag.

Saluten aan autoriteiten geschieden overigens steeds met de betrokken natievlag aan den *voortop*.

Saluten en Eerbewijzen aan Hooge Autoriteiten. Distinctievlaggen.
Zie Tabel achter dit Hoofdstuk.

Aard en Grens van Bruikbaarheid der Seinmiddelen.

1°. **Vlaggen** kunnen als zij nieuw zijn en tegen een goeden achtergrond uitwaaien, tot op 6000 M. met den kijker worden onderscheiden.

2°. **Groot-afstand-seinen**, kunnen tot op 6000 M. goed worden onderscheiden.

3°. **Gekleurde lantaarns** zijn met ongewapend oog op 300 M. nog goed te onderscheiden; tengevolge der geringe lichtsterkte van vele groene lantaarns onderscheidt men deze met den kijker niet veel verder. Op de zichtbaarheid (op reglementairen afstand) van boordlantaarns rekene men slechts wanneer zij behoorlijk gekeurd zijn.

4°. **Conz-Seinen** zijn met ongewapend oog tot 1500, met den kijker tot 4800 M. te verkennen. Zouden verder zichtbaar zijn als de afstand der lampjes grooter was.

5°. **Costonlichten** zijn voor 't ongewapend oog duidelijk tot op 9000 M., met den kijker tot 10000 M. en meer zichtbaar.

6°. **Electrische schitteringen** zijn duidelijk zichtbaar op 20 zeemijlen en verder.

7°. **Zonlichtschitteringen** met den heliostaat zijn soms nog op 55 zeemijlen goed waargenomen. (Heliostaat zie hierna).

8°. **Geluidseinen** zie Afdg. II blz. 77.

Geöefende seiners brengen een sein van achttien cijfers met bijbehoorende attentieseinen over in:

> 7 min. met armseintoestel.
> 5 " " Conz. apparaat.
> 20 " " Costonlichten.
> 13 " " gewone lantaarnhijschen.

Het Internationaal Seinboek en deszelfs gebruik.

Het seinboek dat met 1 Januari 1901 is ingevoerd, heeft tot grondslag een stel van 26 seinvlaggen met een onderscheidingswimpel. Het vlaggenstel bestaat uit:

twee seinstandaards (A en B).

vijf seinwimpels (C. D. E. F. G).

negentien vierkante vlaggen.

een kattestaart als contrasein tevens codevlag, die in sommige omstandigheden ook als seinwimpel in sommige lettergroepen wordt gebezigd. Ten einde vergissingen bij den seinontvanger te voorkomen, moeten de wimpels minstens 2 maal langer dan de vlaggen gemaakt worden.

Ten einde gemakkelijk een sein te kunnen opnemen, schildere men de vlaggen op den eigen langen kijker.

Sommige vlaggen, enkel geheschen, hebben een bepaalde beteekenis. Zoo wordt standaard A getoond door schepen der Engelsche oorlogsvloot die vollekracht proeven doen. Standaard B is de kruitvlag.

Wimpels C en D, al of niet met den kattestaart *daarboven*, hebben de oude beteekenis behouden, n.l.:

> C. Toestemming. — Ja.
> D. Ontkenning. — Neen.

Vlag P is de zeevlag, die geheschen wordt. wanneer het schip naar zee vertrekt, en ieder zich aan boord heeft te bevinden.

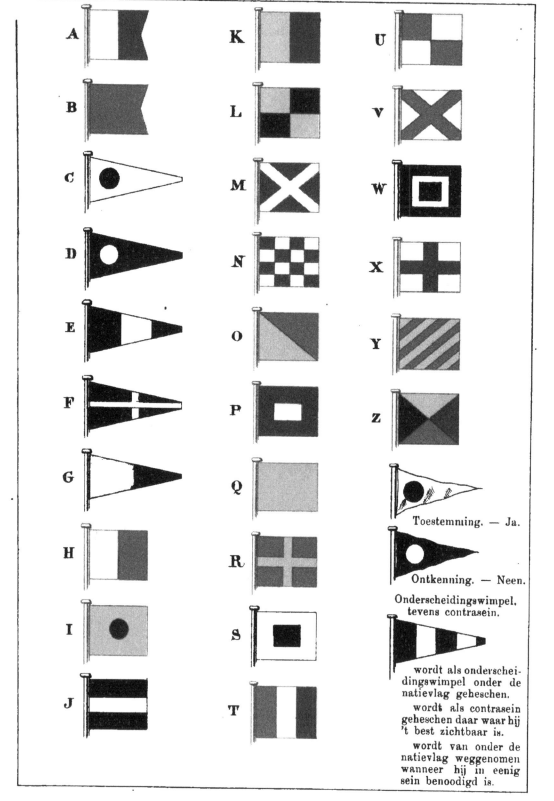

Toestemming. — Ja.

Ontkenning. — Neen.

Onderscheidingswimpel,
tevens contrasein.

wordt als onderschei-
dingswimpel onder de
natievlag gebeschen.

wordt als contrasein
gebeschen daar waar hij
't best zichtbaar is.

wordt van onder de
natievlag weggenomen
wanneer hij in eenig
sein benoodigd is.

Vlag S beteekent: „Ik heb een loods noodig" en is officieel loodssein (zie Afdg. II en aanvullingsblad).

Vlag L wordt in Engeland als quarantainevlag aangemerkt. Elders gebruikt men voor dit doel vlag Q, zie blz. 389.

Het blijft steeds geraden het seinboek nu en dan ter hand te nemen, ten einde er in thuis te blijven.

Seininstructie.

In de navolgende instructiën, wordt het schip dat seint A genoemd; het schip dat het sein ontvangt wordt door B aangeduid.

Hoe een sein te doen.

(1) Schip A wenschende te seinen, hijscht de Natievlag met den kattestaart er onder.

(2) Indien er meerdere schepen of seinposten in 't zicht zijn, en het sein voor eenig bepaald schip of een bepaalden seinpost bestemd is, moet A het schip of den seinpost, waaraan geseind wordt aanwijzen, door het onderscheidingssein van dat schip of van dien seinpost te hijschen.

(3) Indien het bedoelde onderscheidingssein niet bekend is, moet A gebruik maken van een der seinen D. I. tot D. Q.

(4) Zoodra het sein van A beäntwoord is door het schip waaraan geseind wordt (zie para-graaf 9), wordt door A een aanvang gemaakt met het eigenlijk sein. De kattestaart kan door A worden neergehaald, indien deze in eenigen vlaggenhijsch benoodigd is.

(5) De seinen worden getoond, daar waar de seinontvanger ze 't best kan waarnemen.

(6) Elke hijsch blijft waaien, tot B het contrasein heeft *vóórgeheschen* (zie paragraaf 10).

(7) Wanneer A gereed is met seinen, haalt men natievlag en kattestaart neer, indien de laatste althans, niet reeds weggenomen is (zie paragraaf 4).

(8) Om een sein te doen, zoekt men het op in de alfabetische woordenlijst, 2e Deel.

Hoe een sein op te nemen.

(9) Schip B (waaraan geseind wordt), hijscht het contrasein *gedeeltelijk*. Het contrasein wordt geheschen daar waar het 't best kan gezien worden.

(Een vlag wordt als gedeeltelijk geheschen aangemerkt, wanneer zij ongeveer voor $2/3$ ge-heschen is, d. i. voor $1/3$ beneden het punt waar zij zijn zou, als zij geheel was voorgeheschen).

(10) Wanneer het sein dat door A gedaan wordt, opgenomen, opgezocht en begrepen is, hijscht B het contrasein *vóór* en laat het waaien tot het sein bij A wordt neergehaald.

(11) B hijscht dan het contrasein weer *gedeeltelijk* en wacht het volgend sein af.

(12) Indien de vlaggen van A niet kunnen worden onderscheiden of indien zij wel te onder-scheiden zijn, maar niet goed begrepen worden, *laat* B de kattestaart *gedeeltelijk* geheschen waaien en doet sein:

O. W. L. beteekenende: „ik kan uwe seinvlaggen niet onderscheiden, hijsch uw sein op een betere plaats".

of   W. C. X. beteekenende: „het sein wordt niet begrepen, hoewel de vlaggen onderscheiden worden".

of eenig ander geschikt sein.

Wanneer A daarna het sein verbeterd heeft en B het sein volkomen begrijpt, wordt het contrasein *vóór* geheschen.

Toelichtingen op het seinen.

(1). **Meervoudsvormen.** De woorden moeten steeds worden opgevat als enkelvoud, tenzij het tegendeel uit den inhoud blijkt.

(2). **Tijdseinen.** Schip A hijscht het uursein uit de tijdtafel en haalt dit, zoodra B contra-sein heeft gedaan, met een krachtigen en snellen ruk neer, om het oogenblik waarop het sein neergaat, dat tevens het oogenblik is waarop vergeleken wordt, duidelijk kenbaar te maken. De minuten en secunden die bij dat oogenblik behooren, worden nageseind. Ten einde de juistheid te verzekeren wordt het sein herhaald.

(3). **Tijd- en Lengteseinen.** Bestaat er twijfel omtrent den meridiaan waarvan gerekend wordt, dan worde het sein N. B. L. gedaan beteekenende: „welke is uw eerste meridiaan?" Fransche schepen gebruiken steeds den meridiaan van Parijs.

(4). **Meridianen.** De meridiaan van Parijs wordt gesteld op 2° 20′ 15″ (0 u. 9 m. 21 s.) OL. v. Gr.; die van Cadix op 6° 12′ 24″ (0 u. 24 m. 49.6 s.) WL. v. Gr.

(5). **Voorbijvarende schepen.** Schepen die elkaar of een seinpost passeeren, zullen wel doen door de navolgende seinen te wisselen:

      a) natievlag met kattestaart eronder.
      b) eigen naamsein.
      c) naam van de plaats van afvaart.
      d) naam van de bestemmingsplaats.
      e) aantal dagen reis.
      f) Q Z F mijn tijdmeterlengte is.

Schepen die snel elkaar passeeren, kunnen tijd besparen door geen contrasein te hijschen, maar als volgt te werken: „Wanneer het naamsein van A is gelezen, hijscht B het eigen naamsein, A haalt het sein neer zoodra dat van B is gelezen, waarop B onmiddellijk het zijne neerhaalt. Vervolgens worden in de volgorde als boven de overige seinen gedaan.

(6). **Naamsein.** Indien men het naamsein van zijn schip steeds bij de hand houdt, moet er vooral op gelet worden dat het niet omgekeerd geheschen kan worden.

(7). **Het seinen van namen en adressen.** Ten einde een sein te doen, bevattende den naam van 't schip en naam en adressen van de reeders, gaat men te werk als hieronder omschreven.

Schip A wenscht orders van de reeders te ontvangen en seint:

1°. Het eigen naamsein. 2°. Sein S.W. = Ik verzoek orders van den reeder Mr. — te —. 3°. Naam der reeders door, 't zij lettersgewijs, 't zij d. m. v. de alphabetische speltafel te spellen. 4°. Het adres, door 't zij lettersgewijs, 't zij d. m. v. de alphabetische speltafel te spellen. Geographische seinen kunnen soms noodig zijn en getallen kunnen cijfersgewijze of uit de nummertafel worden geseind.

Voorbeeld. Schip A wenscht orders te ontvangen van den reeder b. v. C. Thorold, 256 Lombard Street, Londen.

Na de natievlag met den kattestaart daaronder te hebben geheschen, wordt geseind:

1e hijsch.	*Het naamsein.*	
2e ,	S. W.	*Ik verzoek orders van den reeder Mr. — te —.*
3e ,	Kattestaart boven vlag E.	= *de navolgende seinen zijn alphabetisch.*
4e ,	C.	= C.
5e ,	Kattestaart boven vlag F	= *punt tusschen de voorletters.*
6e ,	THOR ⎫	
7e ,	OLD ⎭	= Thorold.
8e ,	Kattestaart boven vlag M.	= *het sein dat volgt is een nommersein en moet aldaar worden opgezocht.*
9e ,	B E F	= 256.
10e ,	Kattestaart boven vlag E	= De seinen die volgen zijn alphabetisch:
11e ,	LOMB ⎫	
12e ,	ARD ⎭	= *Lombard.*
13e ,	Kattestaart boven vlag G	= *de alphabetische seinen zijn geëindigd.*
14e ,	W Z N	= *Straat.*
15e ,	A E H V	= *Londen.*

(8). **Peilingen** in streken en halve streken uitgedrukt, moeten steeds zijn kompaspeilingen, dus niet gecorrigeerd voor variatie en kompasfout. Peilingen opgegeven in graden zijn steeds verbeterd voor de deviatie, niet voor de variatie. Beide worden gerekend van het schip dat seint.

Alphabetische Speltafel. Door gebruik te maken van de drie vastgestelde zoogenaamde alphabetische seinen n°. 1, 2 en 3 kan d. m. v. de seinvlaggen gespeld worden, waarbij elke vlag een letter voorstelt. Deze seinen zijn:

Sein.	Omschrijving.	Beteekenis.
kattestaart boven vlag E.	Alphabetisch sein n°. 1.	Beteekent dat de hijschen die volgen zullen, alleen een alphabetische beteekenis hebben, totdat alphabetisch sein no. 3 of nommersein no. 1 er een einde aan maakt.
kattestaart boven vlag F.	Alphabetisch sein n°. 2.	Beteekent het einde van een woord of een punt tusschen initialen.
kattestaart boven vlag G.	Alphabetisch sein n°. 3.	Beteekent dat de seinen die volgen, weer hun gewone beteekenis, volgens de woordenlijst van het seinboek zullen hebben.

Bij voorbeeld: Er zal gespeld worden: WILLIAM J. PERRY.

1e hijsch   kattestaart boven vlag E $=$ *Alphabetisch sein no. 1.*
2e   „   WIL $\Big\}$ *William.*
3e   „   LIAM
4e   „   kattestaart boven vlag F $=$ *Alphabetisch sein no. 2.*
5e   „   J $= J.$
6e   „   kattestaart boven vlag F $=$ *Alphabetisch sein no. 2.*
7e   „   PER $\Big\} = Perry.$
8e   „   RY
9e   „   kattestaart boven vlag G $=$ *Alphabetisch sein no. 3.*

Ook kan gespeld worden d. m. v. de speltafel.

Het seinen van getallen. Wanneer het hieronder vermelde nommersein n°. 1 is gedaan, kan elke vlag een bepaalde cijfergroep voorstellen, totdat nommersein n°. 3 of alphabetisch sein n°. 1 wordt gedaan.

Wanneer het sein meer dan vier cijfers bevat, moet het in meer dan één hijsch worden gedaan; en wanneer een cijfer meer dan eens voorkomt, moeten de hijschen oordeelkundig verdeeld worden, tenzij de vlaggen K t/m Z kunnen worden gebruikt (zie hierna).

Sein.	Omschrijving.	Beteekenis.
kattestaart boven vlag M.	Nommersein n°. 1.	Beteekent dat de hijschen die volgen zullen, alleen cijfers of cijfergroepen voorstellen, totdat nommersein no. 3 of alphabetisch sein n°. 1 er een einde aan maakt.
kattestaart boven vlag N.	Nommersein n°. 2.	Beteekent een decimaalteeken.
kattestaart boven vlag O.	Nommersein n°. 3.	Beteekent dat de seinen die volgen, weer hun gewone beteekenis volgens de woordenlijst van het seinboek zullen hebben.

Beteekenis der vlaggen als cijfers of cijfergroepen.		Voorbeelden.

A =	1	N =	44
B =	2	O =	55
C =	3	P =	66
D =	4	Q =	77
E =	5	R =	88
F =	6	S =	99
G =	7	T =	100
H =	8	U =	0
I =	9	V =	00
J =	10	W =	000
K =	11	X =	0000
L =	22	Y =	00000
M =	33	Z =	000000

Te seinen: 78865.
1e hijsch nommersein n°. 1.
2e „ G R F E = 78865.
3e „ nonumersein n°. 3.

Te seinen: 9,99876.
1e hijsch nommersein n°. 1.
2e „ I = 9.
3e „ nommersein n°. 2.
4e „ S H G F = 99876.
5e „ nommersein n°. 3.

Seinen met één vlag. Te gebruiken tusschen een schip, dat gesleept wordt, en een schip dat sleept. (De vlag wordt uit de hand getoond en juist boven de verschansing gehouden).

Hoofdwoord.	Vlag.	Beteekenis van het sein wanneer het gedaan wordt door:	
		het gesleepte vaartuig.	den sleper.
Sleeptrossen.	A	Is de sleeptros vast?	Is de sleeptros vast?
	B	De sleeptros is vast.	De sleeptros is vast.
	C	De sleeptros is niet vast.	De sleeptros is niet vast.
	D	Maak de sleeptrossen gelijkdrachtig.	Maak de sleeptrossen gelijkdrachtig.
	E	Ik kan niet meer tros uitsteken.	Ik kan niet meer tros uitsteken.
	F	Bakboords sleeptros aankorten.	Bakboords sleeptros aankorten.
	G	Stuurboords sleeptros aankorten.	Stuurboords sleeptros aankorten.
	H	Beide trossen aankorten.	Beide trossen aankorten.
	I	Vier bakboords sleeptros.	Vier bakboords sleeptros.
	J	Vier stuurboords sleeptros.	Vier stuurboords sleeptros.
	K	Vier beide sleeptrossen.	Vier beide sleeptrossen.
	L	Gooi bakboords tros los.	Gooi bakboords tros los.
	M	Gooi stuurboords tros los.	Gooi stuurboords tros los.
	N	Gooi beide trossen los.	Gooi beide trossen los.
Vaart.	O	Werk zoo langzaam mogelijk.	Ik werk zoo langzaam mogelijk.
	P	Werk langzaam aan.	Ik werk langzaam aan.
	Q	Werk halve kracht.	Ik werk halve kracht.
	R	Werk volle kracht.	Ik werk volle kracht.
	S	Stop de werktuigen.	Ik moet stoppen.
Sturen.	T	Houd meer bakboord uit.	Houd meer bakboord uit.
	U	Houd meer stuurboord uit.	Houd meer stuurboord uit.
	V	Recht zoo.	Recht zoo.
	W	Stuur met den wind op zes streken inkomende.	Het schip is niet goed te besturen.

Vervolg zie volgende bladzijde.

Hoofdwoord.	Vlag.	Beteekenis van het sein wanneer het gedaan wordt door:	
		het gesleepte vaartuig.	den sleper.
Zeilen.	X	Zet zeilen bij.	Zet zeilen bij.
	Y	Zet langscheepsche zeilen bij.	Zet langscheepsche zeilen bij.
Speciaal sein.	Z	Man over boord.	Man over boord.

Bovendien zijn de navolgende nachtseinen tusschen schepen die slepen en gesleept worden vastgesteld:

één korte schittering: Stuur meer stuurboord uit.
twee korte schitteringen: „ „ bakboord uit.
vier „ „ Gooi de trossen los.

Urgente en belangrijke seinen.
Kattestaart boven vlag A. Ik ben bezig met volle kracht proef.
„ „ „ B. Ik ben aan 't laden (of ontladen) van kruit en dergelijken.
„ „ „ C. Bevestiging. — Ja.
„ „ „ D. Ontkenning. — Neen.
„ „ „ E. Alphabetisch sein n°. 1. (zie hiervoren).
„ „ „ F. „ „ no. 2. „
„ „ „ G. „ „ n°. 3. „
„ „ „ H. Stop, draai bij of kom naderbij; ik heb u iets belangrijks mede te deelen.
„ „ „ I. Ik heb geen schoone gezondheidspas.
„ „ „ J. Ik loop vaart vooruit.
„ „ „ K. Ik loop vaart achteruit.
„ „ „ L. Ik heb (of heb gehad) gevaarlijke besmettelijke ziekte aan boord.
„ „ „ M. Nommersein n°. 1 (zie hiervoren).
„ „ „ N. „ n°. 2 „
„ „ „ O. „ n°. 3 „
„ „ „ P. Ik ben zeeklaar.
„ „ „ Q. Ik heb een schoone gezondheidspas, maar ben aan quarantaine onderworpen.
„ „ „ R. Loop niet voor mij over.
„ „ „ S. Ik heb een loods noodig.
„ „ „ T. Loop mij niet voorbij.
„ „ „ U. Mijn werktuigen zijn gestopt.
„ „ „ V. Mijn werktuigen slaan achteruit.
„ „ „ W. Alle sloepen moeten naar boord terugkeeren.
„ „ „ X. Ik zal voor u over gaan.
„ „ „ Y. Alle schepen van het convooi moeten bij elkaar houden.
„ „ „ Z. Ik zal achter u langs gaan.

Afstandseinen.
1. Er zijn drie methoden om afstandseinen te doen, n. l.:
a. d. m. v. kegels, ballen en cylinders.
b. d. m. v. ballen, vierkante vlaggen, wimpels en bijeengebonden vlaggen (in sjouw).
c. d. m. v. de vaste semaphoren.

2. Het kenmerk van de afstandseinen is hetzij de bal, die in elken hijsch voorkomt, hetzij de seinschijf boven aan den paal der semaphoren.

3. De aangenomen seinvormen zijn:

Seinvorm of wat daarvoor in plaats komt.		Volgteeken.
een kegel met de punt omhoog.	eenige vierkante vlag.	1
een bal.	een voorwerp op een bal gelijkend.	2
een kegel met de punt omlaag.	eenige wimpel.	3
een cylinder.	een wimpel met de punt bijgebonden aan de toplijn, of een bijeengebonden vlag (in sjouw).	4

4. De volgteekens 1, 2, 3 en 4 kunnen evenzeer door de standen van de armen der semafoor worden voorgesteld. Daartoe is elke semafoor van *vier* armen, en een aanwijzer voorzien. Door elken arm kunnen vier standen worden ingenomen, waarbij de standen: schuin omhoog, dwarsuit en schuin omlaag (aan de andere zijde van den aanwijzer) respectievelijk 1, 2 en 3 voorstellen terwijl de stand dwarsuit (aan de zijde waar zich de aanwijzer bevindt) stand 4 aanwijst.

Om nu eenigen hijsch, of eenig semafoorsein te kunnen ontcijferen, behoeft men slechts van boven naar onder aflezende, de vormen of standen, hun volgteeken te geven. Elke hijsch van drie vormen, of elke combinatie van drie armstanden, stelt dan een letter uit het seinboek, overeenkomende met een der vlaggen voor. Zoo beteekent b. v.

Afstandssein.	Semafoor.		Teeken.
kegel met punt omhoog, bal, kegel met punt omlaag.	bovenste arm omhoog, middelste arm dwarsuit, derde arm omlaag. alle armen aan de van den aanwijzer afgekeerde zijde.	vierk. vlag. bal. wimpel.	1 2 3

en de cijfergroep 1, 2, 3, treedt in plaats van vlag D.

Om het seinsysteem te completeeren, behoort in elk stelsel:

een attentiesein, tevens contrasein, afscheidingssein en gewoon slotsein . .   2

een annuleersein 2.2

een sein dat den onderscheidingswimpel vervangt, ...   4.2.1

een alphabetisch sein 4.2.2

een nommersein, (aanwijzende dat cijfers geseind worden) 4.2.3

een slotsein na elk woord of getal, indien van de alphabetische spel- of nommertafel is gebruik gemaakt . . . . , ...   4.3.2

Bijzondere afstandseinen. Daar men met behulp van twee ballen, twee kegels en een cylinder meer combinaties kan samenstellen dan men voor de seinen behoeft, zijn er nog 37 speciale seinen van twee en drie teekens vastgesteld, waardoor men in urgente gevallen vlug en kort seinen kan. Deze seinen kunnen d. m. v. de ballen, kegels en cylinders of d. m. v. ballen, vlaggen en wimpels of wel d. m. v. de semafoor gedaan worden. De belangrijksten zijn:

Het sein 1. 2. (vlag boven bal):   Ik zit aan den grond. heb onmiddellijk hulp noodig.

„   „ 2. 1. (bal boven vlag):   Brand of lek, heb onmiddellijk hulp noodig.

„   „ 2. 3. (bal boven wimpel): Gij loopt gevaar.

„   „ 3. 2. (wimpel boven bal): Gebrek aan provisiën. — Hongersnood.

Britsche verplaatsbare Semaphore. Seinen met de vlaggen in de hand. Pro memorie Zie Seinboek.

Morse-Seinen d. m. v. lichtschitteringen of stooten op fluit, sirene, misthoorn enz.

▬▬▬ beteekent een lange stoot of schittering van ± 3 sec. duur.

▬ ▬ ▬ ▬ „ „ korte „ „ „ „ 1 „ „

▬ ▬ ▬ ▬ ▬ enz. attentiesein.

▬▬ ▬▬ ▬▬ ▬▬ ▬▬ ▬▬ ▬ enz. beteekent contrasein.

duur van het interval tusschen twee schitteringen of stooten = 1 sec.

▬ ▬ ▬▬ Gij loopt gevaar.

▬ ▬ ▬ ▬ Heb hulp noodig; blijf bij mij.

▬ ▬ ▬ ▬ Heb ijs ontmoet.

▬ ▬ ▬ ▬ ▬ Uwe lantaarns zijn uit (moeten nagezien worden). ([1]

▬ ▬ ▬ ▬ Ik lig stil; gij kunt mij passeeren.

▬ ▬ ▬ ▬ ▬ Stop of draai bij; ik heb u iets belangrijks mede te deelen.

▬ ▬ ▬ ▬ Ben ontreddered, zend mij een sloep.

Voor communicatie tusschen sleepboot en sleep is vastgesteld (zie ook hiervoren blz. 388):

▬ Stuur meer stuurboord uit.

▬ ▬ Stuur meer bakboord uit.

▬ ▬ ▬ ▬ Gooi de sleepers los. ([1]

Zie voor het overige seinen d. m. v. Morse-teekens de instructie van het seinboek.

Lloyd's en Veritas zie Afdg. XIV.

Voor alle Lloyd's stations zijn overdag de navolgende seinen vastgesteld:

1°. twee ballen naast elkaar = seinstation tijdelijk gesloten.

2°. drie ballen in een driehoek met den top omhoog $\Big\} =$ telegrafische gemeenschap is verbroken, mededeelingen zullen zoo spoedig mogelijk op een andere wijze verzonden worden.

Noodseinen zie Afdg. XXI en voorgaande bladzijde.

Loodsseinen zie Afdg. II.

Stormseinen zie de zeemansgidsen en Afdg. X.

Communicatieseinen op de Noordzee zie Afdg. XII.

Codeseinen. Behalve door de in den handel gebruikelijke groote codes, kan men in het particuliere, groote telegraafonkosten besparen, door gebruik te maken van het: „Unicode, universal telegraphic phrasebook. Cassel Ld London, Paris, Melbourne". Het werkje is zeer handig en goedkoop.

Seinmiddelen bij de Marine in gebruik.

Algemeene opmerkingen. Daar het seinwezen der Zeemacht geheim behoort te blijven, worden hier ter plaatse slechts enkele aanteekeningen gemaakt die strekken kunnen om zich met vrucht van de seinmiddelen te bedienen. *Daarbij is alleen gebruik gemaakt van het medegedeelde in de Mededeelingen betreffende het Zeewezen XXIX 4.*

Wil men zich met vrucht van bijzondere seinmiddelen bedienen, dan is het noodig dat de vastgestelde instructie betreffende het seinen, bijna woordelijk uit het hoofd worde geweten.

[1) Deze beide seinen zijn niet door de Washington-conferentie goedgekeurd.

Het beste seinstelsel is dat waarbij de meeste rekening is gehouden met de belangen van den seinontvanger. Of een stelsel al gemakkelijk is voor den seingever doet weinig ter zake; hoofdzaak is begrepen te *worden*, daarop moet gedurende het seingeven de aandacht gevestigd zijn en deze vraag beslist tevens, welk seinsysteem men zal gebruiken, als de omstandigheden medebrengen dat men een keuze kan doen.

Een sein behoort te worden opgevat als officieele mededeeling of schriftelijke *order*.

Om goed te seinen, moet de leider zorgen voor een goede verdeeling van arbeid over de verschillende seiners; daarentegen behoort niemand, hoe hoog ook geplaatst, den leider, tijdens het werk, met eenige vraag of opmerking aan te komen en deze zelf behoort te weten dat dit ook niet gebeuren zal, want anders loopt elk sein nagenoeg zeker in de war. Maakt de leider een fout, dan merkt hij dat zelf ook wel en zal, als hij zijne gedachten bij het werk heeft, die fout zeker hersteld worden; dit is bij alle systemen gemakkelijk. Niet genoeg kan worden aanbevolen om vóór men een sein doet, de lettergroepen te hebben aangeteekend en dan weer de beteekenis door iemand anders daarachter te doen schrijven. Dit voorkomt tal van vergissingen.

Ook de seinontvanger behoort onverdeelde aandacht aan het sein te kunnen wijden. Meerdere seinopnemers, onafhankelijk van elkaar, of soms in verband met elkaar, zijn dikwijls gewenscht. De seinontvanger behoort een sein te *willen* begrijpen; het oprakelen van finesses benadeelt den dienst.

Bij 't seinen behoort een zekere étiquette te worden in acht genomen. Zoo zal men geen seinen wisselen met eenig schip zonder daartoe de vergunning van den vlootvoogd te hebben verzocht. Ook zal men den vlootvoogd niet in de rede vallen, door hem iets toe te seinen, terwijl hij zelf aan een ander seint.

In eskader moet een ieder zich beijveren om de seinen te repeteeren, als een ander ze niet opmerkt, of niet zien kan. Men doet dit gewoonlijk, door het sein nauwkeurig te herhalen en als contrasein gedaan is, haalt men het sein neer en toont zelf contrasein. De vlootvoogd, die wellicht zelf het schip waaraan geseind wordt niet goed ziet, weet dan dat het sein is overgebracht. Bij eene stoomvloot zijn meevarende kleine vaartuigen haast onmisbaar, om snel en zeker berichten over te brengen, die schriftelijk, of geseind zeer veel tijd eischen zouden.

De nachtseinmiddelen zullen in oorlogstijd wel weinig noodig zijn. Zoo werd gedurende de oorlogsmanoeuvres van 1892 slechts ééns nachtelijk geseind en overigens niet, met het oog op torpedoboot aanvallen.

Voorts worden in deze onderafdeeling slechts bemerkingen over het gebruik der seinmiddelen gemaakt en opgegeven, welke principiëele seinen men steeds in een boekje bij de hand behoort te hebben, om eenig sein vlug te begrijpen of te klaren. Met het oog daarop is ook in dit werk eenige ruimte gelaten.

Armseintoestel. Zie instructie.

Armseinen voor groote afstanden. (Zwaaien met vlaggestok). Zie instructie.

Groot-Afstandseinen. (Zichtbaar over 6000 M.) (2 Ballen, 2 kegels, 1 cylinder). Zie instructie.

Seinvlaggen. Kunnen met den kijker tot op 6000 M. worden onderscheiden, doch alleen onder de meest gunstige omstandigheden. Alle vlaggen behooren even ver zichtbaar te zijn en op kleine afstanden aan kleur en teekening, op groote afstanden aan de teekening alleen te onderkennen zijn, m. a. w. geen twee vlaggen mogen op elkaar gelijken. Of dit bij het nieuwe stelsel het geval is, is niet te zeggen. Bij het complete stel van 3 standaarden, 6 wimpels en 15 vlaggen behoort een vier- of vijfschijfs blok en een vlaggenkist met de noodige lijnen. Handige seiners kunnen daarmede vlug werken, wanneer tenminste de verbindingsschalmen (of oogjes en knevels) in goeden staat verkeeren. Bij stilte met vlaggen seinende, doet men het best de vlaggen aan eenzelfde lijn te slaan en deze schuin te strekken.

Het is zeer gemakkelijk' wanneer men goed bekend is met den aard van het sein, in verband met den vorm, zoo heeft men:

I. één letter.	= urgent sein.
II. twee letters. (standaard boven).	= kompassein.
" " (vlag boven, standaard of wimpel onder)	= onderscheidingssein, divisie of naamsein vaartuig.
" " (vlag boven en vlag onder).	= gewone seinen.
" " (wimpel boven).	= manoeuvreerseinen.
III. drie letters.	= geogr. seinen (Nederland).
" "	= gewone seinen.
" "	= tijd- en getallentafel.
" "	= speltafel.
IV. vier letters.	= overige seinen, soms ook die uit het aanhangsel.

Het gedeelte dat de seinen van vier letters bevat, is tevens index uit het register.

Costonlichten zichtbaar 10000 M. en meer. Om goed met dit stelsel te kunnen omgaan, wordt groote opmerkzaamheid vereischt, daar de moeielijkheid vooral hierin bestaan kan, dat men in der haast een verkeerd licht ter hand neemt en ook in de mogelijkheid, dat een licht midden onder het seinen verkeerd brandt of uiteenspat, want het is dan inderdaad niet gemakkelijk het sein zoo te klaren dat men toch begrepen wordt. Een handig gebruik van het annuleersein is dan geraden.

In 't algemeen moet men des nachts alles van te voren opgezocht *en nog eens gecontroleerd hebben*. Met costonlichten werkende, kan men bij het licht der duvels, telkens in het zakboekje zien welk licht volgen moet. De duvel is alleen met behulp van een vlam aan te steken, waartoe een aangestoken looplantaarn in een puts, al zeer geschikt is; aldus opgesteld waait de lantaarn niet licht uit, tenzij een onhandig duvelaar de vlam dooft, als hij zijn duvel te dicht er boven houdt. Men moet dan een tweede lantaarn bij de hand hebben; maar een handig duvelaar duwt de flambouw zoodanig in den terpentijnpot, dat zij niet geheel uitgaat en onmiddellijk in vlam staat als zij weer aan de lucht komt. Raakt men een nog warmen duvel maar even met een lucifer aan, dan brandt hij ook alweer. Als contrasein moet men den duvel wat lang toonen, opdat men van het admiraalschip zich goed overtuigen kan dat alle schepen contrasein gedaan hebben.

Seinapparaat Conz. (1500 M. à 4800 M.) Uiterst eenvoudig en gemakkelijk in 't gebruik, maar bij het optuigen, zorge men dat de contacten van den kabel overal goed aansluiten en de lampjes goed op haar zittings komen. Het onthouden der seinlichten is overbodig, daar men de lichten op de monotasterplaat kan zien. Bij het licht van het lampje onder die plaat gebruikt de seiner zijn zakboekje.

Seinen met één rood en één wit licht. Kunnen gedaan worden d. m. v. Conz-apparaat en lantaarn volgens Jhr. RAPPARD. Het seinen komt geheel overeen met het seinen d. m. v. zoeklicht, alleenlijk komt het roode licht in plaats van de lange flikkeringen; het witte in plaats van de korte flikkeringen. Is de afstand waarop geseind wordt zoo groot, dat men de lantaarns van het apparaat niet gemakkelijk van elkander onderscheidt, dan kan deze methode met vrucht gebruikt worden.

Seinen met elektrisch zoeklicht. (20 zeemijlen). De verduisteringen en schitteringen worden verkregen, door gebruik te maken van de klapinrichting. Is deze defect, dan kan men haar b. v. vervangen door een stoombal die aan een wipper gehescheen en geviierd wordt.

De lamp moet gericht zijn naar den seinontvanger, die daarom de zijne moet laten schijnen.

De helling der lamp bedrage 4° à 5°, op zeer groote afstanden iets minder, bij heiig wêer iets meer.
Over onderhoud en gebruik, zie Afdg. XVIII.

duur korte flikkering $= \pm \ ^1/_2$ sec.
„ lange „ $= \pm \ 3^1/_2$ „
„ verduistering na verkenningssein $= 30$ sec.
„ „ „ 't geheele sein $= 30$ „
„ „ „ onderscheidingsseinen ⎫
„ „ „ naamseinen ⎬ $= 30$ sec.
„ „ „ S. G. H. R. J. N. P. ⎭

Seinen met een enkel wit licht. Als seinen met zoeklicht.

Geluidseinen bij mist. Zie voor geluidseinen de IIde Afdg. (van dit Handboek), over de seinen zelf de instructie.

Bijzondere beteekenis die eenig sein verkrijgen kan. Wanneer bij 't begin van een sein getoond wordt:

1°. het onderscheidingssein van een eskader, geldt het dat eskader alleen; de commandant van dat eskader doet contrasein en herhaalt het geheele sein voor zijn eigen schepen.

2°. het nummer of naamsein van eenig schip, geldt het dat schip alleen.

3°. het nummer of het naamsein van het schip dat seint, geldt het een sein aan den Admiraal, daar deze zeker moet weten welk het schip is dat seint.

Wanneer bij het sein geheschen is vlag W., geldt het de lichtschepen en posten aan den wal.

Gebruik van het uitvoeringssein. Het uitvoeringssein wordt in den regel getoond van af het oogenblik dat de uitvoering *begint* totdat zij eindigt, tenzij de uitvoering onmiddellijk op het sein volgen kan (b. v. parademanoeuvres), in welk geval men het contrasein als uitvoeringssein benut. Zie overigens tabel. Het is verder duidelijk dat de Admiraal zelf, op zijn eigen seinen uitvoeringssein zal toonen, wanneer het voor andere schepen noodig is te weten of het Admiraalsschip gereed is. Deze gevallen behooren in de seinboeken vermeld te zijn.

Bij eskadermanoeuvres zag men veelal dat de schepen hun contrasein als uitvoeringssein lieten waaien tot zij op hun post waren. Dit was eene fout en is het wellicht nog.

Bepaalde beteekenis van sommige letters enz. Men teekene het onderstaande in het zakboekje aan:

A.		N.	
B.		O.	
C.		P.	
D.		Q.	
E.		R.	
F.		S.	
G.		T.	
H.		U.	
		V.	
J.		W.	
K.			
L.		Y.	
M.		Z.	

. . . . . Ja. (bevestiging).
. . . . . Neen. (ontkenning).
. . . . . **Man overboord.** (ook vlag omgekeerd geheschen).
. . . . . Het volgend sein moet in meervoudigen zin worden opgevat.
. . . . . Het volgend sein moet in vragenden zin worden opgevat.

Eskaderverband. Ofschoon op dit punt bij de K. N. M. weinig usance bestaat, kan in 't algemeen worden gezegd, dat bij vloten van alle naties, het eskaderverband in engeren zin in de bepaalde orden wordt geregeld, overdag naar de stoomballen, 's nachts door de lichten. De stoomballen worden door elk schip aan voor- en achtertop getoond, terwijl de Admiraal vaststelt met welke vaart een bepaalde hoogte boven water overeenkomt. Dringend noodig is, dat men steeds iemand bij de stoomballen klaar houdt om, bij eenige vermeerdering of vermindering van vaart, snel de ballen op of neer te kunnen halen. Des nachts geschiedt hetzelfde door vaste lichten op boeg en hek, in verband waarmede de hoogte van stoomlantaarn en buislicht gerekend wordt. Het verdient aanbeveling te zorgen dat de buis- en heklichten niet verder schijnen dan twee streken achterlijker dan dwars, ten einde moeilijkheden te voorkomen.

Voor den nacht worden seinen vastgesteld die aanduiden of manoeuvres mislukt zijn, of men post kan houden of niet enz. Het verdient aanbeveling ten dezen een extract uit de instructie in het zakboekje te hebben.

Sloepsseinboekje. Alle seinen uit het seinregister, alsook de spelseinen kunnen overdag en 's nachts van boord uit aan de sloepen worden gedaan. Overdag hijscht men in dit geval de roode vlag met den kerkwimpel erboven, des nachts een roode lantaarn afzonderlijk. Om sloepen aan boord te doen komen hijscht men de letter der sloep met den kerkwimpel erboven.

Wordt (in geval eene sloep een drenkeling zoekt) aan de sloep geseind met:

een roode vlag dan beteekent dit: roei S.B. uit.

     „ blauwe „   „   „   „   „ B.B. „

     „ witte   „   „   „   „   „ rechtuit.

Men kan de beteekenis dezer vlaggen gemakkelijk onthouden door op te merken dat de kleuren juist het omgekeerde van de boordseinlichten zijn.

Het contrasein is bij dag: een riem of pagaai, 's nachts een witte lantaarn.

Is het sein niet begrepen, dan zwaait men overdag met de vlag, 's nachts met een witte lantaarn.

Heliostaat. Kan een zeer vruchtbaar seinmiddel zijn op groote afstanden, mits hoog genoeg opgesteld. Het is zeker zelden geschikt om gebruikt te worden van schip tot schip, wel van den wal naar een schip of tusschen vaste punten aan den wal. Inrichting en gebruik volgen voldoende uit onderstaande beschrijving.

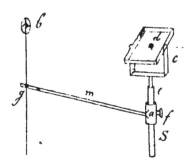

a. koperen mof draaibaar om holle as S, met arm m.

b. koperen stang met van kruisdraden en een zwart papieren schijfje voorzienen ring.

c. koperen spiegeldrager passende in het bovendeel van de holle as S.

S. holle koperen as, passende over de pen van een driepoot.

d. onverfoelied vlekje, in het midden van den spiegel.

e. klemschroef voor den spiegeldrager.

f. klemschroef voor den draaibaren arm.

g. klemschroef voor de stang *b*.

Gebruik. Plaats den spiegel vertikaal en breng door het onverfoeliede gedeelte ziende, den arm *b* eerst in de richting van den waarnemer met wien men seinen wil, schuif daarna *b* op of neer tot het zwarte schijfje in *b* juist daarheen is gericht. Nu den spiegel draaiende brengt men de zonnestralen in de richting van *b* hetgeen het geval zal zijn wanneer het donkere vlekje door *d* veroorzaakt, juist op *b* valt. Het is noodig dat *d* kleiner zij dan het schijfje *b*. De spiegel moet circa 2 dM². oppervlakte hebben; men kan dan op een helderen dag allicht 55 zeemijlen ver gezien worden. Schitteringen kan men verkrijgen door eenig voorwerp, een hoed b. v. voor den spiegel te brengen en weer te doen verdwijnen.

Staat der Contraseinen, Afscheidingsseinen enz.

	Armsein-toestel.	Vlaggen.	Groot Af-standseinen.	Costonlichten (pyro-technische).	Conz seinen.	Een roode en een witte lichtbron.	Zoeklicht.	Een witte lichtbron.	Fluit, Sirene enz.	Geschut.
Attentiesein.										
Afscheidingssein.										
Contrasein.										
Slotsein.										
Verkenningssein.										
Uitvoeringssein.										
Herhaling bij den seingever. (sein vernietigen).										
Herhaling gevraagd door seinontvanger.										
Order vernietigen.										
Vraag, Ontkenning. Getalseinen.										
Seinen met wal- en lichtschepen.										

Duivenpost.

Om de depêche te bevestigen, houdt een persoon den vogel vast terwijl een ander het papier rond den poot oprolt en met een india-rubber ring, die gewoonlijk reeds om den poot is bevestigd, vast zet. (Soms is een berichthouder aan den poot of een der staartvederen aangebracht).

Om het overkomen te verzekeren, laat men twee duiven, elk met dezelfde depêche, gelijktijdig op. Is de afstand grooter dan 50 zeemijlen, dan drie duiven en boven de 100 zeemijl gebruike men er vier voor eenzelfde bericht.

Men moet geen duiven oplaten in dik of mistig weer, ook niet des nachts en wanneer het krachtig waait uit den koers dien de duif moet nemen, evenmin.

Het is dringend noodig dat een duif voor donker den til kan bereiken, waartoe zij tijdig dient te worden losgelaten. Men rekene op niet meer dan 25 zeemijl per uur.

De duiven regelen hun koers op zicht en kunnen 's nachts of bij mist hun weg *niet* vinden.

Men moet duiven alleen gebruiken om te vliegen in den koers waarin zij geoefend zijn. Het baat niets duiven op te laten in koersen die zij niet kennen. Dit is in zee evengoed waar als te lande.

De berichten worden geschreven op strookjes mailpapier lang 10 breed 4,5 c.M. Deze strookjes worden gerold en in den berichthouder gestoken. In elken berichthouder wordt in den regel niet meer dan een- en kunnen twee strookjes papier worden gedaan. In berichthouders aan de staartvederen bevestigd, kan men dit aantal tot 5 opvoeren.

Om te voorkomen dat de berichten verloren gaan, kan men in den houder een kurken stopje aanbrengen.

Op elk bericht (in geheimschrift) wordt gesteld :

1°. Het adres.

2°. Plaats, datum en uur van verzending.

3°. De inhoud.

4°. De onderteekening.

AANTEEKENINGEN VAN DEN GEBRUIKER.

EXTRACT

uit het Reglement op de Eerbewijzingen en Saluten

EN

aanverwante voorschriften.

	Vorstelijk Persoon of Autoriteit.	Gelegenheid.	Onderscheidings- teeken.	Aantal schoten.	Door wien ontvang of uitgeleid.	
					Valreep.	Halfd
I.	H. M. de Koningin.	In de nabijheid van een oorlogs- schip komende of zich verwijderen- de.	Kon. vlag en Kon. standaard. (1	35 (2		
	Z. K. H. de Prins-Gemaal	id.				
	H. M. de Koningin- Moeder.	id.	Kon. standaard en Kon. wimpel. (1	33 (2		
	Prinsen van het Koninkl. Huis.	id.	Prinsenvlag met Kon. wimpel. (1	21 (2		
	Prinsessen van het Kon. Huis.	id.	Prinsessenstand- aard met Kon. wimpel. (1	21 (2		
	Gouverneur-Generaal van Ned.-Indië.	id.	Ned. vlag met drijv. Ned. stand- aard. (1	21 (2		
II.	Vreemde vorstelijke Per- sonen en Presidenten.	id.			Als voor leden van het Kon. B grooten top wordt gehescheu.	
III.	Minister van Marine.	id.	Ned. vlag en wimpel. (1	19 (2		
	Ministers, Hoofden van Departementen.	id.		19 (2		
	Admiraal.	id.	Eigen commando- vlag of eenig onderscheidings- teeken. (1	19 (2		
	Veldmaarschalk.	id.		19 (2		
	Ambassadeur.	id.		19 (2		
IV.	H. M. de Koningin of Leden v. het Koninkl. Huis. Gouverneur-Generaal van Ned.-Indië.	Aan boord ko mende of van boord gaande.	Zie sub I. alle commando- vlaggen en wim- pels neer, indien H. M. of de G. G. zelf aan boord is. Bij bezoek van andere leden van het Vorstenhuis. blijven zij waaien.	35 33 of 21 bij het ver- trek.	Divisie Commt. Commt. v/h. schip en Eerste Officier. Valreepsgas- ten voor H. M. zelve, zijn Luit. ter zee 2e kl., anders Adel- borsten 1e kl. (1	Etat-m van af den reep.
V.	Vreemde Vorstelijke Per- sonen en Presidenten.	Id.			Als voor de Leden van het Vorst der Vorsten uitgevoerd. Gedur gehescheu. Commandovlaggen,	

acht.	Roffels.	Muziek.	Para-deeren.	Joelen.	Equipage die niet in de batterij of tuig is.	Van top vlaggen, Pavoiseeren enz.	Aanteekeningen.
			wel			wel.	1) Wordt geen saluut verlangd, dan wordt de oranjestandaard; worden geene eerbewijzingen verlangd, dan wordt de blauwe wimpel op een zichtbare plaats getoond.
			wel.			wel.	2) Het saluut wordt door alle schepen gebracht.
			wel.			wel.	
			wel.			wel.	
			wel.			wel.	

steld, met dien verstande dat gedurende het pavoiseeren en het saluut, de vlag hunner natie aan den

			niet.			niet.	1) Wordt geen saluut of hoegenaamd geen eerbewijs verlangd, dan wordt de blauwe vlag of wimpel getoond.
			niet.			niet.	
			niet.			niet.	2) Het saluut wordt gebracht door den Vlootvoogd of alleenzijnd comm. officier.
			niet.			niet.	
			niet.			niet.	
lariniers gepend tegen- er het etat- jor en pre- teeren het weer.	Parademarsch.	Wilhelmus na den parade marsch.	wel.	wel gedurende den parade-marsch.	aange-sloten aan de mari-niers op 2 gelederen.	wel.	Het saluut wordt gebracht door het schip dat de eer van het bezoek genoten heeft. 1) Voor den G. G. zijn geen Luit. ter zee of adelborsten valreepsgasten.

is vastgesteld, doch in plaats van het Wilhelmus wordt het vreemde volkslied of de persoonlijke hymne verblijf aan boord en het saluut, wordt de vreemde natievlag of persoonlijke vlag aan den grooten top ren waaien.

	Vorstelijk Persoon of Autoriteit.	Gelegenheid.	Onderscheidings-teeken. (2	Aantal schoten. (3	Door wien ontvangen of uitgeleid.	
					Valreep.	Halfdek
VI.	Minister van Marine.	Aan boord komende of van boord gaande.	Ned. vlag en wimpel gr. top.	19 schoten bij het vertrek.	Commandant, Eerste officier, Officier der wacht, Schipper en vier valreepsgasten *met* fluit.	Eskader Div. Ct. vangt op halfdek n doet uitgel tot achter valreep. (1
	Ministers, Hoofden van Departementen.	id.	Gespl. wimpel op sloep alleen.			
	Admiraal.	id.	Ned. vlag met de maarschalkstaven gr. top.			
	Veldmaarschalk.	id.	id.			
	Ambassadeur. (4	id.	Gespl. wimpel op sloep alleen.			
VII.	Luitenant-Admiraal.	id.	Ned. vlag met 4 sterren. Gr. top. In commando is de vlag vierkant.	17 schoten bij vertrek.	als voren.	als voren.
	Generaal.	id.				
VIII.	Vice-Admiraal.	id.	Ned. vlag met 3 sterren (vóór of gr. top). In commando is de vlag vierkant.	15 schoten bij vertrek.	als voren.	als voren.
	Luitenant-Generaal.	id.				
	Buitengew: Gezant en Gevolm: Minister.	id.	Gespleten wimpel op sloep alleen.			
IX.	Schout bij Nacht.	id.	Ned. vlag met 2 sterren (kruis of voortop). In commando is de vlag vierkant.	13 schoten bij vertrek.	als voren.	als voren.
	Inspecteur Geneeskundige dienst Zeemacht.	id.				
	Generaal-Majoor.	id.				
	Minister-Resident.	id.	Gespleten wimpel op de sloep alleen.			
	Consul Generaal, tevens politiek agent.	id.				
	Gouverneur v. Suriname.	id.	Ned. vlag aan kr. of voortop. In de sloep Ned. vlag met 2 ballen.			

Jacht.	Roffels.	Muziek.	Para-deeren.	Joelen.	Equipage die niet in de batterij of tuig is.	Van top vlaggen, Pavoiseeren enz.	*Aanteekeningen.*
acht op 't lek. Bui-lands wordt er gepre-eerd, bin-lands in arm ge-en. (1		Volkslied.	Indien de autoriteit lageren rang bekleedt dan de commandant v/h. schip, speelt de muziek niet.				1) Bij het aan boord komen en van boord gaan van den Minister van Marine of van een Vloot-voogd die een zijner schepen inspecteert, staan état major en mariniers en équipage aan dek ge-rangschikt als bij bezoek van H. M. de Koningin.
	Vier.	id.					2) Waar de Minister van Marine zich bevindt, worden commandovlag of standaard neergehaald. Ook worden zij neerge-haald voor *bevelhebbers* van hoogeren rang, dus niet voor Gouverneurs tenzij dit speciaal mocht zijn vastgesteld. Ingeval aan boord de wimpel waaien blijft, blijft zij ook op de sloep boven de distinctie-vlag waaien.
		id.					Verlangen de autori-teiten geen saluut dan wordt de blauwe vlag; verlangen zij geen hon-neurs dan wordt de blauwe wimpel getoond.
		id.					
voren. (1	Vier.	id.					3) Tijdens een saluut worden steeds vlag en geus gevoerd. Geldt het een maritieme Neder-landsche autoriteit, dan wordt bij het eerste schot een zeil los gegooid maar geen vlag aan den top geheschen. Geldt het eeni-ge civiele, militaire of buitenlandsche maritieme autoriteit dan wordt de betrokken natievlag aan den voortop geheschen.
voren. (1	drie.	id.					4) Diplomatieke ambte-naren worden alleen ge-salueerd in het land waar zij geäccrediteerd zijn.
voren. (1	twee.	id.					5) Consulaire ambtenaren hebben alleen recht op saluut ter plaatse waar zij gevestigd zijn en dan alleen de hoogste titularis bij zijn eerste bezoek aan boord. 6) Alleen op de schepen zijner divisie.

	Vorstelijk Persoon of Autoriteit.	Gelegenheid.	Onderscheidings-teeken.	Aantal schoten.	Door wien ontvange[n] of uitgeleid.	
					Valreep.	Halfd[e]
X.	Kapitein t/Zee Div. Ct.	Aan boord ko-mende of van boord gaande.	Staande Nederl. standaard. Gr. top.	11 schoten bij vertrek.	als voren.	als vore[n]
	Zaakgelastigde.	id.	Gespleten wim-pel op de sloep alleen.			
	Consul-Generaal.	id.				
	Gouverneur van Curaçao.	id.	Staande Nederl. standaard. Gr. top.			
X.	Consul.	id.	Gespleten wim-pel op de sloep alleen.	9.	als hoofd-officier.	
	Vice-Consul.	id.		7.	als subaltern officier.	
	Consulair-Agent.	id.				
XI.	Vice-President of Leden v. d. Raad van Indië.	id.		15 bij vertrek.		
	Gouverneur van Celebes, van Atjeh, en van Sumatra's Westkust.	id.	Ned. vlag met twee ballen aan vóór of kruistop.	13 bij vertrek.		
	Resident, Hoofd van Be-Bestuur binnen zijn Residentie.	id.		11 bij vertrek.		
XI.	Officieren-Commissarissen en Fiskaal Zeekrijgs-raad.	id. ter excecutie van een vonnis.	Krijgsraadvlag aan kruis of voor-top. In de sloep voorop onder den wimpel.		Commandant, Eerste offi[cier] officier en adelborst der w[acht] ter plaatse waar de exe[cutie] zal geschieden.	
XII.	H. M. de Koningin of Leden v. het Vorsten-huis. Gouverneur-Generaal v. Ned.-Indië.	Bij het passeeren.	Zie sub I.		Onder stoom blijven commt. en officier der wacht op de brug.	Etat-m[ajoor] achteruit rangschikt[] lueert. E[] officier [] vooruit.

Wacht.	Roffels.	Muziek.	Paradeeren.	Joelen.	Equipage die niet in de batterij of tuig is.	Van top vlaggen, Pavoiseeren enz.	Aanteekeningen.
voren. (¹	een.	Idem. Indien de autoriteit lageren rang bekleedt dan de commandant v/h. schip speelt de muziek niet.					Aan vreemde autoriteiten worden de overeenkomstige eerbewijzingen verleend. Alleen waait gedurende het saluut hun natievlag aan den voortop of, zoo daar reeds een commandovlag waait, aan den gr. top. Ook kan een kapitein ter zee met 9 schoten gesalueerd worden indien den Ned. commandant gelijk eerbewijs is verleend.
ls hoofd-...ier.		Een marsch.					Niet indien de commandant hoogeren rang bekleedt.
							Zie Indisch Reglt. op de Saluutschoten. In O. I. worden tijdens de schafttijden en den op het middagschaften volgenden rusttijd geen honneurs gegeven behalve voor den Gouv. Generaal, den Commt. der Zeemacht en de Gouverneurs van Buitenbezittingen.
..angetreden senteert ge-...er.	Parademarsch.		Alleen bij een doodvonnis.	Nimmer.	Voor den boeg, bij de executie.		
Mariniers ..tbaar, front ..r buiten-..rd, presen-..ren het ge-..er.	Parademarsch.	Wilhelmus na den parademarsch.	wel.	wel. tijdens den parademarsch.		wel.	

Vorstelijk Persoon of Autoriteit.	Gelegenheid.	Onderscheidings-teeken. (²	Aantal schoten. (³	Door wien ontvangen of uitgeleid.	
				Valreep.	Halfdek.
XIII. Vlag- of Opperofficier. Kapitein t/Zee Div. Ct. Gouverneurs. Ministers, hoofden van Departementen. Ambassadeurs. Buitengewoon gezant en gevolm: Minister. Minister-Resident. Consul-Generaal, tevens politiek Agent. Zaakgelastigde. Consul-Generaal. Officieren-Commissarissen en Fiskaal v/d. krijgs-raad.	id. in eenig vaartuig. of over den wal, in-indien van dit laatste is kennis gegeven.	Zie VI t/m XI. De onderscheidings-teekenen moeten gevoerd worden.		Officier der wacht, zicht-baar achteruit, salueert.	

Vacht.	Roffels.	Muziek.	Para-deeren.	Joelen.	Equipage die niet in de batterij of tuig is.	Van top vlaggen, Pavoiseeren enz.	Aanteekeningen.
ʟcht zicht-front naar ʟnboord, ʟenslands ʟer in den presen-buitens-ʟ het ge- .	Zie VI t/m. XI.	Zie VI t/m. XI.					

AANTEEKENINGEN VAN DEN GEBRUIKER.

In sloepen moeten aan Vorstelijke personen, militaire en civiele autoriteiten en officieren, welke zich in sloepen of aan boord van vaartuigen begeven of bevinden, de hieronder omschreven eerbewijzingen gegeven worden.

Personen welke de eerbewijzing gedaan wordt.	Eerbewijzingen te doen wanneer de in kolom 1 genoemde personen zich in eene sloep begeven of deze verlaten.	1) Eerbewijzingen te doen voor de personen, in kolom 1 vermeld, wanneer deze in sloepen of aan boord van vaartuigen passeeren, in eene sloep, waarin zich militairen of autoriteiten bevinden, indien die sloep:						Opmerkingen.
		roeiende is.	stoomende is of gesleept wordt.	zeilende is.	langs zijde van een schip of langs een kade ligt te wachten.	alleen met beurtsgasten ligt.	uitgerust en bemand is als gewapende sloep.	
1.	2.	3.	4.	5.	6.	7.	8.	9.
H.M. de Koningin, H.M. de Koningin-Moeder; eenig lid van Koninklijk Huis.	*Roeisloep* „Riemen op." *Alle zich in de sloep bevindende personen* staan op en doen staande den militairen groet. / *Stoom- en zeilsloep:* *Alle zich in de sloep bevindende personen* staan op en doen den militairen groet.	„Riemen op". Alle roeiers staan op. *Alle zich achterin bevindende* personen doen staande den militairen groet.	Stoomsloepen stoppen bij het voorbijvaren van Vorstelijke personen, den Gouverneur-Generaal van N.-I., van vlag- en opperofficieren en de autoriteiten aan die rangen geassimilleerd, wanneer de gelegenheid dit toelaat. Zoowel in stoomsloepen, als in gesleept wordende sloepen zullen met het brengen van den militairen groet door de zich in die sloepen bevindende militairen, de voor schriften voor militairen, welke zich in roeisloepen bevinden, gevolgd worden.	Bijaldien de gelegenheid dit toelaat, worden als eerbewijzing de schoten gevierd. In zeilsloepen zullen met het brengen van den militairen groet door de zich in die sloepen bevindende militairen, de voorschriften voor militairen welke zich in roeisloepen bevinden, met dien verstande, dat de groet steeds *zittende* zal worden gebracht.	De adelborst, commandant van de sloep en de onderofficier van de sloep zullen aan officieren, die de sloep passeeren, staande den militairen groet brengen; de bemanning staat op en maakt front naar de zijde, waar de officier passeert.	Bij het aan boord komen, of van boord gaan van officieren, of ook, wanneer deze dicht langs het schip varen, staan de beurtgasten op en doen den militairen groet.	Alleen de commandant doet staande den militairen groet.	¹) Voor zoover niet in sommige gevallen nader beperkt, geschie- den de voorgeschreven eerbewijzingen, wan- neer zich in de sloep uitsluitend militairen van lageren rang (of autoriteiten geassimi- leerd aan een lageren rang), dan bekleed door den persoon, welke de eerbewijzing geldt, be- vinden. en ook wanneer daarin een militair van gelijken rang aanwezig is, welke door zijne plaatsing of zijn werk- kring ondergeschikt is aan den te groeten persoon. In andere gevallen wordt doorgevaren, doch doen de adelborst, commandant van de sloep en de onderofficier van de sloep staande den militairen groet.
Gouverneur-Gene- raal van Ned-Indië.²)	Als boven.	Als boven.						
Officieren met den rang van vlag- of op- perofficier, Ministers, Gouverneur van name, Ambassa- deur, Minister-Resi- dent, en gevolmach- tigd Minister, Consul- Generaal, tevens diplomatiek agent; officie- ren-Commissarissen en de fiskaal van een krijgsraad.	Als boven.	Als boven.						

In sloepen moeten aan Vorstelijke personen, militaire en civiele autoriteiten en officieren, welke zich in sloepen of aan boord van vaartuigen begeven of bevinden, de hieronder omschreven eerbewijzingen gegeven worden.

Personen welke de eerbewijzing gedaan wordt.	Eerbewijzingen te doen wanneer de in kolom 1 genoemde personen zich in eene sloep begeven of deze verlaten.	¹) Eerbewijzingen te doen voor de personen, in kolom 1 vermeld, wanneer deze in sloepen of aan boord van vaartuigen passeeren, in eene sloep, waarin zich militairen of autoriteiten bevinden, indien die sloep:						Opmerkingen
		roeiende is.	stroomende is of gesleept wordt.	zeilende is.	langs zijde van een schip of langs een kade ligt te wachten.	alleen met beurtsgasten ligt.	uitgerust en bemand is als gewapende sloep.	
1.	2.	3.	4.	5.	6.	7.	8.	9.
Kapitein-ter-zee, [divisie]commandant (³ gouverneur van [Cur]açao, Consuls-Ge[nera]al.	Als boven.	„Op riemen." De adelborst, commandant der sloep, de onderofficier van de sloep en *alle zich achterin* bevindende personen doen staande de den militairen groet.						Voor officieren en autoriteiten eener vreemde natie worden dezelfde eerbewijzingen gedaan als voor met hen in rang overeenkomende Nederl. officieren en autoriteiten, onder verschillende omstandigheden zijn voorgeschreven. Voor diplomatieke ambtenaren, worden alleen de eerbewijzingen gegeven in het land, waar zij geaccrediteerd zijn; voor consulaire ambtenaren alleen ter plaatse, waar zij gevestigd zijn. ²) Alleen beoosten de Kaap de Goede Hoop tot de Oostelijke grens van N.-I. ³) Aan een kapitein-ter-zee, divisiecommandant worden alleen meerdere eerbewijzingen gegeven dan aan een hoofdofficier gegeven, door en in sloepen tot een der schepen onder zijn
[Ho]ofdofficier, commandant van het [schi]p, waartoe de [sloe]p behoort.	Als boven.							
[Ho]ofdofficieren van [Zeemacht] en van Landmacht, schutterij en van [ee]rbaarbeidskorps- Consuls.	*Roeisloep.* De roeiers blijven zitten, de riemen worden liggende gelaten. Met uitzondering van de roeiers, staan alle zich achterin bevindende personen van lageren rang, dan den in kolom 1 bedoelden officier of auto- riteit, op en doen	Een sloep met of zonder *subalterne* officieren: „op riemen". De adelborst, commandant der sloep, en de onderofficier der sloep staan op en alle zich achterin bevindende personen doen den militairen groet.						
[Su]baltern officier, [com]mandant van het [schi]p, waartoe [hij] behoort, op en doen								

(Spanning doorloopende teksten over de kolommen 4–8:)

staande den militairen groet.

...icieren, of ook, wanneer deze dicht langs het schip varen, staan de

...at op en maakt front naar de zijde, waar de officier passeert.

...ier van de sloep zullen aan officieren, die de sloep passeeren,

...volgd worden, met dien verstande, dat de groet steeds *zittende* zal worden gebracht.

...indende militairen, de voorschriften voor militairen welke zich in roeisloepen bevinden

...zeilsloepen zullen met het brengen van den militairen groet, door de zich in die sloepen

...ndien de Gelegenheid dit toelaat, worden als eerbewijzing de schoten gelost.

...at het brengen van den militairen groet door de zich in die sloepen

...elaat.

...n Gouverneur-Generaal van N.-I., van vlag- en opperofficieren en de

...eisloepen bevinden, gevolgd worden.

dooralen de remen zijn uitgehaald, geen riemen kunnen worden opgezet, zullen bij de eerbewijzingen, bedoeld in kolom 2, de riemen op de doften blijven liggen en doen de roeiers zittende den militairen groet; bij die in kolom 3 bedoeld, wordt alsdan, in plaats van „riemen op", „op riemen" gehouden en blijven de roeiers zitten.

Eene sloep zal nimmer trachten een andere, waarin een meerdere gezeten is, op te loopen en aldus voorbij te varen: stoomsloepen mogen doorvaren, indien de daarin gegeven eerbewijzing beantwoord is.

Alleen de command:

Bij het aan boord komen, of van boord gaan v beurtgasten op en doen den militairen groet.

staande den militairen groet brengen: de bemann:

De adelborst, commandant van de sloep en de ond

Als in kolom 2.

waarin geen officier of daaraan in rang geassimileerde autoriteit aanwezig is, doen de adelborst, commandant der sloep en de onderofficier van de sloep en de onderofficier den militairen groet.	Als in kolom 2 doch zittende groeten.

Zoowel in stoomsloepen, als in gesleept wordende sloepen, zull bevindende militairen, de voorschriften voor militairen, welke zich

Stoomsloepen stoppen bij het voorbijvaren van Vorstelijke persone
autoriteiten aan die rangen geassimileerd, wanneer de gelegenheid

Zee- en land- ...cht, der schutterij van weerbaar- ...korpsen, vice- ...euls en consulaire ...nten.	Alle zich achterin bevindende perso- nen van lageren rang dan den in kolom 1 bedoelden officier of autoriteit staan op en doen den militairen groet.	geen officier of daaraan in rang geassimi- leerde autoriteit aan- wezig is: „Op rie- men." De adelborst, commandant der sloep, en de onder- officier van de sloep doen den militairen groet.
onderofficieren met rang van serge- en hooger.		De onderofficier, commandant van de sloep, doet, indien hij een lageren rang heeft den militairen groet.

Als in kolom 2.

N.B. Ook bij het voorbijvaren van oorlogsschepen zal, in de omstandigheden vermeld boven kolom 6 en 7, gehandeld worden, als in die kolommen is aangegeven.

AANVULLINGEN.

Bladz. 3 toevoegen: Z. H. HEINRICH WLADIMIR ALBRECHT ERNST Prins der Nederlanden, Hertog van Mecklenburg. 19 April.

,, 81 ,, Sub Loodsseinen:

    a. Bij dag 3e. het internationaal sein S met of zonder den onderscheidingswimpel er boven.

    4e. het afstandsein, twee ballen of voorwerpen welke op ballen gelijken, boven een kegel met de punt naar boven.

- 81 ,, onder II. (een loods die zich aanbiedt.)

De Nederlandsche stoomloodsvaartuigen voeren behalve de zijdelichten, en het rondom zichtbare toplicht, een helder rondom zichtbaar rood licht beneden het witte toplicht, en toonen overigens om de 15 minuten het voorgeschreven schitterlicht. Ten anker liggende, voeren zij de zijdelichten niet. Bij mist of nevelachtig weer, indien het sneeuwt en bij zware regenbuien laten zij bovendien met tusschenpoozen van hoogstens twee minuten een langen stoot op de sirene hooren, gevolgd na een seconde door een langen stoot op de stoomfluit, en wederom na een seconde gevolgd door een langen stoot op de sirene.

Bladz. 169 toevoegen: De Engelsche admiraliteitskaarten worden van een tusschen haakjes geplaatst nummer voorzien in den linker benedenhoek. Op dit nummer behoeft men geen acht te slaan.

- 220 veranderen: Egypte, Tijd Piramide van Gizeh — 2 u. 4 m. 31 s. wordt: Oost-Europeesche tijd.

,, 113 ,, Lichtschip Schouwenbank, wordt rood en wit groepschitterlicht.

,, ,, ,, Lichtschip Maas, wordt wit groepschitterlicht.

ERRATA.

Bladz. 2 regel 5 v. o. staat: X, lees: IX.

,, 3 ,, 9 v. b. - IX, ,, VIII.

- 40 ,, 1 ,, ,, arbeid ,, vermogen.

- 86 ,, 8 ,, ,, witte vlag met vertikale roode streep, lees: roode en witte vlag, (horizontale banen).

,, 86 ,, 18 ,, ,, loodsvlag (Deensche vlag met witten rand), lees: roode en witte vlag (horizontale banen).

,, 143 ,, VAARHAVENS moet zijn: VAARWATERS.

125

JL

Milton Keynes UK
Ingram Content Group UK Ltd.
UKHW032215271223
435051UK00009B/196